ROME IN THE ANCIENT WORLD

罗马世界的博弈

从罗慕路斯的神话到查士丁尼的法典

【英】大卫·波特 著
郭佳好 译

華中科技大學出版社
http://www.hustp.com
中国·武汉
有书至美
BOOK & BEAUTY

图书在版编目（CIP）数据

罗马世界的博弈：从罗慕路斯的神话到查士丁尼的法典／（英）大卫·波特（David Potter）著；郭佳妤译.—武汉：华中科技大学出版社，2022.2

ISBN 978-7-5680-7679-1

Ⅰ.①罗… Ⅱ.①大… ②郭… Ⅲ.①古罗马－历史 Ⅳ.①K126

中国版本图书馆CIP数据核字（2021）第239907号

Rome in the Ancient World By David Potter

Published by arrangement with Thames & Hudson Ltd, London

湖北省版权局著作权合同登记 图字：17-2021-009号

罗马世界的博弈：
从罗慕路斯的神话到查士丁尼的法典

Luoma Shijie de Boyi: Cong Luomulusi de Shenhua dao Chashidingni de Fadian

[英] 大卫·波特 著
郭佳妤 译

出版发行：华中科技大学出版社（中国·武汉） 电话：（027）81321913
华中科技大学出版社有限责任公司艺术分公司 （010）67326910-6023

出 版 人：阮海洪

责任编辑：莽 昱 张丹妮

责任监印：赵 月 郑红红 封面设计：张旭兴

制 作：北京博逸文化传播有限公司

印 刷：广东省博罗县园洲勤达印务有限公司

开 本：889mm×1194mm 1/16

印 张：23

字 数：390千字

版 次：2022年2月第1版第1次印刷

定 价：228.00元

华中出版

本书若有印装质量问题，请向出版社营销中心调换

全国免费服务热线：400-6679-118 竭诚为您服务

目录

前言

《罗马世界的博弈：从罗慕路斯的神话到查士丁尼的法典》第三版完全重新设计，并增添了30张新图片，涵盖了罗马历史的整个时期，即始于公元前8世纪罗马城的最早建立，止于公元642年东罗马帝国结束，亚历山大港被弃。本书该版内容全面、引人入胜、评论精辟，讲述了历史上最伟大的文明的故事。

本版的新增内容

- 关于罗马史在当今世界的重要性的新介绍。
- 设计了全新的章节开篇地图，为读者指引地理方向，并一目了然地传达出所讨论时期的政治地理变化。
- 全书增加了家谱，包括奥古斯都（Augustus）、塞维鲁（Severans）、君士坦丁（Constantine）等王朝。
- 文字更加通俗易懂，添加了更多的小标题，为罗马历史的发展提供更清晰的指引。
- 添加了更多的摘录和原始证据，包括《马库斯·奥勒留论做个好皇帝》（*Marcus Aurelius on Being a Good Emperor*）、《罗马皇帝史》（*The Historia Augusta*）、《西塞罗论恺撒》（*Cicero on Caesar*）、《反喀提林阴谋》（*The Exposure of the Catilinarian Conspiracy*），以及最近发现的德克西普斯（Dexippus）所著的《塞西卡》（*Scythica*）的段落。
- 增加了更多关于阿拉伯人的入侵和查士丁尼（Justinian）时代的内容（见第七章）。

致读者

古典文献

按照惯例，古典文献按作者、作品名（当作者的作品不止一部，或因作者名字相似或相同而可能引起混淆时）、书籍在整部作品中的卷册号，以及章节和分章号来引用。除另有说明，所有文献的英文译文均为作者本人翻译。

铭文和纸莎草书等文献，通常按主要出版物、主要出版收藏品中的编号或出版物年度调查中的编号来引用。因此，例如，有关在土耳其西南部的奥伊诺安达市（Oenoanda）设立一个节日的文本被引用为自《希腊铭文补编》（*Supplement of Greek Epigraphy 1988 no. 1462 C*）是指该文本是1988年希腊书籍卷中书信的一个扩展档案（文本编号为1462）中的第三项（C）。《罗马规约》7（*Roman Statutes 7*）是指迈克尔·克劳福德（Michael Crawford）所著《罗马规约》中关于罗马法中有关土地分配条文的第7条。

罗马名字

在共和国中期普遍使用的成熟的命名系统中，所有罗马男性的名字至少由两部分组成，即“第一名字”（*praenomen*）和“第二名字”（*nomen*）。第一名字来自一个名单，其中包括十七个常用的第一名字；第二名字则取决于一个人所属的氏族（*gens*）。对女性来说，第一名字的选择比男子更受限制。她们往往以家族姓氏的形式来命名。

到了罗马共和国中期，罗马贵族门第倾向于采用“第三名字”，即别名（*cognomen*）或称附加名（*agnomina*），以纪念重大成就。例如，普布利乌斯·科尼利乌斯·西庇阿·阿非利加努斯（Publius Cornelius Scipio Africanus）这个名字中，“西庇阿”这个姓氏代表了他家族中的血统，而“阿非利加努斯”这个附加名则是为了纪念他在阿非利加行省东北地区战胜汉尼拔（Hannibal）。

这种相对简单的命名方式在公元3世纪一直占据主导地位。公元212年在卡拉卡拉皇帝（Caracalla）近乎普遍地授予公民权之后，精心组合的名字（但又一脉相承）变得更加普遍，而第二名字则被视为社会地位的标志。

家谱

婚姻关系用虚线表示，血缘关系用实线表示。姓名旁括号内的数字表示结婚顺序。

概述

当我们研究罗马历史时，我们是在研究有史以来极为卓越的几个社会之一的发展。在它的巅峰时期，罗马帝国包括西欧和中欧的大部分地区、土耳其、中东、埃及和北非的其他地区。罗马将所有这些不同的民族、语言和习俗纳入一个单一的政治实体。罗马的过去和现在都是独一无二的：自从罗马帝国解体后，世界上没有任何一个国家可以与之相媲美。然而，罗马的影响并没有随着罗马帝国的解体而结束，依旧渗透在我们当今的日常生活中。代议制民主的理念，即美国宪法所依据的原则，就是开国元勋们从罗马史的阅读中领悟出来的。我们以成文法典为基础的民法体系的概念也继承自罗马人。基督教是罗马帝国的产物。公元4世纪罗马皇帝君士坦丁（统治时间为公元306—337年）将基督教作为帝国的信仰，基督教也因此发展成为具有世界性的信仰。公元6世纪时，伊斯兰教在罗马帝国的边缘萌发，并反映了阿拉伯半岛的犹太教、基督教和传统信仰之间的对话。犹太教的起源虽然比罗马帝国更古老，但它也是不断遭受罗马政权的排挤与非议而逐渐形成的。

时至今日，罗马帝国的遗产依然影响着我们今天的生活，从我们阅读的小说到体育场馆，从城市供水系统到建筑中水泥的使用（罗马人的发明）。如今，在曾经古罗马帝国的许多辖区，我们仍然可以看到原始的罗马道路和建筑的遗迹，这些对塑造现代城市空间的概念起到了很大的作用。在罗马文学中，我们发现了塑造我们的喜剧和悲剧观念的戏剧，而我们使用的货币则是罗马帝国钱币制度的嫡系后裔。

除了我们从罗马继承的遗产，罗马社会的形成和衰落对任何研究近代帝国遗产的人都有很大的意义。许多塑造了现代非洲、亚洲和中东版图的欧洲帝国，都是由那些自认为（往往是错误的）在效仿罗马的人管理的。也可以说，罗马帝国的繁荣源于它的包容。

在探究罗马世界的故事之前，我们必须先思考如何书写这个故事。历史是一个调查的过程，为了辅助调查，我们必须依靠两种完全不同的方法：一是发展解释与诠释的方法，以帮助我们解释事情发生的原因；二是仔细阅读证据，使我们能够检验历史的模型。

方法和资料来源

古代史（或任何其他类型的历史）的模型最好是基于研究证据所产生的问题，从关于来源的问题发展到更广泛的社会问题。例如，我们从“这个人为什么这样说？”和“这句话与实际事件有什么关系？”发展到“一个人应该这样想的事实有什么意义？”和“是什么使这样的人有可能存在？”

而推动本书分析的核心问题是：“罗马人的社会是如何从生活在台伯河畔的少数人发展成为一个从地中海一端到另一端拥有约六千四百万人口的社会？”与此

图0.1 从位于卡皮托林（Capitoline）山山坡上的萨图恩神庙（Temple of Saturn）俯瞰罗马广场。透过左边的柱子可以看到元老院，元老院左边的区域曾经是艾米丽巴西里卡（Basilica Aemilia），右边是安东尼和福斯蒂纳神庙（Temple of Antoninus and Faustina）。

相关的还有两个问题："罗马人自己是如何理解这一发展的？"和"罗马人对自己聚居区的理解是否随着时间的推移而改变？"这三个问题将在后面的章节中讨论。

早期罗马

研究罗马史的文献随着时间的推移而有所不同。对于第一章所涉及的早期时代，我们几乎没有什么可靠的信史证据。考古学的研究揭示了公元前8世纪到公元前6世纪居住在拉丁平原周围的罗马聚居群的一些情况，这使我们能够看到罗马未来城市发展的一些情况。聚居在后来成为罗马七座山丘的定居点的村民们抽干了山谷中的沼泽地，并开始建立他们的聚居地，此处后来成为罗马广场（forum）（图0.1）。

较早的证据揭示了城市聚居区发展之前人们的一些生活方式。然而，在公元前5世纪中叶，也就是《十二（铜）表法》（*Twelve Tables*，罗马第一部法律法典，只能通过后世作者的引文加以了解）颁布之前，并没有重要的文献记载。我们所知道的其他很多知识都取决于这样一个原则：罗马的制度是非常保守的，因此，罗马早期制度的影响也一直存在到有较为可靠的文献记载的时代。这也是罗马作家在试图重建自己的历史时使用的原则。

罗马的第一位罗马历史学家是法比乌斯·皮克托（Fabius Pictor，约公元前270—前210年？），在公元前3世纪末，他用希腊文写作。在法比乌斯之后，罗马第一位重要的历史学家是老加图（Marcus Porcius Cato，公元前234—前149年），他用拉丁文写作。这两位历史学家的工作——实际上所有公元前1世纪罗马历史学家的作品——都是通过后世作者的引用才为人所知，原因可能是后人发现他们记录的历史远不如李维（Livy，公元前59年—公元17年）在公元前1世纪30年代（据悉）至公元17年间所记录的历史有趣。李维的《建城以来史》（*Books from the Founding of the City*）由142卷组成，涵盖了罗马从建城到公元前9年的历史。李维的历史记录只有35卷被完整地保存下来，除此之外，我们必须依靠后世作家对他所讲内容的描述。此书现存的书籍中第1—10卷，记述了罗马从建国到公元前293年的历史；第20—45卷，则包括公元前219年到公元前167年的历史。

李维对早期罗马的描述有别于他的前辈的一点是，他可以参考比他早一代写作的马库斯·特伦提乌斯·瓦罗（Marcus Terentius Varro，公元前116—前27年）的作品，后者撰写了一部关于罗马制度的巨著《人类与神灵古迹》（*Human and Divine Antiquities*）。瓦罗似乎搜集了所有留存下来的早期记录，包括那些祭司的记录、法律文本和条约。因此，虽然我们没有实际的文件，却可以合理地推断出公元前5世纪至公元前3世纪罗马的立法史。瓦罗的作品虽然比其他作品都要好，但是，似乎并没有彻底打破从前的传统，之前的作品中也参考了类似的内容。与瓦罗同时代的萨鲁斯特（Sallust，公元前

86—前35年）认为，罗马早期历史以贫富冲突的故事为主，这一点在罗马立法的历史中也有所体现。在第一章中，我们将讨论是否确实存在“阶级之间的斗争”。这也可能是将公元2世纪关于立法过程性质的观点投射到更早的时代（换言之，是罗马人自己设计的一种解释模式）。

拉丁语作家并不是罗马历史的唯一见证者。我们所知道的罗马历史，很多都来自希腊作家的笔下。李维的同时代人，哈利卡纳索斯的狄奥尼修斯（Dionysius of Halicarnassus，约公元前60—前7年后）撰写了《罗马古事纪》（*Antiquities of the Romans*）。此书由20卷组成，其中11卷完好无损地保存了下来，将对罗马历史记录的时间追溯至公元前441年。另一位早期罗马历史的见证者是历史学家西西里的狄奥多罗斯（Diodorus Siculus，约公元前80—前30年），他所著的《历史丛书》（*Universal History*）将希腊与罗马的历史联系在一起。该书完成于公元前1世纪30年代，共40卷，其中15卷完好无损地被保存下来。书中记述了公元前5世纪和公元前4世纪的历史。

虽然李维、狄奥尼修斯和西西里的狄奥多罗斯等作家的作品数量看起来惊人——按照某些标准来说，也确实如此——但值得注意的是，由于古书受到纸莎草卷大小的限制，一本典型的散文作家的“书”在标准的现代出版物中只占七十多页（图0.2和图0.3）。狄奥多罗斯的全部作品大约2800页，这不是一个小数字，但当我们考虑到他所写的历史涵盖了大约600年的事实时，这个规模就显得不够宏大了。李维的书写得更详细——750年的历史大概占据接近1万页的篇幅——但这种计算方式具有欺骗性，因为李维没有把他的篇幅平均分配。李维并没有将从公元前753年（瓦罗所著书中罗马建城的日期）开始的历史每年都平均分配7.5页，而是用75页的篇幅介绍了前243年的情况，并在650页左右的篇幅中介绍了接下来的220年的情况，同时对公元前2世纪末以来罗马的历史进行了极为详细的描写。不过，通过尝试研究李维和狄奥尼修斯等作者如何推论，我们还是可以对他们有生之年可能知道的早期罗马历史有一些了解，并相信他们的作品提供了一个尽管单薄的但至少可以延伸到公元5世纪的文献基础。

图0.2 古代书籍是写在纸莎草纸卷上的，纸莎草纸是一种类似纸的材料。下图是一个人在展开卷轴进行阅读。

虽然李维和狄奥尼修斯所写的东西提供了薄弱的文献基础，但我们并不能辨别他们作品背后的全部真实性。古代作者们认为可以自由地在他们的记载中嵌入修辞的成分，以凸显事件的“真谛”。就早期作品而言，他们还借助于神话和传说，这些神话和传说通过舞台表演、节日游行以及仅仅是看到的古代遗迹（即便在李维时代，罗马也堪称古老），已经成为罗马人记忆的一部分。因此，他们在叙述的历史中加入了一些对我们来说很大程度上（或完全）是杜撰的情节。

共和国早期

第二章将回顾从罗马开始对意大利的控制到最终征服地中海的过程。这些年的关键事件主要是与皮洛士（Pyrrhus，公元前307—前272年）的战争以及与迦太

图0.3 纸莎草卷轴的制作是一个密集型劳动的过程，将剥去内部基质的纸莎草植株的茎部切成条状，再将条状物压成片状，最终将片状物粘在一起，就成了卷轴。

基（位于北非）的两次战争。皮洛士是一位来自亚得里亚海以东的国王，他在公元前280年来到意大利帮助塔伦图姆（Tarentum）人躲避罗马的统治（最终失败）。罗马与皮洛士的战争主要在西西里岛进行，而与迦太基的第一次战争在意大利和西班牙进行，第二次战争在北非进行。与迦太基开战的直接结果是，罗马首次取得海外行省——西西里和西班牙，并卷入了与地中海东部主要强国的竞争（罗马都轻而易举地取得了胜利）。

到了公元前400年左右，也就是第二章的开篇，我们所掌握的罗马历史的证据类型开始发生了变化。对于公元前280年与皮洛士的战争，我们可以借鉴皮洛士和至少一位与他同时代的作家所写的作品。这些作品被后来的作家，主要是被普鲁塔克（Plutarch，约公元50—120年）所引用。他生活在1世纪末，著有诸多书籍，最为著名的是《希腊罗马名人传》（*Lives of Famous Greeks and Romans*），其中保存了大量其他资料所没有的内容。从公元前264年与迦太基的战争开始，一直到公元前146年的历史，我们可以参考波利比乌斯（Polybius，约公元前200—前118年）的作品。他是一名希腊人，于公元前167年被抓到罗马做人质，写了一本40卷的《历史》（*Universal History*）来描述罗马人如何统治他们所生活的世界（前39卷为叙事，第40卷为目录）。

同样，我们没有波利比乌斯著作的全部——只有第1卷至第5卷完好无损地留存下来——但他的著作被后来的作者（包括李维）广泛引用，所以我们对他在有关时期的大部分内容有一个大概的了解。此时，另一位作家阿庇安（Appian，约公元100—160年）的作品变得越来越重要（特别是对于第三章所涵盖的时期，从公元前133年以后）。阿庇安是一位在公元2世纪撰写罗马战争史的希腊人，他保存了来源众多的材料，包括没有流传下来的李维的书。

有关这段历史时期，我们也获得了更多同时代的文献，它们被刻在青铜或石头上。青铜或石头上的铭文对我们理解罗马史（以及希腊史）至关重要，读者会注意到我倾向于引用这些铭文作为言行的证据。由于铭文通常是在发表公众演说或个人决定纪念某件事情的时候刻制的，所以它们是其所描述的事件的当下见证人（虽然在有些情况下，铭文是后来重新刻制的）。我们所拥有的全部文字证据都是经过从古代到中世纪的抄写者过滤的，它们得以留存主要是抄录者的品位所致（这就是为什么我提到的许多作家的书没有留存的原因）。铭文则不然，它们的留存是随机的，但这并不意味着它们作为证据的使用是完全明确的。就其本质而言，铭文是对某一时刻的聚焦。如果人们对铭文中所涉及的具体内容感兴趣——例如法律的条款——那么这种聚焦是非常有价值的。

然而，通常情况是，现代学者开始对其信息进行编目时，铭文早已断裂。由于铭文的语言往往遵循精确的范式，有时可以根据相似之处来“还原”或填补缺失的文字片段。而有时，对于空白的填补则只能依据猜测。当我在本书中引用铭文时，我依照惯例来表明不同文字的性质。如果文字在方括号[ ]内，则是恢复原样的引用。圆括号( )内的文字是我自己的猜测，以解释术语或文本中可能看起来很奇特的其他方面。尖括号< >内的文字是现代学者还原的文字，即石刻家错误遗漏的。在试图研究罗马制度的发展过程中，我们必须经常收集和比较大量涉猎此内容的铭文，以确定哪些是典型的，哪些是非典型的。

另一种文献资料是来自写在纸莎草纸上的文字，主要但不完全是埃及的。纸草文书保存了大量关于罗马帝国居民日常生活的文献资料、诸多官方文件和大量的文学作品。最后一种资料则是由钱币提供的。

共和国晚期和帝国早期

从公元前133年到公元3世纪中叶（第三—五章所涉及的时期），我们探讨的是共和国政府的形式和罗马帝国君主制的发展。这一时期最生动地塑造了罗马在现代人想象中的形象，即拥有最伟大的作家、最令人难忘的人物和最永恒的纪念碑。同时，我们也必须正视这一时期政府的职能问题。共和国逐渐将事件的控制权交给个人，最终任命了一位最高领导人或皇帝，这又反过来导致了一个官僚国家的出现，它可以在统治者有时极端的怪癖时发挥作用。因此，我们将探究个人在塑造广泛的人类行为模式中所能发挥的作用，这一时期出现的人物包括奥古斯都和拿撒勒的耶稣（Jesus of Nazareth）等。

在这一时期，来自铭文、钱币和纸莎草纸的证据变得越来越重要，但这并不是我们所拥有证据出现的唯一变化。首先，这一时期保存下来的艺术和建筑的数量比早年多得多，因此我们可以对当时人们的生活方式形成更好的认识。其次，考古学家在勘察聚落形态方面的工作也使我们对城市以外的生活有了更好的了解，而艺术史学家从现存的雕塑、绘画、钱币和其他各种物品出发，帮助我们了解罗马人的审美标准。最后，这一时期各类文学作品较多，这些文学作品大多来自他们所描述的事件的目击者，目击者的描述既引人入胜，同时又令人恼火：引人入胜是因为叙述者当时就在那里，令人恼火是因为他们的描述往往是由他们自己的生活经历或他们希望别人看到自己的形象所塑造的。这一时期的重要见证人有马库斯·图利乌斯·西塞罗（Marcus Tullius Cicero，公元前106—前43年）、尤利乌斯·恺撒（Julius **Caesar**，公元前100—前44年）和科尼利乌斯·塔西佗（Cornelius Tacitus，约公元57—117年后）。恺撒关于自己战争的著作往往具有很大的误导性，但它们也使我们得以一窥史上最伟大的罗马政治家的思想。西塞罗无疑是罗马最伟大的演说家，他不仅留下了大量的演讲稿，使我们能够看到一个成功的演说家认为何种论点才能感动罗马群众或陪审团，而且他还留下了大量给朋友的信件。这些信件往往可以使我们从他的角度去了解公元前1世纪50年代至40年代期间的日常生活。塔西佗所著的奥古斯都（统治时间为公元前27 年—公元14年）统治后的罗马历史形成了我们对这一时期的理解的基础，然而直到维斯帕芗（Vespasian）统治时期（公元69—79年），塔西佗才成为一个成熟的见证者。他所著的《编年史》（*Annals*）记述了公元14—68年（虽然有关公元66年的手稿中途断裂）的历史；他所著的《历史》（*Histories*）记述了公元69—96年（虽然只有前4卷半，即有关公元69年和公元70年的一部分得以幸存）的历史，并由其他叙事史家、传记和文件补充。要了解罗马人是如何思考的，我们必须尝试结合尽可能多的证据来源，为此，我将经常强调文献、考古和艺术的重要性。因此，我们很少甚至永远不会在任何事情上找到单一的“罗马”观点。相反，通过证据，我们能够了解的是罗马人谈论什么以及他们如何相互交谈。

塔西佗，可能生于公元57年，死于哈德良统治时期（Hadrian，统治时间为公元117—138年）。从那时起至公元前70年以后的大部分时间里，我们还可以凭借希腊历史学家卡西乌斯·狄奥（Cassius Dio，约公元164—230年）的作品，来了解公元3世纪作为希腊后裔的罗马贵族的叙事框架和价值体系。狄奥在80卷的书中，讲述了从罗马城的建立到公元3世纪20年代末的故事（我们从中推测，狄奥死于公元230年左右）。同样，这部作品中的大部分内容已经丢失，只有36—60卷（它们记述了从公元前69年到公元49年期间的历史）是直接通过手稿的形式被保留下来。即便如此，依然有一些巨大的差距，其余文献主要参考其他中世纪书籍的总结和引用。但就狄奥同时期而言，也有大量的其他文学作品，如医生盖伦（Galen，公元129—199/216年）著有大量医学著作，当时罗马律师也留有大量记录，而阿普列乌斯（Apuleius）和卢西安（Lucian）等才华横溢的作家也创作出诸多的修辞、小说和讽刺作品，这些帮助我们大致了解了罗马人如何看待周围的世界。

最后，从公元180年到公元238年内战期间的历史，我们还可以参照赫罗提安（Herodian，约公元190—250？年）所著的八本史书。虽然赫罗提安接触政府上层的机会远远少于狄奥，但他所著的史书仍然为我们提供了一个重要而有趣的（如果不总是准确的）记录。

公元3世纪和公元4世纪

在第六章中，我们进入了一个快速过渡的时期。这是卡西乌斯·狄奥死后的公元3世纪，该时期的特点是政治不稳定和帝国防务的实质性失败。帝国将被简单地分为三个部分，每个部分都有自己的统治者。

戴克里先（Diocletian，统治时间为公元284—305年）在公元284年通过与其他皇帝分权开创了一个新的稳定时期。然而，他所建立的制度被另一位皇帝的儿子君士坦丁破坏了，他不仅将帝国重新统一在自己的控制之下，还皈依了基督教，后者成为推动帝国智囊的主要力量，并偶尔在政治生活中发挥作用。到了公元4世纪末，帝国以越来越严格的方式被划分为东西方政权。

第六章的前半部分依据的是更晚时期的记载。其中包括公元6世纪一位名叫佐西莫斯（Zosimus）的异教历史学家所写的一本书，以及12世纪一位名叫约翰·佐纳拉斯（John Zonaras）的重要贵族所写的早期希腊历史摘要（也是卡西乌斯·狄奥《历史》摘要的来源）。事实上，第六章前三十年所涉及的唯一的同时代的叙事是一篇被称为《第十三个西庇拉神谕》（*The Thirteenth Sibylline Oracle*）的文章，其中对当时的人物有较为露骨的反映，我们也借此对政治上的不安全感给该时代人造成的影响有了一些了解。另一个来源是公元4世纪末的帝王传记集合，即《罗马皇帝史》（*Historia Augusta*），该书用拉丁文写成，据称是皇帝戴克里先（在公元3世纪末时）与六位作家共同完成的作品。这些作品曾被认为是奥古斯都历史的记录者们（Scriptores Historiae Augustae）所作——人们也一度认为这些作家是全部真实存在的。但现代几代学者揭穿了这一精心设计的伪作，已经考证出这部作品真实存在的年代，并确定了只有一个作者的事实。虽然十分不可靠，但《罗马皇帝史》保持了公元3世纪作家的部分写作风格，其内容可以用公元4世纪下半叶用拉丁文写罗马简史的一群作家提供的一些信息来补充。其中一位作家是匿名的，他所写的历史涵盖了奥古斯都到狄奥多西一世（Theodosius I，统治时间为公元379—395年），在现代的拉丁版本中，所写内容占据了四十多页；另一位作家尤特罗匹斯（Eutropius）所记录的历史则相对较短，覆盖了从罗马建立到公元364年（拉丁版本中占据68页）；还有一位作家奥勒留·维克多（Aurelius Victor），他是一位帝国官僚，所写的历史从奥古斯都到公元360年，占据了大概40页；最后一位作家是名叫费斯图斯（Festus）的官员，他用一半的篇幅（而且连贯性极差）追溯了从罗马共和国到公元369/370年的历史。

到了戴克里先和君士坦丁的统治时期，我们可以参考一个非常不同的证据库。我们看到有许多用拉丁文书写的赞美皇帝（或戴克里先赞美同僚）的演说词，即所谓的拉丁文颂词。这一时期的叙事主要依据公元6世纪早期一位名叫佐西莫斯的作家的叙述。佐西莫斯的主要功绩是记录了戴克里先之前的历史（他从公元238年开始记述），他在关于君士坦丁及其继任者的记述中参照了明显的非基督教的资料，而之前所提及的拉丁文献可能被附在了一本叫作《君士坦丁大帝的起源》（*Origin of the Emperor Constantine*）中。两位基督教作家，拉克坦提乌斯（Lactantius）和尤西比乌斯（Eusebius），提供了绝大部分的新材料（**图0.4**，第16页）。拉克坦提乌斯在公元303年戴克里先以及同僚开始对基督徒的迫害后，对他们予以痛斥。尤西比乌斯的主要作品是《教会史》（*Ecclesiastical History*），这是一部世界历史的编年史，从创世纪一直记录到他所处的年代，以及《君士坦丁传》（*Life of Constantine*），但这本书更像是对君士坦丁的颂歌而非史实。

在君士坦丁统治之后的时期，基督教已经被牢固确立为帝国的主要宗教［并不是说君主就不会干预宗教的发展，比如说尤利安阿努斯（Julian）试图扭转他统治时期的知识发展］，相关记载也极大地增多起来。这在很大程度上是由于大量的基督教材料得以保存，由此为我们揭示了当时的社会态度。这些材料包括安条克演说家、修辞学教师利巴尼乌斯（Libanius，公元314—393年）所写的大量演讲和信件，公元4世纪后期的元老叙马库斯（Symmachus，约公元345—402年）所收集的大量信件（他的一些演讲也幸存下来）和皇帝尤利安的作品。在公元4世纪末，希波的奥古斯丁（Augustine of Hippo，公元354—430年）的作品更是令早期非基督教作家的作品相形见绌。

在希腊文献中，神学家和教会领袖亚历山大的圣亚大纳西（Athanasius of Alexandria）庞大的语料库起到了非常重要的作用，它们对于了解圣亚大纳西本人的苦难和理解基督教论战的发展都非常重要。

圣亚大纳西话语的影响对于公元5世纪早期的历史学家来讲尤为重要，他们把自己的作品看作尤西比乌斯所著的《教会史》的延续，特别是苏格拉底（约公元390—440年）、索佐门（Sozomen，约公元400—443年）和狄奥多勒（Theodoret，约公元393—460年）。在这个时期的另一位历史学家菲罗斯托洛尔斯（Philostorgius，约公元368—435年）的作品中没有像其他作家一样强调忏悔，这足以让人耳目一新。我们有关公元4世纪的主要文献来源是阿米诺努斯·马尔切利努斯（Ammianus Marcellinus，约公元330—395年）的作品，他的31卷著作涵盖了罗马自公元96年至公元378年的历史，而在第14卷中则特别描述了公元353年之后的历史。阿米诺努斯是一位充满正义感的杰出作家，也是所叙述事件的亲历者。他是古典时期最后一位用拉丁文创作的伟大历史学家，尽管他本人出生在叙利亚的主要城市安条克，且他的母语是希腊语。

帝国晚期

东部帝国和西部帝国之间日益正式的分化，以及西方政权的逐渐退化（最终被具有日耳曼血统的将军所管理的继承国所取代）是公元5世纪的主题。而公元6世纪的标志则是东部帝国努力恢复部分西部帝国——主要是北非和意大利，但东部政权的努力由于

图0.4 这封尤西比乌斯书信的副本是公元6世纪时收集的许多基督教手稿之一。在公元2世纪到4世纪之间，羊皮纸装订逐渐取代纸莎草卷，成了我们现在所认识的书的形式。

缺乏资源而受阻。在公元6世纪，罗马由于与波斯进行了一场灾难性的战争，使这两个大国无法向穆罕默德（Mohammed，公元570—632年）的军队提供强有力的防御，这也将终结罗马人的地中海帝国。

随着阿米诺努斯历史记录的结束，我们来到了文献来源的一个重要结点。直到公元6世纪中叶，其他主要叙事史家的作品都没有被完整地保存下来。与之相对的是，拉丁诗人克劳狄安（Claudian，约公元370—404？年）的诗歌使得我们对于皇帝霍诺留斯（Honorius，统治时期公元395—423年）的早期统治有所了解，同时克劳狄安的作品使我们能够从政治的角度了解帝国分裂的前十年的政权状况和军事事件。就东部帝国而言，辛奈西斯（Synesius，约公元373—414年）的作品则为我们提供了一些关于帝国政治的见解，然而他的叙事基础仍然来自佐西莫斯。在佐西莫斯作品之后，我们看到的是一位名叫奥林匹奥多罗斯（Olympiodorus，约公元365—432年）的历史学家的作品，在他所描述的许多事件中，他既是记录者也是亲历者，他对于历史的描述可能是在公元5世纪30年代中期完成的。奥林匹奥多罗斯之后的主要历史学家是帕尼翁的普利斯库斯（Priscus of Panium，约公元410/420—479年后），他主要在公元5世纪70年代写作，虽然到目前为止，他的历史最引人入胜的部分是他作为陪同访问了匈奴王阿提拉（Attila，统治时间约公元435/440—453年）。他的历史记载停留在芝诺（Zeno，统治时间为公元474—491年）统治时期。下一位值得注意的历史学家（记录也是残缺的）是马勒古（Malchus），他对东罗马帝国有浓厚的兴趣，他提供了有关公元476年最详细的记述［他似乎忽略了罗慕路斯（Romulus）被废黜并成为“最后一个西罗马皇帝”的意义］。虽然据说他的作品从君士坦丁一直记录到公元491年阿纳斯塔修斯（Anastasius，统治时间为公元491—518年）登基，但我们看到的作品是从利奥登基（Leo，统治时间为公元457—474年）的第17年开始至公元480年，并提供了大量关于哥特人入侵意大利之前与他们打交道的细节。

从东罗马的角度来看，公元6世纪占主导地位的历史学家是普罗科匹厄斯（Procopius，约公元500—555年），他记录了查士丁尼（Justinian，统治时间为公元527—565年）的统治。普罗科匹厄斯创作了三部主要作品，其中最大部头的作品《战争》（*Wars*）由三部分组成，分别论述了东罗马与波斯人和汪达尔人（Vandals）的战争，以及意大利的战争。在每一部分中，普罗科匹厄斯都对皇帝和他的主将贝利撒留（Belisarius）大加赞扬。他的第二部作品（也是专门赞美皇帝的）是关于查士丁尼所建的建筑物。在他的第三部作品《秘史》（*Secret History*）中，普罗科匹厄斯——

显然已经对皇帝失望了——讲述了一个与前两部截然不同的故事，对统治者的批评堪称是所有古代文献中最为尖锐的（对贝利撒留和他的妻子亦进行了犀利的批评）。

大约在普罗科匹厄斯写作的同时，意大利流亡者约达尼斯（Jordanes）正在撰写他的哥特历史。这部历史是根据卡西奥多卢斯（Cassiodorus）的早期历史编写的。卡西奥多卢斯是东哥特王国时期意大利的主要人物之一，他的大量书信使我们能够对公元6世纪非罗马人和罗马人之间的关系有一些了解。年代稍晚但十分重要的则是图尔的格里高利（Gregory of Tours，约公元538—594年）的作品，特别是他所书写的《法兰克历史》（*History of the Franks*），这本书追溯了法兰克王国在公元6世纪的发展。而关于在公元575年查士丁尼去世和公元610年希拉克略（Heraclius）开始统治之间的叙事则是建立在守护者米南德（Menander the Guardsman）所提供的（部分）作品和狄奥菲克拉·西莫卡塔（Theophylact Simocatta，绰号鼻涕猫）的残卷上，并随着公元602年皇帝莫里斯（Maurice）的死亡结束。

除了古典风格的历史外，公元五六世纪的编年史也特别丰富。在西罗马，这些编年史常常被作为尤西比乌斯世界历史编年史的延续，而这些编年史被翻译成拉丁文后，启发了各位用拉丁文写作的尤西比乌斯的继承者。而在东罗马，编年史源于希腊史学中一个非常悠久的传统，其中既包括得到广泛关注的作品，也有更多地方性的作品，如约翰·马拉拉斯（John Malalas）的作品，虽然它主要讲述叙利亚的安条克城的历史，但这部作品是了解整个东罗马帝国历史的重要来源。虽然这些编年史中收录的材料质量参差不齐，但它们往往是我们了解重要事件的最好资料。

其他语言的资料来源

从公元3世纪开始，出现了更多地以近东语言为载体的文献材料，从犹太教的《密西拿》（*Mishnah*）最早出现的时段开始，并在公元4世纪至7世纪扩展到充满活力的叙利亚语（西方闪米特语）、亚美尼亚与科普特语（Coptic）。最早提到穆罕默德是在公元637年和640年的《西方—叙利亚7世纪编年史》中（A.Palmer，*The Seventh Century in the West-Syrian Chronicles*，Liverpool，1993，2：19）；关于希拉克略对波斯的战役的重要信息来自谢别奥斯（Sebeos）的亚美尼亚历史，他还提供了现存最早的关于穆罕默德职业生涯的描述；我们对阿拉伯人征服埃及的了解，大多来自埃塞俄比亚人对科普特语编年史的翻译，这篇编年史最初是由一个叫尼库的约翰（John of Nikiu）的人写的。

最后，从公元4世纪开始，我们发现用各种东方语言以及希腊语和拉丁语书写的关于讲述圣徒生活的内容越来越多。这些可以为了解东方帝国农村地区人们的生活方式以及城市和农村人口之间的关系提供重要证据。在许多情况下，这些记录中含有大量的虚构成分，但即使是虚构，如果它们反映了更广泛的社会生活方式以及为其作者或受众的生活提供信息，也是有价值的。

我们所掌握的证据没有一个能自圆其说，任何一段话的特殊价值都可能由所提出的问题的性质决定。然而，无论他们提供的是明显的虚构，是由激情和偏见形成的歪曲，还是为了获得一个在当时看来和现在一样深藏不露的真相，而付出的完全值得尊敬的努力，这些资料来源都使我们能够听到一个民族的声音，感受到这个民族的激情，虽然他们早已离开，却仿佛依然和我们在一起。

第一章

罗马身份的形成

（公元前800—前350年）

大事年表1　罗马身份的形成

最早的罗马人		
	约公元前1000年	卡皮托林山出现最早的定居迹象，罗马广场山谷发现最早的已知墓穴
	约公元前900年	开始在帕拉丁山（Palatine）建立永久定居地
	公元前753年	通常认为是罗慕路斯建国的日期
	公元前730—前720年	最早修建帕拉丁城墙的可能日期
	公元前725—前575年	罗马广场排水和铺路的可能日期
	公元前715年	通常认为是罗慕路斯的死亡时间；努马（Numa）统治的开始
	公元前672年	通常认为是努马的死亡时间；图路斯·奥斯蒂吕斯（Tullus Hostilius）统治的开始
	公元前640年	通常认为是图路斯·奥斯蒂吕斯的死亡时间；安库斯·马尔奇乌斯（Ancus Marcius）统治时期的开始
	公元前616年	通常认为是安库斯·马尔奇乌斯的死亡时间；老塔克文（塔奎尼乌斯·布里斯库斯，Tarquinius Priscus）统治的开始
	公元前578年	通常认为是老塔克文的死亡时间，塞尔维乌斯·图利乌斯（Servius Tullius）统治的开始
	公元前578—前534年	通常认为是百人大会（*comitia centuriata*）开始的时间
	公元前575年	圣奥莫博诺（Sant'Omobono）的第一座神庙建造的大致日期
	约公元前550年	罗马市区周边防御圈塞维鲁城墙（the Servian wall）建成的可能年代
	公元前534年	通常认为是图利乌斯的逝世时间；“高傲者”塔克文（Tarquin the Arrogant）统治的开始
	公元前509年	“高傲者”塔克文被驱逐；共和政体建立；朱庇特神庙落成；与迦太基签订条约

共和国的发展

公元前499或496年	罗马人在雷吉鲁斯湖（Lake Regillus）战役中击败拉丁人
公元前494—前493年	平民的第一次脱离，创造五人保民官
约公元前493年	《卡西安条约》（*Foedus Cassianum*）明确了罗马与拉丁同盟的关系
公元前457年	保民官的数量增加至十人
公元前452—前450年	任命十人委员会（*decemvirs*）负责修订罗马法典
公元前450年	完成《十二（铜）表法》的法则
公元前449年	改革《十二（铜）表法》，保护平民权利
公元前445年	允许平民与贵族通婚
公元前444年	首次任命执政官（consular）
公元前443年	首次任命监察官（censors）
公元前396年	夺取维爱城（Veii）
公元前391年	流放卡米卢斯（Camilius）
约公元前390年	阿利亚河之战后，高卢人攻陷罗马
公元前367年	《李锡尼—塞克斯图法案》（*Licinian-Sextian*）规范了债务、公有土地使用法和平民执政官的任命
公元前342年	法律禁止在十年内重复任职，并允许两名执政官都由平民担任
公元前339年	通过了关于平民执政官任期、公民投票的约束性，以及在法案付诸表决前动用《元老院许可》（*auctoritas patrum*）的法律
公元前287年	《霍藤西亚法》（*Lex Hortensia*）确认公民投票的法律效力

罗马的建城是通过一次残酷的暴力行动完成的。罗马人相信，双胞胎兄弟罗慕路斯和雷穆斯（Remus）进行了一场比赛，看他们谁能建立一座新的城市。当罗慕路斯赢得比赛，并开始为他们的新城市划定边界时，雷穆斯袭击了他，却被他杀死。对后世来说，雷穆斯的被杀既是塑造罗马公民共同体的激烈政治斗争的典范，也是基督诞生前重塑罗马和地中海共同体的兄弟阋墙的典范。

然而，这个残酷的谋杀故事并不是唯一有关罗马建城的神话。在另一个版本中，主人公是一个名叫埃涅阿斯（Aeneas）的难民，为了逃避希腊人对特洛伊的洗劫而来到罗马（**图1.1**）。最早，埃涅阿斯的故事为罗马融入更广阔的地中海世界提供了一个典范。在其经典版本中［由诗人维吉尔（Virgil）在其史诗《埃涅阿斯纪》（*Aeneid*）中创作］，这个故事给公元前1世纪内战后幸存下来的罗马人带来希望。维吉尔笔下的埃涅阿斯长途跋涉，远赴台伯河畔发现了自己的家园。在那里，他遇到了当地人。凶猛的战士在愤怒的女神的鼓舞下，与当地人展开了一场大战，最终以埃涅阿斯摔死当地人首领的野蛮行为而告终。在这一版本中，残酷的死亡也开始了锻造共同体的过程，而罗马最终将从这一过程中建立起来。这个故事与罗慕路斯故事的不同之处在于，埃涅阿斯杀人是有目的的。他的旅程充满了艰辛，这也与罗马的建立过程相得益彰。他的苦难，对处在那个历史时期的罗马人一样，往往是晦涩的，但至少会有希望和新的开始。

罗慕路斯、雷穆斯和埃涅阿斯是罗马社会发展的有力象征，因为在罗马人对自身意义的理解中，有一种意识，即罗马的生存来自忍受和从暴力行为中恢复的能力。然而，他们也有一种实施暴力的意愿。帝国的建立得到了普通罗马人的支持，他们愿意在一场又一场的战争中作战，愿意承受朋友和亲人的牺牲。因此，传说中的罗马缔造者都是能够在愤怒中无怨无悔地杀死敌人的人，就像历史上发明这些武器的罗马人一样。

图1.1 埃涅阿斯的故事不仅是罗马的基础神话之一，也是恺撒家族的基础神话之一（见第180页）。这枚钱币描绘的是埃涅阿斯在特洛伊城陷落时救出其父亲安基塞斯（Anchises）的情景。钱币是为了在公元前49年开始的内战中支付恺撒的部下而铸造的。

正如基础神话后来被视为解释罗马人相互之间行为的典范一样，另外两个神话也为罗马社会的发展方式提供了典范。关于罗慕路斯如何扩充城市人口的故事，包含了对两种非常不同的罗马身份定义方式的有力隐喻。其中之一，正如李维所描述的那样，就是把人们从其他地方吸引过来：

> 依照城市创建者们之前的规划，这座大城市是不会空的，他们在自己的周围聚集起了一大群默默无闻又卑微的人，假装大地会养育他们的儿子。罗慕路斯在他们攀登卡皮托林山时遇到的现在被两片树林围起来的地方建立了神庙。因此许多人前往了神庙，他们其中既有奴隶，也有自由民，他们渴望一个新的开始，这是权力迈向伟大的第一次进步。当他现在不以自己的力量为耻时，罗慕路斯在权力之外又增加了政策。他任命了一百名“父亲”（元老），不知是因为可以担任元老的人数足够多，还是因为他原本就想任命这么多人。
>
> （李维1.8.4-7）

这里的关键点不仅仅是认为罗马的发展是因为它的聚集地向外人开放，而且还认为甚至罗马的贵族也包括这些新来者。从最广泛的角度来看，这个故事指向罗马传统中的一个方面：罗马聚集地的成员资格取决于一个人成为罗马人的愿望，而不是任何理论上的生物联系。但李维所讲的另一个神话，则十分不同：暗示罗马人通过从邻居那里偷骗，为自己的国家获得了第一代妇女（见第24页：萨宾人的劫掠：妇女与罗马的创建）。这些关于庇护和劫掠的神话，仍然是对罗马思想内部从未完全调和的两种基本描述。有时罗马会被证明对外来者十分开放，不过这种情况多是发生在罗马国家崛起的时期。而在另一些时候，罗马人会更坚定地坚持对成员资格的狭义定义，而这种狭义定义就隐含在对生物联系的坚持中。这种观点基本上是排他性的主旨，往往是造成严重麻烦的原因：当罗马人对自己或自己的最大利益产生分歧的时候，这种主旨就会很突出。尽管在与其他民族的战争中也爆发了内部冲突，但罗马共同体在每一次动荡之后都变得更加强大。直到最后，罗马共同体囊括了整个地中海世界，并将其力量投向莱茵河和多瑙河沿岸的内陆地区，甚至投向北方遥远的苏格兰低地。在南部，它顺着尼罗河延伸到今天的苏丹边境；在东部，它的边境延伸到里海和伊拉克的幼发拉底河。

纵观这一切，罗马帝国的故事仍然是罗马共同体如何在历史长河中重塑自身的故事。罗马帝国的不寻常之处在于，与其说它创造了新的臣民，不如说它创造了新的罗马人。到了公元3世纪，几乎所有的帝国居民都是罗马公民，罗马皇帝的祖先甚至来自曾被列为罗马敌人的民族。帝国在失去了原来的首都罗马和原来的中心地带意大利后，又延续了几个世纪。罗马文明的理想由基督教会的代理人保存和传播，基督教会曾一度被视为一股小势力（虽然是敌对势力），后来转变为国家的一个机构，而这个机构曾将其创始人及其最亲密的追随者置于死地。因此，本书的主题是罗马不同聚居区的形成方式：从公元前8世纪和公元前7世纪，罗马开始发展成为一个城市，到公元7世纪，罗马帝国［此时由君士坦丁堡（Constantinople）统治］面对一个新的力量——伊斯兰教时，放弃了自己的野心。

萨宾人的劫掠：妇女与罗马的创建

李维讲述的第二个关于罗慕路斯在壮大罗马人口过程中的故事，在很多方面与提供庇护的故事恰恰相反。罗马缺少女人，于是用武力获得了她们。根据李维的故事，罗慕路斯邀请邻近的民族把女人送到罗马，嫁给罗马的男人。当遭到拒绝时，罗慕路斯就召集一群萨宾人参加一个宗教节日，在节日期间，罗马人对女性游客进行了攻击，并强行绑架了她们。这个创始神话被称为“萨宾妇女被劫掠”（**图1.2**）。但李维称，这些妇女没有被强奸，而是同意接受罗马人作为丈夫：

> （与他们的父母相比）年轻的妇女们对自己没有更大的希望，也没有更少的愤怒。但罗慕路斯亲自到她们身边，告诉她们，她们的父亲剥夺了邻居的婚姻权之后，她们父亲的傲慢就成了事情的起因。只要她们能平复自己的怒气，把心交给那些被命运之神带到她们身边的人，这样她们就会有合法的婚姻，成为他们所有财产和国家的合伙人，还会拥有自己的孩子，这对人类来说是最珍贵的。伤害可以让位于感情，因此她们会找到更好的丈夫，因为每个男人不仅会努力成为一个好丈夫，还会安慰失去父母的她们。男人们的求爱证实了他的话，因为他们以激情和爱情为理由为自己的行为开脱，而激情和爱情恰恰能打动女人的心。
>
> （李维 1.9.14–16）

在这个故事中，萨宾妇女可以被看作扮演了两种角色。在一种角色解释中，妇女是被动的，她们通过繁衍后代传递公民身份，孩子只要出生就可以成为罗马公民。在另一种角色解释中，萨宾妇女在建立罗马国家的过程中发挥了积极作用。当萨宾人现身夺回他们的女人时（将近一年后），这些女人中的许多人带着新出生的婴儿，乞求她们旧家庭的男人与新家庭的男人和平相处。这个故事隐含着对妇女通过自己的身体去调和对立男性的作用的肯定。

图1.2 这枚描绘萨宾妇女被劫掠的钱币是在公元前89年罗马与其前意大利盟友大战期间铸造的（见第125页）。在这种情况下，这个神话提醒观者早先两个民族之间的冲突，最终他们依靠联合起来使罗马变得伟大。

最早的罗马聚居区

罗马早期历史中的罗马故事

我们对早期罗马历史的了解来自公元前1世纪后半叶的作家，其中最重要的是李维。

李维只用了一本书来介绍罗马的历史，从他认为的建城时间，即公元前753年到公元前509年罗马王政时期结束之间。在另外的四本书中，李维继续他的描述，直到公元前390年，当这座城市被一群高卢人占领后不得不重建。这些高卢人是来自北方的凯尔特人部落，他们横扫意大利半岛，展开掠夺和抢劫。

李维版本的罗马史是基于自公元前3世纪晚期，罗马人首次开始书写自己城市的历史后形成的传统。这种叙述的来源往往相当模糊，似乎包括神话、宗教仪式的解释、立法记录、早期政治机构的化石遗迹以及罗马城的纪念碑。根据这个故事——正如我们将看到的那样，在很大程度上是一个幻想——这座城市是由罗慕路斯建立的，他担任了它的第一位国王。

同样根据传说，当最初的共同体形成后，罗马国家的基本制度已经建立，罗慕路斯离开了人间（有的故事说他被元老院谋杀，有的说他升天加入了神灵的队伍）。在罗慕路斯之后，最初认为还有六位国王：努马、图路斯·奥斯蒂吕斯、安库斯·马尔奇乌斯、老塔克文、塞尔维乌斯·图利乌斯和“高傲者”塔克文。在后来的罗马中，罗慕路斯被视为罗马家庭生活大部分制度的设计者；努马创造了罗马宗教制度的基本要素；图路斯·奥斯蒂吕斯开始了罗马在整个拉丁平原的扩张；安库斯·马尔奇乌斯巩固了图路斯的工作；塞尔维乌斯·图利乌斯通过重组公民机构，为罗马共和国法律奠定了基础（见第31—32页）。而对于两位塔克文则没有什么好话可说，第二位塔克文在他的儿子强奸了一个贵族家庭的女儿卢克雷提亚（Lucretia）之后被赶出了罗马，而卢克雷提亚以前曾被认定为是家庭美德的典范（见第32—35页）。强奸卢克雷提亚的故事体现了罗马历史传统的一些重要特征：激进的改革往往与家庭犯罪有关，意味着旧秩序是不值得称赞的；必须看到英雄将国家置于家庭之上；伟人必须学会从属于国家。

罗马的敌人往往分为两类，这意味着在公元前3世纪末，在罗马历史的叙述开始被记录下来的时候就已经存在敌人。这些典型敌人中的第一类是野蛮人，要么是来自北方的凯尔特人，要么是来自意大利中部的萨莫奈人（这两个群体，尤其是萨莫奈人，事实上比罗马承认的文明程度要高得多）。第二类敌人是强大的城邦或君主国，罗马人只有通过他们优越的美德（在对付野蛮人时也是至关重要的）才能打败这个势力。在公元前3世纪末，这些“文明对手”是西欧的凯尔特部落和北非的迦太基大城。年轻的马库斯·库尔提乌斯（Marcus Curtius）就是这种美德的典范，（据说）他在罗马广场中间开辟了一条沟，赢得了不朽的名声。当罗马人想知道这意味着什么时，先知告诉他们，神希望他们牺牲对他们最重要的东西。库尔提乌斯指出，罗马最大的福气是它的武器和人民的勇气。然后他穿上盔甲，骑上马，跃过了深沟。罗马人每次进入广场时都会看到这个故事，现代的游客今天仍然可以看到这个传奇的地点：所谓的库尔提乌斯湖位于广场的中心，与元老院前面的大演讲台或讲坛相对。当罗马人在阅读这段历史时，不断被提醒，罗马最大的威胁是内部不团结，主要是某些团体或个人将自己的利益置于共同利益之上。

这些与罗马人产生共鸣的故事，为早期历史提供了最戏剧性的内容。他们相信，一个名叫卢修斯·尤尼乌斯·布鲁图斯（Lucius Iunius Brutus）的人在公元前

509年领导了驱逐国王的运动，他用两名地方政务官取代了国王，这些地方政务官每年由公民选出。当布鲁图斯的儿子们随后加入推翻这个年轻国家的阴谋时，布鲁图斯亲自主持处决了他们。在那些年里，罗马勉强能够抵御从伊特鲁里亚南下的军队（伊特鲁里亚人是典型的“文明对手”）。

这一时期最著名的两位英雄是霍拉蒂乌斯·科克莱斯（Horatius Cocles）和昆图斯·穆西乌斯·斯卡沃拉（Quintus Mucius Scaevola），他们在罗马竭力抵御一个名叫拉斯·波希纳（Lars Porsenna）的伊特鲁里亚军阀的军队，因在极端的逆境中表现出的勇气而赢得了名声［在早期的希腊历史中，那不勒斯湾上的库迈城（Cumae）就有他们存在的实际证据］。公元前4世纪末，在卡皮托林山山坡上的伏尔甘神庙（Vulcan，火和锻冶之神）附近有一座雕像来纪念霍拉蒂乌斯：当伊特鲁里亚人在台伯河桥的远端追击逃亡的罗马军队时，霍拉蒂乌斯曾站在此处拖延住敌人，让罗马人有时间在他游到安全地带之前摧毁他身后的桥。盖乌斯·穆西乌斯（Gaius Mucius）搞砸了对波希纳的刺杀，但当他被带到波希纳面前时，他宣称有三百名罗马人准备跟随他去刺杀，并将他的左手插入伊特鲁里亚的火中，以示对痛苦的蔑视。印象深刻的波希纳把他送回了家，并与罗马人谈判签订了条约。此后，穆西乌斯被赐予斯卡沃拉（Scaevola，寓意为”左手”）的姓氏，该姓氏在他的家族中沿用了许多世纪。在这个故事中，伊特鲁里亚最重要的城市是维爱城（位于罗马以北约十英里处）。公元前396年，在M.富里乌斯·卡米卢斯（M. Furius Camillus）的领导下，罗马人终于攻下了这座城市。就在这个巨大的成功之后，灾难发生了，高卢人摧毁了市民军，并将这座城市据为己有。公元前391年，被妒忌的同胞流放的卡米卢斯回来力挽狂澜。他召集军队，打败了高卢人，并说服罗马人重建他们的城市。

卡米卢斯只是罗马人认为被同伴冤枉或试图通过建立独裁统治来破坏国家的众多公民之一。在共和国的最初几年，有一个叫科里奥兰纳斯（Coriolanus）的人，他带领罗马人取得了胜利，然后被一个鄙视他的傲慢贵族、公民团体的代表赶到流放地。科里奥兰纳斯加入了罗马的敌人，如果不是在最后一刻被他母亲率领的大使们劝阻，他本可以攻下这座城市。另一位罗马人斯普里乌斯·梅利乌斯（Spurius Maelius）被指控试图垄断粮食供应，以谋取王权；而据称曾指挥保卫都城对抗高卢人的曼利乌斯·卡皮托利努斯（Manlius Capitolinus），在被判定为通过倡导减免穷人债务而企图自立为王以后被处决。罗马关于债务的法律是非常严厉的，允许奴役债务人。直到一个小男孩为偿还父亲的债务而遭受奴役时被主人强奸后，这种做法（同样根据传统）才结束。这个小男孩是第三个受害者（第一个是卢克雷提亚），也正是他的骇人遭遇引发了改革。第二位受害者是一位名叫维尔吉尼娅（Verginia）的女子，她的故事与公元前5世纪中叶被委任为城市写法典的十人委员会的故事有关。委员会第一年取得了成功，但随后他们拒绝离职，建立了一个基本上是专制的政府，直到该集团的领导人强奸了维尔吉尼娅后，她的家人发动了一次起义，恢复了传统的政务官制度。

虽然这些故事都不可能是完全真实的，甚至完全是虚构的——但它们代表了罗马人的信念，即他们的国家在公元前4世纪中叶之前一直被派系和阶级战争所困扰。只有在公元前367年实行的改革成功地解决了大部分争议点之后，国家才得以团结起来，并在接下来的七十年中征服了意大利。这些故事，不管是虚构的还是真实的，确实为我们提供了重要的信息，让我们了解到罗马人的思维方式：他们是一个受到邻居威胁的民族，努力通过自己的行为赢得荣誉；即使是最伟大的罗马人也必须服从社会的意志。拒绝这样做的罗马人，很可能遭受到深重的道德谴责，可能导致他们闭门造车，暴露出他们缺乏一个真正的国家领导人所需要的素质。我们将在下一章研究罗马崛起为地区乃至世界强国的问题，但现在我们需要超越这些故事，看看那些让我们有理由相信罗马在其存在的头几个世纪中的真实情况。

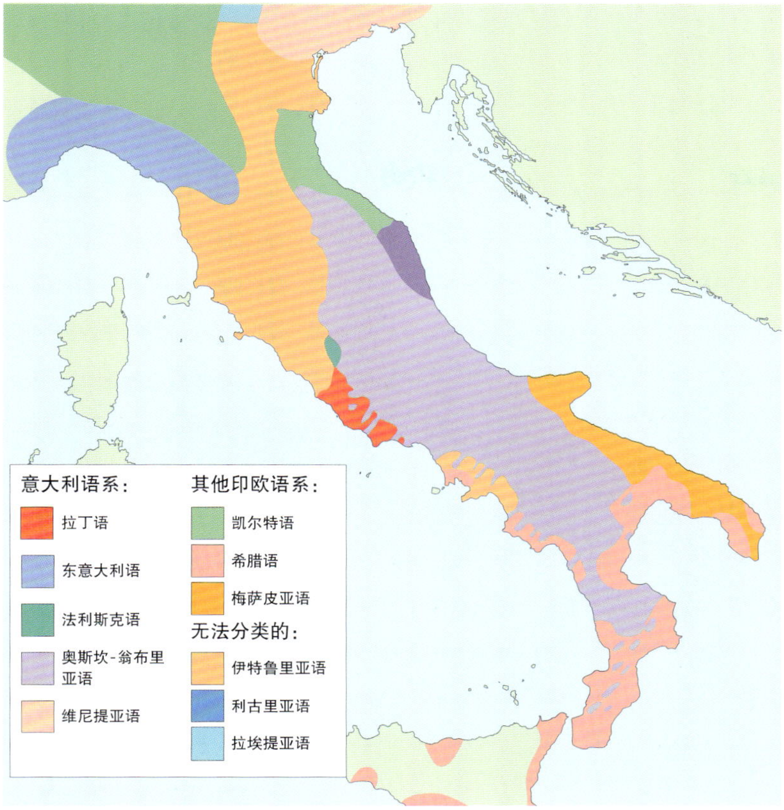

图1.3 在罗马人确立其统治地位之前的时期，意大利是一个由不同语言和独特文化拼凑而成的地区。参考铭文和地名，可以区分这些不同的语言群体，并大致确定它们盛行的地区。

最早期的罗马

除了传说，我们关于罗马历史最早时期的证据来自考古学。这表明，在城市开始发展之前的几个世纪，人们就一直生活在罗马的遗址上。在一群坐落在山上的定居点中，能够俯瞰着台伯河的大转弯，因为台伯河从亚平宁山脉流下，倾泻在拉丁姆平原上，最终流入大海。罗马成功的一个关键因素是，今天在罗马的任何人，只要通过台伯河上其中的一座桥（加里波第桥和帕拉蒂诺桥）穿越台伯河，就能立即反应出此处的急流意味着从海岸沿河行驶的船只旅程结束。罗马实际上是台伯河上下贸易的停靠点。

图1.4 这篇来自Satricum的铭文，可追溯到公元前500年左右，是现存最古老的拉丁文文献之一。其内容如下：“普布利乌斯·瓦列里乌斯（Publius Valerius）的同伴们（*sodales*）将此献给马尔斯。”有些学者认为普布利乌斯·瓦列里乌斯是共和国的创始人之一。即使事实并非如此，这段文字也证明了语言在贵族生活中唤起大家庭和宗教情感的重要性——这里的“同伴们”是瓦列里乌斯的“兄弟”。

图1.5 像这样的陶制小屋模型，是用来存放死者骨灰的。它们代表了意大利中部文化中一个悠久传统的开端，即用让人联想到活人房屋的物品作为死者的家。它们与其他墓葬品一起被装在葬礼用的瓮中被埋入墓地，其年代大约为公元前1000—前700年。

居住在定居地（后来成为罗马）的人讲的是一种早期的拉丁语，他们周围有许多不同的民族（**图1.3**）。西北部的伊特鲁里亚人讲的语言不属于印欧语系，而拉丁语则是印欧语系的一个分支（**图1.4**）。半岛南部和中部的奥斯坎人（Oscan）讲的语言与拉丁语有关，但他们的语言差别很大。公元前8世纪，希腊定居者开始在那不勒斯湾和半岛东南角一带殖民，凯尔特人则把持着北部的波谷（Po valley）地区。在外人眼中，意大利本身只是一个统一体。“意大利”这个词是希腊语，适用于一个地理区域，并没有暗示生活在这个区域内的人民以任何方式团结在一起。

一个由拉丁语系人主导的、文化上连贯的意大利，只是公元前2世纪和前1世纪发展的产物，是由罗马统治的事实所形成的。“*sota Italia*”，即“全意大利”，是描述这个实体的常用词，而实体只是在公元前1世纪下半叶上台的罗马第一任皇帝奥古斯都时期才发展起来的。

罗马控制的台伯河渡口是意大利西海岸各族人民上下移动的十字路口。考古证据表明，在公元前750年左右，后来成为罗马的那片定居地以后来的罗马广场为中心建立了一个政治联盟。罗马广场是卡皮托林山和帕拉丁山之间的沼泽地区。最近的发现显示，在公元前8世纪后期，沼泽被排干，并在那里建造了一座宫殿式建筑，而且周围建造了城墙（可能被视为象征性而非功能性）。

考古学和语言学的综合证据表明，早期的罗马社会是高度分化的，且由强大的贵族统治，贵族似乎被组织成了氏族。一个氏族由若干人组成，成员可能都是各个家族的首领，他们控制着财产的收支。这种制度在一个家族的族长死后没有男性继承人时显得尤为重要，因为它保证了家族的其他成员可以保留对财产的控制权，否则，这些财产可能会交给不属于家族的人（**图1.5**）。这一保障的重要性可以通过以下事实反映出来，这也是我们从很早的证据中了解到的少数几件事之一。本页下方是公元5世纪罗马法典中的一段引文（见本页：氏族的权力）。

氏族的权力

如果一名男子在没有继承人的情况下去世，在没有遗嘱的情况下，男方最亲近的亲属（*agnatus*）应掌控家族和财产。如果男性一方没有亲属，则由其他家族成员掌控家族和财产。

（《十二（铜）表法》第五表，第4—5行；

《罗马规约》2，641）

罗马及其邻国

罗马是在意大利中部台伯河宽阔的平原上发展起来的众多拉丁城市之一（**图1.6a和图1.6b**）。拉丁人的四面八方都被控制着更大领土面积的民族所包围。这些邻居中最重要的是在北面与他们接壤的伊特鲁里亚人、南面的坎帕尼亚人和主宰亚平宁半岛中部的萨莫奈人。凯尔特人在更北边的波谷占主导地位。公元前8世纪，希腊人开始在坎帕尼亚和意大利南部地区定居，在那不勒斯和塔伦图姆建立了重要的殖民地。罗马与这些民族的关系对其早期的历史产生了巨大的影响，罗马的许多制度都会受到其邻国的影响。

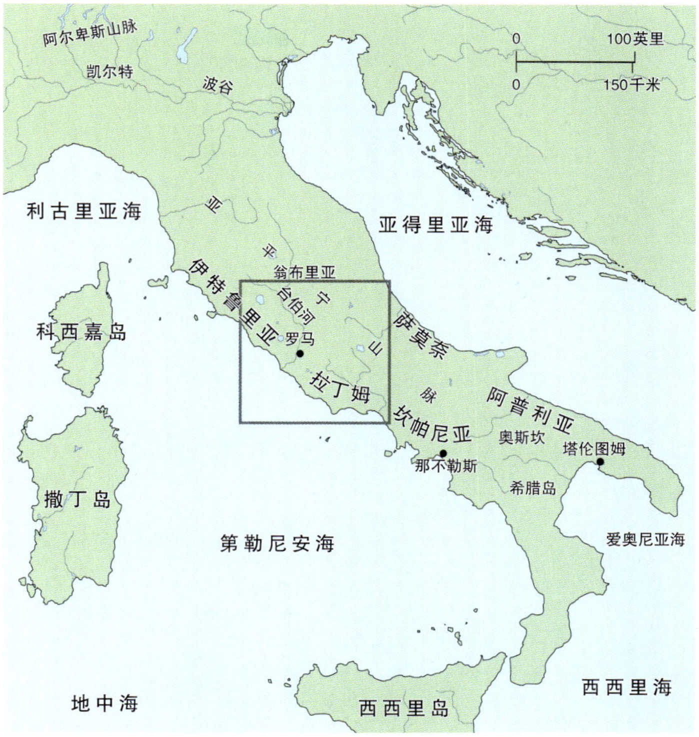

图1.6a（上图）和图1.6b（左图） 在罗马人确立其统治地位之前的时期，意大利地区的文化由不同的语言和独特文化拼凑。依托铭文和地名作为证据，可以区分不同的语言群体，并大致推断它们盛行的地区。

图1.7和图1.8 考古学继续增加我们对罗马起源的了解，一些最重要的挖掘工作现在正在城外进行。正是通过加比（Gabii）（上）等遗址，我们可以更清楚地了解一个城市遗址与罗马同时发展的情况，也可以找到贵族家族在城市环境中竞争的证据。在罗马，在广场内部和周围正在进行的挖掘工作，继续提供了有关该聚集区如何聚集在一起的信息。目前在那里进行的挖掘，以及在罗马台伯岛（Isola Tiberina）附近的圣奥莫博诺遗址（下图）的福尔图纳神庙和马图塔神庙的挖掘，为罗马与更广阔的世界的联系，以及利用公共资源展开大规模建设项目提供了重要的证据。这种形式的经济活动是占统治地位的贵族成员将国家财富分配给这些大型工程中的雇员的一种方式。

控制继承权的能力也许可以解释为什么一些罗马氏族能够在许多世纪里延续下来，并保持十分壮大的状态（当然，还有更多的氏族没有留存下来，但我们追踪到一些氏族延续超过500年，这也是罗马历史的显著特点之一）。除了控制财产的能力，每个氏族统领似乎都有特定的地理范围，也有特定的守护神灵以及与之相关的祭祀。

虽然罗马迅速成为台伯河平原地区——在古代被称为拉丁姆（即现在的拉齐奥，Lazio）——最大的城市，但它并不是此处唯一的城市（**图1.7和图1.8**）。平原上还有许多其他拉丁语聚居区，有些比罗马的建立要稍早一些（见第29页：罗马及其邻国）。这些聚居区的存在引出了一个问题，即什么原因导致台伯河周围和拉丁姆平原上的聚居区——事实上，当时整个意大利遍布着许多其他民族的聚居区——进行重组。

在希腊大陆、塞浦路斯和现在的土耳其西部开始出现新城邦的同时，意大利地区的城市演变也开始了。或许，腓尼基人的贸易站开始从他们的故乡，即现代黎巴嫩向地中海西部扩散，并不是一个巧合。公元前8世纪见证了伟大的军事革命的第一阶段，这场革命改变了近东的政治地理，为生活在该地区边缘的民族开辟了新的机会，并引入了以重装步兵为基础兵种的新式战争。希腊城邦的兴起可能与近东经济需求的扩大有关，这导致奢侈品贸易和为新式战争服务人员的增加。这也可能与依赖大规模重步兵（*hoplites*）的战争风格转移到希腊大陆有关。贸易的增加和一种新的战争方式同时出现在意大利。大约在公元前7世纪初，伊特鲁里亚、坎帕尼亚和拉丁姆出现了重甲战士，他们与希腊本土的重装步兵非常相似，而重甲战士的出现预示着支持这种战争形式的社会的诞生。

早期的政治架构

全副武装步兵的出现是决定政治制度性质的一个关键。因为这类兵种要自备武器，其中包括沉重的青铜胸甲、青铜头盔和盾牌。由于以这种方式装备自己的能力不是一般人所能承受的，所以重装士兵方阵的出现意味着一个阶层社会的出现。在这个社会里，重装士兵能够借助他人劳动的剩余部分来生产自己所需的武器装备。早期的罗马氏族似乎正是那种可以支持这种战争形式的阶层社会组织，每个氏族的主要成员担任战士。

罗马国家最早的组织机构同时提供了政治和军事结构：氏族被编为三十库里亚（*curiae*），他们来自三个部落（拉丁语中的部落“*tribus*”与“tres”一词有关，意为三个）。库里亚这个词给我们提供了一个重要的线索，说明这些分组的功能：它是由拉丁文前缀“co-”和“vir”组成的，前者表示联合在一起，后者表示人。*curiae*从字面上看是人的集合，似乎是属于一个库里亚（*curia*）成为聚居区正式成员的必要条件。参加库里亚大会的人们就重要事项进行表决，如战争与和平，或将总体军事权力授予个人（如国王），这也构成了最早罗马军队的形态。拉丁文中，公民团体（*populus*）一词是由“*populari*”这个动词形成的，意思是“掠夺”，由此就可以看出投票集会在军事方面的重要性。有关罗马最早的国王的记录，在伏尔甘附近的一块黑石（Lapis Niger）上得到了证据（见第44页）。统治权（*imperium*），即国王的权威，从理论上讲，它的持有者拥有对社会所有成员的绝对权威和对战争的领导权。即使在很早的时候，统治权也可能已经从宗教领导中分离出来，设立一个独立的国王来监督国家与神的关系。可以肯定的是，宗教仪式意义上的王的制度（*rex sacrorum*）比政治意义上的国王更为久远，尽管我们并没有实证两者曾经是统一的。

一个对人类事务拥有至高无上权力的人，可能会成为一个可怕的人。在某些时候，似乎需要对他行使国内权力进行一些制衡，因此保民官（tribunes）的设立被用来确保国王不会为所欲为，而保民官可能从他所属的部落中选举产生。我们还注意到另一个名词——城市的神圣边界（*pomerium*），是一个在公元前6世纪不管在罗马人心中还是在具体疆域上都很重要的概念。在城市的神圣边界以内的区域被称为“家”（*domi*），而剩下的区域则被称为“外部”，在拉丁文中则是*militiae*，字面意思是“处在战争中”。在后世的罗马传统中，统治权的行使要控制在城市的神圣边界内，我们认为这个观点是一开始就存在的，而非后期发展起来的。“国内”和“战争”之间的空间概念划分，可能会与战争或战争威胁在鼓励最终成立罗马城的政治组织所扮演的角色相背离。

保民官和空间的划分可能不仅仅是为了限制国王的权力。正如前文所述，罗马贵族家庭的首脑拥有对所有家庭成员的生杀大权，但他们不应该使用这种权力，除非他们与委员会（*consilium*）协商过。国王在行使大权之前，也应与委员会协商，这导致一个非官方的执政官职位的产生，也就是“家长”（*patre*），他们最后变成了元老院。一方面，罗马元老院在其历史上（至少在奥古斯都时代之前）从未拥有过立法权，这一事实可能说明元老院起源于王室委员会，其职能纯粹是提供咨询。另一方面，在罗马人的心目中，法律权威和实际权力从来就不是可以完全调和的。一家之主（*paterfamilias*）控制着所有的财产，决定他的孩子可以和谁结婚，甚至可以杀死孩子或奴隶，但如果他毫无节制地使用这种权力，就会被认为是一个蛮不讲理的人。因此，我们也可以推测，帝国统治权的持有者，也就是国王，如果完全不考虑社会领袖的意见，也会做出糟糕的决策。

罗马人不认可国王的权力是世袭的，也不相信他们早期的所有国王都是在罗马社会中出生的。传统上认为，王权总是由库里亚大会投票授予的，没有儿子可以随便继承父亲的王位。（传说中的）罗马第二位国王努马·庞皮留斯（Numa Pompilius）据说来自萨宾山（Sabine hills），而罗马七王中的第五位，老塔克文被认为是伊特鲁里亚城中一位希腊移民的儿子。在主流说法的七王之外，另一种说法中至少又增加了一个伊特鲁里亚名字为"Macstarna"的王。关于这些伊特鲁里亚名字代表伊特鲁里亚统治时期的说法，现在已被最新的学术研究所否定，但伊特鲁里亚名字以及来自其他地方的国王对我们了解罗马依然十分重要。

罗马氏族为这种传统提供了最好的解释。例如，也许是所有克劳狄家族中最强大的一支氏族成员在王权结束后搬到了罗马，并被接纳为聚居区的成员。如果我们假设这是一个持续的过程，而国王的角色主要是在战争中扮演领导者，那么这些国王因为军事才能而被吸纳至罗马城是完全有可能的，因为他们可以对已有氏族之间的争端置之度外。

引进国王和有权势的氏族也是早期罗马对外开放的一个特点。在这一时期，成为罗马公民的方式主要有三种：出生即为罗马公民（前提是他的母亲和父亲是公民）；如果他是奴隶，则通过解放（他必须是男性，才能享有充分的公民权利）成为公民；或者通过政务官，并经由投票决定。愿意接纳新公民，使罗马国家的发展速度领先于其他国家，而根据其他国家的规定——如希腊世界的标准——只有在父母双方均为公民的情况下，所生的人才拥有完全的公民权。罗马公民身份发展到公元6世纪的另一个问题是它所带来的奖励分配不平等，即它所要求的义务不平等，但它所赋予的权力却是平等的。对于公民的奖励是通过他所获得的职位和在战争中赢得的战利品来衡量的。一个人在保卫社会方面发挥的作用越大，他获得奖励的机会就越大。贫穷的公民在保卫国家的过程中并不被期望发挥与社会上较富裕成员相同的作用，后者是重甲步兵和骑兵的核心。但所有公民都有选举权，并得到一定程度的保护，以防止官员的肆意行为。在罗马，除了奴隶，似乎并没有像伊特鲁里亚和许多希腊城邦那样，存在着被剥夺权利的非公民社会成员的氏族。虽然在这种制度中存在着紧张点，但罗马共同体还是有足够的灵活性，可以吸收不同经济地位的新成员，通过同化新的民族，要比依赖之前世界生活的可悲事实发展得更快。那么，现在我们就来谈谈这些事实和家庭结构。

早期罗马的家庭和知识世界

定义

在讨论氏族时，我们说过每个氏族都是由一些被称为家庭（*familiae*）的群体组成的。拉丁文"*familia*"一词描述的是由一个人控制（*potestas*）的一群人。当将"控制"与我们所说的家庭联系在一起时，它指的是在父辈（通常是指居住在那里的孩子的父亲或祖父）监护下的所有生命体。值得记住的是拉丁语"*paterfamilias*"一词，因为它强调了罗马人的"*familia*"概念与我们的家庭概念之间的区别（英语单词显然与拉丁语有关，但含义不同）。从理论上讲，族长对家族成员的权力是绝对的：他有权处死家庭中的任何成员，不过他在这样做之前应该听取其他家庭成员的意见。这种权力可能是在聚居区司法系统极其薄弱的时期出现的，人们可能期望族长在没有任何其他权力的情况下对其家庭成员进行监督。如果他不这样做，结果很可能是与认为自己受冤枉的一方结仇。在罗马建国之后，父亲所掌管的生杀大权，以及聚居区法律制度的出现，共同体现了罗马社会特有的保守主义。罗马人并非不愿变革，但罗马世界的变革不一定伴随着对早期制度的完全否定。

与生杀大权同样甚至更为重要的是，家长对子女的控制在他们成年之后也会一直持续。这种令人敬畏的权力到底有多严重？每个罗马人都是在父亲的专制统治下度过其成长岁月的吗？难道正是因此，罗马人才会有如此优秀的士兵，并养成了在任何地方都要服从领导的习惯吗？所有这些问题的答案都是“是”也许“不是”。在父权背后的关键概念是“*pietas*”，这个词通常被定义为对子女、父母或者其他出于义务关系的忠诚。正如古典学中提供的有个忠诚的例子提醒我们，忠诚涉及父母和子女双方提供支持的义务。在思考罗马社会成员的思想和行为时，这里所强调的相互义务和奉献意识是很重要的。理想的社会以和谐和共识为标志，理想的婚姻以互爱为标志，理想的邻里关系以信念（*fides*）为标志。虽然罗马人可能无法始终如一地实现这些理想，但他们提供了一个衡量标准。

步入老年

在罗马成年人中，只有一小部分人活到了60岁，而像奥古斯都大帝活到了76岁，实属罕见。62岁被看作罗马男人的一个重要分水岭。奥卢斯·盖利乌斯（Aulus Gellius）在公元2世纪写道：

> 在人类漫长的记忆中……大多数老人（如果不是全部的话），在生命的第六十三年到来时，都会经历一些灾难或危险，或者是身体上的，或者是重病、死亡或一些精神上的痛苦。因此，从事这类文字和事件研究的人，把这一年的生命称为“高潮”。
>
> ［奥卢斯·盖利乌斯，《雅典一夜》（*Attic Nights*）15.7.1–2］

预期寿命、婚姻和价值观

在父系家族的权力范围内产生的另一些问题是：到底有多少个多代同堂的家庭？一个罗马男性在结婚时是否希望他的父亲还活着？罗马女性是否希望在她与丈夫的家中看到公公的存在？

这些问题相当难以回答。有证据表明，在整个古代，平均预期寿命在22.5岁至30岁，具体情况依人口分布而定。这些数字的背后是巨大的差异。平均预期寿命为22.5岁，这意味着半数儿童死于婴儿期，一个人如果能活到10岁，那么大概还有平均36年的寿命。因此，大多数成年人会在四十多岁时死亡，只有约21%的人口能活到50岁，约13%的人口能活到60岁。一个生活在平均预期寿命为30岁左右地区的成年人，通常可以活到50岁。我们所掌握的平均预期寿命的证据之所以有如此大的差异，最可能的原因是它来自不同的阶层。预期寿命较低的证据来自从低层阶级抽取的样本，而预期寿命较高的证据则来自较富有的人。从现代人口学的角度来看，这种分布方式很正常。

根据我们对罗马人口结构的了解，可以说，祖辈与孙辈同住的家庭可能相当罕见。虽然罗马女孩12岁就可以出嫁，罗马男孩14岁就可以结婚，但大多数人并没有在这个年龄结婚。绝大多数女子在十几岁或二十出头时结婚，大多数男子在二十多岁时结婚，可能比妻子大7岁到10岁。当他们所处的社会，有一半的儿童活不到5岁时，如果要维持人口稳定或增长，每一次婚姻平均需要生育5个至6个孩子。在所有家庭中，约有一半的家庭在第一个孙子出生时可能还有一位祖父母辈的人在世，但在其儿媳生下最后一个孩子时，祖父可能已经去世。祖母可能生活得更久，并在子女成长过程中对他们施加一些影响，但她的权力纯粹是社会性的，而不是父系家族的权力。

罗马的平均预期寿命相对较低，结婚时伴侣之间的年龄差距可能会产生几种后果。

首先，值得注意的是，罗马人在四十多岁的时候就会被认为是一个资深的政治家，而一旦他过了50岁，他可能就会意识到自己活到60岁的机会并不大（见第33页：步入老年）。其次，女性如果能在分娩后存活下来，就有很大机会比丈夫活得更久，并能有效地掌管父亲在她们40岁之前留给她们的任何财产，这会使她们成为家庭环境中相当受尊敬的人物。从公元前1世纪开始，情况肯定是这样，而且可能在罗马的更早阶段，女性的影响力就比文献记载中的要大得多——我们只是没有足够的证据可以确定。

知道自己不可能看到自己的孩子30岁以后的样子，也可能无法见到自己的孙子，对一个人有什么影响？而担心自己会失去一半或更多的后代，对父母有什么影响？这些问题是很难回答的，不同的社会阶层的反应可能大不相同。几乎所有现存的罗马文学作品都是由社会最高阶层的人写的，我们其他的书面证据大部分来自那些有能力买得起墓碑并在墓碑上刻字的人——这种情况似乎在公元前1世纪末以后更加普遍。在如此有限的样本中，很难确定我们所能做出的观察与生活在古代的广大罗马人的经历有多大的关联。不过，我冒昧地提出两点看法。第一，罗马人非常强调家庭内部关系的重要性——许多文章都强调丈夫对妻子的爱，父母对子女的爱。第二，结婚和离婚都是比较简单的事情（见第35页：早期罗马人的婚姻）。

即使已婚女性在她的家长去世的情况下可能拥有财产控制权，但她仍应在家庭中发挥从属作用。她管理账目，照顾家庭的日常运作，并生孩子。卢克雷提亚被年轻的塔克文（传说中罗马七王中最后一位国王的儿子）强奸，据说她的丈夫认为她是最完美的伴侣，因为当他回家想给她惊喜时，她正在操持家务和织布（罗马家庭主妇最被期待的行为），而不是和她的朋友们去参加聚会。她对自己被强奸的反应——揭露事实，然后自杀——表明，她最看重的首先是她丈夫家庭的荣誉。作为罗马传统中一个既英雄又悲剧的人物，卢克雷提亚展示了一个女人如何通过她对自己人生的掌控，将她的家庭美德转化为具有公共意义的事件。她的故事和其他人的故事中有关强奸和革命的模式揭示了罗马人根深蒂固的观点，即认为公共权力被私人恶习所摧毁。

低预期寿命的另一个后果可能是对外部成就的巨大压力。一个人的名誉和成就可能会留给自己的孩子。罗马人被描述为非常“外向型”，通过他人的赞誉和认可来寻求个人生活的验证。他们似乎对一个人内在和外加价值的区分没有浓厚的兴趣：一个人的自我价值被定义为父亲、战士、妻子或母亲。罗马贵族男性死后，会因其在公共领域的成就而被人们记住。他的形象将与其他祖先的形象摆放在一起，并在任何后代的葬礼上与所有其他祖先的形象一起展示。正是他们的成就将一个男人与他的祖先联系在一起。直到公元前最后一个世纪，女性才有资格进行这样的展示，但在早期，我们可以追溯到对她们的纪念，这也是通过外在表现来实现的：她可能被认为是一个伟大男人的妻子，许多孩子的母亲，或者是成为其他同性的美德榜样。

履行义务的重要性以及一个人为后代留下荣誉的强烈渴望，是罗马在几个世纪（即公元前3世纪到公元前1世纪）征服过程中价值体系的核心。这一时期开始给我们提供了大量有关罗马人自我思想方式的信息。

早期罗马人的婚姻

古典罗马法（在公元前1世纪至公元3世纪之间发展起来的）承认，共同生活一年零一天的男女为夫妻（**图1.9**）。在罗马世界中，这种基于相互感情的结合可能是绝大多数家庭组成的方式，这些家庭的生存水平达到或刚刚超过温饱线。

在涉及财产的情况下，订婚可能更复杂。要举行宗教仪式，向神灵询问婚姻是否会成功，女性要带上嫁妆，以支付她在丈夫家庭中的生活费用。

罗马婚姻最引人注目的一个方面是，父亲继续对其子女的婚姻进行控制的程度。这种控制源于一个事实，即父系家族控制着家族的所有财产，因此必须批准儿子或女儿的婚事。有子女的已婚男子，如果他的父亲还活着，除了他父亲允许的财产外，不得拥有任何其他财产；女性的嫁妆在其丈夫健在的时候，原则上不属于她，当他去世时，嫁妆才成为妻子的财产。尽管男性认为女性的地位低下，如果女性的父亲去世，她的监护人必须支持她的决定，并确保她不会做出不负责任的行为（到了帝国时期，成年女性的监护制度被认为是一种古怪的形式，如果满足某些条件就可以放弃，而且没有理由相信这一时期的监护人对成年妇女的决定可以行使实际控制权）。

嫁入另一个家族的女性要么被纳入其丈夫的父系家族（一种被称为“有财产”的婚姻形式），要么继续受自己家族的管辖（无财产婚姻）。因此，如果女性在结婚时仍受自己父亲的监护，即使她与丈夫在余下的自然生活中保持着幸福的婚姻，也永远不会成为其丈夫家庭的成员。鉴于在最古老的贵族家庭中存在着一种与“占有”有关的特殊婚姻形式，这种婚姻形式原本就与规范财产进出的氏族利益有关。

而对父亲家族的权利来说，任何被他承认为合法子女的都是他的家族成员。如若离婚，女性将自动失去对子女的监护权。

图1.9 一尊石棺正面的大理石浮雕，描绘的是罗马人的结婚仪式。

但没有理由认为这种价值体系只是帝国四处征服时期的特征。我们从罗马的其他领域，特别是宗教制度、公共建设的记录和政治体制所提供的证据表明，即使在公元前7世纪和前6世纪，这些思想就已形成，并为罗马提供了基础。

宗教：家庭和国家

如果一个人的价值不是由灵魂或任何内在成就决定，而是由在公共领域可以看到和衡量的成就决定的，那么，普通罗马人的宗教生活同时也是公共活动这件事情，也许就不足为奇了。古典宗教仪式中涉及祭祀，请求神灵表明他们对人类活动的赞许或者反对。人们在公开场合向神明祈祷，并期望通过正确的仪式，得到神灵的认可。族长负责维持他的家庭与神灵之间的关系，所以确保神灵与他达成一致是明智之举。诸神与人达成一致的观念是罗马宗教的一个重要特征。罗马人的宗教制度力图控制自然界，既包括私人遵守的领域，也包括公众崇拜的领域。后者是代表国家向那些被认为与罗马的福祉相关的神灵献祭，其中最重要的神灵是朱庇特·奥林匹斯·马克西姆斯（Jupiter Optimus Maximus，"最佳和最伟大"）。祭祀仪式被认为得到了众神的认可，因此，遵守这些仪式可能被认为可以保证应验。

族长在代表家庭履行宗教义务时的方式有许多种。他负责维护家族与家庭守护神拉尔（Lares）和珀那忒斯（Penates）的关系。他也可能会与家庭以外的其他神明建立关系，包括那些聚居区崇拜的神明和他认为同样重要的其他神明。族长还需要确保与死去的家庭成员保持有序的关系。早期家庭节日的存在，似乎与灵魂的复杂且三方的概念有关，这表明这种关系被认为具有重大意义（见第37页：罗马人的灵魂观念）。

在公共方面，国家与神灵之间的关系由国家宗教的历法来调节。我们通过罗马晚期的资料了解到的这个历法，是一个无定形的有机体。罗马人增加了新的节日，却没有消除旧的节日。罗马宗教最早的一些仪式可能是庆祝农业的仪式，因为它们祭司的神灵与罗马人在公元6世纪开始认同（这个过程并不容易）的希腊神的神灵最为不同。罗比加里亚节（Robigalia）是为纪念罗比古斯（Robigus）而举行的节日，罗比古斯神被认为代表着在英语中被称为"铁锈"的真菌，这种真菌会损害小麦作物。作为仪式的一部分，奎里努斯的祭司（*flamen Quirinus*，奎里努斯有时被认为与罗慕路斯有关的神）会在谷物田附近献上一只红狗和一只羊。狗的颜色代表真菌的颜色，这个仪式是罗马崇拜中驱邪的一个典型例子，即通过牺牲代表邪恶的物品来驱除邪恶。另一个有类似作用的节日是维纳丽亚节（Vinalia），是朱庇特神的神圣节日。罗马万神殿主神朱庇特的祭司（***flamen dialis***）开启了酿酒季，下达收割葡萄的命令，祭祀一只羊，在割出羊内脏后，再摘下一串葡萄，献给朱庇特。

朱庇特的祭司在生活中受到许多约束，他实际上是作为神的代表在城市中生活。同样，维斯塔贞女（Vestal Virgins，由六名妇女组成，负责监督广场中对灶神维斯塔的崇拜）的生活也是为国家崇拜服务。这种神职是极其不寻常的，因为他们的服务范围意味着他们的持有者实际上是专业人士：男子的生活被他们的祭司职能所支配，因此他们无法履行任何与其宗教角色无关的重大公共义务。而其他一些人，往往是宗教团体的成员，他们要过与他们的地位相称的生活。这些人物的活动也通常是与祭祀有关。

例如，牧神节（Luperci，每年2月15日）精心设计的仪式显然是为了保护羊群，进而保护聚居区的生

罗马人的灵魂观念

罗马人的灵魂概念是非常复杂的，涉及个人守护神（*genius*）、祖先的善灵（Manes）和祖先的恶灵（Lemures）（**图1.10**）。虽然我们不能准确地确定这些概念产生的时间，但罗马人对个人守护神的认知——最初是一个人的男性精神，在他活着时，就存在于他的头颅中，后来发展为每个凡人的神圣或精神部分——看起来非常像一个固有的罗马概念，但在希腊人守护神（*daimon*）概念的影响下被改变了。它可能是在公元前8世纪罗马与希腊世界建立广泛联系后发展起来的。祖先的善灵和祖先的恶灵在希腊世界找不到任何参照概念。这两者之间的区分是有一些问题的，但很明显，恶灵是有一些潜在的、被讨厌的东西，然而，我们尚不清楚这些观念如何能轻易地与个人守护神的存在相协调。当我们无法调和概念时，就会倾向于把矛盾解释为源于不同来源的、难以调和的结果。善灵和恶灵在罗马人的世界观中很早就存在，这可能是由两个古老的家庭节日（Parentalia和Lemuria）不容易被吸收到罗马国家的宗教历法的事实案例。如果认为强调与逝去成员的家庭关系的节日属于人类经验的基础是正确的，那么可以推断，这些节日是在整个社会的国家宗教历法结构形成之前就开始了。

图1.10 家庭神龛（*Lararium*），中间是一个人（身穿长袍的中央人物），两边是两位拉尔神。

育能力。牧神节的名字来自卢波库斯（Lupercus，似乎与拉丁语中的狼有关），会在清晨时聚集在母狼给罗慕路斯和雷穆斯喂奶的山洞里（然而，这种仪式很可能比这个故事更古老）。2007年，在帕拉丁山上重新发现了这个山洞。祭祀开始时，首先要献上两只公山羊和一条狗。然后，两名祭司会走近祭坛，他们的头上涂满了祭祀的鲜血，然后用浸泡在牛奶中的羊毛把鲜血洗掉。之后，他们会脱光衣服，用山羊皮盖住下身，在城市的边界上跑来跑去，击打他们遇到的任何女人。罗马人认为祭司的击打可以促进女性的生育能力，后来想要孩子的女性会赤裸上身等待祭司的到来。稍微不那么戏剧化的是阿瓦尔兄弟会学院（Arval Brethren）的仪式，他们纪念生育女神迪亚（Dea Dia），她的神龛位于早期罗马领土的边缘。我们对于这些节日的了解来自奥古斯都时期和公元4世纪初之间刻写的文字，但这些仪式似乎要古老得多。庆祝活动包括唱赞美诗，同时跳三步舞，以抵御来自边界以外的威胁，并举行盛宴庆祝丰收。

早期的其他祭司和罗马与邻国打交道的方式，以及解决聚居区内部的紧张关系有关。我们不知道诸如七月的“群众的逃亡”（Poplifugia）和二月的“国王的逃亡”（Regifugium）等节日是如何形成的，但这些活动的名称本身就能让人联想到紧张局势，即使后来将“群众的逃亡”与拉丁军队的溃败联系在一起。每年举行的十月抢马节（October Horse）同样是一个让人难以理解的节日，这让人联想到纷争，因为它涉及争夺马头的骚乱。在这种情况下，“不幸的野兽”总是10月15日在马提乌斯军营的比赛中赢得了比赛的那一组中位于右侧的马。仪式包括保存马血，以便将马血与祭祀蛋糕混合后献给帕勒斯神（Pales）。帕勒斯神是一位农神，献祭仪式将在次年4月21日举行，这一天也被认为是罗马的诞生日。比赛结束后，对战队的年轻人之间将爆发一场搏斗，每个人都代表广场的一个地区。搏斗的目的是抓住马头，并将其钉在公共场所。我们不知道这个节日是从什么时候开始的，但公元前3世纪的罗马人相信它是一个古老的节日，几天后的节日也是如此，由十几位贵族（patricians）组成的舞蹈祭司（Salii）参加。舞蹈祭司的联合似乎在拉丁姆的城市中很常见，而且和外事祭司（*fetiales*，也是拉丁城市常见的）一样，与国家间的关系有关。在罗马，每年的3月24日和10月19日，他们会装扮成战士在街道上游行，在不同的地方停下来跳舞和唱赞歌。他们跳舞的日期标志着战争季节的开始和结束。在最早的集会地点（*comitium*，第41页）的神龛是献给伏尔甘的，因为罗马人认为伏尔甘是一位与国家事务有关的神。

虽然我们无法确定上述任何活动开始的时间，但这些活动似乎是在罗马人开始将他们的神与希腊的神紧密联系起来之前发展起来的。这一点可以从这些仪式的祭司（*flamines*，这个词被后来的罗马人与他们最早的祭司职务联系在一起）和秘密会社（*sodalitates*，后世罗马人认为古老的习惯）窥得。这些联系使人们有理由认为，这些仪式都是在公元前6世纪末之前（如果不是更早的话）发展起来的。同样，它们也反映了罗马人心理的一些重要方面：意识到外部世界是有威胁的，罗马本身需要警惕内部被破坏的力量，以及在有关公共崇拜的决策中明显倾向于群体行动。因此，随着共和国体制的发展，祭司们将继续就他们负责的事项向国家提供建议，而实际的决策则留给了政务官（尽管通常情况下，这些秘密会社的成员也可以担任政务官）。究其原因，与神灵有关的事情在罗马被极为重视，罗马人反对由一个人独揽大权来调解重要关系。

罗马宗教是各种不同习俗的综合体，它的演变与整个社会的发展是平行的。由于罗马宗教对新的神灵和各种节日持开放态度，因此研究罗马宗教就是研究一个不断变化的社会。我们认为这些思想和做法存在各种不同的来源。在罗马人看来，情况会有些不同。人们从观察神灵行动的效果中了解到神灵的情况：自然灾害是神愤怒的表现；战争的胜利是神喜悦的表现。疾病可以源于神，治愈也可以源于神。如同在任何一个古代聚居区一样，罗马祭祀系统的内在逻辑源于这样一种信念，即对神灵的庆祝活动是由神灵通过对聚居区生活的干预而形成的，这种干预可能是良性的，也可能是恶性的。当新的神灵出现时，原有的神灵并没有被正式否认，对新神灵的崇拜似乎是对现有神灵崇拜的重复。在公元前1世纪之前，除了自称可以提供神的启示的神谕书，没有任何书籍可以指导普通罗马人理解神的含义或作用（即使有，普通人也不容易得到这些书籍）。

神谕书本身往往被视为可疑，需要专家的意见来确定它们是真迹还是赝品。事实上，罗马国家限制公民获取这些具有潜在危险性的书籍，宣称只有女预言家西卜林（Sibyl）的预言，或其他经国家认证的预言，才会被认真对待。普通罗马人应该通过参与对神灵的崇拜来了解神灵，从而意识到神灵的世界是非常复杂的，如果家庭和聚居区要生存，就需要时刻关注神灵。

在公元前6世纪末之后的时期，政务官的决定是国家宗教演变的核心。在此之前，公元前8世纪可能还有公元前7世纪，各氏族可能在向罗马引入新神方面发挥了重要作用。一些氏族崇拜的神可能会成为整个聚居区的神，帕拉丁山南侧的大祭坛上对赫拉克勒斯的崇拜似乎就是如此，类似的还有牧神节的神，这是另一个与聚居区生育以及后来罗慕路斯和雷穆斯的出生有关的节日。可能是通过与希腊城市的祭祀的接触，对个别以氏族拟人化（人）形式出现的神灵产生了兴趣。在地中海和近东民族中，希腊人似乎是独一无二的，他们主要以拟人化的形式，而非动物或人与动物的结合（或不可见的形式）来看待神灵。因此，罗马万神殿向着拟人化的神祇方向的演变，可能反映了罗马人以及更普遍的拉丁人社会受到的深刻的外部影响。

宗教与对外关系

神灵崇拜不仅为一个家族或聚居区与神灵的关系提供了框架，也有助于构建聚居区之间的关系。这方面最有力的象征可能莫过于罗马的“唤醒”（*evocatio*）或“呼唤”（call out）习俗，即请求与罗马交战的城市的神灵离开他们的家乡，来到罗马居住。在拉丁聚居区内，似乎是通过共同庆祝聚居区的宗教活动来协商彼此关系的。到了公元前6世纪，这些活动中最重要的一个似乎是在阿尔巴（Alba）举行，即拉丁地区保护神朱庇特祭司的中心。

宗教仪式通过被称为“外交程序”（*ius fetiale*）的谈判协议促进了拉丁地区之间的交流。根据外交程序，一个城市如果认为自己的领土或成员的权利受到另一个聚居区成员的侵犯，就会派遣一个随军祭司到侵犯的聚居区宣布其不满，并在神面前宣布自己的公正性。随军祭司前往的地区需要在三十天内将领土进行归还。如果不归还，被侵犯的聚居区的一位外交祭司将向侵犯城市的领土投掷长矛，以示宣战。

外交程序将神灵确立为争端的名义仲裁者：如果一个国家提出的主张没有得到证实，神灵大概会使其在随后的战争中遭受失败。在战争爆发前强调神的仲裁，也意味着一个聚居区只有在对邻居提出合理的要求时，才能发动战争。因此，在罗马人看来，罗马唯一能发动的战争是“正义的战争”（*bellum iustum*），是众神认可的战争。

宗教不仅构建了人与神之间的关系，还为聚居区之间的谈判提供了机制。祭司负责签订条约和宣战，主要的宗教圣地可以成为聚居区聚集的地方，比如公元前6世纪晚期，当时罗马比任何其他拉丁地区都要强大，甚至比所有拉丁地区加起来都要强大。公元前6世纪晚期出现的新的政治结构是所谓的拉丁联盟，以拉维尼翁（Lavinium）的圣殿为中心。这个联盟的目的似乎是为了调节成员城市之间的关系，并提供一个针对外来者的集体行动结构。虽然我们无法确定，但似乎成员城市的会议每年至少举行一次，联盟的主席职位每年在成员城市之间轮流担任。

宗教与政治结构之间的隐性联系在希腊和意大利世界都很常见，这可能反映了社会发展的早期阶段，尚未形成自己独特的城市结构的聚居区建立了区域性联盟。当然，拉丁联盟本身似乎并没有对成员城市施加任何真正的控制，成员城市之间可以在没有联盟干预的情况下相互发动战争。同样可以肯定的是，到了公元前6世纪末，罗马不仅让联盟中的每一个城市黯然失色，而且还可以动员一支相当于或大于整个联盟的军事力量。公元前499年（或公元前496年），罗马军队在雷吉鲁斯湖战役中击败了拉丁联盟（见第40页：雷吉鲁斯湖战役的胜利，公元前499年或前495年），并迫使

雷吉鲁斯湖战役的胜利，公元前499年或前496年

这位独裁者没有错过任何一个获得人或神的援助的机会，据说他向卡斯托耳（Castor）起誓建立一个神庙，并宣布为第一和第二名进入敌营的士兵颁发奖品。人们的热情高涨，以至于罗马人在击溃敌人的同时占领了营地。

（李维 2.20.12–13）

它陷入了由条约规范的从属关系。联盟结构在为后来的罗马扩张提供模式方面的重要性，将在第二章中加以阐述。

公元前6世纪的罗马

迄今为止，我们的叙述是基于一系列的假设。其中一个假设是，罗马家庭的基本父权结构可以追溯到罗马历史的最早时期。另一个假设是，罗马遗址的考古证据表明，自公元前11世纪以来，人们就在后来成为罗马城一部分的山上定居。第三个假设是，我们可以像古生物学家利用化石为物种进化提供地图一样，利用罗马宗教的进化来研究罗马历史。与古生物学家一样，早期罗马的历史学家可能会把一些“骨头”弄错地方，但他们别无选择，只能利用自己所拥有的东西。因此，罗马国家宗教体系的演变表明，罗马国家的宗教体系从一个以其成员及其羊群的生存为主要关注点的小型农村聚居区，向一个与其他国家有联系的、对新思想持开放态度的、更为复杂的社会发展。到了公元6世纪，出现了一批新的材料，使我们对于罗马宗教发展的了解也更明确一些。

公元6世纪罗马的考古记录让人毫不怀疑，这座城市已经成为意大利最强大的城市之一。广场已经铺设完毕（考古学上标志着城市聚居区的实际建立），其中的建筑与前面描述的以库里亚大会为基础的国家结构是一致的。在帕拉丁山的山坡上发现了可以追溯到这一时期的大量贵族房屋，这些房屋面对着广场，沿着后来成为圣路（via Sacra）的道路分布。大约在公元前550年左右，城市的领土被一个（新的？）神圣边界所界定。这个边界以一圈防御墙为标志，覆盖了一平方英里的领土，这个区域比拉丁姆和伊特鲁里亚的第二大城市大了2.5倍以上（**图1.11**）。城市空间的重新定义与罗马国王塞尔维乌斯·图利乌斯有关。我们有一定的理由认为，塞尔维乌斯是一个真实存在的人，而不是像罗慕路斯和罗马国王名单上的其他早期国王那样，为了解释为什么会发生某些事情而虚构的人物：这是因为他的名字与一种新的社会政治组织形式有着千丝万缕的联系，这种组织形式体现在《塞尔维乌斯法案》中的百人队大会。

《塞尔维乌斯法案》

《塞尔维乌斯法案》（*Servian Constitution*）在公元前6世纪末出现，将罗马人以百人队（*centuries*）为单元进行划分。170个步兵百人队，按照他们的武器装备，被细分为五类，除此之外还有18个骑兵百人队、4个工匠百人队和1个无产者（*proletarii*）百人队。步兵百人队按年龄分为两类，即年轻人（*iuniores*，17—45岁的男子）和年长者（*seniores*，46—60岁的男子）。

在步兵百人队的5个等级中，60个年轻人百人队被划分为重型1—3级。这正是传统罗马军团百人队的数量，而在公元前最后一个世纪之前，军团也划分为三个。把这个比例推广到轻装的4级兵和5级兵，那么重

图1.11 公元前4世纪的罗马平面图，显示了该城市在过去两百年的发展。当然我们对早期罗马的政治地理所知甚少，但还是很有提示作用。卡比托林山和帕拉丁山是贵族权力的中心，罗马广场是贵族展示的焦点，而阿文丁山（Aventine hill）则是平民（plebeian）运动的中心。位于帕拉廷山与阿文丁山之间的山谷中，是大竞技场（Circus Maximus），公元前6世纪初，这里已经开始举办战车比赛，为社会不同阶层的聚集提供了一个场所。

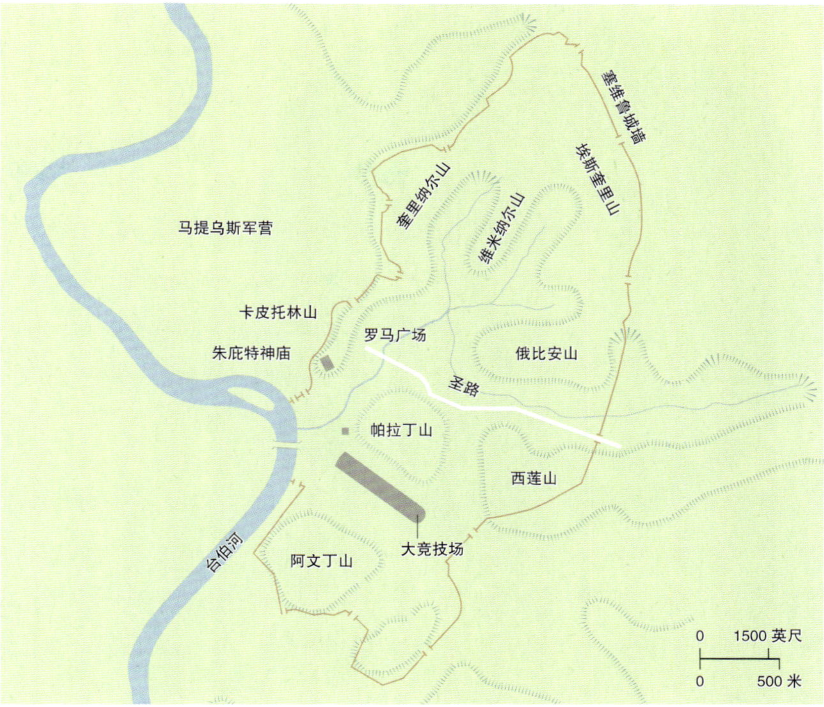

装步兵与轻装步兵的比例是3∶1.75，也就是后来军团大致的比例。被划分为同一个百人队中的无产者，并没有被授予任何军事职能，相反，他们理论上的工作是为国家提供子女（*proles*）。在公元前1世纪，大部分罗马人都被划分无产者。

《塞尔维乌斯法案》中规定的百人队大会（*comitia centuriata*）——人民聚集在一起进行投票的集会——是按照罗马军队的方式建立的。拉丁词语“*comitia*”既可以指会议，也可以指集会（“*comitia*”是拉丁单词“*comitium*”的复数形式，指集会的场所，最初的集会场所位于罗马广场的最北端），投票也正是在集会的时候举行。“*centuriata*”的意思是分组（centuriate），即将罗马人分成不同的百人队。

如前文所述，罗马百人队的划分与军队的结构有关，并将大部分政治权力交由重装步兵。正如马库斯·西塞罗在公元前1世纪所讲，按照《塞尔维乌斯法案》的规定，最重要的权力并没有交由大多数人的手中（无产者通常最后投票，如果主要投票结果已出，无产者往往被排除在外）。

但是，《塞尔维乌斯法案》的结果却为后来的政治发展提供了一个框架，使得更多的人能够在政治生活中发挥更大的作用：主要的决策权现在掌握在骑兵和重装步兵手中。即使这将大多数公民排除在真正的发言权之外，但它还是在政治影响力和个人在维护聚居区方面可以发挥的作用之间建立了明确的联系。个别重装步兵的影响力可能不如贵族骑兵，但他依然有话语权，并且很可能他现在拥有的声音与之前相比更有分量。充分的参与式民主不是凭空产生的，它的背后需要一个不断扩大参与的传统。

《塞尔维乌斯法案》还有另外两个重要方面：集体

图1.12 投票行为象征着作为罗马政治制度基础的协商一致的理想。书面投票首先在陪审团中采用，公元前2世纪，书面投票被推广到其他形式的投票中。这幅图画出自盖乌斯·卡西乌斯（Gaius Cassius）于公元前50年代中期铸造的一枚硬币，他的兄弟后来为了维护传统，谋杀了恺撒。

投票（**图1.12**）以及将百人队进一步划入部落。集体投票似乎是早期投票集会的一个特点（在共和国末期，已经僵化的投票集会仍然会举行正式会议以授予帝王权力，然而就我们所知，只采纳百人队而非个人的建议）。集体投票所依据的原则，是任何关注过美国总统选举或英国议会席位计票的人所熟悉的。例如，如果一位总统候选人以一票之差赢得密歇根州，那么他将获得密歇根州的所有选举人票，而他的对手则一无所获。在英国议会选举中，获胜者是获得多数选票的候选人，获得自己的席位，而反对党无论票数多接近，都得不到席位，这使得得票率低于45%的政党有可能在最后的议会中占据压倒性优势。

在罗马的选举中，一个人可以以一票赢得一个百人队的胜利，并在最后的计票中获得整个百人队的不分割票。他要赢得选举或通过一项提案，只需要获得百人队的多数票。与美国或英国的选举不同，在美国或英国的选举中，人们是按地点来组织的，而古罗马的民众则是按兵役种类（巧合的是，也是社会阶层）来组织的。18个骑兵（富人）百人队先投票，然后从第一到第五个阶级的步兵百人队才可以投票。

罗马人在百人队中既投票选举管理国家和指挥军队一年的政务官，也投票表决法律，这些法律必须经过投票才能生效。在投票表决法律时，公民可以选择赞成或反对，且不允许在集会上进行修改。公民只需对法律提案人提出的文本进行投票，而提案人必须是政务官。投票选举政务官的方式有些不同。每个百人队都必须对每个部门的政务官进行全面统计，政务官通常是合议制的（每个职位必须有一个以上的人担任）。百人队报告获得多数票的人的投票情况，并宣布此人为该百人队的获胜者。每个百人队的报告按照各组投票的顺序返回（每个等级内的顺序由抽签决定）。一旦某人获得97个百人队的选票（占百人队总数的50.3%），他就被宣布为胜利者。然后，主持选举的政务官将从头开始重新计票。获得职位的候选人的选票被抛出，该小组得票第二多的人被宣布为当日正在选举的下一位政务官职位的获胜者。在一个特定的选举日，只对一个政务官职位进行投票。政务官主持选举，而神灵则负责监督他们。政务官的职责是通过观察天象来确保神灵认可正在发生的事情。罗马人和许多其他意大利人相信，神灵通过鸟儿的飞翔发出信号。如果一只鸟在正确的时间和正确的地点出现，那么一切都会好起来。如果不是，公共事务就会被取消，直到神灵提供适当的信号。如果他们已经批准的仪式出了问题，那么神灵可能会给主持仪式的政务官再发一个信号，让他停止。

这一程序的象征意义是显而易见的：政务官是神与社会之间关系的中介，他是沟通网络中的关键节点。

因此，投票制度反映了公民社会内部的权力结构以及社会与其神灵之间的关系。

《塞尔维乌斯法案》在选举政务官方面的有效性一直持续到公元1世纪，并成为欧洲大陆历史上最成功的宪法之一。虽然它不是纯粹的民主，因为它更重视财富和地位——第一等级的百人队肯定比第五等级的百人队的数量少——但它为罗马国家选举官员提供了令人钦佩的方法，这些官员的主要职能是在战争中发挥领导作用和裁决贵族争端。它在为普通罗马公民提供可能希望的立法保障方面不太成功。在塞尔维乌斯之后的几个世纪里，罗马社会内部最持久的争端集中在保障社会中不富裕成员的权利上。从长远来看，这是通过创造一种替代性的计票方式来实现的，但这种计票方式也是基于塞尔维乌斯的制度：部落。

正如我们所看到的，罗马最早的组织似乎是以30个库里亚为基础的，这些库里亚被分成3个部落。这些部落可能具有一定的地理意义，包括10个由彼此相邻的氏族组成的库里亚，但我们无法确定这一点，也没有真正的证据证明库里亚之间的氏族分布。事实上，就库里亚而言，早期的部落结构可能与塞尔维乌斯组织关系不大。后者建立了新的部落，并在罗马城内（有4个“城市”部落）或罗马领土的其他地方建立了地理中心。部落结构极为灵活，随着罗马领土在意大利各地的扩大，新的部落不断增加，直到公元前299年达到35个，此后再无新的部落产生。

部落为罗马公民的组织提供了地方结构。由于计算人口的最简单方法是根据他们的居住地，而罗马早期的财富是根据一个人拥有的财产来定义的，因此个人的地位是在部落一级确定的。一旦对人进行了统计，对人的财产进行了评估，就可以把人划归到百人队中去。只要看一看公元前6世纪末罗马领土的地图（见第29页），就可以清楚地看出为什么需要一个地方组织的结构。到公元前500年，罗马占据了822平方千米的土地——略多于拉丁姆总土地面积的三分之一，控制着台伯河从萨宾山到入海口的全长。以土地和财富为基础建立单独的结构是塞尔维乌斯制度的最重要的特点之一。在古代大型城邦按其领土内的位置划分的地方，不同的群体支配着不同的地区，对本地区的关注点可能会超过整个社会的关注点。通过将不同地点的人混合到同一投票点，《塞尔维乌斯法案》减少了领土分裂的风险。

塞尔维乌斯制度的复杂性使我们不禁要问，是应该把它当成一个立法者的革命产物，还是一个较长时间的改组过程的终结更为恰当。塞尔维乌斯制度是可行的，这说明该制度大体上满足了罗马人民的需要。任何宪政制度如果不符合现有的社会价值体系和政治现实，就无法存在。塞尔维乌斯的制度是基于军事结构合理化的需要，也是基于在共同体内部建立相互义务感的需要，这似乎与罗马家庭的核心价值观是一致的。塞尔维乌斯制度的成功可能会让我们把塞尔维乌斯看作一个政治天才。但由于我们对他一无所知，只知道传统上他对这些改革负有责任，所以这种假设没有任何合理的证明。我们最好把这个制度看成是对所认识到的需要的一种公共反应。这个制度之所以有效，是因为罗马人民希望它有效。

国王与政务官

塞尔维乌斯·图利乌斯是古罗马传统七位国王中的第六位，我们没有找到后来传说中有关他是一个奴隶的儿子的任何证据。这种出生不详的故事往往附在后世著名的立法者身上。塞尔维乌斯出生的故事在主题上类似于摩西在芦苇草里的故事，或者罗慕路斯和雷

早期王权的证据

公元前6世纪的意大利存在王权的证据有两个来源，一个是黑石，这是在伏尔甘神殿附近发现的铭文，原是罗马广场上旧有的投票点或集合点附近献给伏尔甘神的神龛（图1.13）。这段文字没有完整地保存下来，现存内容如下：

……A……AS

RECEI:

……EVAM

QUOS: RE……

［第二行（图1.13a）中的RECEI是拉丁文“regei”的古体字，意思是“给国王”］

图1.13和图1.13a 黑石的局部图，上面刻有国王的拉丁语单词。

在皮尔吉（Pyrgi，今圣塞韦拉，曾是伊特鲁里亚城市凯雷的港口）发现的三块金板中的第二块金板，包含了以下献词（图1.14）：

天后阿斯塔特（Lady Astarte），这里是凯雷王忒法利·维莱格涅尼斯（Thefarie Veleianas）在祭祀太阳之月，作为礼物奉献给神殿的圣地。他之所以建造神殿，是因为天后阿斯塔特亲自扶植他，让他从神灵下葬之日起，在位三年。而圣殿中赐予神性的圣位的年限，将和金板上的星星一样多。

图1.14 三块皮尔吉金板

穆斯被放在台伯河的篮子里，被母狼喂养，由牧羊人抚养长大的故事，或者任何其他的故事。这些故事都表明一个人日后的伟大在出生时就已经预示了。我们应该把塞尔维乌斯看作一系列成功领导人中的一个，而库里亚大会（*curiae*）赋予了他们权力（*imperium*）（见对页：早期王权的证据）。事实上，塞尔维乌斯制度的一个有趣的特点是，它补充而不是取代了较早的库里亚大会。库里亚大会继续举行，以授予权力，但他们可以授予权力的人的选择，现在可能受到百人队大会的投票限制。然而，这样说会引起一个问题，即除了国王，是否还有其他的政务官可以被授予这一权力。

考虑到公元前6世纪罗马领土的规模，国王是罗马唯一官员的观点，是完全不可能的。似乎仍有保民官来保护普通公民的利益（见第49页），而且很可能有两名保民官，也称为大法官（praetors）。一个晚期的资料告诉我们，除了国王，还有两位战争领袖，而另一个文献似乎是从一个古代文本中引用的资料，提到了一个最高大法官（*praetor maximus*）。*maximus*一词在拉丁文中的意思是"最大的"，通常用来表示在3人或3人以上的群体中的排名。另一方面，*maximus*也可以用来表示一个人比另一个人年长，也可能是一个人先于另一个人当选。在后来的罗马国家，即使在只有两位候选人的职位选举中，先当选的人也有一些特权，只是因为他先当选。因此，*praetor maximus*一词（见第53页）可能只是指在一个至少由两名政务官组成的合议制执政中首先当选的人。

无论如何，除了国王之外，可能还有选举产生的政务官。选举产生的政务官与国王之间的区别可能是，政务官只能任职一年，而国王的任期可能是终身。如果把国王的地位看作是类似于同时代希腊城市的暴君（此时期，暴君这个词还没有负面含义），那么国王的工作就是确保城邦宪法的顺利实施。如果国王的工作是监督城邦的政治稳定，那么罗马社会完全有可能决定不设立国王。他们在公元前509年也确实这样做了。

罗马社会决定驱逐国王的原因一直备受争议。传统名单上的最后三位国王中，有两位叫塔克文，而塔克文这个名字来自伊特鲁里亚语，这使得早先几代的学者认为驱逐国王是对外国统治的拒绝。最近的研究对罗马从属于北边组织松散的伊特鲁里亚联邦的观点提出质疑（**图1.15**）。罗马是一个比伊特鲁里亚任何一个城市更大、更强的城市，而且没有其他证据表明伊特鲁里亚人在拉丁平原上有广泛的统治。曾有军阀袭击过该地区。公元前1世纪的历史学家引用了一位公元前5世纪的希腊历史学家的话，证实了在公元前500年左右的几年里，在拉丁平原上有一位伊特鲁里亚军阀的存在。但是，一个军阀的生涯，无论多么强大，和半个世纪的政治文化统治是不一样的。从罗马贵族政治的角度来看待共和国的建立，而不是从假设的民族解放战争的角度来看待共和国的建立，是较为合理的。

"高傲者"塔克文是因为罗马国家领导成员之间的竞争而成为国王的，他似乎已经做了大量的工程建设。据说（根据合理的推断）他在卡皮托林山上建造了朱庇特神庙（意大利中部最大的神庙），并在大竞技场为战车比赛安排了座位。从此后其他关于神庙创建的记录来看，神庙是贵族自我展示的一个重要特征，这可能是从一些氏族与特定崇拜的联系中可以看出的自然发展。这些建设项目还显示出政治权力与对社会的炫耀性服务之间的联系越来越紧密。有权势的人通过在罗马的城市空间留下永久性的纪念碑来显示自己的权力。可以说，国王的存在使其他贵族更难在公共领域发挥作用，因此，罗马王权的终结是贵族对一种权威形式的反应，这种权威形式给贵族竞争的沸腾大锅扣上了一顶丑陋的盖子。

图1.15 1857年在武尔西（Vulci）发现的弗朗索瓦墓，绘有伊特鲁里亚艺术家在公元前4世纪至前3世纪绘制的希腊和意大利神话场景。下面的场景呈现了一些与罗马历史有关的人物，比如Caele Vibinnas。根据文献记载，他的名字是以西莲山丘命名的。左边描绘了他被马斯塔纳（Mastarna）救出的情景，马斯塔纳是罗马国王，在罗马历史的另一个版本中与伊特鲁里亚有关。

《塞尔维乌斯法案》本身可以被看作是罗马社会在更大程度上试图分权的努力，是王室对贵族权力的侵犯。因此，《塞尔维乌斯法案》可能是拥有职务的贵族为捍卫自己的特权而与数量日益增多的罗马人民进行斗争的开场白。这种斗争是通过制度的操纵而不是暴力来进行的。阶级斗争是古典世界特有的现象，然而罗马在直到公元前2世纪成为泛地中海帝国之前，一直都没有出现本土的暴力情况。

罗马共和国的兴起

公元前509年，随着“高傲者”塔克文被驱逐，罗马共和国应运而生。事实上，“共和国”一词来源于拉丁语“公物”（*res publica*），这是驱逐国王后出现的政治实体名称“*res publica populi Romani*”，（即“罗马人民的共同财产”）的一部分。一个受过教育的人在公元前1世纪学到的这段共和国政府的历史是这样的：

> 国王从一开始就把持着罗马城。卢修斯·布鲁图斯建立了自由（*libertas*）和执政官制度。独裁者时有出现，十人委员会制定法律的权力不超过两年，拥有执政官权力的军事保民官的任期也不长。
>
> （塔西佗，《罗马帝国编年史》（*Annals of Imperial Rome*）1.1）

自由是罗马共和国政府的一个核心理想。在这种情况下，这个词的意思基本上是被动的，指不受上级当局的强迫。执政官是一个合议制的职位，每年由两个人担任。独裁者（这个词在拉丁语中并无贬义色彩）是指在极端紧急的情况下，可以时常被任命享有高级统治权的官员，任期6个月（如果独裁者能在规定的时间内解决他被任命的危机，则被认为是一件好事）。拥有执政官权力的军事保民官是一个由3人、4人或6人组成的委员会，他们可能是在预期的军事需求被认为超过两位执政官所能处理的年份，被选举出来分担执政官的工作的。第一届军事保民官选举于公元前444年举行，而最后一届举行于公元前367年。

这几年，罗马史研究的另一种观点，则提供了一些不同的看法：

> 除了对国王驱逐、对塔克文的恐惧和危险的伊特鲁里亚战争，强者对弱者的虐待、平民与元老院的分离，以及其他的民事纠纷从一开始就存在，罗马并没有实现公平和公正管理的情况。元老院把平民当作奴隶一样虐待，就像国王把平民的生命和身体当威胁一样：他们把平民从田地里赶出来，剥夺了他们的一切，并用武力把他们赶走。平民们被这种野蛮行径和债务压迫着，同时，他们还要忍受缴纳税收，并在不断的战争中服役，最后他们用武器占领了圣山和阿文丁山，并要求任命出身平民的保民官以及其他权利。而与迦太基的第二次战争结束了贵族与平民之间的不和谐。
>
> ［萨鲁斯特，《罗马史》（*History of Rome*）片段11］

这段记述和塔西佗的观点都有一定的问题。这段话的作者萨鲁斯特对一种历史范式感兴趣，即罗马只有在面对敌人和危急时刻时才会繁荣。当赶走敌人后，罗马社会的内在矛盾就会爆发，腐败与冲突会将危急时刻完成的壮举和成就抹杀。萨鲁斯特是在公元前1世纪血腥的内战时写作的，因此我们也许可以原谅他对于前景的极端悲观。

在第一段引文中，由于塔西佗把共和体制看作伟大的立法者卢修斯·布鲁图斯的工作，因此塔西佗的观点变得有点复杂。传说中下令驱逐“高傲者”塔克文的布鲁图斯，既可能存在，也可能不存在。不过几乎可以肯定的是，即使他确实存在，也并没有发明执政官制度。早期的共和国似乎是由从王政时期延续下来的政务官、掌握权力的大法官和保民官来共同管理的。萨鲁斯特所描述的冲突往往归结为一方面是政务官、大法官和后来的执政官（他们可能在公元前367年首次被如此命名）之间的冲突，另一方面是保民官之间的冲突。但社会分裂并不只是单一因素造成的，而一场持续了两百年的政治斗争本身就难以想象。

关于公元前5世纪和公元前4世纪的政治问题，最可靠的（可能并不完全值得信赖）是公共法律的记录。即使在一个缺乏其他复杂的文学创作的社会，法律文本也可能被保存下来。这些文本可能对祭司很重要，他们可以将对这些文本的讨论纳入对神事的评论中，而在后来的岁月里，这些文本对可能会寻找这些内容的法律专家也很重要。但法律通常不会告诉我们为什么要通过这些法律，我们只有通过对立法事项的考察，才能艰难地重建立法的背景。后来罗马史的叙事传统（公元前2世纪和前1世纪的历史学家也曾试图完成这一任务）不过是一种学术上的重建，而且往往是基于明显错误的假设。一方面，罗马历史学家认为，历史应

庆祝凯旋——家事

然后，庆祝胜利的人登上了战车。这辆战车不像赛车，也不像战争中使用的战车，而是被加工成圆塔的形状，胜利者不会一个人坐在战车上，如果他有孩子或亲戚，就会把女孩和婴孩放在车上和他一起，让年长的男孩骑上马。如果有更多的人，他们会加入骑着战马的队伍。

（卡西乌斯·狄奥，节选23）

该提供道德指导，当其不与当代叙述相矛盾时，可以优先进行道德考虑。另一方面，那些对道德榜样不那么感兴趣的罗马机构的学生——我们习惯上称为古物学家，他们对罗马机构的历史感兴趣，这些机构塑造了他们自己时代的实践，因此他们可以保存非常重要的文本。正是从他们的研究痕迹中，通过引用包括李维在内的其他作家的话语，我们可以构建早期罗马史的故事——尽管小心翼翼——因为当代的关注会极大地影响他们对过去的探索。首先应该强调的一点是，最经常需要表决的问题是宣战和条约。在战胜敌人的重大胜利之后，获胜的将军可以庆祝胜利。凯旋被视为神灵的直接代理人，来保护聚居区的安全（见本页：庆祝凯旋——家事），凯旋记录的保存独立于其他文献来源。

从罗马的凯旋记录和与宣战有关的立法记录中，我们可以描绘出罗马的扩张图景：首先统治了拉丁姆地区，然后是伊特鲁里亚和意大利中部。新领土的获得，国家规模和权力的增加，带来了新的挑战，迫使国家需要定期重新思考自己。

贵族与平民

公元前5世纪上半叶，罗马最重要的发展可能是政治社会中两个群体的分裂，即所谓的贵族和平民。塔克文之后的罗马是在《塞尔维乌斯法案》统治下的罗马，由拉丁贵族主导，为选举政务官提供候选人。根据罗马人自己认可的传统罗马史观，贵族是罗慕路斯建立的世袭贵族，平民是其他所有人。这种观点是有问题的，至少有两个原因。第一个原因是，把任何制度归于一个神话人物（罗慕路斯），都会引起人们对文献作者到底知道什么的疑问。第二个原因是，从公元前5世纪上半叶的罗马政务官名单上，我们发现一些政务官应该来自条件较好但并非贵族的家庭，这就提出了早期政务官也不全是贵族的可能性。虽然这些名单都是在公元前5世纪以后编纂的，但它们似乎是基于可靠来源的信息。

为了解释贵族秩序的起源，出现了三种说法。一种说法认为，这些名单并不像看起来那么准确，非贵族的名字是假的，是在公元前1世纪编纂名单时加上去的。第二种说法认为，这些非贵族的名字在当时确实是贵族的名字，而非贵族家庭后来持有这些相同的名字，是罗马人取名习惯的偏差造成的。第三种说法认为，被排除在贵族阶层之外的人，在贵族阶层完全形成之前就担任了这个职务。

其实第一种说法是不合理的，因为名单上有太多非贵族的名字（共二十位政务官中有十六位名字是非贵族的）。第二种说法未能解释为什么我们在公元前445年之后的政务官名单上没有同样的问题。要使第二种说法能够被接受（实际上第一种说法也是可行的），我们就不应该忽视公元前445年的一个突破点。这就给我们留下了第三种说法：贵族是在王政时期结束后形成的。其成员很可能是旧氏族时主要家族的首领，因为贵族阶级的一个重要特征就是垄断宗教职务。既然一些祭祀和氏族之间似乎存在着联系，那么有理由认为这种联系构成了贵族宗教角色的基础。事实上，贵族们最珍视的权利之一是他们对占卜（*auspicia*）的控制——通过观察鸟类飞行和其他自然现象所提供的神迹（见第42页）——使得贵族可以反驳保民官的否决权：负责某些公共行动的占卜官员可以通过宣布这些神迹是不利的来结束会议，正如保民官可以通过行使否决权来停止公共事务一样。

此外，也许与控制占卜有关，贵族首领必须通过罗马公民的法案（这被称为*auctoritas patrum*，"父亲的授权"）。起初我们无法确定这究竟是什么意思，父亲们都是贵族吗？这些贵族是曾经担任过政务官的职责吗？他们是以政务官临时任命的执政官方式召集的团体吗？但我们所能确定的是，这种权力的有效性一直持续到公元前339年，当时颁布了一项法律，将授予权力的时间转移到了某项措施付诸表决之前。可能是这种权力延续到了后来的很长一段时期，在这样的观念中，任何人如果期望把一项措施放到人民面前，都需要先得到元老院的批准。

认为贵族阶级的形成是在王政时期结束后的观点进一步引出关于平民阶级形成的问题。近年来，一些学者认为，平民制度是伴随民主运动出现的，几乎在王权结束后就出现了。根据这种观点，平民们试图使自己的权利得到保护以对抗贵族，而贵族对国家的统治由于国王的存在而不受制约。但这一点情况复杂很难确定。因为两个阶层存在相互对立的第一个明确的证据是在公元前450年颁布的罗马法典，当时禁止贵族和平民之间的婚姻（该法典的一节，在公元前445年被废除）。嫁入贵族家庭的平民大概是相当富裕的，但他们可能不是与原有祭祀有联系的家族成员，因为后者可能隶属于贵族阶级。因此，把平民视为穷人是错误的。

有关平民制度最好的解释与经济无关，而与公元前5世纪的标准组织形式有关。政治社团往往与祭祀联系在一起，平民阶层的制度可能演变自为应对贵族而形成的祭祀团体。平民争取权利的运动最有趣的特点之一，似乎是它与阿文丁山的联系，可能与在公元前5世纪的前十年就已经建立起凯勒斯（Ceres）神庙、利贝尔（Liber）神庙和利贝拉（Libera）神庙有关。阿文丁山崇拜与食物有明确的联系，凯勒斯是丰收女神，利贝尔是葡萄树之神，利贝拉显然是利贝尔的伙伴——这与朱庇特、朱诺（Juno）和密涅瓦（Minerva）的"父系"崇拜形成了鲜明的对比，后者明确地与天庭有关。这可能有助于解释为什么这种区分与公元前5世纪是相关的。本质上，它可以解释公元前5世纪社会群体的界定模式，以及为什么在公元前4世纪社会经济条件发生变化时，这种划分不再具有正式意义。

虽然平民争取权利似乎一直力图在后王政社会中确立公民权利，但它起初并没有利用任何新的结构来确保其目的的实现。平民似乎利用"人民的保民官"这一旧职位来对抗贵族，因为该职位没有权力，也与占卜没什么关系。公元前494年，百人队大会确立或确认了最重要的保民官的权力（假设这个职位在王政时期就存在）。这些权力是神圣不可侵犯的（*sacrosanctitas*），包括代表个人进行调解的权力。神圣不可侵犯的意思是，任何杀死保民官的人都会受到诅咒。仲裁权是否决权的先决条件，保民官可以以此来阻止政务官采取任何行动。公元前492年百人队大会通过的法律确立了保民官召开平民大会的权力。百人队大会还在公元前471年通过了法律，有效地建立了一个以部落为基础的新的平民投票集会。这个大会——在后来的几个世纪中被称为平民大会或平民部落大会（*concilium plebis*或*comitia plebis tributa*）——的作用是选举没有权力的政务官（保民官和营造官，最初是负责阿文丁山祭祀的最重要的官员）。

巧合的是，设立平民大会的法律加强了百人队大会组织的法庭与社会之间的联系，法律规定有5名保民官，这可能与罗马的5个社会阶层一一对应。这也是该法律的一个特点。公元前457年，该法将保民官的数量提高到10个，每个阶级2个。

《十二（铜）表法》

公元前452年至前449年是罗马历史上的一个重要转折点。公元前452年，十人委员会，即“*decemviri*”被选举出来，为罗马制定新的法律法典。委员于公元前451年上任，公元前450年完成任务，其结果被称为《十二（铜）表法》。传统上说，公元前450年的委员会十分令人厌恶，其成员滥用自己在”不可上诉”（without ***provocatio***）这一前提下当选的事实——也就是说，公民不能行使基本的上诉权，也不能呼吁民众来反对十人委员会的统治——因此，十人委员会最终被一场人民革命所逼走（见第51页：名单中的历史沿革）。这种说法有可能是真的。不过值得注意的是，尽管人们可能对其成员有诸多反对意见，但其制定的法律仍然有效。而且公元前449年颁布了七项法律，似乎是对《十二（铜）表法》和公元前450年事件中的缺陷进行补充。这些法律中有三条是由一名保民官改动的。第一条规定选举执政官以取代十人委员会；第二条规定任何政务官都必须接受公民的质疑；第三条规定对拒绝参加上一年征兵的罗马人给予大赦。因此，我们推测因大量罗马人拒绝响应征兵，才是把十人委员会赶走的原因。

公元前449年，一位执政官在百人队大会中通过了四项法律。在这些法律中，有两项可能是为了补充保民官计划。其中一项法律规定，“平民的法令”（公民投票）应具有法律效力，另一项法律则反映了保民官关于在公民没有“上诉权”的情况下设立政务官的事项。这两项有关执政官的法律，可能是由于在这之前只有百人队大会能够通过法律的前提下才有必要制定。不过，平民大会这种具体的立法形式，确实证实了在公元前5世纪中叶之前，保民官已经转变为可以通过法规的职位。然而，公元前449年对所有公民具有约束力的平民立法法令，只是确认了在十人委员会统治结束的危机中通过的法令，并不适用于未来。在确定所有公民投票对所有公民都具有法律效力之前，又通过了两部法律。一部是公元前339年的法律，另一部是公元前287年的《霍藤西亚法》[这个名字和所有罗马法律一样，来自发起人，即霍藤修斯（Hortensius）]。对于理解公元前449年发生的事情来说，也许更重要的是，当罗马人民再次召开百人队大会，以确认他们在没有贵族的情况下集会时也可以有投票权，然而贵族们并没有赞同（*auctoritas*）。

公元前449年的另外两部执政官法律，涉及神圣不可侵犯和元老院法令的保留。其中一部法律相对来说没有问题，因为它确认了保民官的神圣不可侵犯性，并将这一特权扩大到其他一些小政务官。另一部法律则要困难得多，因为它意味着有一个被称为元老院的机构可以通过法令。元老院具有某种正式的、某种监督的作用这一事实，可以被认为是元老院许可（*auctoritas patrum*）中的隐藏含义，可能这一法律的意图是将一种结构——监督政务官行为的贵族议会——正式化，而这种结构正在成为公共生活的一种永久性特征。如果是这样的话，那么我们可以把它看作是一个过程的第一阶段，这个过程在公元前318年到前312年的某个时候达到了顶峰。当时一项被称为《奥维尼亚法》（*lex Ovinia*）的法令命令监察官——负责起草罗马公民名单和安排每五年一次的国家文书的官员——起草一份元老院常任议员的名单（见第52页：未被提升的元老）。

名单中的历史沿革

皇帝奥古斯都曾将罗马的政务官名单刻在雷吉亚宫（Regia）的墙上，雷吉亚宫是大祭司长（*Pontifex Maximus*）在罗马广场的正式住所。这份名单上除了政务官的名字，还包括重大历史事件。我们有一部分公元前451年的名单，据说在这一年，罗马十人委员会创造了罗马的第一部法律法典。遗憾的是，铭文在公元前450年底之前就不见了，因此我们无法知道这个版本的罗马历史是如何记录十人委员会离任的。根据李维的说法，在公元前450年底，十人委员会拒绝放下权力，在第二年邻近的萨宾人和埃奎人（Aequi）入侵罗马领土时，十人委员会中为首的阿比乌斯·克劳狄乌斯·克拉苏·因里吉伦西斯·萨比努斯（Appius Claudius Crassus Inrigillensis Sabinus）强奸了一个名叫维尔吉尼娅的年轻女子，于是十人委员会被平民革命赶下台。

通过与我们的文献资料中保存的清单进行比较，我们试图恢复右侧断裂的铭文（如下栏所示）。

阿比乌斯·克劳狄乌斯，为阿比乌斯之子，阿比乌斯·克劳狄乌斯·克拉苏·因里吉伦西斯·萨比努斯之孙（第二次）执政	提图斯·格努修斯，卢修斯之子，奥古里努斯·卢修斯之孙
辞职，后进入十人委员会	权力可以被指派
在十人委员会中拥有执政权力	（以此获得立法权）
阿比乌斯·克劳狄乌斯，阿比乌斯之子，马库斯·克拉苏·因里吉伦西斯·萨比努斯之孙，后者曾作执政官	苏尔皮库斯，? 之子塞维鲁·卡麦里努斯之孙
提图斯·格努修斯，卢修斯之子，奥古里努斯·卢修斯之孙，后者曾任执政官	普布利乌斯·塞思提乌斯，昆图斯之子，比鲁斯之孙，卡皮托
斯普里乌斯·维图利乌斯，斯普里乌斯之子，普布利乌斯之孙，克拉苏	普布利乌斯，? 之子？ 之孙
盖乌斯·尤里乌斯，盖乌斯之子，卢修斯之孙	提图斯·罗慕路斯，提图斯之子，提图斯·卢卡思之孙
奥拉斯·曼利厄斯，格涅乌斯之子	斯普里乌斯·帕斯图密乌斯，奥卢斯之子，普布利乌斯之孙

公元前445年到前440年，可能是在《十二（铜）表法》颁布后的一次整顿行动中，又颁布了四部重要的法律。其中一部（公元前445年）废除了对贵族和平民之间婚姻的禁令。另一部在公元前444年，规定用一个由四个军事保民官的合议制取代两个合议制的首席政务官（可能仍称为大法官），并拥有执政权。剩下两部法律（公元前443年和前440年）设立了监察官和粮食供应长官的职位。对于设立监察官的解释是，首席政务官

未被提升的元老

“未被提升”一词原本并不是一种侮辱，因为他们是由国王“任命”和“任命替补”那些在公共委员会中任职的人。在国王被罢免后，执政官和拥有执政官权力的军事保民官选择那些与自己关系最密切的贵族进入他们的公共委员会，然后再挑选平民。直到《奥维尼亚法》的干预，该法规定监察官应从每一级的库里亚中通过投票选出一任。这时，那些未被提升的人从元老院中被除名，并被认为是耻辱。

［费斯图斯，《关于文字的意义》（*Concerning the Meaning of Words*）（林赛版）p.290］

已经无法胜任监察官要做的工作，这一时期的工作主要包括分配公共服务合同。设立粮食供应官是为了应对当时的粮食供应危机（面包是罗马人的主食）而做出的临时安排。这两部法律的重要性以及建立具有执政官权力的军事保民官的重要性，是承认了对政府的需求现在已经超过了旧有的政务官结构的能力。

公元前5世纪上半叶的法律似乎是关于社会的定义的。它们不一定反映出不同群体之间的大量纷争，因为所有重要的立法似乎都是百人队大会通过的。最明显的危机点是公元前450年，以颁布《十二（铜）表法》为代表的重大变革——这些法律不过是将现有的安排正式化——难免会造成压力。最重要的可能是罗马人能够通过立法解决他们的分歧。到公元前450年，百人队大会可能已经存在了大约一个世纪，罗马人民似乎已经对通过立法程序以寻求共识的能力产生了某种信心。

《李锡尼—塞克斯图法案》

下一个重大立法变革的年份是公元前367年。使这一年变得重要的原因，可能是传统的立法制度未能解决一个截然不同的罗马社会的需要。到公元前367年，罗马已经完成了对伊特鲁里亚南部（以前由伊特鲁里亚城市维爱城统治）和位于拉丁姆和坎帕尼亚之间的沃尔西地区的征服。公元前387年，在现有的21个部落基础上又增加了4个新的部落。新的土地和新的人民，就引发了新的问题。随着罗马社会的日益强大，财富的分化也越来越明显。在农业社会中，农作物歉收是每隔几年就会发生的事情，债务可能会成为一个非常严重的问题，因为农民必须在不好的年份借钱才能活到下一个收成的时候。债务问题因每月8.5%的高利率而变得更加严重，这意味着一个人借了粮食来种庄稼，当生长季节结束收获时，他必须归还他所借的140%左右的钱。如果一个人没有偿还债务，他就会成为他所借贷的人的临时奴隶（*nexus*）。只有在他全额偿还本金和利息的情况下，他才能摆脱这种处境。如果他不这样做，他的债权人可以卖掉他、他的家人或他的财产来做债务抵押。

罗马法律对债务的残酷性在古代世界很有代表性。公元前6世纪至前4世纪的民主雅典可能是唯一废除债役的大国。而且，就像债役很常见一样，减免债务也会成为贵族政治家内部决裂的重大社会问题，一部分贵族通过支持这种行动来寻求权力和民众的青睐。正是在债务立法的背景下，平民大会（或平民部落大会）作为一个重要的立法场所产生了。无论是哪种形式的部落大会，投票集体都是部落而不是阶级，在这种情况下，财富的重要性较低，而旨在帮助穷人的法律比百人队大会的成功机会大得多。罗马政治社会可能建立在相互义务的基础上，但大众利他主义则是另一回事。

罗马公民数量的增加也改变了罗马政治的面貌和基调。虽然我们没有特别可靠的数字，但在公元前450

年以后的一个世纪里，罗马人的数量似乎从10万增加到了15万。这与其说是出生率提高的结果（在地方性战争时期无论如何是极不可能的），不如说是来自意大利其他地区（特别是拉丁姆）的移民和被解放的奴隶加入的结果。

罗马社会内部日益紧张的局势如果想得到缓解，其中一个办法就是通过战争的胜利给城市带来新的战利品和奴隶。虽然这些战利品的分配不甚公平，绝大多数落入了胜利军队的指挥官手中，但仅仅是少量的战利品就可以帮助比较贫穷的人。另一种缓解紧张和冲突的办法是在意大利新征服的地区建立殖民地，给人们一个重新开始的机会。但在公元前367年之前的20年里，没有建立新的殖民地，而在更之前的10年里，军事扩张似乎受到了遏制。

现在，贵族对政务官的垄断开始成为另一个问题。自公元前450年左右"关闭"贵族等级以来的三代人中，出现了新的家族，他们的领袖越来越多地对传统贵族所保持的权力垄断感到不满。由于在高卢洗劫之前取得的胜利，这种垄断的代价可能更加明显。如果说战利品对步兵来说是有价值的，那么对指挥军队并在胜利后决定战利品分配的贵族来说就更有意义非凡了。对政务官的控制可能还产生了另一种影响，因为罗马与被征服城市之间的一般规定，通常涉及向罗马交出大量领土，这些领土成为"罗马人民的公共土地"（*ager publicus populi Romani*）。如果我们关于公元前367年立法计划的资料是可靠的，那么该计划的一个方面就是竭力限制任何一个人可以控制的土地数量。这种土地可以是私人庄园的形式，也可以是租给罗马公民（和其他人）的公共土地（*ager publicus*）。虽然土地属于罗马人，但有些租约是长期设立的（公元前2世纪的一部改革公共土地分配的法律中提到了可继承的租约），而且租金似乎并不繁重。公元前4世纪中叶立法中规定的土地面积很大［500犹格（*iugera*），相当于325英亩或80多公顷，一犹格约为一英亩的三分之二］，这表明一些人在征服过程中开始获得大量的土地。来自土地财产的收入是上层阶级获得财富的核心，随着担任公职的规则不断变化，立法似乎是为了确保未来有一个公平的竞争环境。从理想化的角度看，这似乎也是对已经实施了一段时间的限制个人奢侈开销等做法的延伸。

公元前4世纪的罗马社会

公元前450年和公元前367年的立法计划差异显著，它反映了罗马在这段时期中获得了意大利中部的大部分地区，出现了新的社会结构。公元前367年的改革计划是由两位保民官李锡尼（C. Licinius Stolo）和塞克斯图（L. Sextius Lateranus）提出的。他们通过部落大会提出了四项法律。其中第一项将未偿贷款的支付限制在本金的数额内，并从已支付的利息中扣除。第

最高大法官

有一条古老的法律，上面刻着老式的字母和咒语，大意是最高大法官会于每年9月13日钉一颗钉子，这条法律刻在朱庇特神庙的右侧，面对密涅瓦神庙的一面。在很少使用字母的时代，这颗钉子的作用是标志着岁月的流逝，而它之所以与密涅瓦神庙有关，是因为数字被密涅瓦发现了。辛西乌斯（Cincius）是研究这类古迹的学生，他十分勤奋，并确定了位于沃尔西尼（Volsinii）的伊特鲁里亚女神。诺尔提亚（Nortia）神庙中的钉子是岁月的象征。

（李维 7.3.5–7）

二项法律将公共土地的持有量限制在500犹格。第三项法律取消了具有执政权的军事保民官职务，同时规定设立有两名首席政务官的合议制——从此以后称为执政官——并由第三名权力较低的政务官对两位执政官的工作进行补充，负责管理执政官们来不及解决的事务，这位官员的头衔为大法官（见第53页：最高大法官）。第四项法律将负责《西卜林神谕书》（*Sibylline books*）的合议制祭司人数从两人增加到十人，并规定十人中的五人要出身平民。最后一项可能也是在这一时期进行的，那就是设立了贵族营造官（aedile），相当于原有的平民营造官。从此以后，贵族和平民营造官将隔年选举（根据我们的计算，贵族营造官在偶数年选举）。我们也可以肯定在这一时期包括贵族在内的部落大会已经开始运作，因为在这一点上我们可以看出，它有一个明确的功能（选举贵族营造官），这个职能是其他机构无法完成的。三个集会（百人队大会、不包括贵族的平民部落大会和包括贵族的平民部落大会）继续并列存在，以其成员和政务官来区分。可能就在这个时候，罗马人把官方每年的开始时间——新的执政官上任的时间点——改为5月1日（以前似乎是8月开始）。这意味着新的执政官将在年初而不是年中，也就是每年与罗马邻国交战时上任。

在公元前367年改革后的七十年里，罗马完成了对波谷以南意大利大部分地区的征服，国家结构也发生了进一步的变化。公元前357年、前347年和前326年还会有三部关于债务问题的法律，禁止债务奴隶。公元前342年的保民官法确立了这样的原则：一个人在担任他已经担任过的职务之前，应该有十年的间隔（这基本上减少了政务官的重复任期），一个人不能同时担任一个以上的职务，两位执政官可以都是平民。公元前339年，一位执政官颁布了一系列法律，赋予公民投票以约束权力，将元老院许可（见第49页）的时间提前到法律通过之前，并规定一位监察官应是平民。公元前287年，最后一项法律——《霍藤西亚法》，赋予了所有公民投票的权力。《霍藤西亚法》取消了公元前339年法律规定的元老院必须首先同意的要求。

公元前4世纪下半叶立法的显著特点是，大部分立法是通过部落大会进行的。由百人队大会通过的不同阶级的公民之间的共同利益似乎已经被打破，法庭已经成为社会改革的重要推动者。其结果是社会地位——无论一个人是出生贵族还是平民——依然重要，但不再像一个人是否担任过职务的问题那么重要。新的规则加强了上层阶级成员之间的竞争。这表现在公共服务上，并延续了早先的传统，即成功的人可以通过赞助大型公共工程（尤其是神庙）来表彰自己。这个阶级的成员一旦担任执政官，就会成为我们今天所说的贵族（*nobiles*）。尽管统治集团的财富和组成发生了变化，但必须看到，立法过程乃至新的任职阶级内部的竞争过程（尽管与共和国初期建立的阶级截然不同），仍在努力建立共识。罗马社会尽管存在着各种紧张的关系，但仍然是一个以法治为基础的社会，罗马人民通过他们的部落在罗马广场的中心进行投票，决定法律的内容。罗马人民还决定了战争与和平的关键问题。

总结

- 虽然有关罗马建城的神话无法告诉我们关于罗马实际诞生的方式，但揭示了被公元前1世纪的罗马人视为的重要的历史。我们所拥有的这些神话的版本就是在这个时期被记录的，它让我们看到了一个经常与自己交战的社会，但这个社会是对外人开放的。
- 早期罗马的考古学以及对早期罗马制度的研究——尤其是宗教和家庭——揭示了罗马是一个等级森严却极其重视合作的社会。领导者，无论是国王还是族长，在采取行动之前都需要与同僚协商，需要确保自己的行为符合神灵的意志。最早的政治社会是以家族为单位组成的氏族，氏族的领导人可能以国王为核心组成政务委员会。
- 我们对公元前509年共和国成立之前的时期了解不多，但似乎有理由认为当时国王已经存在，而且后来共和国的几个基本机构就是在这一时期形成的。这些机构包括保民官和政务官，后者在最后一位国王被驱逐后成为大法官。这一时期还出现了以军队组织为基础的百人队大会。
- 驱逐国王之后的关键发展是贵族和平民阶层之间的分裂，这种分裂源于对任职资格的争议。虽然后来的罗马历史学家描绘了一幅“阶级之间的斗争”图景，类似于他们自己时代的政治斗争，但早期罗马的情况似乎没有那么混乱。后来的历史上有一些人物被认为是罗马人重要品质的典范，但这些故事在很大程度上（或完全）是虚构的。
- 公元前5世纪建立了具体的平民机构，其中最重要的是平民大会（或平民部落大会）和部落大会。公元前5世纪的大部分改革都是通过百人队大会决定的，这说明罗马社会非常强调通过共识进行改革。这一时期，罗马社会作为一个整体最重要的发展可能是一部成文法典——《十二（铜）表法》——的诞生。
- 在公元前4世纪，有更多的证据表明出现了严重的经济纠纷，特别是集中在债务和债务人的奴役问题上，以及持续的职务之争。最广泛的改革是在公元前4世纪60年代颁布的《李锡尼—塞克斯图法案》（以公元前367年的两个保民官命名），这部法律结束了许多关于获得职位的争执。
- 到公元前4世纪末，更强大的机构正在形成，更古老的机构正在正式化，其中最重要的是元老院。罗马已经走上了通往帝国的道路，一个主要原因就是这种政治体制有能力通过达成共识解决内部困难。

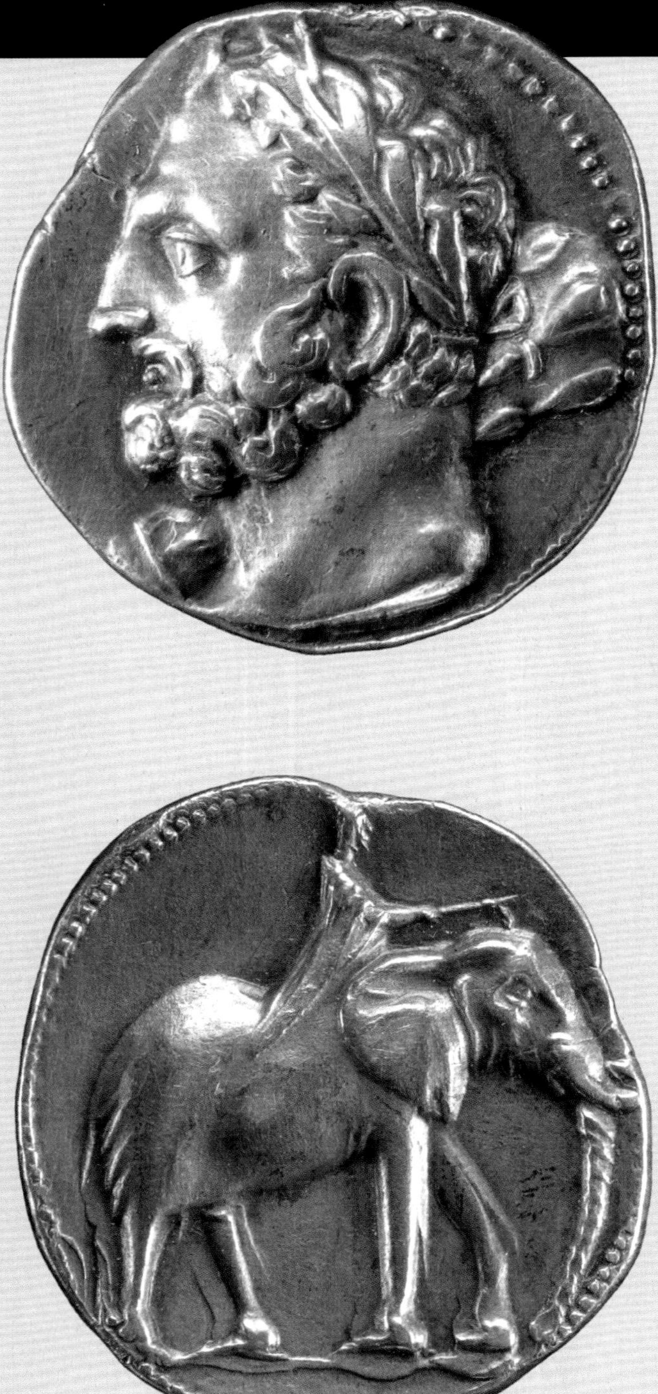

第二章

战争与帝国

（公元前350—前133年）

大事年表2　战争与帝国（公元前350—前133年）

征服意大利	公元前350—前341年	步兵军团的发展
	公元前343—前341年	第一次萨莫奈战争
	公元前341—前338年	拉丁战争
	公元前334—前323年	亚历山大大帝征服阿契美尼德帝国（Achaemenid empire）
	公元前328—前304年	第二次萨莫奈战争
	公元前311年	罗马设置4个军团
	公元前298—前290年	第三次萨莫奈战争
	公元前295年	罗马在森提努姆（Sentinum）击败伊特鲁里亚人和高卢人
	公元前284—前282年	对伊特鲁里亚的最终征服
	公元前281—前279年	塔伦图姆战争的第一阶段；皮洛士在赫勒克留亚（Heraclea）和阿斯库路姆（Asculum）击败罗马军队
	公元前275年	罗马在贝纳文图姆（Beneventum）击败皮洛士
	公元前272年	塔伦图姆投降
布匿战争	公元前264—前241年	第一次迦太基战争（第一次布匿战争）
	公元前241年	迦太基人在西西里的部分成为罗马省；罗马部落的最后扩张，现在有三十五个部落
	公元前238年	罗马从迦太基手中夺取撒丁岛和科西嘉岛
	公元前237—前236年	迦太基的哈米尔卡·巴尔卡（Hamilcar Barca）抵达西班牙
	公元前229年	第一次伊利里亚战争；罗马获得亚得里亚海东岸的领土；哈斯德鲁巴（Hasdrubal）接替了哈米尔卡
	公元前228年	首次选出四名大法官
	公元前226年	《埃布罗条约》（*Treaty of Ebro*）
	公元前225年	在泰拉蒙（Telamon）战胜高卢人
	公元前221年	汉尼拔接替哈斯德鲁巴

布匿战争

征服东部

公元前219年	第二次伊利里亚战争；汉尼拔进攻并占领萨贡特姆（Saguntum）
公元前218—前201年	第二次布匿战争；汉尼拔入侵意大利
公元前217年	汉尼拔在特拉西米内湖（Lake Trasimene）击溃罗马军队
公元前216年	汉尼拔在卡奈（Cannae）击溃罗马军队
公元前215—前205年	第一次马其顿战争
公元前202年	阿非利加的征服者西庇阿（Scipio Africanus）在扎马（Zama）击败汉尼拔
公元前201年	迦太基归顺罗马
公元前200—前197年	第二次马其顿战争
公元前198年	首次选出六位大法官；在西班牙建立罗马永久行省
公元前197年	弗拉米尼努斯（Flamininus）在库诺斯克法莱（Cynoscephalae）击败腓力五世（Philip V）
公元前192—前187年	叙利亚战争
公元前191年	战胜安条克三世（Antiochus III）
公元前190年	西庇阿在马格尼西亚（Magnesia）击败安条克三世
公元前188年	阿帕米亚合约（Peace of Apamea）
公元前171—前168年	第三次马其顿战争
公元前168年	珀尔修斯（Perseus）之战
公元前149—前148年	第四次马其顿战争
公元前149—前146年	第三次布匿战争
公元前149年	《卡普利亚法》（*Lex Calpurnia*）设立了第一个审理敲诈勒索案件的常设法院
公元前146年	亚该亚（Achaean）战争；迦太基被灭；前迦太基部分领土成为罗马的阿非利加行省；建立马其顿行省
公元前133年	帕加马（Pergamon）的阿塔罗斯三世（Attalus III）逝世，开始建立亚细亚行省

> 有哪一个人会如此愚蠢或懒惰，以至于他不想知道罗马人是用什么样的手段，在不到53年的时间里，将所有有人居住的世界征服到它的统治之下吗？这是以前从未有过的事情。
>
> （波利比乌斯，《历史》1.1.5）

公元前2世纪写下这些话的波利比乌斯是个希腊人。年轻时，他曾是希腊城邦联盟中一位成功的政治家，该联盟曾统治了伯罗奔尼撒半岛（Peloponnese）的西北部。由于同僚们的严重失误，波利比乌斯于公元前167年被带到罗马，成为几百名长期人质之一，以确保希腊联盟未来的服从。在那里，他与罗马贵族的领袖们打成一片，成为一个具有国际意义的人物。同时作为一位历史学家，他对罗马崛起为世界强国的基本研究，仍然是古代世界存留下来的、关于帝国主义的极透彻的研究之一。

波利比乌斯的伟大是罗马的产物，他代表了一种新文化话语形成的早期阶段。这种新话语把拉丁世界的传统与希腊世界的传统联系在一起。公元前3世纪末，拉丁语还是一种主要局限于意大利半岛中部的语言，而希腊语则在整个地中海地区使用。由此产生的希腊-罗马（Greco-Roman）文化在公元前3世纪和前2世纪开始出现。从地理上看，这种文化给地中海，准确地说，东地中海地区留下了深远影响。正是这种传统造就了该地区的文学、法律、艺术和行政传统，最终成为西欧历史上的罗马遗产。

罗马成为帝国的持久结果，是我们直至今天还会提出像公元前2世纪的波利比乌斯曾经提过的问题。我们无法想象，如果没有罗马，世界会是什么样子。但是，作为意大利中部的一个国家，它是如何如此深刻地改变了地中海流域和与之接壤的土地的文化历史呢？

罗马崛起的关键不仅在于它能有效地击败敌人，更在于它有能力将这些敌人同化到一个更大的政治框架中。同化的条件随着时间的推移而改变，但同化仍然是理想的结果。伟大的汉尼拔，这位在公元前218至前215年的一系列血腥战役中几乎打败罗马的迦太基将军，也把摧毁罗马与意大利其他国家的关系体系视为取得最终胜利的关键。如果能破坏这些关系，罗马就会沦为一个地方性强国而不是意大利或地中海强国。汉尼拔的认识是正确的，但他没有实现自己的目标，而罗马最终取得了胜利。

罗马和拉丁人

在驱逐国王之后的两个世纪里，有三个关键性的发展增强了罗马发动战争的能力，其中一个几乎是在共和国建立后立即发生的，另外两个是在公元前4世纪末发生的。第一个是与其他拉丁国家签订的条约，即约公元前493前签订的《卡西安条约》。第二个是在公元前337年后重新定义了与拉丁人的关系，建立了一系列与其他国家的双边关系，取代了原有的联盟，并创造了一种新的公民权形式，使罗马能够在不显著改变自己核心政治社会的情况下直接获得更多的人力资源。第三个是用一种更灵活的结构取代了百人队大会所奉行的重装步兵风格。在新的结构中，以小队（*maniples*）为战斗单元，每个小队大约一百二十人，他们经过训练，可以作为军团中的独立个体行进。纵观这三个关键性的发展，第一个为未来罗马的同化实践设定了模式，第二个和第三个使罗马首先征服了意大利，然后征服了地中海。

《卡西安条约》

根据传统的罗马年表，拉丁联盟（罗马周边拉丁国家的联盟）于公元前499年与罗马开战，并在雷吉鲁斯湖战役中被罗马击败（见第40页）。大约在公元前493年，罗马政务官斯普里乌斯·卡西乌斯（Spurius Cassius）与拉丁联盟缔结了一项条约，根据该条约，拉丁联盟同意在罗马受到攻击时为保卫罗马而战，而罗马则同意为保护拉丁人而战。

这些条款可能应根据外交程序来解读，该程序假定只有在另一方挑起事端的情况下才会打仗，条约可能被解读为暗示罗马人和拉丁人将在援引外交程序时一起上阵。支撑这些关系的原则是罗马人的“信念”或“忠诚”概念，并在神面前宣誓保证（**图2.1**）。条约的其他条款规定，罗马将为拉丁军队提供一名指挥官，决定各国提供的军队比例，并决定如何分配战利品。实际上，此后的军队中有一半是罗马人，一半是拉丁人。公元前486年，联盟又有进一步的发展，即接纳了非拉丁族的赫尼奇人（Hernici）加入联盟。这开创了非拉丁民族与罗马国家建立特殊关系的先例。

《卡西安条约》除了提供一个使得罗马军队兵力翻倍的框架，它还正式确定了拉丁人在罗马国家中的特殊地位。虽然在任何意义上拉丁人都不是“罗马人”，但拉丁人拥有的权利仍然与其他人不同。他们有权与罗马人结婚，迁居罗马，并在罗马经商。条约的签订使罗马通过外交手段发展了一批“半公民”，这种人口增长方式比依靠提高出生率和移民这两种正常的人口增长方式更为迅速。

事实证明，《卡西安条约》非常成功，在公元前341年之前，一直依据此条约管理罗马和拉丁人之间的关系。直到公元前341年，双方关系彻底破裂，新的战争爆发，罗马人在公元前338年取得了决定性的胜利。当时罗马人认为需要在旧模式的基础上，开发一种新的模式来处理他们与意大利人的关系，这种模式涉及引进另一类“半公民”和创建新的联盟方式。

公元前337年后与拉丁人的关系

公元前337年引入的新内容是以一系列双边条约取代罗马与拉丁联盟之间的条约，将前联盟中的每个国家与罗马联系在一起，并创立了“半公民权”（*civitas sine suffragio*）。拥有半公民权的公民仍然是其原有国家的公民——拉丁人也是如此——但他们同时也是罗马

图2.1 这幅公元3世纪早期的壁画残片来自埃斯奎里山上的一座墓葬，描绘了昆图斯·法比乌斯·马克西姆斯（Quintus Fabius Maximus，右）和马库斯·范尼乌斯（Marcus Fannius）的会面。他们之间的问候展示了经典的“友好”姿态。法比乌斯身后的人是士兵，画面下方是一个战斗场景。在这幅壁画中，忠诚和战争的联系是罗马在意大利崛起的一个恰当的隐喻。

人的公民。他们对罗马城市负有直接责任，向罗马纳税、服兵役，但他们不能像正式公民一样在同一个军团中服役。“半公民权的公民身份”的关键特点是可以授予任何人，这使得在意大利任何地方建立新的罗马聚居区成为可能。

新的条约继续以罗马人的忠诚观念为基础，这一观念与罗马社会固有的、强大的相互责任观念密切相关。这是罗马帝国能够扩张的重要特征之一——不仅在公元前4世纪，在公元前2世纪也是如此——罗马人倾向于将他们在战争中打败的国家，或那些向罗马寻求援助的国家纳入一个基于归降（*deditio in fidem*）概念而逐渐发展的体系中。通常情况下，罗马对战败国的处置是，使城市免于毁灭，并保持其基本政治结构的完整，同时（有时）会消灭那些被认为应对暴乱负责的统治阶级成员，并没收该城市的部分领土作为罗马国家所拥有的公共土地（见第53页），投降的国家今后应该遵循罗马的指示。

罗马帝国主义的这一特点与其他民族的特点截然不同，其他民族往往在被征服地区强行设置驻军。波利比乌斯特别注意到了这一点，他非常注意“顺从”国家的建立能够界定罗马权力的增长。从实用主义的角度来看，“顺从国家”（empire of *fides*）的建立——也就是公元前4世纪后期在意大利中部逐渐形成的国家——使各邦有一定的余地来操纵罗马的意识形态（通常双方都很自觉），以达到双方都认可的利益。那些感到自己受到强邻威胁的国家，将自己主动置于罗马的统治之下。罗马城邦似乎很少不愿意接受罗马人提供的庇护，即便他们的行为可能会招致周围愤怒邻居的报复。

新的条约政策——仅有双边协议——以及半公民权的产生，使罗马有能力控制一个不断扩大的人力库，也使在罗马控制下的国家失去了逃脱的能力。任何受条约约束的城邦都不能与其他任何城邦自由谈判。当然，一些城邦可能会选择这样做，但这种举动本身就可以被解释为战争行为，因此他们在能够组织有效的抵抗之前，就会早早地面临罗马的报复。拥有半公民权的公民聚居区可以被设置在意大利各地，以监视他们的邻居，这些聚居区的建立使罗马的政治结构保持不变：在罗马，拥有半公民权的公民必须依靠罗马的恩主代表他们的利益，从而加强而不是淡化统治阶级。如果将这些人作为正式公民加入罗马国家，他们的领袖就可以参加竞选，他们的选票可能因此产生直接的影响，甚至超出执政贵族的控制。

最终，罗马的盟友除了间接影响罗马的政策，无法对罗马的政策施加任何其他影响，这成为罗马政治中最重要的一个问题，并导致了共和制的崩溃。但这一问题发生在罗马成为帝国之后，就目前而言，盟友政策被看作保持现有制度不变的一种方式，并为扩张提供了一种保障。

决定性胜利学说

在新的人口资源能够被充分利用之前，罗马人的作战方式必须改变。百人队大会采用了一种以重装步兵为基础的战争方式（见第41页）。这种作战方式既不利于取得决定性的胜利（即失败的一方不可以在同一年内再次发起战斗），也不利于有效地利用人力。由于重装步兵作战的依赖，导致大部分人因无法负担必要的武器装备而无法参军。此外，很可能由于战线被拉得过长，战线上的大多数人除了支援前线战士，希望能迫使敌人后退之外，没有其他作用。除非敌方战线崩溃，否则只有大约四分之一的士兵真正参与杀敌，如果双方都不在平坦的平原上投入战斗，那就没有什么办法可以有效解决这个问题。

图2.2 在意大利中部佩斯图姆（Paestum）发现的一幅公元前4世纪的墓室壁画中所描绘的战士装备，正是当时典型的形象。就像在埃斯奎里山壁画（图2.1，第61页）中看到的罗马士兵一样，他们主要的武器是长矛。

公元前390年，根据李维记载的拉丁文文献，罗马人在波谷流域的一伙高卢人手中遭受了一场惨烈的失败。高卢人在阿利亚河战役中摧毁了罗马军队，并占领了罗马城（见第26页）。这是罗马遭受的最惨痛的失败，源于罗马军队没有能力应付陌生的战斗方式。高卢军队能进行大规模冲锋，他们都是身形庞大的人，因此能够在第一次冲锋时压到罗马阵营的最前面。他们在战场上的机动性也可能更强，因此能够在前进时从侧翼包抄。幸运的是，高卢军队在接受了一大笔贿赂后撤军了。

阿利亚河之战证明，当时罗马的作战风格对采取类似作战手法的对手稍有成效，却无法抵抗不采取这种作战方式的敌人。我们没有直接的证据证明罗马人在什么时候采用了新的战争方式，但公元前350年后罗马军队效能的突然提高表明，这种转变一定发生在拉丁联盟决定性失败之前的十年。公元前295年，罗马军队在森提努姆摧毁了一支由高卢人、萨莫奈人、翁布里亚人和伊特鲁里亚人组成的联合军队，战术转变的全面影响可见一斑。这次胜利确保了罗马对意大利中部的控制，结束了公元前343年开始的对意大利中部萨莫奈联盟的一系列战争，并引起了生活在意大利以外的人们的注意。森提努姆战役是在希腊工作的历史学家蒂迈欧（Timaeus）记录的第一场罗马胜利。根据另一位早期的希腊罗马历史学家菲利努斯（Philinus）记载：罗马与迦太基第一次战争爆发前的战术是以萨莫奈人的战术为蓝本的（**图2.2**）。在森提努姆战役结束十五年后，我们从伊庇鲁斯（Epirus）国王皮洛士对赫勒克留亚战役的描述中，第一次清晰地看到了这支新罗马军队的样子（见第64页：早期的共和国军队）。

因此，罗马帝国的形成可能要归功于公元前4世纪40年代和公元前4世纪30年代的两次改革。其中第一个改革是修改与拉丁盟国的条约条款，并发展出一种新的方式，以最大限度地维持并利用战争所需的人口资源。第二个改革是演化出一种新的作战方式。但这只是帝国形成的一部分因素，同样重要的是罗马人的战争意愿。

公元前3世纪的战争

在公元前3世纪的一百年中，罗马有八十年处于战争状态。公元前298至公元前290年，罗马人在一场传统上被称为第三次萨莫奈战争的战役中完成了对意大利中部的征服。公元前284至公元前282年，罗马人完成了对伊特鲁里亚的征服［公元前284年在瓦迪蒙湖（Lake Vadimon）战胜高卢人和伊特鲁里亚人的联合军队，取得决定性胜利］。公元前281年，与意大利东南部的塔伦图姆城的冲突升级为一场重大战争，塔伦图姆人请求伊庇鲁斯的国王皮洛士援助他们。罗马人在公元前275年取得了胜利，但过程并非一帆风顺。与

早期的共和国军队

伊庇鲁斯国王皮洛士以自己的力量击败了罗马人。公元前280年，在赫勒克留亚战役中，他是职业军队的一员。他的回忆录为后来的记载提供了基础。皮洛士记述了罗马军团以小队为作战单位：两个百人队的士兵被训练成兵团，并能够进行独立作战。军队分为四个部分，即轻步兵（*velites*）、青年兵（*hastati*）、壮年兵（*principes*）和老兵（*triarii*）（**图2.3**）。轻步兵是装备最轻的部队，他们的任务是作为散兵开战，而青年兵的任务是进行第一次攻击。如果这些进攻失败了，就会要求壮年兵采取行动。如果需要老兵兵团参战，则被视为深陷困境的征兆。

在采用新的军团阵型时，基本武器仍然是长矛，这在当时的意大利中部地区军队中十分典型。在下一个世纪的发展中——我们不知道确切的时间，但可以确定是在公元前225年之前——长矛从被用于搏斗变成了纯粹的投掷武器，主要的杀人工具变成了类似当代西班牙刺剑的武器。

小队队形有利于取得决定性的胜利。它的优势不仅在于增加了战场上的灵活性，而且还在于能够减轻前线部队的负担。部队可以在直接战斗中进退，延长了敌方遭受实际战斗的时间。公元19世纪的标准理论是，不能指望士兵承受实战的压力超过15分钟，我们有理由认为古代世界也是如此。在旧的作战风格下，前排士兵很难替换，而在新的风格下，基本的战术理论要求这种替换要定期进行（虽然关于如何进行替换的精确细节我们无法了解）。疲惫的人往往更容易惊慌失措，战斗拖得越久，溃败的可能性就越大。如果自己的部队在与敌人接触时，能够保持比对面的人晚些上战场，那么取得决定性的胜利几乎是有把握的。

也许，与军团能够用士兵连续发动攻击同样重要的是，新军团的结构几乎决定了一个将军在战斗中的战术。鉴于在共和国中期，指挥将领每年都会更换，而并不是所有的将领都能成为伟大的军事家，这种制度似乎限制了每个新将领的创造性能力，但对于最高指挥部的新人来说，这并不是一件坏事。与政治制度一样，军事制度显然反映了这样一种观念，即军阶应该能够对政务官利用权力所做的事情进行一定的控制。

最后，是人数问题上。军队的一半由罗马盟友组成，这些盟友似乎接受了与罗马军队同样的作战训练。如果有必要的话，每个盟友城市都要派出全部军队为罗马作战，但实际上罗马人只是按照一个比例来要求盟友出动部队，以分散负担。个别盟军部队由自己的军官指挥，但他们是按照罗马人的作战模式编成军团的，因此推测盟军的军团很可能是由罗马人指挥的。

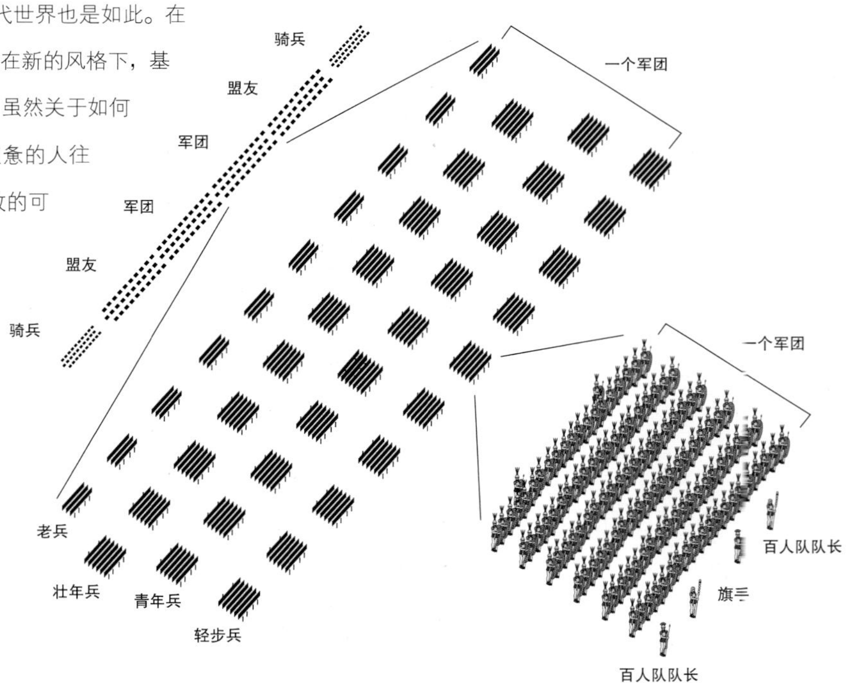

图2.3 共和国中期军队的四个部分。在此说明，最初的设想是作为一个阵型来消耗敌人，通过前三个小队出战能够决定战局，而第四小队的出战是陷入困境的征兆。

塔伦图姆的战争似乎激发了意大利中部的起义，起义升级为另一场重大冲突，直到公元前264年罗马人完成对波谷以南意大利的征服才结束。

公元前264年，与北非的腓尼基大国迦太基爆发了战争［腓尼基的拉丁语是（*Poenus*），布匿（Punic）一词从该词演变而来，这是随后战争中比较著名的英文名称］。腓尼基人——现代黎巴嫩地区的居民——在公元前8世纪建立了迦太基作为贸易殖民地。到了公元前6世纪，位于今天突尼斯市附近的迦太基是西地中海地区最杰出的海军力量，并且似乎能够通过一系列联盟控制北非的土著努米底亚（Numidian）部落。迦太基的探险家在西非和西班牙的大西洋沿岸活动，最远向北到达不列颠。

迦太基人在前来进行贸易的地区，与当地人的关系似乎相当融洽。罗马历史上与迦太基有关的最早记载，可能是公元前509年驱逐国王之后与迦太基缔结的条约。迦太基与西西里的希腊人的关系就不那么友善了，到了公元前5世纪初，迦太基试图获得该岛的控制权。与西西里的希腊城邦——主要是叙拉古（Syracuse）王国的战争——一直持续到公元前3世纪，两场战争都取得了不同的成功，而罗马正是在这些战争的背景下于公元前264年犯了错误。这场战争源于塔伦丁人（Tarentines）战败后意大利南部的不稳定局势，以及公元前264年一位执政官阿庇护·克劳狄乌斯（Appius Claudius）的干预，他不顾元老院同僚的更好判断，说服罗马人民派他率军前往西西里。

第一次布匿战争

公元前241年结束的布匿战争，按惯例被认为是三场战争中的第一场。第一次布匿战争的结果是罗马在西西里建立了第一个海外行省；第二次布匿战争的结果是建立西班牙的两个行省（以前是迦太基的领土）以及法国南部的利益（迦太基军队必须通过这些行省才能到达新的行省）；第三次布匿战争的结果是公元前146年迦太基被摧毁，罗马在北非建立了一个行省。实际上，罗马作为一个地中海国家而不仅仅是一个意大利强国的出现，才是这些冲突的最终结果。

在与迦太基的第一次战争爆发时，主要参与者似乎没有想到罗马会成为地中海的一个主要强国。事实上，罗马对该岛的干预最初与迦太基无关，而是源于坎帕尼亚（Campanian）一个雇佣兵团体的援助请求，该团体夺取了对麦萨那（Messana）城的控制，但被希腊叙拉古城的统治者击退。过去，他们可能会向一群类似的雇佣兵团体寻求援助，他们曾攻占了海峡另一边的利基翁城（Rhegium，今雷焦），但罗马人最近攻占了这座城市，并处决了这些人（罗马的前雇员）。由于失去了这种援助，于是雇佣兵同时向罗马和迦太基请求援助。

罗马人与迦太基人的敌对是因为在场的迦太基将军不愿意允许罗马人在西西里有任何业务。理论上讲，虽然阿庇护·克劳狄乌斯曾分别与迦太基和叙拉古人开战，但如果双方能在阿庇护解除对麦萨那的围困后就寻求和平的话，和平应该还是可能的。当时阿庇护已经完成了他所要做的事情。然而，有关各方都不愿意这样，在罗马人迫使叙拉古人投降后，一场争夺迦太基西西里控制权的战争开始了。

随着斗争暴力的加剧，罗马人意识到他们需要控制该岛周围的海域，于是开始着手建立一支能够对抗庞大的迦太基海军的舰队。迦太基人的管理模式也是由一个贵族议会管理，每年都要选出政务官，但他们在长期规划方面似乎并不比罗马人强。他们似乎从未考虑过控制海洋可以赋予自身肆意攻击意大利的可能性，也没有考虑过他们应该尽一切力量阻止罗马人建立一

罗马的扩张，公元前390—前241年

罗马对意大利的征服分三个阶段完成（**图2.4**）。第一个阶段是在公元前396年攻占维爱城和公元前338年击败拉丁联盟后，建立了对罗马周边地区的控制。第二个阶段是与萨莫奈人的一系列战争，于公元前290年结束。第三个阶段，包括征服伊特鲁里亚和意大利南部，在公元前3世纪80年代完成。

第一次布匿战争始于西西里岛的一系列行动，关键事件是叙拉古的投降和对阿格里根图姆（Agrigentum）的占领（**图2.5**）。公元前260年，罗马人的行动转移到海上和北非，但公元前255年由于乌提卡（Utica）的失败和一支主要战斗舰队在风暴中的损失，使冲突的焦点又转移到西西里。公元前241年罗马新的战斗舰队下水，同年晚些时候迦太基人的舰队在战斗中被摧毁。迦太基人在这次战败后同意从西西里岛撤军，并在十年内向罗马赔偿3200名人质。

图2.4（右）罗马人对意大利的征服

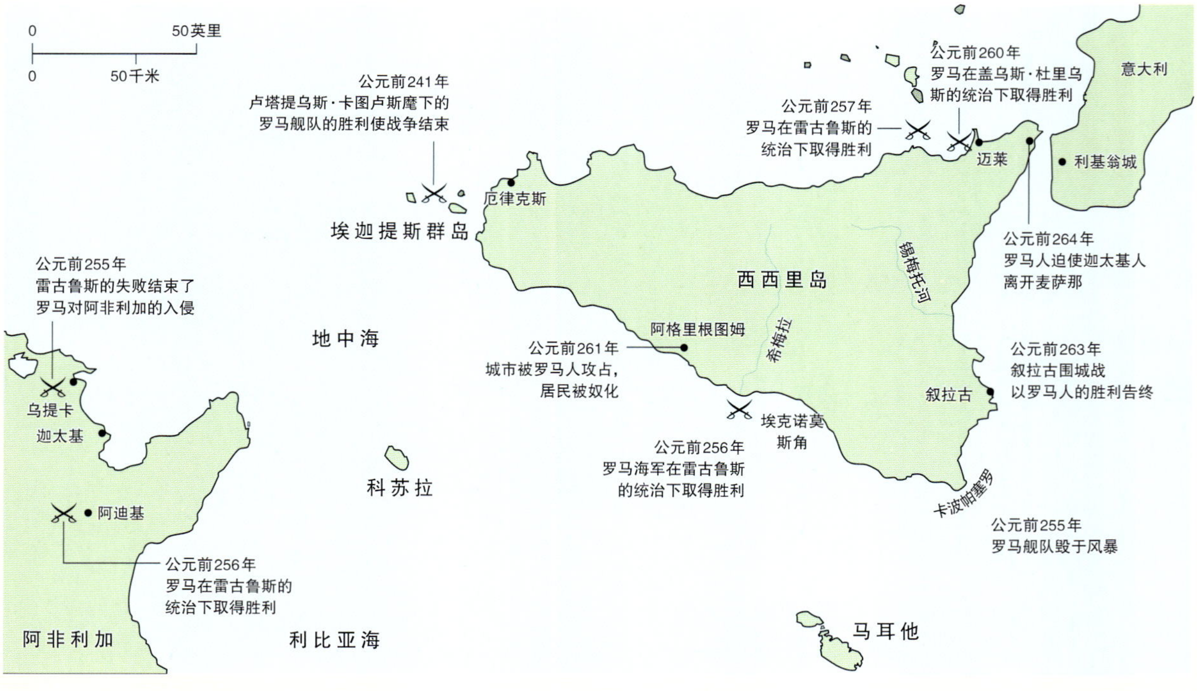

图2.5（下）西西里岛和第一次布匿战争的开始

支战斗舰队。经过四年的时间，罗马人占领了西西里岛上迦太基掌控的大部分重要城市，并迫使叙拉古投降，罗马海军终于成立了。

一支能够与迦太基人对抗的舰队的建立，使冲突进入了一个新的阶段，罗马人试图赢得对海洋的控制，并将战火引入阿非利加。但获胜的希望在傲慢和无能的基石上落空。傲慢是被派去指挥远征阿非利加的将军阿蒂利乌斯·雷古鲁斯（Atilius Regulus）的主要品质。一旦他在迦太基的领土上站稳脚跟，并打败了迦太基人派来对付他的第一支军队，他就提出了令人发指的讲和条件，以至于迦太基人被迫选择继续战斗（结果是雷古鲁斯的军队被迅速摧毁）。无能则是罗马海军将领的显著特点，他们竟让自己的舰队在北非和意大利之间遭遇了风暴。波利比乌斯后来指出，罗马的政务官们很难意识到海上的风暴比陆地上的敌军更难对付（见本页：罗马的海陆实力）。也能说明这个问题的是纪念罗马在这一时期取得巨大成功之一的铭文，即迈莱战役（Mylae）的初步胜利（**图2.6**）。我们从后来的一份副本中得知，这份铭文是为了表彰杜里乌斯（Duilius）在公元前260年迈莱战役中击败迦太基舰队的。这是罗马在重大海战中的第一次胜利。在描述这些事件时，杜里乌斯讲述了他如何击败迦太基人的“独裁者”汉尼拔，以及他如何在之前的一次陆上交锋中击溃了他们所有的“最重要的政务官”。在这种情况下使用罗马术语似乎反映了罗马人在设想一个与他们自己的国家结构不同的国家时遇到的困难。因此，他们在理解那些与他们根本不以同样方式看待世界的人时可能会遇到麻烦。

到了公元前241年，双方基本上已经把对方累垮了。罗马在这一阶段的损失已达数十万，这主要源于海上的灾难，而迦太基的损失很可能也几乎同样巨大，原因也是如此。当罗马在执政官卢塔提乌斯·卡图鲁斯（Lutatius Catulus）的指挥下发动一轮舰队攻击时，这近乎是一种绝望的措施。然而，迦太基的情况也好不到哪里去。多年来，迦太基在西西里勉强保持了一个立足点，它之所以能成功，主要是因为迦太基将军哈米尔卡·巴尔卡（约公元前280—前229年）是一个能力超群和坚毅无比的人（**图2.7**）。

图2.6 西西里岛和第一次布匿战争的开始

罗马的海陆实力

一般说来，罗马人在一切事情上都依靠武力，认为这是他们生存下去的必要条件，一旦他们下定决心，就没有什么是不可能的，他们在许多情况下都因此而成功。然而，在有些情况下，他们却失败得惊人，这种情况主要发生在海上。当在陆地上攻击敌人时，虽然罗马人有时也会失败，但通常会成功，因为他们是在用武力与同等的武力相角逐。但是当他们遇到大海和天气，用武力与它们作战时，他们就会遭受巨大的灾难。

（波利比乌斯，《历史》，1.37.7–8）

图2.7 厄律克斯（Eryx，埃里斯）是迦太基人在西西里岛的最后一个据点，也是他们的将军哈米尔卡·巴尔卡的行动基地。它曾被罗马人围困，但从未被攻克，最后作为与罗马达成的和平协议的一部分，向罗马投降，结束了第一次布匿战争。

当卡图鲁斯出现在海上的时候，迦太基已经捉襟见肘，无法发动任何反抗，而它所发动的反抗也被证明是非常无效的。卡图鲁斯在埃迦提斯群岛（Aegates）附近的一场战役中，摧毁了迦太基舰队。最近水下考古学家在莱万佐岛（Levanzo）和梅雷蒂莫岛（Merretimo）之间发现了这次交锋中被摧毁的战舰残骸，这表明罗马舰队在莱万佐岛后面等待着他们的重装对手。迦太基人将早先在战争中缴获的一些罗马船只纳入了他们的部队。一些青铜鸟嘴或公羊（位于战船前部，使战船变成致命武器）的发现也表明，这场战斗中使用的许多船只是三层桨战船——一船三桨，每桨有一个桨手，船员总数少于200人——而不是较大的五层桨战船（*quinquiremes*），后者有三桨，每桨有五个桨手，船员总数约500人（图2.8）。在纪念杜里乌斯的铭文中也有同样的证据，它证明双方所遭受的损失很可能低于波利比乌斯所记载的数字（虽然仍然是可怕的），因为波利比乌斯认为这个时代的战斗舰队完全是由五层桨战船组成的。

迦太基最后一支舰队的失败，意味着迦太基再也无法支撑其在西西里的势力，面对罗马人在北非海岸的进攻，毫无抵抗力。卡图鲁斯认识到迦太基人陷入绝望的困境，这也说明他至少从雷古鲁斯的失败中吸取了教训，利用他的胜利，向迦太基提供非常慷慨的条件，终结了这场战争。战争的条款规定将迦太基位于西西里以外的领土保持完整，并规定了相对温和的财政赔偿，而对迦太基来说，此时接受罗马的控制不过是对现状的承认。这似乎既是为了承认迦太基有错，也是为了重整军备——但罗马人并没有强迫迦太基服从罗马对其事务的控制。

图2.8 古代战舰是独立的，虽然他们能够在迈莱战役中用一种新奇的登船装置给迦太基人带来惊吓，但随着经验的积累，罗马人似乎又恢复了更标准的战术：利用连接在船头的青铜公羊雕塑使对方船只失去战斗力。近年来最令人印象深刻的发现之一，是公元前241年埃迦提斯群岛战役中被击沉的船只上的一组公羊雕像。这些雕像中的几只，刻有负责建造船只的罗马政务官的名字，揭示了在主战线上，三层桨战船和五层桨战船交互使用。

虽然罗马的条件相对宽松，但迦太基仍然处于糟糕的状态。战争结束后，迦太基城留下了一大批已经多余的雇佣兵。当迦太基人拒绝向他们支付报酬时，一场恶战接踵而至，直到哈米尔卡结束了战争。不过，在公元前238年，罗马人还是以撒丁岛和科西嘉岛叛乱的雇佣兵守备队（根据公元前241年的和平协议，迦太基保留了对这些岛屿的控制权）违背了归降条款为借口，夺取了这些岛屿，并进一步向迦太基征收赔偿金。随后，罗马军队转向北面的波谷进发，并在公元前3世纪20年代末频繁在该处交战。

公元前232年，罗马人在波谷一带获得了大量领土，随后将注意力转向亚得里亚海东岸，特别是当时被称为伊利里亚的地区（大致在今天的波斯尼亚）。由于亚得里亚海的盛行风，向北航行到波谷的船只不得不沿着伊利里亚海岸航行，而在那里他们往往会成为那里高度组织化的海盗船队的猎物。但结果是罗马被卷入该地区的政治，对该地发起进攻，并最终获得了领土。公元前229年，罗马按照意大利的模式对该地区的一部分进行了控制，即进入罗马领地的城市将成为罗马联盟体系的成员。在这种情况下，应该指出的是，意大利通过条约扩大控制程度的证据来自一篇残缺不全的铭文（见第70页：归降）。

这样四年后的事件就清晰一些了。公元前232年，高卢人因罗马人夺取领土而感到不安，到公元前228年时，紧张局势进一步加深，以至于罗马进行了一个非常罕见的人类祭祀，以祈求避免被入侵。然而，这并没有解决危机。公元前225年，高卢人入侵意大利。罗马军队在泰拉蒙战役中消灭了他们（这是我们有明确证据的第一场战役，罗马步兵的主要交手武器已经变成了在西班牙发展起来的一种攻击能力非常强的剑）。在接下来的几年里，罗马军队对波谷以北的高卢部落展开作战。在这些情况下，虽然罗马人在战场上取得胜利，但并没有赢得高卢人的心，当迦太基将军汉尼拔于公元前218年戏剧性地越过阿尔卑斯山、出现在他们中间时，高卢人非常明确地为汉尼拔提供了支持。

第二次布匿战争

汉尼拔从西班牙来到意大利。他是哈米尔卡·巴尔卡的儿子，由于罗马人夺取了撒丁岛和科西嘉岛，他对罗马人怀有非常深的怨恨。在镇压了雇佣兵叛乱后不久，哈米尔卡开始在西班牙建立一个新的迦太基王国，这将为迦太基提供可以利用的人口来源，以取代迄今为止在其军事结构中发挥了很大作用（也最终引发矛盾的）的雇佣兵。罗马人对迦太基扩张的关注似乎引发了公元前3世纪20年代的两次外交行动。第一次是确定迦太基人不会向西班牙北部埃布罗河（Ebro）以北扩张，第二次是与埃布罗河以南的萨贡特姆城签订条约（**图2.9**，这似乎是最有可能的事件顺序，由于当时的情况被后来的论战所掩盖，即使是脆弱的证据——如上面提到的罗马在伊利里亚的政策的破损铭文所提供的证据——也会受到重视，以便对当时的情况有所

图2.9 位于西班牙东部萨贡特姆的城堡在古代是一座强大的堡垒。在公元前219年汉尼拔攻打伊比利亚文化中心时，它保卫着这座城市。萨贡特姆的人民向罗马发出了求援，引发了第二次布匿战争。

归降

意义深远的是，当罗马人开始向东扩张时，他们似乎引入了与他们在意大利发展时相同的控制制度。与罗马人向东扩张到伊利里亚有关的重要文件之一，是来自今克罗地亚海岸外的法罗斯岛（Pharos）的一块严重破损的铭文。当铭文处于破损状态时，我们必须根据文本中幸存的内容和平行文本来拼凑原始内容。其中，最重要的平行文本来自一块公元前104年的西班牙青铜碑。这块铭文是现存唯一有关的“归降”文本，内容如下：

> 在盖乌斯·马略（Gaius Marius）和弗拉维乌斯（C. Flavius）的执政官任期内，SEANOC的人民把（……自己）交给了古罗马皇帝盖乌斯的儿子卢修斯·凯西乌斯（Lucius Caesius）。皇帝盖乌斯之子卢修斯·凯西乌斯在接受（他们的归降）后，将此事提交给元老院，询问他们认为应该向对方提出什么要求。他根据元老院的建议，要求（他们交出所有）俘虏、公马和母马。他们把这些都交出来了。然后，盖乌斯（独裁者）的卢修斯·凯西乌斯（儿子）命令他们全部（自由），（他们）之前交出自己（当时）拥有的田地、建筑物、法律和（所有）其他东西，只要罗马人民（和元老院）高兴，就归还他们，关于这件事，他命令（在场的）人离开。使者克伦（我们……）坎顿（Canton）的儿子阿尔科（Arco）。

文中关键的几句来自法罗斯，内容如下：

> 由于（罗马）元老院和人民是（罗马人）的朋友（并从他们的祖先时期表现出善意，返回）法利安人、（我们的）城市和（祖先的）法律，他们恢复了岛上（属于城市的）土地四十，并确认了联盟（和友谊）及其他特权……

动词“恢复”在石头上清晰地存留下来。在上下文中，岛上的土地已被从城里夺走，罗马有权归还，加上动词“确认”，表明我们在这里看到的是来自西班牙的文本中的那种两步式过程，它开始于聚居区中的一切向罗马投降。这就证明了恢复分词“返回”的理由。然而，我们在这里研究的是归降的结论，是基于现存的文字，而不是文本的恢复。书信证据的这种问题是很常见的，我们对重大发展的认识往往取决于这种脆弱的证据，其意义可能仍然是有疑问的，就像这里一样。

铭文中提到该城并不拥有岛上所有的土地，这一点也很有意思：我们知道有一个强大的“暴君”德米特里厄斯（Demetrius），他住在法罗斯，在第一次伊利里亚战争结束后，他被安排全面控制该地区。因此，对岛屿的划分可能反映了这座城市与德米特里厄斯的交易情况（虽然我们不能完全确定）。

了解）。然而，在公元前219年汉尼拔进攻萨贡特姆，萨贡特姆的人民向罗马求援，迦太基政府和汉尼拔都代表萨贡特姆人拒绝了罗马的要求，汉尼拔攻占了这座城市。其结果是，公元前218年罗马和迦太基之间爆发了所谓的第二次布匿战争。

汉尼拔的父亲让他——在他还是个小男孩的时候——在迦太基的主神庙里发誓永远与罗马为敌，因此他从小就致力于研究罗马的制度（图2.10）。他的心胸十分宽广，并不单纯地满足于对敌人的模仿，而是力求建立一支能在战场上利用罗马习惯的军事力量。作为

图2.10 这枚硬币上刻有腓尼基神麦勒卡特（Melqart）的形象。有学者认为他的特征与汉尼拔相似，但这无法证明。背面的阿非利加象可能是指迦太基政权在西班牙饲养的200头大象。

战斗中的领导者，他有一种非凡的能力，用他的远见来激励他的部队，创造了一种与力图实现他的目标相结合的军事专业水平。他建立了一支致力于在意大利打败罗马的私人军队。他的计划通过公元前217年与马其顿国王腓力五世签订的条约条款显示出来。然而，他并没有想彻底摧毁罗马。事实上，与腓力五世签订的条约表明，汉尼拔希望通过谈判解决，其中一个条款清楚地表明了这一点（见本页：汉尼拔与腓力五世的条约）。

除了他的组织和动员能力，汉尼拔还拥有古代世界最伟大的战术思想。他给罗马军队造成了许多灾难性的失败——公元前218年在特雷比亚（Trebia）、公元前217年在特拉西米内和公元前216年在卡奈——但是尽管他是天才，他却无法打破意大利的联盟体系。如果说他有一个弱点，那就是他无法理解战争对受害者的道德影响。一旦他在战场上杀死了他们的人民或蹂躏了他们的土地，就很少有意大利人愿意加入他。卡奈战役之后，意大利的两个大国——塔伦图姆和加普亚——都不在他的主要行动区域之内，它们对他的依附可以说是问题多于援助。由于这两座城市位于意大利的不同海岸，汉尼拔无法在不放弃另一座城市的情况下支援其中一座城市，结果是他不能保护这两座城市，实际上让罗马人获得了在与他的军队直接交战中根本无法赢得的胜利。在卡奈战役之后的整个岁月里，汉尼拔与拒绝和他进行固定战役的罗马将领之间展开了一场消耗战。第二次布匿战争呈现出一方是一个非凡的个人意志，而另一方是两个大国意志之间的斗争形态。

当意大利的战争持续进行时，罗马在西班牙的军队由西庇阿（Publius Cornelius Scipio，公元前236—前183年）领导。他是一个非常年轻的人，他的指挥权要归功于他的父亲普布利乌斯·科尼利乌斯（Publius Cornelius）和叔叔格涅乌斯（Gnaeus），他们在他之前曾在西班牙担任过指挥（并都以灾难性失败告终）。西庇阿为了把迦太基人从他们的西班牙基地赶出去，动用了上千的兵力，而这些兵力似乎是西庇阿自己家族的门客（clients）。西庇阿在许多方面与汉尼拔相似，因为西庇阿也研究他的敌人，以非凡的个人奉献精神鼓舞他的军队，并且能够在没有上级干预的情况下施展自己的才能。公元前204年，西庇阿从西西里入侵阿非利加，公元前202年，他取得了对汉尼拔的决定性胜利（汉尼拔被召回阿非利加，在扎马与他对峙），有效地结束了战争。从某种意义上说，年老的汉尼拔是一个年轻后生的手下败将，此后西庇阿也被称为“阿非利加的征服者”。

汉尼拔与腓力五世的条约

当众神在与罗马人的战争中赐予我们好运时，并且当罗马人要求迦太基人讲和时，我们会让你们也拥有这样的和平。

（波利比乌斯，《历史》7.9.12）

第二次布匿战争

汉尼拔对战争艺术的掌握，在很大程度上来自他对敌人可能做出的事情的预测，以及对他们习惯的利用（图2.11）。这种品质在他于公元前217年在特拉西米内湖和公元前216年在卡奈战役取得的大规模胜利中表现得尤为明显。在特拉西米内，他意识到罗马指挥官盖乌斯·弗拉米尼努斯（Gaius Flaminius）是一个野心勃勃的政治家，然而他的军事记录中却有很多矛盾的记载。汉尼拔利用弗拉米尼努斯不注重细节的特点，引诱他沿湖岸前进（图2.12）。弗拉米尼努斯率军进入陷阱，罗马人被消灭（图2.13）。

在卡奈战役，汉尼拔清楚地意识到，执政官保卢斯和瓦

图2.11 罗马和迦太基之间的第二次大战横跨地中海，在意大利、西班牙和北非发生了重要战役。这场战争最重要的后果是公元前206年迦太基人被西班牙驱逐。

图2.12 伊特鲁里亚的特拉西米内湖。公元前217年汉尼拔在那里取得胜利的关键是罗马人侦察不力。

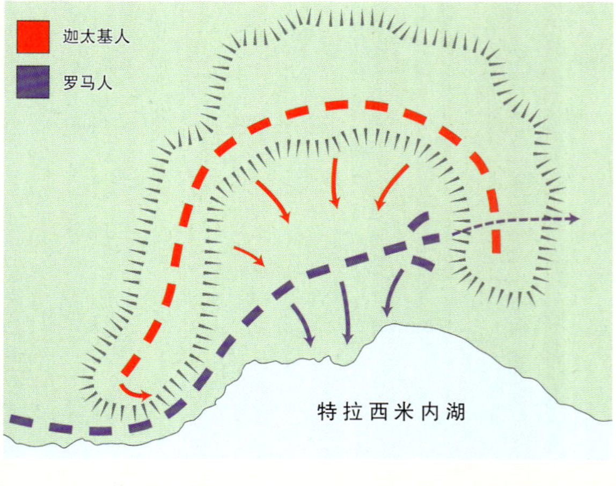

图2.13 汉尼拔能够将一支约2万人的军队困在湖边，这是古代最大的一次伏击战。罗马人在这场战斗中几乎无人幸存。

罗调动了一支特别庞大的军队，这意味着他们要采取进攻行动（**图2.14**）。当他在奥菲迪乌斯（Aufidius）河畔提出战斗时，汉尼拔是在一个相对压缩的战场上进行作战。这意味着罗马人将不得不为他们的步兵使用特别细长的阵型——他们确实这样做了——削弱了他们在数量上的优势，并使他们特别容易受到汉尼拔所计划的那种侧翼攻击。按照计划，汉尼拔的优势骑兵将击败罗马人的骑兵。

在扎马，罗马指挥官西庇阿拥有优质的骑兵，因为他的盟友马西尼萨（Massinissa）现在是努米底亚的国王，而努米底亚是迦太基最好的轻骑兵的来源（**图2.15**）。虽然汉尼拔打得很好，而且把西庇阿的步兵打得疲惫不堪——他们在遇到汉尼拔从意大利来的老兵之前，已经被迫通过两组较低等的步兵进行战斗——但在追击战败的迦太基人的罗马骑兵胜利归来后，西庇阿取得了彻底的胜利。

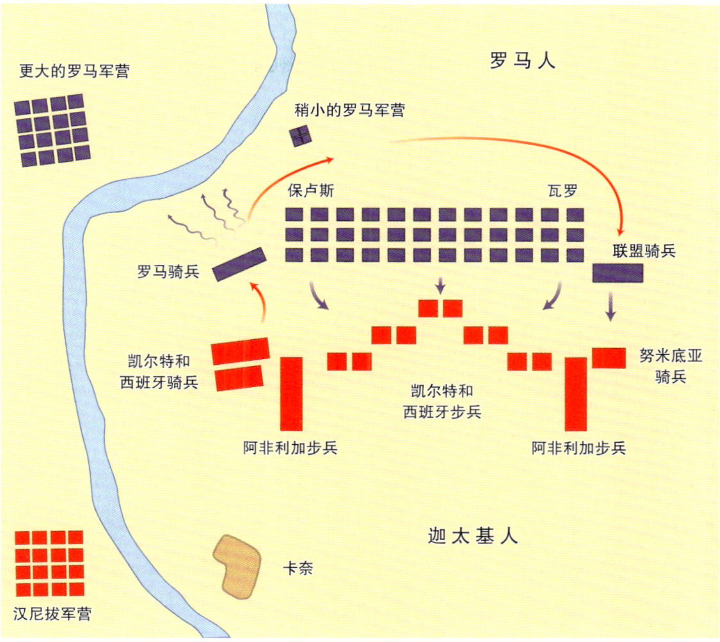

图2.14 公元前216年汉尼拔在卡奈战役中取得的胜利，被认为是古代最伟大的战术成就之一。他在敌我兵力悬殊的情况下，通过使罗马军队筋疲力尽而赢得了胜利。

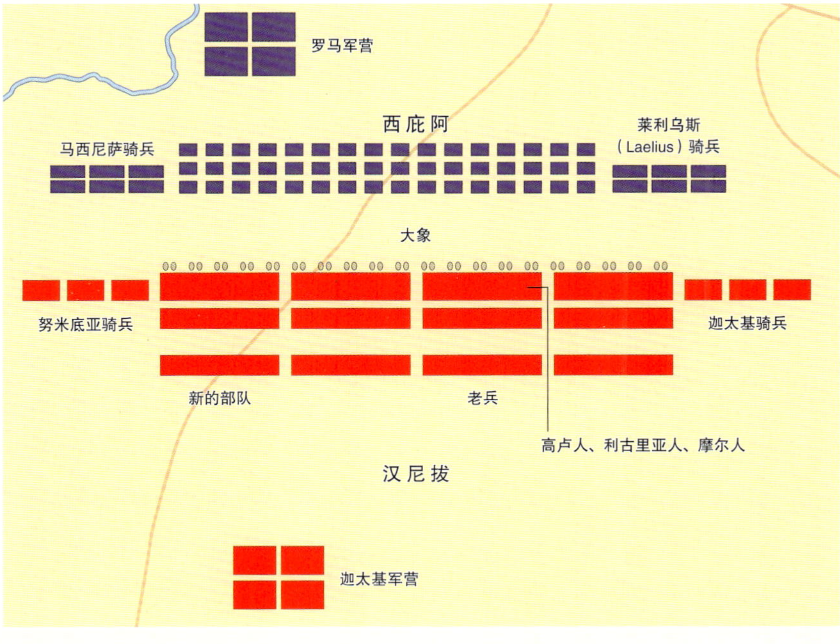

图2.15 公元前203年，汉尼拔返回阿非利加，保卫迦太基免遭罗马人的反击。在公元前202年的扎马战役中，汉尼拔试图让西庇阿的军队疲于奔命，吸引他们对他的大象和较差的部队作战，而他则让他的老兵做后备。若不是客观来说，西庇阿的骑兵优于迦太基人的骑兵，这个计划可能会成功。西庇阿赶走了汉尼拔的骑兵，并冲到迦太基人战线的后方，包围并消灭了老兵。汉尼拔本人在战斗中逃过一劫。

公元前217年罗马人在特拉西米内湖战败后，马其顿国王腓力五世站在迦太基一边参战。腓力五世的目的似乎是维护马其顿在亚得里亚海地区的影响力。虽然早期罗马人的干预导致双方十年断断续续的战斗，且最终以罗马在公元前205年与腓力五世和解而告终，但罗马人并没有原谅在他们看来是背叛的行为。阿非利加的战争一结束，罗马就向腓力五世宣战，并在公元前197年的库诺斯克法莱战役中取得了决定性的胜利。这次胜利使马其顿变成了罗马的附庸国，使罗马成为地中海东部政治的主要参与者。

图2.16 腓力五世的肖像，他在公元前221年成为马其顿国王。通过一系列的军事冒险，腓力五世在位期间试图扩大其王国的权力，直到他的军队最终在库诺斯克法莱被罗马人击溃。随后与罗马签订的和平条约将腓力五世限制在马其顿，在那里他一直统治到公元前179年才去世。

罗马为何而战

公元前3世纪的军国主义问题

一个国家如果试图统治其邻国，摧毁或同化其邻国，很少称得上文明。但罗马人为什么要这样做呢？在修昔底斯（Thucydides）记录的公元前5世纪希腊史中，一位匿名人物认为，一个野心勃勃的国家将不可避免地寻求帝国扩张。目前尚不清楚修昔底斯本人是否赞同这一观点，尽管他似乎确实认为军事上的成功和财富的拥有刺激了雅典人获取更多财富的欲望，但是，雅典在公元前431年之后，众所周知地未能获得更大的帝国，并且失去了它所拥有的帝国。修昔底斯的观点是，不假思索的获取欲是失败的原因之一。

雅典的失败让我们注意到罗马的成功，因为和雅典一样，罗马在形式上是一个民主国家。罗马的军国主义不能归咎于一个疯狂的君主的自负，而是通过恐惧和灌输某种变态的种族或道德优越感的意识形态来推动国家的发展。在罗马，就像在雅典一样，关于战争与和平的决定是由公民投票决定的，公民会通过他们的裁决使自己的生命和财产处于风险之中。波利比乌斯曾经提出，罗马征服东地中海是一个“计划”的结果。然而他自己的叙述却表明，没有任何计划，同时在一个没有常设政府的国家，这种从一代传递到下一代的长期规划无论如何是不可能的。当时没有固定的工作人员，即使在成为帝国之后，也不能说有什么官僚机构。

对于罗马崛起为帝国这样复杂的现象，不可能有简单的解释。解释战场上的成功因素——大规模动员人力的能力和非常有效的战术理论——不能解释为什么罗马参与了一场又一场的战争；不能解释为什么罗马公民愿意投票支持战争；也不能解释为什么战争作为解决国家间冲突的方法往往比谈判更可取。最后，成就罗马胜利的因素无法解释为什么一些国家要选择与罗马开战。马其顿的腓力五世要为自己与罗马的

西庇阿墓铭文

正如我们已经看到的，共和国早期的一些最宝贵的证据来自铭文，这些铭文对于让我们深入了解创造铭文的人的价值观特别有用。我们所拥有的一些最早的拉丁文文本是汉尼拔的征服者西庇阿家族墓上的铭文（**图2.17**）。其中一篇刻着：

> 卢修斯·科尼利乌斯·西庇阿·巴尔巴图斯（Lucius Cornelius Scipio Barbatus），与他的父亲格涅乌斯一样，是一位勇敢而又聪明的人，他的美貌和他的勇气是一样的，他曾是你们中间的执政官、监察官和市政官，他攻占了萨姆尼恩（Samnium）的陶拉西亚（Taurasia）和西萨乌纳（Cisauna），他征服了整个卢卡尼亚，还抓了人质。
>
> [《自由共和国拉丁文铭文》（*Latin Inscriptions of the Free Republic*）第309号]

图2.17 西庇阿墓是罗马最大的贵族家族之一的墓地，于公元前3世纪初开始修建，到公元1世纪仍在接收新的尸体。它是古罗马的一个旅游景点，也是一座家族博物馆。

他儿子的铭文则刻着：

> 大多数人都认为，卢修斯·西庇阿曾任市政官、执政官和监察官，是罗马最好的人。其父巴尔巴图斯曾任执政官、监察官和营造官。西庇阿夺取了科西嘉岛和阿勒里亚（Aleria）城，他把一座神庙献给了萨莫奈，因为他发过誓。
>
> （《自由共和国拉丁文铭文》第310号）

因此，第二位西庇阿的美德因其父亲的行为而得到加强，并因在科西嘉岛对迦太基人的一次战役而令人难忘，而迦太基人的神——萨莫奈，则帮助他进行了征服。阿非利加的征服者西庇阿的侄子的铭文：

> 卢修斯·科尼利乌斯·西庇阿，是卢修斯的儿子，格涅乌斯的孙子，曾任财务官（quaestor）和军事保民官，他在33岁时去世。他的父亲打败了安条克的皇帝。
>
> （《自由共和国拉丁文铭文》第313号）

诸如此类的文本使我们直接了解到统治阶级的意识形态。

麻烦负责，而发动第二次布匿战争的正是汉尼拔（图2.16）。

不过，罗马确实发动了上面讨论的许多战争，若解释罗马人为什么愿意参加一场又一场的战争，需要考虑几个因素。我们可以列举一些：容易发动战争的贵族风气；贪婪；当时地中海地区普遍的军国主义文化；罗马的宗教信仰。贵族风气在公元前4世纪下半叶演变而来，当时几乎持续不断的战争使军事声望成为贵族竞争的关键因素。生命是短暂的，因而可能促使人们渴望取得惊人的成就，为自己的后代留下记忆。这也可能促使年过四十的男子感到时日无多，因此，他们倾向于尽可能努力地要竞争一个很可能永远不会再担任的高级职位。当然，共和国时代的罗马英雄往往是成功的战士，而不是立法者或知识分子。西庇阿家族墓葬上的铭文揭示了人们对军事才能的高度重视（见第75页：西庇阿墓铭文）。当阿非利加的征服者西庇阿在扎马战胜汉尼拔后，因行为不端而受审时，据说他曾率领众人（聚集在广场上观看他的审判）到朱庇特神庙为自己的存在和罗马的救赎献上感谢。西庇阿这次没有被定罪，他的卓越行为让我们看到了武力胜利的回报是多么的实实在在。

图2.18 伊庇鲁斯国王皮洛士的大理石半身像。亚历山大死后，皮洛士是一位能干的将军，积极参与了王朝战争，他将自己以前弱小的国度变成了一个强大的国家。公元前280年，他入侵意大利南部，但尽管对罗马人取得了几次胜利，却无法巩固自己的地位，5年后撤军。

除了可以留给子孙的荣耀，罗马贵族也未必没有单纯的利益欲望。罗马的将军们决定了他们在战争中赢得的战利品在胜利后如何分配：一部分上交国家，一部分给为他们作战的士兵，一部分归军官，其余的归将军。胜利的将军也可能处于特别有利的地位，可以获得对大片土地的控制权，而战败国则可能被迫投降。通常情况下，如果战役成功，他还会用部分战利品来装饰经元老院同意允许个人发挥的神庙，以兑现对神的誓言。然后，神庙将为其他人提供一个有形的例子，说明与元老院和众神合力促进国家利益的将军所带来的好处。

贪婪和统治阶级的军国主义精神当然可能是一些因素，但它们本身并不足以解释人们为什么投票参战。还有一个因素可能是某种“边疆心态”，源于罗马人将世界划分为“在家”的那部分和“在战争中”的其余部分。罗马在发展过程中，被四周对它毫不感兴趣的国家所包围，因此罗马把不受条约约束的民族都视为潜在的敌人。罗马国家边疆生活的基本事实，可能促成了战争是共同体生存所必需的观念，但这还不是全部。罗马公民的共同体可能已经习惯了这样一种观念：战争的胜利不仅意味着战利品在服役的人中分享，而且还意味着缴获的土地在所有罗马人中分享。罗马公民曾两次对导致战争的议案进行投票，但元老院都不赞成。一次是决定接受麦萨那的献金，这在公元前264年引发了第一次布匿战争。另一次是公元前232年向波谷的罗马公民分配土地的议案，该议案是由一位部落长违背元老院的意愿提出的，并引发了入侵，最终以泰拉蒙战役结束。

尽管罗马人好战，但必须看到罗马并不是唯一一个崇尚武力的国家。值得研究的是皮洛士这个人物和导致第一次布匿战争的一些情况。皮洛士是当时希腊政治中比较重要的人物。由于亚历山大大帝（公元前356—前323年）的继任者（**图2.18**）与前辈将领之间的争权夺利使政治变得复杂，当亚历山大死于伊拉克之后，他所征服的帝国几乎立即开始分崩离析，因为他的几位将军要么试图为自己开辟王国，要么试图夺取整个帝国的控制权。在第一轮战争中逐渐成熟起来的皮洛士，与他那一代的其他野心家一样，都有一个建立新王国的梦想，就在塔伦丁人向他发出请求的时候，他正在为自己夺取马其顿旧王国的努力的失败而懊恼。在意大利的战争可能对他有吸引力——就像半个世纪前一样，意大利南部的战役对他的父亲充满吸引力，然而他的父亲却在战争中牺牲了——因为在东方，战争是构建更广泛的权力的基础方式。这里重要的一点是，皮洛士代表了一代希腊领导人，他们将战争视为实现本质上可接受的征服世界愿景的工具。罗马并不是唯一一个将建立帝国视为合法事业的国家，罗马国家在这方面的目标指向性远不如皮洛士这样的国王。

与第一次布匿战争有关的事件以某种不同的方式反映了一种军国主义文化。在激烈的战争中，如公元前4世纪和前3世纪，国家可能会发现，它们定期的军事需求超过了它们满足这些需求的能力。除了讲和，有两种可能的对策。一种是从根本上改革国家结构，以便更好地调动人力，这实际上是罗马国家在公元前4世纪40年代做出的决定。另一种是从其他地方雇用职业战士，这就是塔伦丁人向皮洛士请求的原因。采用雇佣兵的好处是一个国家可以获得"最先进"的士兵，这些人定期进行战争训练，因此他们可以站在军事发展的最前沿，同时雇佣国不必在和平时期投入大量的资源用于军事事务。但雇佣军的缺点是他们只在得到报酬的情况下作战，而且他们追求的利益可能与雇佣方的利益不同。皮洛士在与罗马的斗争过程中，自己曾放弃过塔伦丁人，以便在西西里与迦太基人作战。他的离开让罗马人有时间招募新的军队，并训练他们，以便他们在公元前275年再次与皮洛士在战场上相遇时能更有效地发挥作用。

塔伦丁人并不是唯一受雇用的民族，雇用皮洛士也不是他们第一次使用雇佣军。他们曾在公元前334—前331年雇用皮洛士的父亲到意大利，与他们在南意大利的敌人作战，并在公元前304年雇用一位斯巴达将军到意大利帮助他们。事实上，塔伦丁人的长期侵略和与萨莫奈人结盟的倾向，可能被证明对推动南意大利的其他国家加入罗马联盟具有决定性的意义。希腊的叙拉古在公元前4世纪早些时候和晚些时候曾雇用雇佣军与迦太基作战，而西西里岛的迦太基军队主要是由雇佣军组成的。亚历山大大帝对波斯人的胜利导致了大量雇佣兵失业（波斯人一直雇用大量的雇佣兵），这就为他在希腊的敌人于公元前323年爆发的叛乱（两年后失败）储备了一大笔雇佣军。雇佣兵是真正没有国家的人，在服役的间隙，他们生活在自己的聚居区里，他们偶尔可能会把城市占领过来作为他们的基地。恰恰是这种情况，诱发了第一次布匿战争。在（大约）公元前288年，麦萨那的统治者是一群坎帕尼亚的雇佣兵，他们自称马麦丁人（Mamertines），是"战胜马尔斯的兄弟"。正是他们的榜样激励了罗马雇用的雇佣军——因为即使是罗马也可能需要这些人的服务来驻扎地区，以便自己能把正规军集中到其他地方——在公元前282年或前280年占领了意大利海岸麦萨那对面的利基翁城（见第65页）。

雇佣军的广泛使用反映了一种远远超出罗马国家边界的军国主义文化。在亚历山大之后的希腊世界，统治“整个”或曾经由亚历山大控制的整个帝国的愿望似乎被认为是一个值得称赞的野心。在那里与在意大利一样，战争技巧一样受到人们的推崇和重视。事实上，在公元前4世纪和前3世纪，波利比乌斯用来形容罗马世界的帝国概念在希腊世界比在意大利更合适。因此，罗马人的好战行为至少可以部分地看作更广泛的国家暴力文化的一个特征。

最后，罗马有一些特殊的宗教理想，其中在外交领域最重要的是忠诚。对受到威胁的盟友守信的必要性可以成为一个强有力的论据。根据定义，威胁罗马或其盟友的国家是“不忠”的。罗马的正义事业在每个案例中都可以来证明。如果神灵不眷顾，那么罗马就会失败，这可能是所有因素中最重要的一个，成功提供了战争是合理的道德基础，并保证了经常支持罗马事业的诸神的明显青睐。

公元前3世纪罗马意识形态中忠诚的盛行，也许最有趣的是狄奥多罗斯·西库鲁斯与叙拉古的耶罗（Hiero）对罗马谈判的描述，这里引用了公元前3世纪历史学家菲利努斯的观点。菲利努斯的第一次布匿战争史具有明确的反罗马色彩，它使我们能够罕见地通过敌人的眼睛一瞥罗马（见本页：罗马人的忠诚：另一种观点）。

一个世纪以后，波利比乌斯在《历史》中记述第二次布匿战争时，开篇就广泛地讨论了到底是谁破坏了第一次布匿战争签下的条约。在这种情况下，他回顾了他认为可以知道的关于两国关系的所有情况，以说明如果认为攻击萨贡特姆是战争的原因，那么迦太基人就有过错；而如果认为罗马人夺取撒丁岛是原因，那么罗马人就有责任。由此可知，对于这个问题的讨论并没有明确的答案，而是波利比乌斯和他的读者对一个国家是否因正当理由而发动战争的兴趣。同样，这里的问题用罗马人的话来说，只是忠诚。

每场战争的情况都不一样，没有一个单一的原因足以解释罗马的行为。有些冲突是由罗马社会的内部因素引起的，有些冲突则是由罗马的敌人挑起的，或者是为了报复外部势力的实际侵略行为而发动的。然而，不变的是，罗马人倾向于用武力来应对与其他国家的问题。

罗马人的忠诚：另一种观点

耶罗说，马麦丁人被围困是自找的，因为他们摧毁了卡梅里纳（Camerina）和盖拉（Gela），并且他们完全违反了神圣的法律，占领了麦萨那。总是把“忠诚”（fides）一词挂在嘴边的罗马人，应该完全远离这些完全蔑视“忠诚”的杀人犯。如果他们代表最不忠诚的人去打仗，那么全世界都会清楚地看到，他们把对弱者的怜悯作为自己野心的掩护，真实目的是征服西西里岛。

（狄奥多罗斯·西库鲁斯《历史丛书》）

技术优势

公元前3世纪，罗马遇到了形形色色的敌人，罗马国家适应不同军事体系的能力，使其在世纪末时，所向披靡。但罗马并不总是优于它的敌人，与皮洛士和迦太基的战争都暴露了自身严重的弱点。罗马的成功造成了巨大的牺牲，罗马也没有垄断军事人才。

大约在罗马发展小队作战的同一时期，亚历山大大帝的父亲马其顿的腓力二世（Philip II）征服了希腊，他发展了一种新的战斗方式，这种方式以轻装步兵为基础，用长矛武装起来，排成16个队形，称为“长矛方阵”。长矛方阵能够抵挡或击败旧式的重装步兵，而且，由于士兵不需要重型铠甲，腓力二世可以利用王国的农民。因此，他可以组建一支远比希腊本土任何一支军队更庞大、更有效率的军队。他的方阵得到了一支非常优秀的骑兵部队和由训练有素的轻装步兵组成的专业队伍的支持。这支军队使亚历山大大帝在三次决定性的战役中征服了从土耳其西部到阿富汗的波斯帝国。因此，联合作战的方法，特别是有效地使用骑兵，在他的后继者的军事理论中得到了体现，而且还可以像皮洛士那样，补充各种附加手段，例如营造使对手惊慌失措的战争氛围。

因此，皮洛士的军队可能在战术上优于罗马的军队。罗马的军队是以步兵为基础，也会“马后炮”地使用骑兵。不过，在公元前280年和前279年的前两次交锋中，罗马军队还是与皮洛士的军队打得不可开交。虽然取得了胜利，但皮洛士的损失引出了“皮洛士式的胜利”一词，或者说一场代价如此之高的胜利，实际上是一场失败。公元前275年，罗马人在贝纳文图姆取得了决定性的胜利。从长远来看，战术上的优势不足以战胜罗马人的人数优势，而罗马人的军事主义也被证明足以对抗地中海东部最好的资源。这就更有意思了，因为皮洛士是一位惯于指挥庞大军队的专业将军，而罗马的将领们则不然。事实上，皮洛士面临着三支不同的执政官军队，其中两支军队的指挥官以前没有担任过执政官职务，并且是第一次带领军队。罗马各个部队指挥官负责训练和约束部下，在战场上的行动要严格遵守行为准则，尽量减少将领定期轮换的潜在影响。因此，战胜皮洛士是一种制度的胜利。

对迦太基的胜利也可以看作制度优势对技术劣势的胜利。然而，在这种情况下，胜利是以非常小的优势赢得的，实际上只是罗马国家比其对手更有效地调动人力的能力。

当阿庇护·克劳狄乌斯在公元前264年与迦太基发动第一次战争时，罗马没有战舰。它所拥有的舰艇是从同盟国中抽调的，这些国家根据条约被要求在罗马需要时提供这些舰艇。这些国家似乎都没有那个时期的主要战舰——五层桨战船和三层桨战船，也没有大规模舰队作战的经验，而迦太基人拥有庞大的舰队和丰富的作战经验。罗马人之所以能够在西西里岛进行战役，一是意大利和西西里岛之间的海峡狭窄；二是不可能用有桨的战舰进行有效的封锁，因为这些战舰无法长时间停留在海上，在狭小的空间里塞进了太多的人，而且相当不稳定（这一点罗马人将在付出巨大的代价后有所了解）。但迦太基舰队能做的是突袭意大利本土，并随意补给西西里岛上的迦太基部队。因此，如果罗马要赢得战争，就需要打败迦太基舰队。

罗马在没有舰队这一必要的战略工具的情况下，就开始了与迦太基的战争。这一事实清楚地表明，这场战争并不是作为任何连贯的行动计划的一部分而开始的，这也可以解释为什么阿庇护·克劳狄乌斯后来被称为阿庇护·克劳狄乌斯·考德克斯（Appius Claudius Caudex），或“蠢蛋”。此外，这还表明罗马从未真正采取步骤发展地中海，这与它在意大利的军事组织建设截然相反。为了应对迦太基舰队而建立的偷工减料的结构，既有巨大的智慧，也有因缺乏经验而产生的弱点。如果不是罗马强加给意大利的基本结构使其能够掌握远超迦太基的人数优势，战争就会失败。

很快，问题的关键就不是新罗马舰队的作战能力，而是罗马海军将领在战斗胜利后无法保持舰队的灵活性。舰队需要大量的人员：一般的五层桨战船需要500人的船员，三层桨战船需要200人的船员，而一支大约200艘船的舰队才能有效地与迦太基对抗。即使一支舰队中的大部分船只都是三层桨战船，但如果损失100艘

图2.19 庞贝的一幅壁画说明了这一时期船对船的标准作战方法，即船本身是用来撞击或以其他方式使敌船丧失能力的主要武器。

船，也会造成惊人的伤亡。罗马人在公元前255年、前253年和前249年三次损失了这种规模的舰队。每次损失的原因都是一样的，即第一次在海上指挥的将领遇上了风暴。

然而，一旦参与海战，罗马人的运气却出奇的好。在意大利海岸上发现了一艘被冲上岸的迦太基人的五层桨战船之后，罗马人就有了设计战舰的模型。但他们意识到自己不可能与迦太基海军将领的经验相提并论，于是他们重新设计了这艘船，增加了一个舷板，使他们的船能够在迦太基战舰接近时锁定它们，以撞击它们（这就是当时的基本海军战术，图2.19）。罗马士兵就可以登上敌船，由于罗马船上的人数远远超过迦太基人的预料，就可以在数量上压倒他们（图2.20）。在公元前260年取得第一次胜利后，罗马舰队有了改进的时间。罗马领导人似乎有智慧地意识到迦太基人不会被同样的伎俩愚弄两次。在整个战争的余下时间里，罗马舰队都在采取传统的战术作战，他们似乎已经很好地掌握了这种战术，以至于他们的舰队通常比迦太基的舰队更胜一筹。

图2.20 “乌鸦”（corvus）是对刺穿敌船的重型尖刺木板的称呼，它为部队提供了一座桥梁。这是罗马人为数不多的真正原创武器之一。

与皮洛士的战争和与迦太基的第一次战争的胜利可能要归功于罗马在意大利的联盟制度，它使罗马有可能承受几乎会击溃其他任何国家的兵力损失。在这两种情况下，并不能说罗马的军事组织在战场上优于对手，也不能说罗马的军队有更好的领导，但他们足够优秀，最终赢得了胜利。而且这个体系足够灵活，罗马人可以根据自己的需要采用新的战术。

在与汉尼拔的战争中，这种灵活性是至关重要的。汉尼拔研究过罗马人的战术，他在战争开始的几年里成功地给罗马人造成了巨大的损失。但是汉尼拔在公元前216年卡奈战役之后并没有取得巨大的成功，因为罗马人——采取了罗马的一位高级政治家、“拖延者”昆图斯·法比乌斯·马克西姆斯（Quintus Fabius Maximus）的政策——意识到汉尼拔即使在战场上没有被打败，也会被最终打败。因此，他们放弃了最初强行进行决定性交锋的策略，一群越来越专业的、向法比乌斯学习过的将领走上了战场。同时，罗马军队被证明比西班牙的迦太基残余势力或他们在与马其顿腓力五世的小规模交锋中所面对的军队更有能力和更会领导。

在与汉尼拔的战争结束时，罗马的军事机器已经优于地中海世界的任何一个国家。一代军官在这些战争中成长起来，积累了大量的经验，可以在以后对东方希腊城邦的战争中加以利用。但是，在我们谈到这些战争之前，有必要考察一下罗马人统治意大利以外各省的第一次试探性的努力。地中海世界的统一将改变罗马，就像罗马改变那些在其控制下的土地一样。

罗马帝国：荫庇体系与门客

行省

当卢塔提乌斯·卡图鲁斯在公元前241年看着最后一艘迦太基的船只在埃迦提斯群岛外投降或沉没时，他可否能想象出一个勇敢的新世界被划分为不同的行省，每个省份都由一位罗马总督统治？这个问题的答案当然是否定的。

就在讲述扎马战役，也就是汉尼拔被最终击败的那场战役前，波利比乌斯记述了阿非利加的征服者西庇阿发表的演讲，他在演讲中提到，胜利的结果将是罗马人对“整体”的统治。考虑到西庇阿曾经说过这样的话的可能性非常小——波利比乌斯很有可能为人物编造了演讲，以强调他历史的主题——那么他对“整体”的设想可能是什么样的呢？也许波利比乌斯的语言在这里出卖了自己。“整体”的概念是亚历山大大帝死后在希腊世界为他曾经统治的地区而兴起的概念，而在罗马的传统思想中并无这一概念。

在波利比乌斯写作的时候，即卢塔提乌斯·卡图鲁斯胜利后近一个世纪，没有证据表明罗马人已经形成了统治世界的概念，或者说这成为他们外交的目标。有关统治世界的文字记录最早出现在公元前1世纪，在维吉尔的《埃涅阿斯纪》中得到了经典的表达：朱庇特承诺给埃涅阿斯的后裔以“无疆界的帝国”（*imperium sine fine*）。它的出现要求罗马人首先应该发展出一个有固定疆域的帝国概念。在公元前82年之前，根据独裁者苏拉（Sulla，统治时间为公元前82—前79年）对于叛国者的规定，将军率领军队越出本省边界是一种犯罪。比这更早的罗马人认为世界是由罗马直接控制的领土、属于臣民盟友的领土和属于他人的领土组成。在3世纪，拉丁文“*provincia*”一词，即“行省”的词根，似乎首先是指分配给政务官的任务，然后才是政务官行使权力的区域。在与汉尼拔的战争之后，罗马才开始发展行省的结构。这与希腊世界的王国定义方式有很大的不同，我们可以看到发生的情况是，罗马人逐渐从基于他们以前在意大利的经验，转变为在一定程度上类似于地中海东部希腊王国的制度。地中海东部的希腊王国被划分为明确的行政区，称为州（*eparcheiai*，单数*eparcheia*），在某些情况下甚至称为总督管辖区（*satrapies*），这个词是从波斯帝国时期传下来的。每个州都有一个由国王任命的总督，任期似乎是无限的。总督可能会一直任职到他被其他地方需要、死亡、退休或把事情弄得一团糟为止。每个行政区都被划分为公民和部落领地，这些领地要么单独与总督打交道，要么通过联盟与总督打交道。他们通过总督向国王纳税，并在总督认为合适的情况下在整个地区驻扎军队。为了限制总督的权力，城市或地区可能会寻找在为国王服务中担任其他重要职务的恩主，或在其他方面具有足够重要性、并可能会获得接近国王的机会的恩主。在一个地区，可能有大片土地直接属于国王，或者是国王赐给受宠的仆人。事实上，在前波斯国王的帝国中，没有被城市或部落控制的大部分土地仍然是靠“长矛赢得的”土地，征服权属于国王。

我们需要记住希腊世界的行政管理制度，并以此来理解罗马帝国的概念是如何开始出现的。西西里岛的迦太基土地是意大利以外第一个被罗马直接统治的地区。起初，它被当作意大利的另一部分。在这一地区，一些城市成为罗马的自由盟友，无须缴纳贡品，只要不与罗马的外交活动发生冲突，就可以从事各种外交活动。大多数城市失去了一些领土，这些领土成为罗马人的公共土地，并有责任缴纳贡金。当时没有总督，也没有永久的驻军。公元前238年撒丁岛和科西嘉岛被吞并后，以及公元前229年后伊利里亚被吞并后，似乎也实行了同样的安排。直到公元前227年，当大法官的数量从两个增加到四个时，才向撒丁岛和西西里岛派遣总督。这可能是因为这些地区聚居区之间的纠纷，包括相互之间的纠纷和与罗马税吏之间的纠纷，所需要的程度已经超过了现有的政务官（执政官和两名大法官）所能提供的范围。

由于罗马没有实行新的行政管理制度，因此没有证据表明在罗马人心目中，意大利的土地和海外的土地还没有明确的区别。没有设立新的职位（相对于旧职位的新任者）来管理这些地区，这一事实可能证明罗马帝国扩张的概念不过是将更多的领土纳入现有的体系中，并以条约和领土概念为基础。罗马海外帝国是根据从迦太基手中夺取的地区的特殊需求而发展起来的，吞并的原因似乎只是为了防止迦太基的回归。只有在第二次布匿战争之后，我们才能看到变化，当时西西里岛的所有其他地区和前迦太基西班牙都被纳入罗马的统治之下。事实证明，西班牙非常难以治理，因此有必要建立永久性的驻军。除此之外，新兴的罗马帝国最显著的特点是政务的水平非常低。这也许是缺乏广泛的政府结构造成的最严重后果，也为个人恩主的存在留下了空间。

荫庇体系

荫庇体系（Patronage）是一种极其重要和复杂的现象，它是存在于国家正式结构之外的个人关系。感到自己在国家强加的框架下被剥夺了权力的群体，可能会从国家框架内掌握权力的人中找一个恩主来维护自己的利益。这个恩主是一个会对那些寻求帮助的人感兴趣的人，以换取他们对其利益的支持。在地方一级，农民可能会寻求恩主保护自己不受地主的侵害，或者建立地方组织，以自卫抵御外来者。实际上，他们建立了自己的非正式——但同样强大——行政结构，而权力机构必须与之打交道。

在罗马社会，荫庇体系一直很重要。《十二（铜）表法》甚至立法规定了恩主和门客（clients）之间的相互义务，这可能是早期罗马社会中将势力较弱的氏族

荫庇协议

经过镇上议员与长官T. Fa［……］的一致同意，全部丰迪（Fundi）辖区与T. C［……］建立友谊。我们将自己完全交给了马库斯之子M.克劳狄乌斯，并将对他绝对忠诚[……]。

（《自由共和国拉丁文铭文》编号1068）

与氏族内有势力的父系人联系在一起的纽带。罗马贵族的地位在很大程度上取决于他动员门客支持的能力。早期罗马著名贵族之间的斗争，部分可以看作是一个人或一群结盟的贵族为了从其他人那里获得门客而做出的斗争。一个人是否有能力充当恩主，在很大程度上取决于他是否有能力担任公职，或者他与公职人员的个人关系。

罗马社会固有的荫庇体系被输出到罗马控制的地区。这并不是一个特别令人惊讶的发展，因为同样的行为模式在大多数地中海社会中似乎已经司空见惯。罗马恩主制度的传播的重要意义在于，聚居区和个人之间的关系网与聚居区和罗马之间的关系相吻合。

罗马贵族的第一条（不成文的）法律是，元老院中最有权势的成员之间应该有一个大致的平衡。那些成就太大、掩盖其他人光芒的成员，需要被拉回原位。贵族憎恶那些通过他人无法比拟的惊人之举获得门客的人，这种情绪与将价值和成就等同起来的意识形态产生了内在的张力。新领地的获得有可能破坏罗马贵族社会的任何平衡。有抱负的门客并不是简单地寻求使最先出现的人成为恩主，相反，门客往往会倾向于那些最能提供服务的人。在意大利南部发现的一条青铜鱼上的铭文就展现了这样一个案例，这条青铜鱼的历史可追溯到公元前3世纪和前2世纪之间的某个时期（见第82页：荫庇协议）。

用来描述社会和个人之间关系的语言（尤其是对忠诚的强调）并行发展，反映了这些私人权力和公共权力的紧密结合。因此，罗马帝国的扩张使贵族中更有权势的成员变得越来越强大，并获得了更多的门客。贵族转化为富人和相对富人的群体，加强了元老院的分裂，元老院的分裂在公元前4世纪《李锡尼—塞克斯图法案》颁布后开始出现，分裂出现在那些已经取得执政官地位的贵族和那些没有取得执政官地位的贵族之间。此外，虽然从公元前4世纪到前2世纪上半叶，“新人”（没有祖先担任执政官的人）完全有可能赢得执政官职位，但到了公元前1世纪上半叶，这几乎成了不可能的事情。贵族们的资源，在不断扩张的帝国各地寻求荫庇的门客的支持下，是很难被打败的，而每一次新的扩张都会使问题更加严重。

税收

在政府力量薄弱的社会，恩主是一种特别强大的力量。在罗马，政务官背后的政府结构几乎是隐形的。政务官有助手，但这些助手并不与更广泛的常设官僚体系相联系。政务官遇到无法独自处理的复杂问题时，就会将其外包给私人团体。政府服务的私有化也许在国家收入的征收方面最为明显——这种制度意味着国家将无法从某项税收中获得全部收入（见第84页：税收）。然而，这种制度的好处是，由于具体的收入是有保障的，所以国家可以知道每年得到多少钱。这也意味着，国家不必建立一个官僚机构来确保其征收这些收入的能力。如果公共工程的包税人（*publicanus*）对潜在的收入有准确的估计，他就可以从这一制度中获利（这种估计通常是基于罗马统治之前使用的估计）。对包税人采取合理的灵活态度符合监察官的利益。如果监察官决定国家应该抽取比包税人认为合理的更大的分成，监察官可能就会发现很难有人来做这项工作，可能会遇到麻烦的是纳税人，或者租用公共土地的人。

一个社会的税率可能是延续了传统的。我们当然知道罗马国家简单地保留了先前存在的税收结构，甚至在某些情况下，征收的税率低于罗马到来之前的税率。在公元4世纪对罗马税制进行全面改革之前，各地区之间几乎没有统一的税率。但税率可能并不总是

税收

罗马国家征税的方式有的是通过公民聚居区直接缴纳，有的则是通过税收团体征税。这些团体的成员属于骑士（*equestrian*）阶层，这个称呼是从古代共和国的骑兵部队中流传下来的，现在只是指那些被接纳进曾经为骑兵保留的百人队的人。加入税收团体的人也被称为包税人，他们根据从监察官那里得到的合同，被授权收取特定的税收或租金，或提供其他一些国家服务（如向军队供应帐篷），任职期限为五年。

希望赢得合同的税收团体必须估计它能从税收中获得多少收入。然后，它向州政府投标，提出在合同期间提供一定数额的资金，每年上交总额的五分之一。如果他们不能筹集到足够的资金来支付他们的出价，那么税收团体的成员就必须自掏腰包来弥补不足，但如果他们筹集到的资金超过了他们的出价，他们就将其据为己有。

图2.21 陵墓浮雕，描绘了一名公元2世纪的包税人。

像征税效率或可随意征收的有效附加税那样成为问题。如果一个人必须将其收获的一部分粮食交纳税款，那么包税人可能会直接从脱粒场将粮食从茎秆中分离出来，或者他可能会命令农夫将其运到一个尴尬的地方。在后一种情况下，农夫可能要去贿赂包税人，恳请他别这样做。如果一个人或一个聚居区无力支付税款，包税人可能会提供（高息）贷款来弥补差额。事实上，收税合同为贷款提供的机会可能与合同本身一样重要。包税人成为罗马世界最重要的银行家，他们很少能对社会产生良性的影响。

除非个人非常富有，否则个人几乎没有什么保护措施来防止被虐待。较富裕的人或聚居区，只能通过向罗马政务官上诉来获得补救。在这里，恩主的幽灵再次抬起了它丑陋的头颅。一个在罗马有强大恩主的聚居区可能相对安全，但一个缺乏这种援助的聚居区几乎没有机会。一位政务官在被要求裁决一个聚居区和一个包税人团体的争端时，可能会受到道德的影响（这种情况确实发生过），但如果他受到影响，他就必须准备好应付包税人的朋友或支持者的谩骂。

如果聚居区为他提供一些好处，政务官可能更容易听取聚居区的意见：大量的贿赂可以买到一把非常漂亮的伞，用来挡住倾盆大雨。此外，政务官可能会被聚居区的罗马恩主的权力所影响，因为得罪恩主比得罪包税人更危险。

聚居区本身并不总是无辜的。政务官有能力挪用公职人员的资金，就像公职人员试图获得更多应得的资金一样。由于荫庇体系开辟了国家控制之外的沟通渠道，因此它很容易被各种形式滥用。由于共和制中的荫庇体系具有竞争性，问题就更加严重了。在君主制下，皇帝是争端的最终仲裁者，只要有一定的技巧，皇帝就可以在竞争的利益之间进行裁决，以维护正义。罗马制度缺乏君主制提供的焦点。争端通过投票和法院来裁决，在这两个场所，通过赞助获得的权力所支持的个人影响力的斗争可以影响结果。政治权力往往比案件的事实更重要。忠诚正在成为一个相对而非绝对的概念。

公元前2世纪的战争

马其顿王国的战败

公元前200年，第二次布匿战争结束后，与马其顿腓力五世的第二次马其顿战争的结果是，罗马在东地中海建立了一个强国（图2.22）。罗马打败腓力五世是借助与其在希腊的对手结盟——主要是埃托利亚人（Aetolians）——完成的，他们的联盟控制了希腊西北角科林斯（Corinth）以北的地区，以及土耳其西部，帕加马王国。腓力五世战败四年后，于公元前193年爆发的战争，反映的是一系列联盟所固有的问题，这些联盟的唯一目的是打败一个王国，而且希腊和罗马双方对这些联盟的不同方面所承担的义务都有一些非常深刻的误解。

图2.22 罗马打败迦太基后，迅速成为地中海西部和东部的大国。在公元前197年和前167年战胜马其顿，公元前189年战胜塞琉古王朝（Seleucids）。阿塔罗斯三世于公元前133年离开土耳其西部的帕加马王国，归顺罗马。

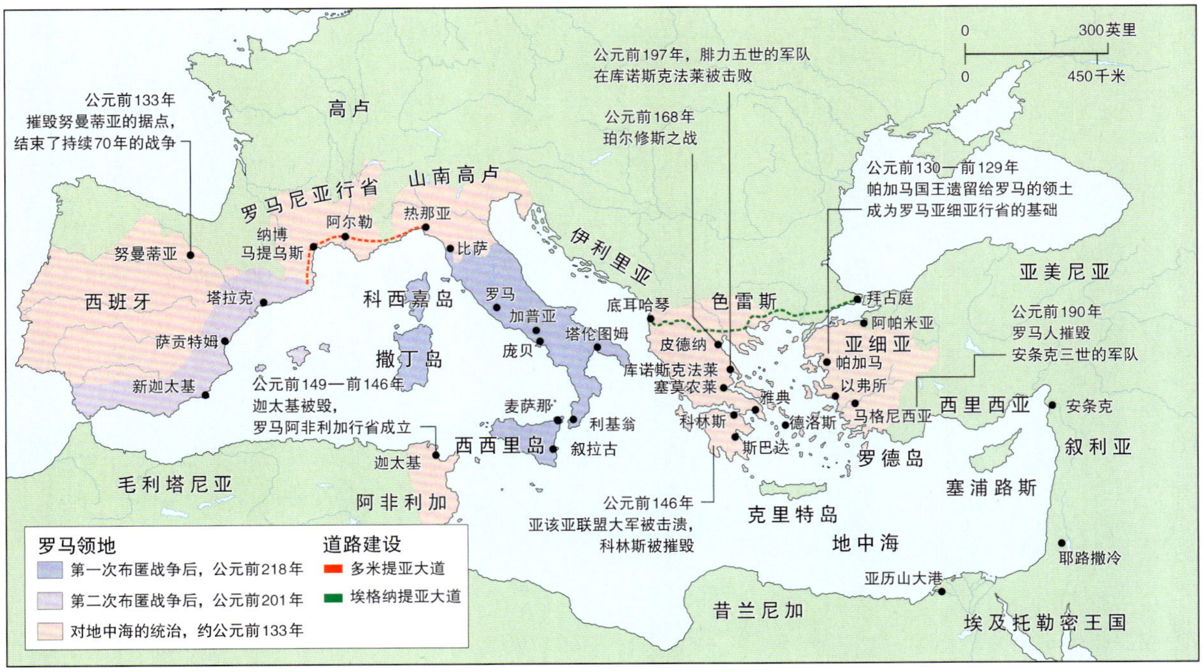

图2.23 描绘提图斯·奎恩提乌斯·弗拉米尼努斯的钱币，他的军事成就使罗马社会的权力平衡脱离了元老院。

我们现存的资料对埃托利亚人并不友好。李维的记载是我们拥有的最完整的资料，他关于希腊和东方事务的资料来自波利比乌斯。波利比乌斯——我们只有通过后世作者对他作品的引用才能了解这一时期的历史——憎恨埃托利亚人，以及伯罗奔尼撒半岛南部的斯巴达人，他们是他的同胞亚该亚人主要的竞争对手。随着希腊西北部的不同部落聚居区发展成城市并形成联盟，埃托利亚人在公元前4世纪后期已经发展成一股势力。他们在公元前279年击退高卢人入侵希腊的战争中发挥了重要作用，并通过清缴整个爱琴海的海盗，扩大了自己的影响。

亚该亚人对斯巴达人偶尔的侵略感到担忧，他们与马其顿王国保持着一种矛盾的关系。他们在与腓力五世斗争的后期加入了罗马人的行列，但对罗马最终取胜的贡献不大。而埃托利亚人则在与汉尼拔的战争中帮助罗马与腓力五世作战，并在公元前197年结束的、与腓力五世的战争中一直为罗马军队提供真正的援助，然而在最后的和平谈判中，埃托利亚人收获甚微。

然而，亚该亚人却获得了巨大的利益。击败腓力五世的罗马将军几乎完整地留下了马其顿王国，然后转战伯罗奔尼撒半岛，协助亚该亚人最后摧毁斯巴达的势力。这位将军提图斯·奎恩提乌斯·弗拉米尼努斯（Titus Quinctius Flamininus，公元前229—前174年）是后来将军们的先驱，他们自作主张地先规定了罗马的政策大纲，之后才将这些决定提交元老院确认（**图2.23**）。

弗拉米尼努斯的行为在形式上是先前做法的延续，但结果却大不相同。因为他距离罗马较远，这为采取果断行动提供了更大的机会，任期的持续时间也更长。在与迦太基的战争中，罗马元老院已经习惯于将将军的指挥任期延长到他的政务官任期之后。这一过程被称为任期延长（prorogation），目的是使指挥权保持一致。在战争日益复杂的时期，这种做法可能被视为出于军事需要。但是，这也意味着将军们可以成为高等级的恩主。随着帝国的扩张，这种情况变得更加频繁，因为政务官的数量没有扩大以满足新的需求。其结果是更多的人被延长了指挥时间，恩主的金字塔越来越高，国家对其将军的控制也越来越不确定。

未能增加政务官人数的最好解释是，唯一可以轻易扩大的政务官制度是大法官制度。传统上只能有两名执政官，而且似乎没有感觉到应该恢复旧的具有执政官权力的军事保民官的组织机构（允许由六位拥有最高权力的政务官组成）。到公元前3世纪末，先担任大法官后担任执政官也成为传统（并很快成为法律规定），这意味着大法官人数的增加将增加有资格担任执政官的人数。由于有六名大法官，大法官的人数已经是执政官的三倍，这使得当选最高职位更加困难。不过，这种情况对那些来自名门望族的人在竞选执政官时有利。罗马非常尊重家族传统，当然，一个家族在最高政治权力层的时间越长、地位越高，其门客基础就越大。

只要保持相对公平的竞争环境，罗马国家的政治结构就能正常运转。但到了公元前2世纪初，政治结构开始变得相当不稳定。弗拉米尼努斯的活动为其他人开创了先例，他们还在希腊掀起了一场新的战争。

即使弗拉米尼努斯在公元前194年大张旗鼓地回到罗马，埃托利亚人也在寻找一个盟友来帮助他们推翻弗拉米尼努斯的定居点。他们视安条克三世（统治时间为公元前223—前187年）为盟友，安条克三世是从土耳其西部一直延伸到中亚和阿富汗的塞琉古王国的统治者（**图2.24**）。安条克可能已经对罗马人感到不安了一段时间，因为罗马人已经倾向于与他的两个主要对手结盟：埃及的托勒密王国（拥有北至巴勒斯坦、土耳其东南部海岸和爱琴海的重要领土）和土耳其西部的帕加马王国。安条克在腓力五世与罗马的灾难性战争之前的几年里，已经与腓力五世结成了对抗埃及的联盟，并在腓力五世与帕加马对罗德岛（Phodes）国的战争中（也是在那些年里进行的）帮助腓力五世。当汉尼拔逃离迦太基时，他给汉尼拔提供了避难所，这也不利于他与罗马的关系。

图2.24 公元前223年，安条克三世在其兄长塞琉古三世被暗杀后，成为塞琉古王国的统治者。安条克在登基时成功镇压了整个王国的叛乱，他以“大帝”作为自己的称号，但他的军事技能在面对罗马军队时显得不足。

安条克的塞琉古王国是由亚历山大大帝的一位将军塞琉古（公元前358—前281年）在公元前4世纪末至公元前3世纪初建立的王国，他在公元前311年至前281年成功地从不同的对手手中夺取了亚历山大帝国的大部分控制权。托勒密王国是由救世主托勒密国王（King Ptolemy the Savior，公元前367—前282年）建立的，他是亚历山大的另一位将军，在公元前323年亚历山大大帝死后，以埃及为基地建国，而帕加马王国是在公元前281年塞琉古被杀后的混乱中建立的。尽管在第一位塞琉古国王塞琉古被杀后，以及在以后的国王手下都有损失，但安条克三世的塞琉古王国仍是希腊世界中最强大的国家，安条克自然是帮助埃托利亚人的人选。他于公元前192年到达希腊。

罗马人对安条克出现在希腊的反应是迅速且致命的。公元前191年，一支罗马军队在塞莫皮莱（Thermopylae）歼灭了安条克的远征军，然后开始消灭埃托利亚人。在普布利乌斯·西庇阿·阿非利加努斯的弟弟卢修斯·西庇阿的名义指挥下，派遣了第二支军队入侵塞琉古王国。军队的实际指挥权似乎归属于普布利乌斯·西庇阿本人。在罗德人和帕加马的帮助下，西庇阿的军队进入土耳其，并在公元前190年底在马格尼西亚战役中摧毁了安条克三世的军队。

公元前188年的《阿帕米亚合约》正式结束了罗马和安条克之间的战争，并重新绘制了地中海东部的版图：罗马人剥夺了安条克在安纳托利亚（Anatolian）高原南缘的陶鲁斯（Taurus）山脉以北的所有土地。失去这一重要地区的后果是塞琉古王国的逐渐瓦解。然而，导致塞琉古灭亡的并不是罗马，而是伊朗北部帕提亚的新兴势力：塞琉古帝国失去了西部领土的人力和财力资源，被近东的地缘政治事实所左右。两千多年来，现代叙利亚地区已被证明无法提供抵抗以美索不达米亚为基地的势力所需的资源。美索不达米亚，也就是今天的伊拉克，同样容易屈服于伊朗高原上的强国的压力。塞琉古帝国的强大，是依靠着从三个地区调动资源的能力，以控制伊朗高原，分别是叙利亚、美索不达米亚和土耳其西海岸。塞琉古国王政策的短板在于，他们主要从希腊定居者而不是土著人那里抽调军队，一旦塞琉古人被剥夺了土耳其西部的人口资源，他们将不可能长期与帕提亚相抗衡。他们的失败最终导致了对近东版图的彻底修改，近东版图将被罗马和伊朗各政权瓜分，直到公元7世纪被阿拉伯人征服。

罗马没有因为《阿帕米亚合约》而建立新的行省，相反，它将广泛的领土交给了它的罗德岛和帕加马盟友。盟友们已经证明了自己的忠诚，正如我们所看到的，罗马元老院只对在需要的地方建立行省感兴趣，以确保不会出现敌人。忠诚的门客可以充当这个角色，它们的统治者会在罗马寻找恩主，没有必要进一步给政务管理带来压力。但是，在迦太基战败后获得的西班牙行省已经使罗马在当地的管理紧张起来。

西班牙并不容易被征服，罗马人的存在打破了当地部落之间的权力平衡，导致罗马人镇压了一次又一次的叛乱。公元前2世纪在西班牙的战争证明了其遇到的挑战。西班牙的地理环境使罗马军队很难高效地行动。在南部主要河谷以外的干旱地区，大军不容易发挥作用，虽然平原地区非常适合罗马人痛击西班牙，然而西班牙的部落军民拒绝前往平原作战。因此，西班牙需要大量的罗马驻军。被派往西班牙的部队往往不会再回到罗马，以至于罗马士兵不喜欢被派往西班牙驻军。此外，虽然士兵的工资可能足以让他在服役期间生活，但却没有制度化的方法来支付士兵的退休费用。通常，旧的制度是在战役结束时解散军队，把从敌人那里缴获的战利品分掉，但在此处并不合适：战斗虽然一直在进行，但战利品从来都不是很多。

传统制度的另一个问题是，士兵的奖赏来自将军而不是政府，这可能使士兵的忠诚度主要集中在将军而不是国家。当部队经常被征召，并在不同的将军手下被派回罗马时，这不是一个大问题，而对于现役军人来说，这也不是一个明显的问题，因为军队在一个似乎永无止境的循环中从一个将军的手中转到另一个将军的手中。但是，如果一支军队被置于一位成功的将军的麾下长达几年，再跟随将军回到罗马后，通过分配大量的战利品会使士兵团结在将军周围，这就令人担忧了。这种情况在西班牙不可能发生，但在其他地方可能而且确实发生了。

然而，有时国家可能会以战利品分配问题而起诉一位将军，以此来清除一个有问题的人物。在《阿帕亚亚合约》最终达成之前，西庇阿夫妇回到了罗马，但西庇阿立即面临审判和流放。针对西庇阿的案子特别有意思，因为据说他贪污了战利品，欺骗了自己的手下。这些人无论如何都没有和他一起回来，因为军队被曼利乌斯·弗尔索（Manlius Vulso）接管了，费尔索试图通过在安纳托利亚高原上的掠夺活动让士兵忠诚于自己。更可能的是西庇阿在国家内部的地位。随着对汉尼拔和安条克的胜利，西庇阿是一个过于有影响力的人，在政治体系中无法被控制。最后，他成了自己成功的牺牲品。

虽然西庇阿的命运可能因他的显赫地位而注定悲惨，但曼利乌斯·弗尔索为普通罗马人提供了一个更容易实现的模式，尽管他的行为在罗马引起了一些不适。虽然曼利乌斯是一个令人讨厌的人，但他还是利用了这个系统，证明了欺骗和成功是可能的。在接下来的几十年里，我们听说有几位将军效仿曼利乌斯，攻击弱小的对手，以追求荣誉和掠夺。其中许多战役发生在意大利，在那里，西北山区的部落，即所谓的利古里亚人聚居区（Ligurians），最终被控制了。

当罗马军队在山间追逐利古里亚人，或蹂躏西班牙村庄时，罗马仍然是希腊世界的外交中心——并非希腊世界的每个人都对事情的发展方向特别满意。罗马支持它的朋友们，如果地方上的争斗有可能对这些朋友不利，罗马使者就可能会出现，命令恢复以前的状态，或者命令争斗人员前往罗马解释。腓力五世的儿子，小马其顿的珀尔修斯（Perseus of Macedon）正是在公元前179年（**图2.25**）走进了这个日益不满的世界。珀尔修斯在罗马社会并不特别受人爱戴。他的弟弟德米特里厄斯在罗马做了几年人质，并结交了一些有权势的罗马朋友。在他回国后，珀尔修斯指控他密谋反对他们的父亲，并在公元前180年将他处死。在公元前179年登基后的几年里，珀尔修斯着手恢复马其顿在希腊的影响力，娶了一位塞琉古公主，并为那些不愿与罗马人打交道的人提供了一种选择。到了公元前172年，这已经成为罗马元老院内部某些人无法容忍的事情，以至于公元前171年，罗马再次与马其顿开战。

珀尔修斯在公元前168年被罗马击败后，被带到了罗马，并在囚禁状态下死去。罗马元老院于是决定不再允许马其顿王国的存在，将其分成四个自治共和国。同时，罗马向在战争中没有特别尽责的国家索要人质（其中一个人是波利比乌斯），并采取其他措施惩罚那些行为被认为可疑的国家，如罗德，但仍然没有建立新的行省。

在与珀尔修斯的战争换来了近二十年建立的平静后，其他国家对罗马控制的不满再次达到沸点。公元前149年，一个名叫安德里斯库斯（Andriscus）的人，自称是珀尔修斯的儿子，在马其顿共和国提出了反抗罗马的口号。在取得初步成功后，他依旧被击败并被杀死。但现在，罗马的反应比过去更加强烈。由于其他措施都失败了，罗马建立了一个新的马其顿行省。新省份的建立伴随着对亚该亚联盟领导人发出的新命令，即停止迫使他们祖先的敌人——斯巴达——加入他们的联盟。由于不明白抵抗是徒劳的，或者是坚信在罗马人统治下的生活是不可容忍的，公元前146年，亚该亚联盟的领导人向罗马宣战。之后他们的军队被歼灭，希腊大陆最富有的城市之一科林斯被摧毁，这是对那些反对罗马权力的人的残酷教训。

科林斯的毁灭发生在公元前146年，与另一个大城市迦太基的毁灭是同一年。公元前149年，由于安德里斯库斯谋求马其顿的王位，罗马挑起了第三次布匿战

图2.25 马其顿国王珀尔修斯出生于公元前213年，是腓力五世的长子和继承人。在皮德纳战役（Pydna）失败后，他被废黜，且被押送至罗马，并被在凯旋纪念活动中游行。

争，这一决定受到老加图的影响。老加图一直主张摧毁迦太基，（在没有实际证据的基础上）担心迦太基会以其他方式恢复其以前的地位。迦太基被围困了三年，城池沦陷后就被摧毁了。迦太基的领土变成了罗马的阿非利加行省。同样，其他选择的无效——尽管失败是罗马造成的——是建立一个行省的原因。

帝国的“新智慧”

就在与皮洛士的战争爆发之前，李维描述了一些罗马元老抱怨他们同僚的行为，这些人曾向珀尔修斯派出大使，但大使对珀尔修斯平白无故地撒谎。他们想知道，取代了老式的罗马美德的“新智慧”到底是什么。波利比乌斯也想知道，当他记述的罗马历史进入尾声时，罗马是否还是当初那个罗马，罗马是否会像他曾经想象的那样稳定。这些都不是空洞的问题。在这几十年里，罗马人的行为比过去更加残暴，而且从长远来看，也不如过去有效。科林斯和迦太基的毁灭是这些变化的象征，因为罗马人正在努力应对其作为世界强国所产生的后果。事实上，对于研究“比较帝国”的学生来说，罗马共和国已经成为“征服国家”的一个典型例子。

这就是说，一个国家的资源被用于摧毁其邻国，而不寻求建立任何能够管理新领土的集中或一致的官僚结构。战争现在已经成为高级政治家的绝对必需品，他们需要胜利的收益来支持他们的政治生涯（或偿还那些资助他们的人）。公共承包制（the public contracting system）使国家的钱财遍布意大利各地，这也许可以解释为什么在安条克战败后的大部分时间里，两位执政官都对意大利西北部的利古里亚人发动了战争。在这些掠夺性的远征中，小的胜利被当作凯旋来庆祝（“利古里亚的胜利”一词指小的胜利），而金钱则流向国家包税人。罗马官员在西班牙的行为也同样令人闻风丧胆：公元前150年，远西班牙（Further Spain）的总督在现在的葡萄牙地区对部落居民进行了残酷的屠杀。那次暴行的幸存者维里阿图斯（Viriathus）随后领导了一场高度组织化的、成功的反罗马人的游击战，当他在公元前140年迫使一支罗马军队投降时，这场战争结束了（或者说他可能希望如此）。结果元老院授权签订了一份和平条约，维里阿图斯在其中被任命为罗马人民的盟友。但两年后，他死了，他是新任罗马总督安排的一次暗杀的受害者，战争仍在继续。

在公元前1世纪50年代，罗马开始面临压力。例如，在公元前153年，由于现实和意识形态的原因，官方年度的开始时间——自公元前3世纪的某个时候起就被定为3月1日——被改成了1月1日。公元前153年1月1日，根据现在普遍的计算，标志着罗马第600年的结束。历法的改变，将执政官的上任时间定在了一系列冬季节日之中，这也意味着两人在出发前往各自的省份之前，必须找到一些相处的方式。几年后，在维里阿图斯职业生涯开始的丑闻大屠杀之后，保民官卢修斯·卡尔普尼乌斯·皮索（Lucius Calpurnius Piso Frugi）通过了关于追偿的《卡普利亚法》（*lex Calpurnia de repetundis*），即科《内利亚法》（Corneliae）。他建立了一个新的常设法院，作为听取对省内不当管理的投诉的地方，人们可以在这里因罗马官员在国外偷窃金钱或财产获得赔偿。虽然新设立的关于专门审查敲诈勒索案的法庭（*quaestio de repetundis*）不过是一种礼貌的姿态——因为组成陪审团的元老院不愿意给自己人定罪——但事实证明，设立一个常设法庭来审理具体的案件是一个极其重要的先例。在接下来的半个世纪里，这种法庭的数量将大大增加，而一旦后来的法庭通过法律，允许骑士阶层成员代替元老院成员进入这些陪审团，谁来担任陪审团成员的问题就会引起激烈的争议。同样重要的一项改革是在公元前2世纪30年代通过一系列法案引入了无记名投票。公元前139年的《加比尼亚法》(*lex Gabinia*)首次引入了选举的书面投票；公元前137年的法律引入了无记名投票的方式；公元前131年的《帕皮里亚法》(*lex Papiria*)，引入了对法律进行投票的方式。《帕皮里亚法》颁布之后的一年，由于保民官提比略·森普罗尼乌斯·格拉古（Tiberius Sempronius Gracchus，约公元前165—前133年）提出的法案被通过，出现了巨大的混乱（见第110—112页）。这些法律与“公地”(*ager publicus*)的使用有关，也与罗马晋升成地中海帝国的最后一步——帕加马有关。

位于土耳其西部的帕加马王国长期以来一直是罗马的重要盟友。公元前133年，随着内部动荡，帕加马最后一位国王阿塔罗斯三世（统治时间为公元前138—前133年在位）去世，他在遗嘱中把所有王室领土留给了罗马。元老院被迫通过提比略·森普罗尼乌斯·格拉古的提议，由部落大会通过的一项法案来处理这笔遗产。法案通过后不久，元老院就卷入了一场蔓延整个帕加马王国的战争。它的煽动者是亚里斯托尼库斯（Aristonicus），一个自称是阿塔罗斯三世私生子的人。亚里斯托尼库斯从之前王国的城市中获得了一些支持，并设法击败了罗马派来对付他的第一支军队。然而，下一次他就没有这样的运气了。公元前129年，他被击败并被杀，罗马在帕加马旧王国最富裕的地区建立了另一个行省——亚细亚。

公元前133年的罗马帝国

权力的获得并没有使更有效的行政结构形成得水到渠成。公元前2世纪后半叶，罗马帝国的特别建设

图2.26 阿皮亚路是上图中现存的一段，它的名字来自公元前312年下令修建的监察官阿庇护·克劳狄乌斯。这条道路最终将罗马与意大利东南部的布伦迪辛姆（Brundisium）连接起来，是罗马国家新的有力象征。在它建成之前，欧洲任何地方都没有类似的公路。

项目可以说是道路。公元前130年后不久，罗马决定不再使军队航行海上，于是一条横跨巴尔干半岛、将新的亚细亚省与西方连接起来的道路——埃格纳提亚路（via Egnatia）开始动工。公元前121年，另一条道路也开始动工，这次是在法国南部，即多米提亚大道

奴隶起义

公元前133年，执政官卢修斯·卡尔普尼乌斯·皮索被派去镇压西西里岛的叛乱，也许是帝国臣民感到不满的一个例证。这场大规模的叛乱在前一年爆发，以恩纳城（Enna）为中心。我们了解这次叛乱的主要资料来源——狄奥多罗斯·西库鲁斯，他在这里引用了公元前1世纪一位名叫波西多尼乌斯（Posidonius）的历史学家的话——他把这次叛乱的爆发归咎于西西里人对待奴隶的骇人听闻的方式，这些奴隶主要是从国外进口的。

虽然毫无疑问，奴隶在最初的叛乱中发挥了核心作用，但是，叛乱并不限于奴隶群体。"普通人并非没有同情心，而是对富人的噩运幸灾乐祸，他们对富人的生活方式已经开始反感"（狄奥多罗斯·西库鲁斯，《历史丛书》33/34.2.48）。叛乱一开始，领导权就被交给了来自叙利亚的尤努斯（Eunus），他曾被卖为奴隶。作为一个被家族培养长大的艺人（他显然可以表演狂欢节的把戏），他宣称自己有预言能力，并取了一个安条克的皇室名字。他的副手包括一个叫阿开俄斯（Achaeus）的人（也是塞琉古王国经常使用的朝代名称）和另一个叫克里昂（Cleon）的人，后者似乎是一个来自小亚细亚南部的成功商人。这种对罗马统治的象征性反对是对罗马不断上升的权力感到不安的表现，而罗马的权力并没有激发出人们对旧统治者的忠诚。

（via Domitia），将新殖民地纳博·马提乌斯（Narbo Martius，今纳博讷）与罗讷河畔的阿尔勒（Arles）城连接起来，标志着阿尔卑斯山以北一个新行省的建立。这两条新道路的修建可以追溯到早期共和国的四项伟大的建设工程：公元前290年萨莫奈战争结束后延伸的阿皮亚路（via Appia），以方便罗马军队迅速向南行军（**图2.26**）；公元前3世纪后期连接罗马和意大利北部的两条北方道路——西海岸的奥雷利亚路（via Aurelia）和东海岸的弗拉米尼亚路（via Flaminia）；以及公元前2世纪初修建的横跨意大利北部的阿米利亚路（via Aemilia）。这些道路似乎是罗马帝国理论上的象征，为波利比乌斯的观点提供了实物证明，即罗马帝国被设想为罗马人可以发号施令的地方。

但一个以道路和施令为基础且没有目的的地方，对它的公民并没有吸引力。苦闷和痛苦的感受在公元前2世纪后半叶的地中海一带非常普遍。从公元2世纪意大利幸存下来的一篇罕见的纪念罗马大政务的铭文提到，公元前134年，波比留·雷恩斯（Popillius Laenas）在意大利南部将900名逃亡的奴隶归还给他们的主人。雷恩斯的行为可以被看作对意大利境内被称为"丘陵和山谷"省份的一种警告，每当公共安全似乎受到威胁时，政务官就会被赋予这种权力。但是，当执政官卢修斯·卡尔普尼乌斯·皮索被派往西西里镇压次年的叛乱时，他收到了截然不同的命令（见本页：奴隶起义）。他所遭到的反对，以及叛乱领导人所采用的权威象征，折射了东地中海地区罗马的其他敌人。安德里斯库斯曾在公元前146年宣称他与马其顿王室有关系。大约在西西里叛乱爆发的同时，亚里斯托尼库斯也宣称——有这种可能——他是阿塔罗斯三世的真正继承人，并据称建立了一个乌托邦社会，他称之为"赫里奥波利斯"（Heliopolis），或"太阳之城"。

遭受叛乱的塞琉古和托勒密政权（特别是还经受

了入侵的塞琉古）梦想在一个更完美、更平等的世界里重建王国。亚历山大大帝死后一个半世纪的政治秩序已经被罗马崛起的力量所摧毁，但罗马至今还没有对其进行重建。事实上，罗马的扩张除了认可的自身利益，没有任何指导原则，这意味着新帝国并没有用一个在意识形态上具有刺激性的新政权来取代东地中海的政府制度。相反，它派出的总督的主要兴趣是通过战争提高自己的地位，并通过支持既得利益者来促进和平，而这些既得利益者认为总督的存在很有意义。西西里和小亚细亚的起义虽然纯粹是出于地方性的考虑，但从它们对希腊化的改造中反映出一个事实，即罗马共和国还没有提供一个能够取代国王权威的符号系统。

帝国的结局

没有一个国家可以在成为帝国后一直保持不变。我们已经看到了公元前3世纪因建立行省而产生的一些问题，可以说，这些问题因公元前146至前129年阿非利加、马其顿和亚细亚的加入而越发严重。但是，这些地区增加的不仅仅是新的贡赋、新的总督职位和新的驻军需求。亚细亚和阿非利加被罗马附属国环绕，不需要驻军，而且它们都是富裕的城市化地区，更像西西里而不是西班牙。马其顿和亚细亚的行省使罗马政府和罗马的恩主更加深入希腊的中心地带，随之带来了新的贸易机会，也加强了罗马人与他们似乎一直尊重的古代文化的新联系。

文化

生活在公元2世纪的罗马人，认为公元前2世纪的罗马是一个粗制滥造、没有文字的地方，且热衷战争。根据这种观点，希腊学者通过教会罗马人如何以新的方式使用拉丁语来改变这一切。认为罗马文化通过与希腊的接触而得到加强的观点之所以引人注目，并不是因为它有些错误，而是因为它断言一个帝国的文化是由一个被征服的民族的文化所塑造的，并且这是统治者而不是公民所持的观点。现代帝国主义的例子与希腊和罗马世界的文化关系没有可比性。与公元19世纪的欧洲列强不同，罗马并没有寻求输出一种宗教、世界观、服饰风格或一套种族主义态度，相反，罗马从其帝国中吸收了这些东西。

尽管公元2世纪的一些罗马人可能会相信这种观点，但对于征服迦太基、马其顿和塞琉古的那一代人来说，同化的过程并不新鲜。希腊文化从很早的时候就对罗马社会的品位产生了重要影响。罗马神在王政时期就开始采用希腊神的形式；早期的罗马军队似乎是以希腊的作战模式为蓝本的；希腊语是促进意大利半岛不同语言群体之间交流的语言；我们所知道的最早的拉丁诗歌作品是荷马《奥德赛》（*Odyssey*）的译本。

《奥德赛》的译者利维乌斯·安德罗尼库斯（Livius Andronicus）和他的同代人奈维乌斯（Naevius），写了一首关于第一次布匿战争的史诗。作为拉丁文学新运动的领袖，奈维乌斯的重要性不言而喻。以前罗马人喜欢举办各种戏剧活动，其中有些基本上是情景剧，有些则（可能）是将罗马历史上的事件戏剧化。从与迦太基的第一次战争结束后，出现了完全不同的罗马戏剧，它们以希腊戏剧为基础，以希腊为背景，我们有充分的理由认为它们很受欢迎。此后，各种拉丁文学作品都会按照希腊世界发展起来的批判性规范来创作。这类作品的生产得到了统治阶层的贵族成员的赞助，这些人似乎越来越以他们所认为的世界性形象为荣。

法比乌斯的《罗马史》（*History of Rome*）用希腊文写成，是这一时期文化生产的一般规律的一个例外。它与已经可以识别的拉丁文文学传统以及拉丁文中存在的罗马历史意识的表达方式存在着鲜明的对比。除了奈维乌斯关于第一次布匿战争的史诗，还有一个叫弗拉维乌斯的人写的一本关于罗马历法的有趣的书（现在很遗憾地只能通过后世作者的引用来了解）。弗拉维乌斯是一个自由民，是阿庇护·克劳狄乌斯的朋友，因为发表有关历法的信息被视为侵犯了贵族的权力。这也令他非常受欢迎，尽管他是奴隶出身，但他在同一年被选为平民营造官和保民官。他建立了罗马历史的第一部年表，把朱庇特神庙的建立作为共和国时代的起点，并似乎提供了一份来自神庙记录的政务官名单。当贵族抗议他的当选时，他利用相当高的外交技巧化解了危机，在户外集会场（*comitium*）附近献出了一个石碑，上面刻有铭文，说明他是在朱庇特神庙落成后的第204年这样做的，当时人们相信这是与驱逐塔昆斯人同时进行的。

弗拉维乌斯的铭文是最早的，但并不是唯一的，我们有证据表明，在法比乌斯写下他的记录之前，罗马人已经有了自己的历史感。奈维乌斯在他关于第一次布匿战争的诗中提到了罗马过去的传说，而法比乌斯自己也记录到，公元前294年的一位执政官曾供奉了一座“朱庇特神庙”，就像罗慕路斯曾经做的那样（在罗慕路斯偷来的女人被萨宾人夺回时爆发的战斗之后）。看来，罗马最早历史上的一些人物很可能已经在公众意识中确立了地位，例如此时在广场上有霍拉蒂乌斯和卡米卢斯的雕像。事实上，法比乌斯似乎做了一件事，就是通过对王政时期在罗马历史上的重要性进行大量的关注，然后又相当迅速地转入到与自己时代比较接近事件的讨论中。

法比乌斯对第一次布匿战争的记载，我们主要是通过波利比乌斯知道的，他指出第二次布匿战争都是汉尼拔的错，而罗马是在汉尼拔渡过埃布罗河后才正式宣战的。

既然是罗马历史，法比乌斯为什么要用希腊文写作？我们无法给出明确的答案，但不可能是因为他想象他的书会在希腊世界获得巨大成功，从而向外人证明罗马的政策是正确的，或使罗马在敌人面前变得和蔼可亲。法比乌斯的历史似乎将贵族竞争的重要性奉为其叙事的核心：这是一本一个贵族为其他贵族写的书。语言的选择使这本书与其他流行的形式脱离了关系，也与弗拉维乌斯和奈维乌斯等作家脱离了关系，不过他们似乎都没有在贵族中特别受欢迎（奈维乌斯因为对梅泰利的大贵族氏族做了一个冷嘲热讽的评论而入狱）。法比乌斯是最后一个用希腊文写作的罗马贵族，他的历史似乎比一代人之后问世的另一部历史的长期影响要小很多。那部历史是用拉丁文写的，而且是用诗歌写的，那就是昆图斯·恩尼乌斯（Quintus Ennius，公元前239—前169年）的《编年史》（*Annales*）。

昆图斯·恩尼乌斯原本不是罗马人，相反，他是一个意大利中部人，通过在汉尼拔战争中服役而得到公民身份。他来到罗马，是由老加图介绍到文明社会中来的，他在公元前3世纪上半叶成为一个高大的人物。多年来，恩尼乌斯的名气来自他的著名希腊悲剧的拉丁文译版本。直到生命接近尾声时，他才着手写一首关于罗马历史的史诗，此时他发现了一种使拉丁文适合抑扬格六步诗的方法，并使其成为希腊史诗的新标准。我们现在只能猜测恩尼乌斯使用的材料，他似乎宣传了一种罗马最早的历史观，极大地扩展了王政时期的时间。有一次，可能是指公元前400年的一件事，他借一个笔下人物之口说道：“七百多年前，著名的罗马在一个神圣的预兆（*augusto augurio*）下成立了。”这首诗的

拉丁语文学与社会

图2.27 演员的服饰和面具表明，这幅来自北非苏塞（Sousse）的公元3世纪马赛克描绘的是罗马喜剧的一个场景。这样的图像证明，在柏拉图斯死后500年，他的戏剧表演传统仍在继续。

随着拉丁语文学在公元前3世纪和前2世纪开始兴起，作者往往被分为两种截然不同的社会类别。

我们可以确定为历史作家的都是有贵族身份的人，发表演讲的作者也是如此。戏剧和其他形式的诗歌发展的领军人物要么是被释放的奴隶，如利维乌斯·安德罗尼库斯和剧作家普劳图斯，要么是来自意大利其他地区的移民，如奈维乌斯和恩尼乌斯（**图2.27**）。

这些人是富有的元老院的门客，他们的艺术成就反映了恩主的品位。拉丁诗在这一时期成长为贵族生活的附属品。只是到了公元前2世纪末，我们才发现罗马元老们转手创作各种形式的诗歌，而他们的老师往往是被释放的奴隶或希腊人。

恩尼乌斯的《编年史》

恩尼乌斯把他的诗称为《编年史》，因为他是以年为单位组织事件的，每个事件的开头都是当年首席政务官的名字。这首诗本身似乎与法比乌斯·皮克托所写的历史不仅在语言的选择和组织上有明显的不同，而且在范围上也有明显的不同。皮克托用相当大的篇幅描写王政时期的历史，而恩尼乌斯则更多地强调后来的事件。在他的十八篇诗中，有三篇是关于王政时期的，接下来的三篇致力于征服意大利，还有三篇是关于布匿战争的（出于对奈维乌斯作品的尊重，跳过了对第一次布匿战争的详细叙述），还有三篇是关于马其顿的失败和西班牙的早期战争（尤其是老加图的战役），最后六篇论述了对安条克的战争（三篇），以及于公元前187年结束的一些战争。

主旨似乎是强调罗马人民作为一个整体所取得的成就，尽管他与法比乌斯关系并不密切，但他还是能够赞扬昆图斯·法比乌斯·马克西姆斯的政策，其中较为著名的是称他为“拖延者”。虽然他对事件的描述有时可能会冒犯到那些迂腐的人（他把公元前200年授予执政官的省份称为高卢而不是意大利），但他为罗马人提供了一个颇具影响力的历史版本。在这样做的同时，他也表明了希腊文化对他的影响：他的诗歌以对希腊缪斯的召唤和荷马的幻象开篇。恩尼乌斯又认为，精致并不是模仿希腊人，而是要学习如何将他们的成就转化为罗马人的（见第95页：拉丁语文学与社会）。

恩尼乌斯对希腊文化的态度彻底成为罗马文化的主流。随着希腊文学形式的出现，新的思想也随之而来。公元前2世纪中叶，具有东希腊血统的修辞学家开始在罗马授课，具有类似血统的医生也开始在罗马行医。我们有理由认为，希腊的政治理论在公元2世纪后期开始影响罗马人的态度，而什么是可接受的行为的观念可能受到希腊哲学的影响。艺术品位肯定受到希腊大师成就的影响，东方珍品（无论是掠夺还是购买）的巨大市场在罗马发展起来。

希腊的思想往往因为其本身的异域性而具有吸引力。一个十分有说服力的例子是，罗马题材或罗马背

被禁止的酒神节

关于酒神节，元老院建议向那些罗马人的盟友宣布以下内容：他们中没有人计划在自己家里举行酒神节。如果有谁坚持认为他们有必要举行酒神节，他们应该到罗马的内事大法官面前来。然后，在听取了他们的论证之后，我们的元老院将对这些事情做出最后的决定，只要在讨论这件事的时候，在场的元老不得少于100人。任何人，无论是罗马公民还是拉丁人，或者是盟友，除非得到内事大法官的准许，否则都不要与酒神的女祭司交往……不要让任何男人成为酒神的祭司。不要让任何男人或女人成为执事。不要让任何人计划举行有五个以上男女参加的祭祀仪式。

（节选《拉丁铭文》，第18号）

图2.28 萨莫奈人的城市彼得拉帮丹泰（Pietrabbondante）的历史可追溯到公元前6世纪，直到公元前89年被苏拉摧毁。

景的戏剧似乎远不如那些穿着希腊服装演出的戏剧受欢迎。值得注意的是，罗马剧作家普劳图斯（Plautus）和特伦斯（Terence）都公开宣传他们对希腊作者的学习——他们似乎认为他们的观众（以及资助戏剧的罗马政务官）想要“希腊戏剧”。这种兴趣的产生可能是因为这样更刺激，当然，在普劳图斯的戏剧中，角色的反转——儿子和聪明的奴隶愚弄严格的父亲、与宫女的爱情，等等——与罗马家庭的传统非常不一致（见第32—33页），这表明罗马的流行文化正在形成一种探索“传统价值”极限的品位。在舞台上受到挑战的也不仅仅是家庭价值观。在他的一部戏剧《安菲特律翁》（*Amphitryon*）中，普劳图斯让人扮演了希腊神赫耳墨斯和赫拉克勒斯的形象，或者说给希腊神穿上了罗马的服装。

罗马国家的万神殿早已按照希腊模式采用了神灵的拟人化造型，而新创立的节日在加入戏剧活动、战车竞赛等方面则是彻底的“现代”。例如，阿波罗节（Ludi Apollinares）和母亲神节［Megalensia，庆祝女神西布莉（Cybele），它是希腊人对安纳托利亚女神的罗马化节日］，都是在汉尼拔战争过程中作为神谕指示的结果而创立的。然而，罗马人对非罗马崇拜的容忍是有限度的。公元前186年爆出了一个大丑闻，人们“发

现”下层阶级的成员在夜间按照秘密仪式崇拜酒神巴库斯（Bacchus）。这与传统的罗马道德（行为准则）相悖，因为传统的罗马道德规定，向神崇拜是一个公开的活动。后来元老院的法令——现存最早的元老院拉丁文法令——措辞恰恰反映了这些问题（见第96页：被禁止的酒神节）。

老加图

关于巴库斯的禁令绝不是罗马人对希腊事物矛盾的唯一例子。同时，在披着文化保守主义外衣的罗马人的言辞中，“希腊”一词似乎已成为所有前卫事物的同义词，因此值得怀疑。这一点也许在老加图（公元前234—前149年）的作品中最为明显。他之所以被如此称呼，因为被称为小加图（公元前95—前46年）的公元前1世纪中叶著名政治家是他的曾孙。老加图出生于塔斯库姆，是公元前3世纪从拉丁姆和意大利中西部其他一些地区进入元老院的非传统贵族的代表。

由于他在汉尼拔战争中表现出色，老加图于公元前195年升任执政官。除了在执政官任期内因对西班牙作战的胜利而举行凯旋，还在公元前192年与安条克三世作战的军队中担任军事保民官。在这次战役中，他在公元前191年的塞莫皮莱战役的胜利中发挥了重要作用，因为他找到了曾经被波斯人用来包抄防守的斯巴达部队的通道。在公元前184年，他担任了监察官的职务。

尽管他对希腊历史知识渊博（有趣的是，无论是西庇阿还是安条克都没有在他之前意识到复制波斯人攻击的可能性），但老加图的职业被打上了极端的排外主义的烙印，或者说对任何外来事物的恐惧。例如，在他担任执政官的那一年，他试图阻止废除在汉尼拔战争过程中通过的一项限制妇女支出的法律，理由是它将导致宽松的道德观（以希腊奢侈品的支出为代表）。尽管他曾为西庇阿服务，但他对包括西庇阿在内的其他人发动了恶毒的攻击，因为后者对非罗马的风俗习惯公开表示喜爱。事实上，他在国内的政治生涯大部分都与法律案件有关：他把法庭作为攻击他的政治对手的场所，往往是以可能与他们生活中缺乏“传统”道德严谨性有关的罪名。他似乎也不喜欢希腊的医生和修辞学家。

然而与此同时，他虽然倡导罗马道德的陈旧观念，并抨击“现代性”的代理人，但依然在七本书中写下了关于罗马的第一部主要散文史——《创始记》（*Origins*）——其格式显然是仿照同时代希腊学者对城市基础的研究，将他声称鄙视的传统转为自己的优势。他的另一部主要著作是关于农业的书，它既为农场管理提供了实用的建议，又宣称：

> 最勇敢的人、最坚定的士兵来自农民，
> 他们的职业最受尊重，他们的生活最稳定，
> 他们被看成是最没有敌意的，而以这种方式
> 被占领的人最不愿意革命。
>
> [老加图,《农业论》
> （*On Agriculture*）序言，4]

这是一个看似矛盾的论调——一方面世故而老练，另一方面又偏执而深沉保守，他既深深地致力于维护社会秩序，但又是这一秩序中的新来者——反映了他那个时代中罗马的许多文化矛盾。他于公元前149年去世，正如他最后的政策举措——摧毁迦太基的战争终于结出了硕果。

意大利与罗马帝国

罗马人品位的发展不仅让更多希腊人来到罗马，

德洛斯与地中海贸易的考古

图2.29 德洛斯的市场。大约建于公元前100年，由围绕中央庭院布置的商店组成，它似乎为当地的罗马和意大利商人提供了一个社交中心。

图2.30 德洛斯艺术的一个显著特点是，理想化的希腊形式与罗马的"现实主义"相结合。在这座雕像中，一个理想的身体与一个年长的罗马人的脸结合在一起。

虽然罗马贵族愿意用文字材料记录他们自己生活的核心活动，如农场管理，但他们不愿意详细描述他人的活动（罗马元老院被禁止直接参与贸易）。因此，我们要依靠考古学来补充记录。对于公元前2世纪到前1世纪初，最重要的遗址之一是希腊的德洛斯（Delos），这里也许是这一时期最大的意大利贸易社区的所在地。对这里的发掘使我们发现了一个在公元前2世纪后半叶发展起来的新的市场（**图2.29**），还有来自西方的富裕移民所居住的房屋，以及一些混合型的肖像艺术，这些艺术很有意思，尽管其美学价值值得怀疑（**图2.30**）。

有些人认为，这个地方是专门从事奴隶贸易的。一位希腊作家说，每天约有1万名奴隶在德洛斯被运走，但这似乎并不是准确的。地中海的总人口可能在4百万到5百万人之间，这样的数字表明，每年有超过7%的人口被从德洛斯运走。

事实上，德洛斯的商人似乎经营着各种各样的产品，说明整个意大利的奢侈品市场越来越大。这一时期意大利聚居区的考古记录，至少在大型公共建设项目方面，表明整个半岛比以往任何时候都要富裕。

还让罗马人和其他意大利人本身向东发展。对雅典等城市的希腊居民来说，意大利人与罗马公民几乎没有区别。有一些理由认为，罗马与其意大利人之间开始出现的问题——这些问题将在公元前1世纪初爆发——是意大利人意识到他们在东方的待遇要比在国内好得多。在国内，他们是罗马的臣民，而在东方，他们是征服世界国家的一员，与罗马公民混在一起，并没有明显的权力差别。随着亚细亚和马其顿行省的建立，使地中海东部前所未有地向意大利商人开放。意大利人和罗马商人群体开始向东和向西扩散，以便寻求新的获利机会（见第99页：德洛斯与地中海贸易的考古）。

意大利本土也在发生重大变化，尽管有些不均衡。法律文献显示，这片土地上遍布着各种不同形式的定居点，从较大的城市（如加普亚或塔伦图姆）到中等规模的城镇，再到小得多的定居点，如芬迪县（the prefecture of Fundi）。考古证据表明，农村的基本居住形式仍然是小农场，事实上，自亚平宁半岛统一以来，农村的农民职业密度有所增加。而其他考古证据表明，财富和文化方面的区域差异正变得更加明显。因此，从坎帕尼亚沿那不勒斯湾向南延伸，到罗马以北的伊特鲁里亚南部地区，再到东边的亚平宁山脉西坡，这个地区正在见证经济的显著增长。居住在这一地区的城市中的个人似乎已经变得非常富有。公元前2世纪末庞贝城中的一栋房子比帕加马国王在公元前133年王国灭亡前的王宫还要大。这些城市本身也在兴建以罗马城中的神庙和广场为核模本的建筑，以及将罗马城中木制的希腊剧院改造成石制剧院。

在这一中心经济区之外，从伊特鲁里亚北部到萨莫奈中部土地环绕着另一中心经济区，繁荣的明显迹象较少，不过有一些迹象表明，各地在城市规划中开始仿照罗马城（**图2.28**）。然而，此时的意大利北部和半岛东岸却没有什么迹象表明与罗马城和罗马人的习惯有明显的联系。来自文字的证据（主要由铭文提供）表明，拉丁文在日常使用中越来越普遍，但其使用标准极不规范。拉丁文的兴起可能刺激了某种反击，我们看到的一些文字，是以罗马方式刻在青铜器上，虽然是拉丁文字母，但却是用西海岸的土著语言奥斯坎语书写的。这些铭文——包括一篇宗教文章和一部市政法规——看起来好像反映了这些地区的人们努力维护自己的传统，同时也使用了罗马工具。

如果说统一的罗马文化在意大利的发展是不平衡的（正如人们所预料的那样，因为罗马化的改造是地方选择的问题），那么经济增长不均衡的证据就更充足了。虽然意大利人的财富在增加，特别是在半岛的中心地带，但与集中在贵族最高层的财富相比，就显得微不足道了。普通罗马人或意大利人只是间接地参与了贵族文化的发展。贵族住宅的极度奢华与普通城市居民的凄凉贫困形成了鲜明的对比。贵族的语言、说话的腔调和生活的风格，都有别于从台伯河上的驳船向城市的粮仓托运粮食的人。亚平宁半岛以东的意大利居民，他们的受益程度远不如西岸的居民，他们的生活条件自罗马征服时期以来仍然没有什么变化。

公元前133年，当提比略·格拉古迫使元老院接受帕加马国王遗赠给罗马的领土时，罗马公民已经开始出现反抗的迹象，元老院对政治秩序的控制力似乎正在减弱。在这之前的二十年里，执政官们曾数次与保民官们就军事征兵的行为展开激烈的争斗，特别是当部队被拉去西班牙作战时，导致军队无法在短时间内返回罗马（与他们的指挥官不同）。从别人的财富中可以看到征服的好处，但一般农民或城市居民却享受不到。因此，共和国物品的分配正是格拉古所要解决的不平等问题。

奴隶

提比略·格拉古提出的问题是土地问题。在一系列精彩的演讲中——假设我们后来的传记作者普鲁塔克是如实记载了公元前2世纪的事实——他认为，那些曾为共和国赢得美德的农民已经被赶出了他们的土地。罗马已经不再是以前的样子了，而恢复其昔日美德的唯一方法，就是让自给自足的农民回到他们祖先的田地。农民的土地被有钱的暴力者夺走了，这些暴力者在农村充斥着奴隶劳工。提比略的弟弟盖乌斯后来提到，提比略几年前的西班牙之行让他有感而发，提出了重新分配公共土地的建议。盖乌斯称，提比略在穿越伊特鲁里亚的整个过程中，没有看到一个自由的农民。

提比略·格拉古一定是在撒谎（如果他确实是这么说的话），因为伊特鲁里亚有足够多的农民，可以为公元前1世纪轰动罗马世界的内战提供众多军队（见第125—133页）。尽管如此，理想往往远比现实重要，格拉古关于罗马不再是以前的样子的说法，在整个罗马社会引起了共鸣。他的亲身经历可能使他有这样的想法，因为他曾在公元前137年向西班牙努曼底亚城的居民就一支执政官军队投降的问题进行谈判，而努曼底亚城还在对抗格拉古的姐夫西庇阿·埃米利安努斯（Scipio Aemilianus）指挥下的罗马军队，后者参与了对迦太基的摧毁。曾经使希腊世界最强大的国家屈服，击败汉尼拔，并摧毁了迦太基的海军力量，现在为何却无法占据一个山头？实际原因与军事上的无能有很大的关系，但这不是重点。格拉古把西班牙战争的问题转变为关于罗马的民族性格的问题。他所注意的形象——有德行的自由农民与奴隶——有可能与希腊哲学有关。在希腊哲学中，自给自足的农民被认为是特别有德行的，而一个由奴隶主统治的社会已经摧毁了它赖以生存的阶级（见本页：提比略·格拉古和土地）。

即使提比略·格拉古言过其实，但他的言论背后是否也有一些苗头呢？公元前2世纪的意大利是一个以奴隶劳动为基本生产资料的地方吗？在这个世界上，大约80%的人生活在农村，生产的剩余物可以养活剩下的20%生活在城市的人口，这就意味着奴隶使城市生活成为可能。这种极端的观点可能是不成立的，尽管在改革后的农村经济中，奴隶确实发挥了作用，农村经济开始被非常大的土地占有率所支配。这些土地的结构最可能的是，一个富裕家庭的别墅占据了庄园里最好的土地，并直接耕种其中的一些土地，其余的土地则出租给佃农。奴隶会在庄园里配备足够数量的工作人员，以维持全年的生产力，而在关键时刻，如收割期间，则会雇用自由的季节性工人。

因此，农民地位的下降可以说是由自由农变成了佃户，而不是像格拉古所说的那样，由自由农变成了无家可归者。但即使是这种对早期状况的看法，也可能是有些乐观的，因为我们知道，在被罗马征服之前，意大利的一些地区（比如伊特鲁里亚）就存在着大量的下层佃农阶级，而在共和国早期的历史上，充满了因乡村债务而产生的危机。大的变化可能不是农民地位的变化，而是个人所拥有的庄园规模的变化，这可能给人以奴隶主导农村经济的印象。同时，罗马军队规模的缩小

提比略·格拉古和土地

穷人被赶出土地后，不再表现出急于服兵役，也无心养育孩子，所以很快意大利就出现了自由民的匮乏，到处都是野蛮人的奴隶，富人通过奴隶的劳动耕种土地。

［普鲁塔克，《提比略和盖乌斯·格拉古的生活》（*Lives of Tiberius and Gaius Gracchus*）8.4］

使更多的年轻人留在了被征召的土地上，很可能造成一种就业不足的感觉。

奴隶制与贵族生活密切相关。生活在乡村庄园的奴隶只占富裕家庭所拥有的奴隶的一部分，大多数人很可能在城市里。他们在富人的大房子里工作，并在城市经济中提供重要服务。罗马主人利用奴隶代理人从事各种商业活动并不罕见，通常条件是允许勤劳的奴隶在几年后购买自由。事实上，罗马人似乎已经释放了很大一部分奴隶。这是一种非常有效的控制方法，因为它给了奴隶一些希望，认为良好的行为和服从会带来自由。被释放的奴隶会成为罗马公民，尽管他们被期望继续成为其前主人的门客，罗马的城市人口中似乎有很高比例的前奴隶经历了这个过程。拥有特殊技能或可以通过学习做有趣的事情的奴隶作为投资品被特别重视，他们可能成为演员、秘书、知己、厨师、商业经理或教师。

因此，罗马奴隶的生活可能相当舒适，并可以获得自由和体面的收入。但它也可能是相当可怕的，在农村工作的奴隶没有什么价值，拥有最低水平的技能，而且很容易被取代。他们的饮食很差，而且似乎经常被戴上锁链。在家庭中占据有利地位的奴隶是少数，奴隶在任何时候都可以被要求向主人提供性服务，我们没有理由认为强奸是一种不常见的经历。对奴隶的惩罚是残酷的，主人对不满的奴隶可能会鞭打、折磨或钉死。人们普遍认为，从奴隶口中套出真相的唯一办法就是殴打他们，当奴隶被要求在法庭上作证时，总是在酷刑下进行的。无论奴隶对主人的影响有多大，这种影响都可能突然永远消失。由于奴隶试图取悦主人的行为被解释为“奴隶本性”的标志，因此，残酷待遇的威胁和一个人在家庭中地位的普遍不确定性，使奴隶的心理受到更大的创伤。在罗马主人看来——他们继承了希腊人的观念——奴隶是“会说话的工具”，这是奴隶永远不可能真正成为一个真正的人的标志（见本页：奴隶制与农村经济），被释放的奴隶在内心深处仍然是一个奴隶。

对主人对待奴隶行为的唯一约束是其他自由民的意见，无论男女。主人对奴隶表现出过多的愤怒，故意虐待奴隶，在某种程度上被视为是有缺陷的。当然，想象一下对奴隶的折磨负有责任的人由于鞭打或将他们钉在十字架上而得不到别人的喜爱，对奴隶们来说也并没有什么实际好处。奴隶没有保护法，没有实际的保护。奴隶生存的这一基本事实可能促使一些罗马人认识到，奴隶制对主人性格的腐蚀与对奴隶性格的腐蚀一样严重。可能是这种观念在公元前2世纪的希腊哲学中也很流行，从而使格拉古的言论产生了巨大的共鸣。

提比略·格拉古的思想和事业，揭示了一个开始与自己交战的社会。公元前2世纪后期，罗马社会的团结正在瓦解。罗马已经成为一个帝国，一些人已经学会了从中获利，但这个帝国的有效政府已经超出了过去为罗马社会服务的结构。罗马政府形式的破坏和地中海共同体在君主制统治下的转变将是其结局。

奴隶制与农村经济

做一个好邻居，不要让你的奴隶犯事。如果邻里把你看成是一个正直的灵魂，你就会更容易卖出你的农产品，你就会更容易签订合同，你就会更容易雇用季节性工人；如果你搞建筑，邻里们就会帮着干活，帮着组队，帮着安排材料……

（老加图，《农业论》4.2）

还有的人把种植的工具分为三部分：有口才的工具、无口才的工具和不会说话的工具。有口才的是奴隶，无口才的是牛，不会说话的是犁等物品。

［瓦罗，《论农业》（*On Farming*）17.1］

总结

- 罗马在意大利的扩张，源于与拉丁邻国打交道过程中出现的外交结构——特别是公元前340至前337年粉碎拉丁叛乱后出现的联盟体系。新的结构包括罗马与投降的城市之间的双边条约以及创造新的半公民化形式。这使罗马聚居区得以扩张，也使罗马能够更好地利用战败国的人口资源。
- 罗马成功征服意大利的另一个重要因素是公元前4世纪中叶罗马军队的一次重大改革。早期的重装步兵战术被放弃，转而采用新的轻装步兵编队。这些使军队既能更好地在战场上作战，又能更好地利用现有的人力。
- 罗马为什么要打仗？这是一个复杂的问题。地中海世界作为一个整体是非常暴力的。罗马并没有发动所有的战争，但与许多其他国家一样，内部因素促使罗马采取侵略性的反应，包括单纯的贪婪和贵族文化。在这种文化中，人们通过战争寻求认可以及强大的自以为是。
- 公元前3世纪的三场战争标志着罗马作为地中海强国的出现，即与皮洛士国王的战争（公元前307—前272年），与迦太基的两次布匿战争（公元前264—前241年；公元前218—前201年）。在这三次战争中，罗马人都面临着严重的劣势。皮洛士是一个职业军人，拥有一支经验丰富的职业军队。在两次布匿战争中，第一次战争开始时迦太基拥有庞大的战争舰队，罗马没有；第二次战争中，尽管汉尼拔是个军事天才，但罗马能够利用意大利的优势资源，使其最终克服了这些困难。
- 随着罗马帝国在地中海周边的扩张，它并没有形成完善的行政体系。只有在罗马人担心迦太基可能回归的地区，他们才建立了新的行政机构——第一次布匿战争后的西西里岛、撒丁岛和科西嘉岛，第二次布匿战争后的西班牙——即使是这样建立的少量行省，也使罗马的行政资源紧张。
- 为了控制自己的疆土，罗马人倾向于依靠意大利存在的各种荫庇体系。虽然他们成功地摧毁了他们的敌人，但罗马人未能建立有凝聚力的结构来取代他们所摧毁的那些结构。同时，荫庇体系极大地增强了元老院内最有权势的集团的影响力，而牺牲了其他集团的利益。经济扩张也往往是不平衡的，使最有权势的人受益，而使较无权势的人几乎原地踏步。
- 公元前3世纪和前2世纪，罗马文学文化发生了重大变化，从希腊人那里借来了新的诗歌形式，罗马人写的最早的历史先用希腊文，后用拉丁文。这也是罗马喜剧的黄金时代，代表作者有普劳图斯和特伦斯。
- 在与迦太基的第二次战争结束后，罗马成为地中海地区最强大的国家，并卷入了与地中海东部国家的冲突。罗马在一系列的冲突中击败了这一地区的主要强国，包括马其顿的腓力五世，但并没有在东方建立新的行省。相反，它保持了传统的外交立场，即向被打败的民族归还领土，以换取他们的继续忠诚。只有在公元前146年之后，当罗马摧毁迦太基和科林斯（后者是公元前149年开始的希腊战争的一部分）时，罗马才开始向东部和南部扩展行省，在北非和马其顿建立行省，公元前133年在土耳其西部建立行省。
- 公元前146年后，意大利和其他地区开始出现动荡。罗马在意识形态上无法取代被摧毁的希腊世界，人们开始感觉到罗马社会的福祉在下降。提比略·格拉古把这种不景气归咎于奴隶制，他严重地过分强调了奴隶制的发展和影响。

第三章

罗马共和国的衰落

（公元前133—前59年）

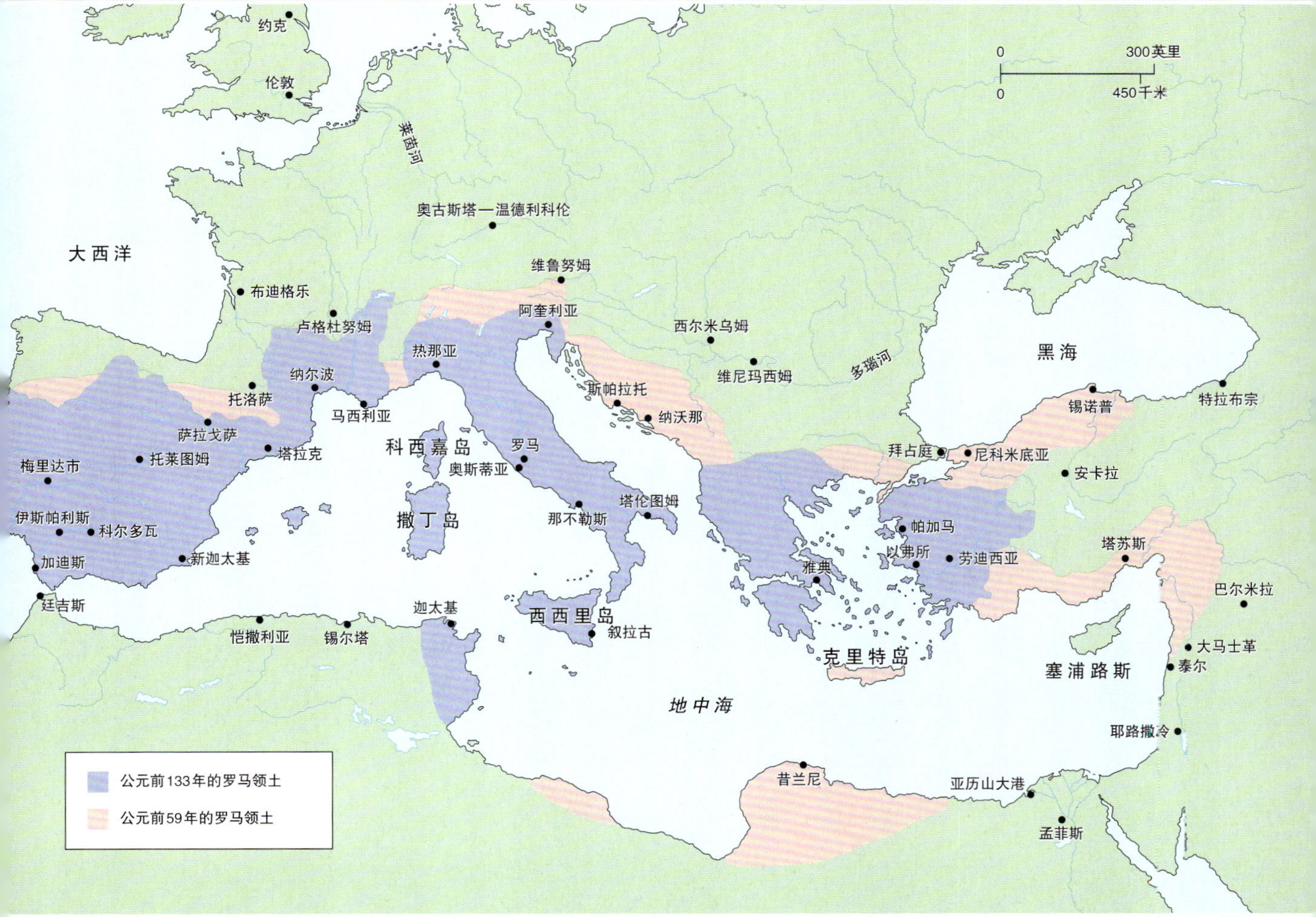

大事年表3 罗马共和国的衰落

时期	年份	事件
危机的开始	公元前133年	提比略·森普罗尼乌斯·格拉古任保民官；西庇阿·埃米利安努斯（即小西庇阿）摧毁了努米底亚
	公元前123—前122年	盖乌斯·格拉古（Gaius Gracchus）任保民官
	公元前119年	斯科迪斯克（Scordisci）在马其顿击败罗马军队
	公元前116年	朱古达（Jugurthine）问题开始在北非出现
	公元前114年	斯科迪斯克在马其顿击败罗马军队
	公元前113年	琴布里人（Cimbrians）在高卢打败罗马军队
	公元前112年	朱古达屠杀锡尔塔（Cirta）的意大利聚居区
	公元前111年	朱古达战败，被带到罗马，并被释放
	公元前109—前108年	梅泰利（Metellus）对朱古达征战
	公元前108年	琴布里人在高卢大败罗马人
马略时代	公元前107年	马略担任执政官，负责指挥对朱古达的进攻；海尔维特人（Helvetians）在高卢击败罗马人
	公元前106年	马库斯·图利乌斯·西塞罗出生；格涅乌斯·庞培（Gnaeus Pompey）出生
	公元前105年	朱古达被俘；琴布里人和日耳曼人在阿劳西奥（Arausio）击败罗马军队
	公元前103年	萨图尔尼努斯（Saturninus）首次担任保民官
	公元前102年	马略在塞克斯都泉（Aquae Sextiae）击败日耳曼人
	公元前101年	马略在维尔塞莱（Vercellae）击败琴布里人
	公元前100年	萨图尔尼努斯第二次担任保民官，恺撒出生
同盟战争与苏拉	公元前91年	利维乌斯·德鲁苏斯（Livius Drusus）任保民官
	公元前91—前88年	同盟战争
	公元前89—前85年	第一次米特拉达梯（Mithridatic）战争
	公元前88年	苏拉进军罗马
	公元前87年	罗马被辛纳（Cinna）军队占领

同盟战争与苏拉	公元前87—前85年	苏拉在希腊讨伐米特拉达梯
	公元前83年	苏拉入侵意大利
	公元前83—前81年	第二次米特拉达梯战争
	公元前81年	禁令的开始
	公元前79年	塞托留斯（Sertorius）在西班牙建立反苏拉运动
同盟战争与苏拉	公元前78年	苏拉去世；雷必达（Lepidus）叛乱
	公元前77年	雷必达战败，庞培被授予特别统治权，先攻打雷必达，再攻打塞托留斯
	公元前76年	恢复保民官的立法权
	公元前75年	恢复保民官竞选更高职位的权利
	公元前73年	米特拉达梯入侵比提尼亚（Bithynia）；第三次米特拉达梯战争开始；斯巴达克斯叛乱开始；卢库卢斯（Lucullus）击败米特拉达梯；塞托留斯被他的追随者谋杀
	公元前72年	西班牙战争以塞托留斯的支持者向庞培投降而告终
	公元前71年	斯巴达克斯战败，米特拉达梯国王逃往亚美尼亚王国
	公元前70年	庞培和克拉苏（Crassus）担任执政官；完全恢复了保民官的权力；改革陪审团，增加了三个等级的陪审员
庞培的荣耀与恺撒的崛起	公元前69—前67年	卢库卢斯入侵亚美尼亚，两年后他的军队叛变，他被解除指挥权
	公元前67年	《加比尼亚法》授予庞培特别统治权以镇压海盗行为
	公元前66年	《马尼利安法》（*Lex Manilia*）赐予庞培特别统治权，让他与米特拉达梯作战，他击败了米特拉达梯
	公元前65年	恺撒以营造官的身份修复马略的胜利奖杯
	公元前64年	庞培吞并叙利亚
	公元前63年	《反喀提林阴谋》；米特拉达梯国王去世；尤利乌斯·恺撒当选为大祭司
	公元前62年	恺撒担任大法官
	公元前61年	普布利乌斯·克劳狄乌斯（Publius Clodius）被控不虔诚，但被无罪释放；庞培返回意大利
	公元前59年	尤利乌斯·恺撒担任执政官

公元前133年，提比略·格拉古主张通过两个基本原则来改变罗马的政治实践。第一，罗马人民控制着共同财产，可以通过管理国家的法案，即使元老院持反对意见。第二，公共财产应该用于全体罗马人民的福利。在罗马社会中占主导地位的关键性辩论是罗马人民主权的限度。格拉古提出这个问题的方式为罗马人相互之间的交往，以及最终与意大利其他居民的交往注入了新的暴力程度，这也开始改变了罗马人在其帝国中的利益。公元前133年的帝国还是一个没有什么组织的实体。到了公元前59年，它的规模和复杂程度都有了极大的扩展，它也成为一系列野心勃勃的政治家主宰国家的常规舞台。这一系列政治家中的最后一位，便是恺撒，他在公元前59年担任执政官的职务，并在同年获得了行省指挥权，结束了传统的共和制。

罗马政治的转变确实很迅速。公元前133年初期，少数贵族家族仍在像之前几个世纪一样为争夺对人民的影响力而争斗。然而，到了公元前100年，情况发生了变化，民众的激情推动了一个日益广泛的政治阶层的议程。行省的建立不仅扩大了一些罗马贵族获得巨额个人财富的机会，而且也引起了其他人的不满，他们认为自己的正当报酬被骗了，但这也扩大了潜在对手的范围。

对迦太基的毁灭和对地中海东部强大政治实体希腊王国的有效消除，意味着现在罗马的对手往往是西班牙、西欧和中欧的部落民族，以及阿非利加和小亚细亚的新兴国家。这些群体没有受到希腊化世界城市文化的影响，往往不太容易接受罗马以城市为基础的传统控制模式。同时，他们所采取的战争形式，使罗马传统的“大战役”式的战术变得不那么有效。理想状态下，罗马军队应该改变它的作战方式，指挥官应学会如何以新的方式进行指挥。但在没有任何形式的中央指挥系统的情况下，没有任何结构性的方法来保证这种变化，似乎到公元前1世纪末，每个新的将军都在以他认为最好的方式训练他的军队。

“大敌”消亡的巧合结果是，罗马——这也是帝国时期经常出现的情况——为自己培养了新类型的对手。其中一些对手之所以存在，首先是因为它们在支持罗马对抗早期的敌人之后，通过填补这些敌人留下的政治空白而成为地区性强国。其中一些新的对手因为罗马人阻挡了他们的野心而鄙视罗马人；另一些人与罗马对抗，则是因为本来作为罗马人和这些民族之间缓冲的政体已经被罗马人严重破坏，以至于罗马人无法再抵御新来者。在罗马人镇压了法国中部罗讷河谷一带的凯尔特人势力后的十年里，强大的新敌人从日耳曼南下，带来与汉尼拔相媲美的破坏规模，就不足为怪了。

除了改变战场上的状况，旧敌人的消失还带来了其他一些重大后果，尤其是陆军和海军的缩减（见第109页：军队的衰落）。罗马军队规模的缩减是很严重的，因为军队基本上是一个大型公共项目，能够从农村吸收多余的人口，并给他们在其他地方就业。虽然服兵役很少是一种受欢迎的选择——而且看起来没有尽头的西班牙战争让服兵役更加不受欢迎——但罗马提供的就业机会仍然比公元前2世纪上半叶少。此外，从公元前170年开始，罗马公民就不再大规模定居到意大利周围的新殖民地。虽然在公元前3世纪，殖民地数量就逐渐减少，但在汉尼拔战争后和意大利北部的战役后，曾出现殖民地陡然增加的现象。由于殖民项目为罗马聚居区成员在新地点的生活提供了一个新的开始，这些项目似乎受到潜在的殖民者和负责创建新殖民地的贵族的普遍欢迎，因为贵族将通过荫庇体系与其家庭联系在一起。与削减军队规模一样，殖民化的结束似乎不是任何长期连续计划的结果。相反，可能是意大利半岛周围的既得利益集团的反对所导致的。主要有两个原因，首先是因为殖民地似乎在其建立的地区——例如公元前3世纪20年代的高卢战争——极不受欢迎。波谷贯穿了意大利北部凯尔特人的心脏地带，在波谷以北和以南的克雷莫纳（Cremona）和皮亚琴察（Piacenza）建立的殖民地遭到了当地居民的抵制；其次，是因为贵族成员不愿意给他们的同僚提供一个行使实质性荫庇体系的机会（每个殖民地将由三个人组成的委员会来建立）。

事实上，似乎很少有罗马人能把问题的性质说清楚。但毫无疑问，不满情绪在沸腾，而不满情绪最高涨的群体则是青年男子。国家欠人民什么？难道他们在理论上不是具有话语权的人吗？

不断变化的经济形势只是罗马社会所面临的更大问题的一部分。虽然罗马已经发展壮大，但就行政管理而言，它在很大程度上仍然是一个临时行政区划的集合体，管理官员每年都在更换。但界定社会成员的方法却没有改变。在公元前122年通过的一项法案中，当描述其他国家人民时，立法者能做的最好的事情就是提供一份不同法律地位的清单：人们要么是罗马公民，要么是拉丁人，要么是意大利籍的盟友，要么是意大利以外的人。他们的地位是由条约决定的（要么是自愿的，要么是他们投降的结果），或者是“外国民族”。这个地位清单完全没有改变地保留在罗马公法领域内，与公元前4世纪扩张时期的划分没有区别。然而，曾经使人们与罗马共同体建立新关系的方式，现在却变成了使他们远离这个共同体的方式。事实上，意大利的土地现在完全被划分为罗马国家直接控制的领土（*ager Romanus*）、拉丁人和“盟友”的领土。这意味着罗马国家现在涵盖的人口要多得多，但这些人对事务发展方向的影响力却微乎其微，而且罗马的利益差别越来越明显。

在公元前133年之后的半个世纪里，成员和控制集团之间的不协调造成了越来越激烈的争端。罗马国家未能发展出能够赢得与之相关的、庞大的、忠诚的政府机构，这也导致了共和制的失败。由于缺乏政府机构，罗马转而采用荫庇体系来解决他们的需求。当个人掌握了比元老院更大且有效的权力时，国家权力被进一步削弱了。

军队的衰落

罗马老对手的衰落对罗马军队产生了巨大的后果。第一个后果是它消除了对一支重要舰队的需求。在第二次布匿战争中，罗马海军曾保持120艘至180艘主力战舰投入使用，每年需要4.8万至7.2万士兵。公元前2世纪上半叶，舰队缩减到60艘左右，公元前146年迦太基陷落后，罗马士兵基本复员回家。

第二个后果是军队的规模也在缩小。在第二次布匿战争（公元前218—前201年）中，罗马国家每年部署约12万兵力（其中一半是罗马公民，另一半是意大利盟友）。在接下来的半个世纪里，这个数字并没有缩减，因为罗马人和意大利盟友（士兵人数之比大约为1:2）每年的征兵总数大约在10万到15万之间。然而，在公元前146年以后的几年里，平均征兵数下降到每年7万到10万，舰队从前招募的大约2万名士兵不再被需要。由于18岁至34岁的年轻人的平均服役期接近10年，这意味着招募人数与军队规模的减少成正比。

格拉古兄弟（公元前133—前121年）

提比略·格拉古

后世的罗马人认为，公元前133年是传统统治贵族与全体公民利益相冲突的时刻，这成为罗马政治的焦点。这一观点似乎可以从接下来十年间政治辩论性质的变化速度得到验证。格拉古兄弟就说明了这一点：提比略·格拉古只着眼于意大利的土地所有权，而盖乌斯（约公元前155—前121年）则着眼于重组罗马国家。同时，对这两兄弟的反对也凸显了统治阶级本质上不愿意进行连续性的长期规划。长期规划与每年选举政务官的传统格格不入，被视为对罗马贵族维持其统治地位所必须解决的威胁。

提比略本人似乎是一个最不可能的激进分子。他的家庭虽然不是贵族家庭，但无疑也是元老院中最杰出、最有权势的家庭。他的父亲——也叫提比略·格拉古——是罗马社会的支柱，曾两次担任执政官（公元前177年和公元前163年）以及监察官（公元前169年）。提比略的祖父在与汉尼拔的战争中曾两次担任执政官。老提比略·格拉古也与西庇阿·阿非利加努斯的家族建立了亲密的联系，并娶了他的女儿科妮莉亚（Cornelia）。在下一代中，提比略和盖乌斯的妹妹嫁给了西庇阿·埃米利安努斯，即阿非利加努斯从埃米利乌斯·保卢斯（Aemilius Paullus）家领养的孙子，他是第三次马其顿战争的胜利者，婚姻使家族之间的联系进一步加强。提比略本人娶了出身大贵族家庭的妻子——克劳狄（Claudii）家族——她是公元前143年执政官的女儿。甚至他自己的改革建议也有明显的保守味道，因为这些建议是以约两个世纪之前的《李锡尼—塞克斯图法案》为基础的。据称，法律的要点是用让人回味的语言恢复过去时代的美德，这种语言正是老加图在描述农民时使用的（见第98页）。

就在提比略·格拉古于公元前134年12月10日上任后不久，他向元老院提出了一项提案，取消了对一个人可以拥有的财产总量的正式限制（500犹格，这个数字虽然被大多数人忽视了，但老加图在公元前167年的一次演讲中曾狡猾地提到过）。该提案大大增加了一个家庭可以拥有的土地数量，因此，现在的土地数量是《李锡尼—塞克斯图法案》所允许的两倍，即一个家庭可以控制的财产上限为1000犹格。该提案还规定，其他土地应以30犹格为单位分给同意耕种土地的罗马公民。推动这一变化的所谓必要性是，格拉古认为罗马人的道德观念已经退化，因为贵族们用奴隶取代了罗马的自由劳动者，把他们从土地上赶走了。

这个建议中的许多内容都有很大的误导性，例如断言罗马的军队没有足够的兵力服役。在接下来的五十年内，意大利农村为军队提供了数量空前的士兵，最终甚至超过了与汉尼拔开战的人数。但是没有证据认为这种大量的士兵是格拉古土地政策的直接后果，因为在公元前80年左右招募的许多士兵不是来自公民，而是来自没有从格拉古土地改革中获益的盟友的后裔。格拉古的做法是非常保守的，因为他事先费尽心机，利用自己在贵族中的关系，建立了一批极为激进的支持者。

因此，在提出他的提案之前，他听取了一位重要法学家的建议，争取到了一位执政官的支持，并提议负责实际分地的工作由一个三人委员会组成（正式名称为分配土地的三人集团），该委员会由他本人、他的兄弟和他的岳父组成。从表面上看，该法案最初似乎符合罗马政治的传统模式，即贵族集团推动立法，以此来提高自己的地位。实际上，格拉古的这一行为改变了一切。

意大利各地的聚居区领导人反对格拉古法案，这并不奇怪。按照惯例，大部分罗马人民的公地似乎不是分配给罗马租借者，而是分配给曾经拥有这片土地的城市中的意大利上层阶级。事实证明，大多数元老对一个明显是为了提高提比略兄弟地位的法案持抵制态度，这也不奇怪，特别是该法案赋予了负责土地分配的三人委员会裁决其自身活动所引起纠纷的权力。

提比略的激情是他的败笔，因为他为了达到自己的目的不惜一切代价。当元老院拒绝对法案投赞成票时，他决定把成立分配土地的三人委员会的提案直接提交给人民，这违反了元老院许可准则（见第50页）。不出所料，法案获得了通过，甚至当时还可以通过诉求传统来为提比略的所作所为辩护，毕竟这也不是第一个以这种方式通过的法案了。但第二个不合规定的行为则要怪异得多：当他向人民提出他的提案时，提比略对他的一位保民官同事马库斯·奥克塔维乌斯（Marcus Octavius）否决该法案的做法作出了回应：让人民投票罢免他的职务。在前两件事之后，又发生了第三件违规事件，当时提比略试图确保土地委员会有适当的经费。由于提比略最初的议案中没有包括关于如何为委员会提供资金的细节，他在元老院中的政敌试图破坏他的计划，拒绝提供足够的资金让它运作。就在这时，传来了帕加马的阿塔罗斯三世去世的消息，阿塔罗斯把他所拥有的王室土地留给了罗马人民（**图3.1**）。元老院在是否接受遗产的问题上犹豫不决，因为这将涉及建立一个复杂的管理结构：由罗马总督来代替国王。提比略没有犹豫。他现在又提出了另一个议案，接受遗产，用这笔钱来资助他的委员会，这项提案也通过了。

格拉古宣称，所有权力都属于罗马公民（*populus Romanus*），他不假思索地认为自己可以不经过元老院而决定罗马国家的政策，这几乎是为柏拉图这样的希腊人所认为一个有抱负的暴君的行为提供了教科书式的例子。当提比略宣布，他将努力被重新选举为下一年的保民官（另一个违规行为）时，许多元老院的元老们决定不再继续忍受。

普布利乌斯·西庇阿·那西卡（Publius Scipio Nasica），也就是提比略连襟西庇阿·埃米利安努斯的表兄，带领他的一群同僚走出元老院，去制止提比略正在举行的一次民众集会。随后发生了一场残酷的械斗，西庇阿和他的同事们驱散了提比略的追随者，并将保民官和他的三百名支持者殴打致死，这些支持者之前坐过的长椅也被破坏。

图3.1 这枚硬币描绘的是公元前158年成为帕加马国王的阿塔罗斯二世，帕加马王国位于现在的土耳其西部。阿塔罗斯曾与罗马人并肩作战，对抗马其顿的珀尔修斯（见第89页），他一直是罗马的忠诚盟友。他的侄子阿塔罗斯三世在公元138年继承了这一传统。

元老院对提比略·格拉古被杀一事的反应十分暧昧。由于平民保民官是神圣不可侵犯的，那西卡犯了严重的亵渎罪。但是元老院派他去接收从阿塔罗斯那里得到的土地，从而确保他只有在回家后才会为自己的罪行接受审判。第二年的一位执政官被要求调查被谋杀的保民官的支持者（他不仅做了，而且相当残忍）。西庇阿·埃米利安努斯在被问及连襟之死时说，他认为连襟是罪有应得，这很可能也是大多数人的看法。然而，格拉古的两项主要法案并没有被撤销，对他的支持者的调查似乎很快就停止了。盖乌斯·格拉古的岳父代替提比略参加三人委员会，适时地着手调查罗马公民的公地，并在意大利的几个地方安置殖民者，而罗马则为阿塔罗斯的遗产而开战。

盖乌斯·格拉古

当格拉古的土地专员巡视意大利，从意大利聚居区夺取土地并分配给罗马公民时，在公元前123年当选的保民官盖乌斯·格拉古看到了自己兄弟的成就。提比略十年前提出的法案是有潜力的——并且这似乎已经实现了——疏远意大利人并获得一个新的零零碎碎的行省。盖乌斯的法案旨在解决与意大利人之间的问题，改善共和国的行政管理，并在总体上改造罗马国家。要做到这一点，就需要上层阶级更多地参与政府的工作，而平民百姓对国家事务的关心要得到奖励，意大利人的耐心也要得到奖赏。即使是罗马的行省臣民也会受益于对总督行为的更严格的监督，总督将不再被允许因个人原因而寻求某个特定行省。

与提比略不同的是，盖乌斯在成为保民官之前的经历，似乎主要是由他在公元前2世纪30年代初参与了对努米底亚的一次非常不成功的围攻。在担任保民官之前的十年里，他一直在土地委员会工作，他似乎听到了意大利人的抱怨，而他在撒丁岛担任财务官的经历，使他对省一级的行政管理有了一些了解。现存的他的一篇演说中，详细描述了意大利人聚居区在罗马政务官手中遭到的令人发指的待遇（见第123页）；另一节描述了元老在元老院闭门不出的情况下，听取使馆的意见和接见国王时的腐败行为；还有一节论述了行省级官员的腐败行为。所有这些主题都将出现在盖乌斯担任保民官时推出的法案计划中。

正如盖乌斯的兴趣比他哥哥的兴趣更广泛一样，他的战术直觉似乎也得到了更好的磨炼。提比略在最初的提案没有赢得他认为应该得到的元老院的支持时，就从温和的行动转向了激进的行动。而盖乌斯则不同，他认为可以与部落大会合作。因此，他提出的第一批法案具有明显的平民主义色彩，其中包括禁止一个被撤职的人再担任另一个职位的法案：这显然是指马库斯·奥克维塔乌斯。盖乌斯否决了他哥哥的法案，不过据我们所知，他从未获得过更高的职位。另一个说法是，在死刑案件中，任何政务官都不应剥夺死刑犯向部落大会上诉的权利，这被认为可能是对提比略被谋杀，或公元前132年对其追随者的迫害的反击。从盖乌斯此时发表的演讲中引用的内容，都掺杂着对其兄被杀的提及，他现在试图将其兄描绘成平民主权事业的殉道者，对这些法案的讨论（他撤回了第一项法案）似乎起到了削弱潜在反对派的作用。

盖乌斯的下一组法案则大不相同。这几项法案包括：一项为罗马民众补贴粮食价格的法案，对公元前133年的农业法进行了重大的修改；一项规定士兵不再需要支付服装费（费用由国库支付）的法案；一项命令将亚细亚省的贡品征收工作转交给骑士阶层的包税人的法案；一项规定执政官的省份将在执政官选举之前选定的法案（见第113页：盖乌斯·格拉古的法律）。有

盖乌斯·格拉古的法律

在他提出的、使人民满意并推翻元老院的法律中，一项是土地法案，把公有土地分给穷人；一项是军事法案，命令用公费为士兵提供衣服，并不为此从他们的工资中扣除任何费用，而且17岁以下的人不得入伍；一项涉及盟国，给予意大利人与罗马公民平等的投票权；一项涉及粮食供应，降低了穷人购买的价格，而审判法则最大限度地削弱了元老院的权力，他们只在陪审团中任职，但依然是平民和骑士阶级成员恐惧的对象。

（普鲁塔克，《提比略和盖乌斯·格拉古的生活》25.1）

可能他还提出了一项法案，将元老院的人数增加到300人，尽管这似乎没有获得通过，也有可能这项法律是后世按照极其复杂的叙述传统对盖乌斯·格拉古所作所为的编造。

盖乌斯提出的一系列法案，为界定省会帝国与罗马国家公共结构之间的关系做出了一系列的努力。由于罗马共和国实际上遵循罗马人民颁布的任何法令，所以盖乌斯的方法不可避免地涉及立法，他的意图，也许他对当时问题的理解，可以从对受影响各方的考察中得到。在这一轮立法中，罗马共和国作为一个整体被看作是罗马人民的财产：它的收入，现在将以一种更透明的方式筹集，将用于支持从谷物的价格保证中受益的城市人和农民。被攻击为不诚实的集团正是被认为应对提比略被谋杀负责的集团：元老院。把亚细亚的税收转交给包税人的目的是稳定每年的收入，因为包税人必须保证他们签订合同上的金额，而关于执政官省份的法律应该被理解为公开影射执政官试图操纵共和国，以便在他们任职期间为自己获得最有利可图的省份。

公元前122年，盖乌斯再次当选为保民官，他又提出了一系列建议，以完善或加强前一年的措施。这些法案中最重要的三项［其中两项实际上是由保民官的同事阿基利乌斯（Acilius）和鲁布留斯（Rubrius）提出的］：根据旧的《卡普利亚法》建立一个新的程序来审判被控腐败的政务官（由阿基利乌斯提出）；在科林斯和迦太基建立殖民地（由鲁布留斯提出）；扩大意大利境内的公民权。这些法案中的第一条，我们主要是通过同时代的一篇铭文来了解的，它揭示了盖乌斯的很多政治思想。陪审员要从骑士阶层中选拔出来审判政务官，但陪审员并没有什么特权。相反，人们似乎认为这项义务将是繁重的，而且只有那些不能直接从对共和国的投资中获益的人才会承担这项义务。这段铭文隐含的意思是，陪审员会对被选中感到不满，而且他们的服务也会遭到其他人的不满——尽管他们受到无记名投票的保护——因为陪审员的工作可能受到罚款的威胁，但其他人认为他们的职务得到了保障。大法官将负责审判，他被命令在收集证据和执行判决方面向原告提供帮助。如果大法官被发现存在贪污情况，他们要按照贪污金额的两倍进行缴纳。这部法案揭示了盖乌斯对待公共生活的一个基本方面，也暗示了他那个时代其他罗马人的态度。盖乌斯似乎认为，现有的公法机制可以用来改革罗马国家。他进一步补充说，任何人都不应该阻止法官履行职责，他列举了似乎是典型的滥用司法制度的行为，如传唤或逮捕主审法官，控辩双方勾结，主审法官采取某种行动阻止审判的进行。在这项法案中，唯一可以阻止审判的是，政务官被传唤到元老院，或者公民聚集在一起对一项法案措辞的提案进行表决。

这项法案的最后条款涉及给予拉丁裔或意大利裔胜诉的原告以公民身份。由于这个问题很快就会成为罗马政治中最重要的公共问题，因此特别值得关注。这些条款给出了两种方案：一种是授予完全的公民身份，包括在被定罪人的部落中注册，并免除兵役；另一种是部分公民身份的形式，根据这种形式，胜诉的原告将获得某些保护——有申诉权（*Provocatio*）——可反对政务官的任意行动，并免除原告在家乡的兵役和义务公共服务。这种情况下的假定是，可以设想有一类成功的、富有的个人，只要罗马官员不打扰他们，他们就会满足于保持一个附属国的公民身份。

在盖乌斯的土地法中，也出现了类似于从勒索法中可以推断出的关于政府的假设（见对页：公元前2世纪的土地法），主流的理论似乎是，如果政府是透明的，它就会是诚实的。

盖乌斯·格拉古的失败

一些罗马人认为，在盖乌斯的计划下，成为罗马人有额外的好处，这可能注定了盖乌斯在公元前122年的一个主要立法项目——将公民权更广泛地扩展到整个意大利的法案。虽然该法的细节在后来的政治旋涡中消失了，但似乎盖乌斯至少提议允许拉丁人和意大利人成为罗马公民（事实上，这些群体在勒索法中并没有被区分开来，因此一个资料中的说法——他提议让拥有拉丁权利的人成为罗马人，同时给予意大利人拉丁权利——有可能是不准确的）。他所做的可能是建议那些希望获得公民身份的意大利人和拉丁人，可以选择获得公民身份，以换取他们的某种行动。我们可以合理地肯定，法律之所以没有被通过，是因为罗马人认为扩大特权会冲淡他们得到的现实利益，这种论调在以后的岁月里会多次出现。

盖乌斯在改革上的成功，导致他在元老院几乎没有朋友，这也造成了他最终的失败。竞争对手敦促另一位保民官利维乌斯·德鲁苏斯提出与盖乌斯类似的建议，但这些建议超越了盖乌斯提出的建议，从而破坏了他的地位。公元前121年初，新当选的执政官卢修斯·奥皮姆斯（Lucius Opimius）支持废除鲁布留斯在迦太基建立殖民地的法律的建议。盖乌斯认为这是破坏他改革的一种方式，于是带着数千名支持者（包括一名前执政官）走上街头。奥皮姆斯已经预料到了这一点，元老院通过了一项法令，要求执政官、大法官和平民的保民官“确保国家不受损害”。该法令似乎是以早期的传统（可能是新发明的）为蓝本，元老院可以据此宣布个人为国家的敌人：通过这样的法令，大法官就可以对罗马公民使用暴力手段，从而剥夺他们的申诉权和其他权力。围绕着这个被称为“终极法令”的法律意义重大，因为它们允许元老院内占主导地位的派别，可以不经过人民同意对竞争对手使用武力，并为以这种方式行事的政务官提供政治掩护。在这种情况下，奥皮姆斯是有备而来的，他以一支兵力为后盾，杀死了盖乌斯和他的数千名支持者。

平民派统治权和元老院控制权（公元前121—前100年）

对平民派统治权的压制

古往今来各国的政治理论家们都注意到民主体制往往具有内在的不稳定性。古代理论家认为民主制度是不稳定的，因为它有堕落为暴民统治和暴政的倾向。而当代大多数理论家则倾向于认为民主制度有让位于经济强势集团统治的趋势，这些集团利用其经济实力对政治权力机构进行控制。现代人在这一点上的理解比古代更为尖锐：在盖乌斯·格拉古被谋杀后，传统贵族统治了罗马十五年。虽然希望通过法律的人仍然认为必须把法律

公元前2世纪的土地法

图3.2 格拉古土地三人委员会的活动可以通过界石上的铭文来追溯，界石的位置见本地图。委员会的工作似乎集中在第二次布匿战争后被没收的罗马公民公地地区。

盖乌斯·格拉古的土地法是通过后来于公元前111年通过的一部法律中的参考资料而被人所知的。在该法中，盖乌斯似乎试图暗示公元前133年的事件标志着罗马历史的转折点，来达到宣传的目的：他不断提及“罗马人民的公地”，从而进行土地分配改革（**图3.2和图3.3**）。但他也做了一些真正的建设性的改变，其中包括将某些特定的土地排除在潜在的分配范围之外，并取消了公元前133年为分配土地而设立的三人委员会有关在其自身活动的争端中的决定权。

在公元前111年的法案中，提到的第二项是根据格拉古的保民官同事盖乌斯·鲁布留斯的提议通过的。该法建议在迦太基建立一个殖民地，分配的土地比原来的法律规定的要多得多——100犹格，远远大于普通的家庭农场——这表明他们可能受到一些来自更有能力的人的压力，要求将这些土地纳入分配计划。

阿庇安认为，在格拉古死后的十年里，通过了三项法案允许被分配土地的人出售土地。结果富人开始向穷人施压，要求他们出售，直到保民官斯普里乌斯·波里乌斯［Spurius Borius，或索里乌斯（Thorius）］通过了一项法案，命令不再进行分配，已经分配的土地属于现在持有土地的人，他们可以支付土地的租金用于分配给人民。公元前111年的法律文本虽然在许多地方现已遭到严重破坏，但却可以看出事情的复杂性。最重要的是，虽然它确实承认从格拉古法案那里得到土地的人可能已经把土地卖掉了，但它并没有把所有权授予那些购买土地的人（这说明格拉古禁止出售这块土地的禁令仍然有效），并指出根据这个法案，那些从土地三人委员会那里得到土地的人不需要支付地租。但是，没有根据格拉古法案分配的土地将继续以租金形式出租。该法还对保护被强行赶出土地的小农户作出了规定，并规定任何持有量都不得超过格拉古的限制。

图3.3 格拉古界石，上面刻有土地三人委员会成员的名字。

提交给人民，但盖乌斯的命运有力地阻止了任何希望把一些尚未获得元老院批准的措施提交给人民的人。

当立法在元老院通过时，它受到相对较少的人的干预，这些人已经取得了大法官或执政官的职位，并在那里主导了诉讼程序。更重要的是，要求在制定立法时元老院有发言权的隐含要求，旨在使今后不可能发生像格拉古那样的事件，并限制任何政客通过提出对贵族圈子以外的人有吸引力的激进立法来讨好选民的机会。

公元前2世纪晚期的元老院由三百人组成，他们至少在理论上都完成了十年的兵役。服役期满后，成员之间的经验差异非常明显。当古代人口学的严酷规则被应用于元老院时，意味着一个人一旦取得执政官的职位——这个职位的最低年龄要求是34岁——他很可能只能再活十五到二十年（实际上，取得执政官职位的年龄可能更接近于后来立法规定的年龄，贵族为41岁，平民为42岁，但此时唯一的规则是，在30岁以后，两个职位之间必须有2年的间隔）。因此，在任何时候，都会有30名至40名在世的前执政官。每年有6名大法官，其中只有2人可以合理地期望升任执政官：这意味着在任何时候，元老院中可能有大约70名前大法官不会成为执政官，贵族家庭的背景往往是决定一个人是否实现这一飞跃的关键因素。因此，在元老院的成员中，只有大约三分之一的人担任过比平民财务官或平民保民官更重要的职务。事实上，罗马公共生活的一个奇怪的事实是，从数字上看，元老院应该由前保民官占主导地位——在300名保民官中大概有270名——他们中却很少有人有进一步晋升的希望，而且当他们显然不会晋升到大法官时，他们对公共生活的积极参与就结束了。

根据元老院的规则，监察官将选出一个人——元老院的领袖或元首（*princeps*），在任何动议提出后首先发言，并终身留任（这可能不是那么长的时间，因为这些人通常是元老院最资深的成员）。然后，发言者的顺序将按照一个人所担任的最高级别的职务进行——当选的政务官在前政务官之前发言。这条规则的实际效果一定是很少有前保民官发言：他们的主要职能只是通过走到元老院的一边或另一边对措施进行表决，从而获得了“脚夫”（*pedarii*）的绰号——因为他们所做的实际上就是投票（如果他们参加的话）。根据元老院关于巴库斯祭祀的法令，规定元老院一百人为法定人数，这一事实表明，大多数元老根本不屑于去开会（见第96页）。他们没有什么理由参加，因此，罗马社会的整体利益似乎已经从属于那些意见可能被认为重要的、大约一百人的利益。一个更晚的观察家——历史学家萨鲁斯特（公元前86—前35年）——把这一时期元老院的利益概括为“收入、行省、担任的职务和胜利的荣耀”[《朱古达》，41.7]。这种好处只有那些少数有能力治理各省和指挥军队的人才能享受到。

由于缺乏发言机会，再加上缺乏行政管理经验，元老院的有效控制权掌握在贵族手中（见第117页：贵族的胜利，公元前111年）。在提比略·格拉古死后的几年里，由于一个家族在人数方面取得了非凡的成功，情况变得更加复杂。在这一时期，塞西莉亚·梅泰利（Caecilii Metelli）家族产生了六位执政官，该家族的妇女还嫁给了其他家族。因此，在公元前116年，一位塞西莉亚·梅泰利家族的人和他的姻亲埃米利乌斯·司考路斯（Aemilius Scaurus）一起担任执政官。梅泰利家族对外人的态度——“外人”指的是来自没有产生过执政官的家庭的人——可以由一个广为流传的故事总结，这个故事是一位执政官梅泰卢斯和一位前大法官盖乌斯·马略（公元前157—前86年）之间的对话。马略不仅是他的家族中第一个担任元老院职务的人，而且也是第一个从他那个特别的小镇——阿尔皮农（Arpinum）

当选为罗马公职的人。梅泰卢斯告诉在他手下服务的马略，他应该等到梅泰卢斯的小儿子准备好竞选执政官的时候再参加选举，到那时，梅泰卢斯会支持他。鉴于自己儿子才十几岁，梅泰卢斯的意思是，马略应该干脆忘掉竞选更高职位的事。

公元前108年，“新人”马略不顾及他的上级的评论，成功竞选执政官。在接下来的十年里，他主导了罗马的政治生活，又五次当选执政官，改革了军队。至少在他的支持者看来，他把罗马世界从北方蛮族大军即将毁灭的威胁中拯救了出来（**图3.4**）。迫在眉睫的毁灭威胁可能被夸大了，但马略精力充沛、能干和诚实，这些品质在格拉古被杀后的几年里，确实是国家领导层明显缺失的品质。这一时期的失误在罗马与北方部落和努米底亚杀人王朱古达的交往中达到了顶点。

元老院主导地位的终结

罗马人与北非努米底亚王国的交往，源于西庇阿·阿非利加努斯在公元前201年迦太基战败后所进行的殖民。西庇阿取代了前迦太基的统治者，扶植了在西班牙叛逃的努米底亚元首马西尼萨。

贵族的胜利，公元前111年

贵族们根据自己的喜好利用这一胜利：他们通过死亡或放逐消灭了许多人，使自己在未来变得比强大更可怕。但正是这种情况常常给大国带来毁灭：即当一方渴望胜利高于一切，并对战败者进行更猛烈的报复时。

（萨鲁斯特，《朱古达战争》，42.4）

马西尼萨于公元前148年去世，享年90岁。他是一位忠诚的盟友，其子米奇普萨（Micipsa）也是如此，帮助西庇阿·埃米利安努斯（即小西庇阿）摧毁了迦太基，并在公元前133年派人帮助围攻努曼底亚。米奇普萨派来的人中有一个是他的侄子朱古达（统治时间为公元前118—前105年），他显然与西庇阿手下的一些罗马人交上了朋友。这些幕僚中的一些人，到公元前118年，也就是米奇普萨去世的那一年，已经成长为罗马国家的领导人。米奇普萨曾安排将自己的王国分给他的两个亲生儿子和他收养的朱古达。按照罗马共和国与其殖民地的关系，罗马被赋予了保证国王意志的

图3.4 这枚钱币由盖乌斯于公元前101年铸造，可能描绘了马略庆祝战胜琴布里人和条顿（Teutons）人的胜利。罗马人的胜利是一个家庭的事情，坐在马上的孩子可能是马略8岁的儿子。如果确实是这种情况的话，这是第一次在世的罗马人出现在钱币上。

条款得到遵守的角色。因此，当朱古达在公元前116年突然袭击他的亲人，杀死了一个兄弟，并将另一个兄弟赶到罗马流亡时，元老院有必要进行干预了。虽然朱古达显然是侵略者，但一个由前执政官奥皮姆斯领导的委员会决定将王国分给朱古达和他幸存的兄弟。

在接下来的几年里，努米底亚的局势继续恶化，朱古达依靠他在元老院上层的盟友提供的保护，继续谋划反对他的兄弟。随后发生了一件特别令人愤慨的事件——朱古达又一次入侵他兄弟的领土，导致罗马的元老院对他进行审判，并决定在公元前112年再派一个委员会去阿非利加。

萨鲁斯特在这些事件发生后约七十五年提到，元老院在处理朱古达问题上的失败，标志着罗马政治社会从文明走向内战的重要阶段，它结束了从盖乌斯·格拉古之死开始的元老院控制时期。萨鲁斯特似乎对这些事件格外有兴趣，因为朱古达的最后毁灭是由公元前80年内战中的两个主要人物完成的，而这两个人将分别成为他这一代中平民和元老院的两个主要象征。他们是盖乌斯·马略和他当时的副手（后来的死敌）卢修斯·科尼利乌斯·苏拉。萨鲁斯特对这一时期的看法并非完全没有道理，但他对个人——朱古达、马略和苏拉——的关注掩盖了更普遍的政治行为模式。后者对于历史学家来说意义更大，因为历史学家更愿意从社会趋势的角度来理解历史发展，社会趋势使得任何领导人的事业都能碰巧走上前台。虽然萨鲁斯特后来写的罗马世界史似乎是围绕着苏拉死后时代的个人和公共道德的主题来构建的，但他的早期作品无疑显示了罗马人通过个案的思考来理解历史的倾向。

萨鲁斯特的《朱古达战争》(*Jugurthine War*)得以保存下来，而其他作品，尤其是李维在萨鲁斯特之后创作的伟大的罗马史，却没有保存下来。这也意味着，李维摆脱他的框架的努力在某种程度上是投机性的。尽管如此，萨鲁斯特确实为李维所写历史中内容的总结提供了足够的细节——与其他作者的轶事和偶尔得到的文献一起来看，使我们能够发现政治行为的重要模式。事实上，这些都潜藏在萨鲁斯特自己的叙述中，并符合格拉古时代文献中的记录。

将这一时期的史料摘要与萨鲁斯特的叙述相比较，出现了两个重要的模式：一是军事上的无能，二是来自元老院核心圈外家族的保民官倾向于任命委员会来调查元老院领导人的不当行为。这明显呼应了格拉古的观点，即公开会提高诚实度。

虽然这些年罗马军队取得了一些成功——事实上，成功多于失败——但从格拉古被杀到马略当选执政官的十三年中，罗马遭遇了六次重大失败。在一个没有其他主要军事强国的时代，这确实令人震惊。其中两次战败（公元前119年和公元前114年）是在凯尔特部落斯科迪斯克人手中，他们的土地在马其顿以北；三次是在法国南部（公元前113年、前108年和前107年）；一次是在北非，公元前110年朱古达迫使罗马军队投降，而他以前曾向其投降。

保民官调查委员会是曾经用来扳倒西庇阿·阿非利加努斯的工具，但在公元前114年末，元老院领导人的敌人似乎重新发现了这一工具，此前发生了涉及维斯塔贞女的丑闻。三名维斯塔贞女被指控与男人发生性关系，但只有一人被判有罪。她被判处可怕的死刑，由大祭司下令活埋，死后又在广场上牺牲了一对高卢人和一对希腊人。公元前113年初，一个保民官坚持要任命一个委员会来调查另外两个女孩为什么能逃脱惩罚。三名维斯塔贞女都是——按照习俗的要求——重要贵族家庭的女儿。该案让大祭司难堪（一个梅泰利家族的人），因为两个逃脱惩罚的女孩的情人都来自元老家庭，而被处死的女孩的情人则来自骑士阶层家庭。

三年后，一个名叫梅米乌斯（Memmius）的保民官要求把刚刚投降的朱古达带到罗马，回答有关他与贵族关系的问题，并解释他是如何被允许讲和并保住王国的。这次调查的失败，导致了战争的重新开始，罗马向国王投降。反过来，这次投降又引起了另一个保民官调查委员会，这导致了包括奥皮姆斯在内的元老院五名主要成员被调查。

公元前110年，反格拉古贵族的势力遭到严重破坏，两年后，盖乌斯·马略不顾他的统帅的建议，赢得执政官职位，并承诺他会高效、负责以及结束阿非利加的战争。阿非利加似乎已经获得了一个贵族游乐场的声誉，只有与朱古达没有潜在私人关系的人，才会将其关闭。事实上，据说有人无意中听到朱古达说，在罗马什么东西都可以卖，如果是这样，推销员就是统治集团的成员。

如果说在阿非利加的主题是腐败，那么在法国南部则是惊人的军事无能。公元前109年的执政官被从莱茵河以北的故乡南迁的日耳曼部落琴布里人击败；马略公元前107年的执政官同事在战斗中被阿尔卑斯山部落联盟海尔维特人杀死，海尔维特人随后接受了他的军队投降。在梅泰卢斯因贪污罪回家接受审判后，马略接替了他的工作。马略还通过他的财务官——苏拉——与毛里塔尼亚（Mauretania）国王博库斯（Bocchus）进行谈判，最终完成了对朱古达的俘虏，并将其从他的王国赶走，朱古达曾将自己拜托给博库斯照顾（**图3.5**）。朱古达事件的结束被法国南部的一场大规模灾难所掩盖，两支执政官部队——共八个军团——被派往那里。这两支军队的指挥官——分别是公元前106年和前105年的执政官——为指挥上的优先权而争吵，拒绝合作。最终两支军队都在阿劳西奥（今法国南部奥兰治市附近）被琴布里人和日耳曼人全歼。这场战役是许多罗马人的最后一根稻草。他们希望得到有能力的政府的保护，因此他们希望马略进行统治。

恢复平民派统治权

公元前105年的阿劳西奥战役，标志着元老院保守派的崩溃，预示着平民派统治权倡导者的一个新的全盛时期。马略被视为罗马唯一可能的救世主，在接下来的五年里连续当选为执政官，而贵族成员似乎突然发现了攻击自己阶级特权的兴趣。公元前107年已经有迹象表明，马略的当选反映了国家发展方向的巨大变化。这一年，在第一次布匿战争结束时击败迦太基人的昆图斯·卢塔提乌斯·卡图鲁斯的后裔——在公元前102年最终赢得执政官职位之前——经历了他在三次竞选中的第一次失败。公元前105年，一位当时还是保民官的贵族成员采取平民主义的策略，召集人民剥夺执政

图3.5 这枚硬币由独裁者的儿子浮士德·科尼利乌斯·苏拉（Faustus Cornelius Sulla）于公元前56年铸造，正面有他的名字。背面被认为是重现了朱古达向苏拉投降的一幅画作，这幅画作是由毛里塔尼亚的博库斯在卡皮托林山上完成的。苏拉为坐像，博库斯跪在左边手持橄榄枝，被捆绑的朱古达在右边。而类似的图像也被刻在苏拉的签名戒指上。

官卡埃皮奥（Caepio，阿劳西奥的指挥官之一）的身份，据说这是自塔克文被驱逐后罗马人民第一次做这样的事情。公元前104年更多的年轻贵族纷纷效仿，其中包括格涅乌斯·多米提乌斯·阿赫诺巴布斯（Gnaeus Domitius Ahenobarbus），他起诉公元前109年的执政官在对琴布里人的战斗中无能，攻击埃米利乌斯·司考路斯减少罗马人民的宗教仪式（也没有成功），并（成功）颁布了一项法律，强制民选神职。另一个贵族马尔奇乌斯·菲利普斯（Marcius Philippus）提出了一项农业法。这些反叛的贵族被两个背景不那么高贵的人——塞维利乌斯·格劳西亚（Servilius Glaucia）和卢修斯·阿普莱乌斯·萨图尔尼努斯（Lucius Appuleius Saturninus）的光芒所遮盖。

公元前103年，萨图尔尼努斯作为保民官登上政治舞台。在此之前，他曾有过一个相当糟糕的财务官任期，在这一任期中，他可能是因为不称职而被解除了通过罗马奥斯蒂亚港的粮食供应控制权。他毫不畏惧，决心为自己正名，并向这些年一直在法国南部的马略证明，自己是绝对无人能替代的。因此，他上任的第一件事就是通过了一项农业法案，保证马略的老兵们在北非获得大规模的土地；第二件事是把阿劳西奥的指挥官们带到人民面前审判；而第三件事是通过一项新的法案，把叛国罪定义为可以由骑士阶层陪审团审判的罪行。萨图尔尼努斯言论的基调——声称他是格拉古兄弟的继承人——可以从以下几个事实中看出：他声称他的一个追随者——一个名叫埃奎提乌斯（Equitius）的人——实际上是提比略·格拉古的私生子；他打碎了一个保民官的椅子（当保民官在椅子上时）。他的一个保民官同事在试图否决农业法案时被暴徒赶出了广场。

两年后，萨图尔尼努斯与塞维利乌斯·格劳西亚一起通过了一项法案，恢复了勒索审判的陪审团中的骑士阶层成员（他们曾被公元前106年的执政官，即阿劳西奥战役中的一个混混所提法案所驱逐），并确保萨图尔尼努斯在竞争对手被谋杀后，仍可以重新当选为保民官。在这些年的某个时刻，一位政治倾向明显偏向平民派统治权一方的立法者在法律中引入了一个新颖的条款，要求元老院的所有成员宣誓他们将遵守该法律。这些条款存留在一块青铜牌上，也被囊括在公元前100年管理普雷托利亚行省事务的法律中。这些文本中的第一个誓言条款为公元前2世纪最后几年实行的平民派统治权的理想提供了最好的证据：

> 不管是执政官、大法官、营造官、财务官、平民的保民官、授予和分配土地的保民官，现在在任的，在他们中的任何一个人知道公民或平民（通过了）这项法规后的下一个五天内，他要按照以下模板发誓，同样，无论独裁者、执政官、大法官、骑兵长官、监察官、营造官、平民保民官、财务官、授予或转让土地的三人委员会。根据本法规或公民投票（选出的）法官（字数不详，已遗失），无论他们中谁将在此后被选中，在他们中的任何一个人开始担任政务官或拥有统治权后的五天内，他们要宣誓（就像下面写的那样）。他们[（字数不详）在]卡斯托耳神庙前，在光天化日之下，面向广场公开起誓，他们要在同样的五天内，当着财务官的面，对着朱庇特和（祖先）诸神起誓。（他）将（根据本法规做适当的事情）并且他不会明知故犯地以错误的欺骗手段做出违反法规的行为，他不会采取行动或进行调解（以使本法

> 规不被遵守或不适当地被遵守)。凡是不按本法规宣誓的人，不得参加选举，或担任政务官或拥有权力，(他此后也不得在元老院中发表意见，也不得)允许(他)担任监察官或在元老院中任职。
>
> (《罗马规约》第7条)

这里引用的最后一条，如果一个人不发誓服从人民的这一法律，就取消他的任职资格，有力地说明了所有的政务官都应该服从人民的意志，如果他们不愿意服从这一意志，就不适合从事公共生活。宣誓应“在光天化日之下”面对广场进行这一命令，是对不经公众监督而采取的元老院行为的隐性批判。最后，誓言中包含了一个非常有趣的观点，即法律在这里取代了选举，这表明在立法者的理论中，法律代表了罗马人民的真实意志，而选举则不然。

马库斯·图利乌斯·西塞罗——注定要成为执政官，并享有他那个时代最伟大的演说家的声誉——听过萨图尔尼努斯等人的演讲，认为那些支持这些法律的人采用了一种特殊的、与元老院截然不同的演讲风格。西塞罗认为他们的风格“不值得让精选的听众听到，但却极其适合于喧闹的公共会议”[《布鲁图斯》(*Brutus*)223]。西塞罗认为萨图尔尼努斯是最好的演讲者，“尽管他是通过他的手势和衣着，而不是通过他的口才来吸引众人”，而格劳西亚显然是非常有趣的(《布鲁图斯》224)。

格劳西亚和萨图尔尼努斯虽然很有趣，也很执着，但他们很清楚，他们的成功取决于盖乌斯·马略的支持。他们似乎试图通过提出一项农业法案来允许马略有权在他们提出的新的老兵定居点的额外省区授予公民身份以及土地。这个问题在公元前100年尤为重要，因为马略在公元前102年底法国南部的塞克斯都泉战役中成功消灭了条顿人，在公元前101年下半年意大利北部的维尔塞莱战役中消灭了琴布里人，此时他正与他以前的对手卢塔提乌斯·卡图鲁斯共享指挥权。卡图鲁斯后来试图为这场胜利邀功，尽管事实上是他的无能让琴布里人走到了今天。两人的军队中都有大量的意大利人，他们在服役期结束时得到的条件与提供给他们罗马同僚的条件完全不同，他们可能会非常恼火，因为他们与罗马士兵一起面对凶残的敌人，接受了严

图3.6 这幅雕塑浮雕描绘了罗马公民正式报名服兵役的情景，让人难得一见马略时代的士兵装备。它是传统上被称为多米提乌斯·阿赫诺巴布斯祭坛的较长楣板的一部分，可能是为了纪念卢修斯·多米提乌斯·阿赫诺巴布斯进行的一次人口普查而创作的，他是格涅乌斯的父亲。

格的新的训练制度，并在战场上受到平等的遭遇（图3.6）。马略似乎把他们的事业放在了心上，但萨图尔尼努斯法案中的条款反映了当时政治的一个深刻的事实，即罗马人越来越倾向于把罗马看成是自己的财产，不愿意让别人分享。公元前100年的另一部法案可能强化了这种态度，这部法案为罗马补贴粮食的分配制定了新的（也更慷慨的）规则。

格劳西亚和萨图尔尼努斯的第一个真正问题是，无论他们如何表达自己对平民派统治权的奉献，他们的行为和对暴力的依赖使他们极不受欢迎。第二个问题是，无论他们如何宣称自己是平民的拥护者，但真正的平民拥护者是盖乌斯·马略。虽然传统贵族的成员仍然鄙视马略，贬低他的功绩，但毫无疑问，他已经完成了他的工作。他在公元前104年接管的军队在很大程度上已经成为他的军队，这一过程既得益于胜利，也得益于通过萨图尔尼努斯的立法为马略的士兵提供的慷慨的退休福利。马略的部下在战役结束后继续作为一个群体生活，有迹象表明他们对自己的成就保持着巨大的自豪感。由马略引入、作为军团标志的鹰被拿出来，以唤起下一代对这位老将军的记忆。马略赢得了各级官兵的爱戴，使他能够在维尔塞莱胜利后派出士兵作为选民前往罗马，以确保他当选为第二年的执政官。因此，他派出的许多人很可能是军官团的人，因为他们在早期的百人队中就已经投票（见第41页），我们知道马略在投票中获得第一名。第二年就不那么容易了，虽然他回来是为了凯旋，但马略发现萨图尔尼努斯和格劳西亚很难对付。当他们试图破坏执政官选举时，马略站在了元老院一边。元老院通过了一项仿照公元前121年针对盖乌斯·格拉古的法令。马略带兵进城，把格劳西亚、萨图尔尼努斯和他们的支持者赶到卡皮托林山上，任由敌人屠杀，虽然看起来他似乎给了他们一些安全保障。

苏拉的时代（公元前100—前78年）

与意大利人的战争

我们对公元前2世纪末历史的了解，大部分来自更晚时期的历史学家的工作。正如我们在第二章中所看到的那样，公元2世纪早期的传记作家普鲁塔克的作品是我们了解格拉古对意大利土地看法的主要来源。他的马略和苏拉传记也是我们了解人物最重要的资料，苏拉传记主要是对苏拉回忆录的总结，这也影响了后期马略的传记。另一位公元2世纪的作家、亚历山大港的阿庇安，写了五本关于罗马从提比略·格拉古时代到公元前30年代内战的书，还有一本是关于罗马将在公元前89年与本都（Pontus）国王米特拉达梯六世（公元前120—前63年）开始的战争。

虽然两人使用的资料与他们的主题十分合拍，但他们在写作时也是事后诸葛亮。因此，他们的作品常常会掩盖当时看来很重要的东西，而且常常会被修改以符合当时的现实。这个问题影响到萨鲁斯特对于朱古达战争的描述：它丝毫没有提到在法国南部的事件，在那里马略正在击败条顿人。它还在更到程度上影响到我们所阅读的李维的观点，这些所谓“李维的观点”是在李维去世后许多年编写的，将李维的大部头作品做了极大的压缩。

如果我们想听到公元前2世纪的政治家们未经编辑的声音，我们就不得不求助于意大利各个聚居区在公元前2世纪末刻下的一些青铜碑。这些铭文为我们提供了当时的一些法律，包括勒索法和农业法——这两部法律都是从意大利乌尔比诺城（Vrbino）附近发现的一块铭文中得知的——本章已经提到过，而提供第120—121页所引用的宣誓条款文本的文件则是在那不勒斯湾的奥皮多卢卡诺（Oppido Lucano）发现的。

这是这些年留存下来的十一份文件中保存最好的三份。公元前133年之前的几代人似乎都没有公开这些文本的愿望，并且在公元前90年代末至公元前31年后帝国时代开始的这段时间有所减少。

这些青铜碑表明人们对具体规定罗马官员的职责，以及对他们的权力所受到的限制有了新的兴趣。至少，这些文本在非罗马聚居区的发现表明，罗马国家的行为对这些地方的领导人有了新的意义。盖乌斯·格拉古发表的这篇演讲的现存部分，为这种关系提供了一幅令人不安的画面：

> 执政官最近来到Teanum Sidicinum（坎帕尼亚的一个城市）。他的妻子说她想去男浴场洗澡，他便把将洗澡的人赶出浴场的任务分配给了Sidicinum的财务官（此处指的是一个地方办事处）马库斯·马略（与盖乌斯·马略无关系）。妻子告诉丈夫，浴池交接得不够快，也不够干净。于是他在广场上设了一个木桩，把城里最重要的人马库斯·马略绑到木桩上，剥掉他的衣服，用棍子打他。卡莱斯（Cales，靠近提阿努姆的一个城市）的人听到这件事后，就下令当有罗马政务官在场时，任何人不得使用公共浴池。在Ferentinum（伊特鲁里亚的一座城市），出于同样的原因，我们的大法官下令逮捕了财务官。其中一个人从城墙上跳了下去，另一个人被抓住，被用棍子打了一顿。
>
> （奥卢斯·盖利乌斯，《雅典一夜》10.3.3）

这些对意大利贵族困境的同情，在一个花了近十年时间从意大利聚居区夺取土地，以便将土地分配给罗马公民的人的笔下可能会显得有些空洞。然而，他对这故事从一个城镇传播到另一个城镇的描述，无疑反映了意大利聚居区对罗马政务官活动的关注。这些活动一定很少显得是善意的。

尽管提比略·格拉古可能会这么想或这么说，但意大利最严重的问题并不在农村，而是在罗马城本身。罗马现在是地中海最大的城市，到公元前100年时人口接近五十万，成为半岛各个角落大量移民的焦点。统治阶级的财富不断增加，为技术行业的工人创造了新的就业机会，而人们进出罗马，则打乱了几个世纪以来的生活模式，很容易地引发了各方面的不满。公元前95年，当监察官下令所有意大利人离开罗马时，反移民的不满情绪可能已经沸腾了，一位罗马人将此举描述为五年后爆发战争的主要原因。虽然没有理由认为事实如此，但人们可能深受变革的困扰，而这一时期经济变革的原因，连经历过的人都不甚了解。这也许并不奇怪，因为从来没有出现过像罗马这样大的城市，也从来没有人研究过这样一个城市的出现所带来的社会后果。

当然，罗马的政治家们仍然把注意力放在权力上而不是政策上。这也无济于事，罗马市民群体内部各团体之间的关系比以往更加紧张，这种反感的焦点又是金钱与权力的交集。造成这种紧张关系的直接原因是骑士阶层对勒索审判的陪审团的控制（见第124页：法院与阶级战争）。确立这些陪审团的格拉古立法似乎把这项任务设想为一种负担。然而，到了公元前106年，当执政官塞维利乌斯·卡埃皮奥（Servilius Caepio）用元老院议员取代骑士阶层时，问题似乎变成了阶级斗争的问题，这就是为什么格劳西亚在四年后恢复了格拉古立法。骑士阶层陪审团可能被认为比完全由元老组成的陪审团更愿意给元老定罪。这很可能是事实，但骑士阶层与在各省的包税人团体也有更密切的联系，因此并非完全没有利益冲突。在公元前92年似乎发生了一件大丑闻，当时骑

法院与阶级战争

骑士阶层通过格拉古立法夺取了（法院的）权力，迫害了许多名流和无辜的人，最后将不仅是那个时代，而且是所有时代最优秀的人普布利乌斯·鲁蒂利乌斯（Publius Rutilius）以敲诈勒索的罪名定罪，这让国家十分悲痛。

［维利奥斯·帕特库卢斯（Velleius Paterculus），《简史》（*Short History*）2.13］

士阶层陪审团认定元老院的一位高级成员在亚细亚省犯有贪污罪，理由在后来看来相当模糊：被认定有罪的人搬到了亚细亚，并与他理论上压迫过的人共同生活。

利维乌斯·德鲁苏斯和同盟战争的爆发

公元前91年，利维乌斯·德鲁苏斯成为保民官，他的父亲是反对盖乌斯·格拉古的元老院前锋。德鲁苏斯宣布有意推动一项重大改革计划，他的方案有四个部分：一个是农业法，提供意大利和西西里的土地；另一个是法律，建议对罗马钱币中的银含量进行技术性的改变；第三个是建议把法院的控制权还给元老院，同时在元老院中增加300名骑士阶层成员，并要求对所有陪审员的行为进行公开审查；第四个是建议把公民权扩大到波谷以南的每个意大利聚居区。

德鲁苏斯的前三个法案都获得了通过，而且事先就得到了元老院的批准。然而，将公民权扩大到意大利人的法案，似乎使罗马的公共事务陷入了停滞，因为德鲁苏斯与当年的执政官之一、也是他个人的劲敌马尔奇乌斯·菲利普斯发生了冲突。事情的发展似乎对菲利普斯不利，以至于德鲁苏斯宣称他需要一个新的法院，因为他无法像当时的元老院那样管理共和国（元老院适当地通过了一项决议，谴责他的声明）。当就扩大意大利人公民权的问题进行表决时，他似乎获得了罗马人的支持。同时，意大利人的领导层也高度组织化地积极参与，与盖乌斯·格拉古时期形成了鲜明的对比，后者扩大公民权的建议没有得到整个意大利有组织的支持（见第114页）。波帕埃迪乌斯·西罗（Poppaedius Silo）是德鲁苏斯倡议扩大公民权失败后起义的领导人之一，据说他甚至曾在德鲁苏斯家居住过，还有一篇据称是意大利各族人民领导人宣誓的文字。不过究竟是一份宣誓，还是仅仅是一份为说明当时的激情而创作的文件，我们无从知晓，但无论如何，它肯定反映了强烈的情感（见本页：向德鲁苏斯宣誓效忠）。

尽管压力很大，但有关公民权的法律始终没有真正付诸表决。初秋的一个下午，德鲁苏斯在从广场回家的路上倒下了。根据一种说法，他的大腿被刺伤，虽然我们无从得知这是否属实，但他几乎立刻就死了。菲利普斯设法说服元老院的其他成员取消了他之前的法律，

向德鲁苏斯宣誓效忠

我以罗马人的朱庇特神、灶神维斯塔、战神、罗马的祖先之神、创始者太阳、动物和生长物的恩人大地、罗马创始人半神、帮助扩大罗马统治的英雄们起誓，我与德鲁苏斯有同样的朋友和敌人，我将不惜我的生命，也不惜我的子女和父母的生命，只要能给德鲁苏斯和起誓的人带来帮助。如果我根据德鲁苏斯的法律成为公民，我将视罗马为我的故乡，视德鲁苏斯为最大的恩人。我将尽我所能把这个誓言传给我的同胞，以及尽可能多的人。如果我遵守这个誓言，愿所有的好事都降临到我身上；如果我违背了誓言，就会有相反的结果。

（狄奥多罗斯·西库鲁斯，《历史丛书》37.11）

图3.7 意大利同盟国在与罗马的同盟战争中铸造的钱币。

认为这是非法的，不久意大利人向罗马宣战（**图3.7**）。据一位在这场战争中为意大利作战的人的后代说：

> （战斗的）原因是最公正的，是为了获得在武器上赢得的帝国的公民身份。在每年和每场战争中，意大利提供的步兵和骑兵都是罗马人的两倍，但却没有被允许拥有这个国家的公民的权利，而这个国家通过他们（盟友）达到了权力的顶峰，却使它以蔑视的态度对待相同血统和种族的人，并把他们作为外国人唾弃。
>
> （维利奥斯·帕特库卢斯，《简史》2.15）

这个人在事件发生一个世纪之后，在他担任罗马的大法官十六年之后才写出这篇文章。他的激烈态度，令人震惊地意识到这场战争的深刻重要性。这场战争是在德鲁苏斯死后的几个月里，由一系列城市暴力起义汇集而成的。在非常现实的意义上，这场后来被称为同盟战争或意大利战争的战事，为罗马帝国的出现准备了道路。罗马将在十年内遭遇两位“原始君主”（proto-monarchies），因为公元前90年开始的重大战役，演变为罗马统治阶级不同成员之间的一系列战争，并达到可怕的程度。

同盟战争与罗马共和国的转型

罗马与意大利盟友之间的战争，被视为共和国的终结，原因是罗马几乎立即屈服于敌人的要求。公元前89年底，同意放下武器的意大利族群被全部赋予公民身份。罗马意大利基于长期条约的传统结构就此终结，罗马的投票大会反映罗马人民整体意志的观念也随之终结。当和平最终降临到意大利时，公民的数量大约为200万，其中大多数人与这座城市只有间接的关系（**图3.8**）。他们永远不会为法律或政务官投票，也不会参加任何有关人或神灵的共同仪式，尽管这些仪式有助于塑造公元前90年前，生活在拉丁姆地区的大多数罗马人的集体身份。对大多数新罗马人来说，共和政府的机构不太可能被视为古代的神圣，相反，它们会被视为压迫的引擎。一位亲历的、曾在军队中担任初级军官的罗马人后来写道，当“法律和法院被取代”时，战争就开始了［西塞罗，《论义务》（*On Duties*）2.75］。

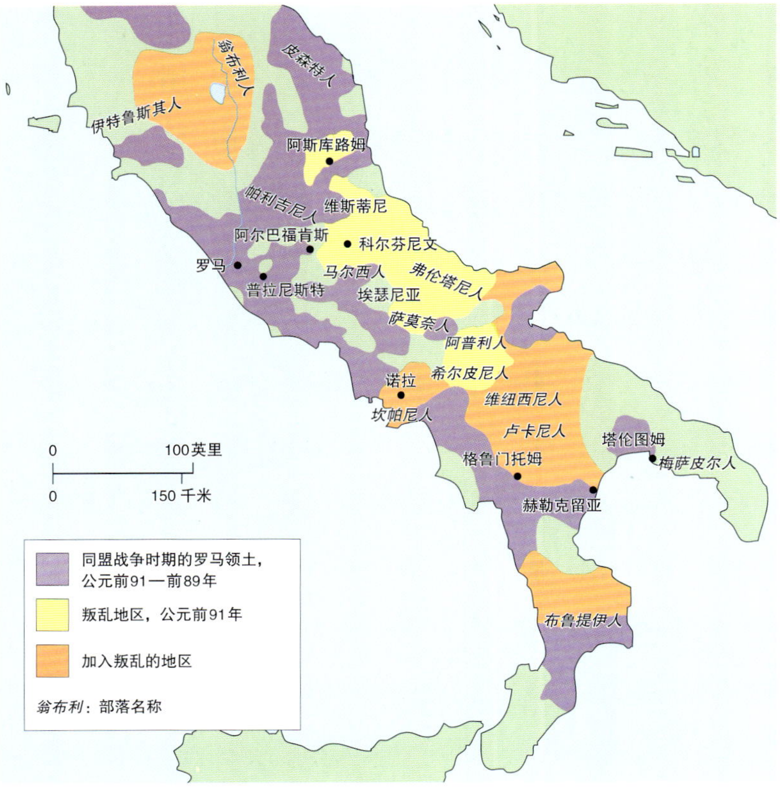

图3.8 意大利地图显示了公元前91年参加反罗马战争的地区。除坎帕尼亚外，大部分叛乱地区都是前半个世纪经济扩张最少的地区。

罗马所拥有的两个关键优势是，军团的内部指挥结构比意大利同盟部队更稳定，而且罗马的将军们在指挥大部队方面经验丰富。虽然维利奥斯说意大利人在罗马战争中贡献的兵力是罗马本身的两倍，这在公元前2世纪后半叶似乎基本属实，但这些部队一直是作为步兵大队（cohorts）而非军团培养的。在战场上，盟军军团其实不过是在罗马人的全面指挥下，由不同的意大利盟友组成的集合。在公元前91—前90年上阵的意大利同盟将领中，没有一个人指挥过像军团这样庞大的部队作战。起初，这似乎并不是一个很大的劣势，因为意大利同盟军队在面对零散的罗马部队时取得了一些胜利，但在公元前90年之后，罗马的优势开始显现出来。执政官卢修斯·尤利乌斯·恺撒和普布利乌斯·鲁蒂利乌斯·鲁弗斯（Publius Rutilius Rufus）的手下，有经验丰富的将军盖乌斯·马略、卢修斯·科尼利乌斯·苏拉和昆图斯·卢塔提乌斯·卡图鲁斯等人回来担任下属指挥。

其他担任类似职务的人很可能在马略和卡图鲁斯的领导下，在与琴布里人和条顿人的战争中担任过高级指挥，或者在其间的几年里担任过大法官。执政官鲁蒂利乌斯战死后，他的军队指挥权落到了马略手中，而马略在这一年中取得了胜利。同时，这一年的大法官之一格涅乌斯·庞培·斯特拉波（Gnaeus Pompeius

战争一爆发，意大利同盟领导层对罗马的失望就彻底显现出来，意大利同盟选择了位于亚平宁半岛中部的科尔芬尼文（Corfinium）作为首都，并将该地更名为意大利卡（Italica）。中央首都的建立以及为其选定的名称，反映出人们强烈地希望彻底消除罗马作为半岛政治和都市中心地位的愿望。同时，各地区领袖也集结地方军队与罗马人决战。

维利奥斯·帕特库卢斯在公元14年获得了大法官的头衔，他的家族在前两个皇帝的统治下兴旺发达，而他本人把一群意大利同盟领袖视为英雄（见127页：同盟战争爆发，公元前91年），而且在某种程度上，他们很可能成为后世的英雄，他们的斗争将为他们带来不朽。然而，这些意大利同盟领袖都没有任何高级军事指挥的经验。

同盟战争爆发，公元前91年

意大利人最杰出的领袖是波帕埃迪乌斯·西罗、阿西尼乌斯·赫里乌斯（Asinius Herius）、因斯泰乌斯·加图（Insteius Cato）、盖乌斯·庞蒂迪乌斯（Gaius Pontidius）、马略·埃格纳提乌斯（Marius Egnatius）和帕庇护·穆蒂利斯（Papius Mutilis）。就我而言，我不会因为虚伪的谦虚而减损自己家族的荣耀。事实上，我必须向艾库拉努姆（Aeculanum）的米纳图斯·马吉乌斯（Minatus Magius）致以崇高的敬意，他作为德奇乌斯·马吉乌斯（Decius Magius）的孙子，一个最著名和最忠诚的人，在这场战争中对罗马人表现出了极大的忠诚，以至于他在希尔皮尼人中组建的一个军团，与提图斯·迪迪乌斯（Titus Didius）一起夺取了赫库兰尼姆（Herculaneum），与卢修斯·苏拉一起进攻庞贝，并占领了康普萨（Compsa）。

（维利奥斯·帕特库卢斯，《简史》16）

Strabo，公元前136—前88年），主要在他的家乡意大利东海岸地区取得了显著的成就。他的手下不仅有自己的儿子（也叫格涅乌斯），而且还有一个来自阿尔皮农的年轻人，名叫马库斯·图利乌斯·西塞罗。在意大利南部，罗马人取得的成功似乎主要是由于苏拉的领导。

虽然罗马军队在公元前90年稳定了军事局势，但很明显，动乱发生的核心问题是公民权，需要提供公民权，以巩固那些没有加入反罗马联盟的意大利国家的支持，并削弱反对派。执政官恺撒适时地提出了一项法案，给予每一个没有加入叛乱的意大利聚居区，以及每一个同意放下武器的聚居区以公民权，同时也允许个别将领给予在战争中表现突出的个人或部落以公民权。根据这一法案获得公民权的人将被编入八个新的部落，这样他们的人数就不会淹没罗马人传统的三十五个部落的人数。这最后一条规定，虽然有些创造性地反映了那些反对给予意大利人公民权的言论，即它将剥夺现有罗马人对国家的控制权。同时，该规定具有确保盟国忠诚和说服一些叛军停止战斗的预期效果，它强调了这样一个事实，即意大利人最希望从公民身份中得到的，是在格拉古描述的那种任意行为中受到保护。

苏拉：反动的革命家

虽然到公元前90年末，罗马军队已经在宣布效忠意大利的领土上开展行动，许多聚居区也已经接受和平以换取公民身份，但罗马明显的问题却影响着世界上另一个地区的一位统治者。本都国王米特拉达梯六世是一个拥有现代土耳其北缘和安纳托利亚高原中部一些重要领土的王国的统治者，他长期以来一直不满罗马官员对他成为真正强大人物的野心的克

图3.9 公元前1世纪，本都的米特拉达梯六世是罗马最强大的对手。他利用整个地中海地区的紧张局势，从伊朗裔的其他王朝、当代希腊人，甚至在西班牙的罗马将军塞托留斯那里获得了对罗马人斗争的支持。

制（图3.9）。他在公元前89年夏天发动战争的直接原因是与其西边的比提尼亚王国统治者尼科梅德斯（Nicomedes）的边界争端。当时罗马在土耳其的两个行省——亚细亚（今土耳其中西部）和西里西亚（今土耳其南部）的总督试图集结他们所拥有的力量，包括来自他们行省城市的许多军队，但没有成功。米特拉达梯拥有一支强大的军队，他的将军们能横扫他们面前的一切。当亚细亚沦陷在他的控制之下时，他命令被派遣到新城市中的官员监督杀害所有在他的领土上能找到的罗马人和意大利人。据说——无疑是非常夸张的——有8万人在这场屠杀中丧生。这一年底，米特拉达梯准备将战争扩大到希腊大陆。他派遣一支军队从陆路进入罗马的马其顿省，另一支军队则与之前逃往他的宫廷的两位雅典政客结伴前往雅典：他们现在敦促所有希腊人奋起反抗那些如米特拉达梯所说的“人类共同的敌人”[C. B. 威尔斯,《希腊化时期的皇家通信》(C. B. Welles, *Royal Correspondence of the Hellenistic Period*)，1934年，第74页]。

公元前89年，因为意大利的战争进展顺利，元老院决定在公元前88年派遣一支执政官军队去对付米特拉达梯。这个任务落到了苏拉身上，他在前两年成功地在亚平宁半岛中南部的萨莫奈高地赢得了战役，并被选为当年的执政官（图3.10）。

我们永远无法确定为什么会发生这样的事情。我们只知道，一个叫苏尔皮奇乌斯·鲁弗斯（Sulpicius Rufus）的保民官，带着一群被他称为“反元老院”的暴徒，不顾执政官们的反对，在夏天强行通过了两项法案。其中一项废除了意大利人的新部落，并把他们重新分配到传统的35个部落中。另一项则把对米特拉达梯的指挥权移交给马略（根据普鲁塔克依据苏拉的回忆录而撰写的完全片面的记录，我们听说马略是出于对他的前下属的嫉妒）。执政官之一的昆图斯·庞培（Quintus Pompeius），他的儿子被苏尔皮奇乌斯的“反元老院”暴徒谋杀，因此庞培似乎被保民官的暴力吓倒了。苏拉则不然。他在坎帕尼亚的诺拉城外与他的军队会合，并说服他的部下向罗马进军，为他们的将军夺回对米特拉达梯的指挥权。对我们来说，问题是向罗马进军的决定是否与其他将军（他们中的任何一个人都可能为保卫罗马城而进军）允许苏拉按照自己的计划进军一样重要。从这个角度看，苏拉向罗马进军与其说是个人的行为，不如说是当时最有权势的罗马人认为苏尔皮奇乌斯的行为是不可容忍的。

只遭到了来自马略和苏尔皮奇乌斯迅速招募的人——而不是来自国家的其他军队——的最小反对，苏拉就占领了这座城市，并通过了一项法案，宣布苏尔皮奇乌斯、马略和他们的十个主要联盟成员为公敌（苏尔皮奇乌斯被杀，马略在戏剧性的情况下逃往北

图3.10 这尊半身雕像被认定为苏拉的半身雕像，其依据是与描绘独裁者发型相配的钱币画像相似。如果这种判断是正确的，这表明苏拉希望被描绘成与东方国王的皇家肖像相呼应的形象。

非）。在进一步的一连串立法中，苏拉提出了废除苏尔皮奇乌斯法律的法案，并通过了一些自己的新法案，其中包括一项将元老院扩大300人的法律，以及两项有效地总结了前三十年反平民主义议程的法律。而在后者的法律中，第一部法律禁止未经元老院事先批准就向人民提出立法（恢复了旧的元老院许可政策）；第二部法律命令所有立法必须通过百人队大会，理由是它将成为保守常识的堡垒。苏拉似乎认为，古时的百人队大会比公元前5世纪和前4世纪的情况要保守得多，比激进的保民官要强大得多（见第52—53页）。

考虑到他对立法程序的使用，苏尔皮奇乌斯之前所使用的暴力，以及他在占领罗马城的过程中没有打过一场固定的战役，苏拉可能真的相信他的行动会带来和平。在离开罗马、对米特拉达梯发动战争之前，他进行了执政官选举，并允许卢修斯·科尼利乌斯·辛纳（Lucius Cornelius Cinna，约公元前129—前84年）当选。他知道这个人是他的敌人，但只要求他发誓不破坏他的计划。苏拉甚至在这时可能已经把自己看成是按照奥皮姆斯的传统行事的执政官，他很可能比奥皮姆斯在阿文丁山上讨伐盖乌斯·格拉古的人民时杀的人更少。但这并不是人们愿意从他对城市的军事占领中得到的，在苏拉离城之前，麻烦显然正在酝酿。

辛纳曾与公元前89年的执政官庞培·斯特拉波共事，他可以说是罗马在同盟战争中最成功的将军。虽然他在保护罗马不受苏拉的侵袭方面没有任何作为，但斯特拉波清楚地看到，他的个人权力与他继续控制他

个人忠诚

公元前88年，前一年的执政官庞培·斯特拉波，可以说是在与意大利人的战争过程中最成功的将军。他命令军队刺杀他的继任者——当年的执政官。这使他能够在苏拉利用军队对付苏尔皮奇乌斯之后，保留一支大军为自己的目的服务。这些事实确立了关键的一点，即组成这些军队的士兵并没有把自己看作是罗马的士兵，而是把自己看作是他们特定将军的士兵。

苏拉之所以能够率领他的军队前往罗马，是因为士兵们觉得他们和他们的将军一样，在一场可能有利可图的战争中被欺骗了。这些人的情绪也许与他们刚刚交战的人的情绪并没有什么不同——为意大利而战的士兵是在家乡地区的军官的指挥下进行的。虽然双方的领导人可能会宣称他们的目标是保卫共和国或建立一个新的意大利，但这些更高的目标对普通士兵来说，似乎远不如对他们的同伴和对一个将他们的利益与将军个人的利益联系在一起的忠诚来得重要。

士兵们把自己看成是将军的门客，自然会有一种既得利益，那就是让他们的恩主尽可能地强大起来。关于苏拉向罗马进军的一个值得注意的事实是，除了一位使节愿意追随他，其他所有的使节都拒绝这样做。然而与之形成鲜明对比的是，士兵们都愿意追随苏拉。这也表明，贵族成员对政府的抽象理想比他们试图统治的人民更加坚定。

当然，在随后的两年中，似乎没有一支主要的军事力量是出于对共和国抽象理想的忠诚。相反，这些年发生的事件，似乎强调了罗马军队成为将军个人追随者而非国家军队的趋势。这在一定程度上是由于特定的军队可能会从特定的地区招募军团，例如，皮凯农（Picenum）地区似乎是庞培·斯特拉波家族的招募地。这也反映了贵族的传统——罗马人认为这种传统至少可以追溯到共和国的最早时期——贵族们以个人战队为主参加战役。这个过程肯定在公元前2世纪还在继续，西庇阿·阿非利加努斯和西庇阿·埃米利安努斯的行为就是例证。

所率领的军队是密切相关的。军队似乎对他也有好感。当苏拉的同事昆图斯·庞培作为执政官和坚定的盟友，到达斯特拉波的营地指挥时，士兵们谋杀了他，斯特拉波恢复了指挥。除了苏拉，很少有人怀疑是斯特拉波安排了对执政官的谋杀，但苏拉动身去希腊，没有受到任何干预（见第129页：个人忠诚）。

当辛纳像苏尔皮奇乌斯一样提议将新获得公民权的意大利人分配到35个部落时，苏拉可能以为他创造的和平几乎立即崩溃了。当苏拉的支持者把他赶出城时，辛纳控制了诺拉周围的一支军队，把马略从流放地召回来，并向罗马进军，他一边这样做一边重新获得公民权的人那里收集支持。罗马政府资源匮乏，需要依靠斯特拉波的援助。斯特拉波一直拖延，直到辛纳的完全胜利看起来仿佛就在眼前，这时他才借给罗马政府足够的援助来维持它的运转。但随后，在公元前87年，斯特拉波去世，罗马沦陷。辛纳下令对他的对手进行彻底的屠杀，并在接下来的几年里主导了意大利的事务。这些年被证明是无比重要的，因为在新获得公民权的人的帮助下取得了权力后，辛纳兑现了自己的承诺，将新获得公民权的人遍布35个部落，这一姿态在当时看来具有相当大的象征意义，也许还有实际意义。马略在公元前87年底当选为公元前86年的执政官。当时马略年事已高，任职时间很短，但是马略创造了罗马历史上担任执政官最多的纪录。辛纳接任执政官一直到公元前84年，他在一次兵变中被杀。辛纳开创了以传统职务为基础的罗马帝国制的先例。

苏拉对辛纳无能为力。他与希腊的米特拉达梯的将领们展开了一场大战，并对雅典展开了非常艰难的围攻，雅典已被米特拉达梯的军队占领为前进基地。苏拉成功地击溃了敌人，并在公元前86年底使雅典遭受了一次特别残酷的洗劫。一年后，当辛纳派来的军队先于他到达小亚细亚，对米特拉达梯进行最后的进攻时，苏拉腐蚀了高级参谋人员，使他们在自己的将军自杀时，把队伍带到苏拉的身边。苏拉已经和米特拉达梯签订了条约，允许国王保留对祖先土地的控制权，以换取大量的款项和赠送一支大型舰队来支持苏拉入侵意大利的计划。

苏拉归来

公元前83年初，当苏拉回到意大利时，反对派已经有些混乱了。辛纳已经死了，两位执政官都没有高级指挥的经验。那些已经退出公共生活，或者还没有进入公共生活的人，都聚集到了苏拉的身边。其中最著名的是格涅乌斯·庞培，他是庞培·斯特拉波的儿子，后来被历史上称为庞培（Pompey the Great，公元前106—前48年）。此时，他还只有二十出头，他在自己的辖区内组建了两个军团，在推翻了辛纳政权后，与唯一有经验的将军昆图斯·塞托留斯联手，并支持苏拉。到年底，苏拉已逼近罗马。苏拉向意大利人承诺，他不会从他们那里夺走辛纳所赋予的公民权。

公元前82年，意大利的内战在三场军事行动中结束：在伊特鲁里亚的克卢西姆（Clusium）击败了辛纳的同僚卡尔博（Carbo）；在罗马的科林门（Colline Gate）外击败了一支萨莫奈人的军队；攻占了盖乌斯·马略的儿子防守的、位于罗马南部山区的普拉尼斯特。后两次胜利都伴随着对囚犯的可怕屠杀。据说在苏拉发表演讲的元老院里，可以听到萨莫奈囚犯被杀时的惨叫声（他似乎把他们对当时可以说是罗马合法政府的辩护，说成是要摧毁国家）。在战斗过程中，苏拉的兵力已经增加到了13万人左右，这支军队的规模与敌人筹集的军队大致相同，也大致相当于公元前1世纪80年代初内战时集结的军队人数。

苏拉现在被宣布为独裁者，并以“幸运者”（Felix）的绰号来宣传自己的幸运。除了对待敌人的无情（见本页：苏拉的无情），他还像公元前88年那样，用一项彻底的立法计划获取了他的胜利。虽然这个法案的主要政治内容在苏拉死后没有持续十年，但它的政务方面却奠定了未来帝国三百年的官僚基础。在政务方面，苏拉改革的原则很简单，那就是政务官应该在罗马任职一年来从事实际工作，接下来的一年则是管理一个行省。为了达到这个目的，既要有更多的政务官，也要有更多的工作。他似乎也觉得德鲁苏斯扩大元老院的想法是个好主意，尤其是如果这能让元老院里挤满忠于他的人。但是，由于最近的战事，元老院的规模已经缩小到500人，因此他通过了扩大元老院的法律，并规定每年新进二十人。在过去，元老的地位取决于监察官，而现在则取决于财务官。除了改变人们成为元老的方式，苏拉也增加了大法官的人数，从6人增加到8人，并规定其他大法官——投票中排名第一的人除外，第一名将担任传统的内事大法官，或在政务官缺席的情况下担任传统的城市长官或罗马政务官职务——将负责同时设立新的常设陪审团法庭。

苏拉立法计划的主要政治内容，则包括恢复他在公元前88年对保民官活动的限制，并增加了一个附加条件，即任何保民官都不能升至更高职位。这一措施在元老院有300人的情况下是不可能实现的，但现在在一个包括了两倍于保民官的潜在官员的新阶层中是可行的。他的其他主要改革包括重写了关于叛国罪的法律（*maiestas*），规定没有元老院的明确指示，任何总督都不能率领他的军队越过他所在省份的边界；并制定了更严格的规则，规定了执政官的任职方式（这些规则将财务官的最低年龄定在30岁，并规定38岁为大法官的最低年龄，41岁为贵族执政官的最低年龄，42岁为平民执政官的最低年龄）。在共和国后来的历史上具有

苏拉的无情

苏拉控制罗马后，采取了残酷的手段来镇压他的许多敌人。他的野蛮行为是经过深思熟虑的，因为他似乎真的认为他的敌人是无可救药的：如果他们还保留着影响国家的能力，罗马就不可能兴旺发达。这些敌人是普通士兵还是将军并不重要。辛纳的一位领袖，盖乌斯·马略的侄子，被一个名叫卢修斯·塞尔吉乌斯·卡蒂利纳（Lucius Sergius Catilina）的中尉折磨得惨不忍睹。在意大利范围内没收了支持辛纳事业的聚居区的土地，并将其分配给苏拉的老兵——证明了其主将对私人军队的忠诚的回报。在萨莫奈启动的一项破坏计划，在阿庇安的描述中听起来像“种族清洗”，这已具有现代冲突的一个悲剧性特征。

此外，苏拉还在广场上公布了一份名单，名单上的人被“禁止”。被禁止就等于被判处死刑：任何人都可以杀死被“禁止”者中的一个人，并在向苏拉或他的一个代理人上缴头颅后获得奖励。被禁者的财产立即被没收归国家，他的子女永远不得参与公共生活。被禁者名单最初有80人，后来不断扩大，直到包括了1600多名骑士阶层和元老院成员，以及全意大利各聚居区的领袖。名单的扩展直到第二年的6月1日才结束。除了禁令造成的屠杀，该法还鼓励家庭成员互相残杀，鼓励奴隶出卖主人，这意味着它破坏了罗马社会的基本原则。

决定性意义的特别规定是禁止一个人继任，并规定执政官之间至少要间隔十年，这让改革后的共和国将不会再有新的格拉古或者马略。这项法律无意中产生的影响是，它造成了压力，要求延长任命，以取代反复担任执政官的做法。

也许与他的宪政改革同样重要的——或者说更重要，因为一些最重要的改革（如那些关于平民保民官的改革）将在十年内被废除——是苏拉树立的如何在自己的“房子”外经营一个帝国的榜样。苏拉庞大的随从队伍已具有许多在王室宫廷中常见的特质，因而它有助于整合不同阶层的人，创造出自己的权力阶层，而这个权力阶层可能与国家本身的权力阶层截然不同。苏拉本人现在是罗马世界最富有的人，他留下了价值两亿塞斯特斯（sesterces，古代罗马货币）的遗产，足以资助一支军队——而这还是在他于公元前84年与米特拉达梯达成和平到内战结束之间花费了数倍于此的金额之后。这样一来，他让他最亲密的伙伴们一道变得十分富有。

苏拉孩提时代的罗马最富丽堂皇的别墅已看来是微不足道的，如今不仅在罗马，在整个意大利（特别是在那不勒斯湾附近）建造的新别墅成了胜利的精英们的住所。值得注意的是，苏拉军队的许多指挥官都太年轻了，这意味着在很长一段时间内，精英们都将是年轻人。其中最重要的人物庞培，当他成为其军团的首领时，他还只有二十多岁。另一位重要的官员是卢修斯·李锡尼乌斯·卢库卢斯（Lucius Licinius Lucullus），他在公元前88年当选的财务官，在领导苏拉军团时，他的年龄远远低于担任大法官的最低年龄。马库斯·李锡尼乌斯·克拉苏（Marcus Licinius Crassus）是另一个代表苏拉组建自己军队的人，同样也低于大法官年龄——他要到公元前70年才有资格成为执政官，而卢塔提乌斯·卡图鲁斯是马略在维尔塞莱一位患有消化不良的同僚的儿子，在苏拉去世的那一年才有资格成为执政官。苏拉推进了他们所有人的职位，即使很快就会发现，他们除了都接受苏拉的赞助外，没有任何共同点。他们的相互憎恶是接下来二十年政治中的一个关键内容，也使得马略的侄子盖乌斯·尤利乌斯·恺撒能够惊人地崛起。

除了元老，苏拉身边还有一些家庭成员，他们的权力来自对苏拉有用的能力。有些人，特别是著名的演员，迎合了他的文化品位；另一些人则负责监督基本的政务工作，这在整个获得胜利的团队内部造成了一些紧张的局面。在向罗马进军之前，与苏拉一起在诺拉围城中服役的西塞罗最早发表的一次演讲，就是为一个被指控谋杀自己父亲的人辩护。尽管此人已被列入“禁止”名单（proscription），但西塞罗说服法院认定他无罪（见第131页：苏拉的无情）。虽然西塞罗后来承认此人有罪，但他赢得案子是因为他没有将此案的重点放在他的客户上（阿美利纳的罗西乌斯 Roscius of Amerina），而是苏拉的宠信克里索古努斯（Chrysogonus）身上，后者此时已十分富有。西塞罗在抨击克里索古努斯时，甚至连苏拉的支持者都对传统统治阶级以外的人利用与独裁者的关系谋取私利感到厌恶。这并不是说西塞罗演说的对象和他所代表的人对自己获利产生不安，但他们不喜欢与他们认为是下等社会阶级的人分享财富。西塞罗把注意力集中在一个像克里索古努斯这样不受欢迎的人身上，也避免了对苏拉的直接批评。

苏拉的宫廷不能发展成真正的宫廷，因为苏拉没有继承计划，也无法制订计划。他的儿子太年轻了，罗马也还没有准备好容忍任何带有世袭君主制味道的东西。也许是认识到他已经做了他能做的一切——苏拉

图3.11 公元前60年的罗马。可以看出，马略、苏拉和庞培的战争已经遍及地中海。庞培的职业生涯尤其引人注目。从西班牙到土耳其，他在一系列需要缜密计划和复杂后勤的战役中，战胜了迥异的敌人。

改革了宪法，屠杀了他的敌人，并使整个意大利的大片领土变得贫穷——苏拉放下了他作为独裁者的权力。然后，他撤到坎帕尼亚的库迈，在那里他完成了他的回忆录（共20本书），并开始酗酒。他在这一年内就去世了，并举行了一场公开的葬礼，具体的要求显然是他在遗嘱中口述的。葬礼的队伍就像一场凯旋，当用香制成的两尊真人大小的苏拉像被点燃在他的火堆上时，他去世的气味一定会弥漫在罗马的街道上。他的雕像一直留在广场中心的讲台上，作为他影响力的象征。墓志铭也是他亲自拟定的："友人的帮助,敌人的加害,我已悉数奉还。"

苏拉之后的生活（公元前78—前59年）

罗马军队的职业化进程

如果苏拉认为他给罗马世界带来了和平，那他就大错特错了（**图3.11**）。在他生命的最后几年，辛纳政权的幸存者聚集在昆图斯·塞托留斯身边。此人曾在北方战争中为马略效力，并在意大利与苏拉的军队进行了艰苦的斗争，现在在西班牙继续进行斗争。在意大利本土，几乎刚刚将独裁者的骨灰安葬在他的陵园时，就开始了一场新的战争，这场战争爆发于今佛罗伦萨附近的法苏拉（Faesulae）领地。两位执政官被派去镇压叛乱，他们各自带着自己的军队，在压倒性的力量面前，叛乱似乎迅速消散了。但后来执政官雷必达拒绝返回罗马，并挑起了新一轮叛乱。

雷必达的努力在他的前元老院同事卢塔提乌斯·卡图鲁斯和格涅乌斯·庞培指挥的其他部队的坚决抵抗下

失败了。雷必达的五个军团最终在西班牙与塞托留斯会师。然而，更重要的是庞培的行动，他拒绝在公元前77年底解散军队，而是进军法国南部。在那里，他得到消息，元老院已将西班牙战场的指挥权让给他。在这一年年底，他的军队人数达到了13万人，在接下来的十五年中，这个数字保持了非常稳定的状态，只有在公元前1世纪70年代的最后几年例外，当时的总人数可能达到了20万。

改变军团组织

虽然从公元前3世纪末到公元前1世纪中叶，罗马军队的总体规模基本保持稳定，但从马略生前到苏拉去世后的十年，罗马军队的整体专业化水平似乎有了巨大的提高。

图3.12 浮雕描绘了罗马军队所采用的西班牙刺剑。

在采用小队军团和与汉尼拔战争爆发之间的一个世纪里，罗马人在战术上最重要的变化是采用西班牙的刺剑（*gladius*，图3.12）作为主要的步兵武器。在接下来的一个世纪里，除了一些将领喜欢把小队部队编成更大的战术单位，也就是他们所称的步兵大队外，似乎没有发生过其他重大的战术创新。公元前105年，罗马军队在法国南部的阿劳西奥惨败，这一系列的军事失败似乎使一些人相信需要变革。但问题是，由于没有参谋，或者没有任何类似于总参谋部的机构，导致改革取决于个别将军的能力，而且由于这些将军每年都是选举产生的政务官，他们不一定能影响任何其他将军的行为。由于在阿劳西奥战败后对琴布里人和条顿人的恐惧，使马略在公元前105年后一再连任执政官，才得以进行实质性的军队改革。

马略似乎并不是天生的激进分子。例如，当他在阿非利加指挥军队时，没有证据表明他改变了军队的战术策略。据称他负责的一项改变是在征兵方面，但即使在这里，他的行动的新颖性和意义都容易被夸大。马略的改革是把那些不具备财产资格的人——即所谓的无产者——招入军团，并允许进入正规的百人队大会（见第40页）。之前曾采取过这种做法，例如与汉尼拔战况焦灼时。新的改革不涉及非常多的人，因为马略的新兵是为了补充或“充实”已经在阿非利加的军队。萨鲁斯特后来断言，这一行动使军队中挤满了贫困的生灵，他们对自己将军以外的人毫不关心，但这并不意味着是马略的意图。马略在公元前100年的军队中包括了能在执政官选举中赢得选票的人（除了无产者之外），而格涅乌斯·庞培和尤利乌斯·恺撒后来在公共领域占据主导地位的军队并不是因为他们的新兵贫穷，而是因为他们中有很高比例的人来自特定地区。在恺撒的队伍中，士兵来自意大利北部，而在庞培的队伍中，士兵来自皮凯农。事实上，我们所掌握的关于同盟战争后几年征兵的一点证据表明，传统的罗马招募部队（*dilectus*，理论上是从35个部落中招募上来的人）的制度让位于一种更接近于战前意大利人的征兵模式。根据这种制度，地方官员必须按照既定的要求派出特定数量的新兵（另见第62页）。因此，同盟战争后招募的军团很可能是由城民中生活在一起的人组成的分队集合而成的。

在阿劳西奥战役之后，比起招募军队，改革要严重得多，而此时我们没有了解到更多关于马略在这方面的"改革"。事实上，马略甚至没有招募他在公元前104年就任指挥的军队。相反，他接管了前一年由执政官普布利乌斯·鲁蒂利乌斯·鲁弗斯指挥的军队，理由是这支军队训练有素。作为他的计划的一部分，鲁弗斯引进了角斗教练与他的队伍一起工作，这似乎已经成为一种制度：在这一点上，尤利乌斯·恺撒被明确地比作角斗教练，来教导新兵。马略对战术的改革是：他重

改革后的罗马军队

马略在公元前105年的阿劳西奥战败后，才鼓励对罗马军队进行广泛的改革，其中之一是改组军团。新的军团不再分为四个部分和按照小队部署（见第64页）。现在它由十个大队组成，所有的大队武装方式都是一样的，并从大约4200名步兵增加到大约6000人（**图3.13**）。现在所有士兵的标志是一只鹰，每个大队和每个军团都装备了这只鹰。在战斗中，十个大队会排成三排，前排四个大队，后面两排各三个大队，交错排列，这样第二排可以进入第一排的列队之间的空隙。第三排显然是作为紧急情况下的战术预备队而保留的，就像旧制度中的第四小队一样。

马略的改革还引入了一种新的基本投掷武器。这是一种重新设计的短矛（*pilum*），它是一种重型标枪，在公元前2世纪前就已经开始使用，以取代前代的投掷矛。重新设计的标枪有一个新的枪头，会从枪杆上折断，如果卡在盾牌上就很难取出，从而使盾牌失去作用。

在改良短矛的同时，马略可能已经取消了自公元前4世纪以来一直属于军团的旧的轻步兵（这是假定他们还没有被免除，但这是我们现在无法知道的）。从此，一场涉及军团的典型交战将分为四个部分（这一点恺撒和其他资料记录得非常清楚）。这些内容是战前呐喊，前进直至短矛射程，由（至少是）第一排的所有士兵投掷短矛，最后用西班牙刺剑袭击。

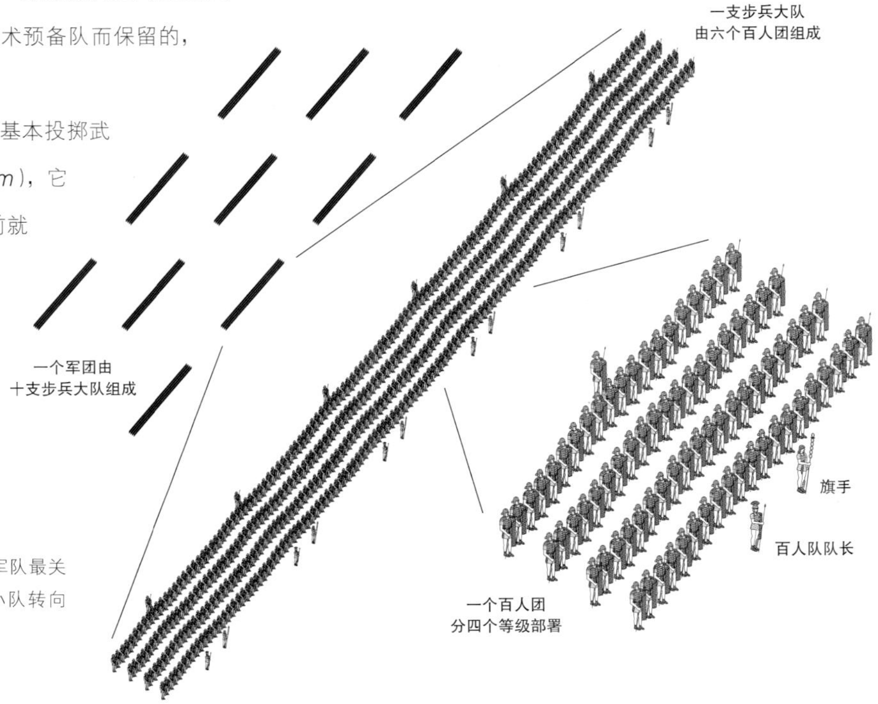

图3.13 在马略、苏拉和庞培时代，罗马军队最关键的变化之一，是将基本战术单位从小队转向队列。

组了军团，并在公元前102年对基本投掷武器进行了重大变革（见第135页：改革后的罗马军队）。

马略的新战术，因他在公元前102—前101年在塞克斯都泉和维尔塞莱的成功而得到了赞誉，也被后来的所有将军所采纳。很有可能，马略只是将过去一段时间内发生的变化正式化，这可能使采用这些改革的过程变得更容易。不管是什么情况，在战场中，马略似乎是一个非常传统的指挥官。他可能会使用一些诡计（在塞克斯都泉战役中，他模仿汉尼拔在特雷比亚的战术，部署一支从伏击中攻击琴布里人的部队），但总的来说，他依靠的是对部下的卓越训练。

下一代的将领则截然不同，他们进行战争的典范似乎是苏拉。苏拉在与米特拉达梯军队作战的过程中，大量利用野战工事来控制战场，特别是在公元前86年希腊战役中起决定作用的奥尔霍迈诺斯（Orchomenos）之战。在内战中，他把敌人的军队引到普拉尼斯特城外与他埋伏的军队作战。虽然苏拉一点也不反对用传统的方式进行正面交锋（他在科林门的斗争中就是这样做的），但他对战壕工具的创新使用似乎给他的参谋们留下了深刻的印象。在接下来的十五年里，他们有很多很多机会来检验他的战术。

退伍军人的土地安置

可以说苏拉从马略那里学到的一个内容是在退役后的军队安置方面。由于萨图尔尼努斯的帮助，马略设法为他的军队获得了慷慨的土地赠予，从在北非服役的士兵开始，一直到与琴布里人和条顿人的战争结束。虽然到内战时已过了十几年，但这些退伍老兵似乎仍对他们的老将军忠心耿耿。

苏拉利用安置自己的退伍军人来试图控制意大利半岛。总共约有8万人被安置在大约20个殖民地，每个地方有大约4000名殖民者被赋予了特殊的地位。一个多世纪以后，这种情况在一些地方依然存在，铭文或其他文字中提到了“亚雷提恩的老居民”或“克卢西姆的新居民”（这本身就意味着有一群“老居民”），或者是一个更令人反感的称谓，如“亚雷提恩更忠诚的人”，这种称呼的作用是提醒人们，新居民在那里是因为他们对苏拉“更忠诚”。更重要的是，尽管苏拉关于其中一些地方的“老”居民应失去公民身份的决定在他死后不久就被废除，但“老”聚居区和“新”聚居区似乎经常彼此不和，以至于即使在二十年后也可能发生暴力争执。作为对他们胜利的纪念，新群体似乎也建造了大型的公共建筑，以彰显他们的成功。公元前1世纪中叶，在罗马建造这样的建筑之前几年，意大利各地的石质露天剧场——观看角斗的主要场所——激增，这可能是苏拉老兵的功劳，他们会坐在看台上，一边观看角斗士的战斗，一边回忆他们荣耀的参战时光。

苏拉的殖民结果是，士兵们似乎已经开始期望得到这种奖励，尽管元老院里满是苏拉的将领，但元老院坚决抵制这种要求。即使元老院确实允许在公元前1世纪70年代颁布一项法案，将土地授予参与塞托留斯战争的老兵，但实际上士兵们似乎没有分配到任何土地。其根本的问题是，国家没有标准的规定来遣散士兵，士兵们只能依靠将军的政治影响力来获得任何可能作为奖励忠诚的奖金。苏拉的例子表明，他们可能会梦想着得到相当巨大的奖励，然而共和政府无意给予这些奖励。

斯巴达克斯、海盗和米特拉达梯

元老院未能提出一个连续的、双方都满意的方法来遣散军队，这就变得越来越麻烦，因为必须组建新的军队来面对各种各样的挑战。西班牙的战争一直持续到公元前72年，也就是塞托留斯被雷必达的前同僚谋杀后的第二年，后者迅速证明了自己在军事上的能力和个人的荣誉。庞培的胜利在这一年的年底就已经稳操胜券了，这也不算太快，因为那时已经爆发了另外两场战争。一场是在意大利，另一场是在东部省份。第一次战争是由卡普亚附近一些角斗士的叛乱引起的，当时西班牙战争即将结束，这些角斗士的领袖名叫斯巴达克斯。另一场战争开始于公元前73年初，当时米特拉达梯进攻比提尼亚王国，比提尼亚王国的国王尼科梅德斯已经去世，并把他的财产留给了罗马。

就在这些战争爆发的前一年，元老院通过了一项法案，将一个特殊的指挥权授予了当年的一名大法官马库斯·安东尼［Marcus Antonius，他后来为了纪念在克里特岛的胜利，又多了一个名字“克里提乌斯”（Creticus）］。安东尼之所以在克里特岛附近作战，是因为那里是臭名昭著的海盗之家，元老院的法案委托他在地中海各地追捕海盗。为了使他的任务更容易完成，他被授予一种新的权力，即“无限制的统治权”（*imperium infinitum*），相当于一个总督。有趣的是，元老院不能指望自己的总督支持自己的自由意志，授予无限制的统治权可能在当时看来是一件很实际的事情，因为一场海战必然会触及许多省份，而安东尼无论在哪里登陆，都需要能够下达命令为他的船只提供补给。尽管安东尼取得了成功，但他却因贪婪和腐败获得了相当糟糕的名声，他也许是幸运的，在他还没来得及回国面对后果的时候就死了。

与斯巴达克斯和米特拉达梯的战争是一项对比研究。在前者，罗马军队的领导是如此的无能，以至于本应是一个小的警察行动，却演变成了一场大规模的农民起义；在后者，罗马军队的指挥是如此的出色，并且打得是真正的出色。对付米特拉达梯的指挥官是苏拉的前副官卢修斯·李锡尼乌斯·卢库卢斯，他是公元前74年的执政官之一（他的同事马库斯·奥勒留·科塔先他一步被派往东部，被米特拉达梯重创）。虽然米特拉达梯曾与塞托留斯结盟——塞托留斯派人对米特拉达梯的军队进行罗马作战战术的再训练——但米特拉达梯很快就发现，他无法在与卢库卢斯的对抗中取得进展。当米特拉达梯围攻齐库斯城（Cyzicus，今伊斯坦布尔东南）时，卢库卢斯在他的交通线上扎营，像苏拉那样利用野战工事控制敌人。到公元前71年底，米特拉达梯已经完全逃离了他的王国。两年后，卢库卢斯率领罗马军队越过陶鲁斯山脉，进入美索不达米亚北部，当时这里是亚美尼亚王国的首都区（亚美尼

图3.14 庞培渴望成为罗马的亚历山大，甚至为自己取了“伟大者”（*magnus*）的绰号。这座现存于威尼斯的半身雕像反映了这些雄心壮志，它以一种与当代亚历山大肖像相呼应的风格描绘了庞培。

亚国王在叙利亚塞琉古王国崩溃后扩大了自己的统治，并向米特里达特提供了庇护）。在这里，卢库卢斯超强的作战能力又使他赢得了一场相对轻松的胜利。值得注意的是，在公元前69年的战斗中，他是在罗马人从未打过仗的领土上作战，而且处于一条非常长的补给线的末端。

然而最终卢库卢斯的军队在两年多的似乎无休止的一系列行军后感到疲惫，在一个名叫普布利乌斯·克劳狄乌斯（Publius Clodius）的参谋的煽动下，军队在幼发拉底河附近的尼西比斯（Nisibis）发生了兵变。卢库卢斯不得不退出，而米特拉达梯重新出现，威胁罗马人对其故乡的控制，之后格涅乌斯·庞培接管了整个战争的指挥权（**图3.14**）。

庞培

庞培抵达东方，对其权力的授予源于一个部落大会前的事件，即元老院未能控制斯巴达克斯（约公元前100—前71年）的叛乱。斯巴达克斯本人是很难让人理解的。他一定是在二十岁出头的时候是一个活跃的角斗士。在公元前73年，他带领他的队友们离开了一个训练场，也就是他们被囚禁的地方（对角斗士的囚禁是非常不正常的，实际上被普鲁塔克描述为一种“不公正”）。此外，由于他是一名角斗士，他根本就没有接受过哪怕是小部队指挥方面的训练，更不会接受维系任何一种武装力量所需的后勤控制技术方面的训练。那么，一个没有受过任何军事训练，也没有任何军事经验的人，是如何设法把罗马的军队压制住两年的呢？

关于斯巴达克斯的职业有两个主要说法来源，一个是阿庇安的记载，阿庇安把这次战争的爆发当作是一场内战；而普鲁塔克对马库斯·李锡尼乌斯·克拉苏（约公元前112—前53年）的传记中的记载——克拉苏是苏拉的前副手，在未来的岁月中扮演了重要的角色——包含着朦胧的暗示，即斯巴达克斯的军队能够与罗马军队进行正面交锋。当克拉苏大量利用野战工事为最后的战役做铺垫时，这一点就变得很明确了（这不是对付无组织的部队所要做的）。此外，按照记载，最后一战发生在意大利南部，因为一些曾答应将他的军队运往西西里岛的“西里西亚海盗”背叛了斯巴达克斯。我们可能永远不知道到底发生了什么，但我们所掌握的细节确实表明，阿庇安把这几年发生的事件看作是内战的观点是正确的。斯巴达克斯为了在战场上面对罗马军团，一定从有军事经验的自由民那里得到了支持，这些人很可能是被苏拉没收土地的受害者。在他维持一支数千人的军队的两年中，他也一定能够利用军事供应方面的技术专家（传言他的追随者数量庞大——大约10万——几乎可以肯定是假的，倘若这是真的，意味着他能够率领一支比汉尼拔更大的军队。然而，在他的叛乱结束时有5000人被钉在十字架上的事实，可能意味着他的部队包括2万名战士）。最后，当然，罗马受到与塞托留斯和米特拉达梯正在进行的战争影响，很可能对斯巴达克斯发挥其优势产生了作用，因为罗马把大部分训练有素的军官和士兵从意大利移往国外。如果斯巴达克斯的军队中充满了苏拉内战的幸存者，那么他的军队中具有战斗经验的人很可能比那些在公元前73年至前72年间被派去追杀他的大法官们更多。如果这些官员机智地意识到他们面对的是一个坚定的对手，他们可能会从一开始就表现得更加谨慎，并避免了后来的许多麻烦。仅仅是因为谨慎，以及愿意花时间训练他的部下，使得克拉苏在公元前71年赢得了最后的胜利。

克拉苏一直不满的一件事是，虽然他打败了斯巴达克斯，但庞培却宣称自己对结束战争有着巨大的作用，因为他带着几个军团从西班牙返回时，围捕了在最后一战中逃脱的斯巴达克斯的支持者。庞培和克拉苏在公元前70年担任执政官时，几乎没有什么交集。然而这一年，苏拉的政治改革宣告结束。首先，庞培和克拉苏支持恢复保民官权利的措施；其次，当年的大法官之一卢修斯·奥勒留·科塔提出了一项成功的法案，用从元老院、骑士阶层和“司库官”群体（*tribuni aerarii*）中等额抽取的成员组成陪审团以取代苏拉的元老院陪审团。据推测，司库官可能是第一等级成员（first census class），他们没有钱，无法加入骑士阶层。苏拉关于罗马规约完全由元老院成员管理的设想已经失败了。两个执政官和科塔提出的措施都在元老院通过，这也说明大多数元老院成员已经意识到，没有其他阶级的积极参与，国家就无法运转。

虽然庞培和克拉苏同意不担任省级指挥，但卢库卢斯手下军队的逐渐堕落和所谓的海上危机很快就给庞培带来了机会。米特拉达梯显然已经与土耳其南部的独立国家达成了某种协议，他们将突袭爱琴海以支持他。在没有正规的罗马舰队的情况下，临海的聚居区（尤其是克里特岛）经常利用他们靠近海道的优势，在船队经过时抢夺船队。这种情况几乎和地中海的海上贸易本身一样古老，任何一个商人都可能在他的国家没有征服的地区进行掠夺。这种人用他们自己的话来说，并不是海盗，但在罗马人的眼里，他们肯定是海盗。西里西亚的居民似乎被米特拉达梯鼓动起来，比过去更频繁地进行掠夺（因此他们有可能干预斯巴达克斯的叛乱），在公元前67年间，他们扣留了他们在意大利海岸绑架的两名大法官，以获取赎金。对此，一个名叫盖比尼乌斯（Gabinius）的保民官提议，为了镇压海盗，应赋予庞培指挥整个地中海的权力，以及对内陆80千米以内的任何其他罗马政务官的权力。

虽然似乎与几年前给予安东尼·克里提乌斯“无限制的统治权”类似，但有一个重要的区别，那就是庞培现在获得的不是总督的权力，而是比他可能遇到的任何政务官都要大（*maius*）的权力。他似乎还被赋予了由国家出资组建他所需要的任何军队的权利（否则，除非元老院同意承担费用，似乎标准的做法是让在紧急状态下组建新军队的总督自己支付这些军队的费用）。

盖比尼乌斯法的通过是罗马历史上一个非同寻常的时刻，因为在以往的紧急情况下，要么是短期任命独裁者，要么是指派在任政务官去解决这个问题，要么是指派前任政务官去完成这个任务（他们的任期被延长，理论上讲，他们是在任政务官的下属）。现在，一个公民将首次被授予权力（*imperium*），这种权力不仅高于在任政务官的权力，而且与任何职务无关。该法案违背元老院的意愿，在部落大会上提出，这表明平民派统治权的精神又回来了。

事实证明，庞培在镇压海盗方面的效率惊人。因此，随着米特拉达梯在他的老家卷土重来，卢库卢斯的军队处于混乱状态，公元前66年通过了一项新的法案，赋予庞培更大的权力，以结束与米特拉达梯的战争。他再次以极高的效率（以及对野战工事的精明运用）完成了这项任务。他到东方去巡视，不仅把安纳托利亚全部纳入罗马的统治之下，而且与高原东端的统治者签订条约，并从陶鲁斯南下进入叙利亚。随着塞琉古政权在帕提亚人的压力下崩溃，现在土耳其南部和叙利亚的前王国地区已经陷入混乱。公元前64年，庞培在那里建立了一个行省，从而打开了近东和中东地区传统的闪米特世界（Semitic）——其独特的传统已经在公元前4世纪亚历山大大帝征服之前的许多世纪就已根深蒂固——并被罗马直接控制。当他在公元前63年得知米特拉达梯的死讯时，剩下的就是等待元老院认可他的行动。这将被证明是一个最复杂的行动：当庞培在意大利登陆后解散他的军队时（让所有人都松了一口气），比庞培所能想象的还要复杂。庞培现在是世界上最富有的人，他在各省和他已确认登上王位的国王的土地上，都有财务代理人在忙碌。这些统治者需要钱来支持他们的王国野心，而在高额的利息下，庞培非常乐意借给他们。经过多年的实战，他已经结交了一批忠诚的罗马贵族，其中一些人的政治前途将完全依靠他。这些人中有一个人在公元前62年当上了执政官，另一个人在公元前58年得到这个职位（这两个人似乎都不是很聪明，他们都有暴徒般的行为方式），然后是行省长官。庞培在许多方面最亲密的伙伴西奥法尼（Theophanes），在庞培来到罗马的时候，他还不是罗马公民。然而，他对庞培的影响确实意味着他的乡亲们会把这个人当作神来颂扬（乡亲们对庞培也是如此）。由于比苏拉年轻得多，孩子们也在成长，庞培可以期待在余下的一代人中主导罗马的政治，并且正在建立让这种主导权可能传递给下一代人的基础。不幸的是，因为庞培几乎完全缺乏国内政治的经验，这使他陷入了一个更老道的政治家可能会预料到的陷阱，并造成了对他人的依赖，损害了自己的地位。

西塞罗和恺撒

在庞培与米特拉达梯的战争中发言支持授予庞培绝对权力的人之一，是公元前66年的大法官之一马库斯·图利乌斯·西塞罗（**图3.15**）。西塞罗生于公元前106年，公元前1世纪90年代曾移居罗马，并经常到著名演说家家中学艺。他在苏拉和庞培·斯特拉波领导下的同盟战争中服役后，他似乎在辛纳统治的几年中低调行事，并因他对阿美利纳的罗西乌斯的激烈辩护而重新进入公众生活。之后，他向东游历了几年，通过听取希腊知识分子的意见来提高自己的教育水平，然后回到罗马，于公元前75年被选为财务官，在西西里岛西部任职。在西西里的日子给他提供了人脉，他也在之后的公开场合利用这些人脉：公元前70年，他起诉了刚担任西西里总督三年的盖乌斯·维雷斯（Gaius Verres），进一步提高了他的声誉。西塞罗对西西里控诉的宣传如此精彩，以至于维雷斯在审判中途自愿流亡。

西塞罗向往执政官职位，是平民派统治权复苏的重要标志。他没有显赫的军功，与苏拉贵族成员（或元老院中任何其他长期权力经纪人）也没有重要的联系。他之所以声名显赫，只是因为他是他那个时代最伟大的演说家（见第141页：恺撒论西塞罗），他最著名的案例都有略微的反建制倾向。当他参加公元前63年的执政官竞选时，他的哥哥写道：“他不仅需要提及

图3.15 这尊半身雕像现藏于罗马卡皮托林博物馆，它表现了西塞罗作为一个资深政治家的形象，他在担任执政官后的岁月里非常自觉地扮演了这个角色。这与西塞罗同年出生的庞培喜欢塑造的永远年轻的形象形成强烈对比。

自己是一个‘新人’，还需要回顾自己‘通过非凡的演讲名声提升了自己名字的新颖性’。”［昆图斯·西塞罗，《竞选手册》（*Handbook on Electioneering* 2）］作为一个“新人”，他可以依靠骑士阶层（特别是包税人团体）、附近城镇人们的支持。作为一个成功的辩护人，他还可以依靠他在法庭上为之辩护过的人。值得注意的是，西塞罗依靠的人中没有任何传统贵族的成员；另一方面，他已经“通过向庞培致敬，接过马尼利乌斯的案子，为科尼利乌斯辩护，赢得了城民和参加公众集会的人们的支持”。（《竞选手册》51）对马尼利乌斯的审判，是庞培的敌人策划的，因为马尼利乌斯提出了把对米特拉达梯的指挥权授予庞培的法案。西塞罗经过一番极其复杂的周旋，似乎要为他辩护，但在马尼利乌斯的朋友们的暴动扰乱了法庭秩序之后，马尼利乌斯决定离城而去。西塞罗在公元前68年作为保民官为其辩护的科尼利乌斯曾提出了许多法案，这些法案可能会让盖乌斯·格拉古的在天之灵露出赞许的笑容，包括一项禁止元老院成员向外国大使贷款的法案，以及另一项要求元老院会议的法定人数为200人的法案。他是个民族主义英雄，而西塞罗代表他出现的事实，显然使西塞罗受到那些不喜欢现状的人的欢迎。因此，西塞罗的这些支持者并不只是罗马社会的穷人和底层民众，他们包括了足够多的骑士阶层和其他等级中的人，这使西塞罗在投票中以最高票数得到执政官的职位。他当年的一个对手、获得第三名的人，就是在内战中对马略的侄子进行恐怖谋杀的喀提林（Catiline）。

喀提林因失败而大伤元气，决定在第二年再次选举。与此同时，他似乎不仅聚集了一批对事态深感不满的贵族，而且还在讨论一个阴谋，即通过谋杀西塞罗使国家陷入某种危机，从而喀提林可能会脱颖而出，成为一个主导人物。阴谋之中包括在伊特鲁里亚策划一场农村起义，在一个叫曼利乌斯（Manlius）的人的领导下，于夏末开始积蓄力量。我们不知道如果喀提林当选执政官会发生什么。他所设计的局面可能与公元前78年法苏拉周围的危机有些相似，但他不是当年的执政官。当西塞罗在10月指控他谋反时，喀提林决定加入曼利乌斯。公元前63年12月2日，与之密谋的一

恺撒论西塞罗

在所有穿着托袈取得胜利的人中，你（理所当然地）应该获得语言和口才奖，同样也应该获得拉丁文学奖——就像曾经是你的敌人的独裁者恺撒一样——这个奖比其他所有的胜利都要大，因为移动了罗马天才的边界应该比移动了罗马帝国的边界要好得多。

［普林尼（Pliny），《博物志》（*Nature History*），7.117］

喀提林阴谋的揭发

然后，高卢人被带到（元老院的会议上），他们说自己已经起了誓，普布利乌斯·伦图鲁斯（Publius Lentulus）、塞特古斯（Cethegus）和斯塔蒂利乌斯（Statilius）为他们的人民写了信，这些人和卢修斯·卡西乌斯给他们下了指示，要他们尽快派骑兵进入意大利。队伍中不应缺少步兵。伦图鲁斯根据西卜林神谕和占卜师的反应，向他们保证，他就是在辛纳和苏拉之后这个城市的第三个科尼利乌斯，这座城市的控制权和主权注定要归他所有。他还说，今年是命中注定要毁灭这座城市和国家的一年，因为今年是贞女被宣告无罪后的第十个年头，也是都城被焚毁后的第二十个年头。

［西塞罗，《反喀提林》（*Third Catilinarian*）9］

西塞罗论恺撒

现在，元老院的成员们，我可以看到什么是对我最有利的，如果你们认为盖乌斯·恺撒在国家中遵循的是“平民主义”道路而同意他的提案，那么，由于他是这个提案的作者和创造者，可能我就不用那么害怕“平民主义”的攻击了。如果你们选择另一个建议，我不知道我是否会有更多的麻烦，但对国家的好处超过了对我自己危险的考虑。我们从恺撒那里得到了他自己的尊严和他祖先的名声所要求的，和他作为对国家的持久善意的人质的一个建议。不难看出，一个煽动者的善变和一个真正关心人民安全的人所具有的“平民主义”精神之间的区别。

［西塞罗，《反喀提林》（*Fourth Catilinarian*）9］

个高卢部落的大使在罗马揭发了喀提林的同盟者，导致他们被捕（见第141页：喀提林阴谋的揭发）。12月5日，经过长时间的辩论，元老院通过了最初由西塞罗提出的将阴谋者处死的动议，并在西塞罗的亲自监督下正式执行了这一判决。几个月后，喀提林和他的支持者几乎全部战死。他的部下带着一只鹰上战场，这只鹰曾经由为马略服务的一个军团携带过，这多少有些讽刺意味。作为对意大利土地上所存在的苦难的一种衡量，曼利乌斯设法组建了两个军团，不过他不允许奴隶加入（因为担心他的叛乱会被比作斯巴达克斯式的叛乱）。

最强烈地反对西塞罗在12月5日处死喀提林同盟者的人中，有一位在公元前63年的另一次选举中，以惊人的优势击败了苏拉的老部下卢塔提乌斯·卡图鲁斯和大祭司，这个人便是盖乌斯·马略的侄子并在公元前62年被选为大法官。自从他们的传奇祖先安基塞斯与维纳斯女神生下一个孩子后，这个家族的成员几乎没有太杰出的行为。这位贵族后裔的名字叫盖乌斯·尤利乌斯·恺撒（公元前90年的执政官可能是他的另一个叔叔，也是该家族中唯一获得杰出成就的其他成员）。

盖乌斯·恺撒的显赫地位归功于他对平民派统治权事业的拥护。恺撒生于公元前100年，勉强避免了被苏拉处死，据说苏拉曾说这个年轻人身上有“许多马略的特质”（如果他真的这么想，难以想象他会让恺撒活下来，而且这个故事相当明显地是从恺撒精心设计的个人神话中流传下来的）。恺撒继续在亚细亚省完成学业，在与米特拉达梯的第三次战争初期，他因英勇而获奖。不过，当卢库卢斯到来时，恺撒还是回家了，在那里，他迅速确立了自己作为第一级反建制人物的地位。他的私生活经常掺杂着涉及最高贵族妇女的丑闻。他穿着托袈，却不喝酒。他的一个敌人称他是“唯一一个试图破坏共和国的清醒的人”；另一个敌人称他是“每个女人的丈夫和每个男人的妻子”（后者据称指的是恺撒与比提尼亚国王尼科梅德斯的性关系，但他极力否认这一说法）。在公共生活中，他始终支持反建制派，同时小心翼翼地避免参与任何可能被视为叛国的直接行动。同时，他似乎也花费了远远超出他的经济能力的钱，并严重依赖克拉苏的慷慨资助。几乎可以肯定的是，他并不是用自己的钱来资助他计划在公元前65年作为营造官时举办的比赛。在这场比赛中，参与角斗的人数创造了纪录。特别是当元老院禁止他使用他所雇用的所有角斗士时，这个纪录显得更为重要。同年，他通过恢复马略胜利纪念碑，象征性地提高了自己的形象。

恺撒早期的成功在很大程度上取决于他与苏拉的支持者打交道的能力。他的母亲奥蕾莉亚（Aurelia）是苏拉的最著名的追随者的妹妹，这可能使他的道路变得宽阔。他似乎已经充分淡化了他与马略的关系，他的第一任妻子是柯妮莉亚（辛纳的女儿，他在公元前1世纪80年代娶了她，尽管苏拉施压要求他与柯妮莉亚离婚，但他仍坚持与她在一起）。在柯妮莉亚于公元前70年左右去世后，恺撒与苏拉的孙女庞贝亚（Pompeia）结婚。然而，与庞贝亚的婚姻被证明是一场不幸（恺撒最著名的婚外情发生在这几年），恺撒现在试图将自己与苏拉的受害者形象联系在一起。到了公元前63年，他不仅被坚定地认同为苏拉政权的反对者，而且还与马略联系在一起。他找回了庆祝马略战胜琴布里人和条顿人的战利品，而这些战利品是被苏拉从都城移走的。恺撒当选为大祭司是他迅速成为国内政治中一股不可抗拒的力量的标志（见第142页：西塞罗论恺撒）。在接下来的几年里，他继续回避除克拉苏以外的债权人对其债务日益强烈的偿还要求，以及避

庞培东征

庞培从根本上改变了罗马帝国的东部，在他吞并了黑海沿岸的本都（现在成为比提尼亚—本都省的一部分）之后，将帝国的疆域远远地扩展到了东部。在现在的土耳其中部地区，庞培建立了一批附庸国，包括加拉提亚和卡帕多西亚，这些国家的统治者都依附于他的恩惠。曾是塞琉西亚古王国一部分的领土被并入叙利亚省，幼发拉底河成为罗马帝国东部边界。

免直接参与他不可能从中受益的争吵。他抵制西塞罗处死喀提林同伙的建议就是如此。这一点在公元前63年早些时候也表现在他赞助了对年老的元老拉比里乌斯（Rabirius）的一场奇怪的审判中，后者被指控谋杀萨图尔尼努斯而犯有叛国罪：审判采用了一种古老的法规。在元老院滥用该法规之后，当一名大法官在贾尼科洛山（Janiculum）上升起一面红旗时，审判就结束了。贾尼科洛山是一个古老的象征，象征着敌人的到来，要求所有的公共事务都停止。这也标志着恺撒从涉及他的妻子庞贝亚和普布利乌斯·克劳狄乌斯的丑闻中迅速退出。克劳狄乌斯曾试图在公元前62年底庆祝一位女性神灵的仪式上与恺撒的妻子见面，这种亵渎行为令保守派大为愤慨。恺撒没有参与其中，而是干脆和妻子离婚，说她需要“不被怀疑”，然后去治理西班牙的行省。直到公元前60年夏天，他才回来，正好赶上参加执政官的竞选。

恺撒回来时的情况是混乱的。庞培在公元前61年初从东方赶回，并迅速解散了他的军队，大概以为元老院不会再任命他解决东方问题，或为他的部下提供退休福利方面制造麻烦（见第143页：庞培东征）。如果真是这样，他就大错特错了。到了公元前60年夏天，元老院什么也没做。抵制确认庞培行为的元老院议员们（其在元老院的代表是克拉苏）也在抵制包税人为减少他们从亚细亚行省征税的合同所欠的款项而做出的行动。西塞罗似乎是一个理性的声音，但没有用。西塞罗似乎只是希望元老院能按照庞培的要求去做。到了这个时候，西塞罗似乎已经把自己看成是国内版的庞培：作为一个可以在罗马主宰政治的人物，就像庞培——他自己作为国内政治家的技能充其量也是很弱的——在战场上主宰他的敌人一样。旧贵族们鄙视西塞罗，似乎也同样不喜欢庞培。

他们的领袖是马库斯·波西乌斯·加图，公元前2世纪保守派政治家的曾孙（见第98页）。加图出生于公元前95年，他有能力塑造个人廉洁的形象。这时，他已经在反对庞培和克拉苏等人的群体中取得了真正重要的地位（另见第151—153页和第155页）。另外，与许多和他一样不喜欢庞培和克拉苏的人不同，他绝对没有受到苏拉时代大屠杀的污染。

公元前60年底，当选为来年执政官的恺撒改变了他的典型行为，突然变得更加果断，拒绝退让，他现在的目标似乎是主宰国家。然而，为了做到这一点，民众政治的主人必须成为一名将军，为此，他需要与那些出于自身原因需要改变的人结成联盟。庞培和克拉苏同意支持他，西塞罗被邀请加入一个小集团，这个集团公开的目的是把国家的事务从元老院转移到平民部落大会。这超出了西塞罗的准备，因为他保留着一种带着绝望的希望，即如果能够培养社会不同阶层的相互尊重，合理的政府就会随之而来。在十年里，许多罗马人认为这是一个决定性的时刻，标志着传统共和政府的结束。

公元前59年的第一个月，恺撒在百人团上提出了支持庞培和克拉苏的法案。大概在3月，恺撒被授予五年的任期，担任山南高卢（Cisalpine Gaul，“阿尔卑斯山这一边的高卢”，或意大利北部）和伊利里库姆（Illyricum，古伊利里亚地区，即今天的克罗地亚，被指定为恺撒的行动区，尽管那里有罗马公民的聚居区，但它还不是一个有组织的省份）的总督。几个月后，山北高卢（Transalpine Gaul，“阿尔卑斯山另一边的高卢”，这里指的是法国南部）也被纳入他的管理范围。确认庞培行为的法案、减轻亚细亚公族的责任、授予恺撒行省，这些都是平民派统治权高于元老院控制原则的胜利。

总结

- 当代罗马历史学家将导致罗马君主制出现和共和国结束，追溯到公元前133年提比略·格拉古担任保民官的时期。格拉古的土地改革方案似乎让执政的贵族与平民对立起来，他不接受任何反对的决心导致他在当年晚些时候被谋杀。他的土地改革法案实际上对解决意大利的经济压力没有什么作用。
- 提比略的弟弟盖乌斯在公元前123—前122年提出的改革纲领要广泛得多，从根本上改变了共和国的剥削方式。盖乌斯甚至比提比略更明确地主张以行政开放的概念为基础的平民派统治权。他的改革方案在公元前122年被一个同僚部落的人破坏了，他和他的追随者被执政官奥皮姆斯的军队所屠杀。
- 在盖乌斯·格拉古死后的十五年里，平民派统治权对元老院统治的反对几乎得不到任何支持，特别是在前执政官的精英集团里。然而，在经历了一系列的军事失败，以及与北非朱古达的战争之后，这种统治就崩溃了。公元前107年，盖乌斯·马略成为执政官，并最终俘虏了朱古达。公元前105年，日耳曼部落在阿劳西奥（法国南部）取得了巨大的胜利，这使马略多次连任执政官，以挽救意大利免受这些部落的入侵。马略对军队进行了重大的战术改革，最终打败了日耳曼人。同时，萨图尔尼努斯和格劳西亚两个保民官重新主张平民派统治权的事业，直到马略被他们的暴力手段所震惊，才纵容了对他们的谋杀。
- 意大利各族群与共和国政府的关系日益疏远。公元前91年，保民官利维乌斯·德鲁苏斯提出一项法案，授予意大利人公民权。当该法案失败时，德鲁苏斯神秘地死了，反抗罗马控制的叛乱爆发了。通过军事指挥以及向忠于罗马或投降的意大利聚居区让渡公民权，罗马最终取得了优势。
- 公元前88年，保民官苏尔皮奇乌斯提议让马略代替执政官苏拉，指挥被派往地中海东部的军队，与入侵罗马领土的米特拉达梯国王作战。结果，苏拉在不顾其他罗马军队指挥官反对的情况下，向罗马进军，杀死了苏尔皮奇乌斯，将马略赶到流放地，并改革了宪法，然后出兵与米特拉达梯作战。
- 执政官辛纳经过一场血腥的内战，于次年推翻了苏拉的统治。公元前83年（辛纳死后），苏拉在击败米特拉达梯后进入罗马，战胜敌人，成为独裁者。公元前78年，在苏拉去世后的十年间，暴力活动进一步加剧，他最重要的政治改革也被迅速瓦解。
- 下一代的领军人物是格涅乌斯·庞培。他支持苏拉，并最终获得权力，并因摧毁米特拉达梯王国而赢得荣耀和巨额财富。庞培是通过人民的投票而不是担任职务的结果来获得他的地位的（他在公元前70年将成为执政官）。
- 镇压海盗导致了新形式的统治权的产生，赋予其持有者更广泛的权力，而与省界或具体职位的任期无关。特别重要的是公元前67年和前66年的《加比尼亚法》和《马尼利安法》，它们反映了庞培完成的不同命令，即首先是打击海盗，然后是打击米特拉达梯。
- 公元前1世纪60年代，西塞罗和恺撒等政治家的崛起。西塞罗作为一个演说家获得了名声，并在公元前63年当选执政官——因为他在镇压喀提林策划的叛乱中发挥了作用。恺撒从国家内部的反苏拉团体中汲取力量，并在公元前59年获得了省级指挥权，作为高卢的总督，这将被证明是他实现未来野心的关键。

第四章

从共和国向元首制过渡

（公元前59—公元70年）

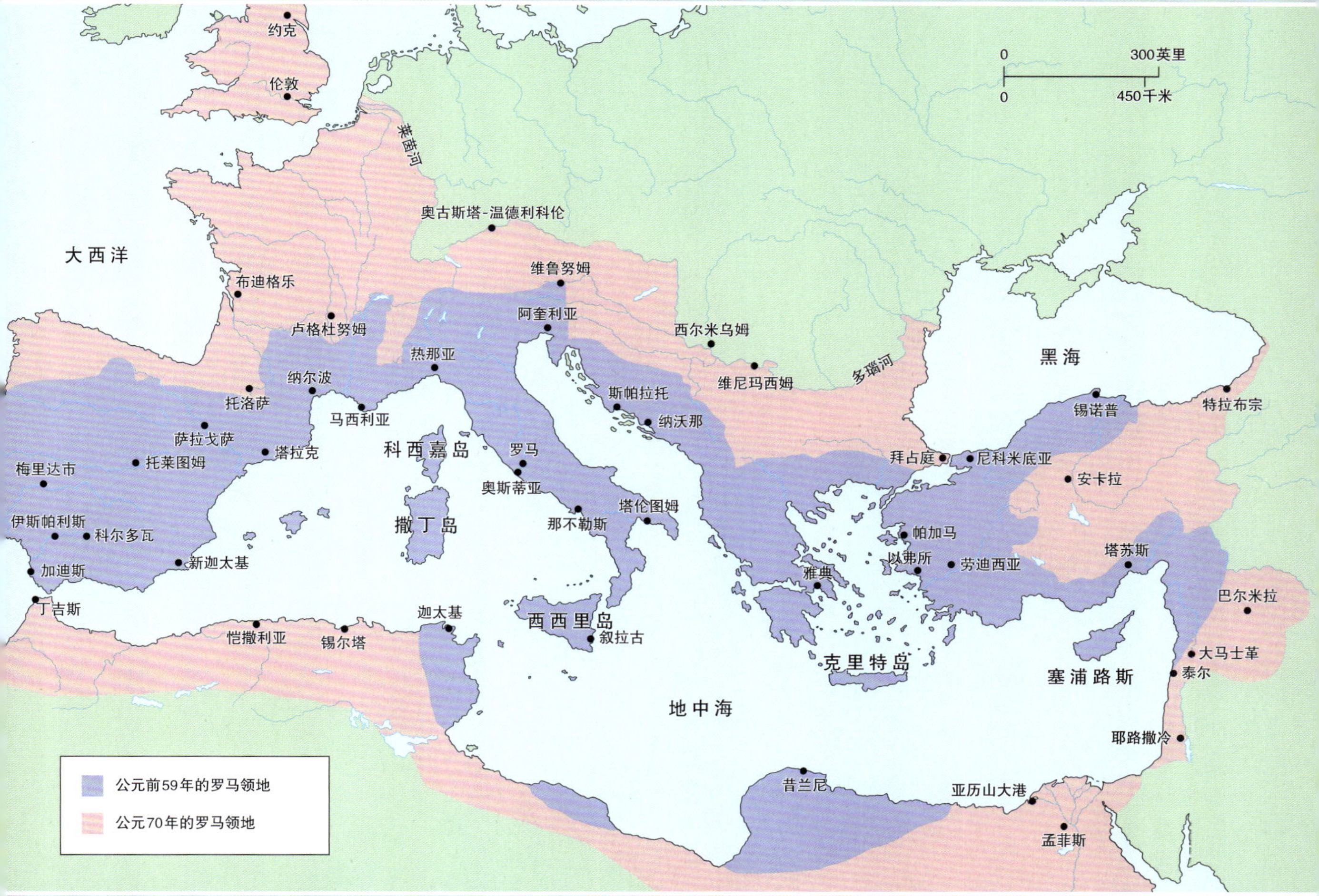

大事年表4　从共和国向元首制过渡

恺撒从执政官到独裁者	公元前59年	恺撒执政，恺撒在高卢被授予五年指挥权
	公元前58年	恺撒在高卢击败海尔维特人和阿里奥维斯图斯（Ariovistus）
	公元前55年	庞培和克拉苏第二次任执政官，恺撒的任期延长了五年
	公元前53年	卡雷（Carrhae）战役与克拉苏之死
	公元前52年	庞培第三次担任执政官，并成为唯一的执政官；在高卢打败了维钦托利（Vercingetorix）
	公元前49年	恺撒入侵意大利
	公元前48年	恺撒在法萨卢斯（Pharsalus）击败庞培，庞培在埃及被杀
	公元前46年	塔普苏斯（Thapsus）战役；小加图自杀身亡
	公元前45年	蒙达（Munda）之战
	公元前44年	恺撒于3月15日被谋杀
内战	公元前43年	三巨头同盟（triumvirs）成立，任期五年；谋杀西塞罗
	公元前42年	腓立比（Philippi）之战
	公元前41年	屋大维乌斯（Octavianus）和马克·安东尼（Mark Antony）在佩鲁贾（Perugia）的内战
	公元前40年	安东尼和屋大维乌斯在布林迪西会面；安东尼和屋大维娅（Octavia）结婚
	公元前38年	屋大维乌斯和莉薇娅（Livia）结婚
	公元前37年	屋大维乌斯和安东尼在塔伦图姆举行会议；三巨头的任期再次延长五年
	公元前36年	屋大维乌斯击败塞克斯图斯·庞培（Sextus Pompey）；将雷必达从三巨头中除名；安东尼入侵帕提亚，但被击败
	公元前31年	屋大维乌斯在亚克兴（Actium）战役中击败安东尼和克娄巴特拉（Cleopatra）
奥古斯都统治时期	公元前30年	安东尼和克娄巴特拉在亚历山大港去世
	公元前28年	屋大维乌斯恢复宪政
	公元前27年	屋大维乌斯获得奥古斯都的称号
	公元前23年	奥古斯都获得统治大权和保民官的职位
	公元前19年	奥古斯都夺回从克拉苏和安东尼手中被帕提亚人夺取的旗帜；奥古斯都权力的更新和扩张；维吉尔去世；《埃涅阿斯纪》出版
	公元前18年	奥古斯都颁布婚姻法
	公元前17年	奥古斯都收养了他的孙子盖乌斯·恺撒和卢修斯·恺撒（Lucius Caesar），他们是阿格里帕（Agrippa）和尤利亚（Julia）的儿子
	公元前12年	奥古斯都成了最高祭司，阿格里帕去世

奥古斯都统治时期	公元前2年	奥古斯都之女尤利亚被流放
	公元1年	按照后来基督教的传统，拿撒勒的耶稣诞生
	公元2年	卢修斯·恺撒去世
	公元4年	奥古斯都收养了阿格里帕和尤利亚的儿子阿格里帕·波斯图姆斯（Agrippa Postumus）和提比略（Tiberius）；提比略收养了日耳曼尼库斯（Germanicus）；盖乌斯·恺撒去世
	公元6年	根据《路加福音》（*Gospel of Luke*）的记载，拿撒勒的耶稣的大约出生日期
	公元7年	波斯图姆斯被流放
	公元8年	奥古斯都的孙女尤利亚被流放，奥维德（Ovid）被流放
	公元9年	条顿堡森林（Kalkriese）战役
	公元13年	提比略在各省被授予与奥古斯都同等的权力
	公元14年	奥古斯都去世（8月19日）；提比略继任奥古斯都
儒略·克劳狄王朝	公元17年	李维去世；奥维德去世
	公元19年	日耳曼尼库斯去世
	公元23年	德鲁苏斯去世
	公元26—27年	提比略离开罗马，退居卡普里（Capri），但保留了元首的权力
	公元31年	处决塞亚努斯（Sejanus）
	公元37年	提比略被处死于卡普里；盖乌斯·卡利古拉（Gaius Caligula）成为元首
	公元41年	卡利古拉被谋杀；克劳狄乌斯（Claudius）成为元首
	公元43年	入侵不列颠
	公元48年	克劳狄乌斯的妻子麦瑟琳娜（Messalina）被处决
	公元49年	克劳狄乌斯和小阿格里皮娜（Agrippina the Younger）结婚
	公元54年	克劳狄乌斯去世，尼禄（Nero）成为元首
	公元57年	塔西陀大概此时出生
	公元59年	阿格里帕被谋杀
	公元60年	布迪卡（Boudicca）在不列颠叛乱
	公元64年	罗马大火，尼禄下令迫害基督徒
	公元66年	犹太地区爆发叛乱
	公元68年	尼禄被废黜自杀，元老院承认加尔巴（Galba）为元首
	公元69年	四帝共治开启

公元前59至公元70年，罗马逐渐发生变化，设立了元首（*princeps*）。这个词在共和国时代被用于指一个主要的政治家，如庞培，后来的意思是一个人被赋予了非凡的法律权力，使他能够治理国家。这种政府形式在拉丁文中被称为*principatus*，或在英文中称为principate，即元首制。

公元前59年授予恺撒五年指挥权的法律，只是从传统的共和政体向元首政体过渡过程中的一系列特殊时刻之一。另一个时刻是公元前52年，庞培当选为唯一执政官。还有一个时刻是在公元37年通过了一项法律，将赋予提比略的“元首”权力授予他的养孙卡利古拉，而卡利古拉当时还没有官职。这部法律是在公元70年底通过的法律的序曲，并为成为元首的维斯帕芗提供权力。

本章的主题是罗马人从为个人设立特设的职位，到将这种职位制度化，成为政府的常规特征的过程。共和国并没有死亡，而是在不断发展。

对变革的解释

后来的历史学家是如何看待这种从共和国到元首制的转变的呢？我们对这一时期的了解大多来自罗马最伟大的叙事史学家塔西佗，他也是一位非常成功的政治家。他在政治上取得的杰出成就表明，他很受元首的器重。这位元首是图拉真（Trajan，统治时间为公元98—117年），他出生于西班牙，是公元前1世纪某个时候迁到该地区的意大利移民后代。图拉真的父亲曾是另一位元首维斯帕芗的主将，维斯帕芗在公元69年通过内战夺取了这一职位（维斯帕芗的父亲不是元老，他的就职标志着旧贵族政治权力的终结，自公元前202年汉尼拔战败后，旧贵族便在元老院占据主导地位）。

支持元首制度存在的机构和各位元首对罗马国家的影响是塔西佗两部伟大的历史作品《编年史》和《历史》的主要主题。通过这些记载可以看出，塔西佗把元首制的兴起看作是一系列日益专制的政府尝试的必然结果。在《编年史》的开篇，他在描述了罗马宪法的早期历史后写道：

> 辛纳的统治时间不长，苏拉的统治时间也不长，庞培和克拉苏的影响迅速让位于恺撒，雷必达和安东尼的军队败于奥古斯都，奥古斯都以元首的名义将整个被内乱所累的世界收到他的权力之下。
>
> （《编年史》1.1）

在《历史》一书中，他早已写道：

> 凡人对权力的古老而又与生俱来的欲望，随着帝国的壮大而成熟和爆发。因为当国家不强大时，平等是很容易实现的，但是，当天下被征服，当敌对的城市和王国被消灭，人们就有时间去渴望安全的财富。最初的斗争是在元老院和人民之间爆发的。在此后的动乱中，有时掌权的是保民官，有时掌权的是执政官。内战的第一步出现在城市和广场。不久，盖乌斯·马略从最底层的人民中脱颖而出，卢修斯·苏拉则是贵族中最野蛮的人，他把用武器征服获得的自由变成了专制。在这些人之后，格涅乌斯·庞培的专治不那么显眼，但也没好到哪里去，后来除了元首的头衔之外，别无所求。
>
> （《历史》2.38.1）

虽然我们可能会对塔西佗在这里描述的一些事实提出质疑（马略肯定不是来自最底层的人），但最吸引人的一点是，他把庞培看作罗马的第一个奥古斯都的前身。同样，在讨论法律史时，他写道：

> 庞培第三次被选为执政官来纠正国家的道德，他的补救措施比问题的合理性更严厉。他既是法律的制定者，也是颠覆者，他通过武力掌握的东西，也通过武力失去。
>
> （《编年史》3.28.1）

对罗马国家体制的兴趣使塔西佗注意到了庞培。对塔西佗来说，元首的产生不是为了对抗共和制，而是共和制的产物。另一些人则持不同观点，希望在皇帝的时代和之前的时代之间划清界限。塔西佗的直系后代，也是一位同时代的人，苏埃托尼乌斯（Gaius Suetonius Tranquillus）认为如果尤利乌斯是第一人，那么一共有“十二位恺撒”，即从恺撒到图密善（Domitian，统治时间为公元81—96年）。卡西乌斯·狄奥则明确指出，专制政府始于公元前31年奥古斯都在亚克兴战胜马克·安东尼（第170页），这种观点也是为共和政体走到尽头提供了一个明确的时间点。

恺撒的统治（公元前59—前44年）

恺撒时代的文化

后来的罗马人不仅将政治变革与公元前1世纪联系起来，而且将文化变革也联系起来。当塔西佗和他的同时代人试图确定罗马的文化达到成熟的时间时，他们总是会选择公元前78年苏拉去世后的几十年。西塞罗是这个时代的核心文学家。

西塞罗不仅是一位了不起的演说家，而且也是一系列关于演说实践、政治理论和哲学的重要书籍的作者（他的诗歌不太受人尊重，主要是因为他最喜欢的主题是颂扬自己的勇气和天才）。他关于拉丁语演讲的许多理论都是从当时希腊理论中借鉴的——他自己的所有哲学推测也是如此——但他给这种理论赋予了独特的罗马风格。在他的对话体《论演说家》（*Concerning Oratory*）等三本书中，西塞罗让他的演讲者们（都是公元前90年代的青年领袖人物）辩论修辞学的细微之处，不仅承认对希腊理论的学习，而且对自己的成就表现出深深的自信。发言者从当时的政治中举出例子，说明修辞的艺术对演讲人是如何至关重要。言下之意，希腊独创性的时代已经过去了。西塞罗在自己年轻的时候，曾把流行的天文学诗——索里的阿拉特斯（Aratus of Soli）所作的《物象》（*Phaenomena*）——译成拉丁文，充分说明他对当时指导将拉丁文作品改编成希腊文作品的理论的出色掌握。在他担任执政官之后，他用希腊语与希腊世界的各种知识分子谈论自己最喜欢的主题（自己的执政官身份）。

在西塞罗同时代的罗马人中，地位与他相当的，完全是双语使用者。他最亲密的朋友提图斯·庞波尼乌斯（Titus Pomponius）在自己的名字后面加上了阿提库斯（Atticus）这个名字，是因为他对阿提卡（Attica）的喜爱，而阿提卡是希腊的一部分，也包括雅典，他在那里度过了他的少年时代。我们对阿提库斯的了解大多来自西塞罗同时代的年轻人科尼利乌斯·尼波斯（Cornelius Nepos）为他撰写的传记。除了这部生平传记，尼波斯还为希腊和罗马的著名人物撰写了许多传记，并参考与他生存时期较近的希腊作品，来编写自己的世界历史编年史（拉丁文）。尼波斯对传记和编年史的兴趣是阿提库斯的延伸，代表了自己在独特的希腊文体中创作拉丁文作品的努力，因为当时还没有人用拉丁文去撰写这些作品。

就西塞罗而言，对希腊文学形式的兴趣使他创作

图4.1 公元前79年降临赫库兰尼姆城的火成岩流使恺撒的岳父、前执政官卢修斯·卡尔普尼乌斯·皮索曾经拥有的一座别墅的图书馆碳化。在这里，我们看到了纸莎草书卷的碳化遗迹。

图4.2 利用日益先进的技术，包括美国航天局首先开发的多光谱成像技术，我们能够阅读到更多在赫库兰尼姆发现的作品。

了大量改编自希腊修辞学和哲学理论的作品，但他并不是唯一的兴趣爱好者。从西塞罗的《论演说家》和其他作品的内容来看，他那一代的罗马人都倾向于以各种希腊哲学流派的信徒自居，以示个人修养。小加图是公元前2世纪老加图的曾孙，他公开试图把自己说成是斯多葛主义（Stoicism）的信徒。斯多葛主义的创始人芝诺生活在公元前4世纪末，他常教导人们，情感总是不好的，美德足以带来幸福，除了美德，没有什么是好的。小加图认为，通过严格遵守斯多葛教义，他可以成为罗马唯一诚实的政治家。即使在他这样做的时候，斯多葛主义沉闷的刻板印象似乎已经在罗马公众的心目中充分确立。西塞罗在为公元前62年的执政官辩护，反对由小加图与著名法学家塞尔维乌斯·苏尔皮基乌斯·加尔巴（Servius Sulpicius Galba）——当年失败的候选人之一——提出的选举腐败（*ambitus*）的指控时，对斯多葛派进行了精彩的讽刺。

西塞罗倾向于认同柏拉图后裔的“学院派”，而公元前58年的执政官之一卢修斯·卡尔普尼乌斯·皮索则以伊壁鸠鲁学派（Epicurean）的恩主而闻名（伊壁鸠鲁学派由一个名叫伊壁鸠鲁的人创立，他于公元前4世纪末住在雅典，他的哲学宗旨是哲学的实际目的是确保幸福的生活）。皮索在赫库兰尼姆的图书馆遗迹在公元79年的大火山喷发中被埋葬，这次火山喷发也摧毁了庞贝。一代又一代的学者利用这个图书馆的纸莎草纸卷的碳化遗迹，设法破译了菲洛泽穆斯（Philodemus）的许多著作，人们认为这位著名的伊壁鸠鲁学派哲学家被皮索供养在这间房子里（**图4.1和图4.2**）。另一位著名的罗马政治家卢修斯·梅米乌斯似乎也对伊壁鸠鲁学派产生了兴趣，并赞助了一位非凡的拉丁诗人卢克莱修（Lucretius），后者写了《物性论》（*On the Nature of Things*）。在这首诗中，卢克莱修试图用拉丁文诗句向罗马听众解释伊壁鸠鲁主义学说。在这部了不起的六卷作品中，他一直在感叹自己母语的贫乏，无法用拉丁文充分渲染希腊哲学概念。最后的作品让人意识到作者过于自谦，因为这首诗迅速被确立为任何有志于文学事业的罗马人必须了解的作品。西塞罗也提到，这首诗既显示了天才，又显示了技术能力。

伊壁鸠鲁思想的重要信条之一是，诸神对世界没有直接的兴趣，智者应该退出，直接参与政治。梅米乌斯和皮索都没有尊崇这个信条，在公元前53年，皮索通过一项腐败的交易来解决元老院选举，使自己蒙羞。

当梅米乌斯回到雅典流亡时，他买下了伊壁鸠鲁的房子，并试图拆掉它（西塞罗出面阻止他这样做）。

卡图卢斯

梅米乌斯所熟知的另一位诗人是盖乌斯·瓦莱里乌斯·卡图卢斯（Gaius Valerius Catullus），他可以说是罗马历史上最伟大的非史诗诗人，其作品时间跨度公元前1世纪50年代中期。卡图卢斯的诗歌之所以重要，不仅是因为作者的天才，还因为它揭示了他那一代年轻人的知识世界。我们对卡图卢斯生活的一个真正的证据，是独立于他自己的诗歌之外的。卡图卢斯认为，如果他是他在诗中所描绘的那个人，那将是愚蠢的（诗16）——来自苏埃托尼乌斯的恺撒的传记。

很明显，恺撒结识了卡图卢斯的父亲，一个在意大利北部有一定地位的人物。作为一个成年儿子的父亲，卡图卢斯的父亲仍然活跃在公共生活中，这说明他的年龄大约与恺撒的年龄相当。因此，在公元前1世纪50年代，卡图卢斯大约二十岁。另外，苏埃托尼乌斯的父亲生活在意大利北部，这让我们相信卡图卢斯提到的意大利北部故乡并非捏造。

这一点极为重要，因为它显示了意大利的文化已经变得十分国际化。卡图卢斯的诗歌反映了与当时亚历山大以及小亚细亚文学的、激烈的、创造性的碰撞。他尤其受到公元前3世纪亚历山大诗人卡利马库斯（Callimachus，约公元前300—前240年）的影响，卡利马库斯曾敦促其他人不要用荷马的风格来写史诗，也就是不要用恩尼乌斯的风格来写拉丁文诗（见第94页）。卡图卢斯现存的作品语料中充斥着对卡利马库斯作品的引用，有一部作品（诗66）是卡利马库斯写的一首赞美埃及王后贝蕾妮丝（Berenice，国王托勒密二世的妻子，也是他的恩主）的诗的译本；另外，在他的作品中最引人注目的一部作品是描述阿提斯（Attis）自我阉割的诗，阿提斯是女神赛贝勒在特洛德（Troad）地区的信徒（诗63），作品显示了他对这位大师更为独立的看法。在本诗中，卡图卢斯采取了一个似乎是希腊的模式，并将其作为一个载体来探索自己对激情效果的兴趣。在其他作品中，反映出他对土耳其西北部的兴趣。卡图卢斯提到，当梅米乌斯在公元前58年统治比提尼亚时，他曾在梅米乌斯的幕僚中任职，声称他的兄弟死于特洛伊附近，并把自己描绘成一群类似的罗马人中的一员，他们在大都市（**metropolis**）和意大利的城镇之间悠闲旅行。他结识的朋友中，有一个是来自泰蒂纳（Teatina，意大利中部东海岸）的年轻人，名叫阿西尼乌斯·波利奥（Asinius Pollio），他是同盟战争中意大利一位将军的孙子；另一个朋友是科尼利乌斯·尼波斯，还有一个是李锡尼乌斯·卡尔弗斯（Licinius Calvus）。卡尔弗斯是李锡尼乌斯·马切尔（Licinius Macer）的儿子，他在公元前73年担任保民官时，曾反对苏拉对公民身份的限制，然后着手撰写了一部从罗马建城（我们认为）到他自己时代的庞大历史。马切尔采用的格式可以回溯到公元前2世纪后期发展起来的一种格式，主要是受格涅乌斯·卡尔普尼乌斯·皮索（Gnaeus Calpurnius Piso）的影响，后者写了一部关于年度政务官组织的罗马史，马切尔将其称为《编年史》（*Annals*）。然而，另一个出现

卡图卢斯致西塞罗

不管罗慕路斯现在以及未来有多少后裔，马库斯·图利乌斯都是其中最博学的一位，卡图卢斯向您致敬，但他是最坏的诗人。您作为恩主有多优秀，他作为诗人就有多糟糕。

（卡图卢斯，诗49）

萨福与卡图卢斯

卡图卢斯的诗歌显示出对早期希腊诗歌的处理非常复杂，我们可以很容易地看到诗歌的希腊语的前身，从而欣赏卡图卢斯为罗马听众改变原文含义的方式。一个很好的例子是他在《诗51》（**图4.3**）中对我们熟知的萨福片段31的处理（由于萨福的诗集没有一本从古代流传下来，所以在现代版本中，现存的段落被称为“片段”，而卡图卢斯的诗的编号则是指这些诗在现存的一份手稿中出现的顺序）。

萨福在片段31中写道：

> 在我看来，他是与神平等的人，那个人，不管他是谁，他坐在你对面听你说话。
>
> 靠近你的甜言蜜语和甜美的笑声，让我胸中的心插上了翅膀。
>
> 因为当我看到你的时候，哪怕是短暂的一瞥，我也无法发出音节，我的舌头在颤抖，我的皮肤下有光火在奔腾，我的眼睛里没有视线，我的耳朵里充满了鼓声。
>
> 我出了一身冷汗，浑身发抖，我比小草还绿，我似乎已经死了，或者几乎死了。
>
> 但凡事都要勇敢，即使是一个可怜人也要勇敢。

卡图卢斯的版本：

> 在我看来，他似乎与神平等，他，如果允许这样说，似乎比神更好。
>
> 坐在你对面的人，看到你的面庞，听到你的声音，你甜甜地笑着，这让我感觉到了一切。
>
> 因为只要我一见到你，莱斯比娅，我就什么都没有了……我的舌头停在了嘴里，一股纤细的火焰穿过我的身体。
>
> 我的耳边响起了自己的声音，我的眼睛被黑暗所覆盖。
>
> 放松，卡图卢斯，这对你是不利的，你在闲暇中堕落，过度享乐：
>
> 闲暇已经摧毁了国王和美丽的城市。

为了理解卡图卢斯的诗，读者不仅要注意到翻译过程中引入的微妙变化——尤其是最后一节，完全按照罗马的道德标准进行改写——还要意识到卡图卢斯所采用的人设就是萨福本人的人设，就像他曾写过的阿提斯一样。

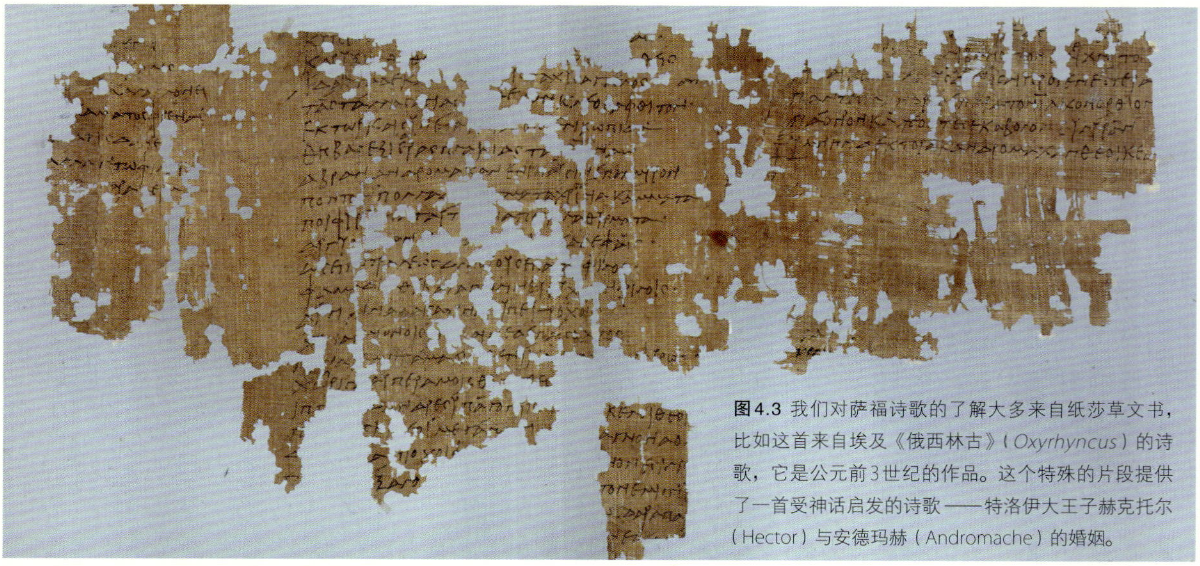

图4.3 我们对萨福诗歌的了解大多来自纸莎草文书，比如这首来自埃及《俄西林古》（*Oxyrhyncus*）的诗歌，它是公元前3世纪的作品。这个特殊的片段提供了一首受神话启发的诗歌——特洛伊大王子赫克托尔（Hector）与安德玛赫（Andromache）的婚姻。

在卡图卢斯诗歌中的人物是马库斯·凯利乌斯·鲁弗斯（Marcus Caelius Rufus），也是西塞罗的朋友，并因他与普布利乌斯·克劳狄乌斯的一个妹妹的婚外情而臭名昭著，这个人试图勾引恺撒的妻子，并破坏了卢库卢斯的竞选。克劳狄乌斯的同一个妹妹可能会在卡图卢斯的许多诗作中以莱斯比娅（Lesbia）的名字出现，作为卡图卢斯的情感对象。

虽然我们无法重建卡图卢斯和克洛迪亚（Clodia）之间的恋情，但我们知道，卡图卢斯形容他对莱斯比娅的爱，使他成了一个与他那一代罗马理想男性截然相反的人。他试图传达的形象和他期望他的听众对希腊文学的参与深度，也许最清楚地出现在他对公元前6世纪希腊诗人萨福（Sappho）的一首诗的翻译中（见第154页：萨福与卡图卢斯）。

虽然卡图卢斯的诗中充满了对他的同时代诗人作品的引用，但很少提到老一辈人。有一首诗中提到了西塞罗（见第153页：卡图卢斯致西塞罗）。鉴于卡图卢斯对自己的描述明显带有讽刺意味，我们只能以同样的方式来看待他对西塞罗的描述。尽管如此，这依然比他对克劳狄乌斯的一次公开提及［他暗示克劳狄乌斯与他的妹妹乱伦，这也是西塞罗（诗79）的一个主题］更为宽容。他还两次取笑庞培的支持者普布利乌斯·瓦提尼乌斯（Publius Vatinius，诗52和诗53），并暗示小加图应该培养幽默感（诗56）。

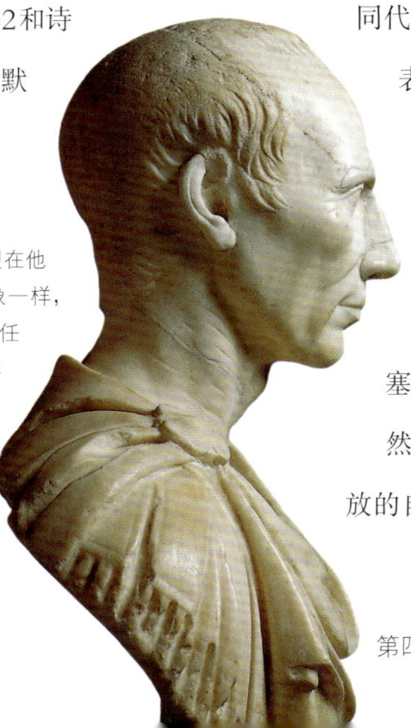

图4.4 尤利乌斯·恺撒的半身像，此雕塑在他死后很久才完成。像大多数后来的肖像一样，该雕塑将恺撒刻画成一位长者，并没有任何对恺撒在公元前1世纪70年代至60年代无视大众道德而享受极其淫荡的私人生活的影射。据他的一位敌人说，当时他“是每个女人的丈夫和每个男人的妻子”。

庞培只是在他提到在公元前55年奉献石制剧场时才被提及（诗113）。当谈到恺撒时，卡图卢斯是严厉的，指责他——在似乎已经成为一首极为著名的诗中——以“同性恋国王”（King Queer）的名义与他的一个副官发生被动的性关系（诗29），并写下了两句被认为完全无礼的诗句：

> 我对取悦你没有兴趣，恺撒，
> 我丝毫不在意你这该死的人是谁。
>
> （卡图卢斯，诗93）

据称，其中第一首诗使恺撒找到卡图卢斯的父亲，以便安排他与诗人共进午餐，据说两人之后和解。

身份使然，恺撒十分大度。卡图卢斯的诗写于公元前55年或前54年，当时恺撒已经从一个成功走向另一个成功。此外，夸张地表现出良好的幽默感，可能会将恺撒与小加图，以及更尖锐的苏拉等人区别开来。事实上，恺撒可能从苏拉的风格中寻找到了后来成为他自己文学成就中最著名的作品：《高卢战记》（*Commentaries Concerning the Gallic War*）。当恺撒开始撰写公元前58至前52年在法国、日耳曼南部和不列颠的胜利时，“评论”并不是一种新颖的文体。在恺撒的同代人中，西塞罗曾就他的执政官身份向全世界发表过一篇评论，卢库卢斯也曾写过他的战役评论［他让一位名叫阿奇亚斯（Archias）的希腊诗人也写了一首关于这些战役的史诗］；在公元前2世纪末，卢塔提乌斯·卡图鲁斯撰写了“评论”，以解释为什么是他而不是马略在维尔塞莱的共同胜利中应获得很大的功劳。

然而，所有这些作品与苏拉在20卷回忆录中所释放的自我赞美的洪流相比，都显得苍白无力，其中包括激励他的神的幻觉以及对敌人的大肆诋毁。恺撒的散文的特点不仅在于他倾向于以第三人称自称——可能是因为他希望他的作品能在整个意大利的听众中大声朗读——而且还在于完全没有神迹。在苏拉啰嗦的地方，恺撒会言简意赅；在苏拉看似公开的地方，恺撒会含蓄地表达；在苏拉谈到“罗马元老院和人民”的地方，恺撒会暗示他的事迹给“罗马人民”带来荣耀。

恺撒与庞培

当恺撒完成他的《内战记》(Commentaries) 第七卷，详述了公元前52年的艰难战役时，他已经证明他是罗马历史上最伟大的将军（图4.4）。虽然他的敌人曾希望恺撒——缺乏严格的指挥经验——成为边境以北某个部落的牺牲品，但恺撒很快就表现出了将使他成为成功的政治家的技能转移到战场上的能力。从对他的战役充满欺骗性的简单叙述中，可以看出一个指挥官的形象：他有强大的预先计划能力，有理解对手心理的能力，有面对新挑战时令人印象深刻的灵活性，以及对自己能力的深刻认识。一次次偶然的评论，都能看出提前准备的物资、详细准确的情报行动，以及利用环境变化或应对突发挑战的能力。恺撒首先知道，绝对不能相信那些试图从他们提供的情报中获取利益的人所提供的情报；战争的胜利不是在战场上，而是在会议桌上；敌人正在注视着他的一举一动，并对其做出反应。

他从来没有打过两次使用同样战术的战役。在征战季节前后，他花了大量的时间在高卢人中建立支持者网络。

尽管恺撒在自己的描述中给人留下了秩序井然的印象，但高卢战役似乎是偶然开始的。当恺撒在公元前59年底卸下执政官的职务时，他的大部分军队都在与巴尔干半岛接壤的地区，恺撒一直到公元前58年春天都在监视着罗马诡异的政治局势。这时他才得知，居住在现在瑞士的海尔维特人已经开始向罗讷河谷移动。

海尔维特人的威胁似乎真的是出乎意料的，恺撒甚至在他一直关注的政治局势还没有明朗之前，就不得不离开罗马。这种局面起源于公元前62年对克劳狄乌斯的审判，后者企图勾引恺撒的妻子（恺撒似乎已经原谅了克劳狄乌斯，但西塞罗曾指证他）。在西塞罗发表了一篇对恺撒和庞培大加批评的演说之前，庞培和恺撒曾支持贵族克劳狄乌斯被平民收养，以便有资格参加平民保民官的竞选。克劳狄乌斯于公元前59年正式当选，提出了一项基础广泛的立法计划。措施包括使罗马城内下层阶级的邻里协会合法化，以及大规模的新粮食分配计划，他计划通过接管塞浦路斯来支付这笔费用（罗马对该岛的可疑权利要求源于近三十年前埃及王室一位已故成员的遗嘱）。这项谷物法案是这些年立法行为的一个特征性例子，因为它为国家树立了一项义务，却没有建立必要的官僚机构来有效地执行它。最后，克劳狄乌斯提出了一项法案，规定任何未经审判就将罗马公民处死的人都应被流放。这似乎针对西塞罗，他曾在公元前63年的12月亲自揭露喀提林的阴谋。庞培和恺撒拒绝干预；传统贵族成员（他们大多厌恶西塞罗）拒绝帮助；贵族的精神领袖小加图站在克劳狄乌斯一边，接受了吞并塞浦路斯的任务；而西塞罗则流亡国外。西塞罗将在大约十八个月后凯旋，因为庞培和恺撒发现克劳狄乌斯比西塞罗更难控制。同时，庞培被赋予了粮食供应的控制权，因为国家再一次期待依靠个人来解决因缺乏必要的公共机构而产生的问题。

当克劳狄乌斯占据罗马的中心舞台时，恺撒却操纵着海尔维特人的局势，使之对他有利。他宣称海尔维特人对他的行省的安全构成威胁，因为他们违反了苏

恺撒的战争

图4.5（左）恺撒在高卢的战役从公元前58到前50年。从公元前58到前56年，他在罗讷河谷对海尔维特人和日耳曼人发动了战役，然后在法国北部对古比利时族人的部落和布列塔尼人（Brittany）发动了战役。公元前55年，恺撒击败了迁入高卢的一些日耳曼部落，并对日耳曼南部发动了短暂的入侵，对不列颠也发动了同样短暂的入侵。第二次入侵不列颠发生在公元前54年的夏天。公元前54年和公元前53年冬，恺撒遭受了严重的挫折，一个半军团被古比利时的埃布隆尼军团摧毁。公元前52年，在高卢首领维钦托利的率领下进行了大规模消灭罗马人势力的行动，最终以高卢人在阿莱西亚投降而告终。在接下来的两年里，恺撒又镇压了更多的叛乱，并准备在罗马与对手对抗。

图4.6（下）公元前49年1月，恺撒入侵意大利，内战开始。经过四年的时间，以及在西班牙、希腊和北非的战役，内战于公元前45年以庞培军队在蒙达战役中的最后失败而结束。

图4.7 恺撒的广场（左图）是用他高卢战役的战利品支付修建的。以恺撒的祖先维纳斯·吉奈特克斯（Venus Genetrix）的神庙为中心，在公元前55或前54年开始建造。与此同时，庞培在公元前55年为胜利者维纳斯（Venus the Victorious）献上了他的新神庙建筑群，其中包括罗马城的第一个石制剧场。这两个项目的巧合反映了两人都想利用他们获得的财富来主导罗马的城市空间布局。

拉关于叛国罪的法律（见第131页），以及他自己在前一年支持的关于腐败的法律，因此他率领军队进入罗讷河谷地区，并消灭了海尔维特人的军队。做完这一切后，他深感惊讶的是，就在他打败海尔维特人的地点生活着的高卢部落（这个部落在很短的时间内就为恺撒的部下安排了补给站）竟然受到一个日耳曼国王的“压迫”，这个日耳曼国王控制了他们北方的土地，并在战斗中打败了他们。虽然恺撒在公元前59年曾把这个国王——阿里奥维斯图斯称为“罗马人民的朋友和盟友”，但恺撒现在挑起了一场战争，并以全面胜利告终。他宣称，胜利之后他的军队在莱茵河附近过冬。胜利接踵而至，恺撒在公元前57年征服了高卢西北部的古比利时（Belgic）部落，在公元前56年夏天征服了大西洋沿岸的部落，而在公元前55年，他消灭了两个试图越过莱茵河的日耳曼部落，并对不列颠发动了短暂的入侵。但恺撒在公元前54年的冬天遭遇严重挫折［被一个叫埃布隆尼（Eburones）的古比利时族人的部落消灭了十五个步兵大队］后，他在公元前53年报仇雪恨。公元前52年，高卢中部各部落在首领维钦托利的领导下，发动了一场大规模的起义。这次起义在经过相当大的镇压后结束，恺撒迫使维钦托利在法国中部的阿莱西亚（Alesia）城附近的史诗般的斗争中投降（见第157页：恺撒的战争）。

在征战的岁月里，恺撒获得了大量的财富，并在整个意大利建立了一个依附者网络（**图4.7**）。年轻人和那些前途有限的人都被吸引到他的麾下，将恺撒视为他们事业发展的最佳途径，就像他们之前对苏拉和庞培一样。恺撒还组建了可以说是罗马历史上最好的军队。

恺撒的部下对他们的将军忠心耿耿，并愿意为他承担可能会引起其他人叛变的活动，这一点似乎没有什么疑问。而恺撒面临的唯一一次叛变是在他入侵意大利之后，但这次叛变被轻松平息。我们永远不知道他采取这一系列行动的目的是什么，但很可能是他从来没有考虑过公元前49年引发内战的问题，即应该允许他继续通过行省指挥部影响罗马的政治生活。

同时，毫无疑问，恺撒对高卢社会的影响是毁灭性的。从字里行间（以及恺撒宣称是受公元前52年克劳狄乌斯被杀事件的启发）来看，像维钦托利这样的叛乱，是由于恺撒对高卢领袖的无情镇压，以及他的胜利所带来的破坏性结果造成的。公元前52年叛乱的直接原因是罗马对一个部落首领实施鞭刑和斩首。恺撒和其他人关于他所杀的总人数的说法都被疯狂地夸大了，这反映了罗马听众对大规模野蛮人流血故事的喜爱（恺撒声称已经消灭的民族往往在最初的失败后相当迅速地带着大军重新出现）。然而，毫无疑问，在这些年里，有数十万人死亡和流离失所。虽然恺撒可以很残暴，但他似乎已经认识到，仅靠恐怖是无法建立一个成功的支持基础的。他接受了那些愿意屈服于他的人，为高卢贵族提供了抵抗之外的另一种选择：他们中的许多人在以后的岁月里作为辅助部队为他效力。他这样做，为行省的发展奠定了基础。在省会中，高卢领导人逐渐采用罗马文化的形式，使他们能够与罗马统治阶级进行更多的交流，并最终成为罗马统治阶级的成员。

尽管恺撒总体上是成功的，但他所遭遇的挫折表明，即使是恺撒也不是没有缺点的。他有时过于急功近利，以为自己的解决方案可以被所有人接受。公元前54至前53年的冬天，他把他的军团划分成许多营地，这样就不会有一个营地在收成不好的情况下独自尝试养活数以万计的士兵。他很可能以为这种让步是令人满意的，因为没有一个营地会傻到自己造反。但他错了，近8000名士兵因为恺撒没有给他们的指挥官留下如何处理麻烦的命令而付出了代价。公元前52年，他声称他的部下在围攻高卢城市时超出了他们的指令，慌乱中被赶了回来，损失惨重。这可能是真的，但他也指出，由于地形的问题，人们很难知道在具体的战术情况下，他的命令会是什么。虽然他花了大量的时间试图将他的战略和战术构想传达给他的下属，但他有时似乎觉得，人们应该能够读懂他的思想，知道他想要什么。

恺撒在高卢的几年里，罗马的政治形势发生了变化。公元前56年，反对庞培、克拉苏和恺撒有效控制共和制的力量已经凝聚在一起（这一年，庞培安排西塞罗从流放地返回，显示了他持续的影响力），并达成了一项协议，即庞培和克拉苏应在第二年共同担任执政官。同时还商定，作为执政官，他们应该拥有五年的行省控制权。这些命令是以庞培早期的命令为蓝本的，他通过的新法律似乎也赋予了恺撒类似的权力。这些条款中最重要的一条是允许他组建任何他认为必要的军队，而事实证明这是罗马历史上起草的最糟糕的一条条款。这个条款就是将他的指挥权延长五年。条款起草的明显问题是，恺撒在高卢的指挥权还有一年的时间，而法律这样的写法让恺撒可以辩解说，这是从他上一个任期结束后延长了五年。同样，那些不喜欢他的人也可以声称，新法通过后五年就结束。

此时，庞培控制了西班牙行省，并通过他任命的官员作为他的副手来管理这些行省，而且克拉苏决定利用他在叙利亚的新任总督身份，对帕提亚帝国发动公然的非法入侵（在没有正式宣战的情况下，他只应该采取军事行动进行自卫），因此法律的措辞或许显得没什么意义。帕提亚帝国包括今伊拉克和伊朗，是罗马国边境上仅存的一个大国。克拉苏对它的势力只有蔑视，并在公元前53年率领大军在卡雷（今土耳其的哈兰）外进行破坏。由于对与罗马从未交战的敌人一无所知，他为自己的愚蠢付出了生命的代价，也付出了数千人的生命。但罗马人是幸运的，帕提亚人缺乏组织，无法对东方省份构成真正的威胁。

结合恺撒在高卢的行动来看，克拉苏对帕提亚帝国的攻击是一个标志，表明共和国政府正在失去对自己外交政策的控制。更严重的迹象出现在公元前55年，也就是克拉苏到达叙利亚开始他的帕提亚战役的前一年，克拉苏在离开罗马的路上被一个平民部落的部落长诅咒，因为很明显他正计划发动一场战争，没有人能够阻止他。与庞培和恺撒类似，克拉苏也有点特殊，因为他的财富和支持者人脉使他与普通罗马人不同。克拉苏的前任叙利亚总督奥卢斯·加比尼乌斯（Aulus Gabinius）就与他不同。加比尼乌斯是公元前67年赋予庞培打击海盗命令的法律的起草者，他在公元前58年的执政官任期归功于庞培的影响，即使我们不考虑我们对他的大部分了解——这些了解来自西塞罗的一些尖刻的演讲，西塞罗认为加比尼乌斯对自己的流放负有部分责任——他也不是他那一代人中令人印象深刻的代表。加比尼乌斯违背元老院的明确意愿，恢复托勒密十二世国王（King Ptolemy XII，统治时间为公元前80—前51年）的埃及王位的行为，比克拉苏所做的任何事情都要丑陋。虽然克拉苏和恺撒发动的许多战争也没有得到允许，但至少他们没有违背直接的命令。

托勒密十二世的情况很复杂，因为他是在向恺撒和庞培许诺了大量贿赂（似乎他并没有实际支付）之后才成为埃及国王的。公元前58年，克劳狄乌斯的一项法案导致罗马吞并了埃及属地塞浦路斯后，亚历山大港的一群组织严密的暴徒将托勒密十二世赶到了流亡地。托勒密十二世于公元前57年来到意大利，很快就陷入了一连串的丑闻中：他要求元老院恢复他的王位。在接下来的一年半时间里，元老院就谁来做这件事进行了无意义的辩论——明显的选择是庞培或土耳其南部西里西亚的总督——因为不管是谁，都有可能公开使用王室财产。这对许多人来说太难接受了，庞培对公元前55年的执政官职位虎视眈眈，但没有大力催促，因为埃及国王似乎正在成为一件有毒的商品。整个事情似乎到了公元前56年底炸开了锅，元老院同意恢复王位，但不能借助罗马军队（这使得托勒密十二世厌恶地离开了罗马）。人们可能没有预料到的是，托勒密十二世的后备计划是付钱给加比尼乌斯，让他帮助他重回王位，而加比尼乌斯也照做了，他留下了两个军团为国王服务，这实在是太离谱了！加比尼乌斯被审判并被流放。这时一场洪水，暗示着神灵对罗马的愤怒，帮助陪审团做出了这个决定。据另一种说法，这次洪水也是法老的长女克娄巴特拉第一次见到一位名叫马克·安东尼的罗马贵族青年军官的时候。

通往卢比孔之路

在克拉苏死之前，恺撒和庞培之间的结合就已经遭受了严重的打击。公元前54年，也就是克拉苏倒霉的前一年，尤利亚（Julia）——恺撒的女儿和庞培的妻子，曾经是两人之间最牢固的纽带——去世了，这也正是庞培开始嫉妒恺撒崛起的时候。公元前52年1月，在普布利乌斯·克劳狄乌斯死后，尤利亚的死成为一个严重的问题。由于城市中的政治混乱，新的一年没有选出执政官。更大的危机接踵而至，爆发了大规模的暴动，包括在克劳狄乌斯的葬礼当天在广场上的暴动，致使元老院的会堂被烧毁。

庞培被任命为唯一的执政官，塔西佗认为这一事件是罗马走向专制的转折点。庞培只有在恺撒同意的情况下才能担任这一职务，而这是要付出高昂代价的。恺撒要求庞培允许通过由十个保民官都提出的议案，给予恺撒不进入罗马城就能参选执政官的权力。通常的要求是候选人在城内的主审法官面前进行个人的公开声明（*professio*），但要做到这一点，恺撒就必须放下保护他在高卢的非法行为（如他对海尔维特人和阿里奥维斯图斯的攻击）不被起诉的权力（*imperium*）。庞培同意了，但随后又支持了一项法律，对行省政府的性质进行了全面的改变，要求担任元老和行省总督之间必须有五年的间隔。这样做的目的是防止像公元前54年元老院候选人试图进行的那种交易。在这种交易中，成功的候选人保证即将离任的元老可以前往有很大利益可赚的行省任职。庞培还通过了一项法律，强行规定了新的法庭程序，而在另一项通过的法律规定中，被传唤的人必须公开声明。苏埃托尼乌斯说，庞培修改了这项本可取代十个保民官的法律，他与一位雕刻家进入国库，即刻有罗马法律的铜版的地方，庞培增加了一个条款，说明这项法律不适用于恺撒。同时，庞培带兵进城平息了猖獗的暴力事件，用军队包围了审判有关人员的法庭。据说，西塞罗被这一幕吓坏了，以至于无法发表他为米罗（Milo）写的演讲。米罗是他的长期政治盟友，他的保镖对克劳狄乌斯的死亡负有责任。

庞培娶了恺撒的一个死敌的女儿，并将他的新岳父提拔为执政官，从而为他持续数月的唯一执政官任期画上了句号。现在，战争几乎不可避免，尽管双方已经就恺撒在高卢的指挥权的终止日期，以及恺撒要求允许他在不进入罗马城的情况下参选执政官这两个问题，进行了多轮无果的谈判。恺撒对两件事很有信心：一是他将赢得选举；二是如果他在担任执政官之前放下指挥权，

庞培警告多米提乌斯

如果只考虑恺撒此刻有多少同党来对付你，而不考虑他不久就会集结的马匹和步兵的规模，那就不符合你的先见之明了……如果这些部队集中在一个点上，一部分派兵对付阿尔巴，一部分向你们推进，恺撒不是发起战斗，而是打退有利阵地的进攻，你们就会发现自己陷入了一个陷阱。

[西塞罗，《给阿提库斯的信》（*Letters to Atticus*）8.12c，沙克尔顿-贝利（Shackleton-Bailey）译]

他的敌人将把他送上审判台，阻止他参选。与此同时，他似乎一直在扩建他的军队，使其在战胜维钦托利之后拥有超过十个军团，并继续扩张，在高卢的主要战斗已经接近尾声的情况下，没有明显的理由依旧采取这样的行动。随着他的军队集结，现在基本上集中在法国南部和意大利北部，恺撒已经准备好迎接新的一年的到来。他没有等待太久，因为危机在公元前49年1月初就出现了，元老院通过了一项“终极法令”，与第一次针对盖乌斯·格拉古通过的法令的思路一致，要求庞培组建一支军队。元老院还把支持恺撒的保民官赶出城外，这一行动正好给恺撒提供了他所希望的借口，使他在1月11日之前发动了精心策划的对意大利的入侵。当恺撒跨过将他的省与意大利分割开来的卢比孔河（Rubicon river）时，据说他只说了一句话：“死期已到。”

内战和恺撒的独裁统治

庞培是恺撒面对的一个真正有能力的对手，他和恺撒一样了解战争的实际情况。这第一个问题就是，庞培不可能在意大利筹集兵力来面对恺撒，而恺撒已经在行军中。尽管元老院的成员们发出了抗议——因为他们并不像他那样看清形势——但庞培还是以最快的速度撤到了意大利南部的布林迪西。从那里，无论他能筹集到什么部队——他在撤退时确实筹集到了两万多人——都可以带到希腊去，加入他在东方行省调集的军队。但庞培的问题是，他无法让他的下属（他们往往把自己看作是他的平等者）同意他的计划，其中一个人，卢修斯·多米提乌斯·阿赫诺巴布斯无视庞培的一连串信件，在意大利中部的科尔芬尼文与一万人一起被切断。这些信件的文本揭示了庞培是多么了解他的对手（见本页：庞培警告多米提乌斯）。最后，几乎正如庞培所预料的那样，多米提乌斯被自己的部下囚禁，他们集体向恺撒投降。

科尔芬尼文是战争的决定性时刻。当守卫军——其中包括许多政治反对派的领袖——投降时，恺撒收留了这些士兵，并释放了其余的士兵。这一仁慈之举与以往的内战不同，是一次巨大的宣传之举。庞培的一句荒唐话凸显了恺撒行动的力量，他说：“苏拉能做到，为何我不可？（Sulla potuit, ego non potero）”这句话指的是庞培从东方入侵的策略，但被理解成庞培要效仿苏拉剥夺人权，而庞培和他的支持者坚持认为人们要么支持他们，要么反对他们，也使得这种解释更深入人心。相比之下，恺撒则写道：

> 我曾主动决定表现出一切可能的宽宏大量，并竭力与庞培和解。让我们试一试，通过这种手段，我们是否能赢回所有人的善意，并享受到持久的胜利，因为除了苏拉，其他人并没有通过残酷的手段来逃避仇恨，也没有使他们的胜利持久。我不打算模仿他。
>
> （西塞罗，《给阿提库斯的信》9.7c，沙克尔顿-贝利译）

虽然庞培的外交能力有限，但恺撒认识到庞培仍然是一个可怕的对手。事实上，当他离开意大利去拆解庞培的军官们前几年在西班牙建立的军队时，据说他曾说到，一旦他处理了“没有将军的军队，他就会处理没有军队的将军”[苏埃托尼乌斯,《恺撒的一生》(Life of Caesar) 34]。他在这两种情况下的判断都是合理的，因为他在公元前49年夏天，迫使西班牙的优秀军队投降的难度微乎其微，而对庞培在希腊集结的可怜的军队却险些酿成灾难。一旦恺撒躲过了庞培希望能把他困在意大利的舰队，庞培就竭力避免在开阔的战场上直接对抗，毕竟在这种地形中，恺撒老兵的优势将赢得胜利。庞培一开始是成功的，在公元前48年，他在伊利里亚的底拉西乌姆城附近的壕沟战中击败了恺撒。不幸的是，这次胜利鼓舞了随行的众多元老，他们最终迫使庞培于8月1日在色萨利（Thessaly）的法萨卢斯平原上再战，结果恺撒大获全胜。一旦庞培看到他所希望、可能阻止恺撒胜利的进攻失败了，他便不等战斗结束就撤回自己的帐篷。庞培在失去了军队之后，逃到了埃及，埃及国王托勒密十三世（Ptolemy XIII）的代理人在当年晚些时候谋杀了他。

庞培被暗杀后，恺撒对昔日的朋友被暗杀感到非常震惊，他卷入了当时埃及国王和自己的妹妹克娄巴特拉之间酝酿的内战。这场战争很容易获胜，但恺撒显然对克娄巴特拉情有独钟，在他离开后不久，她就为他生下了一个儿子。这件事是一桩丑闻，因为它表明恺撒对皇权有不健康的兴趣。不过毫不奇怪，在恺撒的信徒以及恺撒本人的著作中，这件事完全被掩盖了。

内战并没有随着庞培的死亡而结束。如同苏拉内战的情况一样，整个地中海地区仍有小股抵抗力量。恺撒在埃及的痴情，以及米特拉达梯的儿子入侵土耳其北部造成了战线被拉长。米特拉达梯的儿子迅速被击败，足以让恺撒宣称：“我来过，我看到过，我征服过。”此时，庞培的幸存支持者有时间在北非建立一支军队。这支军队在公元前46年塔普苏斯战役中经过艰苦战斗才被击败。

战败后，在战役的军事方面起了暗中作用的小加图并没有向恺撒投降，而是自杀，这掀起了一场关于他的记忆的口诛笔伐。尽管恺撒极力诋毁他，但在后世的想象中，小加图还是被树立为有原则、有勇气的典范。

庞培的事业并没有随着小加图的去世而消亡。一年后，在庞培的两个儿子的名义领导下，和提图斯·拉比努斯（Titus Labienus）的实际领导下，庞培的事业在西班牙复活了。拉比努斯曾经是恺撒在高卢的首席副将，在恺撒越过卢比孔河时，他投奔了庞培。恺撒的胜利是在公元前45年夏末，在蒙达进行了一场残酷的斗争后才取得的，这场斗争夺去了拉比努斯和庞培的大儿子的生命。在这次战役中，有一个特别重要的事件发生了，当时恺撒由他的外甥盖乌斯·屋大维（Gaius Octavius）从意大利陪同，他对后者印象深刻。

虽然西班牙战役结束了对恺撒的直接抵抗，但在这一年内，又出现了新麻烦的苗头。在西班牙战役中幸存下来的庞培的小儿子塞克斯图斯，开始以他从先前的损失中抢救出来的舰队为基础，力图争取支持；在叙利亚，曾经被庞培招募的军团也出现了不满的迹象。

虽然恺撒的军事技能几乎没有退化的迹象，但他的政治技能显然已经变得生疏。多年来，恺撒只负责发号施令并得到了良好的服从，同时他的命令一次又一次地被证明是正确的，他已经失去了作为一个团体的一员来倾听和管理的能力。因此，尽管他了解罗马的穷人和他自己的士兵，但他没有考虑到他格外集权的政治风格给统治阶级的其他成员留下的印象。这种风格最有力的象征之一是恺撒决定将历法正规化，现在的历法与季节严重脱节（法萨卢斯战役的日期定为8月，掩盖了战役实际发生在5月的事实)。由于历法改革发生在公元前46年夏天,于是在11月至次年1月之间增加了67天。此外,在2月24日之后还增加了一个闰月,因此按照新的计算方法,公元前46年总共有445天。从象征意义上说,恺撒是在彰显他对自然的控制,并利用最新的希腊科学来实现这一目的,因为新的历法是以亚历山大港的数学家索西根斯(Sosigenes)的工作为基础的。

西塞罗拿恺撒的新历法开了个玩笑,并试图安慰自己说,如果庞培赢了,情况也不会有太大的变化。在西塞罗看来,庞培的行为是一种高压、独裁的风格,但是听信了错误的顾问,恺撒亦是如此。

其他人似乎并不关心恺撒安置许多贫穷罗马人的安排是否切实可行,也不关心他在罗马改革粮食分配制度的模式是否行之有效,更不关心当他释放数千名士兵并给他们分配土地时,土地是被购买的而不是被没收的。他们注意到的是,他只是简单地宣布政策,而不进行辩论。一份来自恺撒生命最后两周的文件显示,他亲自处理本应属于元老院的事务,与元老院冲突的迹象表明,统治阶级成员对恺撒的主要不满是他忽视了他们。最令人不安的也许是,恺撒建立了一个管理结构,允许他在内战肆虐时无视标准程序,尽管战争看起来可能会结束,但他并没有打算拆除这个结构。这个结构是以独裁者为基础的,并可追溯到苏拉在内战后将此作为其权力的基础。值得注意的是,苏拉在公元前79年的执政官选举后放下了独裁者的职务,以此作为生活恢复正常的标志。恺撒的试验采取了截然不同的方式。他在公元前49年底短暂地担任了执政官(当时他还第二次获得了执政官的职位),并在法萨卢斯之后再次担任了较长时间的执政官。公元前46年在罗马短暂停留期间,他采取了一种新的专政方式,接受了十年的执政官职位,两年后,又接受了永久的执政官职位。他也是公元前46年、前45年和前44年的执政官。恺撒对苏拉放弃独裁的决定提出了批评,坚持认为政权将包括一个独裁者按照他认为合适的方式与传统的国家机构一起运作。

在所有关于恺撒之死的描述中,有一件事占据了重要位置,无论是为了证明暗杀的合理性,还是为了批评凶手曲解真实情况,都涉及恺撒没有从座位上站起来去见元老院代表。在事件发生二十年后,在一位名叫大马士革的尼古拉斯(Nicolaus of Damascus)的希腊历史学家撰写的《奥古斯都生平》(见本页:恺撒的冒犯)中,使我们对这一罪行的敏感程度有所了解。其他的行为,甚至包括恺撒以希腊国王的形象接受神圣的荣誉(见第248—249页),以及他把苏拉为纪念"苏拉的

恺撒的冒犯

另一件事的发生,极大地刺激了阴谋者。恺撒正在罗马建造一个大型的、宏伟的广场,他召集了建筑商,正在出售建造合同。当他在做这件事的时候,罗马人中最尊贵的人带着他们刚刚授予的荣誉走过来。执政官,也就是恺撒当时的同僚,在这些人的前面,拿着荣誉的记录,而执法吏则走在前面,把两边的人群挡在后面……在他们走近的时候,恺撒仍然坐在那里,由于他注意着一边的人,所以他没有转过身去,也没有注意面前的队伍,但是,他没有改变姿势,而是处理着手头的事情。这时,他的一个站在附近的朋友说:"你看对面的人走过来了。"恺撒才把文件放在一边,转身向他们,并听他们解释前来的原因。因为这种侮辱,在场的阴谋家与领头的人都被激怒了,让其他人对恺撒充满了仇恨。

[大马士革的尼古拉斯,《奥古斯都生平》(*Life of Augustus*),78–79]

图4.8 这座神庙由昆图斯·卢塔提乌斯·卡图鲁斯于公元前101年在马蒂乌斯军营内建造，位于现在的阿根廷广场。它面对的曾是庞培剧院附属的大门廊（Portico）的尽头，恺撒遇刺那天，元老院就在这里开会。

维多利亚”（胜利女神）而在公元前44年7月举行的运动会改名为纪念“恺撒的维多利亚”的运动会，都没有在关于刺杀他是否正确的争论中如此突出（或根本未被提及）。神圣的荣誉显然是仿照给许多东方行省罗马总督（包括可能对恺撒有关的举措投过票的几位总督）的荣誉，虽然“非罗马化”，但并非闻所未闻。

由于恺撒除了提供新式独裁的政府模式，没有提供任何其他的政府模式，并希望离开罗马数年，以通过入侵帕提亚帝国来报复克拉苏的失败，因此不满情绪持续上升。在许多元老看来，恺撒的作风带有王政（*regnum*）的味道，这是国王的恶势力，与理论上共和政体的特点——自由原则（摆脱单一主宰的自由）——背道而驰。此外，在公元前44年2月的牧神节上发生了一件怪事，马克·安东尼三次向恺撒献上王冠（他拒绝了），但是这更坚定了他总有一天会夺取王冠的信念。恺撒可能认为，他可以通过与帕提亚人开战来解决自己的困难。他打算在公元前44年3月18日离开罗马，他当然似乎相信，其他罗马人也意识到“如果他出了什么事，罗马人民的共同财产就不会有和平，而是会陷入内战”（苏埃托尼乌斯，《恺撒的一生》86）。但3月15日这天率先到来。3月15日上午，在庞培建造的剧院里召开的元老院会议上，大概60名元老刺死了恺撒（**图4.8**）。恺撒死在了格涅乌斯·庞培雕像的脚下。

图4.9 一枚公元前43年的硬币上的马库斯·雷必达（Marcus Lepidus）形象，这枚硬币是安东尼为纪念三巨头的形成而铸造的。安东尼的头像出现在钱币的另一面，而且其他钱币上也有安东尼和屋大维的头像。这一事实表明，这种搭配是为了表示三巨头成员之间的平等。

屋大维和安东尼（公元前44—前31年）

恺撒的继承人（公元前44—前43年）

从恺撒被刺杀到公元前31年，也就是卡西乌斯·狄奥断言罗马君主制开始的时刻（见第151页），与亚克兴战役相隔了十三年。这几年的故事是由两个背景迥异的人主导的。一个是马克·安东尼，他来自一个见多识广的家族，他的父亲安东尼在公元前1世纪70年代，也就是恺撒去世前十九年，曾被授予特殊的帝国统治权，还在克里特岛追捕过海盗。另一位是盖乌斯·屋大维。屋大维的父亲是一位比较杰出的元老，最主要是他的父亲娶了恺撒的妹妹。

安东尼和屋大维之间的关系大致分为三个阶段：第一个阶段，安东尼是主导者，这种情况从恺撒遇刺的那一刻起，一直持续到公元前37年左右。在接下来的三年中，两人的权力大致相当，而在亚克兴战役之前的三年中，屋大维则逐渐成为两人中的主导者。安东尼在这些年里的问题是，虽然在战场上能够取得巨大的成就，但他在私下里的丑行却不可避免地损害了他的名声。而屋大维虽然在战场上能力严重不足——当受到威胁时，他往往会变得暴躁不安——但却被证明是一位杰出的、富有创新精神的政治家。可两人都有一个共同的品质，那就是彻底的无情。

屋大维的事业要归功于这样一个事实：恺撒在自己周围——就像之前的庞培和苏拉一样，有一个类似宫廷的结构，其核心是一群长期为之服务的亲密伙伴。他们中有些人是外省人，包括西班牙的亿万富翁科尼利乌斯·巴尔布斯（Cornelius Balbus），他在公元前1世纪50年代被公认为恺撒最重要的代言人之一；盖乌斯·马提乌斯（Gaius Matius，骑士阶层成员），与恺撒关系非常密切；还有奥卢斯·希尔提乌斯（Aulus Hirtius），公元前43年任执政官，他在公元前44年间正在努力完成恺撒对高卢战争的描述。这些人组成了一个强大的团体，很快就发现自己与恺撒死后正式掌管罗马的人形成了对立。

恺撒死时既是终身独裁者（*dictator perpetuus*），又是执政官。他的助手是公元前78年革命的执政官之子马库斯·埃米利乌斯·雷必达（**图4.9**），雷必达的执政官同事是马克·安东尼。安东尼和雷必达商议如何处理刺客，以及如何处理恺撒的遗产。他们在谋杀案发生后采取的第一步措施是靠不住的——他们甚至在3月18日与刺客共进晚餐，并允许元老院在投票确认恺撒所做的尚未公开的决定的同一天通过了对凶手的特赦。此时，安东尼和恺撒的心腹之间已经出现了紧张的迹象。恺撒的岳父卡尔普尼乌斯·皮索曾坚持公开宣读恺撒的遗嘱，并因此发现恺撒给罗马人留下了丰厚的礼物，并要让屋大维作为他的主要继承人。

图4.10 这枚著名的硬币是布鲁图斯在征服马其顿领土后铸造的。卡西乌斯·狄奥在为数不多的、关于古代钱币类型意义的讨论中，描述了布鲁图斯如何在他的钱币上描绘："一顶自由民的帽子和两把匕首。通过这个图案和铭文（恺撒被刺杀的日期）表明他已经解放了祖国。"

3月20日左右，罗马的政治形势在恺撒的葬礼上发生了根本性的变化，这是安东尼和恺撒核心圈成员密切合作的最后一次重大活动。带领葬礼队伍的是卡普尔尼乌斯·皮索，但发表葬礼演说的却是安东尼。这篇演说至今仍为我们所熟知，主要是因为莎士比亚在《恺撒大帝》(*Julius Caesar*) 中塑造的精彩的安东尼形象。实际事件的戏剧性甚至超过了莎士比亚的想象。安东尼确实发表了一篇充满煽动性的葬礼演说，并展示了恺撒被杀时穿的血衣，但似乎是恺撒本人的形象让众人陷入了愤怒。安东尼说完后，一个装扮成恺撒的演员说了一句帕库维乌斯（Pacuvius）的台词："哦，我真该原谅这些刺杀我的人。"这时，恺撒的蜡像被抬起来，上面还留着他的伤口。群众群情激昂，在广场上焚烧尸体，并攻击刺客的房屋。这次暴动表明，罗马人民同情恺撒的追随者。

葬礼之后，恺撒的核心支持者和安东尼之间的分裂迅速扩大，因为安东尼在个人生活中的行为，以及他利用法令赋予恺撒未公布的决定以法律效力的行为（这使得安东尼能够声称他所做的决定实际上是恺撒的）冒犯了公众，就像他未能对付刺客一样。很快，人们就发现，安东尼最看重的是自己的利益。6月，布鲁图斯和卡西乌斯获准启程前往东方行省，此处的人们非常同情庞培。他们推翻了恺撒的东部行政长官，开始组建自己的军队（**图4.10**）。在这几个月里，一直在后台的雷必达接替了恺撒的大祭司头衔，去指挥高卢的军队。屋大维一直在希腊的阿波罗尼亚（Apollonia），等待恺撒前往帕提亚。4月，屋大维来到罗马，与安东尼的关系立即出现了问题。

最重要的问题出自安东尼阻止了对屋大维收养的确认。由于屋大维是从平民家庭被收养到贵族家庭的，需要罗马宗教的大祭司（*pontifices*）的同意。为了清晰易懂，从这时起直到公元前28年他改名为奥古斯都，我将把屋大维称为屋大维乌斯，这是一个由被收养的人之前的名字形成的标准称谓，而不是恺撒，尽管在收养之后他的名字实际上是盖乌斯·尤利乌斯·恺撒。同时，西塞罗从他在内战期间支持庞培后所退隐的半退休状态中走出来，并为他心爱的女儿的死而哀悼。在此过程中，西塞罗表现出了巨大的勇气，在今后两年，他似乎真正地通过一系列被称为《菲力匹克》(*Philippics*) 的演说来凝聚舆论，反对安东尼。这个标题来自公元前4世纪雅典演说家德摩斯提尼（Demosthenes）对马其顿国王腓力二世（亚历山大大帝的父亲）的著名演说。

到了公元前44年夏初，安东尼意识到他需要军队来确保自己的地位，于是开始从农场里召集恺撒的老兵。他还从马其顿调来了四个军团。11月，其中两个军团突然宣布效忠屋大维乌斯（屋大维乌斯曾向每人提供2000塞斯特斯，即两年多的薪水）。安东尼意识到他在罗马没有什么可以完成的任务，于是带着他所统领的部队（五个军团）北上进入山南高卢，这个行省当时由刺杀恺撒的刺客之一——德西姆斯·布鲁图斯（Decimus Brutus）管辖，他（与马库斯·布鲁图斯不同，马库斯·布鲁图斯是阴谋的领导者之一，曾是庞培的支持者）曾经一直是恺撒的宠臣之一。布鲁图斯的部队比安东尼的部队弱，他把自己关在穆蒂纳城（Mutina），安东尼立即围攻该城。

公元前43年的执政官是恺撒信任的两位将军，奥卢斯·希尔提乌斯和盖乌斯·维比乌斯·潘萨（Gaius Vibius Pansa）。当元老院宣布安东尼为公敌时，屋大维乌斯被授予了禁卫军长官的头衔，尽管他此前从未担任过任何职务。他被派去和执政官们一起对抗安东尼。3月和4月，在穆蒂纳城外进行了两场战斗，安东尼在战斗中被击败，每场战斗都有一名执政官死亡。现在只剩下屋大维乌斯指挥军队向高卢进发，追击安东尼。德西姆斯·布鲁图斯虽然表面上派人去救屋大维乌斯，但却拒绝和他说话，很快就逃命去了（后来被杀）。夏末，当安东尼在法国南部与雷必达等人联合起来时，屋大维乌斯转身回到罗马，向元老院敲诈执政官的职位。按照惯例，他要在22年后才有资格担任这个职位。几周后，他在波诺尼亚附近与安东尼和雷必达会面。他们的部队拒绝战斗，说他们应该去追杀刺杀恺撒的凶手。三人于是商定，他们将共同领导恺撒的事业。11月23日，保民官马库斯·提提乌斯（Marcus Titues）颁布一条法律，建立了一个“三人同盟”（*tresviri rei publicae constituendae*）委员会。三人委员会，实质上是由三位独裁者组成的委员会，分别是安东尼、雷必达和屋大维乌斯，他们的任期最初定为五年。

三巨头时代（公元前43—前31年）

接下来的六年，在许多方面，都是上一次内战的延续。问题的关键并不在于共和国的传统政府是否能够恢复——即使是恺撒的暗杀者们，他们在行刺之日就认为这是一种可能，但似乎很快就意识到这是一个不可能实现的梦想。问题的核心很快就变成了应该由哪一方接替恺撒的职位。有一件事似乎确实很清楚，各方很快就放弃了一人统治的概念，而倾向于一种有限的集体领导风格，这种风格对罗马传统的冒犯性较小。马库斯·布鲁图斯和盖乌斯·卡西乌斯指挥着刺客党，而恺撒一方现在由三巨头（triumvirs）领导。

三巨头一上任就发现，他们面临一个严重的问题。每个人都率领着自己的军队，他们总共控制了大约十万人的武装，以至于根本无力支付军队的费用。三巨头的解决办法是重新实行苏拉式的禁令，用他们没收的钱来支付军队的费用。我们永远无法确定是他们中的哪一个人提出了这个想法，但在某种程度上这并不重要，因为三个人都同意。从长远来看，一旦历史记录的控制权落到屋大维乌斯手中，安东尼就会受到大部分的指责。这未必完全不公正。安东尼是这个集团中最强大的成员，相比恺撒，苏拉是他更好的榜样。和苏拉一样，安东尼也饮酒过量，喜欢与演员为伍，并把帝国东部视为可以控制其他地区的地区。

三巨头的禁令比苏拉的禁令更可怕。三千多名上层阶级成员被立即处决，其中包括西塞罗。处决西塞罗是明显的报复性行为，因为他在煽动反对安东尼的过程中发挥了作用，实际上也是对他《菲力匹克》中的尖刻语气的报复。然而，安东尼专门派人对元老院最杰出的成员进行残酷屠杀的行为，也证明没有人是安全的。

而不太杰出的罗马人的经历，即那些与政权关系不密切的人也不断受到恐惧的困扰，从一个人的言语中或许可以得到最好的体现。这个人虽然被禁，但由于得到了家人的支持而得以活命。还有许多人是在家人或奴隶背叛他们之后死去的，正常的人际关系以及几个世纪以来一直处于罗马社会关系核心的相互忠诚感的崩溃（见第34页），是这些年最可怕的方面。保存这些观点的证据是一篇铭文，上面有作者为纪念亡妻而发表的演讲。关于他们在公元前43至前42年的经历，他写道：

> 为什么我现在要透露我们亲密而隐秘的计划以及我们的秘密谈话，因为我是从突如其来的公告和迫在眉睫的危险中被抢走的，是你的建议救了我，你不允许我去冒险，当我想到了更合理的选择时，你为我准备了可靠的避难所，你选择了你的妹妹和她的丈夫盖乌斯·克洛维乌斯（Gaius Cluvius）作为拯救我的计划的盟友，他们在每一次危险中都和我们一起。如果我试图列举你们所做的一切，我将永远

意大利的内战

图卢斯，你友好地问我的阶级和种族是什么？我的祖国在哪里？你知道我们国家的佩鲁贾墓地吗？那是黑暗时代意大利的墓地，罗马人的不和把它自己的公民赶走了（因此，伊特鲁里亚，你是我特别悲伤的原因，你被我朋友被赶走的尸体压倒，你没有用任何泥土掩盖他不幸的尸体）。在翁布里亚肥沃的田地与它下面的平原接触的地方，我就出生在那里。

［普罗佩蒂乌斯（Propertius），
《诗》（*Poems*）1.27］

无法完成。对你我来说，我安全地躲起来就够了。不过，我要讲讲我和你一起生活中最痛苦的时刻，当时我已得到缺席的恺撒·奥古斯都的恩惠和审判，恢复了有用的公民身份，但你向在场的恺撒的同僚马库斯·雷必达提出我的身份恢复问题时，你跪在他的脚下。然后，你不但没有被扶起来，反而像奴隶一样被吊起来，被打得体无完肤。你不顾危险，把恺撒恢复我公民权的法令——伴着对雷必达的恭维——强行在公开场合告诉他，也使对我安全负责的人注意到了这一点。

［《献给罗马女性的挽歌》（*Elegy for a Roman*）
或*Matron*/ *Laudatio Turiae*，ii.4·18］

屋大维乌斯（挽歌中用的是他后来的名字，恺撒·奥古斯都）的缺席发生在公元前42年，当时他和安东尼一起在希腊对抗刺客。东方的居民和西方的居民一样，对于暴力已经熟悉。布鲁图斯和卡西乌斯在对待被认为是“迟钝的社区”，为他们正在集结的军队提供支持时，就像他们的对手一样恶毒。布鲁图斯和卡西乌斯军队的核心是由庞培曾经为与恺撒的战争而组建的军团。而恺撒的军团已经留在东方，希望在帕提亚战争中获得几分胜算。由于战争一直没有发生，这些人对庞培的记忆一直很深刻。

公元前42年夏末，屋大维乌斯和安东尼在希腊北部腓立比附近的两场战斗中击败了布鲁图斯和卡西乌斯。功劳归于安东尼，而屋大维乌斯则在两次行动的第一次行动中丢了脸，带病指挥，当布鲁图斯的士兵击败他的那部分军队并占领营地时，他勉强逃脱。安东尼现在把刺客的军队收归麾下，抹杀了对庞培的记忆，并开始在东方建立安东尼帝国。同时西方出现了其他的庞培追随者。塞克斯图斯·庞培（见第163页）在召集了多年来为对抗而组建的各种舰队之后，在意大利沿海展开了一场持续到公元前36年夏天的战争。

公元前42至前36年的关键事件包括：意大利爆发了一场内战，当时屋大维乌斯正在将没收的土地分配给从腓立比战役中退伍的老兵，这些土地像苏拉时期一样是从意大利各聚居区没收的；公元前40年和前37年，三巨

图4.11 这枚描绘了克娄巴特拉和安东尼的硬币，正是安东尼严重缺乏判断力的证据。尤利乌斯·恺撒在自己的著作中隐瞒了自己与克娄巴特拉的恋情，并拒绝承认他们的儿子。安东尼则宣传自己与克娄巴特拉之间的平等，而这在罗马是不受欢迎的。

头之间举行了两次会议，以重新确认他们的权威；与塞克斯图斯·庞培的拉锯战；安东尼在入侵帕提亚的过程中遭遇了惊人的失败。对屋大维乌斯来说，除了与塞克斯图斯·庞培的战争，最大的挑战是公元前41年的内战。在这场战争中，他反对当年的执政官——安东尼的弟弟卢修斯·安东尼（Lucius Antonius）。屋大维乌斯的成功是在大安东尼的盟友指挥的几支军队未能支持弟弟的情况下才得以实现的。大安东尼没有下达明确的指示，似乎没有清楚预见到可能发生的事情，只是在事后决定亲自出面干预。当安东尼终于出现时，战役的焦点佩鲁贾已是一片废墟（见第169页：意大利的内战）。安东尼的弟弟在西班牙，他的部队与屋大维乌斯的部队一起敦促和解。安东尼与屋大维乌斯达成协议，娶了他的姐姐屋大维娅，然后启程回国。

三年后两人再次相遇时，情况发生变化。虽然屋大维乌斯的威望在与塞克斯图斯·庞培两次交战失败后受到了严重的打击，但安东尼的威望同样受到了最近在帕提亚的失败的挑战。安东尼给屋大维乌斯提供了次年新的战役所需的船只，以换取在帕提亚重新开战的军队承诺，并同意续签他作为三巨头的权力，于是安东尼回到了东方。

公元前36年，屋大维乌斯击败了塞克斯图斯·庞培，并在一次戏剧性的行动中，骑马进入了雷必达的阵营，后者在进入西西里岛支持海战后，正在犹豫不决。雷必达的军队对屋大维乌斯的不作为不以为然，袖手旁观，屋大维乌斯剥夺了他作为三巨头的权力，并将他送去意大利过着长期不引人注目的退休生活。直到公元前12年去世前，雷必达一直保持着大祭司的地位。

亚克兴

安东尼遇到了麻烦。虽然他和屋大维娅有两个女儿，但他们的关系却出现了问题。早在与屋大维娅结婚的时候，安东尼就已经深深地爱上了埃及的克娄巴特拉，在随后的几年里，他对克娄巴特拉以及在她的首都亚历山大港生活的热情成了一个丑闻（图4.11）。安东尼喜欢像希腊人一样穿戴和狂欢。受屋大维乌斯控制的信息来源已经将安东尼的行为描绘成了一幅足够骇人听闻的放荡行为图景，但与在亚历山大港发现的一篇刻在石头上的同时代文本相比，这幅图景依然显得平淡无奇。这是一篇来自当地一家饮酒俱乐部献给“安东尼大帝”的献词，也是关于安东尼的故事并非无中生有的正面证明。安东尼一直以纵欲过度而闻名。在西塞罗对他的一次抨击过程中，有一个令人难忘的场景，就是描述宿醉的安东尼在试图处理广场上的公共事务时呕吐。现在屋大维乌斯和他的支持者们又开始攻击，暗示他的恶习正在传染给其他罗马人。坊间流传着一些他们纵情狂欢的故事，其中包括一名高级军官——穆纳提乌斯·普兰库斯（Munatius

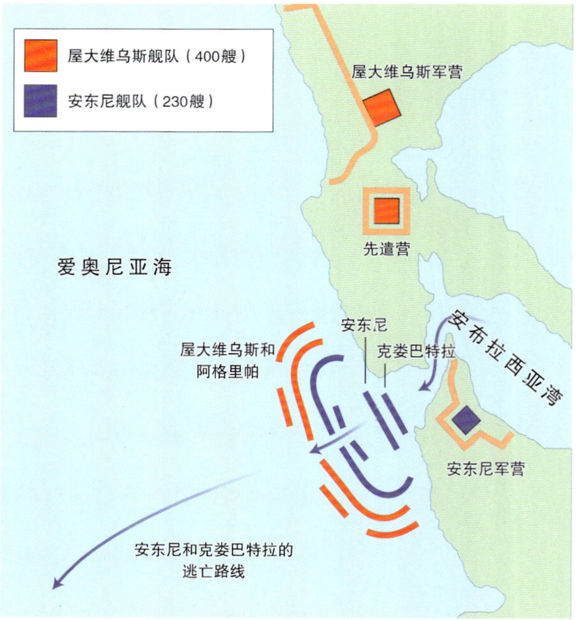

图4.12 关于亚克兴战役的所有现存记录都来自屋大维乌斯控制的资料。这就很难可靠地重建战斗场景，也很难回答安东尼是打算战斗还是逃跑这一关键问题。然而，正如上图所示，安东尼是在劣势地位上作战，几乎没有回旋余地。正是因为这一点，而不是懦弱，可能决定了他的命运。

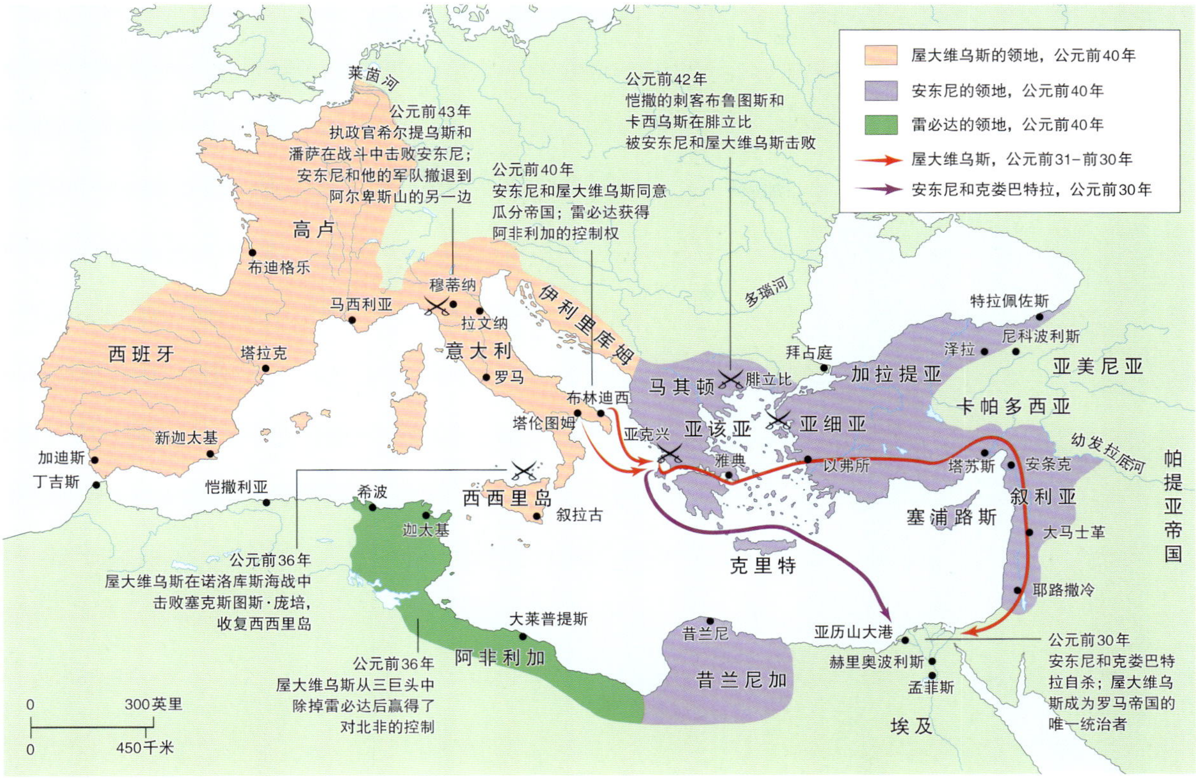

图4.13 三巨头政治的兴衰，公元前43—前31年。进入公元前1世纪30年代中期，屋大维乌斯和安东尼的权力大致相当。公元前36年，屋大维乌斯取得了两次令人瞩目的成功，击败了塞克斯图斯·庞培，解除了雷必达的职务，并控制了西西里和北非。公元前31年，屋大维乌斯在亚克兴击败了安东尼，然后，他在公元前30年最后攻占亚历山大港之前，访问了东部各省，以巩固支持。

Plancus）——脱光衣服，把自己涂成蓝色，戴着鱼尾巴在地板上翻来覆去，模仿海神的样子。

安东尼试图通过撰写《论自己的醉酒》（*On his Own Drunkenness*）一文来回应，具体内容我们现在只能想象。不过安东尼很可能指出，亚历山大大帝整晚都在喝酒，却仍能征服世界。如果是这样的话，那将是一个不幸的观点：研究亚历山大大帝的历史学家往往指出，亚历山大是一个讨厌的酒鬼，在一次特别激烈的酒局中杀死了一位好友。人们回忆说，亚历山大最后的岁月可以看作是陷入暴政，而安东尼对亚历山大生活的热情，以及对埃及女王的迷恋，表明他对罗马未来的憧憬涉及建立一种最非罗马化的暴政。

屋大维乌斯在这段时间里，设法给意大利政府带来一点秩序，并在塞克斯图斯·庞培战败后的几年里，通过在巴尔干地区的战役中取得胜利，获得了战士的声誉。在国

图4.14 屋大维乌斯的金币，如文中所述，这枚钱币可能于公元前28年在小亚细亚（今土耳其）铸造。

内方面，他停止在没收的土地上安置老兵，改善罗马的公共服务，并确保人民有充足的食物。屋大维乌斯的总上校、战胜塞克斯图斯·庞培的马库斯·阿格里帕（Marcus Agrippa，约公元前64—前12年）在公共服务方面的表现尤为突出，他已经成为执政官，依然亲自检查公共下水道。至于屋大维乌斯本人，他现在试图塑造一个符合传统罗马男性尊严的形象。很难想象有人会真的相信他所说的为了健康而在十几岁时就放弃了性生活，或者说他只是为了了解敌人的秘密而与敌人的妻子发生通奸关系，这些说法显然矛盾。然而，在公元前38年，他与莉薇娅——一个有着无可挑剔的贵族血统的女人，结成了稳定的婚姻。这段婚姻一开始就出现了丑闻，包括屋大维乌斯与他的第一任妻子（他女儿尤利娅的母亲）离婚，莉薇娅虽然当时已经怀孕，但还是与现任丈夫离婚。但他们结成了一对模范夫妻——至少与安东尼和屋大维娅或克娄巴特拉相比是这样。

公元前37年底（追溯到公元前38年底）更新的三巨头法案，将于公元前33年12月31日到期。公元前32年2月，当一位执政官试图宣读安东尼写给元老院的信时，屋大维乌斯率领一支武装卫队加入会议，坐在执政官之间，并宣布他继续拥有国家元首的权力。此后不久，他出示了一份自称是安东尼意旨的副本，证明安东尼打算将首都迁往亚历山大港。执政官们逃到了埃及，屋大维乌斯利用他策划的危机，进一步获得了对安东尼宣战的最高权力。显然，这些年他自称“Dux”，或“领袖”，反映了这一权力。

安东尼早就料到会发生这样的事情，到公元前31年夏末，他率领一支强大的军队进军希腊西部。他现在打算效仿苏拉的做法。然而，这种做法不会赢得多少朋友的支持，克娄巴特拉也不会陪他一起出征。他也低估了他的敌人。屋大维乌斯也许还在为身体上的危险而感到不适，但他现在知道如何委派他人。安东尼发现，他已经把自己与一支无法再养活的军队隔离在亚克兴附近。屋大维乌斯的军队由斯塔蒂利乌斯·陶努斯（Statilius Taurus）指挥，在一次初步的小规模战斗中证明了自己的优势，而屋大维乌斯的舰队在马库斯·阿格里帕的指挥下，占据了海上航线的优势。公元前31年9月2日，安东尼试图冲出他之前轻率地陷入的陷阱。事与愿违，当战局对他不利时，安东尼看到克娄巴特拉的中队起航逃离现场。他也跟了上去，而剩下的舰队在接下来的几天内加入了全军投降的行列（**图4.12**）。

屋大维乌斯现在是罗马帝国的统治者。一年后，当他的军队开进亚历山大港时，胜利已成定局，安东尼自杀身亡，死在克娄巴特拉的怀里。女王被俘后没能活多久。据称，仆人协助她自杀，将一条小毒蛇放进她的住处，使她死于毒蛇咬伤。然而，卫兵是否曾被告知要忽略可疑的包裹呢？

奥古斯都的权力：两种观点

我没有接受任何违背我们祖先的习俗而提供给我的职位。元老院希望我做的事情，我通过保民官的权力来完成，我有五次要求并接受了一个拥有这种权力的同事。

［奥古斯都，《神圣的奥古斯都的事迹》（*Deeds of the Divine Augustus*）6］

奥古斯都发现了保民官权力是目前最高权力，他没有占据国王或独裁者的权力，但他创造了一个头衔，并超越了其他权力。然后，他把马库斯·阿格里帕作为他的协理人。在他死后，他选择了提比略·尼禄，这样，继承人就不会有疑问了。

（塔西佗，《编年史》3.56.2）

图4.15 罗马奥古斯都的陵墓，奥古斯都在世时建造，作为其家族的集体墓地。墓前陈列着两块铜碑，上面刻有他撰写的事迹记录（见第187页）。

共和国的衰落

一枚在亚克兴战役之后铸造的金币正面描绘了屋大维乌斯的形象，其背面是一位坐在办公椅上、右手拿着卷轴的罗马政务官的形象（**图4.14**）。硬币正反面都刻着“绝对统治者，神圣恺撒之子，六次当选的执政官恢复了法律法规”。尽管这枚钱币可能只是为了向最富有的罗马人——只有他们才使用金币——分发而铸造的，但它还是传递了一个重要的信息：现在安东尼的权力已经不在了，三巨头政治的时代已经结束。

许多年后，屋大维乌斯——也就是现在的奥古斯都——在他为自己和家人在台伯河岸边建立的巨大陵墓前，将这段关于他的事迹刻在两块铜碑上：

> 在我的第六次和第七次执政官任期内，在我结束了内战之后，通过全体人民的同意，我完全掌控了事务，我把罗马国家（*res publica*）权力从我的权力转移到罗马元老院和人民的统治之下……在那以后，虽然我出色地发挥了所有的影响力，但我的权力并不比其他与我同僚的人多。
>
> （《神圣的奥古斯都的事迹》34.1, 3）

有关奥古斯都胜利的事迹，在一位罗马男人为妻子撰写的墓志铭中，从声情并茂地记录了他在囚禁时期所受的苦难也可以反映出来：

> 当世界恢复了和平，当罗马国家恢复了，
> 当幸运与和平的时代感动了我们。
>
> （《献给罗马女性的挽歌》，ii 25–26）

最后，一个在亚克兴战役之后的岁月里成长起来的人写道：

> 二十年的内战结束了，外国战争终结了，和平被恢复了，疯狂的武器在各地被压制了，法律恢复了武力，法院恢复了权威，元老院恢复了威严，政务官的权力恢复了它的原始形态……那悠久而又古老的罗马国家形式被恢复了。
>
> （维利奥斯·帕特库卢斯，《简史》2.89）

从所有这些段落中可以看出的关键一点是，亚克兴战役结束了内战，传统宪政不再承担三巨头分立的负担。事实上，奥古斯都现在把他以前的许多敌人都纳入了他的政权，并对那些请求的人公开表示了怜悯，他可能比苏拉更容易获得前贵族的认同。他的一些下属能够靠自己的力量获得巨大的尊严——公元前1世纪30年代庆祝的胜利比罗马历史上任何一个十年都多，主要是奥古斯都的盟友对中欧和北欧的部落民族的胜利——因此屋大维乌斯很可能比恺撒更容易被人接受。塔西佗的文章揭示了一个根本性的变化（见第172页：奥古斯都的权力：两种观点），用他的话说，“形势已经发生了变化，所以除非一个人统治，否则就不可能有罗马国家”。(《编年史》4.33.2)

为什么情况会发生如此大的变化？这仍然是欧洲历史的基本问题之一。没有简单的答案，就奥古斯都而言，这个问题其实可能说错了。奥古斯都是作为一个胜利联盟的首领进行统治的。如果没有他那群忠诚的下属，他不可能取得胜利，而且他对这些支持者的忠诚度非常高。在内战的过程中，他非常依赖两位好友——阿格里帕和米西奈斯（Maecenas）的帮助。可他们两人形成了鲜明的对照。米西奈斯从未担任过公职，他是艺术的恩主，享受着奢华的生活。而阿格里帕是位出色的军人，曾在公元前37年担任执政官，并在公元前28年和前27年改革政府结构时与奥古斯都共同担任执政官。

人们普遍认为，阿格里帕和米西奈斯的个人风格截然不同，互相不喜欢，他们之间的对比是最重要的：这使得新兴的奥古斯都政权看起来仍然更像一个集体决策，而不是集权，尽管谁拥有最大的权力是毫无疑问的。此外，还有一些人在元老院中保留了非常稳定的职位。这些人包括阿西尼乌斯·波利奥，他在公元前41年拒绝带兵支持年轻的安东尼时，就赢得了奥古斯都的友谊；梅萨拉·科维努斯（Messalla Corvinus），他曾同时为卡西乌斯和安东尼服务，然后在公元前30年代初宣布坚定不移地支持奥古斯都；斯塔蒂利乌斯·陶鲁斯，曾在亚克兴战役中指挥陆军；穆纳提乌斯·普兰库斯，曾在亚克兴战役前抛弃了安东尼。

奥古斯都有能力调和贵族阶层的各种成员。与之相对应的是，他意识到自己需要采取一种方法来调和罗马社会内部的各种矛盾，这种观点在他的前辈中是绝无仅有的。在他墓前的铭文上，奥古斯都非常明确地表示，他尊重元老院的传统地位，负责照顾和喂养罗马人民，照顾军队，保卫行省不受外来攻击，确保法律具有效力，并敬重诸神（**图4.15**）。这其中的一些内容很

图4.16 这座奥古斯都的雕像于1863年在罗马附近的第一门（Prima Porta）被发现。皇帝的胸甲描绘了安东尼和克拉苏在帕提亚人那里丢失的军旗，这表明该雕像可能是在公元前19年奥古斯都从东部省份回来后的一段时间内制作的。丘比特骑着海豚的形象可能是为了让人想起尤利亚家族与维纳斯女神的联系（见第180页）。

可能是自私自利的，但重要的一点是，作为这个时代最成功的罗马政治家，他把这些完全不同的选民认定为他必须与之打交道的人。不过，问题还是在于，为什么共和国的政府形式需要改变？用最简单的话来说，答案可能是因为一个每年更换办公人员的政府无法建立起让罗马社会各群体满意的管理机构。

如果像塔西佗所认为的那样，从制度上考虑共和国的失败，显然把政府的变革仅仅看作恺撒和奥古斯都时代的特征是不正确的。早在公元前91至前88年的同盟战争中，罗马元老院和人民与军队之间的联系显然非常薄弱。军队的大部分是由从来没有来过罗马的人组成的，他们更可能忠于他们的将军，忠于他们的同胞和军官（其中许多人是他们在和平时期的同胞）而不是忠于国家的机构。同盟战争的结果是推翻了传统共和国的联盟制度。罗马的政府机构显然不足以容纳扩大的公民群体。至少在这一点上，那些反对将公民权扩大到所有意大利人的人是正确的，他们看到了他们成长的罗马无法忍受公民人数的巨大变化。共和国政府从来没有发展出能够促进广泛效忠于自己的机构，这一事实表明了元老院政府的内在弱点，它的倾向是反对任何可能破坏罗马现状的变革。

帝国的发展使得有必要建立一些机制来培养比以前任期更长的官员。国家之所以能从与汉尼拔的交战幸免于难，主要是因为在卡奈战役之后的岁月里经常是同一批人担任职务，而西庇阿则在公元前210至前206年在西班牙和公元前205至前201年在阿非利加自由地对抗迦太基人。弗拉米尼努斯则在公元前198至前194年负责与腓力的战争和对希腊的殖民。公元前2世纪末和1世纪初，琴布里人、条顿人和米特拉达梯人出现，挑战行省政府摇摇欲坠的结构，都需要进一步延长官员的任职时间，而延长任职时间则意味着将军们基本上可以将军队私有化。罗马共和国之所以衰落，是因为统治阶级的私利使其无法快速适应环境变化。除了辛纳和苏拉，在共和国政府最后七十年的政治中占主导地位的人之所以这样做，是因为他们利用了人民政治的传统和平民派统治的学说，在宪法之外建立起了帝国统治的立场。同时，在元老院阶级之外，单纯由元老院和人民组成政府的想法几乎找不到支持者。这个政府对普通的意大利人——在授予公民权之前或之后——没有做任何事情，对普通的外省人也没有做什么事情。

如果意大利人或外省人想从国家那里得到什么，他们就需要强大的恩主，最终，马略、苏拉、辛纳、庞培、恺撒和屋大维乌斯都成了这样的人。

奥古斯都家族（公元前31—公元14年）

新秩序的建立

屋大维乌斯于公元前29年回到罗马，庆祝他在巴尔干半岛、亚克兴和亚历山大港的胜利。次年，他宣称“把国家从他的控制中恢复到罗马元老院和人民的决定中去”，他废除了在三巨头时期所做的一切不公正的事情。他举行了审查，肃清了元老院中一百多名“不称职的成员”，并宣布现在有四百多万罗马人（与公元前70年统计的大约一百万人相比，增长速度惊人），这一定反映了一种非常不同的统计方法。

最后，在公元前27年1月，他有了一个新的身份。通过元老院的投票，他被授予奥古斯都的头衔或“尊贵的人物”，完成了已经持续多年的转变（**图4.16**）。公元前42年，当恺撒被宣布神化的时候，屋大维乌斯就成了盖乌斯·尤利乌斯，即神灵恺撒的儿子。五年后，他在战胜塞克斯图斯·庞培的时候，将自己的第一个名字（*praenomen*）从盖乌斯改成了“英培拉多”

尤利亚·克劳狄家族

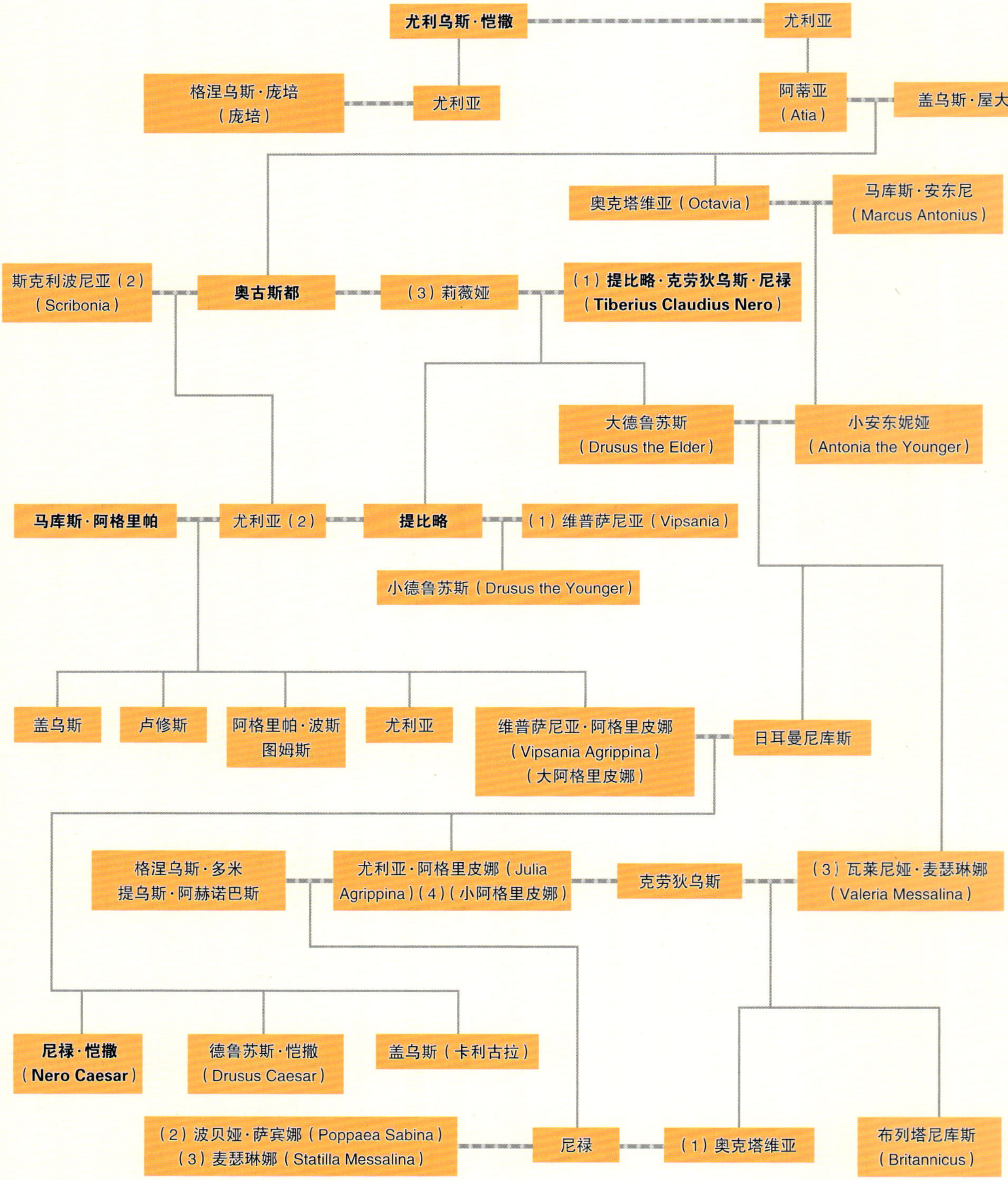
尤利乌斯·恺撒
尤利亚
格涅乌斯·庞培
（庞培）
尤利亚
阿蒂亚
（Atia）
盖乌斯·屋大维
奥克塔维亚（Octavia）
马库斯·安东尼
（Marcus Antonius）
斯克利波尼亚（2）
（Scribonia）
奥古斯都
（3）莉薇娅
（1）提比略·克劳狄乌斯·尼禄
（Tiberius Claudius Nero）
大德鲁苏斯
（Drusus the Elder）
小安东妮娅
（Antonia the Younger）
马库斯·阿格里帕
尤利亚（2）
提比略
（1）维普萨尼亚（Vipsania）
小德鲁苏斯（Drusus the Younger）
盖乌斯
卢修斯
阿格里帕·波斯
图姆斯
尤利亚
维普萨尼亚·阿格里皮娜
（Vipsania Agrippina）
（大阿格里皮娜）
日耳曼尼库斯
格涅乌斯·多米
提乌斯·阿赫诺巴斯
尤利亚·阿格里皮娜（Julia
Agrippina）（4）（小阿格里皮娜）
克劳狄乌斯
（3）瓦莱尼娅·麦瑟琳娜
（Valeria Messalina）
尼禄·恺撒
（Nero Caesar）
德鲁苏斯·恺撒
（Drusus Caesar）
盖乌斯（卡利古拉）
（2）波贝娅·萨宾娜（Poppaea Sabina）
（3）麦瑟琳娜（Statilla Messalina）
尼禄
（1）奥克塔维亚
布列塔尼库斯
（Britannicus）

（*imperator*）或”凯旋将领”。从此，他被称为绝对统治者，神的儿子，恺撒·奥古斯都。

新的名字虽然显示了屋大维乌斯与恺撒的关系，但却向全世界宣布，他的成就超过了任何其他凡人。然而，他并不是神。虽然现在整个帝国的人都在为他献祭，虽然他的养父是神，但他仍然是人类中的一员。他和朋友们一起去参加晚宴，确保他就重要的事情向元老院咨询，并注意让普通罗马人认为他平易近人。虽然现在其他人可能开始称他为元首，但他自己把元老院委派、人民确认的一系列职责认为是传统（*statio*）。“*statio*”一词让人联想到一个人在站岗，使保护国家不受混乱的形象。

奥古斯都在亚克兴战役的岁月里取得了非凡的成就。与恺撒和苏拉不同——他们从外省向罗马进军，但从未完全成功地结束他们发动的战争——奥古斯都是在罗马的既定位置上活动。他作为一个正常运作的政府首脑打败了安东尼，这一事实使他有可能把他的对手以前的支持者纳入他的政权。同时，他早年的艰难岁月也使他学会了如何最好地处理或遣散不再需要的大规模军队这一看似棘手的问题。要在意大利找到足够的土地显然是不可能的，但现在许多士兵，特别是在安东尼手下服役的人，已经在国外待了很长时间，他们与意大利祖国的联系确实很脆弱。因此，奥古斯都在准许部队在帝国各地的军事殖民地定居时，几乎没有遇到阻力。几十万人就这样被成功地安置了下来。军队减少了50%以上，变成了由28个军团组成的常备部队——大约15万人——还有由骑兵、弓箭手和其他更多的轻装步兵组成的支持性辅助部队，他们从各省招募的人数与军团部队大致相等。

在元老院授予屋大维乌斯奥古斯都之名的同时，元老院还让他担任执政官——这个职位他每年都会担任，直到公元前23年——担任诸多省份的总督，并将直接控制这些省份的权力交给了使节。根据行省不同的重要性，使节要么是前大法官，要么是前执政官，他们将以“前大法官”的级别任职，因为执政官或“前执政官”的权力属于奥古斯都，这样可以保证他们的从属地位。同时，他还保留了与平民保民官相关的两项重要权力：个人神圣不可侵犯权（公元前36年授予）和否决立法权（公元前30年授予）。由于奥古斯都被授予的省份往往是那些同时拥有驻军的省份，其效果是使奥古斯都成为绝大部分罗马军队的指挥官。广泛的总督权使奥古斯都有可能为长期不在罗马城找到理由，并在对外征服的洪流下为淹没内战的记忆提供了一个机会。这一政策的结果是最终将罗马军队转变为一支永久性的边疆部队。军队保留了马略时期的结构，以军团为基础，并与罗马分离：士兵不再定居在意大利，随着时间的推移，士兵将主要从半岛以外招募。由于每个行省的军队规模相对较小（最大的不超过4个军团），任何军队指挥官都无法对政治秩序构成威胁，而且军队所要处理的威胁被认为是容易控制的。只有当奥古斯都选择发动进攻时，才需要更大规模的军队，而这只是他为了提高自己的政治地位或未来继承人的政治地位而做的事情。

出于政治考量的征服通常都不会遇到危险的敌人——暂时排除了帕提亚人的可能性——且又足够受人尊敬，这使奥古斯都有理由率领军队。因此，他把注意力放在了西班牙。在那里，长期的抵抗历史使得独立部落在意识形态上成为受人尊敬的目标。公元前27年，奥古斯都以盛大的排场向他们宣战，尽管事实证明这些部落比他预想的要强悍——奥古斯都在战役过程中病倒了，这绝不是一个好兆头——但他的将军们在公元前25年就赢得了辉煌的胜利，使奥古斯都可以宣称他解决了一个超过一个半世纪的问题。在接下来的十五年中，当更多的军队和更多有经验的将军，包括阿

奥古斯都与行省政府

翻译的文本说明了奥古斯都利用帝国“无上的统治权”来管理帝国的方式。无论一个行省听命于元老院还是奥古斯都派出的总督，奥古斯都都能进行干预，直接下达命令。此处的重要意义还在于，这些文本提供了证据，证明帝国的行政管理是由皇帝和他的外地官员之间的对话组成的。

第一个文本来自1999年在莱昂（Leon，西班牙西北部）比埃尔索（El Bierzo）发现的铭文，记录了奥古斯都在公元前15年西班牙战争后做出的决定。由于西班牙属于他作为总督所管辖的省份，所以他根据这一权力下达指示。在这种情况下，苏萨里（Susarri）似乎被分成了几个小团体（*castellani*），其中一个小团体（*Paemeiobrigenses*）在一次叛乱中因忠诚而受到奖励。此外，奥古斯都似乎也意识到，他对小团体的恩惠会给苏萨里居民造成财政困难，所以他将一个新的小团体移到他们的控制之下。这些安排很有可能是根据奥古斯都在当地的使节塞思提乌斯·奎林纳利斯（Sestius Quirinalis）的建议做出的。

> 神圣之子，绝对统治者恺撒·奥古斯都在担任保民官和地方总督的第八年说道：“我从我所有负责特兰杜里安的使节那里了解到苏萨里的小团体在所有人都逃亡的情况下仍然尽职尽责。因此，我给予他们所有人永久的豁免权，我命令他们在这些边界内拥有我的使节塞思提乌斯·奎林纳利斯掌管该省时所拥有的那些土地，没有争议。
>
> 苏萨里的小团体，之前我已经给予他们一切豁免权，我将允许他们在Aiiobrigiaecini地区重建家园，我命令（Aiiobrigiaecini）向苏萨里履行一切职责。”

第二段文字来自在古城克尼都斯（Cnidus，今土耳其Yaziköy）遗址上发现的铭文，揭示了一个不同的过程。在这个版本中，公元前6年，行省长官直接向罗马的奥古斯都提出申诉，奥古斯都在答复中命令亚细亚总督（不属于奥古斯都行省的一部分）调查此事。他之所以能这样做，是因为他的绝对统治权力。

> 你们的大使，狄奥尼修斯的儿子狄奥尼修斯二世到罗马来找我，呈给我一道判决，指控阿纳桑德里斯（Anaxandrides）的儿子尤布勒斯（Eubulus，现已去世）和他的妻子特里菲拉（Tryphera，被带至此）谋杀了克里希普斯（Chrysippus）的儿子尤布勒斯（Eubolus）。我命令我的朋友阿西尼乌斯·加卢斯（Asinius Gallus）用酷刑审问那些与此案有关的家奴，得知克里希普斯的儿子菲利努斯（Phininus）用武力和围攻的方式连续三个晚上袭击了尤布勒斯和特里菲拉的家，第三天晚上他还带着他的弟弟尤布勒斯一起去了。尤布勒斯和特里菲拉作为房子的主人，如果拒绝和菲利努斯谈判，就无法在自己的房子里免遭他的袭击。他们指派一个奴隶，不是像人们出于正当的愤怒而杀死他们，而是把他们赶走，把家里的粪便泼在他们身上。被指派任务的奴隶，不管是否愿意——他拒绝了，并打开了厕所的粪坑盖子，尤布勒斯倒在了它的下面，虽然他比他的兄弟更值得宽恕。我已经把审讯的记录发给你了。如果不是你们表现出对奴隶们不怀好意，与憎恶者截然相反，我会惊讶于那些逃避审讯的人在多大程度上害怕你们对他们进行调查，因为你们没有把注意力转向那些理应受到各种惩罚的人——用武力和暴力袭击别人的房子三个晚上，破坏了大家的共同安全——而是转向那些遭受不幸、自卫、根本没有犯罪的人。但现在在我看来，你在这件事上听从我的决定是正确的，并使你的公共记录与之一致。再见。

在这种情况下，似乎尤布勒斯和特里菲拉以及克尼都斯的人们都是避免与总督打交道，而直接向罗马的奥古斯都求助。奥古斯都谨慎地确保总督参与其中，但这里的语言（“我命令我的朋友阿西尼乌斯·加卢斯”）清楚地表明，奥古斯都是凭借统治权进行干预的。两种情况下的过程在功能上是一样的：信息从一个行省传到奥古斯都，由总督调停，奥古斯都做出最终决定。

公元前22年的阴谋

公元前22年，一群元老密谋杀害奥古斯都。我们永远不会知道到底发生了什么，但其中有几个阴谋者的地位非常高——一个是奥古斯都的亲密伙伴米西奈斯的姐夫——这让整个系统陷入震惊。阴谋的直接原因似乎是奥古斯都在公元前23年审判马其顿的一位前总督时所作的证词，声称这位总督未经他的授权就与一个蛮族部落作战，从而导致他根据苏拉的法律被判为叛国罪（见第131页）。虽然这场阴谋在暗杀企图实际发生之前就被揭穿了，但它起到了警告奥古斯都不能把元老院的意见视为理所当然。它还凸显了最近出现的一个非常严重的问题：如果奥古斯都死了，就会没有明确的继任者。

奥古斯都本人现在41岁，阿格里帕比他大1岁，大多数罗马人都不指望能活过50岁。在前一年，奥古斯都最大的侄子——通过与奥古斯都的独生女尤利亚的婚姻被列为继承人——突然去世。此时奥古斯都需要做两件事情：必须开始寻找比他年轻的继承人；必须提醒人们他们有多需要他。

格里帕本人，不得不被派往西班牙时，排场就没有那么夸张了。但最终，西班牙还是被坚定地纳入了罗马行省。

元首制的巩固

公元前23年，奥古斯都决定做出一些改变。自公元前31年以来，他每年都担任执政官，这似乎引起了一些人的不满。尽管补任（suffect）执政官可以在这一年中上任，奥古斯都也逐渐将这种现象制度化，但贵族中的野心家仍然渴望成为在新年伊始上任的那两位执政官之一，从而在这一年为自己正名。人们可能也开始怀疑奥古斯都在公元前28年宣称自己“恢复”的共和的性质，虽然罗马并没有遭遇危机，却一直由一人担任该职务。在公元前23年重病之后，奥古斯都中途卸任执政官，不过，他保留了他对行省的召集权力，并允许元老院投票给他更多的荣誉，包括他仍然缺乏的保民官权力（*tribunicia potestas*）和对感到受国家行为压迫的罗马公民承担援助的权力。为了使他能够在不担任执政官的情况下治理他的行省，奥古斯都被授予了一项新的权力，即“无上的统治权”（*imperium maius*），或“更大统治权”（greater imperium），这是一个被描述为“比一个省的任何总督的权力都要大”的权力，并仿照庞培在打击海盗和米特拉达梯时获得的权力（见第178页：奥古斯都与行省政府）。作为一种只在行省有效的权力，“无上的统治权”在理论上不能在罗马或意大利使用。然而，保民官的全部权力——包括召集部落大会对法律进行表决的权力、否决权和召集元老院会议的权力——现在给了奥古斯都管理罗马城所需的一切法律权力，并成为他的民事权力的象征。随后，奥古斯都的任期将以他拥有此项权力的年限来衡量。

这一个事实凸显了奥古斯都所创造的地位的非凡性质：一个旨在保护罗马人民不受政务官专横行为影响的职位，已经成为皇帝的决定性权力。用词确实很重要，而用来表示法庭权力的两个词——保民官权力——比苏拉和恺撒使用的“独裁者”（dictator）这个词更容易让罗马人接受。虽然独裁者的实际权力被隐藏在“无上的统治权”的背后，但“无上的统治权”与独裁者的职位不同，可以共享。与恺撒的终身独裁不同——在奥古斯都生命的最后一刻——保民官的职位被规定了一个固定的任期限制。保民官的设置使用向全世界宣告，奥古斯都仍将是共同治理群体的一部分，毕竟每年还有另外十个人拥有同样的权力，而且从公元前18年起，他将经常把其他人与他联系在一起，共同行使这份权力。仿佛是为了强调这一点，奥古斯都在公元前23年底拒绝了元老院向他授予的专门帮助解决粮食短缺问题的权力。相反，他只同意负责粮食供应，而且似乎奇迹般地使粮食短缺的问题没有出现。这也许都是政治戏，但至少是围绕他的执政观念展开的连贯的喜剧。

第二年出现的另一种政治戏剧（见第179页：公元前22年的阴谋），使奥古斯都的思想转向谁来继承他位置的问题，于是一个基于罗马人熟悉的合议制原则的继承制度形成了。在公元前23年生病期间，奥古斯都曾表示由阿格里帕继任（见第176页：尤利亚·克劳狄家族），并安排他迎娶自己的女儿尤利亚，同时也促进了自己两个继子——莉薇娅第一次婚姻的产物——的事业发展。这两个人中年龄较长的提比略，在公元前23年担任财务官，在即将到来的东方战役中，他被安排完成了一些引人注目的任务。以前奥古斯都认为帕提亚是一个太危险的敌人，但在过去的几年里，帕提亚一直被王朝的争论所困扰，结果一个王位的觊觎者现在在罗马的领土上，而他对手的两个儿子则是罗马的人质。公元前23年，阿格里帕向东而去，奥古斯都和提比略在一年后紧随其后。公元前19年，经过大量的外交周旋，帕提亚国王正式承认幼发拉底河为两个帝国之间的边界，同意亚美尼亚国王（其领地占据了现在土耳其东部的大部分地区）由罗马人任命，仪式由提比略主持，并归还从克拉苏和安东尼那里缴获的军旗。作为交换，帕

图4.17 奥古斯都政权的一个重要主题是，罗马与其诸神之间的关系因上一代人的不虔诚而受到破坏，但奥古斯都本人已经恢复了这种关系。奥古斯都和平祭坛南部中楣的这个细节（见第185页）将这一主题与奥古斯都指定的继任者，他的女婿马库斯·阿格里帕联系起来。它描绘了一群祭司在阿格里帕的带领下前往献祭。抓住阿格里帕长袍的孩子可能是他的儿子盖乌斯·恺撒。

奥古斯都的壮观设施

奥古斯都在其职业生涯的不同时期为罗马人民修建了一些非凡的设施，并鼓励广泛建造新的表演场地。这些设施为元首和罗马人民之间的接触提供了重要的机会。这时，华丽设施的政治用途在罗马传统中已经确立。西塞罗自己也说过，如果想了解罗马人民的真实感受，剧院是最好的去处。

奥古斯都为了确保这些活动在适当的场所进行，以他死去的侄子马塞勒斯（Marcellus）的名义建造了一个巨大的新剧院，翻修了大竞技场，现在观众可以从这里抬头看到帕拉丁山上奥古斯都本人的房子。而斯塔蒂利乌斯·陶鲁斯建造了第一个用于角斗表演的永久性圆形剧场。在台伯河西岸，奥古斯都还挖掘了一个巨大的水池，在公元前2年他的孙子出使东方时，他命令在水池中上演了一场回顾公元前480年希腊战胜波斯的海战。

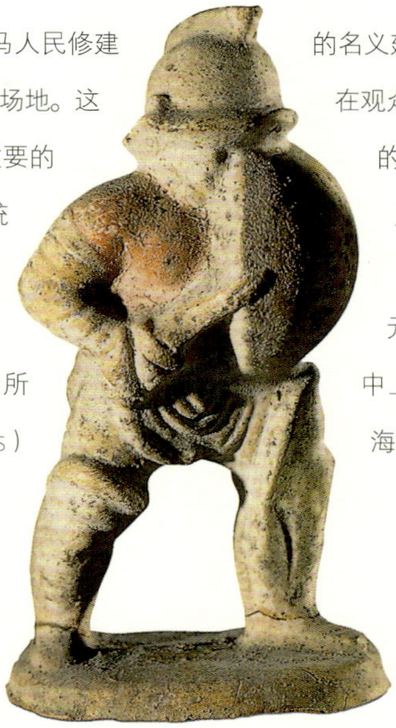

图4.18（右）角斗士决斗是罗马军事美德的象征，个别角斗士可以成为受欢迎的英雄，这也许可以解释为什么这个小雕像会有销售市场。

图4.19（下图）奥古斯都对大竞技场进行了改进，包括在中央护栏上增加了七个海豚形状的新圈数器（在比赛中每圈一个），以纪念他在亚克兴战役中的胜利。

提亚国王的儿子们要从罗马归来。奥古斯都宣布谈判是一场极其重要的胜利，在某种程度上他这样做是有道理的。一支罗马军队不可能占领伊拉克和伊朗，甚至不可能占领其中相当一部分领土。罗马人根本就没有足够的士兵来控制一个文化和政治都太复杂的地区。事实上，奥古斯都避免罗马人直接管理闪米特边境，是参照希腊—罗马的传统，以城邦为基础，回避直接统治有外国传统并对罗马介入有抵制情绪的地区。军旗的回归是对罗马力量的适当的象征性承认，虽然帕提亚人付出的代价不大，但对罗马人来说却意义非凡，他们仍然认为前代的损失是一种难掩的尴尬。

奥古斯都和罗马文化

公元前19年，奥古斯都开启了他统治的新阶段。虽然他将继续把大部分时间花在意大利以外的地方，来为自己赢得更多的军事荣誉，但他现在开始重视继承计划。为此，他将军队的挂名指挥权交给了他的继子提比略和德鲁苏斯，让他们为自己建立合适的声誉。即使在提比略和德鲁苏斯指挥的军队进入瑞士和日耳曼南部时，奥古斯都仍坚持认为罗马的道德重建必须成为优先事项。公元前19年和前18年，他立法将“不称职”的人驱逐出元老院，重组了骑士阶层，并制定了新的规则来管理上层阶级的婚姻和生育习惯。其中有一条法律是鼓励上层阶级成员多生孩子，妻子能生育三个或更多子女的男子在担任公职时可获得各种好处。而拒绝结婚的男子将受到各种惩罚，包括禁止他们获得遗产。他的另一项法律涉及通奸，对相关男子和女子将施加更严厉的惩罚。新法律中最引人注目的条款之一是，不与有外遇的妻子离婚的男子可被指控为皮条客。

新的法律反映了奥古斯都对内战时期的看法：这些法律是源于众神对罗马人民不道德行为的愤怒（**图4.17**）。他以“根据元老院的授权修复了城中的82座神庙，没有忽略当时任何一座需要修复的神庙”（《神圣的奥古斯都的事迹》20.4）来标志与安东尼的战争结束。通过这些以及其他修复早年被破坏的神庙和其他建筑的建设项目，再次提醒人们，过去不道德现象猖獗、对神灵的崇拜被忽视和个人对奢侈的挥霍取代了对公共利益的适当付出。这些措施延续了更早开始的适当开支的趋势。阿西尼乌斯·波利奥于公元前39年在罗马

图4.20 罗马大约在公元14年被奥古斯都改变了城市的面貌。

图4.21 奥古斯都赞助的最重要的项目包括完成恺撒广场、建造奥古斯都广场，以及在马蒂乌斯军营建造一些公共建筑。

开设了第一个公共图书馆；阿格里帕于公元前25年建造了一个新的门廊，他鼓励罗马精英阶层的成员展示他们的艺术收藏品；奥古斯都在公共设施上花费了大量的金钱（见第181页：奥古斯都的壮观设施）。

奥古斯都在位期间，还在城市中心完成了两项重大的建筑工程（**图4.20和图4.21**）。第一个是由恺撒开始修建的广场的完工，广场的中心是一座新的神庙，将维纳斯作为宇宙的生成力量，这清楚地表明恺撒的祖先是通过埃涅阿斯成为维纳斯的后裔。广场的设计是以恺撒去世前就开始建造的新元老院为基础的，以取代在公元前52年暴动中被烧毁的元老院（见第161页）：这也可以看作象征着恺撒家族与回归有序社会之间的联系。元老院的会堂因为适合其象征性的目的，在公元前29年8月28日，也就是奥古斯都庆祝战胜安东尼和克娄巴特拉之后的几个星期，就举行了庆祝典礼。第二项伟大的工程与恺撒广场东侧相邻，是一个以复仇者马尔斯（Mars Ultor）神庙为中心的新广场。其象征意义也是相当明显的：这个巨大的工程最初是为了纪念奥古斯都作为恺撒的复仇者的角色，因为工程是在公元前42年于腓立比战胜布鲁图斯和卡西乌斯之后开始的。而随着时间的推移，奥古斯都作为前代受害人的复仇者的角色也更加深入人心（奥古斯都从帕提亚人那里收回的军旗被安置在这个神庙里）。

这座新广场东西两侧的彩色大理石门廊在北端呈弓形，内设肖像长廊：一边是尤利亚王朝的成员，从罗慕路斯一直延伸到埃涅阿斯，以强调奥古斯都的家

贺拉斯与百年节

祭祀结束后，人们宣布，27名双亲健在的男孩和同样人数的女孩将以同样的方式在卡皮托林山上唱赞歌。昆图斯·霍拉蒂乌斯·弗拉库斯创作了这首赞歌。

［贺拉斯，《公元前17年百年节的庆祝》（*Acts of the Secular Games of 17 BC*）］

女神啊，愿您生儿育女，加快颁布让父亲们与妇女结合的法律，让我们通过被法律保护的婚姻实现子孙满堂的愿望。所以，在这一百一十年才举行一次的节日里，我们将聚在一起，在晴朗的白天，在神圣的夜晚连续庆祝三天三夜。

［贺拉斯，《神圣赞美诗》（*Sacred Hymn*）16–24］

族与罗马两位创始人的联系；另一边是“最优秀的人”的肖像，他们的事迹保证了帝国的发展。

新的元老院所在位置称为库里亚尤利亚（Curia Julia），只是在旧罗马广场上建造的众多新建筑之一。其中之一是神化的尤利乌斯神庙，与复仇者马尔斯神庙一起于公元前42年开始建造，但建造速度更快。它位于恺撒的尸体被焚烧的地方（它的奉献典礼比公元前29年8月的库里亚尤利亚的奉献典礼早10天）。其他建筑包括奥古斯都的凯旋门（最初是为了庆祝亚克兴战役获胜，后来扩大到包括纪念从帕提亚收复军旗）、盖乌斯和卢修斯（奥古斯都的孙子）的门廊，以及纪念恺撒的巴西里卡。这些项目和许多其他项目将此处从表达民众意愿的中心转变为对新秩序的庆祝和纪念。

贯穿奥古斯都统治时期的建筑计划可以被视为奥古斯都意识形态的物化表现，但它们并不是意识形态表达的唯一载体。在奥古斯都时代的所有重大活动中，也许没有一个能与奥古斯都在公元前17年庆祝的百年节（Secular Games）相提并论。百年节恢复了一个古老的仪式，纪念恢复罗马与诸神之间的关系，以此来标志一个新时代的开始。

为了这次庆祝活动，奥古斯都委托一位名叫贺拉斯（Horace）的诗人创作了一首特别的赞美诗（见第183页：贺拉斯与百年节）。贺拉斯是在恺撒死后的几年里开始职业生涯的众多杰出诗人之一。在这些诗人中，贺拉斯原来站在失败的腓立比一方，但他在公元前1世纪30年代迅速赢得了米西奈斯的赞助，在此期间他主要写讽刺诗。在亚克兴战役后，他的大部分作品采取了将各种希腊格律改编成拉丁文的诗歌形式，并经常向政权的主要人物致敬。这些年另一位重要的诗人是普洛佩蒂乌斯，他的第一部哀歌（elegies）的主题是他对一个名叫辛西娅（Cynthia）的女人的爱，以及逃避罗马军国主义要求的愿望——这是对一个致力于内战时代主旋律的有力回应——并在书的结尾处写了一篇关于公元前41年佩鲁贾被毁的墓志铭（见第169页：意大利的内战）。普洛佩蒂乌斯的书和贺拉斯的职业生涯是奥古斯都“容忍”不同意见的两个例子——这种容忍如此明显，以至于“异议”似乎已经成为该政权意识形态计划的一部分，只要它不是卡图卢斯所表达的那种卑劣的自由，那么“异议”就可以被容忍。随后，普洛佩蒂乌斯又创作了三部哀歌，其中最后一本涉及具体的公共主题（包括《亚克兴》）。贺拉斯和普洛佩蒂乌斯的作品摒弃了早期诗人为语言的贫乏而道歉的形式，以及西塞罗的一些作品中出现的拉丁文化落后于希腊成就的意识。对于普洛佩蒂乌斯和贺拉斯来说，希腊文学是罗马现存文化遗产的一部分。

这种与希腊历史更加自信的关系在奥古斯都时期最伟大的诗人维吉尔（Publius Vergilius Maro）的作品中尤为明显——他在庆祝罗马生日的前两年去世。维吉尔的第一部作品《牧歌》是在恩主阿西尼乌斯·波利奥的赞助下写的，由十首诗组成，以牧羊人的神话世界为背景。这是对著名的希腊形式的模仿，但在这些诗的细节中，维吉尔以非常细腻的方式，讲述了当前的苦难，有一首诗还讲述了对美好未来的希望。他的第二部作品《农事诗》是一首表面上以农耕为题材的诗，赞扬了乡村生活的美德，将其作为腐败社会的隐性对立

向维吉尔致敬

只要罗马是征服世界的统治者，那么人民就会被要求阅读有关提提鲁斯（Tityrus）、庄稼，以及埃涅阿斯的武器。

［奥维德（Ovid），《爱》（*Love*）15.25·26］

图4.22 和平祭坛的东面，于公元前9年举行了奉献典礼。东面的镶板描绘的是一位女神（她的身份有争议）；西面的镶板描绘了罗穆路斯和雷穆斯的神话，以及埃涅阿斯献祭的情景；北面和南面的镶板描绘了一个祭祀场景，其中包括奥古斯都的家庭形象。

面。他的第三首也是最伟大的诗是《埃涅阿斯纪》，发表于公元前19年。《埃涅阿斯纪》发表后随即被公认为是一部惊人的天才之作（见第184页：向维吉尔致敬），它讲述了埃涅阿斯神话般地建立罗马的故事；讲述了埃涅阿斯为寻找通往未来的正确道路而进行的长期艰苦的斗争；讲述了埃涅阿斯的人性在未来辉煌的道路上成了各种障碍。自始至终，作品都在提醒观众罗马的使命，以及一个民族要想最终赢得胜利，需要付出的痛苦。正如维吉尔在《埃涅阿斯纪》第一部的序言末尾写道："建立罗马民族，是一场伟大的斗争。"在第六卷中，当埃涅阿斯看到罗马的未来愿景时，他被告知：

> （我想）其他人会更柔和地切割会呼吸的青铜，他们会在大理石上画出栩栩如生的面孔，他们会在法庭上更好地辩论案件，他们会更好地描述天道，并宣布上升的星星。你这个罗马人，记得用权力来统治人民（这些都是你的艺术），让他们习惯于和平，在战争中饶恕卑微者，打击骄傲者。
>
> （《埃涅阿斯纪》6.847-53）

面对这些提醒，埃涅阿斯似乎经常迷失在浩瀚的使命中。在无意识的状态下，他与迦太基的传奇缔造者女王狄多（Dido）发生关系，并将自己的后裔推入汉尼拔战争的巨大死亡中，而狄多在他抛弃她去执行使命时，诅咒他。同样，一旦埃涅阿斯看到了罗马的未来，似乎并不能时时意识到它的影响。在第八卷中，埃涅阿斯得到了一面装饰着罗马未来场景的盾牌：他"欣赏着它，但对事件一无所知，他沉浸在这幅画面中，肩上扛着他的后代的名声和命运"。像维吉尔时代的罗马人一样，埃涅阿斯正试图找到通往未来光明的道路，而光明的未来一定在某处。

诗人并不是唯一寻求恢复罗马遥远过去的人。在亚克兴战役后的几十年里，李维一直在为他庞大的罗马史而努力，但他也不缺同道中人。哈利卡纳索斯的狄奥尼修斯，曾是希腊修辞理论家，后成为历史学家，他

图4.23 日耳曼尼库斯·恺撒是德鲁苏斯·恺撒和安东妮娅（奥古斯都的侄女）的儿子，在奥古斯都的王朝继承计划中占有重要地位。在儿子卡利古拉统治时期铸造的一枚钱币中出现了他的身影。

创作了早期罗马巨著，向希腊人证明罗马人真的是希腊人。新一代的学者则遵循上一代最伟大的学者瓦罗开辟的道路，西塞罗说他的《罗马人的人文与神灵古迹》(*Human and Divine Antiquities of the Romans*)拯救了他的同时代人，使他们不至于像迷失在黑暗中的孩子一样徘徊，不知道他们的城市里有什么。

公元前12年，旧时代的最后一个残余势力离开了。经过多年的内部流放，雷必达终于死了，腾出了大祭司的职位，奥古斯都被正式选为大祭司。这一事件可以在巨大的新和平祭坛（Ara Pacis）上的壁画中得到印证，祭坛于一年前在台伯河畔开始建造，靠近奥古斯都计划埋葬自己遗体的巨大陵墓的地方（**图4.22**）。罗马现在已经发生了巨变。新的公共建筑改变了城市景观，罗马帝国因在阿尔卑斯山和日耳曼的征服而扩大，奥古斯都主持的国家因崭新的模式而重新焕发活力，而不符合规定的行为则会被越来越多的人质疑。

继位（公元前12—公元14年）

随着罗马的变化，政权也在变化。阿格里帕于公元前12年3月去世，因此新的继承人将在下一代人中产生。为了继承，尤利亚与她的继兄提比略（统治时间为公元14—37年）再婚，为此提比略被迫与阿格里帕的女儿离婚，他似乎真的很爱后者。

新的婚姻并不成功，对于一个喜欢活跃的社交生活的年轻女子来说，严肃的提比略实在是个糟糕的伴侣。公元前9年，他的弟弟德鲁苏斯在征战中死于意外。奥古斯都现在负责尤利亚与阿格里帕结婚后诞下的两个儿子的抚养，而阿格里帕是奥古斯都在公元前17年收养的。现在军事指挥的重担落在了提比略身上，而巴尔干半岛和东方的新战役使他变得越来越不安。公元前6年，他宣布退居罗德岛，这是一个艰难的十年的开始。

奥古斯都似乎变得很难相处。他是一个朴素的人，他在皇宫里徘徊，说什么东西比煮熟的芦笋还快的轻松愉快的笑话，还喜欢玩骰子比赛，而学识渊博的提比略却不喜欢。他很宠爱自己的孙子，但对德鲁苏斯的儿子克劳狄乌斯却公开批评，因为克劳狄乌斯有一只脚畸形，所以奥古斯都不希望在公众场合看到他。他还认为，女人的位置是在家中与纺车相伴，虽然不清楚这种严格的规定是否适用于他的妻子莉薇娅——即使他们都在罗马时，他似乎还与她有过书信往来——但这种规定似乎肯定适用于尤利亚，而尤利亚则越来越讨厌他。公元前2年，就在孙子们被派去征战之后，尤利亚突然被发现与几个贵族成员进行了非常可疑的活动。其中一项活动似乎是在广场上的狂欢，而另一项可能是弑父。于是她被流放。

尤利亚被流放后，她的两个儿子在公元2年和4年突然死亡。提比略被召回罗马，并被派往在帕拉丁山的家中居住。两年后，他重新成为继承人，正式收养了德鲁苏斯的长子日耳曼尼库斯（公元前16—公元19年）后，离开罗马。他先是在日耳曼作战，然后在巴尔干半岛作战，此处最近被征服的部落纷纷起义（**图4.23**）。在公元8年，奥古斯都家族再次发生丑闻，涉及尤利亚和阿格里帕所生的女儿（也叫尤利亚）以及她的弟弟阿格里帕·波斯图姆斯（他是在阿格里帕死后出生的）。小阿格里帕之前已经因为所谓的行为失常而被送去了内部流放地（公开批评他的祖父似乎也是其中的一部分原因），现在他则被送到了一个岛上。尤利亚被发现与丈夫以外的男人有染而怀孕。奥古斯都要求杀掉孩子，并流放尤利亚。同时，奥古斯都对罗马在世的最杰出的诗人奥维德进行了抨击，奥维德的作品中有一首关于爱情艺术的诗，奥古斯都声称这首诗是冒犯性的。我们不知道奥古斯都为什么会突然注意到一首已经流

图4.24 奥古斯都在生命的最后一刻，写了一篇关于他的事迹的文章，并在他位于罗马的墓前展示（见第173页）。这篇内容广泛的铭文副本现存于土耳其首都安卡拉的一座神庙中，该神庙是为纪念奥古斯都和罗马女神而建。

传了几年的诗，但那首诗确实包含了一些对当代精彩又诙谐的讽刺，除此之外，还暗示帝国的游行提供了认识情人的绝佳机会。可能奥维德也与尤利亚的问题有关，他在流放黑海上的城市托米斯（Tomis）期间所写的诗中，承认自己犯下了某种错误。

政府结构的改变

到目前为止，王朝的动荡对政权的统治能力影响不大。事实上，这几年将出现一个重要的变化，奥古斯都将国家从共和国对个人善行的依赖转变为帝国对制度的依赖（**图4.24**）。两个最重要的变化发生在公元6年和7年，涉及罗马的粮食供应和军队。奥古斯都写道：

> 我曾四次用自己的钱帮助国库，所以我给国库负责人15万塞斯特斯……从格涅乌斯和普布利乌斯·伦图鲁斯任执政官（公元前18年）起，每当以货币征收的税款不足时，我就从自己的庄园和粮仓中分出粮食和金钱，有时分给10万人，有时分给更多的人。
>
> （《神圣的奥古斯都的事迹》17—18）

这种分配以及奥古斯都在公元前23年获得的负责粮食供应的职位，是典型的“共和制国家”对危机的反应——授予奥古斯都的负责粮食供应的职位似乎与庞培在公元前57年担任的职位非常相似。但在公元6年和7年的粮食短缺危机之后，奥古斯都为两位前执政官设立了常设职位，以监督城内粮食分配和从国外进口粮食。几年内，这些职位被转给了骑士阶层官员：粮食分配长官（*praefectus frumenti dandi*），这位官员在台伯河畔的米努奇亚港（porticus Minucia）开展工作。粮食供应长官（*praefectus annonae*）的确切工作地点不详，但他是奥古斯都政权中最重要的三位非元老院官员之一，另外两个是埃及的长官（奥古斯都一直保留着任命骑士阶层长官的权利）和禁卫军统领（*praefectus praetorio*）。在这一年，他还设立了第四个骑士阶层长官，级别低于其他长官，即宵禁官（*praefectus vigilum*）。

传统上，罗马公共秩序的维护是由营造官控制的，然而营造官在处理城市中出现的各种危机，特别是与火灾和日常犯罪活动有关的危机方面是出了名的无能为力。公元前26年，曾有传言，当时的营造官埃格纳提乌斯·鲁弗斯（Egnatius Rufus）组建了自己的消防队，并

在条顿堡森林的失利

条顿堡森林战役对普布利乌斯·奎恩提留斯·瓦鲁斯（Publius Quinctilius Varus）率领的军队来说是一场惨败。瓦鲁斯是奥古斯都的远亲，指挥着德鲁苏斯在莱茵河和易北河（Elbe）之间划定的省份的军队。在公元9年，瓦鲁斯被一个名叫阿米尼乌斯（Arminius）的日耳曼首领欺骗，后者建议他撤退到莱茵河边，以免他被部落之间的叛乱影响到过冬。当瓦鲁斯开始撤退时，整个阴谋的始作俑者阿米尼乌斯设下陷阱，在条顿堡森林，也就是现在已知的日耳曼卡尔克里泽附近伏击并摧毁了瓦鲁斯麾下的三个军团。

最初在遗址中发现的罗马装备碎片，揭示了日耳曼人从野战工事后方作战的地点，显然也是伏击罗马人的地方（**图4.25和图4.26**）。也有一些证据表明，罗马军队在此时被打得很惨。在进一步的工作中，我们开始追踪军队的路线，并看到古代关于三天战斗中军队逐渐被消灭的记载很可能是准确的。第三天，瓦鲁斯看到自己的军队全军覆没，自杀了。

虽然与卡奈或阿劳西奥的失败相比，这场失败不那么血腥，但卡尔克里泽附近的战役可能更具决定性，因为提比略决定放弃将莱茵河和易北河之间的地区变成一个省。

图4.25 这个银质面具在日耳曼的卡尔克里泽出土。它曾经是一名罗马骑兵佩戴的，据推测他是瓦鲁斯部队遭伏击的受害者。

图4.26 在卡尔克里泽战场发现的矛头。

因此他提前当选为大法官。奥古斯都则告诫营造官一定要注意防火，并在公元前22年，安排了六百名公共奴隶供他们支配，以使他们拥有充足的人力资源。公元7年，奥古斯都将罗马重组为十四个区后，将救火的责任交给了负责新区（*vicomagistri*）的官员。随后，他建立了三支“城市队”，每支五百人，由城市长官（罗马本土唯一控制士兵的元老）指挥，作为一支警察部队。然而这并没有奏效，前几年（以及公元6年本身），公众发生了严重的动荡。奥古斯都的下一步行动是创建宵禁官，他将指挥一支由七批自由民（*vigiles*）组成的部队，共计三千五百人。这支部队驻扎在城市各处，工资由新的奴隶转让税支付。粮食供应的改革和宵禁官的设立标志着帝国正式接管了罗马城的管理。

也是在公元6年，奥古斯都设立了一个新的国库，即军费金库（*aerarium militare*），以保证服役满二十年的士兵获得退休奖金。这项措施最初得益于奥古斯都大笔私人财富的赠款资助，此后通过对拍卖品征税，以及——从元老院的角度来看——通过征收遗产税，完成了为私人士兵的职业生涯建立专业结构和确保军队对皇室忠诚的最后一步。这些安排的重要性在于，它们建立了一些政务结构，既将士兵与将军分开，使他们在退休待遇上由皇帝负责（这些待遇是以现金等形式具体确定的），又为城市居民提供了食物。由于粮食是由独立的包税人运到罗马，他们与粮食供应长官进行谈判，大量的商人与国家建立了较为稳定的关系。

为处理士兵的退休工资而设立的新国库被委托给两位前大法官，这也是这些年另一个重要发展的象征。这就是出现了元老这种职业，人们在完成一年的政务官生涯后，就会有真正的工作。出现的更发达的职业模式对前元老院元老来说尤为重要，他们现在将受雇于指挥军团、治理行省或做其他必要的任务，从而建立了一个框架，人们可以通过这个框架赢得帝国的支持，从而推动他们的事业发展。

这些新机构建立的同时，提比略在一干将领的支持下，粉碎了巴尔干地区的一场严重叛乱。他的一连串军事上的成功被日耳曼一场灾难的消息打断了，在日耳曼的条顿堡森林战役中，奎恩提留斯·瓦鲁斯失去了他所指挥的全部三个军团（见第188页：在条顿堡森林的失利）。这场灾难给罗马带来了沉重的打击。据说奥古斯都在皇宫里走来走去，用头撞墙，怒喊道：“奎恩提留斯·瓦鲁斯，把我的军团还给我！”此后，奥古斯都很少出现在公众场合，健康状况也开始恶化。不过，提比略在一定程度上恢复了局面，他确保了莱茵河上可以维持一个新的边境线，然后提比略把新局面交给他的侄子日耳曼尼库斯，他的任务是夺回瓦鲁斯丢失的军旗。这三个军团并没有被取代，然而发展一个更适合罗马控制的日耳曼社会的精心努力被中断了。这一点在瓦尔德格尔梅斯（Waldgirmes，位于今日耳曼黑森州，莱茵河以北）的遗址上表现得很明显，在瓦鲁斯大败后，这座正在发展中的罗马化城市在几年内就被废弃了。奥古斯都虽然缩减开支，但显然希望收复失地；虽然他满足于罗马帝国以多瑙河、东部幼发拉底河和北非撒哈拉为疆域，但他还是下令沿莱茵河进攻。

在日耳曼灾难五年后，奥古斯都启程前往那不勒斯。他病入膏肓，于公元14年8月19日去世，享年76岁。早在一年之前就在罗马城以外的地方享有与奥古斯都同等权力的提比略，正式继位。

尽管奥古斯都个人有种种失误，但他仍然是一个非凡的人物。他几乎是唯一一个最终在个人幸福与公共成功之间取得平衡的政治领袖，但人们首先记住的是他在公共事业方面的成功。他结束了内战，保证了人民的基本安乐，在亚克兴战役之后的四十五年中，使罗

帝国的人口情况

罗马帝国的资源首先取决于其人口。在奥古斯都去世时，可能有大约4500万人口生活在罗马境内。这个数字对于这些土地的“承载能力”（以现有的技术可以支持农业的人口数量）来说有点偏低。然而，这似乎是对这一时期人口的一个可能的估计：来自古代城市和农村的考古证据表明，在奥古斯都时代和公元2世纪末之间，人口出现大幅增长。这时，我们可以认为人口达到了土地承载力的极限，总人口约为6000万。这大约是当时地球总人口的五分之一。

马国家在有行政长官的情况下比没有行政长官时运行得更好。得益于他超长的寿命，罗马人民逐渐忘记他早期杀伐的事情，奥古斯都也为罗马帝国的普通居民提供了他们所期望的稳定生活。

奥古斯都死后的帝国

在奥古斯都的葬礼结束后，提比略向元老院透露了一份文件，据说是奥古斯都亲手写的一份遗嘱，其中包括一份声明：

> 国家的资源、公民和武装下的盟友的数量，舰队、盟国和行省的数量，从土地和人员（保民官）的税收以及出售货物的税收（***vectigalia***）中应收的款项，强制性的开支和每年作为礼物给予的款项……他还补充说，建议把帝国的疆域控制在目前的范围内。
>
> （塔西佗，《编年史》1.11.4）

帝国大规模扩张的时期确实随着奥古斯都的去世而结束。虽然在接下来的几个世纪中增加了一些领土——最重要的是不列颠岛、约旦地区和现代罗马尼亚的一部分——但罗马帝国在欧洲基本上仍以莱茵河和多瑙河为界，在东方则以幼发拉底河为界。在非洲，帝国继续向南延伸到尼罗河谷的埃利温（Elephantine），在其他地方则延伸到撒哈拉亚沙漠地区。

就经济实力而言，当时唯一能与罗马帝国相提并论的国家是中国的汉王朝，它和罗马帝国一样，控制着世界五分之一的人口（见本页：帝国的人口情况）。驻扎在莱茵河和多瑙河沿岸的罗马军队足够强大，可以控制周边部落的突袭，这说明他们的人力与预期的对手大致相当：日耳曼部落的军事力量约为二十万人，如果我们假设这相当于成年男性人口的10%，这说明帝国边境以外的日耳曼地区和中西欧的人口在800万左右。帕提亚帝国的人口也同样是800万左右。那么，如果罗马帝国的军队领导得当，资源处置得当，罗马帝国就不可能面临来自邻国的任何实际威胁，因为潜在的失败都可以通过调动罗马的大量优势资源来挽回。

在帝国内部，基本的农村经济存在着两种截然不同的组织模式，这取决于从今匈牙利地区（和今希腊北部）向东或向西。从西边和南边，直到现代利比亚，土地占有的基本模式往往遵循贵族剥削的模式，这种模式在公元1世纪中叶已经开始在意大利占主导地位。这种“意大利”模式的基本特征是将农村领土划分为庄园（villas）——在某些情况下是极其豪华的大庄园，其土地往往出租给佃农（大规模的奴隶制从未成为这种农村经济的重要特征）。庄园系统的效果存在着巨大的地区差异，事实上，地区之间也存在着差异：例如，在伊特鲁里亚，沃尔特拉城（Volterra）周围兴起的庄园似乎是当地贵族所拥有的地位象征，而在卢纳城（Luna）新建的庄园则与橄榄油和葡萄酒的专业生产有关。在其他地方，我们发现罗马贵族从事其他奢侈品的专业化生产，以用于罗马城的节日所需。罗马粮食供应系统的大规模发展可能鼓励了一些省份的类似发展。例如，在公元1世纪中叶，北非被极少数地主的巨大庄园所控制，满足了当时罗马三分之二的需求；在庞贝，我们可以看到在奥古斯都时期，曾经是一系列小规模的当地鱼露（*garum*，罗马美食中必不可少的调味品）制造商开始转变为零售店。当地的鱼露产业也被西班牙发展的大规模生产方式所改变。同时，在共和国晚期兴盛起来的意大利陶器厂的产品，也开始被高卢罗讷河沿岸的大型陶器厂的产品所取代。出土文物的变化，揭示了罗马的统治阶级在比以前更广泛的基础上从事商业活动。这些变化似乎比罗马粮食供应的重组稍早一些，这说明西塞罗那一代擅长经济的贵族正在为罗马将遵循的道路确立方向。

无论对政府的影响如何，庄园生产的基本模式和更广泛的贸易网络代表了上层阶级的愿望。现在，成为贵族意味着一个人将在乡村的宁静生活和城市更活跃的生活之间分配时间。因此，地方贵族的作风模仿了元老院和骑士阶层中超级富豪的作风，地方上的名流仍在设法吸引他们的恩主到他们的城市。为了配得上这样的恩主，一个城市必须有足够的设施，因此，在公元1世纪，当地的建筑计划模仿奥古斯都的建筑计划，倾向于建造基础设施（包括水渠）、神庙和娱乐场所。

在意大利出现的这种模式在下一个世纪蔓延到整个西部省份，似乎导致了在这些庄园控制的土地上工作的农民处在绝对的从属地位。事实上，即使地主住在自己

图4.27 土耳其西部的阿弗洛迪西亚斯城（Aphrodisias）在古代以其大理石采石场的质量和雕塑家的技艺而闻名。该城最引人注目的古迹之一是附属于帝国崇拜神庙的大柱廊，上面装饰着纪念尤利亚·克劳狄家族的雕塑。这里的例子描绘的是尼禄和他的母亲尤利亚·阿格里皮娜。

的村子里，这些村民也很少会独立于贵族地主或皇帝，因为后者的庄园不断扩大，可能会将各行省的大片土地收入囊中，有时还会将土地交付给元老院的某个宠臣，以增加他的财富。公元前1世纪在整个西欧开始出现的帝国再分配制度和城市并没有直接关系（见第251页），它是从早期的部落中心发展而来的，是地方贵族的展示中心，他们试图证明自己值得加入帝国贵族的行列。

帝国东方的土地所有制和贵族剥削模式相当不同。从希腊到埃及，基本的组织单位是村庄。东方确实存在大规模的土地持有者，但土地所有者，即使他或她拥有包括整个村庄在内的庄园，在骨子里也依然是城市人。西方农村中占主导地位的大规模豪华庄园，从未成为东部省份的重要特征，在高度城市化的土耳其的爱琴海沿岸、背靠以村庄为主的大面积农村腹地，这些村庄即使附属于城市领土或与富人的庄园相邻，也往往保留着强烈的独立感。

在城市边缘之外，大多数城市，它们是由该地区各种统治者的王朝中心发展而来的，因此与以乡村生活为基础的经济不同。即使在叙利亚也是如此，在那里，前塞琉古政权的伟大中心安条克，虽然处在一个主要语言是阿拉米语（Aramaic）的村庄周围，但仍然是希腊文化的堡垒。

尽管如此，在东方有城市的地方，它们不可避免地需要改进。这里也有相当大的差异。希律大帝（Herod the Great）建立了恺撒利亚（Caesarea），作为其王国“希腊化”愿望的象征，并在他位于马萨达（Masada）的宫殿里装满了来自意大利的奢侈品，以表明他与意大利恩主的关系密切。但他王国中最重要的城市是耶路撒冷，耶路撒冷仍以公元前5世纪初重建的大神庙为主。土耳其南部的一些地区，奥古斯都在殖民地安置了退伍军人，因此采取了帝国西部的风格，而该地区的其他城市则向自己的传统看齐。这里的典型建筑是神庙（纪念皇室家族活动）、剧院，以及其他基础设施。其中一个例子是奥古斯都的两个自由民在土耳其西部的以弗所建造的新市场；另一个例子是同样在土耳其西部的阿弗洛迪西亚斯城，奥古斯都的一个自由民盖乌斯·尤利乌斯·佐伊鲁斯（Gaius Julius Zoilus）为他自己的荣誉而建造的柱廊（stoa），他曾帮助这个城市在三巨头时期度过危险（**图4.27**）。佐伊鲁斯的另一个项目是一个新的剧院，而在他死后不久，这座城市为纪念皇室修建了一个巨大的神殿，其中包括一个非凡的双柱廊，上面装饰着将皇室的事迹与当地历史传统联系起来的雕塑。

尽管在城市美化方面做出了各种努力，但东方农村的村庄总是比西方多得多，在其中一些村庄里，获得了合理财富的人们会渴望把他们的村庄提升到城市的地位。从长远来看，东方各省土地所有权的多样性，使他们拥有西方国家所缺乏的灵活性，但无论在东方还是西方，贵族财富的基础都是并将继续是来自土地。

然而，在奥古斯都去世的时候，帝国经济最重要的成就仅仅是在帝国的广大领土上实现了和平。军队驻扎在边疆，除了偶尔遇到小股侵扰，没有其他势均力敌的敌人。罗马帝国进入了一个无与伦比的经济增长时期，尽管奥古斯都的直接继任者有明显的、多方面的失败。

古怪的稳定：奥古斯都的继承者（公元14—69年）

提比略（统治时间：公元14—37年）

奥古斯都政权的支柱是军队对元首的忠诚；对罗马民众的照顾和供给；以及为统治阶级的忠诚成员提供有尊严的工作的承诺，并尊重他们的意见。首要的原则是国内安宁。人们记得在亚克兴战役之前的岁月里，充满了暴力和不确定性。没有元首的罗马就是内战的罗马。

图4.28 这幅帝王提比略的红玛瑙浮雕，提供了一个理想化的帝王肖像，他在继位时已经56岁，完全秃顶。

奥古斯都成功地将自己宣传为内战的解药，导致了人们对他死后是否会爆发内战感到深深恐惧。由于提比略已经大权在握，在没有任何实际的战争威胁的情况下，人们编造了一些故事（图4.28）。有些人想知道阿格里帕·波斯图姆斯是否会从他的岛屿监狱中挣脱出来，挑战新政权（即使在波斯图姆斯于公元14年被处死之后，这种谣言仍然存在，提比略拒绝为这种无端的残暴行为承担责任或指责）。其他人则期待着他的侄子和养子，现在在莱茵河上指挥军队的日耳曼尼库斯，并想知道他是否会等待轮到他继承最高位置。

然后军队也参与了行动。莱茵河畔的8个军团和驻扎在巴尔干的4个军团，几乎在听说奥古斯都死了之后就立即发动了兵变。表面原因是对服役条件的不满，男人们服役的时间超过了他们应当的退休时间，另外军官们很残暴，薪水很低。所有这些可能都是合理的抱怨，但兵变的发展表明，根本原因是对未来的不确定。多瑙河兵变很快就结束了，这要归功于提比略的儿子德鲁苏斯的得力行动，他和刚刚升任的禁卫军统领塞亚努斯一起被派去处理这个问题。而日耳曼的兵变原本要严重得多，主要是因为日耳曼尼库斯的胡闹和无能愈演愈烈。有一次，当队伍中有人嘀咕他应该夺取王位时，日耳曼尼库斯拔出剑来，威胁说除非士兵们恢复应有的忠诚，否则就自杀。一个士兵对这种表现很不以为然，他献出了自己的剑，并说那把剑更锋利。几天后，这些人看到日耳曼尼库斯的妻子和孩子们离开营地的情景，非常感动，他们表示如果日耳曼尼库斯同意让他们惩治滥用职权的军官，就重返战场。他同意了，在又发生了一些暴力行为（包括在另一个营地屠杀哗变者）之后，叛乱结束了。

日耳曼尼库斯在兵变时的表现是平庸的。同样，对他接下来几年在日耳曼南部的战役的理性评估（我们的资料中基本没有）表明，他不是一个特别能干的指挥官。在战场上取得的任何成功，都会被调遣人员返回基地的问题所平衡。在公元15年，一支主力纵队几乎被伏击摧毁，只是靠着指挥官的勇气才勉强保住了性命；而在公元16年，从日耳曼中北部运送军队回来的舰队在一场风暴中失事。日耳曼尼库斯的名声在晚年可能因为他成为帝国中的关键人物而得到提升。原因很简单，他的妻子维普萨尼亚·阿格里皮娜，奥古斯都的孙女，格外擅长生养，至少有6个孩子在婴儿时期就活了下来，其中包括一位未来的皇帝卡利古拉，以及另一位皇帝尼禄的母亲。

在公元16年的军营问题结束后，提比略将日耳曼尼库斯从莱茵军中调出，并准备派他远征东方各省。在东方，他要与帕提亚人谈判亚美尼亚王位继承问题，并承担其他一些任务，包括把独立的卡帕多西亚王国（Cappadocia，土耳其东部）变成一个行省。日耳曼尼库斯似乎已经按部就班地完成了，只有公元19年夏天对埃及的访问是在原定的行程之外。

日耳曼尼库斯的访问大体成功，尽管提比略派去协助他的叙利亚总督做出了一系列惊人之举。这个叙利亚总督是格涅乌斯·卡尔普尼乌斯·皮索（约公元前49年—公元20年），是罗马顶级贵族和最复杂的家族的成员。这个家族的一个分支通过恺撒的第三任妻子卡尔普尼亚（Calpurnia）与恺撒事业紧密相连；另一个分支，皮索的后裔，先是站在庞培的一边，然后又站在恺撒的刺客一边，直到公元前1世纪20年代末才与奥古斯都和解。皮索与罗马领导人关系密切。皮索的父亲在公元前23年与奥古斯都共享执政官职位，皮索本人也在公元前7年与提比略共享执政官职位。皮索与奥古斯都时代的另一位重要人物穆纳提乌斯·普兰库斯的女儿（或孙女）结婚。皮索以独立、有野心和坏脾气著称，在一系列的行动中，让人联想到亚克兴战役之前一个世纪中最糟糕的那种贵族争吵。他公然不服从命令，以至于在日耳曼尼库斯提出了亚美尼亚的国王候选人后，皮索又推荐了另外一位。不出所料，到日耳曼尼库斯从埃及返回叙利亚时，两人的关系彻底破裂。大约在9月下旬，皮索愤怒地离开了叙利亚，这时日耳曼尼库斯突然病倒，于公元19年10月10日在安条克去世。他和他的追随者似乎都认为是皮索毒害了他。皮索在庆祝日耳曼尼库斯死亡的消息时，试图通过武力从日耳曼尼库斯的下属手中夺回叙利亚，然而并没有成功。

继承人去世的消息震惊了帝国，这件事之所以复杂，不仅因为日耳曼尼库斯比提比略的儿子德鲁苏斯更受欢迎，还因为人们觉得提比略没有同情心。他不透明的言谈举止使许多人觉得他想隐瞒什么，当提比略没有表现出足够的公开悲痛时，人们很快就怀疑他在暗中为日耳曼尼库斯的死而欢欣鼓舞，有人还认为日耳曼尼库斯的死是他命令皮索造成的。

日耳曼尼库斯之死对政治秩序的实际影响由两份不同寻常的文件来揭示，这两份文件充实了塔西佗对这些事件的描述。第一份文件描述了日耳曼尼库斯死后获得的许多荣誉，如在罗马、莱茵河和叙利亚建造凯旋门，以纪念继承人代表罗马人民的出行；为纪念他，重新命名了百人队大会中的几个大队；为了不与日耳曼尼库斯的死期重合，纪念奥古斯都而举行的活动被改期；罗马城民为他立了一座雕像；德鲁苏斯和提比略发表了关于他的美德的讲话；元老院命令在整个帝国公布纪念活动的记录。元老院在其法令中告诉我们：

> 提比略·恺撒·奥古斯都于古历1月1日之前的17日在元老院宣读的（卷轴）以及（根据）他的（布告）发表的内容应被刻在青铜器上，并固定在公共场所（无论在哪里）。元老院认为这样做更合适。因为（提比略内心深处）的颂词并不包含他作为父亲对儿子日耳曼尼库斯·恺撒的纪念，而是对他一生的历程和他美德的真实见证，因此将被传为永恒的纪念，他本人在同一份文件中也没有隐瞒他的愿望，即他不希望扭曲真相，并认为这对下一代的年轻人和我们的后代是有用的。
>
> （《罗马规约》第37—39条，略有调整）

元老院的话似乎反映出提比略真的很悲伤，他真的很在意日耳曼尼库斯，而且他意识到人们可能会认为他在掩饰。皮索回到罗马，在元老院对他的叛国罪还在进行审判的时候自杀了（值得玩味的是，自杀是在执政官塞亚努斯来访之后发生的）。

几个月后，元老院又颁布了一项法令（我们的第二份文件），指示整个帝国将公布所发生的事情。在这里，也出现了对公开性和继承权的关注，也许没有什么地方比元老院说得更清楚了：

> 由于元老院认为，提比略·恺撒·奥古斯都，我们的元首已经超越了各方的责任感，巨大和持续的悲痛（等迹象）已经经常被目睹，甚至元老院也被深深地感动了，（元老院）恳切地要求他把以前在两个儿子之间分配的所有关怀都赐给他的独子。元老院希望活下来的儿子将会是不朽的神灵所关心的对象，因为他们明白他父亲未来的所有希望现在都寄托在一个人身上了，所以他应该结束他的悲伤。
>
> [《关于皮索事件的元老院法令》（*Senatorial Decree Concerning the Pisonian Affair*）第124—132行]

图4.29 这枚来自西班牙的钱币的日期为公元31年。硬币正面描绘的是提比略，背面的花环上有COS（执政官的缩写）的字母，周围的铭文是指塞亚努斯。这枚硬币显然是在当年10月塞亚努斯被撤职并处决之前铸造的。

这个法令中的“一个人”就是德鲁苏斯，他没有比日耳曼尼库斯活得太久，死于公元23年。事情很快变得非常复杂。塞亚努斯与德鲁苏斯的妻子有染，他似乎把自己当成了潜在的阿格里帕式人物。大家都知道阿格里帕可能会接替奥古斯都，塞亚努斯似乎觉得，如果他让自己变得不可或缺，提比略可能会以同样的眼光看待他。假设他娶了德鲁苏斯的遗孀（日耳曼尼库斯的妹妹，因而与奥古斯都有血缘关系），或者假设其他潜在的王位继承人——日耳曼尼库斯的两个十几岁的儿子——对提比略感到厌恶，而提比略已经对他们的母亲阿格里皮娜怀有强烈的厌恶之情。此外，提比略似乎已经厌倦了治理。公元26年，提比略离开罗马，次年住进了卡普里的庄园，并在那里管理国家，或者说，把日常事务交给塞亚努斯处理。在随后的几年里，塞亚努斯被阿格里皮娜对他的恼怒，以及关于她的两个儿子的类似事情所激怒，他把这三个人都投入了监狱。继承权现在看起来好像必须交给日耳曼尼库斯和阿格里皮娜的第三个儿子盖乌斯，绰号卡利古拉（统治时间公元37—41年），或德鲁苏斯的小儿子，他与提比略一同留在卡普里。

在公元31年，塞亚努斯要求与德鲁苏斯的遗孀结婚的请求被拒绝，他似乎真的策划谋杀提比略和皇室中幸存的男性成员。这个阴谋的细节是由日耳曼尼库斯的母亲揭发的，只是因为她家的成员后来取得了无比重要的地位，并把他们的故事告诉了别人，真相才浮出水面。这里的关键人物是一个名叫凯尼斯（Caenis）的女奴（见第213页）和一个名叫安东尼·帕拉斯（Antonius Pallas）的自由民（后来当日耳曼尼库斯的弟弟克劳狄乌斯违背一切合理的期望而当上皇帝时，他几乎成了首相），他把这个阴谋的消息传达给提比略。提比略的反应是下令处死塞亚努斯和同谋者（**图4.29**）。

提比略统治的最后几年是痛苦的。元老院的成员担心他们会突然被指控为叛国罪，一些长期服务的行省长官也陷入了无法胜任的状态。其中一个人是本丢·彼拉多（Pontius Pilate），犹太的总督，在他于耶路撒冷宗教当局的要求下处决了一个来自加利利

图4.30 卡利古拉肖像，现藏于马里布的盖蒂庄园（Getty Villa in Malibu）的这尊半身像，似乎是刻意要唤起人们对这位皇帝深受爱戴的父亲日耳曼尼库斯的回忆。

图4.31 卡利古拉在这枚铜币中表现了他的三个姐妹，让她们以三女神（被认为体现了美丽、魅力和创造力等美德的女神）的形式出现。他的长姐德鲁西拉（Drusilla）的名字出现在铜币的顶部。

（Galilee）的教师的几个月后，最终在公元36年被解职。这是少数几次提比略似乎愿意顺从元老院的意思，但拿撒勒的耶稣是独立的宗教领袖，在他任职的这些年里，多次给本丢·彼拉多带来麻烦。彼拉多在这一年中对另一位圣人（我们已经不知道他的名字）的行为做出的残酷迫害，最终会让叙利亚的总督相信他必须离开。

提比略从来都不是一个活泼的人。他的智商很高，他对美好时光的理解似乎是在晚餐时向学者们询问一些晦涩的神话事实。他可能会尖酸刻薄，是一个可怕的公开演讲者，似乎从来没有从被迫与第一任妻子离婚的情感中恢复过来。然而，虽然他很悲哀，但提比略仍然是稳定的象征，即使在缺席十年之后，也没有人质疑他的象征性存在对公共福利无关紧要。

下一代也会如此吗？坐在卡普里岛上，老皇帝开始对他的孙子是否合适继承产生了严重的疑问，尤其是备选的卡利古拉已经二十多岁了，要比德鲁苏斯年轻的儿子更适合担任继承人。随着问题日益严重，提比略似乎公开了一些占星术，暗示卡利古拉不应该成为下一任统治者，但后来通过进一步研究星象，确信他对此无能为力。公元37年3月，提比略病死了［虽然有故事说他实际上是被塞亚努斯的继任执政官马克罗（Macro）闷死的］。

卡利古拉（统治时间：约公元37—41年）

在提比略继任奥古斯都时，他的业绩单非常长，法律地位几乎与前任相当。卡利古拉仅担任过一个初级职务，且在提比略死时也没有官职。结果现在元老院和人民自发地确定了卡利古拉的地位，通过了一项法案，把这个职位授予卡利古拉。对那些不了解他的人来说，卡利古拉似乎是完美的选择：他的父亲日耳曼尼库斯一直很受欢迎；他很年轻；他喜欢聚会（**图4.30**）。人们以巨大的热情迎接新皇帝，并对提比略渐渐遗忘。卡利古拉用一系列非同寻常的战车比赛、戏剧和角斗表演来回报他们，弥补了提比略不在罗马时多年来缺失的帝国活动。

但很快，人们就发现，最初的反应被大大夸大了。卡利古拉一生的形成期是在提比略的家里度过的，在那里，他的主要伙伴是门客——东方君主的儿子，他们对权力的态度与一般罗马人截然不同。君主们习惯于发号施令，卡利古拉在卡普里逗留的过程中，似乎也受到了这种观点的熏陶。他最亲密的朋友是他的三个姐妹（**图4.31**），据说他至少与其中一个姐妹有不正当的关系（也有人说是三个姐妹）。可能是为了回应这些故事和提比略对卡利古拉能力的怀疑的传闻，关于提比略晚年生活方式的细节被公开。据说，他突然养成了看年轻人做爱的嗜好，严峻的、学术性的前将军形象让位于七旬偷窥者的形象。他的性格已经被“秘密恶习”（secret vice）的乐趣所摧毁，使他的判断力不值得被尊重。然而，诽谤不能改变基本的事实。提比略是对的，卡利古拉缺乏集体决策的经验，他认为权力的行使就是他告诉人们该怎么做，而他却为所欲为。

怪异的事情开始发生。禁卫军统领马克罗在一年内就因被指控为叛国罪而被处决。厌倦了他的影响的人们可能很高兴看到他离开，但现在无人能制约皇帝。卡利古拉开始暗示他是神，据说他的聚会涉及对上流社会女性客人频繁的性侵犯。不到一年时间，第一起针对他的阴谋就被揭穿了，这也暴露了新统治者的另一个不良癖好：他喜欢看人受折磨。酷刑是罗马人生活中较为平常的事情。除了上层阶级的成员，主人折磨奴隶，钉在十字架等刑罚被广泛使用。但这并不意味着正直的罗马人喜欢观看施刑：那是残忍的行为，可如果实施这种刑罚是公正的且不带着寻欢作乐的态度，那就是严厉的美德。

第一次阴谋被揭露后不久，卡利古拉离开罗马去日耳曼访问军队，在那里又发现了另一起阴谋，他的行为变得更加反复无常。卡利古拉回到罗马，与此同时，入侵不列颠的计划——打算作为公共关系的噱头，以证明皇帝是一个合格的领导者——被取消。公元41年1月17日，卡西乌斯·卡瑞亚（Cassius Chaerea），卡利古拉曾经侮辱过的禁卫军统领，在卡利古拉离开为了观看戏剧表演而临时搭建在帕拉丁山上的剧院时，刺杀了他。

已经知道卡瑞亚计划的禁卫军军官们知道，他们需要一个能替代卡利古拉的人，而显而易见的选择就是卡利古拉的叔叔克劳狄乌斯。后来有人说，克劳狄乌斯根本不知道发生了什么——禁卫军们发现他躲在皇宫的帘子后面，于是把他带到他们的营地保护起来，这个版本与我们已知的故事不同。克劳狄乌斯一得知卡利古拉死了，就加入了禁卫军的营地，让人觉得他好像纵容了他侄子的死。

塞亚努斯建造禁卫军营地，是为了将以前驻扎在意大利各地的卫队集中到一个地方，并提供一支武装力量，以控制罗马城偶尔出现的不守规矩的民众。然而此时此刻，营地发挥的作用却截然不同：需要控制的是元老院。刺杀事件发生后，元老院召开了会议，一些人严肃地提出，他们不应该再有皇帝。街上的反应并不令人鼓舞，揭示了元首在很大程度上仍然是早期主张平民派统治权和反对元老院统治的遗产。犹太历史学家弗拉维乌斯·约瑟夫斯（Flavius Josephus）与后来的皇帝维斯帕芗一起来到罗马，他的叙述提供了对公元

对刺杀卡利古拉的反应，公元41年

元老院的态度和人民的态度之间出现了明显的差异。元老们的目的是恢复他们以前的尊严；现在终于有机会摆脱暴君强加给他们的无礼奴役。而人民则对元老院心怀怨恨。他们认为皇帝是对元老院暴虐行为的遏制，是对自己的保护。

［约瑟夫斯，《犹太人古事迹》（*Antiquities of the Jews*）19.227–8，怀斯曼（Wiseman）译］。

图4.32 克劳狄乌斯经历了提比略晚年的王朝动荡和卡利古拉的特殊情况，在位13年。公正地讲，他超出了视他为傻瓜的敌人的期望。这尊头像显示了皇帝戴着头饰：白色的眉带上镶嵌着珍珠。

41年1月发生的关于帝国政府问题的看法。他在自己的犹太民族史中，加入了他在当时的一部罗马史中发现的关于卡利古拉被刺杀的材料（见第197页：对刺杀卡利古拉的反应，公元41年）。当卫兵明确表示克劳狄乌斯是他们想要拥护的人时，僵局被打破了。经过一天的激烈谈判，元老院欢迎新皇帝的到来，不久之后，人民就投票赋予他所有的权力。

克劳狄乌斯（统治时间：约公元41—45年）

克劳狄乌斯是一个奇怪的人（**图4.32**）。奥古斯都曾让他远离公众生活，因为他生来就有一只脚畸形，而且（可能）患有脑瘫。在提比略统治期间，他一直处于幕后。作为反提比略计划的一部分，卡利古拉曾在公元37年与他共同担任执政官，但此后更多的时候是羞辱而不是尊重他。他们是截然不同的人。克劳狄乌斯常年

征服不列颠，公元43—84年

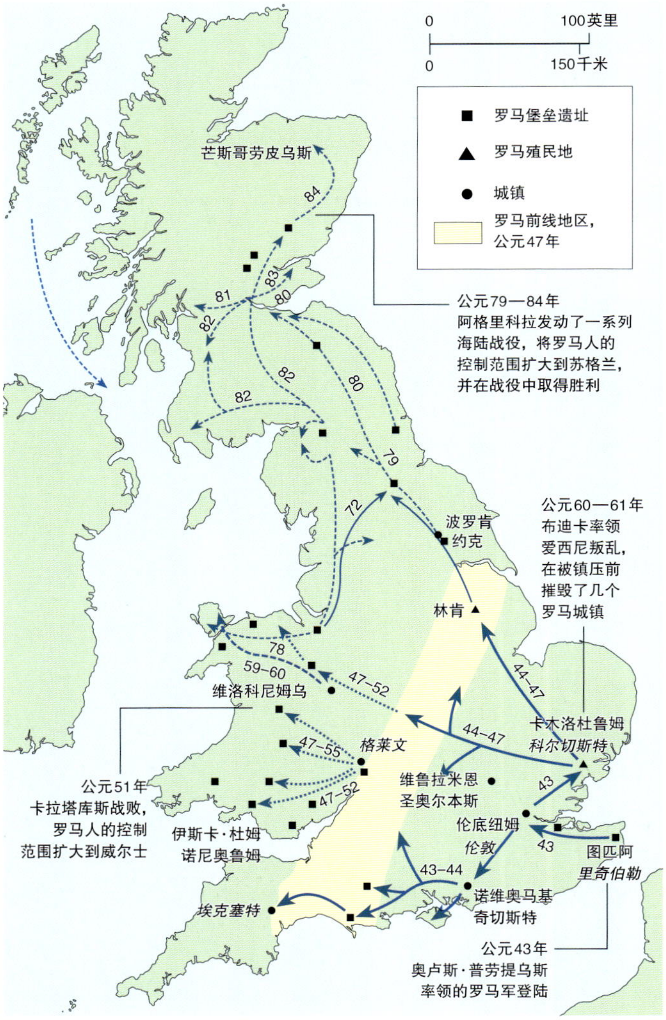

罗马人对不列颠的征服始于公元43年，克劳狄乌斯成功入侵并占领了不列颠的东南部（**图4.33**）。然而，罗马人又花了五十年的时间才稳固地确立了对该国大部分地区的统治，并平息了当地部落的反对。

大约在公元47年，发生了两次反罗马人的大起义，罗马总督奥斯托里乌斯·斯卡普拉（Ostorius Scapula）和不列颠首领卡拉塔库斯（Caratacus）之间发生了激烈的战斗。这两次叛乱被镇压，卡拉塔库斯被俘，罗马人的控制范围扩大到威尔士。公元60年又发生了一次大规模的起义，这次起义是由已故爱西尼（Iceni）国王的遗孀布迪卡领导的，地点在今英国诺福克郡。叛军进攻了卡木洛杜鲁姆（Camulodunum，今科尔切斯特）、维鲁拉米恩（Verulamium，今圣奥尔本斯）和伦底纽姆（Londinium，今伦敦）。考古发掘表明，这些城镇几乎被完全摧毁。罗马总督苏埃托尼乌斯·保利努斯（Suetonius Paulinus）在伦敦以西的一场战斗中击败了布迪卡的军队，有效地结束了这场叛乱。

布迪卡起义后的二十年里，罗马的统治得到了巩固。在这一时期，帝国官员——尤其是公元77年至84年的总督阿格里科拉（Agricola）——将罗马的控制区逐步北移，到公元80年初到达苏格兰低地。

在宫中大量阅读和写作，他尤其热爱历史，并对罗马古物产生了真正的兴趣。但是，像卡利古拉一样，他没有真正的集体决策经验，似乎发现很难获得元老们（其中许多人似乎都鄙视他是个低能儿）的友谊。他很自然地求助于自由奴隶，让他们管控着整个帝国广大领土的、日益复杂的事务。用现代的话来说，克劳狄乌斯可以被看作一个技术统治论者，重视与其他知道如何完成任务的人相处。他的弱点是，他没有意识到，人们为他服务不仅是为了他的利益，也是为了自己的利益，他很容易被那些说爱他的人欺骗。

在最初的几年里，克劳狄乌斯的弱点还没有显现出来。在巴尔干地区一个总督组织的叛乱中幸存下来后，他的幕僚组织了一次高效的入侵不列颠的行动，这是一个很吸引人的目标，因为恺撒未能征服它，也因为不列颠人似乎不太可能抵挡住罗马军队。这次入侵是在公元43年发动的，并在一定程度上被证明是成功的。指挥这次入侵的奥卢斯·普劳提乌斯（Aulus Plautius）是一名优秀的士兵，他确保克劳狄乌斯可以安全地带着军队出现，以宣称成功，但是最终效果并不理想。

罗马人无法回家，也没有足够的军队占领该岛。有效的行政管理需要近五十年的时间才能建立起来，并付出成千上万不列颠人和罗马人的生命（见第198页：征服不列颠，公元43—84年）。

虽然这次入侵造成了一个长期问题，但却实现了短期的政治目标。克劳狄乌斯表现出了军事能力，可以安下心来进行多年且有效治理。他让军队满意，并通过重建奥斯蒂亚港，使其成为台伯河口的粮食供应入口，改善了罗马人民的福利。同样是在这些年，克劳狄乌斯在担任监察官的时候，直接解决了公民权的扩展问题，他运用的规则是着眼于传统，即用“文化属性”而不是“生物属性”来界定谁可能是罗马人。在这种情况下，皇帝的讲话被保存在里昂（Lyons）发现的一块青铜碑上（见本页：克劳狄乌斯的演讲，图4.34）。随着内战时代的结束，提出建立一个更加开放的罗马社会

克劳狄乌斯的演讲

我预料到你们会提出的第一句抱怨，请忍耐，就在你们抱怨的时候，一些新事物就在发生。在你们抱怨之前，想想这个社会有多少创新，事实上，我们的罗马共和国被引向了多少形式……当然，这要归功于一些新的想法，神圣的奥古斯都、我的叔祖父和我的叔父提比略·恺撒希望各市镇和全部殖民地，也就是说有价值和财富的人都能进入元老院……我甚至认为，凡是能为元老院锦上添花的行省人，就不应该被拒绝加入。

［《拉丁文铭文选》（*Selected Latin Inscriptions*）第212号］

图4.34 这块青铜碑记录了克劳狄乌斯关于接纳高卢贵族进入元老院的演讲（本专栏中为其摘录翻译）。作为殖民地，里昂是该地区的罗马文化中心。克劳狄乌斯于公元前10年出生在那里，这块铭文很可能是当地精英为感谢克劳狄乌斯为提高他们在帝国的地位所做的努力而制作的。

的建议变得更加可信。虽然总会有偏激的人提出反对意见，但现在舆论的天平正朝着另一个方向发展。

然而，随着时间的推移，皇帝家庭内部的问题开始给整个政府蒙上阴影。克劳狄乌斯与他年轻得多的妻子麦瑟琳娜疏远了。他娶了奴隶出身的情妇，而麦瑟琳娜也有了自己的情人。虽然我们无法证实她是否在妓院里度过了一个晚上，以看看自己是否能胜过一个有经验的妓女，但很明显，她有很多伴侣。在公元48年中，当克劳狄乌斯出城时，她甚至和其中一位伴侣进行了一场模拟婚礼的仪式。事实证明，这超出了克劳狄乌斯的忍耐，麦瑟琳娜和她的一些情人被立即处决。

据塔西佗记载，管理皇宫的自由民意识到克劳狄乌斯不能继续当单身汉，除此之外，他和麦瑟琳娜所生的儿子布列塔尼库斯太年轻，无法继承王位。他们选择了克劳狄乌斯的侄女，小阿格里皮娜作为他的新配偶。根据罗马法律，这桩婚事显然是乱伦的，但没关系。他们通过一条新法，对此给予豁免，小阿格里皮娜和她的儿子卢修斯·多米提乌斯·阿赫诺巴布斯一起搬进了皇宫，他比布列塔尼库斯大三岁。阿格里皮娜确保克劳狄乌斯收养了她的儿子，并将他的名字改为尼禄·克劳狄乌斯·德鲁苏斯·恺撒（Nero Claudius Drusus Caesar，简称尼禄），同时为自己争取了巨大的权力。据说，在公元54年，她决定将继承权问题掌握在自己手中，用一份毒蘑菇杀死了自己的配偶。对有些人，特别是对那些一直无法打入自由民小群体并无法让克劳狄乌斯放下戒备的元老们来说，尼禄（统治时间为公元54—68年）登基的消息让他们欣喜若狂。

尼禄（统治时间：公元54—68年）

过了一段时间，人们才发现尼禄的统治是一场灾难（**图4.35**）。尼禄在17岁时，他对执政没有什么兴趣，把国家的有效控制权交给了他母亲小阿格里皮娜挑选的能干的人。只要由曾是尼禄前导师的著名文人塞涅卡（Seneca，约公元前4—公元65年）和有效的官僚布鲁斯（Burrus）负责，国家就能很好地运转。当他们决定需要一个真正的军人多米提乌斯·科尔布罗（Domitius Corbulo）来处理克劳狄乌斯最后几年与帕提亚人在亚美尼亚控制权上的争端时，他们对效率的偏好得到了最好的体现：科尔布罗被授予了对东方各

图4.35 据说尼禄对他在钱币上的形象很感兴趣。这幅肖像无疑标志着与他的两位前任“日耳曼尼库斯”风格的不同。相反，它强调了皇帝是投降科尔芬尼文的卢修斯·多米提乌斯·阿赫诺巴布斯和他儿子的后代，后者曾指挥布鲁图斯和卡西乌斯的舰队。

行省的巨大权力，唯一的要求是能解决这个问题。

尼禄似乎很愿意让其他人管理帝国，使他能够专心致志地做他更感兴趣的事情。他自诩为诗人和演员，但当这些人试图告诉他如何生活时，他却一点也不高兴。作为继承计划的一部分，他不得不娶克劳狄乌斯的女儿奥克塔维亚为妻，而他并不喜欢她。作为皇帝，他开始纳妾。他的母亲不同意。进入二十出头时，尼禄厌倦了母亲的不断干涉，他们之间的交流似乎几乎完全中断了。就在这时，尼禄结识了波贝娅·萨宾娜，她是提比略一位将军的孙女，也是一位个性强势的女人。尼禄想和奥克塔维亚离婚，迎娶波贝娅。小阿格里皮娜和高级顾问们都劝说不要这样做，因为奥克塔维亚是稳定和连续性的象征。尼禄转而求助于其他顾问，并设计了一个杀死母亲的阴谋。

公元59年，尼禄做了一件不可思议的事。他让小阿格里皮娜乘船在那不勒斯湾旅行，船的设计使她乘坐的后端会破裂。但尼禄似乎对母亲知之甚少，他没有意识到她是一个强壮的游泳运动员，而且有能力回到岸上。吃力地行走在沙滩上的太后，对聚集在一起的人群来说是个可怜的人，但对她的儿子来说却不是。最后，他派了一支卫队的分队去杀她。

对小阿格里皮娜的谋杀改变了一切。塞涅卡和布鲁斯强烈反对，但他们的影响逐渐减弱，尼禄甚至将自己更多的精力投入到戏剧和展示他作为战车手的技巧上。布鲁斯于公元61年去世，塞涅卡在一年后退休。他们的继任者意识到，皇帝的怪癖与对掌声的渴望有关，而他们自己的权力与他们提供这种掌声的能力有关。奥克塔维亚被控通奸，与尼禄离婚，并在塞涅卡退休后被处决，波贝娅被立为皇后。而因做过竞技场战车马匹供应获得权势的提盖里努斯（Tigellinus）则成了禁卫军统领，加入了一个与克劳狄乌斯上届内阁非常相似的内部圈子，之后尼禄对自由民的依赖愈发严重。

帝国的事务开始动荡，与其说是由于任何具体的危机实际上是尼禄的过错，不如说是由于尼禄在每一个案例中的反应似乎都微乎其微。例如，在公元60年，不列颠爆发了一场暴力起义，起义者是爱西尼（诺福克地区的一个部落）的王后布迪卡，她曾被罗马人鞭打，她的女儿被强奸。虽然总督很快就击溃了布迪卡的军队，但包括伦敦在内的三座城市成为一片废墟，伤亡惨重。胜利的将军苏埃托尼乌斯·保利努斯因为残暴而被撤职，这对一个成功的军人来说并不寻常。此外，即使撤职是合理的，但由于是帝国自由民波利克里图斯（Polyclitus）下令的，其他元老也不满意。四年后，灾难在更近的地方发生。公元64年，一场大火烧毁了罗马的大部分地区。救灾工作需要由皇帝来指挥，据说尼禄对最初的消息反应非常古怪，尽管他声称自己一直在积极地参与救火，但人们说他朗诵了一首关于特洛伊陷落的诗。

尼禄的重建计划并不比他在火灾中的行为更令人满意。其核心是为尼禄本人建造一座巨大的新宫殿——金宫：这是一个异常豪华的空间，似乎是一个虚拟的仙境，但很可能给试图从一处前往另一处的人们带来麻烦，因为它堵塞了罗马的中心地带（**图4.36**）。此外，当尼禄意识到人们将火灾归咎于他时，他试图将责任推给一个很少有人听说过的群体：基督徒。没有人喜欢基督徒，他们似乎只对世界末日和一个被罗马官员钉死在十字架上的人很感兴趣，但尼禄对他们的处理方式已经超越了怪诞的界限：把一些人活活烧成人肉火把，让另一些人在圆形剧场里被野兽撕碎。人们同情他们的困境。后来的传统认为，在当时被杀的人中，有两个人对基督教信息在犹太聚居区以外的传播负有主要责任。其

图4.36 尼禄的金宫是在公元64年大火后开始建造的，是当时设计的奇迹，在帕拉丁、埃斯奎里山和西莲山上占据了巨大的空间。尼禄的继任者们拆除了金宫的部分建筑，但没有全部拆除。上图是曾经的皇宫八角形餐厅。

中一个人彼得是耶稣最初的信徒之一，而另一个人保罗在耶稣被处死后开始传教，并宣称在自己信主之前，曾短暂地迫害过耶稣的信徒。

政权在危机中摇摇欲坠。火灾一年后，由元老院和近卫队成员共同参与并设计了一个阴谋，目的是杀死皇帝，并让新的人取代他的位置。他们的候选人是卢修斯·皮索，他是前执政官，也是日耳曼尼库斯的大敌格涅乌斯·卡尔普尼乌斯·皮索的孙子，他与他的妻子以及卡利古拉曾一起进行过怪异的三人活动。但由于元老院成员参与密谋，消息通常难以保密，于是阴谋被暴露了。一轮处决之后，提盖里努斯身边的一群人趁着皇帝极其害怕，又扫除了更多的目标。塞涅卡被迫自杀，而在一年之内，其他的人也被指控，罪名不过是"行为不符合一个忠诚的臣民"。

因此重要人物都很紧张，而尼禄的顾问们在接下来的一年里犯了一个巨大的错误。多米提乌斯·科尔布罗在尼禄执政初期被派去处理亚美尼亚的问题，现在终于完成了与帕提亚人的交易，回国了。他刚回国不久，就被指控犯有叛国罪并被处死。不过，他是一个朋友众多的人。当尼禄启程前往希腊，在希腊世界著名的田径比赛中展示自己作为战车手的技艺时（为了配合他的访问，所有的比赛都改期了），各将领和总督之间酝酿了一个阴谋。

公元67年，也就是处死科尔布罗的同年，尼禄在波贝娅怀孕时踢了她的肚子，导致她流产死亡。希腊之行也许能帮助尼禄从这场家庭悲剧中恢复过来。事实上，希腊之行被证明是一个巨大的成功，为他提供了一个转移注意力的机会，尽管尼禄在奥林匹克参加比赛时从战车上摔下来，但他还是在参加的所有比赛中都获得了好成绩。

尼禄十分不悦地被他留在罗马负责的自由民赫利乌斯（Helius）的一封信召唤回家，提醒他有一个巨大的阴谋。事实证明，这一切都太晚了，他根本无能为力。公元68年3月，高卢一个总督宣布他忠于罗马人民的政府，而不是忠于尼禄。维斯帕芗是犹太省的总督，也是一支强大军队的指挥官，镇压了几年前在那里爆发的叛乱，他停止了军事行动。鉴于他一直以来表现出的杀人效率，这一行为表明他对叛乱有预先的了解。而加尔巴（公元68—69年），西班牙一个行省的总督，则自立为帝。

虽然上日耳曼省（莱茵河畔两个日耳曼省中较南端的一个，因为它更接近莱茵河的源头，所以被称为"上"）的总督维吉尼乌斯·鲁弗斯（Verginius Rufus）最初出兵镇压叛乱，但他很快就宣布支持加尔巴。在罗马内部，第五纵队也在禁卫军的支持下开始行动。公元68年6月9日，卫队宣布支持加尔巴，元老院宣布尼禄为公敌。尼禄逃离了皇宫，向一个叫菲昂（Phaon）的自由民的家走去，他不知道菲昂已经向追兵通风报信。当他听到他们靠近时，尼禄刺死了自己。据称，他的遗言是："艺术家与我同归于尽，是多么伟大啊！"

四帝共治（公元69年）

尼禄死后的十八个月里，元首制受到了上几个世纪以来前所未有的考验。罗马产生了四位皇帝——加尔巴、奥托（Otho）、维特利乌斯（Vitellius）和维斯帕芗——出现了两次宫廷政变（一次导致尼禄死亡，另一次导致加尔巴死亡），两次内战（奥托和维特利乌斯之间，维特利乌斯和维斯帕芗之间）。然而，这一切都发生在亚克兴战役后成长起来的制度框架内。所有的皇帝都是具有丰富执政经验的高级元老，他们的军队是正规军，而不是像亚克兴战役之前的内战那样，为了一两次战役而集结的人员。元首作为一种政府形式的延续性在任何时候都不会受到怀疑。

加尔巴在公元68年9月作为尼禄的继任者被迎入罗马之前，已经在自我毁灭的道路上走得很远了（**图4.37**）。尼禄在考虑抵抗叛乱时，曾将驻扎在那不勒斯湾的舰队中服役的海军陆战队员中组建了一个军团，并给予这些人与正规军团同等的军饷。加尔巴拒绝履行这一安排，并处死了一些抗议的人。同时，他还疏远了上日耳曼的军队，撤换了受欢迎的指挥官维尔吉尼乌斯·鲁弗斯。士兵们认为罢免维尔吉尼乌斯是一种侮辱，对加尔巴反对给予他们丰厚的奖励感到愤怒，又对

图4.37 这枚加尔巴硬币正面刻有自由（*Libertas*）字样，背面刻有恢复（*Restituta*）字样；其设计与恺撒遇刺后铸造的一枚著名硬币相呼应（见第166页）。

图4.38 维特利乌斯是克劳狄乌斯最亲密的元老院伙伴的儿子。在尼禄去世之前，他的事业相对平静，但他迅速组织了对加尔巴的起义，这表明他有相当的能力。

任命一个名叫霍尔多尼乌斯·弗拉库斯（Hordeonius Flaccus）的无名小卒为总督感到不满。另一个日耳曼行省（下日耳曼）军队的情况就更复杂了。军队中的一名高级军官谋杀了总督，希望他自己能被任命为总督。相反，他发现自己从属于奥卢斯·维特利乌斯，后者的父亲曾是克劳狄乌斯最亲密的伙伴。

维特利乌斯在人们的印象中是一个无所事事的寻欢作乐者，这也是内战中失败者的命运（**图4.38**）。然而事情似乎反常。维特利乌斯似乎立即察觉到加尔巴无能，日耳曼各省的军队觉得他们与尼禄决裂后没有得到足够的奖励。甚至在离开罗马之前，他就从神圣的尤利乌斯神庙中捡起了一把曾经属于恺撒的剑。他一到下日耳曼，就开始讨好他的新将领。事实上，他能够带着一个强大的象征性战利品离开罗马，就足以说明加尔巴的政府组织得多么糟糕。

维特利乌斯并不是唯一一个对加尔巴政权的混乱感兴趣的人。12月，罗马台伯河中央小岛上的一尊朱庇特神像奇迹般地转过身来，指向东方。这个奇迹发生的那天，正是加尔巴主持选举次年执政官的日子，这也是提醒他还没有对付维斯帕芗。台伯河岛的“奇迹”表明，维斯帕芗认为他支持反尼禄的起义，理应得到奖赏；而派遣他的长子提图斯前往罗马，则表明他可能认为加尔巴应该收养他，从而使他成为下一个王位的继承人。提图斯的叔父提图斯·弗拉维乌斯·萨比努斯（Titus Flavius Sabinus）担任城市长官一职，因此这个“奇迹”不太可能是一个巧合：城市长官在很大程度上具有象征性的意义，但可以在提图斯离开犹太去罗马时，用来促进维斯帕芗的利益。安排奇迹事件，并以其他秘密方式协助提图斯的主张，本来就不难。次年1月初，提图斯已经到了希腊。

加尔巴的反应犹豫不决，对另一个潜在的继承人萨尔维乌斯·奥托的要求也置之不理（**图4.39**）。奥托曾经参与了与尼禄的换妻安排。据说他娶了波贝娅·萨宾娜，条件是在尼禄摆脱奥克塔维亚之前，都要和波贝娅睡在一起。此外还有传言，奥托指导尼禄学习了足部

图4.39 塔西佗认为，这枚钱币中所描绘的奥托，一生中没有做任何像他留下钱币那样高贵的事情，但这么说可能低估了他的才能。从其家族起源于伊特鲁里亚来看，奥托的祖父已经升任了大法官的职位，他的父亲在公元33年担任执政官。这段历史是许多家族的典型代表，他们凭借对皇帝的有效服务从市镇贵族上升到元老院。有证据表明，奥托本身就是一个能干的管理者，能够激发人们的忠诚。

香水的调制。尽管如此，事实证明奥托在革命期间是加尔巴的得力支持者，他一有机会就从自己在葡萄牙的行省加入，并在行军中对部队充满热爱。

到12月底，加尔巴应该很清楚，他需要与维斯帕芗或奥托结盟，才能保住自己的王位，但加尔巴是个势利眼，维斯帕芗和奥托都不是来自“正确”的家族。公元69年1月的头几天，当有消息说维特利乌斯在一场精心组织的政变中，声称莱茵河两支军队都向他宣誓效忠时，加尔巴选择卢修斯·皮索作为他的继承人。这位皮索并不是出身于培养出尼禄的家族，而是恺撒妻子的曾曾外甥，他的直系祖先曾嫁入克拉苏和庞培的家族，这代表着加尔巴为重新确立旧共和国贵族的重要性所做出的努力。遗憾的是，对加尔巴来说，皮索除了给政权带来社会上的殊荣，别无他用。而这项任命让奥托加速了阴谋活动，他似乎很擅长这方面的工作。他与一小部分精心挑选的支持者合作（并受到他的私人占星师的鼓励），迅速赢得了在禁卫军中服役的几名军官和士兵的忠诚。在1月15日黎明后不久，奥托策划了他的皇帝宣言，并由禁卫军和驻扎在罗马的其他部队宣布，而加尔巴在广场中被杀。

与维特利乌斯一样，有关奥托的记载都很粗暴，但是——也像维特利乌斯一样——他似乎比后世所记载的成就要大。维特利乌斯的军队是一流的，但奥托设法从尼禄的前部队、角斗士和禁卫军中召集了一支健全的部队，进行了可靠的防守，希望能拖住维特利乌斯的前进步伐，以等待从巴尔干半岛赶来的援军。可惜奥托对维特利乌斯的牵制失败了。维特利乌斯的军队在意大利北部克雷莫纳郊外的贝德里亚库姆（Bedriacum）进行了一场艰苦卓绝的战斗，击败了奥托的部下。奥托得知战败后，为了使罗马不再遭受暴力，于4月16日自杀。

维特利乌斯本人在6月初就到达了罗马，并开始了组建自己政权的进程，当7月1日消息传来时，维斯帕芗已被埃及的驻军宣布为皇帝，随后犹太和叙利亚的军队也迅速跟进。巴尔干军团担心因支持奥托而遭到报复，有的军团与东方指挥官联系，很快就宣布拥护维斯帕芗。维特利乌斯尽其所能，将主力派往意大利北部，同时保持联络畅通，既不逮捕维斯帕芗的弟弟萨比努斯，也不逮捕他的小儿子图密善。当维斯帕芗的军队——在维特利乌斯早先击败奥托军队的几乎同一地点击溃维特利乌斯的军队——接近罗马时，图密善和萨比努斯才面临被捕的境遇。他们逃到了罗马最大的神庙——朱庇特神庙，当维特利乌斯试图将他们拘押时，神庙被烧毁（图密善逃了出来，但萨比努斯死了）。没过几天（12月20日），维斯帕芗的人就到了罗马，维特利乌斯被拖到罗马的大街上，被殴打并被杀死。

在维斯帕芗的胜利之后，元老院举行会议，提出授予维斯帕芗元首权力的法律。这是在不到十二个月的时间里，元老院第三次这样做，人民聚集在百人队大会投票赞成授予维斯帕芗统治权，这也是他们第三次在部落大会投票将保民官的权力授予一个新的统治者。我们有（至少）一块青铜碑，上面包含了一部分关于皇帝的法律（见第206页：关于授予维斯帕芗皇帝统治权的法律）。这揭示了在亚克兴战役之后的一个世纪中皇帝的地位，同时提供了那些被正式“赞成”的皇帝名单——这个名单从奥古斯都开始，跳过了卡利古拉、尼禄，以及维斯帕芗的直接前任们。

这条法律的条款惊人地证实了塔西佗的观点（见第150页），即帝国的专制制度是从共和国的框架内发展起来的。皇帝被看作国家旧体制的附加物，并使旧体制能够发挥作用。即使一个人的权力来自军队，并通过内战赢得权力，也要得到人民的确认，正如自苏拉以来一样。

关于授予维斯帕芗皇帝统治权的法律

（省略）或者（对他来说）与他所希望的任何人订立条约是合法的，就像神圣的奥古斯都，提比略·尤利乌斯·恺撒·奥古斯都（提比略）和提比略·克劳狄乌斯·恺撒·奥古斯都·日耳曼尼库斯（克劳狄乌斯）一样，是合法的。

他召集元老院、报告事务、转达（事务）、以报告和分议的方式通过元老院的法令是合法的，就像神圣的奥古斯都、提比略·尤利乌斯·恺撒和提比略·克劳狄乌斯·恺撒·奥古斯都·日耳曼尼库斯一样。

当元老院按照他的意愿或权力，根据他的命令或授权，或在他在场的情况下召开时，所有事务的法律都应得到维护和遵守，就像元老院是根据法规被召集和正在召开一样。

不管是谁，当他们寻求裁判权、权力、统治权或任何照顾时，他应向罗马元老院和人民推荐，或向他在位时给予支持或承诺支持的人推荐，在任何不在通常时间举行的选举中都要考虑他们。

当他认为符合公共利益的时候，他可以合法地推进，就像提比略·克劳狄乌斯·恺撒·奥古斯都·日耳曼尼库斯的做法一样。

无论他认为什么是符合公共惯例的，以及神的和人的、公共的和私人的“伟大”的事情，他都有权利和权力去做，就像神圣的奥古斯都、提比略·尤利乌斯·恺撒和提比略·克劳狄乌斯·恺撒·奥古斯都·日耳曼尼库斯一样。

图4.40 这块青铜碑现存于梵蒂冈博物馆，是维斯帕芗法律的翻译版本，上面刻录了最后几个条款。自提比略时代以来，已通过类似的法律。

无论在什么法规和公民投票中写明，神圣的奥古斯都或提比略·尤利乌斯·恺撒·奥古斯都和提比略·恺撒·奥古斯都·日耳曼尼库斯不应受到约束，最高统治者恺撒·维斯帕芗应从这些法规和公民投票中解脱出来。任何神圣的奥古斯都或提比略·尤利乌斯·恺撒·奥古斯都或提比略·克劳狄乌斯·恺撒·奥古斯都·日耳曼尼库斯根据任何法规或律令所做的事情是合适的，最高统治者恺撒·维斯帕芗·奥古斯都做这些事情也将是合法的。

在本法规提出之前，无论什么事情都由皇帝恺撒·维斯帕芗·奥古斯都或任何人根据他的命令或授权进行、执行、颁布或命令，它们都是合法的和有约束力的，就像它们是根据人民或平民的命令进行的一样。

制裁

如果任何人在执行本章程时，已经或将要违反章程、条例、或公民投票或元老院法令的行动，或者如果在执行本章程时，他没有采取根据章程、条例，或公民投票或元老院法令他应该采取的行动。那不是他的责任，他也没有义务因为那件事而给人民任何东西，也没有人对那件事有诉讼或管辖的权利，也没有人允许有关于那件事的诉讼在它面前发生。

（《罗马规约》第39条，略有改动）

总结

- 对于罗马元首制是如何以及为何在公元前1世纪中叶出现的，古代作者提出了两种观点。有些人认为它是由公元前50年的政治演变而来的；另一些人则认为随着公元前31年奥古斯都在亚克兴战胜安东尼，元首制急剧发展。第一种观点最突出的阐述者是塔西佗，他是公元2世纪初书写帝国政权的伟大历史学家。
- 恺撒首先通过征服高卢，然后在内战中击败以庞培为首的敌人，取得了国家的统治地位。跟随马略和辛纳的脚步，恺撒将自己的权力建立在军事力量和城市平民的支持相结合的基础上。他倾向于忽视元老院，因而元老院对他的态度是厌恶的，结果在公元前44年3月15日，他被阴谋刺杀。
- 恺撒遇刺后一片混乱，他的支持者因对马克·安东尼的看法不同而分裂成不同的派别。几个月后，安东尼成功地使刺客党在罗马的生活无法维持，但刺客党羽夺取了一些省份的控制权。
- 不喜欢安东尼的恺撒支持者们，聚集在恺撒的养子屋大维乌斯身边。他和安东尼很快就闹翻了，并在公元前43年打了一场内战。他们军队的士兵强行和解，其中包括他们与马库斯·雷必达分权。三人在当年晚些时候被授予独裁权后，成为三巨头。作为三巨头，他们各自颁布了禁令，其中西塞罗是最悲惨的受害者。安东尼和屋大维乌斯则率军对抗恺撒的刺客，于公元前42年在腓立比打败了他们。
- 公元前36年，屋大维乌斯将雷必达从三巨头中除名，公元前32年向安东尼宣战，次年安东尼在亚克兴战败。屋大维乌斯于公元前27年被元老院赐予奥古斯都的头衔，着手建立新政权。他建立新政权的基础是：迅速向边境派遣军队；通过改善公共服务来召集罗马平民；通过设立新职位来吸引上层阶级成员。他由此奠定了一个政府制度的基础，这个制度将持续近三百年，基本上没有改变。他强调了与过去的连续性、内乱的结束以及新政权对个人自我表达的容忍。
- 帝国对经济的影响越来越大，元老们也逐渐富裕起来，他们的影响力扩展到各行省，新的工业在各省发展起来。在一些情况下，这些新工业取代了早期的意大利生产中心，或者迫使他们改变经营重点。在整个罗马帝国中，农民普遍从属于大地主。
- 公元前1世纪中叶，拉丁文学的时代来临。在奥古斯都之前的一代人中，西塞罗和卡图卢斯的事业就体现了这一点，而在奥古斯都自己的时代，产生了一些重要的文学家，其中最伟大的是维吉尔和李维。
- 公元14年奥古斯都去世时的罗马帝国，比它周围的地区要强大得多。人口大幅增加，内部和平使得内部发展显著，但帝国东西方发展模式非常不同。
- 奥古斯都制度的优势在他死后的半个世纪里显露出来。他的直接继任者中没有一个人有很强的行政能力。然而，随着这一制度的确立，罗马社会中的不同群体都发展出了自己希望维持这一制度的理由。值得注意的是，当尼禄在公元68年被赶下皇位时，几乎没有人希望回到皇帝之前的日子。公元69年的四位新皇帝中的每一位，都是通过共和国时期的传统议会授予权力而被确认上任的。

第五章

稳定的时代

（公元70—238年）

大事年表5 稳定的时代

时期	年代	事件
弗拉维王朝	公元70年	平定巴达维亚（Batavian）叛乱；提图斯攻占耶路撒冷，摧毁希律大帝建造的神庙
	公元79年	维斯帕芗去世；提图斯称帝；维苏威火山爆发，庞贝城被摧毁
	公元80年	斗兽场落成
	公元81年	提图斯去世，图密善称帝
	公元96年	图密善遇刺，涅尔瓦（Nerva）称帝，图拉真被收养
图密善遇刺，涅尔瓦称帝，图拉真被收养	公元98年	图拉真成为皇帝
	公元101—102年	第一次达契亚（Dacian）战争
	公元105—106年	第二次达契亚战争
	公元107年	塔西佗的《历史》可能完成
	公元113—117年	图拉真发动帕提亚战争
	公元115年	夺取帕提亚首都泰西封（Ctesiphon）
	公元117年	图拉真去世，哈德良在安条克称帝
	公元121—125年	塔西佗的《编年史》可能此时完成
	公元122年	在不列颠修建哈德良城墙
	公元131—135年	巴尔-科赫巴（Bar-Kochba）叛乱
	公元138年	哈德良去世，安东尼·庇护（Antoninus Pius）当上皇帝，收养了马库斯·奥勒留（Marcus Aurelius）和卢修斯·维鲁斯（Lucius Verus）
安东尼时代	公元161年	安东尼·庇护去世；马库斯·奥勒留称帝，并将共同皇帝头衔授予卢修斯·维鲁斯；帕提亚人入侵卡帕多西亚和叙利亚
	公元162—166年	卢修斯·维鲁斯指挥罗马军队对抗帕提亚人
	公元164年	卡西乌斯·狄奥大约此时出生
	公元167—175年	巴尔干战争的第一阶段
	公元169年	卢修斯·维鲁斯去世
	公元177年	康茂德（Commodus）与马库斯·奥勒留共同称帝

安东尼时代	公元240—270年	巴尔干战争的第二阶段
	公元180年	马库斯·奥勒留在西尔米乌姆（Sirmium）去世；康茂德成为唯一的皇帝
	公元192年	康茂德以自己的名字重新命名罗马殖民地，并在罗马节上以公众斗士的形象出现；12月31日，康茂德被谋杀
塞普蒂米乌斯·塞维鲁	公元193年	继承战争在康茂德死后进行；塞维鲁（Servus）取得胜利，6月被承认为皇帝；塞维鲁宣布克洛狄乌斯·阿尔比努斯（Clodius Albinus）为恺撒
	公元194年	塞维鲁的军队在伊苏斯（Issus）击败佩斯切尼乌斯·奈哲尔（Pescennius Niger）
	公元197年	塞维鲁在卢格杜努姆击败克洛狄乌斯·阿尔比努斯；塞维鲁入侵帕提亚
	公元207—211年	塞维鲁在不列颠征战
	公元211年	塞维鲁死在不列颠的约克；卡拉卡拉和盖塔（Geta）成为共同的皇帝；卡拉卡拉谋杀盖塔
随后的塞维鲁王朝	公元212年	卡拉卡拉颁布《安东尼努斯敕令》（Constitutio Antoniniana），给予帝国大多数自由民罗马公民身份
	公元217年	卡拉卡拉在卡雷被杀，马克里努斯（Macrinus）称帝
	公元218年	埃拉加巴卢斯（Elagabalus）在埃梅萨（Emesa）领导叛乱，并击败马克里努斯；马克里努斯被处决
	公元219年	埃拉加巴卢斯到罗马当皇帝，他宣布埃梅萨的太阳神为罗马万神殿的主神
	公元222年	禁卫军谋杀埃拉加巴卢斯；亚历山大·塞维鲁（Severus Alexander）成为皇帝
	公元223年	禁卫军统领乌尔比安（Ulpian）被禁卫军谋杀
	公元225年	阿尔达希尔（Ardashir）打败阿尔塔巴努斯（Artabanus），开创了波斯的萨珊（Sasanian）王朝
	公元231—232年	亚历山大·塞维鲁入侵波斯
马克西米努斯	公元235年	亚历山大·塞维鲁被谋杀；马克西米努斯（Maximinus）成为皇帝
	公元236年	阿尔达希尔入侵美索不达米亚北部
	公元238年	戈尔迪安一世（Gordian I）和二世在阿非利加宣布为共同皇帝，并得到元老院的承认，但都在北非被杀；普皮恩努斯（Pupienus）和巴尔比努斯（Balbinus）被元老院宣布为皇帝；戈尔迪安三世宣布为恺撒；马克西米努斯被谋杀；普皮耶努斯和巴尔比努斯被谋杀，戈尔迪安三世成为唯一的皇帝

公元70年1月1日，罗马城一片狼藉。朱庇特神庙被焚烧了，街道上到处都是士兵的尸体，这是争夺城市控制权造成的伤亡。罗马城外的情况更糟。意大利到处都是军队，而这些军人通常驻扎在莱茵河、多瑙河和叙利亚。来自莱茵河的部队在公元69年10月意大利北部克雷莫纳城外的决定性战役中（该城已被胜利的士兵打成一片废墟），败给了多瑙河和叙利亚的部队。战败方的士兵仍然不满，而战胜方的领导人之间的关系也日趋紧张。在元老院里有影响力的非战斗人员中，仇恨也被公开地发泄出来，如今元老院正在与十八个月内的第五位皇帝打交道。在意大利之外，留在莱茵河畔的军团正成为巴达维亚人和其他叛乱部落——主要是他们的前同事——辅助同党的牺牲品。伴随着罗马人在8月29日（或30日）攻占耶路撒冷、摧毁大圣殿的大屠杀，这场在犹太地区持续已久的叛乱正走向悲剧性的结局。更为诡异的是，利用尼禄没有真正死去的谣言，三人中的第一人（加尔巴）出现在爱琴海，弹着琴，声称自己是皇帝。

塔西佗认为这种状况是统治阶级道德崩溃的结果，加尔巴、奥托和维特利乌斯在公元69年短暂统治期间的行为就是例证。在他看来，理想的国家应该由统治阶级——也包括皇帝——联合起来为臣民提供指导。而今，社会的未来领袖们却让自己被君主的卑劣习惯所腐蚀。塔西佗在他的《历史》中展示了最令人惊叹的一幕，奥托军队在第一次内战中的领导人——包括苏埃托尼乌斯·保利努斯，他因镇压布迪卡在不列颠的叛乱，而被同时代人公认为是他那个时代最伟大的士兵——如何在维特利乌斯面前自取其辱，说他们是故意将自己的军队置于失败的境地。早些时候，他们从自己住所的窗口跳下，以逃避自己的士兵。然而根据塔西佗的说法，鉴于之前他们曾经打过交道的领导人，这些行为也不足为奇。塔西佗认为维特利乌斯除了点晚餐，几乎没有独立行动的能力（这是一个错误的定性，但目的是加强塔西佗对事实的解释），而他的将军们则致力于发家致富。奥托一生中没有做任何值得称道的事情，就像他的死一样（他的自杀是为了防止进一步的流血）。而加尔巴曾被同时代的人认为“有能力统治”，但当他真正试图统治时，大家又转变了看法。正如一位元老院成员所说：“我们祈求有优秀的皇帝，但要努力与所拥有的皇帝打交道。”不过，事情并非一定如此。塔西佗描述他的岳父，一位长期任职的不列颠总督时写道：“在一个坏皇帝手下做一个好人是可能的。”对另一个人埃米利乌斯·雷必达，塔西佗曾评论他：

> 他是一个聪明而严肃的人，相比于其他以野蛮方式显示忠诚的人，他的方式显然要更好，但他的行为是恭敬的，因此得以在平等而友好的氛围下与提比略共处。由此，我不得不怀疑，是命运还是我们出生时的星宿——就像在其他事情上一样——决定了元首们对部分人的青睐和对另一部分人的仇恨，或者说我们自己是否可以在直言不讳的傲慢和令人战栗的奉承之间，选择一条没有野心和危险的路。
>
> （《罗马帝国编年史》4.20）

塔西佗在提出这个问题的时候，并没有偏心。许多与他同时代的年轻人涌向尼科波利斯城（亚克兴战役的遗址），向一位名叫埃皮克提图（Epictetus，约公元55—135年）的自由奴隶学习哲学。埃皮克提图教学的主要原则之一是，该学派的人应该满足于他们的命运，接受他们所遇到的一切，并保留自己的人性。

塔西佗的观点可能与埃皮克提图的观点一致，但与统治阶级其他成员的观点相反，他们从纯粹的道德角度界定了他们对整个帝国制度的反对。这些人回顾了小加图的例子，他宁死也不愿意接受恺撒的怜悯（见第163页）。现在，他们可以把在公元65年奉尼禄之命自杀的塞拉西·培图斯（Thrasea Paetus）看作是一个把原则置于自我进步之上的人的例子（尽管其他人可能认为，他的嗜血无礼和在元老院通过辩论琐事浪费时间的行为，是招致尼禄反感的理由）。

在接下来的几十年里，塞拉西大家庭的其他成员也会以他为榜样，有原则地、自杀式地反对帝国统治。他们这样做的目的是确定一个观点，即皇帝有好皇帝和坏皇帝之分，这一点也体现在授予维斯帕芗统治权的法案中（见第206页）。该法案只引用元老院“批准”的前任为例子。

大多数人都同意的一点是，当元首们提供有价值的领导时，这个系统的工作是最好的。塔西佗问道："如果是皇帝的要求，那么你真的能责怪尼罗尼亚贵族的年轻成员作为角斗士战斗或出现在舞台上吗？"（在罗马早期以及塔西佗自己所处时代参与这两种活动的人都会被元老院和骑士阶层开除）。罗马之所以能摆脱困境，是因为维斯帕芗"在他之前的所有元首中，只有他一个人变好了"（塔西佗，《历史》1.50.4）。维斯帕芗的生活方式温和，似乎每天都在努力工作，为其他人树立了榜样。同时，塔西佗指出，统治阶级本身也在发生变化。在尤利亚·克劳狄元首制下（从奥古斯都到尼禄时期的元首们），人们可能会与皇帝在礼节上竞争，但：

> 在野蛮皇帝的屠杀之后，在从大名鼎鼎变得岌岌可危之后，许多人转向了明智的道路。与此同时，来自市镇和殖民地甚至外省的新人也经常被带入元老院。他们带着祖先的节俭，虽然许多人本就富裕或勤劳致富，但还是有一些先前的习惯。维斯帕芗是生活习惯比较节俭的践行者，他本人就是一个生活习惯和方式都很老套的人。
>
> （《罗马帝国编年史》3.55）

在大多数情况下，维斯帕芗树立了一个榜样，在接下来的一百三十年中，许多继任者都愿意效仿他。除了两位皇帝（他们都被谋杀了），罗马世界的统治者在登基时都是成熟男人，而且是有能力与统治阶层合作管理帝国的人。不仅仅是元老们需要学习他们行为的界限，皇帝也必须如此。结果，地中海世界进入历史上前所未有的和平与有序的时期。

图5.1 维斯帕芗给皇宫带来的新的领导风格在皇帝的形象中得到了体现。这尊半身像很典型地强调了维斯帕芗的年龄、有皱纹的颈部和额头，以及坚定的嘴唇，其用意或许是为了让人联想到他长期的军旅生涯。

新朝代（公元70—180年）

弗拉维王朝（统治时间：公元70—96年）

维斯帕芗是一个奇怪的皇帝（**图5.1**）。他是自提比略以来第一个有实际军事经验的人，他是一个一流的军人，在克劳狄乌斯入侵不列颠期间，他证明了自己是一位合格的军团指挥官，结束了公元67年犹太人叛乱的混乱局势。他也是自提比略以来第一个有成年儿子作为继承人的皇帝。在皇宫内，有人可能会嘲笑他与一个年老的自由奴隶——正是曾参与揭露塞亚努斯阴谋的凯尼斯（见第195页）——的稳定关系中，或者抱怨后者竟成为世界上最有影响力的女人，但没有人能够说明他的生活方式除了简朴之外还有什么。

另一个来到皇宫，可能会使人觉得有些不同的人，就是维斯帕芗的犹太先知。弗拉维乌斯·约瑟夫斯于公元37或38年出生于耶路撒冷，他曾受犹太人叛乱领袖的委托，负责保卫加利利（Galilee）。在加马拉（Gamala）的自杀协议中幸存下来后，公元67年被维斯帕芗抓获，他立即预言维斯帕芗将成为皇帝。这个想法似乎很受维斯帕芗的重视，所以虽然他把约瑟夫斯用锁链锁起来，但却让他活了下来，大概是为了以防他真的可能得到神的启示。公元71年维斯帕芗从耶路撒冷回到罗马时，他把约瑟夫斯也带来了。在罗马，约瑟夫斯用他的母语（阿拉米语）写了一部关于叛乱的历史，然后用希腊语完成了一个新的版本。他的基本论点是，叛军是上帝的敌人，而上帝实际上是站在罗马人一边的，圣殿被毁是叛军的错。尽管《犹太战争》（*The Jewish War*）具有强烈的党派色彩，但它仍然是从行省的角度对罗马行政管理进行评论的两部最重要的作品之一，并一直保存下来。另一部也是约瑟夫斯的作品。他的20卷《犹太古事迹》，记述了犹太民族从创世纪到公元65年爆发叛乱的历史。

约瑟夫斯对耶路撒冷被毁的解释可能有些自私自利，对他以前的同伴也不太公平，但相信圣殿的毁灭是符合神的旨意，是一种非常有效的缓解痛苦的方法。自从公元前5世纪圣殿重建以来，犹太聚居区一直在整个东地中海地区扩张，也在罗马帝国的西部地区逐渐建立起来。例如，罗马的一个大型犹太聚居区，吸引了尼禄的妻子波贝娅的荫庇。这对于说明犹太教没有任何内在地反对罗马统治是显然很重要的。即使犹太人不崇拜罗马万神殿的神，他们也可以为了皇帝的福祉向自己的神祈祷。同样，将犹太人与其他人区分开来的习俗——他们的饮食要求、遵守安息日和割礼——

图5.2 弗拉维圆形剧场——后来被称为科洛西姆斗兽场——是一个建筑奇迹。它采用了最新的设计技术，可容纳55000名观众，为后来帝国各地的露天剧场树立了榜样。

可以被看作是有趣的而不是威胁性的，非犹太人可以被邀请成为当地犹太教堂的各种形式的准会员。同时值得注意的是，维斯帕芗开始对犹太人（根据文化习俗来定义）征收特别税，向新设立的犹太国库（*fiscus Judaicus*）缴纳。

虽然约瑟夫斯的分析可能有助于非巴勒斯坦犹太人与罗马统治的调和，但它几乎没有解释巴勒斯坦问题的根源，而未能解决的问题将导致公元2世纪的另外两场灾难。这一点更加引人注目，因为在同一时期，反对罗马统治的本土起义几乎停止了。尤利亚·克劳狄统治下的起义的基本原因是罗马人的管理不善。虽然这种观点似乎非常符合他的基本论点，即罗马的一切问题都是统治阶层行为不善的结果，但此外他还认真思考了一些其他原因。

新征服地区的人民所遇到的基本问题是，他们没有机会接触到能够支持他们利益的恩主。元首制的兴起并没有从根本上改变恩主在罗马政治社会中的地位（见第82—83页）：要想成为重要人物，人们仍然需要恩主，但发展这些关系需要时间。在各行省，这些关系往往是与即将离任的总督建立的。例如，在公元60年的不列颠，如果帝国检察官（procurator）德基安努斯·卡图斯（Decianus Catus）意识到罗马的一位有权势的元老可能与爱西尼人有密切的联系，那么，布迪卡还会被指责滥用权力。但是，由于不列颠是一个总督们长期打仗的地方（而且前任总督已经死在任上了），这些联系还没有多少机会被发展起来。犹太地区的情况更是问题重重：该地区基本上成了希律大帝后裔的游乐场，他们或者受制于叙利亚总督下属的代理人，或附属于这些人所统治的某一个王国。当地的上层阶级（约瑟夫斯是其中的一员）根本没有机会像其他省份的领导集团那样与罗马的权贵们建立联系。

图5.3 马萨达是一个孤立的高原，高出死海西岸约1500英尺（450米）。公元74年，罗马人为了占领那里的城堡，在其西面修建了一条斜坡（在这张照片的左边可见）。根据约瑟夫斯的说法，当罗马人攻破城堡的城墙时，960名守军自杀了。

行省政府的问题只是维斯帕芗面临的众多问题之一。从他的角度来看，可能最优先的是与罗马城的人民建立关系，使自己与他的直接前任以及尼禄区别开来。也许最明显的证据是，他希望做出有利于罗马人民的改变，于是他决定启动对尼禄的金宫建筑群的逐步重建。重建是为了取悦罗马人民而不是为了让他们的统治者高兴。为此，他拆掉了尼禄建造的喷泉，用以修建未完工的克劳狄乌斯神庙。同时他还将金宫内的公园向人民开放。最后，他用一个巨大的露天剧场取代了尼禄在屋内修建的人工湖。虽然这座建筑的正式名称是弗拉维圆形剧场（Flavian amphithreater），但后人却将其称为科洛西姆斗兽场（Colosseum，**图5.2**）。这座建筑的目的是纪念攻占耶路撒冷。任期稍晚的时候，维斯帕芗的儿子提图斯拆除了金官的另一部分，建造了一个巨大的公共浴场。在维斯帕芗去世后，公共浴场与斗兽场一起被奉献给了他。

斗兽场是标志着犹太人起义结束的两座主要纪念性建筑之一，在犹太总督弗拉维乌斯·席尔瓦（Flavius Silva）于公元74年在马萨达占领叛军的最后据点（**图5.3**）之前就已经竣工。第二座纪念性建筑是和平神庙（Temple of Peace），它占据了奥古斯都广场对面的一个新广场。这个广场周围的柱廊里摆放着曾经矗立在金宫里的雕塑，以及来自耶路撒冷的战利品，并设有一个公共图书馆。由于新广场似乎也成为罗马的行政管理中心，维斯帕芗的发展呼应了奥古斯都的观点，即战争的成功为城市带来了和平和良好的管理。同样按照奥古斯都的传统，维斯帕芗避免从宫廷中抽调宠臣，防止他们参与政务管理。他并不畏惧提拔真正有能力的人，他最亲密的顾问来自元老院和骑士阶层。其中之一是他的元帅乌尔皮乌斯·特拉亚努斯（Ulpius Traianus），在犹太人起义期间，他是一个军团的指挥官，不久他就被留在东部省份，展开全面管理。

图5.5 图密善留在罗马，而他的父兄则在犹太地区征战，在公元69年的内战中，他幸运地逃脱噩运。这幅钱币画像让维斯帕芗家族的相似性变得清晰起来。

维斯帕芗在经历了十年成功的统治后于公元79年去世，由他的儿子提图斯继任（**图5.4**）。提图斯（统治时间为公元79—81年）以连续一百天的比赛庆祝新的斗兽场落成。不久，一场巨大的灾难降临，维苏威火山的爆发将庞贝和赫库兰尼姆城分别掩埋在火山灰和熔岩之下。这两个事件定义了提图斯的统治，在他病逝前短短18个月的统治中，他的风格似乎一直接近他父亲的风格。

图5.4 提图斯与他父亲的士兵一起出色地在犹太地区服役，当维斯帕芗于公元70年前往埃及时，他被留下来负责围攻耶路撒冷。在他登基之前，提图斯与加利利国王的妹妹贝蕾妮丝（Berenice）保持着情色联系，但罗马的反对阻止了他们的婚姻。

他的继任者是他的弟弟图密善，一个与他非常不同的人（**图5.5**）。虽然图密善保留了父亲的许多顾问，并以至今仍矗立在罗马广场东端萨克拉大道上（via Sacra）的凯旋门来纪念他的兄长（**图5.6**），但他与宫廷和元老院的关系却因皇帝严重的自以为是而变得紧张。前一种倾向表现在他喜欢被人称为“主人和神”，这是在礼貌用语中所使用的“*dominus*”一词的极端变化（在英语中，“*dominus*”可能最好理解为“先生”的含义，

图5.6 罗马广场上的提图斯凯旋门是图密善在公元81年建造的，以纪念十年前镇压犹太人叛乱。铭文写道："罗马元老院和人民（将此）献给神圣的提图斯，神圣的维斯帕芗，即维斯帕芗·奥古斯都之子。"

但以这种方式使用"*deus*"，即"神"，是超出正常话语范围的）。自以为是的表现是，他在公元84年取得了终身监察官的头衔，并参与了几次高调的性丑闻调查，其中一次发现两名维斯塔贞女不再是处女时，就下令将她们活埋了。据悉，他还喜欢折磨昆虫。

图密善的作风导致很少有人喜欢他，但他维系了军队的忠诚，他对那些在维斯帕芗手下崛起的人的依赖保护了他们根深蒂固的利益。这支军队很快就在北部边境一带大展拳脚，图密善在那里吞并了莱茵河以北的新领土，并与强大的达契亚王国开始了一系列的战争，这些战争将持续近二十年，战争的范围大致在今天的罗马尼亚。在公元1世纪80年代末之前，严峻的紧张局势开始出现了。在公元88年底，下日耳曼总督发动了一场重大的叛乱。叛乱被迅速而残酷地镇压了，但图密善自此开始对属于他圈子以外的人更加怀疑。公元92年，当军队在达契亚人手中遭受严重失败时，这些问题变得更加复杂：两个军团被摧毁，巴尔干各省受

安东尼王朝的家族谱系

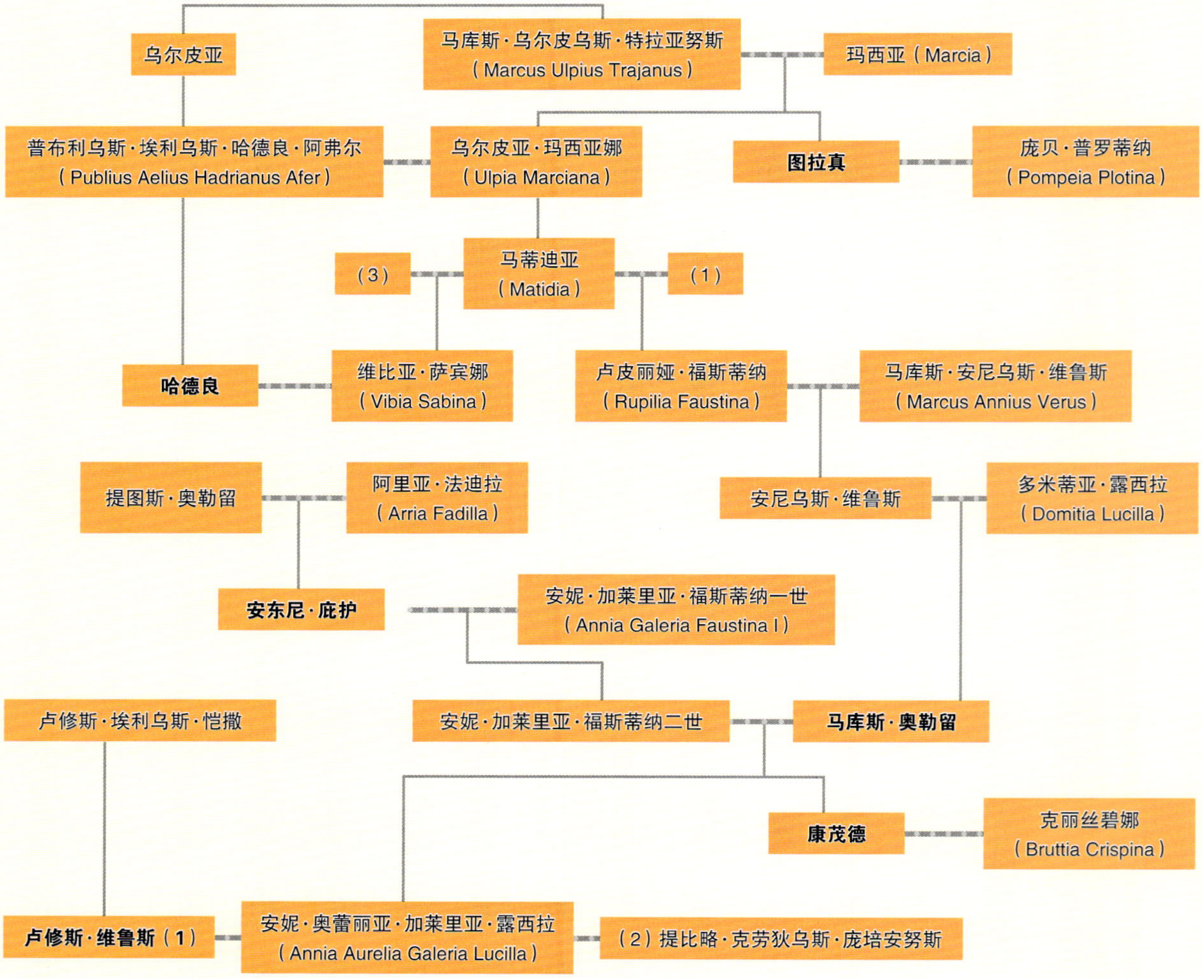

到攻击，这种情况一直持续到一支新的远征军设法击溃入侵者为止。巴尔干遭遇危机的同时，一系列批评政权的人被处决，这让元老们深感不安，到公元96年夏末，宫内的情况已经让人无法忍受。9月18日，有人谋杀了皇帝。

图5.7 涅尔瓦出生在一个在内战中崛起的家庭。尽管他是元老，但他也是宫廷内部人士，曾是尼禄的朋友。

图5.8 图拉真可能在公元53年生于西班牙行省的意大利卡，这也使他成为第一位祖先是共和国时期移民的皇帝。这尊现藏于大英博物馆的大理石半身像显示了一位高大、雄壮的男子，与当时人们对图拉真的一些评论相符。

涅尔瓦、图拉真、哈德良（统治时间：公元96—138年）

元老院对图密善的死欣喜若狂，而禁卫军则明显不那么热情。只有通过禁卫军统领的干预，以及大规模“礼物”的承诺，才能说服禁卫军支持一位年长的元——老涅尔瓦（统治时间为公元96—98年）作为下一任元首（**图5.7**，第218页）。与加尔巴不同的是，涅尔瓦明白他的首要任务是找到一位可以被接受的继承人。他没有自己的儿子，他意识到他需要收养一个被军队尊重，并在禁卫军走上街头要求处决杀害图密善的凶手时能迅速采取行动的人。他答应了禁卫军的复仇要求，同时收养了上日耳曼军队的指挥官、维斯帕芗的老元帅乌尔皮乌斯·特拉亚努斯的儿子图拉真（见第218页：安东尼王朝的家族谱系）。收养图拉真使禁卫军满意，并在涅尔瓦余下的一年时间里给政治局面带来了一定的稳定。

图拉真（统治时间为公元98—117年）成为继位者是一个非常好的选择（**图5.8**）。就像维斯帕芗一样，图拉真一路努力，并熟知政府业务。所以，当公元98年1

图5.9 下图为图拉真广场的电脑重建图，有五个主要元素：一个100英尺（30米）高的凯旋柱，纪念征服达契亚；两座图书馆（一座希腊文，一座拉丁文）；雄伟的乌尔比亚会堂；神圣的图拉真神庙。这些元素强调了图拉真的军事美德，以及他对致力于希腊-罗马文化统一所做的努力。

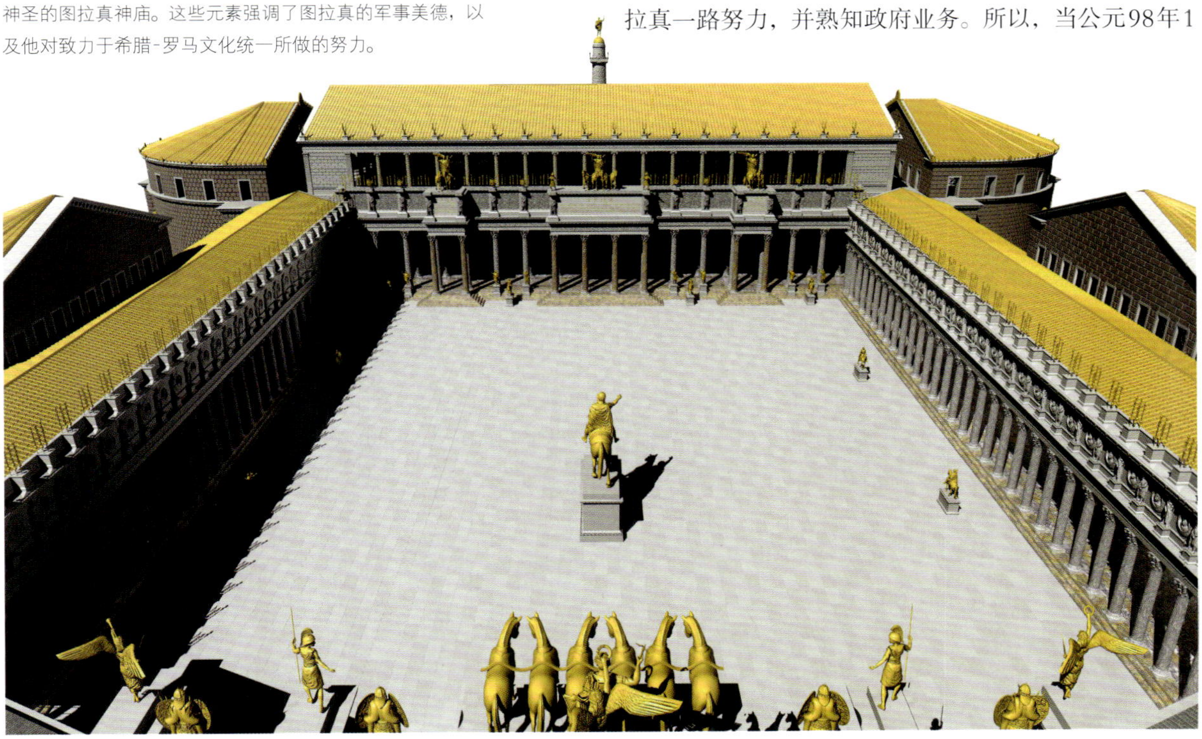

月18日涅尔瓦去世时，图拉真还在上日耳曼，并不急于返回罗马，这正是他将“帝国安全”置于自己利益之上的信号。他直到公元100年才前往罗马，然后开始着手在城市景观上留下自己的印记，效仿涅尔瓦接管了图密善时期就开始的项目。涅尔瓦将图密善在尤利乌斯和奥古斯都的广场，以及维斯帕芗的和平神庙周围的巨大建筑群之间建造的广场，作为过渡广场（Transitorium）。图密善的第二项工程（远不如第一项工程）是由图拉真完成的，它是一个延伸到尤利乌斯和奥古斯都广场西边的广场，这就是图拉真广场（**图5.9**）。图拉真还开始了对大竞技场（Circus Maximus）的大规模重建工作，将奥古斯都安装的大理石座椅扩大到整个结构。此外，他还拆掉了金宫的另一部分，建造了一个属于自己的大公共浴场。这三个宏伟的工程是对斗兽场的补充，这些旨在造福罗马人民的建筑聚集在罗马的中心，也是维斯帕芗政权的连续性和皇帝对人民福利的实际标志。

图拉真的个人行为似乎在很大程度上与他的公众形象相吻合。虽然他嗜酒如命，喜欢和男孩们做爱，但他勤奋工作，并向他的大臣们灌输一种意识，即“他时代的精神”——这句话多次出现在他与土耳其西北部一位总督的信件中——要求官员们做出明智的举措。作为回报，他给了他们很大的自由度，让人联想起奥古斯都对帝国的集体管理。在皇宫内部，图拉真平衡了高级官员的利益和他的家族利益，而这些利益似乎是由自莉薇娅以来最有权势的皇后普罗蒂纳所决定的。她的目的似乎是为了确保哈德良，图拉真的侄子、她的侄女萨宾娜的丈夫，能够获得足够的执政经验，使他有可能继承王位。这似乎很有可能，因为她现在已经四十多岁了，但还没有儿子。

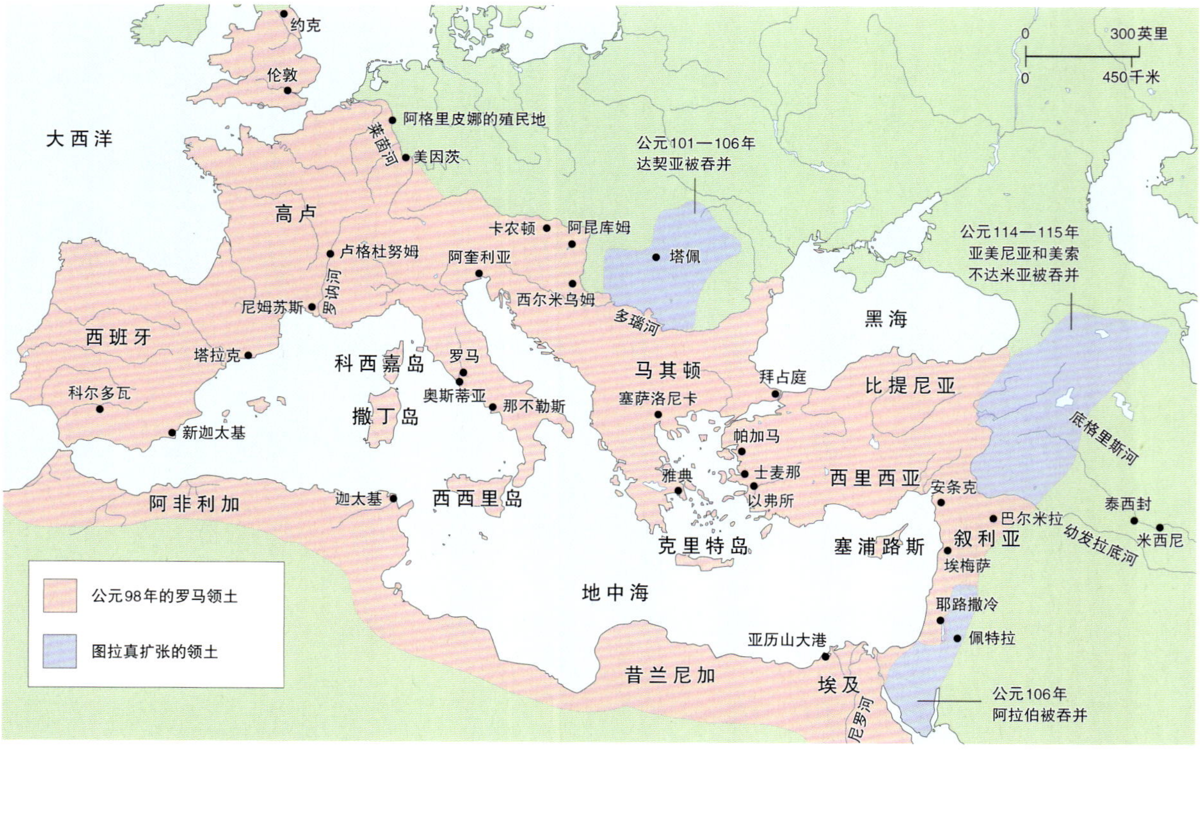

图5.10 在图拉真统治时期，由于皇帝成功的军事行动，罗马帝国达到了最强盛的程度，但如何维持这些征服的成果很快成为问题。

和平似乎是图拉真继位时的目标，但和平并没有实现（**图5.10**）。达契亚人的国王德塞巴鲁斯（Decebalus）在公元101年进攻罗马领土，仿佛是在考验新皇帝的决心。他一定对他的考验结果感到非常失望,他的军队在公元102年底被罗马军队严重击败，以至于他被迫接受使他成为罗马臣民的条件。公元105年，他撕毁了条约，给自己和人民带来了毁灭性的后果。两年内，达契亚变成了一个行省，德塞巴鲁斯为避免被罗马侦察兵俘虏而自杀（**图5.11**）。同时，在东方，拿巴底亚拉伯（Nabataean Arabs）的国王去世，图拉真决定趁机将这个长期的附庸国直接纳入帝国。维斯帕芗将叙利亚周边剩余的附庸国纳入帝国的行省结构，而公元106年阿拉伯省（大致相当于今天约旦的面积）的建立，将维斯帕芗的计划又推进了一步。与罗马帝国近一个世纪的接触似乎加速了这些地区的城市化进程，使它们成为罗马施展统治并发挥作用的地区。

图5.11 图拉真凯旋柱仍然屹立在罗马，是皇帝的广场中唯一保存至今的部分。凯旋柱上的雕塑楣板一直延伸到柱子上，描绘了图拉真在达契亚战役中的场景。在这个局部图中，达契亚国王德塞巴鲁斯为躲避罗马侦察兵的抓捕而自杀。

在他统治的头十年里，图拉真与邻国人民的交往一直很谨慎.达契亚成为行省，是因为德塞巴鲁斯拒绝了附属国国王的角色；阿拉伯成为行省，是因为这样做有意义。有些事情（我们永远不知道是什么）让图拉真对帕提亚王国有了不同的看法。在公元113年，他发动了对伊拉克的大规模入侵。按照从尤利乌斯·恺撒执政晚期继承下来的战役计划，图拉真从亚美尼亚开始，向南扩张，于公元115年攻占了帕提亚的首都泰西封（今巴格达附近）。这是一次大规模的胜利，但很短暂。在后方，似乎受到世界末日的救世主幻象的鼓舞，昔兰尼加、埃及、巴勒斯坦和其他边境地区的犹太人突然起来反抗罗马。在伊拉克，犹太人起义一年后爆发的激烈的叛乱使图拉真相信，必须在多年的附属国帕提亚王国建立傀儡政府，这样无论该国内部哪个政权胜出都无法对罗马构成威胁。于是他开始边战斗边撤军，在发现叛乱者的地方击溃他们，并派大军西进，以极端残暴的手段粉碎犹太人的叛乱。

哈德良（统治时间：公元117—138年）

公元117年，当图拉真返回西方的途中，他在土耳其东南海岸的西里西亚突然病倒。他于8月9日去世，时任叙利亚总督的哈德良继位。虽然他是家族内部唯一可能的继承人，但似乎图拉真考虑过由其他人继承：收养哈德良并由其巩固自己的政治主张，是在图拉真奄奄一息时才确定的。这种记载有可能是真的。有许多人认为，普罗蒂纳在皇帝死后，把一个仆人塞进了图拉真的病榻，以宣布这一消息。这种传言——而不是事实的陈述——反映了高级将领和宫廷里的人之间的关系严重紧张，濒临爆发。我们并不知道到底出了什么问题，但在哈德良返回罗马之前，图拉真的四名主要将领被处决。

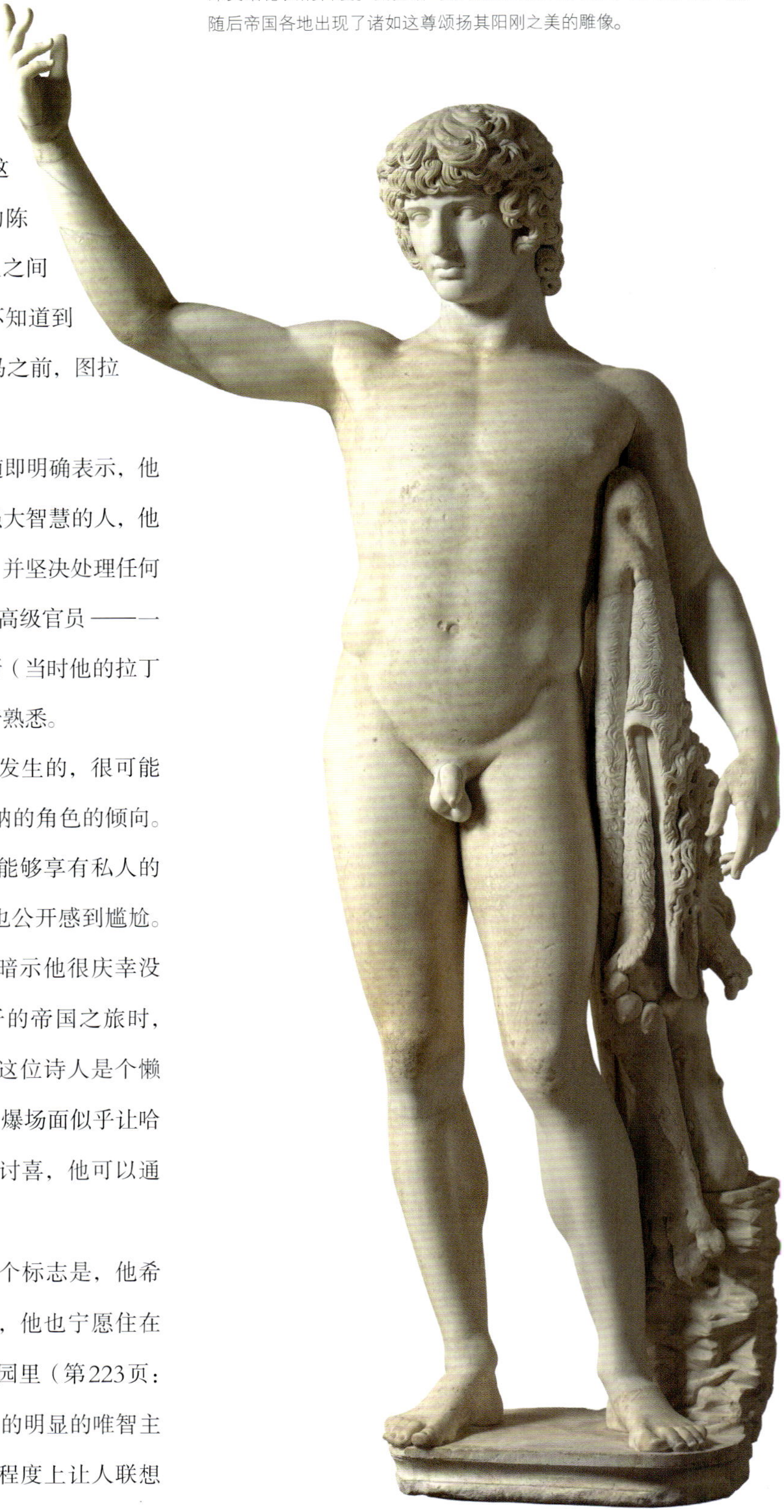

图5.12 安提诺乌斯大约在公元110年出生于土耳其北部城市比提尼亚，深受哈德良的喜爱。安提诺乌斯在埃及意外身亡后，皇帝将他神化，随后帝国各地出现了诸如这尊颂扬其阳刚之美的雕像。

处决震惊了政治体制，但哈德良随即明确表示，他不会容忍反对意见。哈德良是一个有强大智慧的人，他似乎把官员们看作是下属而不是同事，并坚决处理任何他认为是不同意见的人。他解雇了两名高级官员——一名禁卫军统领和传记作家苏埃托尼乌斯（当时他的拉丁文首席秘书）——他们对他的妻子过于熟悉。

解雇是在哈德良在不列颠的时候发生的，很可能是他察觉到萨宾娜有扮演类似普罗蒂纳的角色的倾向。当哈德良在解雇事件中宣称，如果他能够享有私人的自由，他就会和她离婚，萨宾娜本人也公开感到尴尬。同样，当一位诗人朗诵了一些诗句，暗示他很庆幸没有跟随皇帝进行他所描绘的充满虱子的帝国之旅时，哈德良用自己的一首诗来回应，暗示这位诗人是个懒汉。公元117年处决图拉真将领后的火爆场面似乎让哈德良意识到，继续处决在政治上并不讨喜，他可以通过公开羞辱更有效地达到自己的目的。

哈德良对政治体制不耐烦的另一个标志是，他希望尽可能地远离罗马。即使在意大利，他也宁愿住在他为自己建造的蒂沃利（Tivoli）大庄园里（第223页：哈德良与蒂沃利）。哈德良所表现出来的明显的唯智主义和对元老院生活的不喜欢，在一定程度上让人联想

哈德良与蒂沃利

图5.13 蒂沃利的阿德里亚纳庄园。

图5.14 哈德良是第一位留着希腊式胡须而不是罗马人喜欢的剃须造型的皇帝。

图5.15 阿德里亚纳庄园的克诺珀斯游泳池。

阿德里亚纳庄园（The Villa Adriana）位于今天的蒂沃利，距离罗马约32千米，它既是一座宏伟的娱乐庄园，也是哈德良治理国家的地方（图5.13）。在希腊德尔斐（Delphi）发现的一块铭文清楚地表明，早在公元125年，哈德良就已经在那里接待大使，而这个宏伟的接待大厅显然是处理公务的地方。庄园的建设分两个阶段进行。第一阶段的建设到公元125年基本完成，包括王座室、图书馆、剧院、体育场和几个精致的门廊。第二阶段的建设一直持续到公元133年，增加了亭子和更多的门廊。许多门廊是以整个帝国中著名地方命名的。鉴于哈德良对希腊文化的热爱（图5.14），来自雅典的名字很常见。其中一组建筑被称为学院，以柏拉图的学派命名，还有演讲厅、彩绘柱廊和市政厅。庄园中保存最完好的一个部分，是一个由柱廊和雕像包围的人工水池，它的名字是以埃及亚历山大港旁的克诺珀斯（Canopus）水道命名的（图5.15）。

起提比略，而哈德良对占星术的明显兴趣加强了这种联系。他与提比略的另一个共同特点是强烈地希望避免采取侵略性的帝国政策。他在公元122年下令在不列颠北部修建的城墙，对他自己的人民和城墙以北的人民来说，都有象征意义，表明罗马的统治不会进一步扩张。沿着日耳曼各省的边界，还用木头和草皮而不是石头修建了其他的城墙。在哈德良时代，帝国被设想成一个保护文明不受野蛮世界影响的堡垒。

然而，与提比略不同的是，哈德良似乎觉得他应该尽可能多地了解他所统治的帝国。正是在他的旅行过程中，他开始了一段似乎是他成年时期最重要的个人关系，对方是一个来自比提尼亚、名叫安提诺乌斯（Antinous）的年轻人（**图5.12**）。

我们不能完全确定这段关系是什么时候开始的，但在公元130年，当安提诺乌斯在尼罗河中溺水时，这段关系突然悲惨地结束了。哈德良对他心爱的人的纪念活动包括在离他死亡地点最近的地方重新建立城镇，且命名为安提诺波里斯（Antinoopolis），并允许一些城市向安提诺乌斯献上神圣的荣誉。这对一些人来说似乎有些过分，但哈德良十分坚持。他对帝国的控制能力似乎一直没有受到这件事的影响，这就是他的人格力量。虽然这种劲爆的国内丑闻有可能使他担负昏君的骂名。对哈德良的尊重也许是与健康的自我利益联系在一起的。他对那些希望从外部进入帝国统治阶层的人的青睐，开始使元老院从一个以意大利人和西方人为主的机构变成一个更能反映帝国公民心声的机构。许多来自不同地区的人加速了治理罗马帝国的进程，这也许是哈德良对整个帝国的最大贡献。

在帝国的所有地区中，哈德良最感兴趣的是希腊本土和土耳其西部。在雅典，他完成了雅典暴君庇西斯屈特斯（Pisistratus）在公元前6世纪开始建造但无人能完

图5.16 西蒙·本-科希鲍（Simon Ben-Kosiba）不仅自称巴尔-科赫巴，同时如这份文件所显示的那样，自称“以色列元首”，他根据“以色列解放”的年份确定自己政权的日期，并将其控制的领土划分为军事长官管辖的地区。

成的奥林匹亚宙斯的大型神庙。在一座将奥林匹亚宙斯区（也就是后世所称的神庙名）与雅典隔开的拱门上，他将自己与这座城市的传奇缔造者忒修斯（Theseus）相提并论。拱门一侧的铭文上写着“这是雅典，曾经是忒修斯的城市”，而在拱门正对神庙的一边则刻着“这是哈德良的，而非忒修斯的城市”。哈德良对希腊的热情与希腊文化的繁荣有关。公元3世纪历史学家斐洛斯特拉图斯（Philostratus）似乎创造了一个词语“第二诡辩活动”（second sophistic）：这个词意味着这是希腊修辞学的第二次繁荣，第一次是在公元前4世纪。斐洛斯特拉图斯试图表达的观点是——无论正确与否——掌握希腊文化的传统现在是通向罗马实际政治权力的道路。它加强了这一时期通过文化标准融入扩大的“罗马”社会的趋势。这种趋势明显体现在维斯帕芗设立的犹太聚居区，该聚居区被定义为一个文化实体。当然，哈德良的朋友之一是原籍比提尼亚的阿里安（Arrian，

公元86—160年)，他不仅是我们所知道的关于伊壁鸠鲁思想的许多资料的来源，而且也是关于狩猎、军事战术和黑海旅行的书籍的作者，还著有从古代幸存下来的最好的亚历山大大帝传记。

阿里安只是众多重要的希腊作家之一，希腊作家们的作品有助于我们了解在塔西佗死后几代人的罗马帝国的情况。在这些作家中，有帕萨尼亚斯(Pausanias，约公元110—180年)，他对希腊的描述，强调了在他的时代已经有的古迹，长期以来指导了现代希腊对过去的恢复。另一位作家是阿庇安(约公元95—165年)，他对罗马从最早到奥古斯都统治时期的大量征服史进行了记录，是奥古斯都之前几代人历史的最佳存世资料。另一位作家年代稍晚的历史学家是卡西乌斯·狄奥，他的父亲在哈德良统治末期进入元老院(见第14页)。最后，还有一位风格迥异的作家，他就是萨莫撒塔的卢西安(Lucian of Samosata)，一位杰出的讽刺家。他的事业始于哈德良的继任者。

总的来说，虽然哈德良在与他的臣民打交道时是成功的，但他对一个特殊群体的情感有严重的盲点：犹太人。他对他们的传统毫无兴趣，认为当他按照罗马的方式重建耶路撒冷，并将它命名为“爱利亚·加比多连”(Aelia Capitolina)时，犹太人应该欢欣鼓舞。然而，结果却截然相反。在拉比·亚基瓦(Rabbi Achiva)的煽动和西蒙·本-科希鲍(他为了回应拉比·亚基瓦的预言，自称巴尔-科赫巴，或“星之子”)的领导下，犹太的乡村奋起反抗罗马人(**图5.16**)。叛乱从公元131年持续到135年，在大规模残酷无情的军事干预后才结束。哈德良对那些拒绝接受“他知道什么是对他们最好的”人毫无怜悯。

时间到了公元2世纪30年代初。显然，哈德良既不会长生不老，也不会有儿子。显而易见的继承人是佩达尼乌斯·福斯库斯(Pedanius Fuscus)，他是哈德良的叔叔，年迈的尤里利斯·塞维利亚努斯(Julius Severianus)的儿子，当时后者已经八十多岁了。但哈德良似乎与塞维利亚努斯的关系很不融洽，也不愿意让他的儿子继位。公元136年，他命令福斯库斯和塞维利亚努斯自杀，并收养了卢修斯·凯奥尼乌斯·康茂德，后者因此成为卢修斯·埃利乌斯·恺撒。在图拉真去世后，哈德良处死了康茂德的父亲，因此对康茂德的突然收养可能是对以前的不公正行为的一种悔恨。这样做还有一个好处，就是可以确保王位落在一个有自己孩子的成熟男人的身上。埃利乌斯·恺撒有一个年幼的儿子卢修斯·维鲁斯，他的一个女儿被许配给了一个年轻人马库斯·安尼乌斯·维鲁斯(Marcus Annius Verus)，哈德良似乎也喜欢他。然后灾难降临了。康茂德在被收养后的几个月内就去世了，哈德良四处寻找他可以信任的继

图5.17 安东尼·庇护在被哈德良收养之前，有着杰出的元老院工作经历。从这座大理石半身像可以看出，庇护皇帝试图模仿他前任的外表。

承人，以保护康茂德子女的利益。公元138年2月，他收养了马库斯·安尼乌斯·维鲁斯的伯父奥勒留·安东尼（Aurelius Antoninus），条件是他也要同时收养马库斯·维鲁斯和康茂德的儿子，因为他没有自己的儿子。公元138年7月10日，哈德良死在那不勒斯湾度假胜地巴亚城（Baiae）的庄园里。

安东尼王朝（统治时间：公元138—180年）

奥勒留·安东尼（统治时间为公元138—161年），历史上称为皇帝安东尼·庇护，他和他的前任没有什么不同（图5.17）。他通过严格遵守哈德良的意愿，并迫使元老院宣布哈德良为神灵，从而赢得了庇护这个名字。在接下来的23年里，庇护没有从意大利动身，并将他的政权委托给经验丰富的行政人员，这可能正是一个享有极其成功的元老院生涯的人所期望的。马库斯·安尼乌斯·维鲁斯在被奥勒留·安东尼收养后，改名为马库斯·奥勒留（统治时间为公元161—180年）。他后来写道，他的养父是一个模范皇帝：善良、勤奋、对下属有礼貌，不愿仓促决策，总是把社会利益放在首位。除了马库斯非常个人化的回忆，人们对这位在罗马繁荣时期统治罗马的人知之甚少。部分原因是在此期间，除了一次有人在西班牙公开煽动叛乱但未成功，罗马没有发生过重大战争、丑闻或处决知名人士的事件。在庇护漫长的一生中，也许他应该对帝国以外的事件给予更多的关注，但对于一个尽心尽力、维护和平的统治者，我们很难找到批评的理由。

早在庇护去世之前，马库斯·奥勒留就被明确地定为继承人（图5.18），而康茂德的儿子卢修斯·维鲁斯则“作为私人公民”住在皇宫里。这本是庇护的选择，但马库斯明白这是他能成为皇帝的前提。马库斯知道哈德良也曾打算让卢修斯当皇帝。于是，当元老院开会投票授予他皇帝权力时，他拒绝接受，除非元老院把同样的权力授予卢修斯。

虽然同时选举两位皇帝似乎是对过去传统的彻底打破，但这实际上是对奥古斯都早年做法符合逻辑的延伸。在公元前31年亚克兴战役后的近二十年时间里，阿格里帕一直是名义上的共同皇帝，而在奥古斯都生命的最后几年，提比略也是如此。在他们分别于公元19年和

图5.18 马库斯·奥勒留延续了留着满脸胡须的风格。虽然他在位期间经历了战争和灾难性的瘟疫流行，但马库斯的个人风格使他从此被视为模范皇帝。

23年去世之前，日耳曼尼库斯和德鲁苏斯曾为提比略扮演过类似的角色。提图斯与他的父亲维斯帕芗实际上是共同执政者，就像图拉真在涅尔瓦生命中剩下的几个月里一样。马库斯本人自公元147年11月起就同时拥有帝国大法官和保民官的权力，伴随着这一殊荣的，是他的妻子福斯蒂娜在他们漫长的婚姻中所生的14个孩子中的第一个孩子。同样值得注意的是，除了提比略，所有在施政中宣传自己亲密朋友的皇帝都被认为是非常优秀的统治者，即使是提比略，人们也觉得他的政权是在德鲁苏斯死后才开始恶化的。图密善因坚持自己的唯一特权而疏远了人们，而哈德良也坚持自己是唯一的决策者，同样没有得到臣民的喜爱。

由于庇护和马库斯接受了已有的和平局势，避免先发制人的打击——这很可能造成更多的麻烦，而非解决问题——他们的选择可以被人们原谅。不过，伊拉克还是发生了重大变化。公元150年左右，帕提亚新政权在君主沃洛伽斯四世（Vologaeses）的领导下站稳了脚跟，他似乎决心扭转图拉真胜利的政治影响。罗马军队及时撤退，避免遭受无休止的叛乱状态，这也使帕提亚在伊拉克南部拥有了相当大的影响力。伊拉克南部是东亚主要贸易路线的中点，因此极其重要：在今巴士拉附近的米西尼港口卸下的货物，通过以沙漠城市巴尔米拉为基地的商人网络，沿底格里斯河转运，并穿越沙漠到叙利亚，此时巴尔米拉已经正式属于罗马行省。公元157年，沃洛伽斯控制了米西尼，甚至在庇护奄奄一息的时候还在准备大规模入侵东罗马行省。

当帕提亚军队在叙利亚北部击败了一个领导不力的省级守备队，并在公元161年进入叙利亚本土时，沃洛伽斯犯了一个巨大的错误，但后果并没有立即显现出来。马库斯的对策是派遣一支非常庞大的军队和一些能力出众的将军前往东方，由卢修斯挂名指挥行动。当卢修斯还留在安条克时——他缺乏直接指挥的经验——新到的军队已经将帕提亚人赶回了自己的领土。公元163年，这些军队开始重走图拉真的远征路，并在公元165年再次像图拉真五十年前那样洗劫了泰西封。沃洛伽斯从此在历史记录中消失，罗马人对边境地区的控制得到加强。公元166年，罗马军队在伊拉克北部又进行了一次战役后，撤往西部。

罗马人的撤退伴随着一场灾难。当罗马人胜利的时候，某种流行病，可能是天花或鼠疫，一直在美索不达米亚肆虐。当他们回到帝国各地的驻军时，军团将疾病带了过来，造成了灾难性的后果：帝国大约10%的人口——多达六七百万人——染上了这种疾病。古代医学没有治疗这种疾病的方法，所以马库斯向众神求助。阿波罗从他在土耳其西部克拉罗斯的神谕中列出了一系列仪式以躲避被指责为疫情暴发的恶魔，马库斯将神谕传遍了整个帝国。他还向来自安东尼统治时期建立的土耳其西北部的阿波努提乔斯城（Abonuteichos）的一个叫亚历山大的人咨询了第二个神谕。马库斯从他的敌人和许多相信奇迹发生的人那里得到可靠的消息称，亚历山大有一条名叫格利孔（Glycon）的蛇，能在当信徒向亚历山大提出问题时做出反应。马库斯不仅向亚历山大请教了关于瘟疫的问题，还请教了大灾难后威胁帝国多瑙河边境的一个新问题。

来自北方的威胁的性质并不立刻就能清楚：似乎并没有任何大规模入侵的威胁征兆。北方部落不会像多瑙河以外的这些部落那样，经常在罗马人看起来稍不留神的时候，发起那种长途奔袭。真正的问题也许并不是这些部落做了什么特别新的事情，而是罗马人最初的应对措施并不得力，因此在罗马人的眼中，需要多年的征战来恢复罗马人的威信。对这一切负有责任的是马库斯本人，因为卢修斯在公元169年死于中风。为

图5.19 这幅浮雕展示了马库斯·奥勒留的“雨之奇迹”，他召唤了一场大风暴，压倒了包围他的一个军团的蛮族部队。这个故事强调了这样一个概念，即皇帝可以在很远的地方感知事物，几乎具有神圣的预见性。这个故事还有其他的版本，在当时得到了非常广泛的宣传；不过，这个特别的版本来自罗马科隆纳（Colonna）广场上矗立的马库斯·奥勒留凯旋柱。

了回应格利孔的神谕，马库斯把两只狮子扔进多瑙河，作为一种巫术，试图使河水无法通行，可惜没有成功，狮子只是在河中游动。之后北方各部落发动突袭，到达意大利北部的阿奎利亚，马库斯本人也被围困在那里，另外至少有一支罗马军队在巴尔干半岛中部被重创。马库斯再次向神灵求救，他断言神灵现在听到了他的祈祷。在阿奎利亚被围期间，据说一次他从天上召唤了一道雷电，以摧毁对方的攻城机器。在另一次，据说皇帝的祈祷（或有才能的埃及魔法师的干预）带来了一场雷雨，拯救了一支陷入可怕困难的军团（**图5.19**）。

祈祷（如马库斯所愿）和简单的军事技能的结合，在公元175年扭转了局势。同时，马库斯开始培养他唯一幸存下来的儿子，14岁的康茂德（统治时间为公元177—180年）为继承者，同时依靠一个强大的、有经验的将军小圈子进行日常教导。似乎并不是所有人都为继承人的确立感到高兴。康茂德被立为继承者的消息一经传出，东方行省的最高指挥官阿维迪乌斯·卡西乌斯（Avidius Cassius）就宣布自立为帝。这是一个愚蠢的行为。在只获得了极少的支持后，卡西乌斯很快就被自己的手下谋杀了。

北方边境上的战争充斥着马库斯的统治晚期，但成功多于失败，战役的目的是提高年轻的康茂德的声誉，就像奥古斯都在日耳曼的战争一度起到了提高他可能的继承人声誉的作用。当然，马库斯除了让多瑙河部落承认罗马的优越性，似乎没有其他战略目的。在战争期间，马库斯病死于公元180年3月17日。19岁的康茂德成为唯一的皇帝。

自尼禄以来，罗马第一次出现了一位缺乏治理经验的少年皇帝。不过在他的周围，有很多经验丰富的人，似乎没有什么可害怕的。但事实证明并非如此，卡西乌斯·狄奥认为，在马库斯死后，帝国从一个黄金时代进入了一个锈迹斑斑的时代。

帝国文化

塔西佗的同时代人

公元69年内战后出现的对奥古斯都体制的重新解释、恢复和重构并不只限于政治生活。这一时期还出现了文化的深刻更新和繁荣。塔西佗的一生从尼禄统治时期一直延续到哈德良统治时期，他的声音几乎是唯一赢得后世钦佩的声音。不过，这也是伟大的讽刺作家朱文诺（Juvenal，约公元100—120年）的时代；马蒂亚尔（Martial，约公元38—104年）的时代，他是强有力的史诗作者；传记作家苏埃托尼乌斯（约公元70—130年）的时代以及一些讽刺诗（epigrams）诗人的时代，他们的作品将古代神话和历史牢牢地置于奥古斯都后的政治体系中。这也是昆提良（Quintilian，约公元35—95年）的时代，他是一位修辞学教师，他在演说家教育方面的工作表明，他对一种来自罗马和希腊的文学遗产、独特的拉丁发音的出现有新的信心。类似的世界观出现在现在被称为多面手的老普林尼（Elder Pliny，公元23—79年）的惊人之作中。在他为其庞大的《博物志》而写给皇帝提图斯的献礼信中，老普林尼轻松地概述了他认为提图斯会很熟悉的作者——从卡图卢斯开始——并将自己的作品置于希腊和拉丁文学的背景中。他还指出，他在36卷中收集了不少于2万件事实，还额外增加了一卷，用希腊文和拉丁文给出了整个作品的内容，并列出了他的权威性。对老普林尼来说，他那个时代的文献是所有早期传统的结晶。

胃痛

现在是什么骚乱袭击了我的内脏？

为什么我的内脏在颤抖？我感觉到一种难以承受的负担。我的胸膛在呻吟，但那不是我自己的呻吟！

来吧！孩子们，你们不幸的父亲在召唤。

来吧！一旦他看到你，悲伤就会离开他。

他们的声音何时传到我这里来的？

［塞涅卡，《泰西斯特斯》（*Thyestes*）999–1004］

同样，作为一个有文化的人，在给皇帝写信时，大量引用奥古斯都之前一代人的作品并没有什么奇怪的。老普林尼和塔西佗一样，认为现在的政府制度是旧制度的延续，而不是彻底打破的结果。老普林尼本人是一部主要叙事史的作者（现已失传），这部作品继续了另一位作家奥菲狄乌斯·巴苏斯（Aufidius Bassus）的作品（也已失传），后者可能在公元60年左右去世。他选择奥菲狄乌斯是很重要的，因为后者以其提供的对西塞罗之死的描述而闻名。老普林尼的叙述史从奥菲狄乌斯的叙述停止的地方开始，从而强调了恺撒和他自己这一代之间的连续性。

在献给提图斯的信中，老普林尼在描述他的努力时写道：

> “我已经在一本正规的书中记述了您的家族——您的父亲、兄长和您，这本书是我们这个时代的历史，从奥菲狄乌斯记载停止的时间点开始。您问它在哪里？现在已经完成了一段时间了。而且，无论如何，我已经把它托付给了一个继承人，这样就不会有人认为我的事业只是归功于阿谀奉承。这样，我就为那些担任（元首）职位的人和后代的人做了一个好的榜样，我知道后世将与我们竞争，就像我们与前辈竞争一样。”
>
> （老普林尼，《博物志》序言，20）

与前人的竞争意识并不仅仅是试图创作与前人同等价值的作品，还试图使古老的故事与现代联系在一起。卢修斯·阿内乌斯·塞涅卡（Lucius Annaeus Seneca）在后世的声誉既归功于他的高产，也归功于他曾任尼禄的导师和顾问。他的《书简集》（*Moral Epistles*）可追溯到他被解职后的几年，是与一个叫卢西利乌斯（Lucilius）的人就斯多葛哲学的要点进行的虚构通信，其中包括许多来自罗马历史的例子：他的斯多葛主义似乎已经彻底适应了罗马贵族的道德世界。同样，他同一时期的作品《自然问题》（*Natural Questions*），以一种与斯多葛派对物理世界的理解相适应的方式来处理自然世界的各个方面。除此之外，他的文学作品还包括一些论述，主题从善政到斯多葛思想的好处（如关于命运、愤怒、悲伤、智者的恒心等书籍）；一部名为《变瓜记》（*Apocolocyntosis*，克劳狄乌斯转化为葫芦）的作品，是关于被神化的克劳狄乌斯（他所憎恨的人）的令人叹为观止的讽刺作品；以及悲剧。塞涅卡的悲剧作品可能是为朗诵而非大规模表演而写的，倾向于将当时人对权力本质的关注投射到希腊神话中，结局往往十分骇人。例如，当阿尔戈斯国王阿特留斯（King Atreus of Argos）的弟弟泰西斯特斯，听到自己的孩子在自己的肚子里说话时，才意识到自己的孩子已经被当作晚餐吃掉了（见第229页：胃痛）。

塞涅卡戏剧中对恐怖的兴趣与当时圆形剧场中以神话为基础的景观相得益彰。被判刑的罪犯被处死，其表现形式让人联想到神话中一些更不愉快的方面：这种处决并不限于尼禄时代，也让人联想起作为一般被认为是好皇帝的提图斯建立的斗兽场。这种对恐怖的兴趣也让人想起奥古斯都时期大为流行的默剧，而奥古斯都本人也是默剧的狂热喜爱者。默剧，又称“有节奏的悲剧舞蹈”，在亚历山大大帝之后的几代人中，在地中海东部地区发展起来。主题都来自神话，而表演则是由一位舞者根据另一位独舞者唱的剧本编排舞蹈，并由打击乐队伴奏（在奥古斯都之前的时代，舞者似乎也可能会唱歌，而对口型则是奥古斯都时期的一大特色）。人们喜欢的主题包括赫拉克勒斯的疯狂故事。他在成为神之前容易发狂：他谋杀了家庭成员，与斯巴达公主丽达（Leda）、化身为天鹅的朱庇特神交媾。

卢坎和尼禄

他看不惯尼禄召集元老院开会，在尼禄朗读的时候走了出来，原因无他，只是给表演泼了一盆冷水，之后也没有克制住敌视皇帝的言行，以至于有一次他在公厕方便时发出巨大的声响时，他念了半句皇帝的诗句“你会认为它在地底下打雷”。因此，其他正在公厕里的人，都逃走了。

［苏埃托尼乌斯，《卢坎的生活》（*Life of Lucan*）］

斯塔提乌斯、卢坎和罗马史诗的新风格

一位与塞涅卡同时代，擅长于多种诗歌体裁的诗人是斯塔提乌斯（Statius，约公元45—95年），其职业生涯跨越了图密善的统治时期。

斯塔提乌斯本人似乎至少有一次因为给一部默剧提供剧本而赚了一大笔钱，这部默剧是以底比斯王后的名字命名的，王后在狄俄尼索斯的影响下，与其他女人一起将她的儿子潘提乌斯（Pentheus）撕碎。斯塔提乌斯的父亲是那不勒斯湾一带的教师，他自己的母语是希腊语。然而对于这一时期的罗马精英阶层来说，一个人的母语无关紧要，因为到了成年后，所有的人都会双语。事实证明，斯塔提乌斯是一位才华超群的诗人，无论是史诗的创作，还是应景诗（有几首赞

美图密善的作品），都被他收录在五本名为《诗草集》（*Silvae*）的作品集中。他雄奇的想象力在《底比斯战纪》（*Thebaid*）中得到了淋漓尽致的展现，这是一部关于俄狄浦斯的儿子们之间进行争斗的神话作品。在作品中，他借鉴了拉丁文学中与内战相关的主题，将希腊神话转化为一个能与当时听众兴趣共鸣的故事，因此从凡人的世界转移到天上的神灵，偶尔也会转移到下面的神灵。他的写作典范同样是拉丁传统和希腊的诗人，他们也擅长描写其荒诞或怪诞的故事。

斯塔提乌斯经常阅读的典范之一是上一代的诗人，塞涅卡的侄子卢坎（Lucan，公元39—65年）的作品。由于他是皮索阴谋的共谋者（见第202页），而被尼禄处死。正如卢坎诗中所显示的一样，他的生活多姿多彩。他原本是尼禄的密友，但两人分道扬镳，很可能是因为尼禄嫉妒他的非凡才华。卢坎公然侮辱皇帝的诗歌水平，例如，他在公厕如厕时背诵了尼禄的一句诗（见第230页：卢坎和尼禄），这对解决他们之间的问题是毫无效果的。当人们认可了卢坎的观点，认为厕所才是皇帝诗歌的栖身之所时，厕所被清空了。最后，尼禄禁止卢坎在公共场合表演，这一行为似乎最终促使他加入了皮索的阴谋阵营。卢坎直到生命的尽头也不肯服软，据说他还把自己的母亲列为同谋。卢坎的目的并不是要害死她，而是通过让自己的母亲陷入危险之中，向尼禄表明自己才是真正的暴虐。

卢坎一部伟大的作品是一首有关公元前49年内战的诗，可能在他去世时还没有完成。在现存的版本中，这首诗讲述了从越过卢比孔河到恺撒到达埃及这段时间的情况。卢坎的基调明显是反恺撒的，他的立场与奥古斯都和后奥古斯都时代的精神是一致的。维吉尔曾批评恺撒发动内战，尼禄与内战失败者的联系远比胜利者密切。他的高祖父多米提乌斯·阿赫诺巴布斯曾在科尔芬尼文向恺撒投降（见第161—162页），并死在法萨卢斯；他的曾祖母是奥克塔维亚和马克·安东尼的女儿安东妮娅。对卢坎来说，道德无法在内战中存在，因此缺乏道德是尤利亚·克劳狄王朝和弗拉维王朝迄今为止意识形态体系中最糟糕的恶果。然而，与斯塔提乌斯恢复了史诗中惯用的神灵无数次干预的手法相反，卢坎最引人注目的是，他的作品根本没有提及神灵。这首诗中有大量对神灵的影射，比如塞克斯图斯·庞培从

图5.20 普里阿普斯（Priapus）是生殖力之神，被认为是保护大门和花园不受不速之客侵扰的守门神。在这幅来自维蒂（Vettii）庄园的入口处的画作中——维蒂庄园是庞贝最壮观的别墅之一——他用一袋钱来衡量自己的阴茎，这反映了普里阿普斯与好运的通常联系。

图5.21 古代庞贝在公元79年被火山灰掩埋前的样子。庞贝城于1748年被重新发现，此后的挖掘工作显示，庞贝古城面积共65公顷，其中大约40公顷以上的面积被掩埋。那里的发现让我们生动地看到了罗马城市生活的方方面面。

一具被巫婆激活的尸体上看到冥界幻象。

斯塔提乌斯和卢坎并不是唯一尝试史诗传统的诗人。瓦莱里乌斯·弗拉库斯（Valerius Flaccus）创作了新版的依阿宋和阿尔戈纳人的冒险故事，演员阵容具有鲜明的罗马特色（包括在依阿宋和他的同伴们取回羊毛时参与内战的情节），而尼禄统治时期的最后一位执政官西利乌斯·利塔库斯（Silius Italicus）则在晚年专注于描写与汉尼拔的战争，共写了十七本诗集。也许，从西利乌斯庞大的作品中得出的最有趣的信息是对公元前3世纪元老院的怀旧憧憬与对帝国制度丝毫不相悖的忠诚。在第十三卷中，当西庇阿·阿非利加努斯访问地下世界时，他被透露了未来帝国的辉煌。

马蒂亚尔和佩特罗尼乌斯

西利乌斯的同时代人中，有一位来自西班牙的诗人，名叫马蒂亚尔，他在罗马的时间似乎大致是从维斯帕芗去世（公元79年）到图拉真登基（公元98年）这段时期，然后他回到了西班牙的庄园，这些庄园因富人朋友的馈赠而变得更加丰富。马蒂亚尔的特长是书信，他的诗涵盖了上流社会生活的方方面面，让我们可以窥见他的读者心理。他的诗中一个永恒的主题是表象是带有欺骗性的。他写作的目标是揭露上层阶级的缺口：他在罗马精英的形象上挑刺，自认为是一个对自己的情绪保持彻底控制的人，在任何时候都表现为一个毫不动摇的、有尊严的人。同样，从马蒂亚尔的诗歌来看，每个贵族都喜欢想象自己和未与自己结婚的人上床。现实生活中不可能像这样热闹，但一个建立在稳定的礼节表象上的社会，马蒂亚尔的作品有一种对古代版小报文化着迷的倾向。

这种着迷在一部完全不同的作品，佩特罗尼乌斯（Petronius）的《萨蒂利孔》（*Satyricon*）中也很明显。作者经常（在没有充分证据的情况下）被认为是被尼禄非正式地称为“优雅的监督者”的高级元老，尼禄以在公元65年皮索阴谋中共谋的虚假罪名下令将其处死。事实上，我们对佩特罗尼乌斯所知的确凿信息是，他在公元79年维苏威火山爆发之前，写出了充满邪恶幽默感的作品。他的书大部分已经在流传中丢失（在可能曾经有的十六本书中，我们有最后三本书的部分内容），记录了一对男性恋人恩科尔皮乌斯（Encolpius）和吉东（Giton）的不幸遭遇，他们的问题源于恩科尔皮乌斯（也是叙述者）对普利阿普斯（男性生殖力之神，其主要特征是一个巨大的阴茎，**图5.20**）的一些冒犯。现存部分的各种话题包括演说家水平的下降、诗歌质量的低下、糟糕品位的艺术、富有的自由民的粗鲁举止、那些试图在别人的遗嘱中提及自己名字的人的习惯，以及性。所有这些讨论都有着非常尖锐的锋芒，佩特罗尼乌斯的代表作是对特里马奇奥（Trimalchio）举行的宴会的描述。特里马奇奥是一个神话般的富有的自由民，与他对真正文化的无知相匹配的只有他的华丽奢侈的品位。如果说有一个主题将这本书中的所有事件联系在一起，那似乎是对社会秩序的颠覆，以及认为事情看起来是愚蠢的。

马蒂亚尔和佩特罗尼乌斯的主题，与庞贝城墙上所写的内容产生了很好的共鸣，庞贝城墙上充斥着关于人们性偏好的诗歌，事实上也与那里所画的内容产生了共鸣。我们之所以对庞贝了解这么多，当然是因为这座城市被公元79年维苏威火山的爆发所掩埋，但我们没有理由认为，从火山灰中涌现出来的品位不是当时典型的品位（**图5.21**）。房屋墙壁上的艺术作品，从抽象的图案和自然主义场景到神话中的场景、（经常）交媾的场景，反映了普通罗马人的不同品位以及对性的一系列看法，他们欣赏性在关系中的核心作用，包括爱与恨。壁画的其他内容描绘了人们的日常生活，强调了罗马人用他们的公共行为来定义他们地位的倾向。对公共人物和私人个体之间的对应关系（或缺乏对应关系）的迷恋，依然是罗马人生活中最基本的一项。

私生活

将公共和私人之间的不和谐认定为维斯帕芗时代（以及几乎任何其他时代）罗马人的兴趣是一回事，但意识到马蒂亚尔和庞贝的涂鸦诗人所暗示的行为规范与罗马殡葬纪念碑等所暗示的行为规范之间的一致性则是另一回事。这些纪念碑强调的是长期的感情关系，同时也展示了多种婚姻关系（**图5.22**）。盖乌斯·利瓦尼乌斯·阿库图斯（Gaius Livanius Acutus）在为他们夫妻联合立碑时，大概是打算和第一任妻子一起慢慢到老。但事情并没有按计划进行，我们又看到了他为第二任妻子立的碑。卢奇乌斯·明迪乌斯·迪乌斯

图5.22 在庞贝的狄奥斯库里（Dioscuri）宫中发现了许多神话主题的画作，这幅描绘神话中的美狄亚（Medea）的画作出色地捕捉到了她的情绪，她正考虑杀死自己的孩子，向抛弃她的丈夫依阿宋复仇。

（Luccius Mindius Dius）与他的第一任妻子特里法娜（Tryphaena）共同生活了二十三年，感情甚笃；对第二任妻子卢西娅·伊努利亚（Lucceia Ianuaria）也很忠诚，并将她埋葬在他所建的墓中；最后对他的情妇安妮娅·拉维利亚（Annia Laveria）也很钟情。维里亚·佐西梅（Verria Zosime）和丈夫维里乌斯·欧赫皮斯特斯（Verrius Euhelpistus）一起葬在奥斯蒂亚郊外巨大墓地的石棺里，不过她之前计划和她的第一任丈夫维里乌斯·欧赫皮斯特斯（Verrius Eucharistus）安葬在一起（他们都是同一个家族的自由奴隶）。

维里亚的故事中有趣的一点是，她第一任丈夫的墓碑上写着她也将葬在那里。这提醒人们，这类文本的语言往往惊人地缺乏独创性，这就是为什么用来描述家庭关系的语言是社会规范的一个相当可靠的指标。理想的女性往往是节俭、忠诚、善于编织、贞洁、避免争吵。丈夫有一个更受限制的美德区域，其中包括“爱人”和“无可比拟”等品质，而个人贞洁和家务艺术往往不为他们所接受，这可能暗示了在性关系方面的双重标准（女性可能会有连续的伴侣，但男性可能会接受多个伴侣）。也就是说，当一个男人提到，他希望他的妻子能从冥界回来，或者他可以死，这样他们就不再分开，或者他希望他仍然可以和他的妻子一起去阿波罗浴场，我们有理由认为他们是一夫一妻的婚姻关系。成年人之间的关键纽带往往出现在孩子身上，他们的离开无一例外是一场悲剧，但悲伤似乎并没有因意识到死亡是年轻人的普遍命运而减少。

除了墓碑，塔西佗同时代的盖乌斯·普利尼·塞昆杜斯（Gaius Plinius Secundus）的侄子盖乌斯·普利尼·凯西利乌斯·塞昆杜斯（Gaius Plinius Caecilius Secundus），或者更简单地说小普林尼（公元61—112年）的来信描绘了一幅相当现实的家庭团体的图景，其中并没有提到通奸。普林尼娶了两个（可能是三个）年轻的十几岁的女孩，在一位女孩去世后，普林尼立刻娶了另一个。尽管医生认为女孩子过早同床对身体不好，但小普林尼在迎娶之后立刻与她们发生了肉体关系。其他迎娶年轻女孩的罗马人似乎也都没有等到她们成年。但是，除了小普林尼个人，我们有理由认为他对一夫一妻制婚姻的态度可能比马蒂亚尔的态度更

图5.23 罗马帝国推动了希腊式运动在地中海世界的普及。这幅来自现代突尼斯的马赛克展示了摔跤手的动作，画面上方的半圆形显示了他们为之奋斗的奖金。

图5.24 这幅来自法国里昂的马赛克，描绘了战车比赛的基本组成部分，其中包括身穿各自派别颜色的车手、中央屏障、竞技场上战车手的助手（骑马和步行）以及起跑门。

接近罗马社会的标准看法，但马蒂亚尔毫无疑问是小普林尼的朋友。苏埃托尼乌斯是小普林尼的另一位朋友，将他不喜欢的皇帝的性行为认定为是性格恶劣的迹象，这再次表明，从他的角度来看，婚姻生活可能不会经常涉及情妇。同时，还有其他证据表明，在婚姻中经常容忍的"第三者"，通常是奴婢或妾：在罗马遗嘱中可以发现他们的存在，遗嘱中规定的遗产显然归于这些通奸的后代。这些孩子与父亲的妻子生活在一起，说明妻子——尤其是那些比丈夫年轻得多的妻子——可能并没有坚决反对。罗马婚姻的基本事实是离婚很容易，妇女可以控制财产（见第35页），保证妇女不会陷于她们无法忍受的婚姻中。事实上，不仅在马蒂亚尔的作品中，而且在其他各种小说作品中，如阿普莱乌斯（Apuleius）的《金驴》（*Gold Ass*），都出现了对独立女性性生活的积极迷恋。这强烈地表明，这些作品中的许多男性作者是把自己的幻想投射到他们无法控制的女性身上。

投身到无法控制的女性的情况贯穿了这一时期比较特别的作品之一，即朱文诺的第六篇《讽刺诗》（*Satire*），这是对罗马女性的攻击。我们对朱文诺的了解很少。马蒂亚尔在三首诗中提到朱文诺是他的朋友，而且他在哈德良统治时期一直活着，这表明他在图密善去世前就进入了罗马的文学世界。朱文诺创作了十六首讽刺诗，分五卷出版（统称为《讽刺诗》），其中第六首讽刺诗构成了第二卷的全部内容。它被设计成一种反婚姻手册（其要点是：何必呢，因为女人永远不会做你喜欢的事），至少在最初，或者在进一步的阅读中，它被认为是一个令人吃惊的厌女症人的爆发。事实上，由于诗中的男性角色软弱而可笑，它既证明了女性在罗马社会中可以享受的自由，也证明了男性对这种自由的不满。在其他地方，朱文诺抨击了极度富有的

罗马角斗士

角斗术起源于意大利中部。最早的证据来自公元前4世纪关于坎帕尼亚角斗活动的文献记载，以及同一时期的墓室壁画中对男子进行单打独斗的描述。这些打斗的最初背景显然是关于社会军事美德的葬礼仪式活动，正是作为葬礼仪式活动的一部分，角斗在公元前3世纪被引入罗马。它迅速得到罗马的军国主义文化认同，并开始向行省传播。

虽然非常危险，但角斗士的角斗仍然成了一项运动。角斗士只在有官员在场的情况下两人互相对决（**图5.25**）。而成群结队的人互相厮杀或被要求互相残杀的活动涉及罪犯。角斗士只有在特殊情况下才会进行殊死搏斗，通常是在罗马，当皇帝在场时，或者是在皇帝访问期间在各行省进行，或者是由政府特别批准。角斗士可以决一死战的事实，无论这种情况多么罕见，都使角斗士的战斗有别于其他运动，比如战车赛和古希腊搏击，后者也可能导致参赛者死亡。然而，由于很少有真正的殊死搏斗，当角斗士确实死于决斗时，通常是因为他们的伤口没有得到很好的处理，或者裁判不称职。在各省，帝国当局试图限制比赛的危险性，甚至支持角斗士用木制武器进行战斗。

角斗士可以是自由民，也可以是奴隶（偶尔也有女人，既可以是奴隶，也可以是自由民）。他们训练有素，随着经验

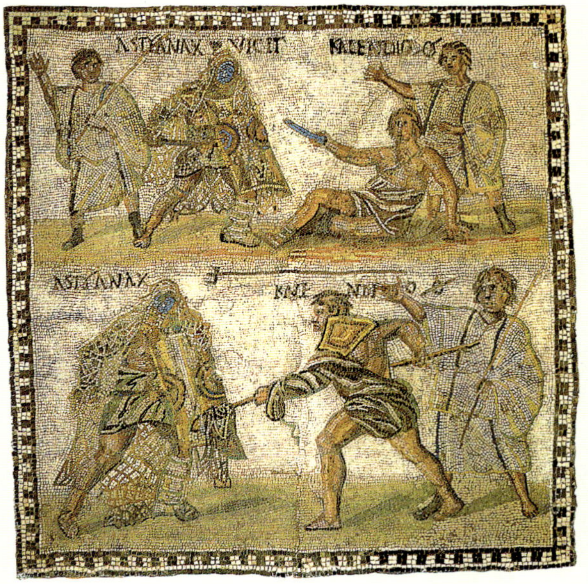

图5.25 这幅公元4世纪中的马赛克展示了角斗士战斗的几个重要方面，包括一对使用不同武器的角斗士，以及负责控制比赛的裁判。在这幅马赛克的上半部分，随着一名角斗士的投降，一场战斗停止了。

的积累，报酬也很高。在马库斯·奥勒留时代，角斗士的出场费是军团成员年薪的十二倍之多。我们关于角斗士的资料大多来自家人或朋友所立的墓碑，透露出人们对自己的职业感到自豪。

人浪费的生活方式，他们缺乏知识。他作品题材的范围和语气的激烈，大概恰恰取悦了作为《讽刺诗》的读者们。其中有些人可能是斯塔提乌斯的忠实读者，而他在第四卷《讽刺诗》中模仿了斯塔提乌斯的作品，描写了图密善召开的一次虚构的会议，会议的目的是讨论如何烹饪一条巨大的鱼。他的读者也通常熟悉塔西佗，后者编写的《历史》似乎常常隐藏在《讽刺诗》中出现的历史例子背后。我们也要感谢朱文诺，他感叹曾经决定世界命运的罗马人民现在只对面包和竞技表演感兴趣，尽管他对这种场面的重要性的否定也许是不公平的。

设施与文化

罗马贵族，如小普林尼和塔西佗，往往对大众文化表示轻视，幸运的是，马蒂亚尔并非如此，他的一本书就是专门介绍圆形剧场的。整个公共娱乐世界是创造整个帝国共同文化的核心。正是在公共场合，人们可以聚集在一起，在强调共同价值观的活动中相互享受。

这些公共场面有三种基本形式：戏剧活动、体育竞赛和公共对抗。戏剧活动包括戏剧全剧，通常是教育课程的一部分；名剧中的“名曲”独唱，有时还配上音乐；诗歌朗诵、音乐表演和合唱表演；哑剧是“低俗”表演的总称，从情景喜剧和小丑表演到舞蹈表演和默剧。在某些情况下，这些表演可以用作帝国历史上某一重要事件的补充。例如，我们有哈德良死后在埃及一个城镇上演的关于哈德良升天的部分剧本。竞技比赛源于前罗马（pre-Roman）的希腊节日，涉及裸体运动员参与各种跑步项目、五项全能和“战斗”运动的三巨头：拳击、摔跤（图5.23），以及古希腊搏击（pancration）。古希腊搏击是其他两个项目的残酷组合。比赛也可能包括一些马术比赛，如赛马和由两匹或四匹马组成的战车比赛（图5.24）。这些战车比赛与罗马的竞技场战车比赛不同，因为很少有其他城市有能力建造自己的竞技场，并且赛道的尺寸不一，并需要容纳大量的参赛者。竞技战车赛是在罗马大竞技场中发展起来的，它有一条固定的赛道，最多十二支队伍绕着中央障碍跑七圈。罗马比赛的另一个特点是，它们由四个职业派别主导，根据其车手所穿的服装颜色，分别为蓝军、绿军、红军和白军。最后，公开的对抗包括一对角斗士之间的对决、狩猎和处决罪犯，这时他们不是简单地被折磨，暴露在野兽面前，或被迫在决斗中互相搏斗至死，而是以神话造型被处死（见第236页：罗马角斗士）。

古代体育的规则表明观众没有什么耐心。当他们聚集在一起观看体育赛事时，他们希望看到激烈的比赛，希望看到命运的快速变化，如果有一个或多个选手不能完整地走出竞技场，他们也不会感到惊讶。与现代球迷不同，现代球迷愿意忍受绵延数周或数月的冠军赛，而古代球迷则追求即时的满足感。例如，在搏击运动中，冠军赛的所有回合都在一天内进行，因此最终的胜利者必须在几乎没有时间间隔的情况下赢得一系列决定性的胜利。还例如，在拳击比赛中，胜利者每次都必须以相当于技术性击倒的方式获胜，因此决赛既是对耐力的考验，也是对技术技能的考验。

因此取得成功的回报也是立竿见影的，而且在许多情况下是相当可观的。在重大节日，如奥林匹克运动会或奥古斯都为纪念他在亚克兴的胜利而创办的运动会上获胜的职业运动员，在参加比赛时将从他们声称拥有公民身份的城市获得养老金（许多运动员属于多个城市）。他们也有资格成为冠军运动员职业协会的成员（这个团体的实际名称在帝国历史上的不同时期有所不同），该协会给予他们宝贵的特权，包括免除强制性的税收和公共服务。一些人通过这种方式得到的

图5.26 现藏于梵蒂冈博物馆的著名的拉奥孔雕像群可能是奥古斯都统治时期罗马的希腊艺术家的作品。这座雕塑生动地描绘了众神对特洛伊祭司及其家人进行可怕报复的时刻，体现了挑战众神意志的危险。

报酬堪比元老们。然而，任何运动员都比不上罗马成功的战车手做得那么好。最成功的狄奥克勒斯（Diocles）在二十四年的职业生涯中，他的年收入约为150万塞斯特斯。这些比赛所涉及的巨额奖金反映了人们对体育的巨大热情，也反映了运动员确实是社会认可的重要品质的典范。

耐力、应对痛苦的能力和冒险精神不仅仅在体育运动中得到了颂扬，也是当时小说的重要主题。从埃涅阿斯和他伟大的希腊前辈奥德修斯等英雄的传统故事中衍生出来，作为帝国时期一种新的文学体裁出现的小说往往是关于人们离家出走的故事：主人公们从特洛伊战争中回家的旅行花了十年的时间，他们在异国他乡徘徊，然后才能在他们所期望的爱情中重逢。这些故事往往是为了反映上层社会男女主人公的性格，因为他们在途中遭受了巨大的痛苦与威胁。天文学家和地理学家托勒密（Ptolemy，约公元100—168年）在公元2世纪的一篇著名的星象文字中很好地概括了这些书的受众的焦虑，其中写道：

“如果木星和金星是掌管要旅行的地方……那么旅行不仅安全而且愉快，因为旅行者将被国家元首送行，或得到朋友的帮助，有利的天气条件和丰富的物资也有助益……如果土星和火星控制着发光体……他们将使旅行者卷入巨大的危险之中；如果他们在水象星座，则会遭遇不幸的航行和沉船，或者再通过艰难的路程或沙漠；如果他们在实象星座，将会遭遇从高处坠落和风的袭击；如果遇到冬夏至（solstitial）和春秋分（equinoctial），则可能缺乏供给健康的条件；如果见到人形星座，有遇到海盗、阴谋和抢劫的风险；如果见到地形星座将有野兽的攻

图5.27 这幅大理石浮雕可能曾经装饰在罗马的一个拱门上，在这幅浮雕中，皇帝马库斯·奥勒留在朱庇特·奥林匹斯·马克西姆斯神庙前向诸神献祭。这幅表现适当宗教秩序的作品与拉奥孔雕像的恐怖和混乱形成了鲜明的对比，象征着帝国时期罗马宗教和文化的反差。

击或地震；如果水星同时存在，有坏天气，也可能遇到危险，而且，有可能遭到爬行动物和其他有毒生物的叮咬。

［托勒密，《占星四书》（*Tetrabiblos*）4.8，罗宾斯（Robbins）译］

这本书的读者，最不可能在现实生活中遇到海盗，从高空坠落或者被爬行动物咬伤。然而，这并没有使这种故事变得无趣。事实上，令罗马观众着迷的人物之一就是受爬行动物攻击的最终受害者。著名的弓箭手菲洛克泰斯（Philoctetes）曾随希腊人到特洛伊，不幸被蛇咬伤，当希腊人再也无法忍受他的痛苦叫声和伤口化脓的恶臭时，就把他送到一个荒岛上生活。同样，这些观众对特洛伊祭司拉奥孔（Laocoön）的形象也很感兴趣，他发现了木马，并因受到侮辱而被蛇吞噬（**图5.26**）。

对痛苦的迷恋是罗马文化的另一个方面，它与同样强大的、对外在表现平静的强烈迷恋形成鲜明对比。外表不仅受到性爱激情的威胁，而且还可能受到疾病的困扰。马库斯·奥勒留斯似乎是那个时代的典型，他愿意给朋友写信，详述他所遭受的疾病和他所克服的痛苦。埃利乌斯·阿里斯蒂德斯（Aelius Aristides）是来自土耳其西部的重要修辞学家，他的职业生涯跨越了安东尼·庇护和马库斯·奥勒留的统治时期，他记录了一系列的病症，这些病症可能会让现代读者感到深深的不舒服。但是《神圣的故事》（*Sacred Tales*）的读者大概会有不同的感受，这本书就像是他的患病日记，以及他向阿斯克勒庇俄斯神（Asclepius）的祭司寻求治疗的记录。埃利乌斯似乎是通过塑造一个尽管身患疾病但仍能正常工作的人的形象而逐渐成名，这也使他更接近他的神。

毫无疑问，公元2世纪也是伟大的医学家的时代，他们对新技术的示范和健康讲座吸引了大量的观众。有时，他们拥有真正的能力，如伟大的盖伦（the great Galen，约公元129—216年）和作为医生的马库斯·奥勒留。其他一些人可能就不那么优秀了，但观众首要关注的是医学表演。正是对周围世界的关注，常常吸引罗马帝国的居民去猜测他们自己与神的关系。

占卜与诸神

试图从神灵那里获得启示的形式多种多样。有些涉及神谕的方法，即认为诸神通过受启发的先知直接说话。总的来说，在这些神庙里，神只对社会地位足够高的人直接说话。

其他凡人可能会通过抽签方式询问神谕，来间接地接近神灵。在埃及，一个经典的形式是将两个带有答案的询问放在一个瓮中，并假定被抽中的那个代表神的答案。其他的形式包括掷骰子，并将掷出的数字与预先设定的答案进行匹配，而其他形式则包括观察神池中鱼的进食情况、神鸡的进食习惯或奶酪的漂浮方式。在祭祀时，被献祭物被杀后会被检查，看其内脏上是否写有某种标志，而动物的行为也会被密切关注，以确保它在死亡过程中无异常。

对于一些人来说，仅仅占卜还不够。他们向那些被认为能够自己产生幻象的人，通过魔法能够指挥神明提供信息的人，或者那些拥有远古圣人圣文的人，来寻求神明的智慧。一些被认为能够通过自己的魔力指挥神明的人，也被认为能够指挥神明对自己想要控制的人采取行动。

宗教与文化

马库斯·奥勒留是他那个时代的代表人物，当灾难以瘟疫、地震、风暴或匮乏的形式发生时，他向神灵求助（**图5.27**）。他相信神灵会通过神谕说话，而且神灵可能会对他的祈祷做出回应，这种信念来自斯多葛派哲学，他努力让这种哲学指导他与他人的交往。斯多葛主义的基本信条是，命运与宙斯的意志和身体是一致的。这使得众神有可能与凡人交流，也使得凡人认为他们可以与自然和谐相处。

马库斯对命运和神灵的信仰，与许多知识分子（无论他们是斯多葛派还是其他重要的哲学运动的追随者）的信仰不同。他认为诸神代表了一个单一的神灵的意志。对于其他许多人来说，诸神往往没有那么好的组织。罗马帝国到处都是大小不一、形状各异的神龛和神庙，人们在寻找能够帮助他们解决具体问题的神。

对神灵的信仰因传统和大量直接记录的神灵行动而神圣化。例如，阿斯克勒庇俄斯神庙记录了阿斯克勒庇俄斯在神庙墙内治愈病人的方式；神龛记录了神灵对于人们祈祷的回应；城市神庙记录了神规避灾难或向他们揭示新的仪式以治愈他们关系中似乎存在的缺陷的时刻。传统的崇拜，无论在哪里，也无论以何种方式践行，都坚持一个深刻的逻辑观点，即世界的继续存在是神灵干预行为的结果。

在罗马帝国，最基本的信仰行为仍然是献祭。人们献出他们所能献出的东西，如果他们想接近被认为居住在天上的神；在祭坛上焚烧，或者把它倒在地上，以接近被认为居住在地下的神。然而，对于一些人来说，这还不够，于是他们在崇拜的既定范围之外寻求接触神灵的方法。由于祭祀倾向于颂扬现有的关系，那么它可以被看作是一种本质上被动的宗教活动，因此，“被动”意味着对现有规范的满足。但是，随着社会的变化，传统祭祀体系也需要一些机制来更新，通过这些机制可以获得新的启示，并将其整合到现有体系中。占卜是这些机制中最基本的一种。由于传统体系反映的是早期的启示，所以更新体系的最好方法就是寻求新的启示。因此，占卜可以被看作是一种“积极的”崇拜元素，有助于保持系统的相关性。随着帝国的扩张，在罗马经验中整合不同传统的过程仍在继续，但是与早年一样，存在着一些紧张关系，特别是此时可以使用的多种多样的占卜形式，更是如此（见第239页：占卜与诸神）。

虽然与神灵沟通的预言家受到高度重视，但罗马国家此时和从前一样，对那些在国家崇拜范围之外活动的预言家，包括那些声称能够蛊惑超自然造访的魔术师，十分不满。他们是潜在的非常危险的人，从奥古斯都开始，每一个皇帝都会颁布法令，禁止未经授权与神灵接触。使用魔法攻击邻居的人，以及为他们服务的魔法师，都有可能被判处死刑。问题是无法制止人们对魔法的渴求，即使是皇帝也会在需要时单独咨询专家。哈德良对一位名叫潘克拉底（Panchrates）的埃及魔法师给予了极大的奖励，而马库斯似乎也宣布另一位埃及魔法师哈努菲斯（Harnouphis）幻化出了神奇的暴雨，在与北方部落的战争中拯救了他的士兵。哈德良似乎还公布了一位被他处死的元老院议员的星座，以此来证明他做了正确的事情：这个人注定是个叛徒。许多人似乎对提亚纳（Tyana）的阿波罗尼乌斯的记录留下了深刻的印象，他被认为从瘟疫恶魔手中拯救了以弗所，通过他与生俱来的神性治愈了病人。尽管他在距离罗马一千多英里之外的以弗所，他仍预测了公元96年发生在罗马的图密善的谋杀案。在他离开地球后的几个世纪里，他可以免受恶魔侵害的消息，似乎已经遍布东方各省，而且有一种强烈的观点认为他已经升天与众神同住。对于这些人，法律规定和人们行为之间存在

着鸿沟，这说明人们对寻求神灵启示的持久迷恋。

图5.28 这座密特拉神神庙北墙的中心图案是波斯密特拉神杀死公牛的图像，象征着太阳对月亮的胜利。这个例子是来自意大利中部马里诺（Marino）的一幅公元3世纪的壁画。

那些主要文化背景是希腊或罗马的帝国居民感到，他们的文化与埃及和美索不达米亚的文化相比相对年轻。游客们——其中不乏哈德良本人——被吸引到埃及，因为在这里可以看到真正的古代智慧之书，可以和与祭祀有关的人交谈，后者知道一些别人不知道的事情。埃及的神庙是远至法老时代的典籍库，埃及人通过兜售被译成希腊文的古代智慧书籍（通常也是彻底"现代化"的智慧）来满足市场需求。同样，古波斯圣人琐罗亚斯德（Zoroaster）也被认为是魔法的发现者，也是各种书籍的作者（事实上，所有这些书籍都与实

图5.29 密特拉神的追随者在他们称为"洞穴"的独特房间里做礼拜，如这个保存在罗马圣克莱门特教堂下面的洞穴。这些洞穴南北朝向，东边的墙壁上有土星、金星和火星的图像，西边有木星、水星和月亮的图像。

际的波斯文字大相径庭，这些文字似乎是对他见到的幻象的记录）。对东方更伟大的智慧的兴趣体现了许多受过教育的罗马人开始相信文化优越感：他们的世界依靠的是来自所有时代和所有地方的圣人的集合智慧。

对神的新知识的迷恋，以及承认这些信息可能来自希腊罗马传统之外，是各种祭祀取得惊人成功的背后原因，这些祭祀在公元1世纪广泛流传，并在接下来的几个世纪中继续扩大。其中之一是对伊西斯（Isis）和塞拉皮斯（Serapis）的崇拜，它们最初似乎是由公元前3世纪初的埃及托勒密国王发明的。有了相对稳定的神话，以及相对稳定的文字——特别是赞美伊西斯的赞美诗的形式——这种祭祀在整个罗马帝国站稳了脚跟。公元1世纪之后，出现了另一个改革，是对波斯密特拉神（Mithras）神话的重新解释（**图5.28**）。罗马的密特拉神崇拜（Mithraism）似乎是受到科马吉尼（Commagene，现在的土耳其东南部）一个团体影响的产物，这个团体沿用了亚历山大大帝摧毁的第一个波斯帝国后的几个世纪中仍存在的波斯崇拜传统。

对伊西斯和波斯神密特拉的祭祀，承诺对他们各自的神灵的忠诚追随者进行拯救，与公元1世纪开始出现的基督教崇拜类似，但后者不太容易被传统社会的界限所容纳。虽然公元1世纪时期，对伊西斯的崇拜偶尔被压制——在提比略统治时期，由于祭司臭名昭著的性丑闻，并涉及元老院成员，因此祭祀曾一度被取缔——但伊西斯祭祀并不是单一崇拜，也没有从根本上质疑古代社会的规范。对波斯密特拉神的崇拜，同样允许其成

马库斯·奥勒留关于做一个好皇帝的论述

马库斯·奥勒留的私密笔记本，被现代世界称为《沉思录》（*Meditations*，他称其为“给自己的笔记”），提供了他对人类生活和神灵之道的思考，也许产生在退隐之前许多年的夜晚，并没有打算让自己以外的任何人阅读这部作品。在这种情况下，他反思了他从安东尼·庇护那里学到的关于做皇帝的事情：

> 我的父亲，一旦事情得到认真的判断，就会保持良好的风度，持之以恒的决心，以及内心的平静；对那些似乎是荣誉的事情谦虚有礼；勤奋工作并坚持不懈；愿意倾听可以为大家带来共同利益的事情；灵活地面对自己的正当欲望，并从经验中获得关于积极行动和休闲的知识。他已经不再对男孩充满热情；他从不强迫朋友们和他一起吃饭或出国旅行，而那些不得不离开他的人，总是发现他还是从前的样子。他对劝告广开言路，锲而不舍；他并不因为满足于外表而不去探究；他倾向于留住朋友，不会迅速厌倦他们，也不在感情上放纵；在任何场合都能自给自足，心情愉快；他能预见到很远的事情，对细小的事情也能仔细观察，也没有浮夸的言行；他能立即制止大众的掌声和一切奉承。对管理帝国所必需的事情，他永远保持警惕，并善于管理开支，面对因此而受到的批评，他也能忍耐；他既不迷信神灵，也不执念于人民的追捧；既不阿谀奉承，也不向暴民献媚；但他凡事克制而坚定，从不索然无味，也不对新奇事物感兴趣。
>
> （马库斯·奥勒留，《沉思录》1.17.1–3）

员以传统的方式敬拜，并向其他神献祭，甚至可以被视为公开支持现状（图5.29）。但当一位犹太教师在公元36年被罗马政务官处死，他死而复生，宣称自己是神的儿子，并承诺在世界末日时给那些相信他启示的人以救赎，而他似乎认为这是一件迫在眉睫的祭祀时，情况就不一样了。

耶稣的第一批追随者热切地相信他们周围世界的腐败，他们中的许多人（尽管不是全部）拒绝接受除犹太经文中的上帝之外的任何真正的神的存在，这使新的运动与以往的信仰产生了冲突。基督教是在耶稣被处死后第一代传教士的教义中产生的，它作为当时宗教实践的真正替代物和传统道德的替代物吸引着人们。

与对伊西斯或密特拉神的崇拜不同，基督教传播的信息不仅基于神的神迹（尽管福音书中与耶稣有关的奇迹故事肯定很重要），而且基于抗议既定权威的人的痛苦。在几代人的时间里，基督徒创作出一种其他宗教在复杂性和现代性方面都无法比拟的文学作品，因为这种文学作品所涉及的不是什么神话般的过去，而是此时此地的生活状况。即使基督教内部分裂的团体产生了自己的启示书，使耶稣的信息比4部福音书和第一代教师的信件更神秘，但他们总体上仍然与发生在提比略统治时期的基本叙事保持着联系。福音书本身可能充满了矛盾（例如，有关耶稣的诞生，有两个截然不同的出生日期，一个在公元前4年之前，另一个在公元前6年），但它们仍然提供了一种有别于以往的生活方式。人们对来自国家权力结构之外的信息非常着迷，正是这一点，以及坚持以严格的道德准则作为救赎之路，似乎吸引了人们加入新的宗教。

罗马政府对新信仰的尴尬且常常粗暴的反应反而有助于宣传其信息。尼禄曾把罗马公元64年的大火归咎于基督徒，后来的皇帝们开始认为新信仰具有颠覆性，足以被禁止。但正如对魔法的禁令并没有压制人们对魔法的兴趣一样，对基督教的禁令也只是不定期地执行，因此这种做法除了鼓励对周围世界不满的人们去尝试之外，并没有什么作用。基督教在前两个世纪兴起的过程中并不是现有的信仰体系存在问题的结果，而是一个事实，即它提供了一个深刻的不同的视野和一种崭新的生活方式。

帝国的官员

在宫廷里围绕着皇帝的官员是整个政府的一个缩影。他们包括元老院成员、骑士阶层成员和自由民。一般来说，元老院成员负责与军队指挥和行省政府有关的领域。骑士阶层成员一般从事与国家财政管理有关的工作，或与皇帝直接控制的地区有关的工作，特别是意大利各地和各省的庞大庄园，这些庄园如今是世袭的，即皇帝传给皇帝的财产（*Patrimonium*，到了公元2世纪，国家财政和皇帝财政之间的区别基本上已经变得毫无意义了）。少数受宠的骑士阶层成员获得了与皇帝关系密切的职位，如秘书、法律顾问或罗马粮食供应的监督员，这一职位往往是担任（通常是）两个大法官中之一的先决条件。

自由民往往被委托担任家庭中的财政职务，以及负责与帝国关注的特殊领域有关的各种任务，如皇宫或罗马人民的娱乐活动。

罗马帝国的经营

帝王将相

在他的《沉思录》中，马库斯·奥勒留有时试图从普通人类的角度来看待自己——这对当时地球上最有权势的人并不容易——但当他反思自己所认识的人时，他们往往是政治精英的成员或家庭中的奴隶。与官员打交道决定了他的治理。卡西乌斯·狄奥说，他经常工作到深夜，以完成一天的工作（见第242页：马库斯·奥勒留关于做一个好皇帝的论述）。这些工作包括听取臣民的请愿或官员的报告，管理国家财政、军队的处置，以及寻找合适的人为他工作（见第243页：帝国的官员）。

无论他们来自什么社会群体——元老院、骑士阶层或自由民——所有官员都需要的素质是处理财务的能力。除了一些高级御用秘书凭借他们的修辞或法律技能直接被招募到他们现有的职位，进入上层的人都已经证明他们在金钱方面是可以信赖的。光是这个事实就可能有足够的理由从地主阶级中招募官员，因为在地主阶级中，年轻人可能会从他们的父母那里学会如何管理庄园和相对庞大的工作人员；也可能从那些已经证明自己能力，因此获得自由的人那里招募官员。通过这三种方法招募的官员都熟悉在有等级的环境中工作。几乎所有进入帝国服务的元老和骑士阶层成员都必须至少花一两年时间担任中级军官。在服役的过程中，他们迅速地从一个单位调到另一个单位，积累与下属打交道的经验。

良好的人际关系和对财务的了解可能是在为皇帝的服务中获取晋升的先决条件，但这不是决定事业成败的唯一因素。虽然现在成为执政官的机会比共和国时多，彼时只有十分之一的野心家才能成为执政官，但现在能达到执政官职位的仍不到三分之一，而达到最高收入工作的骑士阶层成员似乎也不到三分之一。

成功所需的额外素质源于一个人建立和利用有用关系的能力。与皇帝保持友谊，这显然是有帮助的，但这种“利益”只能让一个人在晋升的阶梯上爬上前几级。小普林尼和弗朗特（Fronto）——后者是马库斯的导师——留下来的建议有一个显著的特点，那就是这些建议绝大多数都是针对处于职业生涯初期的人。要想在人生的后期取得成功，实际成就和在社会中混得好的能力都是必要的。因此，比如塔西佗的岳父所表现出来的技能似乎是军事方面的，而作为律师有相当声誉的塔西佗本人的技能则是民事管理方面的。法律能力是对判断力的考验：每一个案件的判断都要慎重，让人们看到一个人对正义的执着。起诉一个行为不端、助纣为虐的同僚，可能会赢得皇帝的青睐——他需要元老来承担这些起诉——但会疏远自己的同僚。当不在法庭上时，像塔西佗这样的人应该参加元老院的会议，他将继续通过展示智慧和技巧来建立自己的声誉。通过争论小问题来引出会议（塞拉西·培图斯的特长）是令人恼火的；提供合理的建议来改进皇帝的提案却可显示出智慧和独立。总的来说，成功的人懂得如何平衡本阶级的利益和皇帝的利益，独立而不傲慢。

如果说元老们需要通过各种方式来展示自己的能力，那么皇帝也需要有自己的方式来决定信任谁。因此，皇帝经常会邀请重要的臣民共进晚餐，或者和他一起在几天内决定法律案件。在苏埃托尼乌斯保存的一封信中，奥古斯都向提比略透露，他曾与几位高级将领一起吃饭、玩骰子，他还与元老院的人保持密切的关系，每半年更换一批人，以便了解为他服务的人。这也并不是元老们的特权。老普林尼在不写书的时候，经常到维斯帕芗家里去看望他，而皇帝写给聚居区的信中，也提到元老院和骑士阶层的著名人物，他和他们坐在一起，听取放在他们面前的事务。好的皇帝会效仿奥古斯都，轮流邀请元老们参加，以便尽可能多地了解上层阶级的成员。在这样的会议上，皇帝可以逐渐形成对一个人的判断，让其他人了解他对各种问题的处理方法，并展示他的风度。正如小普林尼在一次觐见图拉真时所说的那样："还有什么比在一个安静的地方目睹皇帝的公正、智慧和优雅更令人愉快的呢！在那里这些品质很容易显露出来。"图拉真把这些场合作为训练会议，可以从他后来写给小普林尼的一些事情中反映出来，当时后者在公元110—112年在比提尼亚担任总督。图拉真提醒他说："我的一贯立场是，对我的名字的崇敬永远不会从恐惧或恐怖或通过叛国罪的指控来寻求。"在其他方面，他赞扬小普林尼认识到有必要就可能没有固定规则或法律而产生含混不清的问题时征求他的意见。只有一次，他似乎对在一个他认为小普林尼应该能够自己弄清楚反而征求他的意见的问题上感到一些沮丧。

由于——正如图拉真常说的那样——没有固定的规则可以专门调用来解决整个帝国出现的无数问题，所以让下属知道他的思维方式是至关重要的。他愿意花时间关注政府的细节，而非对官员进行微观管理，这使图拉真获得了成功。他清楚，在某些场合，皇帝必须依靠他所信任的人的判断。马库斯·奥勒留也表现出同样的能力。例如，当他的姐夫克劳狄乌斯·庞培安努斯（Claudius Pompeianus）为海尔维乌斯·佩蒂纳克斯（Helvius Pertinax，一个自由民的儿子，在战争中表现出很高的天赋）的事业辩护时，马库斯听从了他的意见，并为他辩护，反对那些可能认为他出身低微、没有资格担任最高职务的批评者。因此，佩蒂纳克斯既获得了执政官的职位，又获得了一个重要省份的总督职

自由妇女和自由民的职业

有一些证据表明，站在精英阶层之外的男人（和一些女人）可能真的会选择作为帝国自由民或自由妇女的职业。一封来自埃及的纸莎草信件提到了一个决定去罗马成为恺撒的自由民并担任"职务"的人，而哈德良的一个名叫埃利乌斯·阿尔西比亚斯的贴身侍从则被他在土耳其西部的家乡尊为恩人。在公元2世纪末，康茂德——马库斯·奥勒留的儿子、也是政府的有效首脑之一——的情妇、颇有势力的自由妇女玛西亚（Marcia）也向她的祖国捐赠了大量的款项。她是以故露西拉的自由妇女开始其职业生涯的，而露西拉是马库斯的女儿，嫁给了卢修斯·维鲁斯。

严格地说，一个人要成为自由民或自由妇女，首先必须是一个奴隶，因此他或她不应该有一个家乡城市——奴隶只属于他们所服务的家庭的主人。不过，在文献和罗马法典中，有相当多的证据表明有自卖为奴的做法，而且这种交易可以被看作是提高经济地位的途径。例如，法学家乌尔比安提到城市中人们会去一些地方把自己卖掉。有大量证据表明，人们可能会把自己卖给奴隶主，并把钱留着（他们可能会用这些钱把自己从奴隶主处买回来）[《学说汇纂》21.1.17.12；《查士丁尼法典》（*Codex Justinianus*）7.18.1]。自卖的证据表明，宫廷里的人通过这种机制招募拥有参与政府所需能力的仆人。这些能力中有些可能是性的，有可能是财政的，还有些可能是文化的，比如几本重要书籍的作者，包括一本关于奇迹的书和另一本关于年表的书，都是哈德良的自由民。这位自由民有一个可以确定的家乡，名叫特拉利斯的法勒贡（Phlegon of Tralles）。重要的一点是，这些自由民和自由妇女在宫廷中，代表了一个与元老院议员和骑士阶层有着截然不同经历的群体。

位。在非常现实的意义上，罗马政府取决于高级官员与皇帝合作的能力。在政府中，避免出现只会纸上谈兵的官僚。同样，鉴于人们在长年的社会和行政交往中对彼此的了解，一个完全的傻瓜被赋予重要任务的可能性也被降到最低。

显然，从维斯帕芗到马库斯的皇帝们的行为与尤利亚·克劳狄王朝向内的行政风格截然相反。克劳狄王朝倾向于从宫廷内部提拔，而非那些通过元老院管理生涯证明自己的人。在克劳狄乌斯和尼禄统治时期，自由民占据了公开场合的显要位置，如克劳狄乌斯的首席秘书纳西索斯（Narcissus），他的首相帕拉斯（Pallas），在尼禄手下任职的波利克里图斯和赫利乌斯，这些人物都是被疏远的元老。高升的自由民在公元2世纪中并不那么明显，但这并不意味着他们已经从地球上消失了（见第245页：自由妇女和自由民的职业）。维斯帕芗和一个自由妇女生活在一起，她是在奥古斯都的侄女家里长大的。马库斯感谢神明，他既没有和本尼迪克塔（Benedicta）睡觉，也没有和西奥多特斯（Theodotus）睡觉，这两个人都是非宫廷人员中的精英。而刺杀图密善的人是自由民斯泰法努斯（Stephanus），他是图密善的贴身侍从（*cubicularius*，可以近距离接触皇帝），而图拉真的贴身侍从则似乎帮助哈德良登上了王位。在小普林尼与图拉真一起审理的案件中，有一个涉及乌比利乌斯·尤里特摩斯（Ulpius Eurythemus）的案子，他是帝国的自由民，担任着代理人的职务。他被指控帮助一个骑士阶层出身的监察官辛普洛涅斯·塞纳西奥（Sempronius Senecio）伪造一位元老朱利叶斯·提洛（Julius Tiro）的遗嘱。在提出指控后，受冤屈的继承人说他们不敢出面，导致图拉真惊呼他不是尼禄，尤里特摩斯也不是波利特克斯。小普林尼很喜欢这句话，就引用了这句话。但这个案子被推迟了，显然最后是被撤诉了。后来，小普林尼自己也轻描淡写地讽刺了图拉真的自由民监察长，他管理着比提尼亚的帝国庄园。正如塞纳西奥和尤里特摩斯之间的联系所表明的那样，身为代理人的自由民与骑士阶层交往，而贴身侍从实际上与禁卫军统领处于同一水平。

重要的城市

必须认识到，一些城市具有意大利权，比如在叙利亚腓尼基最辉煌的移民点泰尔（Tyre）。当我来的时候，随着时间的流逝，此处已经成为历史最悠久的贵族领土，在战争中表现得最为强大，也最遵守条约，它为罗马而战，为神化的塞维鲁和我们自己的皇帝（卡拉卡拉）而战，因此它被授予意大利权，它是杰出的忠诚罗马城市。

[乌尔比安，《学说汇纂》（Digest）50.1.1]

公元2世纪的皇帝必须能够与这些隶属不同群体的官员合作，在他们之间设定界限，并认识到他们都能提供一些东西。即使是小普林尼也不得不承认，图拉真拥有有影响力的自由民是正确的，只要他们与统治阶级有共同的基本价值观：节俭的生活方式和勤奋工作的意愿。然而，在所有这些对辛勤工作的赞美背后，却隐藏着一个隐含而强大的威胁：与臣民价值观一致的皇帝会长寿，统治也会长久。否则，皇帝则将不可避免地屈服于他周围的人。

皇帝和他们的臣民

“陆地上或海洋上何时有这么多的城市，何时有这么多的装饰？”修辞学家埃利乌斯·阿里斯蒂德斯在安东尼·庇护统治时期为赞美罗马而发表的一次演讲中如此问道。他强调城市是衡量繁荣的标准，这不仅反映了他本人的城市观倾向，也反映了罗马政府的城市观。他的同时代希腊历史学家阿庇安也提出了类似的看法。阿庇安指出，当蛮族人请求被罗马统治时，皇帝可能会拒绝他们的申请，因为对他们的统治不会带来好处。从定义上来说，蛮族人是没有城市的人。生活在一个受希腊罗马化城市生活方式影响的地区，大体上文化成就比生物起源更重要，它为更大的社会成员提供了定义。然而，在这个世界上，人们分享城市生活方式的要求并不具有特别的限制性，对这一生活方式的定义也有地域区别。鉴于罗马帝国的生态多样性，不可能对“罗马性”下任何“一刀切”的定义。

乍一看，将城市作为界定一个四分之三人口生活在陆地上的帝国文化和行政结构的基本方式，似乎有点奇怪。但事实上，这些人所居住的土地——如果不是属于皇帝或由罗马人民共有的话——几乎都附属于城市。从行政管理的角度来看，行省仍然是公民领地的集合，中间夹杂着大片的帝国或公共土地。

行省的城市，大体上有两种类型：赋役城市（stipendiary）和自由城市。赋役城市需要缴纳贡品，而自由城市则与罗马国家有独立的关系。这种关系的确切性质因该地区的历史而异：一些自由城市在过去的危机中站在罗马一边，并得到了特殊的奖励（见第246页：重要的城市）；另一些城市则由罗马公民定居，作为移民点（*coloniae*），可以免除对臣民的贡赋。绝大多数移民点是由公元前1世纪内战中的退伍军人建立的，他们的目的是作为拉丁文化的中心和在紧急情况下可被召回服役的人的来源。在西部各省，也有许多自治城市（*municipia*），这种组织方式是从共和国中期开始的，居民虽然是外省人的后裔，但如果被选入公民裁判所，就可以获得完全的公民权利。帝国东部根本不存在城市中心。在东方，罗马人愿意接受与他们自己的价值观念足够一致的希腊公民生活的价值观念，因此对专门传播拉丁文化没有太大的兴趣。

总督到访

如果他（总督）到了某个名城，或者是本省的龙头城市，他应该接受这个城市对他的赞扬，在听到它对自己的赞扬时，不应该表现出厌烦的样子，因为行省长官把这当作自己的荣誉点。

（乌尔比安，《学说汇纂》1.7.1）

总督的工作是每年巡视本省，以解决法律问题，并确保城市得到妥善管理。由于在大多数情况下，期望他访问每一个城市是不切实际的，因此各省被划分为若干司法区（*conventus*），每个司法区都有一个主要城市，总督每年在那里开展几周的业务（见本页：总督到访）。由于总督的访问可以带来丰厚的利润——因为人们必须从整个地区赶来与他做生意——因此，各城市之间为了成为这些中心而展开了激烈的竞争。这种竞争通常采取的形式是在市政设施上的支出，如剧院、集市，以及将当地历史与皇帝的正面形象结合在一起的建筑（根据当地的艺术风格进行改造）和喷泉。在西部省份，有罗马风格的广场、意大利式的庙宇、浴场、角斗场，偶尔还有用于战车比赛的大竞技场。这些年帝国行政管理的许多证据反映了内部或外部的冲突，在这些冲突中，帝国政府被期望在斗争中充当裁判。举例来说，当盖乌斯·尤利乌斯·德摩斯提尼（Gaius Julius Demosthenes），一位前代理人，希望在他位于土耳其西南部的家乡奥欧南达（Oeonanda）设立一个自我纪念性的节日时，发现市议会或总督（或两者）的行动不如他所希望的那样迅速，他就直接写信给哈德良，请求他同意这项活动。哈德良给予了充分的同意，德摩斯提

哈德良与狄俄尼索斯的工匠们

哈德良在公元134年同意将职业演员（狄俄尼索斯的工匠）的特权以书面形式规定下来，这些书面文件显示了公共娱乐系统对帝国政府的重要性。它还表明了帝国政府能够在多大程度上对其臣民的事务进行微观管理。哈德良写道：

> 神圣的图拉真·帕提库斯的儿子，神圣的涅尔瓦的孙子，图拉真·哈德良·奥古斯都，大祭司，连任18年保民官，3次执政官，祖国之父，向被冠以国际胜利者的狄俄尼索斯的工匠的巡回戏剧协会问候：
>
> 在我看来，我应该向你们说明比赛的组织情况。在那不勒斯，我在场的时候，你们已经在比赛中进行了演讲和请愿，并给各省市写信，各省市的行政长官就这个问题向我提出了要求。我将从奥林匹克运动会开始，这是最古老的比赛，也是希腊运动会中最著名的比赛。伊斯特米亚运动会将在奥运会之后，纪念哈德良的比赛将在伊斯特米亚运动会之后，因此这些比赛将在埃利辛尼亚节结束后的第二天开始。这是在雅典人新月份的第一天。为纪念哈德良而举行的比赛将持续四十天。在纪念哈德良的比赛之后，在塔伦图姆举行的比赛将于一月开始，按照目前的情况，在那不勒斯举行的比赛将在卡皮托林比赛之后举行；然后，亚克兴比赛将在十月历法前9天（9月23日）举行，持续四十天［比赛因此从9月2日（战役周年纪念日）移至奥古斯都的生日］。帕特雷的比赛根据船只的通行情况，然后赫拉亚和尼米亚的比赛将在11月1日至1月1日之间举行。泛雅典娜节将在尼米亚比赛之后举行，根据阿蒂卡的计算，他们目前在同一天举行。士麦那的人将在帕提亚之后举行比赛，参赛者在帕提亚穿着盔甲比赛后有十五天的时间航行。比赛将在第十五天后立即开始，并持续四十天。在士麦那的盔甲比赛两天后，帕加马将立即开始他们的比赛，并庆祝四十天……从那里，参赛者将去参加帕提亚的比赛，最后是伊斯特米亚人的比赛，最后是亚该亚和阿卡迪亚人在曼提尼亚的联合比赛，而泛希腊人的比赛则在这一年庆祝。
>
> （哈德良致狄俄尼索斯工匠的第二封信，第57—71行）

这些话语将哈德良皇帝对雅典和安提诺乌斯的爱表现得淋漓尽致。用雅典公历上的日期来代替罗马公历上的日期来庆祝雅典的节日，体现了皇帝对雅典的热爱，而比赛的周期也随着他在雅典创立的比赛而结束。亚该亚和阿卡迪亚人的联合比赛的建议，这与一则传说有关，安提诺乌斯的祖先就是从他们的人民中产生的，这说明了第二种爱。亚细亚省的三个大城市（以弗所、帕加马和士麦那）都将举行同等时长的比赛，这显然是官方措辞，而有经验的旅行者则根据从一个地方到另一个地方所需的时间来确定日期。

尼似乎同意为哈德良举办一个节日，给地方贵族提供了比原来更多的自我展示空间。在另一个案例中，也是哈德良统治时期的故事，国际职业演员协会写信给皇帝，要求他列出他们的特权。现存的三封哈德良的、于公元134年的回信，揭示了他对整个帝国的比赛进行微观管理的非凡意愿（见本页：哈德良和狄俄尼索斯的工匠们）。

从同一批信件中可以看出，许多城市同时来找哈德良讨论与比赛有关的问题，而哈德良也决定借此机会发布一套规范这些活动的原则。有时他回答一个城市的不良行为的具体问题，有时则规定了如何处理奖金的一般规则，甚至规定了鞭打行为不端的参赛者的首选方式，以免对他造成不应有的伤害。这是一种来自最高层的极端干预，也是对以请愿为基础的制度的操纵，以发布一般性的政策声明。这种声明是帝国政府的一个特点，我们在其他文件中也看到了，包括关于惩治格涅乌斯·皮索的法令，其中提到帝国的“信件”是传达一般政策的工具。不过，干预往往还是源于地方省级官员的请求，他们明确表示现行制度有问题。因此，这种政策声明是中央政府与其臣民之间对话的一部分：虽然中央政府有能力进行微观管理，但只有在地方解决冲突的努力失败时才会介入。负责使这一制度发挥作用的人首先是地方聚居区的领导人。

像哈德良在给狄俄尼索斯工匠的信中所处理的这种问题，是由于省内各集团之间的冲突而产生的。在某些情况下，这种冲突实际上是由帝国行政当局激发出来的，以此作为集中地方精力向帝国当局寻求奖赏的一种方式。其中一种方式是明确指出行政中心可能会发生变化。在东方，从哈德良时代开始，各城市也可以争相被承认为该省的大都市（metropolis，字面意思是“母城”）。被确定为大都市是一个城市被承认为帝国的省级中心的一种方式，因此也是省级议会的中心，一个独立于总督的地方政府机关。另一种方式是被承认为负责祭祀的“神庙看护人”，这也会使一个城市成为该省所有赋役城市派代表庆祝皇帝年度节日的地方——哈德良信中提到的帕加马、以弗所和士麦那的节日都是举行这种节日的地点。

虽然在罗马，人们对献给在世皇帝的崇拜态度仍然十分矛盾，但人们普遍认为它是一个行省表达对国家忠诚的一个独特的重点。于是，奥古斯都同意高卢三省的集会可以为他献祭（这是所有统治者崇拜的标准形式，并将献祭统治者的仪式与献祭不死的神灵的仪式区分开来）。奥古斯都死后，在他的葬礼上，他的灵魂象征性地升入天堂，似乎已经形成了一种传统，即决定为一个皇帝建立一个献祭，可以作为对他的统治的一种评价。当提比略拒绝允许在西班牙为自己举行崇拜时，塔西佗评论说，这表明他没有足够的雄心壮志被视为一个伟大的统治者。至于元老院不愿意将哈德良神化，则反映了元老院认为皇帝应该意识到他的谥号取决于他的臣民的善意。

罗马城和各省对统治者崇拜的理解有一个简单的区别。在罗马城，皇帝死后被神化，而在各省，他们往往在生前被神化。皇帝一登基就获得了神圣的荣誉，各省议会每年都会借机派代表团去皇帝那里，告诉他各省是如何尊敬他的。在这个过程中，代表团可以互相接触，也可以推动事业的发展，更可以对总督提出抱怨。

德摩斯提尼的节日

负责节日的官员（*agonothete*）本人（将进献）一头公牛；帝王的公民祭司和女祭司（将进献）一头公牛；宙斯的祭司（将进献）一头公牛；三位负责其他节日的官员（*panegyriarchs*）（将进献）一头公牛；元老院的秘书和五名镇议会的行政官员（*prytaneis*）（将进献）两头公牛；两个市场监督员（将进献）一头公牛……瑟森诺（Thersenos）与阿曼度（Armadu）、阿利索斯（Arissos）、梅拉康达（Merlakanda）、梅戈·奥罗斯（Mego Oros）、[……]拉伊（lai）、寇巴斯（Kirbus）、欧泊罗伊（Euporoi）、奥洛塔（Oroata）、[……]雷克·瓦罗（rake Valo）和伊斯卡帕（Yskapha），以及与他们相关的农庄（将进献）两头公牛。

[《希腊铭文补编》（*Supplement of Greek Epigraphy*）1988年第1462号 70–73]

在一个纯粹的实用的方式中，人们很清楚地知道，皇帝是不是一个神。对统治者崇拜的方式，非常类似于传统的崇拜，在行省的人可以通过崇拜来接触到遥远的权力，并让他们的生活更容易。

行省政府

帝王崇拜将各省的城市联系在一起，然后将各省与皇帝联系在一起。由于城市代表了政府及其文化价值的效果，它们在将政府的价值扩展到生活在乡村的广大人民中也发挥了重要作用。在这点上，东西方之间的重大差异——独立农民而非佃农的村庄的存在——再次有力地彰显出来。西方的村庄并不向往城市的地位，甚至似乎没有多少这样的身份。而东方则不然，在东方，即使是依附于城市的村庄也有一个可识别的身份。因此，当盖乌斯·尤利乌斯·德摩斯提尼的节日终于到来时，镇议会的一项法令列出了周围所有村庄和他们应该献上的祭品（见第249页：德摩斯提尼的节日）。游行队伍将来自乡村的、居住在具有明显非希腊名字的村庄的人们和市民聚居区的领袖们聚集在一起。村民们在那里看到和听到德摩斯提尼和更广阔的世界。

寻求正义的老妇人

寻求正义的老妇人是公元3世纪希腊历史学家卡西乌斯·狄奥讲述的一个著名故事，说明人们普遍认为皇帝是正义的象征。一位老妇人找到哈德良抱怨不公，当他告诉她他没有时间听她说话时，她回答说："那你就不要再当统治者了。"于是，他停下脚步，让她说话。

事实上，还有至少三个希腊国王被认为是故事的主角，因此这个故事可能是假的，但它说明了"没有什么比主持正义的工作更适合一个统治者"的道理。

事实上，德摩斯提尼在他们地区存在的事实本身就意味着，由于他作为帝国官员领取了巨额的薪水，当地经济会突然得到大量的资金注入。

然而，一个地方希望在举行德摩斯提尼节之前，它必须是一个拥有足够财富的城市，以支持这样一个人的影响力上升。因此，在东方，村民们寻求——只要他们有能力——用模仿城市的结构来装备自己，希望有一天他们也能获得完全的公民地位。我们还发现阿拉伯沙漠边缘的村庄自称"母村"，以模仿城市的命名方式来区别于较小的地方。有的村子有公共浴池、议事厅、喷泉和市场；有的村子一些居民的个人富裕程度达到了远远超过自给自足的农民的水平。事实上，如此富有，有时可能会使个人陷入危险之中。一些富有的村民之所以出现在历史记录中，是因为他们被为帝国代理人工作的罗马士兵绑架并被扣留了大量赎金，这些人试图通过偷窃那些他们认为皇帝永远不会注意到的人的东西来中饱私囊。在许多情况下，想法很可能是正确的，但有时村民们能够组织起来，找到一个恩主，并让皇帝解决他们的不满。

对于生活在农村的臣民来说，皇帝不是压迫他们，强行征收他们必须缴纳的租金或税款，任命折磨他们的官员，也不是指挥军队对他们进行恐怖统治的首领。他是一个抽象的正义象征，即使是最卑微的人也应该听从他的意见，正如卡西乌斯·狄奥的一个著名故事所体现的那样（见本页：寻求正义的老妇人）。另一个故事也体现了这种观点。有两位作者讲述了一个男人被一个女奴变成驴子的故事，他希望与女奴继续保持不正当的男女关系。当这头由人变的驴受到虐待时，驴就会向恺撒呼救。一头驴子在被打的时候想说出恺撒的名字，这个概念在这些作者看来可能是滑稽的，但它仍然反映了当时人们广泛持有的一种对帝王职务的态度。当塔苏斯的保罗坚持认为皇帝——而不是他在犹太的代表——应该审理他的案件时，他打包前往罗马。保罗还声称自己是罗马公民，这个问题如果不写信给罗马，可能无法核实真实情况。但这不是重点。路加（Luke）在《使徒行传》（*Acts of the Apostles*）中讲述的保罗的故事代表了这样一种观点：没有一件事是微不足道，以至于皇帝可能不会发现这件事的。

不管是谁——一位老妇人、一头变身的驴子，或者一位游走的传教士——皇帝都应该关心。所有这些故事都是在维斯帕芗之后的岁月里写下来的，反映出人们一种深刻的观念，即皇帝对各省发生的事情有直接的兴趣。虽然现实也许与这种观念并不相符，但鉴于有三个可观察到的因素将皇帝的存在推到了大多数人的生活中，相信现实与这种观念不无道理：包罗万象的税收制度，将企业实体——最常见的是城市——成功地与其统治者联系在一起的高度公开的沟通时刻，以及始终代表皇帝的公共娱乐。

税收和贸易

帝国的税收制度是罗马控制的最明显的标志。在西塞罗这一代（公元前1世纪中叶）和奥古斯都死于公元14年之间，这一制度有两个重大变化。一是取消了骑士阶层包税人对土地和人的两大税种的征收（他们保留了征收销售消费税的作用）。二是这两个基本税种现在将以省级人口普查为基础进行征收。在帝国的大

图5.30 公元2世纪罗马帝国的主要贸易路线。连接罗马与帝国边疆的道路和海路，在以前经济不发达的地区驻扎军队，将粮食、葡萄酒、橄榄油、金属和其他货物运回意大利。

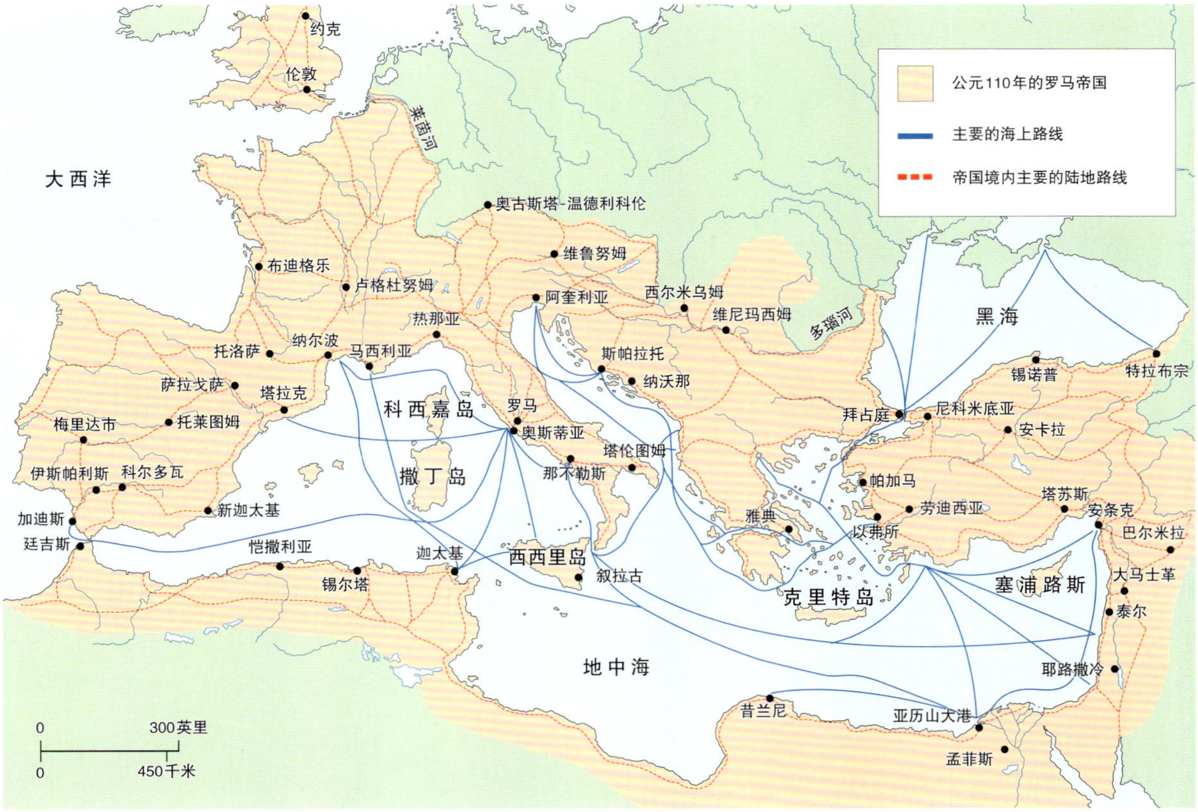

部分地区，每十年重新评估一次，而在叙利亚每十二年一次，在埃及每十四年一次。

人口普查界定了政府与其臣民之间最基本的、侵入性的关系。帝国的所有居民都要对他们的人身和财产缴税（只有意大利不在这一制度之内）。每个人的全部负债情况都记录在地方官员的登记簿上，地方官员最终负责确保每个人支付他们所欠的债务。这些地方官员往往会寻找一帮暴徒来协助自己，如果暴徒不够有效，他们可以从总督那里调用一些军队。这是一个最终依赖于暴力威胁的系统，帝国绝大多数人似乎都认为这种威胁是真实存在的。难怪人们会想象着，在这一切之上的某个地方，居住着一位仁慈的皇帝，他可以拯救他们。而有时皇帝也会主动帮助他们，因为受到太过恶劣待遇的农民会逃离土地，而那些活动不受控制的官员则很可能将国家的潜在收入装进私囊。因此，高级官员必须对地方一级的情况有一定的了解；必须对冲突有亲身经历，如果不加控制，这些冲突可能会使一个聚居区四分五裂；必须了解如何平衡地方行政阶级的利益和被他们统治的人的利益。

到公元2世纪初，从奥古斯都统治的和平时期，国家组织开始对帝国的形态产生重大影响（**图5.30**）。在经济方面，帝国的税收制度创造了一个上层建筑，这个上层建筑是由一组相对自治的区域组成的，每个区域用古代的话来说，都以一个巨大的城市或其他非生产人员的大集合为中心。在帝国西部，土地所有权仍以庄园为中心，这些区域包括莱茵河和多瑙河沿岸的两个主要军事占领区以及罗马城，每个区域都有大约8万人的驻军。在东方，农村仍然以村庄为主，主要区域是土耳其西部高度城市化的地区，包括以弗所、帕加马、士麦那、许多较小的地方，还有叙利亚的安条克周边地区。

罗马城拥有约一百万人口，需要北非、西班牙和埃及的过剩农业资源来支持其生存。同时，将这些过剩资源运往罗马城的要求意味着重建后的迦太基与埃及的亚历山大港一样，需要成为一个重要城市：尼罗河流域的资源与来自南亚、以奢侈品——主要是香料——为主的资源一起输送到罗马城。

高卢的过剩生产支持了莱茵河上的驻军，而多瑙河上的军队则得到整个巴尔干地区农业发展的支持。在这两个地区，沿河发展了一些大城市。在建筑方面，人们（至少在帝国西部地区）的目光似乎还停留在罗马城的时尚上。例如，以斗兽场为蓝本建造了新的圆形剧场，此外还有浴场、市场和巴西利卡。许多城市还直接起到了支持帝国基础设施的作用，如日耳曼，波恩、特里尔、美因茨和科隆就是这样的城市。而在高卢，沿着罗讷河谷上行的路线，里昂和马赛古城也有类似的发展。沿着多瑙河，主要城市在阿奎利亚和西尔米乌姆，以及南部东西向主要道路上的西里西亚和塞萨洛尼卡得到发展。在不列颠，伦敦成为主要的贸易城市，而在西班牙，科尔多瓦则成为高产的瓜达尔基维尔山谷（Guadalquivir）的中心。罗马帝国为过剩的生产提供了一个再分配网络，也激励了有能力管理过剩农产品的地区自由产生，因此，罗马帝国为其领土带来了过去根本无法想象到的繁荣程度，尽管这种繁荣被控制在拥有大部分土地的贵族们手中，远远多于劳动的农民。

这种经济发展的另一个方面是，即使有一些技术发展（例如，在高卢和北非都发现了可追溯到公元2世纪的涡轮驱动的水轮）能够使这些行业提高效率，但是经济的扩张往往是通过创造更多行业的就业机会。有证据表明北非大规模制造陶器或鱼酱的地方，往往是小作坊的聚集地，而不是大规模的"公司"。这可能反映了最富有的罗马人的一种普遍信念，即风险应分散在若干活动中，而不是集中在单一产业或业务的成败上。

帝国再分配制度的显著特点是，并非所有道路都通往罗马。虽然粮食船队定期从北非和埃及驶往罗马的奥斯蒂亚港，但许多贸易还是流向了其他地方。大部分税收，无论是农产品（需要征收土地税）还是硬通货（来自人头税和货物转运的各种税收），都被用来支持征收地区的行政管理，或者是地方再分配下所服务的地区。同样，运往罗马的粮食船只也运载着其他货物，船长可以在市场上进行公开交易，这意味着以远距离贸易为基础的广泛的交换经济对税收制度和地区经济都是一种补充。这就是为什么高卢的产品往往通过沿莱茵河运输的路线到达不列颠的原因。公元4世纪的法律条文明确反映了早期的做法，规定商船的船长在装货的港口不必出具税收货物的收据，可以在航行两年后再出具。

这些船长在整个商人群体中是一个相当专业的群体。税收裁决之所以重要，主要是因为它可以合理地预期船长们可能会长期离家，为他们的货物寻找最好的市场，放下一批货物，再接上另一批。当然，有时他们并没有到达港口：我们已经找到了九百多艘罗马时期的沉船。虽然这些沉船绝大多数来自现代旅游景点附近的浅水区，这说明我们的样本并不随机，但它们还是让我们对远距离贸易经济有了一些了解。一艘大船的主要货物可能包括几千个装着葡萄酒的双耳细颈瓶（amphore），以及体积较小的物品，如一箱箱或精美或粗糙的餐具和各种形式的当地产品（在本例中，是松果）。这样的货物表明，贸易并不只是为富人服务的，因为这些粗制的餐具，很可能最终会出现在一个经济条件一般的人的餐桌上。罗马帝国各地的发掘表明，我们所发现的物品简直比罗马统治出现之前多得多。

从事这种运输的商人与其消费者的生活截然不同。在一个主要是农业的社会里，人们往往不会离开他们出生的地方很远。即使像在埃及发生的那样，人们可能会从自己的村庄搬到亚历山大港去找工作，他们的根还是在他们出生的村庄。同样，里昂城可能有大约3万—3.5万的人口，一小部分的墓碑上刻着墓碑主人的出生地或者原籍，而非其所生活的里昂。如果我们假设这些墓碑主人是当时人口的代表性样本，那么可以推断，绝大多数迁到里昂生活的人来自距离里昂并不太远的地方（大多来自高卢和莱茵地区）。只有在美因茨这样一个围绕军团营地发展起来的城市里，才能发现非常多的外来者（几乎都是意大利人），但那是第一代的占领者。到了马库斯·奥勒留去世的时候，大部分士兵都是在被招募的地方附近驻扎的军团中服役，然后在他们服役过的省份退役。

伴随着税收制度的再分配网络而成长起来的贸易网络，是奥古斯都之后的几个世纪里一个重要的新发展。但是，贸易的增长显然得益于帝国政府所创建的交通系统。对跨省贸易的商品征收的标准税率是2.5%（这个税率与现代欧盟所征收的税率相当），因此，尽管个别城市可以对进入其领土的货物单独征税，但在一个省内由土地和人头税的分配所刺激的商业，基本上没有被收税官所染指。

低税率的一个结果是，皇帝们似乎长期缺乏现金。虽然他们可以通过调剂盈余来缓解短缺，但他们的财政状况依然严峻。由于税收制度是建立在相对缺乏弹性的十年至十四年的人口普查制度基础上的，因此不能指望在需要时产生大量的新收入。所以，筹集额外白银的一个选择就是减少基本银币即第纳里（*denarius*）中纯银的比重。在奥古斯都之后的两个世纪中，第纳里的含银量大约减少到40%。同时，通过在第纳尔币和基本金币奥里斯（*aureus*）之间保持25:1的比例关系，抵御了猖獗的通货膨胀（这一时期的通货膨胀率相对稳定，在每年0.25%左右）。如果通过这种方式依然无法解决亏空，那么只能由皇帝来弥补。从奥古斯都时期开始，皇帝将自己收入中的盈余转入国库，但这并不总是够用，马库斯·奥勒留实际上不得不变卖宫廷家具，以满足他在北方战争中的费用。

不过在三个世纪里，这个经济体系之所以能发挥作用，是因为罗马帝国对其臣民做出了最重要的贡献：和平。它还提供了一个世界的愿景，这个世界应该在一个人的统治下统一于罗马。在奥古斯都时代之前，和平和统一的统治都不是明显的或自然的生活条件，它们应该被看作是公元前31年亚克兴战役后两个半世纪帝国政府的产物。像共和国政府，还没有倾向于这样的世界观。而帝国政府在马库斯·奥勒留死后的一个世纪中，也会发现不同的优先事项。

罗马军队

奥古斯都时代最重要的发展之一，是罗马军队从一支深深扎根于意大利的部队转变为以行省为基础的机构（见第255页：罗马军队的考古研究）。随着这种情况的改变，军队的功能从代表人民意志的团体转变为专门保护元首声誉的力量。它是执政当局的典型机构。

在奥古斯都的领导下，军队改革的过程是循序渐进的。他的第一项任务是缩减军队的规模，公元前31年约一半的服役人员在公元前27年已经退役。他的第二项任务是为一支拥有28个军团的军队找到任务。这支军队的规模在公元前50年时仍比原有的21个军团大33%，但也负责更多的领土。对于公元14年罗马帝国的人口，估计最多有4500万居民。当时有25个军团，理论上，每个军团的兵力为5600人，共计14万兵力。新近组建的帝国卫队，驻扎在意大利，人数为4500人，此外可能有大约17万士兵在辅助军中服役（辅助军与军团的比例似乎略高于1∶1）。假设大约有2万人在主力战舰上服役，而主力战舰今后将以拉文纳和米塞努姆（Misenum）为基地，那么奥古斯都时代的总军事编制约为33.5万人，约占18岁以上男性人口的2.5%。

在马库斯·奥勒留统治时期，估计最多约有6000万居民（见第190页）。这时，禁卫军已发展到1万人，军团数量增加到30个，约有16.8万兵力，还有约20万辅兵和约3万人在卫队和舰队中服役。然而，值得注意的是，马库斯统治下的军队编制，就在公元1世纪60年代大瘟疫导致的人口锐减之前，现役士兵与平民的比例低于奥古斯都时代的编制（约占成年男性人口的2%）。

在考虑军队的规模时，我们还需要考虑费用问题。有趣的是，用于国防的总预算比例并没有随着武装下的男性人口比例的下降而减少。假设帝国预算的扩张速度与人口的增长速度相同，假设这是有道理的，因为大部分的税收都来自可耕地和人口，那么国库的预算就会按比例高于公元14年。原因有两个，第一，图密善在公元84年批准给士兵增加33%的工资；第二，在公元2世纪，粮食和装备已经包括在军团的工资中（以前是个人承担费用）。正如我们已经看到的，银币银含量的降低表明，即使人口增加，收入也跟不上支出。皇帝们选择增加士兵的报酬，同时限制士兵数量的增长，这也许是军队在国内政治中发生作用的一个标志。这样的决定也预示着限制帝国人力需求的基本决定：这些年皇帝们并不希望扩军。对奥古斯都时期军队薪金的总体费用进行估计，大约占总预算的58%；如果把退休奖金计算在内，则占71%。为了检验这些数字的真实性，我们需要用其他前现代国家的真实数字来证实它们。例如，在1595年或1596年的奥斯曼帝国时期，工资和养老金的支出占预算的62%。在伊

罗马军队的考古研究

图5.31 这些遗迹来自文德兰达遗址上的第二座石堡，可追溯到公元3世纪初，其中包括一座浴场和一座供旅行者使用的客房。

对罗马军队的研究既可以从宏观层面进行（如文中所讨论的），也可以从微观层面进行。事实上，就像看待任何其他机构一样，通常最好从这两个角度来看待它。在宏观上，我们倾向于通过皇帝或他的一个亲信的眼睛来观察军队；而在微观上，我们试图了解驻扎在帝国不同地区的士兵的经历。通过我们在不同地点的挖掘而了解到的情况，使得这种研究变得更加可能。在某些情况下，我们可以看到明显的模式：例如，和平时期倾向于将很大比例的士兵从其部队的主要基地派遣到一个省的其他各个地方；辅助部队倾向于随着时间的推移而扩大。在个人的工资记录中，我们可以观察到国家如何减免士兵从共和国到帝国初期所承担的基本费用，包括他们的制服和食物。

在要塞城市丢拉（Dura Europus，属今叙利亚），一支来自伟大的商业城市巴尔米拉的部队被招募到罗马服役，我们注意到，虽然士兵们在私下生活中使用他们的帕尔米伦语（一种阿拉米语），但行政管理是用拉丁语进行的。同样的习惯也出现在驻扎在埃及东部沙漠的另一支帕尔米伦人的部队中，他们在红海上的大港口城市贝伦尼斯（Berenice）和尼罗河上的科普托斯（Coptos）之间的地区巡逻，在那里，印度人的货物被大篷车运下河，然后从那里运往帝国各地。在这一地区的其他士兵——他们的行动可以通过被称为“碎瓦片”（*ostraca*）的破罐子上的文字来揭示——似乎在他们的公务中经常使用希腊语。来自今利比亚布恩杰姆（Bu Njem）的碎瓦片向我们展示了另一个沙漠驻军的生活。这里的营地建立于公元3世纪初，士兵们——尽管他们的名字非常罗马化——似乎是在一个由讲闪米特方言的人主导的环境中工作（这是迦太基人在许多世纪前从腓尼基带来的普尼语）。在文德兰达（Vindolanda,），现存的书写材料是树皮，我们注意到了一群罗马辅助部队的官兵，他们都是从现在的比利时和荷兰地区培养出来的（**图5.31**）。正是通过这样的文件，我们能够听到罗马人的声音：女人给朋友写信称“姐妹”，男人称朋友为“兄弟”，奴隶主抱怨“男孩”（奴隶）的衣服，还有一个人似乎很喜欢吃牡蛎。

丽莎白一世时代的不列颠，军事开支占预算的73%到80%不等。虽然这样的数据无法向我们证实罗马帝国的真实情况，但至少说明我们的计算结果在合理范围内。因此比较数据就起到了制衡推测的作用：如果罗马支出的结果超出了其他前现代国家可统计的预算所确定的参数，那么我在这里提出的模型就不是一种有效的估算方法。

帝国的兵役制度是在奥古斯都统治过程中逐渐发展起来的，直到奥古斯都生命的倒数第二个十年征服巴尔干半岛之后，将帝国不同地区作为军团驻军地的规律性配置才变得清晰起来。大部分军队开始驻扎在承担了奥古斯都军事活动重任的地区：莱茵河和巴尔干地区。奥古斯都于是在公元6年建立了军费金库（即支付退役奖金的账户），确定了比以前几个世纪的标准更长的兵役期：现在军团成员兵役期为20年，辅助队列的士兵为25年。他还保证，等服役期满后，无论士兵加入哪个聚居区，都能成为有地位的人。如果一名士兵没有在他出生的聚居区退休，他往往会在他服役了大部分时间的营地附近的某个地方退役并定居。

在公元1世纪，有几个趋势变得很明显。首先是意大利的新兵越来越少。据说，当公元9年瓦鲁斯军团在条顿堡森林战役被屠杀后举行征兵时，甚至从罗马城中征召了穷人。罗马只在紧急情况下才调遣新兵的说法，显然意味着它在平时很少招募兵源。这也表明，来自罗马城的新兵几乎可以保证是不合格的。铭文的证据还表明，意大利每年需要大约8000名士兵，以保持军团的实力。其他铭文表明，帝国特定地区的男子往往更倾向于服兵役，特别是有同乡作为先例时。例如，不列颠的驻军似乎显示出来自西班牙和法国南部的男子比例过高（见第257页：文德兰达写字板）；北非驻军似乎主要由在该地区长大的男子构成；多瑙河军团大多来自巴尔干半岛。东方军团则很少有西裔成员。大多数人是志愿者而不是新兵，一位公元3世纪的法学家指出，“过去”抵抗征兵的男子会被奴役，但在他的时代，惩罚是不必要的，因为这个数字是由志愿者组成的。

虽然在军团中服役的人越来越多的是当地人，但他们的军官却不是当地人。在马略和恺撒时代，百夫长主要来自其手下被招募地区的地方统治阶级。到了奥古斯都统治末期，这种情况似乎已经不复存在，在公元14年的兵变中，有证据表明入伍者与百夫长之间存在着相当大的敌意。由于“规范化”的骑士阶层职业在公元1世纪出现，百夫长常常作为骑士阶层中的第一级出现。百夫长也往往从一个军团转到另一个军团，其结果是创造了一个有别于普通士兵的行政类军官。

塔西佗对公元69年内战过程中军队动机的讨论，为共和国内战后期到尤利亚·克劳狄王朝结束之间的变化提供了生动的证据。在尼禄死后的内战中，塔西佗认为，士兵们的动机往往与他们的军官完全不同。他说，维特利乌斯叛乱是因为他想当皇帝，而士兵们跟着叛乱是因为他们对加尔巴感到愤怒，他们认为加尔巴没有尊重他们。多瑙河上的军团加入维斯帕芗，并不是因为他们忠于他的事业，而是因为他们觉得维特利乌斯对他们的一些军官的处决是不光彩的。恺撒的部下之所以追随他，是因为他们相信，他的成功会直接回馈他们最大的利益。

那么，帝国时期的士兵虽然通常驻扎在他们出生的地区附近，但似乎并没有把自己看作是当地居民的代表。来自埃及的纸莎草文书以及来自各省的铭文显示，士兵往往是作为一个有别于平民的特权阶级行事，他们认为自己是平民的统治者。在公元3世纪初，士兵在退役前不得缔结合法婚姻，这至少象征性地强化了士兵与军官这两个群体间的区别。军事管理似乎是军

文德兰达写字板

文德兰达是一座堡垒，守卫着从泰恩河（Tyne）到索尔韦河（Solway）口的道路，就在罗马不列颠的哈德良城墙以南。第一支驻军大约在公元85年到达，是通里安人（Tungrians）的第一队（今属比利时）；它的堡垒是用木头做的。大约在公元95年被巴达维亚第一军团所取代，这是一支由1000名步兵和骑兵组成的混合部队（这种部队也被称为"*cohors milliaria*"），士兵们为自己建造了一个更大的木制堡垒，并在此停留了大约十年，离开时拆除了该建筑。随后，通里安人第一队又返回，建造了另一座木制堡垒，一直到公元122年左右，他们加入了哈德良城墙的驻军（退出时又将堡垒摧毁）。

文德兰达最引人入胜的发现是书写木板，其中大部分木板是在巴达维亚堡垒指挥官家附近的一个积水的垃圾堆中发现的，不过现在在遗址的其他地方发现了更多的木板（**图5.32**）。文本的数量现在总共有四百多个。所有的写字板都是用薄薄的木片制作的，厚度在1到3毫米之间。现存的文字包括私人信件和一些官方文件。其中，书信也许是最有趣的，因为它们让我们直接听到了真实的罗马人的声音。大多数信件似乎是由抄写员根据作者的口述写的，在某些情况下，作者还会亲手加几行字。一封名叫克劳迪娅·塞维拉（Claudia Severa）的女子在写给军队指挥官的妻子的信中写道：

> （抄写员手迹）克劳迪娅·塞维拉向她的莱皮迪纳（Lepidina）问候。9月11日，姐姐，在庆祝我生日的日子里，我向你发出热情的邀请，请你一定要到我们这里来，你的到来，将使我更加愉快，如果你在场的话（？）请向科瑞阿里斯（Cerialis）问好。我的艾琉斯（Aelius）和我的小儿子向他（？）致以问候。（克劳迪娅手迹）我会等你的，姐姐。再见了，姐姐，我最亲爱的灵魂，我希望富裕、开心。［后面，抄写员手迹］致科瑞阿里斯的妻子苏尔皮西亚·莱皮迪纳（Sulpicia Lepidina），来自塞维拉。

图5.32 在文德兰达发现的木制写字板。

这是已知最早的妇女用拉丁文书写的信件。其他书信读起来就不那么通顺了，比如这封有点难读的申诉书，是一位平民写的。

> ……他打（？）我所有的……货物……或倒入下水道（？）。作为一个诚实的人（？）恳请陛下不要让我这个无辜的人受到棍棒的殴打，而且，大人，由于（？）我无法向县长申诉，因为他因身体不好而被扣留，我向祭司（*beneficiarius*）和他的（？）部队的其他（？）百夫长申诉也是徒劳的。因此（？），我恳求您的仁慈，不要让我这个从海外来的、无辜的人（您可以打听一下他的诚意）被棒子打得血肉模糊，好像我犯了什么罪似的。

罗马人对文德兰达的占领并没有随着通里安人的离开而结束。下一个驻军，即公元2世纪中叶抵达的第三批内里安人（Nervian，也是来自高卢）在这里修建了一座石堡。在接下来的一个世纪里，这里又建了两座石堡，最后一座是另一支高卢人的队伍，一直到公元3世纪末。在这支驻军离开后，再没有后续修建的堡垒了。

官和士兵两个利益群体之间略有交集的领域。尽管普通士兵未必把自己看成是当地贵族的一员，但他们似乎把自己看成是统治他所服役地区的精英集团的一员。从百夫长以上的军官团（他们都被允许结婚），都把在各个单位的任命看作是一系列的垫脚石，这些垫脚石要么会使他们进入骑士阶层的公务员职位，要么会使他们达到更重要的社会地位。鉴于这种态度，我们不可能推测出任何具体的军事议程。军官和士兵对事件的反应取决于他们认为是否对自己是最有利。塔西佗在他对维斯帕芗入侵意大利的描述中非常清楚地说明了这一点（见第205页）。

当士兵不参与战争时（往往是这样），他们可能会花时间欺负平民。这似乎是一种经常性的做法，士兵们索要贿赂、征用财产、偷窃、绑架他们认为可以支付赎金的、当地有名望的人，或者强迫人们把东西运来运去——《圣经》(*Bible*) 中"再走一英里"的说法源于罗马士兵强迫平民为他搬运工具。除此之外，士兵们可能会被雇用到重大的公共工程项目中，比如通过新的道路和桥梁连接整个帝国的大交通系统：在公元5世纪西方帝国结束后的一千多年里，这个道路系统将成为欧洲的奇迹。在和平时期，士兵们也在精心的训练演习中忙碌着。显然，所有的罗马部队都应该掌握特定的演习，不管这些演习与他们所驻扎的地区是否相关。在纪念图拉真在达契亚的战役和后来马库斯·奥勒留在多瑙河以北战役的伟大艺术作品中出现的军队形象，概括了对士兵角色的理想化看法。这些作品表现了男人们听从统治者的命令，参与象征着罗马权力的扩张和皇帝对自然界的控制的建筑工程，以及屠杀敌人。最终，帝国其他事业的成功取决于军队的忠诚和有效性，而这一点将在马库斯死后的几年里遭到严重挑衅。

锈与铁的时代（公元180—238年）

康茂德（统治时间：约公元180—192年）

马库斯·奥勒留的儿子康茂德在位十二年（也是自公元71年图密善以来第一个继承王位的亲生子女）。在这十二年中，皇帝尽其所能地不执政，但在他的各个副手尽其所能地破坏前一个世纪的皇帝们所取得的脆弱平衡的同时，也出现了非凡的戏剧性谋杀（**图5.33**）。

图5.33 安东尼王朝最后一位皇帝康茂德的半身雕像是在埃斯奎里山的一座皇宫废墟中发现的，他左手拿着赫拉克勒斯从金苹果园偷来的苹果，好像他完成了赫拉克勒斯的工作。

最后，这种平衡在内战中崩溃了，内战中出现了一个新的政权，在这个政权中，康茂德统治末期导致的紧张关系并未完全调和。

康茂德的根本问题在于他不太聪明。他缺乏基本的管理能力，而且天生喜欢偷懒，他把政府的基本事务交给了一系列的宠臣，而这些宠臣又反过来疏远和惊吓到了那些希望延续安东尼式治理风格的人。统治时期的第一次危机是由于康茂德对他姐妹露西拉的感情，她觉得康茂德的妻子威胁到了她自己作为卢修斯·维鲁斯遗孀的特权。她对自己受到的侮辱做出的反应是召集一群不满的年轻元老，密谋暗杀她的兄弟。如果指定的刺客没有选择在向皇帝拔出匕首时大喊“元老院送你这个”，这个阴谋甚至可能会成功。虽然这句话惊动了皇帝的卫兵，也注定了阴谋的立即破灭，但康茂德却被深深地惊骇了。禁卫军统领之一的佩兰尼斯（Perennis），从皇帝的恐惧中看到了一个消灭各种对手以获取自己权力的机会。政府通过旨在消灭潜在竞争对手的短暂的恐怖统治，立即进入到自塞亚努斯（见第194页）以来官员最有权力的五年之中。

佩兰尼斯虽然残暴，但至少效率很高。康茂德在各省的形象普遍良好，佩兰尼斯挑选的将领似乎也能维持边境的秩序，但问题是，由于佩兰尼斯专注于公共事务，他无法控制康茂德的内部圈子里发生的事情。在那个圈子里，宫廷宦官克利安德（Cleander）开始谋反。公元185年，当一个士兵代表团从不列颠的叛乱军团抵达罗马时，克利安德使康茂德相信佩兰尼斯在密谋反对他，并安排军团成员谋杀了禁卫军统领。克利安德明白自己的背景使他不可能为自己争取到禁卫军统领的职位，他现在以“*a pugione*”的头衔管理国家，可译为“匕首人”，或者更准确地说是“安全领袖”。

图5.34 佩蒂纳克斯于公元193年接替康茂德。他出身卑微，在马库斯·奥勒留手下担任将军，并崭露头角。这枚硬币上的肖像证明他采用了皇帝肖像的某些方面的特征——这也是对马库斯·奥勒留的尊重，至少在元老院贵族中是如此。

克利安德的影响力在若干年内一直没有受到遏制，直到粮食供应长官与宫廷中的其他人——包括康茂德的妹妹法迪拉和他的情妇玛西亚——联手，安排在大竞技场开始暴动。当一个巨大的哑剧演员进入竞技场，并告诉观众是克利安德正计划让他们挨饿时，暴动就开始了。当群众走上街头时，康茂德下令立即处决克利安德。现在，有效的政府落到了玛西亚、埃克托斯（Eclectus，与她有长期浪漫情侣关系的新宫廷宦官）和新的禁卫军统领埃米利乌斯·拉埃图斯（Aemilius Laetus）手中。

新联盟面临的最严重的问题是，康茂德变得非常难以控制。他开始以赫拉克勒斯的形象出现在公众场合，披上狮皮，并下令以他的名义重新命名罗马。公元192年秋天，他在露天剧场的舞台上表演。在接受了基本的公开格斗训练后——他甚至可能搬进了角斗士的宿舍——他向罗马人民展示了他作为角斗士和猎兽者的技能。在猎兽活动中，他还屠杀被装扮成神话中神的

图5.35 狄第乌斯·犹利安在佩蒂纳克斯于公元193年3月被谋杀后继任皇帝。虽然两人曾是同事，但他们的背景大不相同，犹利安是在马库斯·奥勒留的母亲多米蒂亚·露西拉家中长大的。

敌人的畸形罗马人，他似乎想让人们把他看成地球上的大力士。等到这一切结束后，人们已经受够了。公元192年除夕夜，玛西亚给他喂了一些有毒的牛肉。当他看起来可能恢复时，她又在皇宫里找到了一个叫纳西索斯的职业摔跤手，让他掐死了皇帝。

对康茂德的阴谋施展得如此迅速而秘密，以至于阴谋者都没有安排好继承者。因此，在半夜，年老的海尔维乌斯·佩蒂纳克斯——两度担任执政官，是马库斯·奥勒留最优秀的将军之一——被暗杀者们找上门来，提供了一份新工作（**图5.34**）。公元193年元旦，他成为皇帝。结果是一场新的灾难，倒不是因为佩蒂纳克斯是一个自由奴隶的儿子，而是因为他是一个严厉的纪律主义者。禁卫军不满宫廷里的人杀死了一个对自己偏心的皇帝，当看到既成事实时，他们立即不安起来。3月，一队卫兵离开营地，冲进了皇宫。当佩蒂纳克斯试图迎战时，被杀死了。

在佩蒂纳克斯死后的一天一夜，罗马漫长历史上最诡异的事件发生了。禁卫军宣称，没有事先批准，任何人都不能当皇帝，但禁卫军心中却没有皇帝人选。其中一位长官代表自己去营地谈判时，一位富有的元老狄第乌斯·犹利安（Didius Julianus）突然出现在城墙外（**图5.35**）。在追随者的支持下，他高喊着支持康茂德的口号，赢得了营地的接纳，并承诺他可以支付比对手丰厚得多的就任“馈赠”或礼物，从而赢得了禁卫军的支持。就任礼物的历史可以追溯到提比略时代，犹利安提出的数额大致与马库斯·奥勒留给出的相同，但当时的情况是恶劣的。犹利安这样做，实际上是主张军队在挑选新皇帝时应该有决定性的作用。这个教训在罗马以外的地方立即得到了重视。

塞普蒂米乌斯·塞维鲁（统治时间：公元193—211年）

塔西佗在他对公元69年内战的描述中写道，帝国的秘密是可以在罗马以外的地方拥立一个皇帝。这是非常正确的，尽管自维斯帕芗登基以来的一百多年里，没有人试图这样做。不过，人们不需要阅读塔西佗的作品——尽管他的《历史》可以作为古代政变的指南来阅读——也知道有三种方法可以推翻一个罗马皇帝。前两种方法——家庭内部的阴谋（克劳狄乌斯和图密善的死因），以及禁卫军的反抗（用来对付卡利古拉和加尔巴）——已经在公元192—193年中得到了证明。第三种方法需要协调几个行省的军队支持一个候选人。一旦上日耳曼的驻军加入了他从西班牙带来的军团，加尔巴就成功地推翻了尼禄的统治；维特利乌斯需要得到下日耳曼驻军的支持，然后才允许自己行省的驻

继承的战争——关键事件

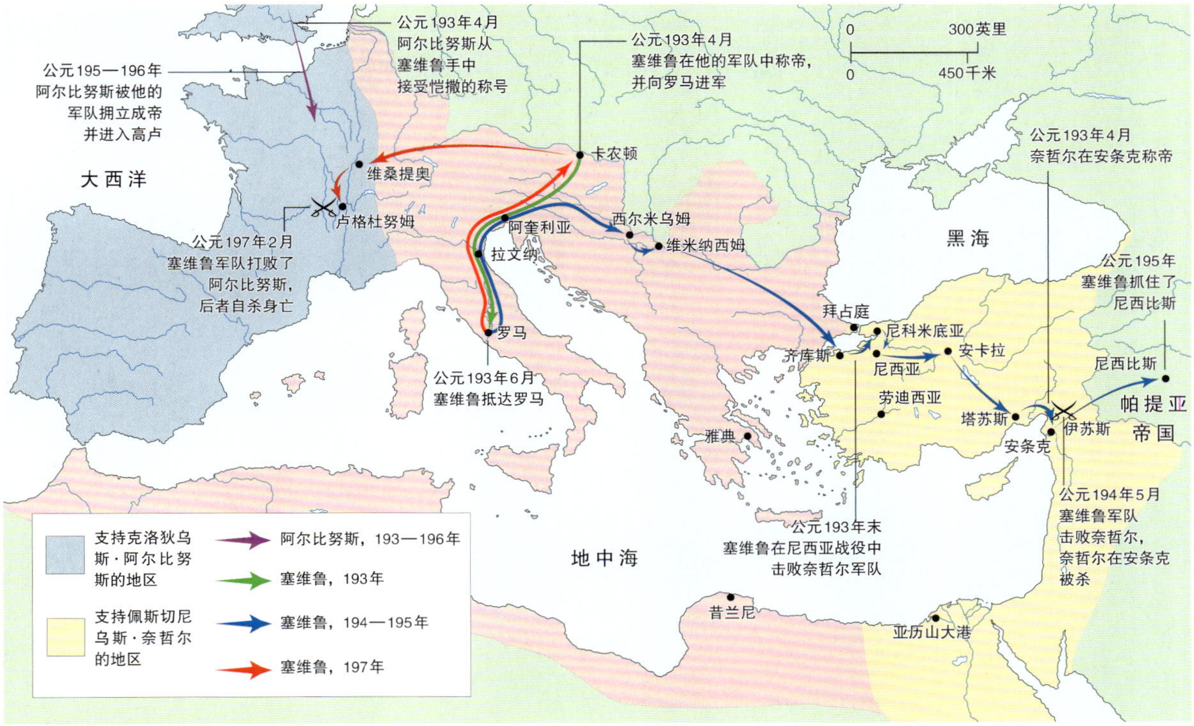

图5.36 继承战争地图，公元193—197年。

康茂德被刺杀后，罗马帝国陷入内战（**图5.35**）。在公元193年6月塞维鲁抵达罗马前，罗马城宣布两位皇帝被刺杀。塞维鲁在罗马建立权威后，东进与奈哲尔对抗。然后他入侵帕提亚帝国的西部省份，以惩罚他们与他的敌人结盟。公元195年，塞维鲁回到罗马。公元196年，他向克洛狄乌斯·阿尔比努斯宣战，次年，后者在战斗中被击败。

公元193年

1月1日，佩蒂纳克斯被禁卫军拥护为皇帝。

3月28日，禁卫军刺杀佩蒂纳克斯。

3月29日，狄第乌斯·犹利安由禁卫军宣布为皇帝；元老院批准。

4—5月，巴尔干半岛的塞普蒂米乌斯·塞维鲁、叙利亚的佩斯切尼乌斯·奈哲尔、不列颠的克洛狄乌斯·阿尔比努斯在得知佩蒂纳克斯被杀后，都被他们的部队宣布为皇帝。

6月2日，狄第乌斯·犹利安被侍卫谋杀。

6月10日，塞维鲁带领他的军队进入罗马。

军宣布自己的地位；维斯帕芗在宣布反叛维特利乌斯之前，也得到了埃及和叙利亚驻军的拥护。

在佩蒂纳克斯被暗杀后，几乎立即爆发了三场省级起义（见本页：继承的战争——关键事件）。一场涉及佩斯切尼乌斯·奈哲尔（**图5.37**）；另一场是叙利亚的不列颠总督克洛狄乌斯·阿尔比努斯，得到了其他东方省份的支持（**图5.38**）；第三场是由塞普蒂米乌斯·塞维鲁（Septimius Sevenrus）领导的，他得到了

图5.37 佩斯切尼乌斯·奈哲尔在马库斯·奥勒留和康茂德的领导下取得了杰出的成就，从骑士阶层晋升为执政官。与之前的佩蒂纳克斯一样，奈哲尔试图通过采用马库斯·奥勒留的形象来强调他与该皇帝的关系。

巴尔干半岛所有军队的支持（随后迅速得到了莱茵河地区军队的支持）。这三个人完全有可能意识到佩蒂纳克斯处于弱势，已经计划了某种理由：对他的谋杀只是提供了他们需要的借口。

在三个新的王位继承人中，塞维鲁的地位是最高的，在中欧军队共九个军团中，是帝国最强的，也是离罗马最近的。塞维鲁4月9日宣布登基，6月中旬就到了罗马。一名卫兵意识到抵抗是徒劳的，因为塞维鲁正在逼近这座城市，于是他杀死了狄第乌斯·犹利安。对犹利安的背叛对禁卫军没有好处。塞维鲁解雇了禁卫军，并从自己的军队中抽调部队来代替他们的位置。然后，他出发去攻打奈哲尔，并与阿尔比努斯做了一笔交易，用继承人或恺撒的位置来换取他的忠诚。

东方的战争已经开始了。奈哲尔寡不敌众，意识到自己胜利的唯一希望在于迅速入侵塞维鲁的领地，在敌人集中兵力之前尽早取得胜利。塞维鲁则因为需要很少的兵力来攻占罗马，所以派了一部分军队与奈哲尔对峙，并很快将行动地点向东经土耳其进入叙利亚。塞维鲁在伊苏斯赢得了最后的战役——这里曾是亚历山大大帝取得重大胜利的著名地点——公元194年5月，塞维鲁在这一年的剩余时间里惩罚奈哲尔的支持者，并对帕提亚帝国的西部省份发动了一次远征。对这次侵略行为给出的理由是帕提亚国王援助了奈哲尔，而实际原因可能最好从罗马人利用对外战争来提高皇帝声

图5.38 克洛狄乌斯·阿尔比努斯可能是狄第乌斯·犹利安的三位王位继承人中最贵族化的一位。他似乎在马库斯·奥勒留手下担任过重要的军事职务，但在康茂德手下升为高级官员。

塞维鲁家族

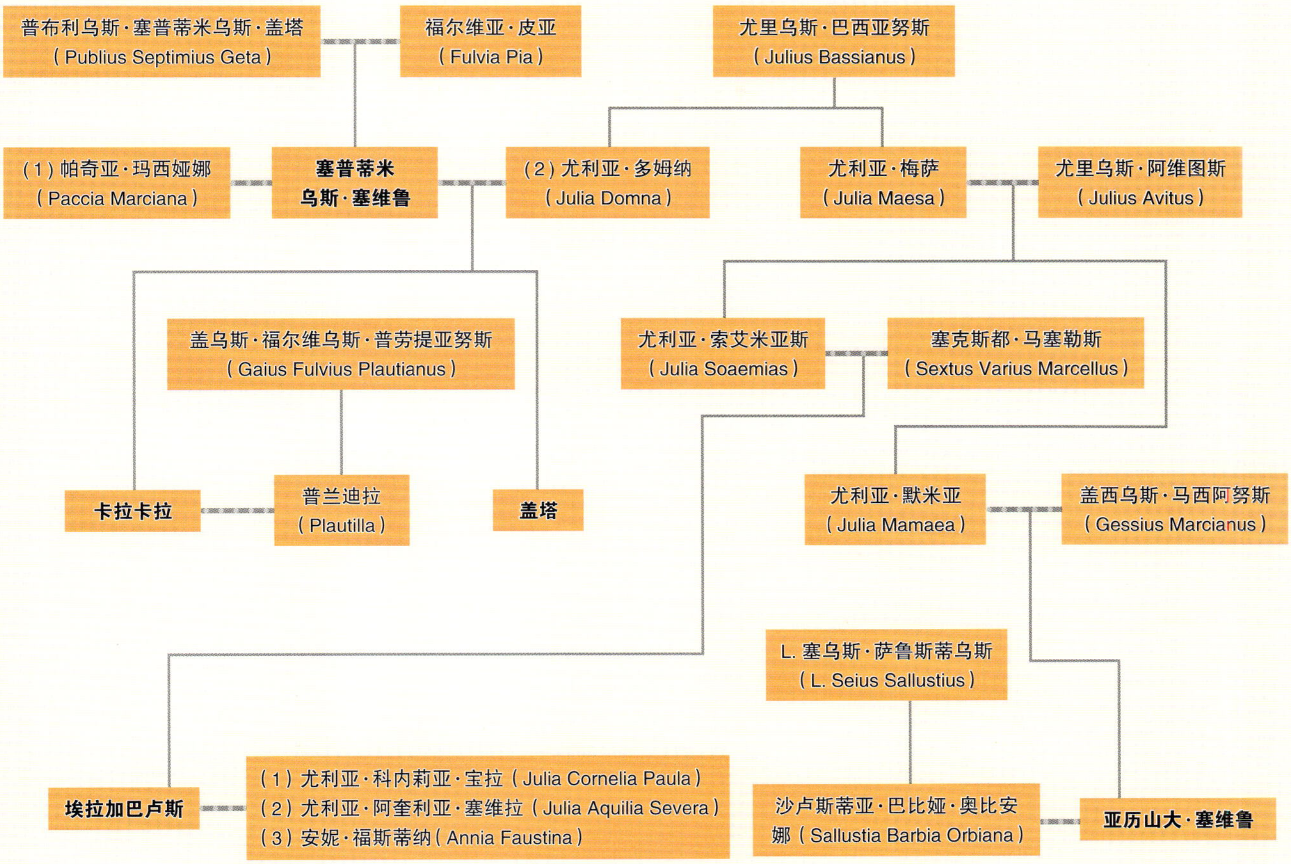

誉的倾向中寻找。同时，由于塞维鲁在公元195年把他两个儿子中的长子卡拉卡拉提拔为恺撒，他也实际上是在向阿尔比努斯宣战。阿尔比努斯在公元197年经过血战，最终在卢格杜努姆（里昂）战役中被击溃。

在公元195年返回罗马和前往高卢参加与阿尔比努斯的战争之间，塞维鲁采取了一个了不起的举措，将自己追溯到马库斯·奥勒留的家族，声称康茂德是他的兄弟。尽管可能被解读为对更古老的历史传统的致敬，但塞维鲁拒绝接受他的新安东尼祖先的仁慈与温和。他的统治模式来自更早的时代：当元老们抗议将康茂德神化时，塞维鲁向他们讲解苏拉的智慧，他认为苏拉比仁慈的恺撒更精明。他以大规模处决被认为是同情其对手的人来显示这种声明中隐含的威胁。然而，大规模的杀戮并没有使他在罗马城感到特别舒服，尽管罗马到处都是他的纪念碑。公元197年，在击败阿尔比努斯后，塞维鲁立即在东方展开了进一步的战役，攻陷了

图5.39 安诺巴尔·塔帕庇护·鲁弗斯（Annobal Tapapius Ruufus，安诺巴尔这个名字让人联想到他的腓尼基血统）为这个位于大莱普提斯的剧院做出了重大捐赠，该剧院是罗马北非最古老的剧院，具有希腊风格。剧院的上边有一个柱廊式的走廊，可以为上排穷人坐的地方遮阳。大莱普提斯的精英成员坐在前排。

在入侵帕提亚后的几年里，塞维鲁继续游历各省，先是访问埃及，然后又访问了他的北非故乡，他在那里重建了他的故乡城市大莱普提斯，使它看起来是一个适合做皇帝出生地的地方（图5.39）。同时，帝国的大部分日常行政管理都被移交给了一个亲戚普劳提亚努斯（Plautianus），他现在是唯一的禁卫军统领。他被认为是如此重要，以至于他的雕像和家庭成员的雕像一起被竖立起来，通过他女儿与卡拉卡拉的婚姻，他与卡拉卡拉有了进一步的联系（见第263页：塞维鲁家族）。当关于他毫无根据的死亡谣言席卷整个帝国时——卡西乌斯·狄奥的说法——公务员拆毁了雕像，然后造谣者以叛国罪被处决。

帕提亚人的首都泰西封，并在幼发拉底河和底格里斯河之间增加了新的省份，即现在的土耳其东南部。这是自图拉真以来第一次重要的领土扩张，而且很快就被证明存在一个严重的问题：一旦帕提亚人让位于来自伊朗的萨珊王朝（见第279页），这个被称为美索不达米亚的新省份就吸引了后来的波斯君主。他们认为罗马人在那里的存在是对他们安全的威胁。

图5.40 这幅画像描绘了塞普蒂米乌斯·塞维鲁 、他的妻子尤利亚·多姆纳和他们的儿子卡拉卡拉和盖塔。塞维鲁的头发染上了灰色，表明他在登基时已年近古稀。盖塔的脸被抹去了，大概发生在卡拉卡拉在公元211年将他杀死之后。这幅圆形画作是在一种被称为“圆盘”（tondo）的木板上创作的，这种绘画形式可能源自埃及，是罗马时期留存下来的少数此类作品之一。

在公元205年的过程中，塞维鲁和普劳提亚努斯之间的关系明显降温。引起关系变化的可能是卡拉卡拉，他既恨他的妻子又恨他的岳父，导致了普劳提亚努斯突然在宫中被处决。现在国家的有效控制权转到了其他人手中，包括当时最伟大的法学家帕皮尼安（Papinian），以及塞维鲁在内战中的几个同僚。此外，塞维鲁的妻子尤利亚·多姆纳也被列入核心圈，她与叙利亚埃米萨城原王室有关。据说塞维鲁之所以娶她，是他得知她的星座预言她会嫁给国王。塞维鲁是又一位对占星术有浓厚兴趣的皇帝。卡西乌斯·狄奥说他在皇宫的天花板上画了一个假的占星图，而真正的占星图则装饰在他的卧室里。我们很想知道这个占星图是否会告诉塞维鲁他不会死在罗马，以及是否会告诉他在他决定公元209年在不列颠北部亲自指挥，惩罚突破哈德良城墙的部落中起不到任何作用。他也可能希望通过带着卡拉卡拉和他的小儿子盖塔一起去，说服他们相处。盖塔似乎很受他母亲的偏爱，而塞维鲁现在已经决定，当他死后，他将让这两个男孩成为共同的统治者（**图5.40**）。

塞维鲁可能已经认识到，他的两个儿子都还没有能力单独执政，也可能希望将自己的一些智慧灌输给两个儿子。公元211年2月在约克临终前，塞维鲁建议他们融洽相处，注意军队管理。他在没有改善政府税基的情况下，将士兵的工资提高了一倍，而且不给其他人任何机会。这些情况如果真实存在，就是一种在根本上有问题的权力观。为了提高效率，皇帝需要与任何个人利益集团保持一定的距离，尤其是军队。虽然军队显然是权力的关键，但需要保持一定的距离，并将其作为加强帝位的工具，而不是作为政权的主要支柱。一位在战场上直接指挥军队的皇帝，也是一个可能对战败负有个人责任的皇帝。皇帝与士兵的利益认同度越高，就越难将重要的指挥权委托给他人。年老的塞维鲁没必要亲自指挥，因此在随后的几年里，没有什么军事业务的塞维鲁随军出征，造成了灾难性的后果。

卡拉卡拉：公民身份和暗杀（统治时间：公元211—217年）

塞维鲁希望他的儿子们能学会相处，但结果却令人失望（**图5.41**）。当他们回到罗马时，两位新帝已经

图5.41 卡拉卡拉的半身雕像，修剪过的胡须和皱起的眉毛，反映出他有意识地摒弃了其前任的王朝风格。通过谋杀他的兄弟，他也明确拒绝了他父亲的继承计划。

不再相互交谈，而当他们到达皇宫时，他们将皇宫分开，将两个区间的直接通道隔绝开来。政府被帕皮尼安等致力于使双重政府运转起来的顾问和各自党羽分割开来。在这场较量中，尽管母亲尤利亚对盖塔偏爱，但盖塔——他更年轻，人缘较差，可能也不那么凶狠——却处于严重的劣势。公元211年12月25日，卡拉卡拉觉得自己已经取得了足够的上风，于是召开了一次与盖塔的私人会议，但这是个圈套。在盖塔试图寻求其母亲——负责调停这次会面——的保护时，隐藏在房间里的百夫长杀死了盖塔。随后卡拉卡拉对盖塔的支持者进行了大规模的屠杀，其中包括帕皮尼安和其他只是想让制度发挥作用的人，以及像佩蒂纳克斯的儿子和马库斯·奥勒留的孙子那些能力实在太突出的人。据称，伤亡名单上升到12000人之多。

卡拉卡拉虽然凶残，但他似乎一直渴望得到爱。他花了很多时间在大竞技场，同时私下里展示了他作为猎人和战车手的技能，以为这样他就可以让罗马人民知道他和他们一样享受快乐，同时明确避免了康茂德的过度展示。公元212年，因为他已经逃脱了所谓的对自己兄弟的阴谋指控，于是，卡拉卡拉采取了一个了不起的措施，邀请他的臣民分享他的喜悦，通过一项法令，授予公民中的极少数人（当然不包括所有的奴隶）以完整的公民权。他的法令现存部分保存在一张严重损坏的纸莎草纸上，内容如下：

> 我感谢不朽的诸神，因为（当那场阴谋发生时）他们挽救了我，因此我认为我应该能够（宏伟而虔诚地）对他们的威严作出适当的回应，（如果）我能够领导（所有现在是我的子民）和其他应加入我的子民（到诸神的圣殿）。我给予全世界（在我统治下的）所有人罗马公民权，[（规定）各族的正当要求］应予保留，但（归）降人除外。（全体人民）应该（-）已经共享喜悦。我的法令将扩大罗马（人民）。
>
> （吉森纸莎草，40卷1.1–12）

虽然帝国的大多数人都不是公民，但这一法令的影响可能是象征性的，而不是实际的。事实上，严格意义上的公民与非公民之间的法律区别早已被侵蚀，尤其是在法律制度领域：罗马公民曾经享有的免受残酷惩罚的保护现在只适用于当地的重要人物。到了公元3世纪初，如果总督十分愤怒，即使是很高的社会地位也并不总是足以保护他们免遭惨死。卡西乌斯·狄奥断言，卡拉卡拉的敕令只是反映了对金钱的渴望。法令的一个结果是，现在所有的人都要缴纳以前只限于罗马公民的遗产税。从实际意义上说，它可能对大量新罗马人的主要用意是他们都采用卡拉卡拉的正式姓氏。由于塞维鲁将自己归于之前皇帝的行列，所以他们的姓氏是安东尼。卡西乌斯·狄奥非常不喜欢卡拉卡拉，但他对这一措施的反应并不强烈，这说明他也认为基于法律（或生物学）的罗马性定义不如基于文化的定义重要。事实上，狄奥的反应中最引人注目的一点是，他断言在这一法令下成为罗马公民是不利的！

卡拉卡拉的性格

由于他的固执，他犯了许多错误。因为他不仅希望什么都知道，而且希望自己是唯一一个什么都知道的人，他只希望掌握权力。正因为如此，他不利用任何顾问，他讨厌拥有知识的人。他从不爱任何人，他讨厌那些在任何事情上表现出色的人。

（卡西乌斯·狄奥77.11.5）

图5.42 左边描绘的年轻皇帝埃拉加巴卢斯从埃梅萨带着他的神——以巨大的黑色陨石形式——归来。至少有一次，如右面的钱币所描绘的那样，皇帝举办了一次活动像人们展示，似乎神在驾驶他的战车。

无论希望达到什么目的，卡拉卡拉显然没有成功地赢得罗马人民的爱戴。他向外省出发，从莱茵河到多瑙河，再到东方。在这些旅行的过程中，他似乎对亚历山大大帝的性格很着迷，把自己说成是新版的征服者，甚至按照古代马其顿人的风格重新武装了一些军团。同时，他对古物表现出了极大的兴趣，尤其是那些与过去的神话或诸神的行为有关的古物，而除了那些他大幅增加工资的士兵，他却一直未能使自己受到任何人的喜爱，而且他似乎经常与士兵一起徒步行军。与他对普通士兵喜好的理解相对的是，他对普通罗马公民完全不了解。公元216年，他在亚历山大港时，这个问题尤为严重，当他进入城市时，他对人群中的侮辱性呼喊做出了回应，命令他的士兵屠杀那些冒犯他的人。同时，他在元老院中的行为也越来越让周围的人无法容忍（见第266页：卡拉卡拉的性格）。

由于不被周围的人喜爱，并且一次又一次地失败，无法赢得他所访问的城市的人民的爱，卡拉卡拉决定进行一次严肃的军事冒险。他计划跟随亚历山大大帝的脚步进入伊拉克。公元216年，他站在高加米拉（Gaugamela）平原上，亚历山大大帝曾在那里赢得了他最伟大的胜利之一，然后撤到自己的领土上过冬。当他为下一年的战役做准备时，他决定用四月的第一个星期去参观卡雷（Carrhae）周围的古迹，卡雷是地球上最古老的、有人居住过的地方，也是几个世纪前克拉苏的灾难现场（见第160页）。当他从城市出发去参观附近的一座神庙时，他下马去解手。正在此时，一个被禁卫军统领之一的奥佩利亚斯·马克里努斯（Opellius Macrinus）收买的人用他的剑将卡拉卡拉刺死。

马克里努斯、埃拉加巴卢斯、亚历山大·塞维鲁和王朝的终结（公元217—235年）

经过几天的激烈谈判，军事参谋同意让马克里努斯当皇帝。马克里努斯似乎并没有急于求成，因为他所面临的形势十分严峻。帕提亚国王正率领着一支庞大的军队前进，而罗马军队的官兵却心怀不满。在与帕提亚人犹豫不决的交锋后，帕提亚人同意以大量的报酬来换取和平，马克里努斯撤回了军队，在叙利亚过冬。

马克里努斯从来不受军队的欢迎，当他宣布将取消卡拉卡拉给予新兵的额外薪酬时，情况变得更糟。虽然现有的士兵保留了他们的新薪资待遇，但他们也感到了此举的威胁。此外，虽然随儿子去东方的尤利亚·多姆纳在马克里努斯统治初期就去世了，但她的妹妹尤利亚·梅萨担心自己会失去作为皇亲国戚的特权，

图5.43 亚历山大·塞维鲁的大理石半身像，其中皇帝没有胡子，头发剪得很短，突出了他的年轻。埃拉加巴卢斯的肖像画强调了他与年轻的卡拉卡拉的相似性，而亚历山大·塞维鲁的肖像则不同，他与他的亲戚们保持了距离。

于是退到了家族的故乡埃梅萨。在那里，她找到了自己十几岁的孙子，他是当地埃拉伽巴尔（Elagabal）的首席祭司。他长得有点像卡拉卡拉，尤利亚·梅萨让驻扎在城市附近的军团士兵相信，他其实是卡拉卡拉的私生子。士兵们对马克里努斯不满，当这个男孩被带到他们的营地，并向他们提供了大量的贿赂时，士兵们宣布拥立他为皇帝。经过一次拙劣的尝试，在镇压其早期阶段的叛乱，以及在经历恐慌之后，马克里努斯终于设法拉起一支军队面对他的对手。公元218年6月在安条克附近的战斗中，双方势均力敌，但是马克里努斯失去勇气而逃跑了。他一直逃到小亚细亚，才被派来追击的百夫长追上，并砍下了他的头颅。

虽然他作为皇帝的正式名字是奥勒留·安东尼，但这位来自埃梅萨的年轻人通常以其所侍奉的神名的拉丁化形式——埃拉加巴卢斯而闻名（**图5.42**）。埃拉加巴卢斯（统治时间为公元218—222年）的统治是罗马历史上比较不寻常的一个。尽管他从卡拉卡拉那里继承的相当有效的宫廷人员做出了最大努力，但军事参谋很快就认识到，最近的内战实质上是自己与支持马克里努斯的更多官僚分子之间的控制权之争，即使取得了胜利，他们也需要与以前的对手协商。因此，当前的统治集团做出了真正的努力，将元老院和高级骑士阶层官僚的成员纳入他们的新政权。

同时代的人，如卡西乌斯·狄奥，后来把皇宫里的人说成是一群没有任何优点的性变态者。这种说法有失公允，狄奥本人也接受了一项任命，在他的家乡比提尼亚省担任财政事务的监督员（这个职位完全可以说是退休前的最后一站）。他并不孤独，在接下来的几年里，各省的行政管理似乎已经足够使他体面。事实上，使狄奥等人与恩主产生分歧的问题与他们如何管理事物无关，而与似乎无人能够控制的东西有关：皇帝的行为。埃拉加巴卢斯相信他的神的力量，喜欢穿上适合祭司的长袍，并围绕神的形象领舞。他的虔诚让传统的罗马人觉得这是异装癖，而罗马元老院对这种与众不同的表现容忍度也有限。这也不是全部原因：皇帝宣称罗马万神殿的神都是埃拉伽巴尔的仆人，似乎对他的神的情感问题表示了极大的关注。太阳神埃拉伽巴尔以陨石的形态从埃梅萨被运来，先是与维斯塔贞女“结婚”，后又与同为陨石形态的迦太基女神乌拉尼亚（Urania）“结婚”。埃拉加巴卢斯本人似乎陷入更严重的情感问题——他在二十四个月的时间里，娶了四个女人，但又离了婚。

随着埃拉加巴卢斯变得更加反复无常，原本团结的幕僚们也因派系纷争而四分五裂：他的母亲尤利亚·索艾米亚斯与妹妹尤利亚·默米亚的关系不睦，女族长尤利亚·梅萨也难以将她们团结在一起。她也可能察觉到埃拉加巴卢斯的古怪行为正变得难以忍受，她需要在一个位置上来控制似乎可能将要发生的剧烈变化。在公元221年，埃拉加巴卢斯收养了他的表弟，亚历山大·塞维鲁（统治时间为公元222—235年），然后意识到，通过提名一个相当传统的但非常年轻的人作为他的继承人，意味着他可能要准备好面对自己的死亡。于是公元222年初，他前往禁卫军营地，要求守卫谋杀亚历山大。经过一个漫长而混乱的夜晚，禁卫军杀死了埃拉加巴卢斯和尤利亚·索艾米亚斯，并宣布拥立亚历山大·塞维鲁为皇帝（图5.43）。元老院确认了禁卫军的决定，并将埃拉伽巴尔神归还给埃梅萨。

虽然11岁的亚历山大·塞维鲁无法比他的表哥更会管理帝国，但他确实有一个更聪明的母亲。尤利亚·默米亚迅速行动，让传统贵族成员感到自己的重要性。那些可能会合理地认为自己的职业生涯已经结束的

图5.44 这枚钱币上的马克西米努斯形象强壮、成熟，与塞维鲁皇帝的年轻形象截然不同，反映出新皇帝有意与他所推翻的政权保持距离。

图5.45 戈尔迪安一世是一位年长的元老院议员，他的家族来自小亚细亚，他是一个不太可能在北非领导叛乱的人。这枚钱币肖像是他当皇帝三周时的少数几幅肖像之一。

人——包括卡西乌斯·狄奥——被重新提拔到了显赫的位置上。在许多方面，新政权很像马库斯·奥勒留时代的愿景，即当时有经验的政治家为皇帝提供建议，皇帝根据经验中获得的知识行事。这种局面的问题是，皇帝实际上不能胜任行政长官的职务，而政府也陷入了极度保守和被动的状态。在正常情况下，这也许并不致命。但当时的情况并不正常。公元225年，伊朗南部的萨珊统治者阿尔达希尔推翻了帕提亚国王阿尔塔巴努斯，建立了一个以宗教狂热和军事能力为特征的新政权。罗马国家没有明显的能力去理解伊朗革命所释放的力量，特别是阿尔达希尔认为他是在执行光明与真理之神阿胡拉·马兹达（Ahura Mazda）的旨意，摧毁谎言与黑暗之神阿赫里曼（Ahriman）的仆人的力量，所以它支持旧政权的幸存者。直到阿尔达希尔开始突袭美索不达米亚省，罗马驻军哗变，中央政府才决定采取行动。最终，亚历山大·塞维鲁亲自带着母亲东去监军，结果是一场灾难。战役取得的最好结果是阿尔达希尔人暂时停止了对罗马的进攻。

图5.46 这枚硬币上所描绘的普皮恩努斯，在戈尔迪安和他的儿子死后，与巴尔比努斯一起被宣布为皇帝。关于他早年的生活几乎一无所知，尽管他大概曾是执政官，而且一定给他的同事留下了深刻的印象，所以才会被选中执行这项任务。

马克西米努斯和公元238年的内战

亚历山大·塞维鲁的威望严重受损，现在他需要留在军队获得一些成功，以抵消对萨珊人作战的失败。回到罗马后，他又和母亲一起出发，前往日耳曼边境。公元235年3月上旬，在美因茨发生兵变，在一个较低级的军官尤利乌斯·马克西米努斯（**图5.44**）领导的兵变中，他们双双被杀。马克西米努斯自立为王，并通过对莱茵河和多瑙河以北的部落发动一系列的攻击来确保自己的地位。他从未前往罗马，并因削减粮食供应的开支而得罪了民众。传统贵族对这个篡位者明显不满，公元238年2月元老院宣布支持年长的元老院议员戈尔迪安，后者在北非自称皇帝（**图5.45**）。

公元238年起义的最初阶段，并不预示着这项事业的成功。戈尔迪安和他的儿子，也就是和他一起被宣布为皇帝的戈尔迪安二世，被邻近的努米底亚省总督指挥的士兵杀死。元老院意识到马克西米努斯不可能是一个仁慈的胜利者，于是选出了一个由二十人组成的委员会来承担国家对皇帝的防御工作，并宣布皇帝为公敌。这是对共和宪政价值的最终陈述，尤其是普皮恩努斯和巴尔比努斯这两个人现在被宣布为共同皇帝（**图5.46**）。当已故的戈尔迪安的朋友们因为他们的家族被排除在继承权之外，而在罗马人民中发起暴动时，普皮恩努斯和巴尔比努斯同意把小戈尔迪安的11岁的侄子加进他们的合议制帝国作为继承人（恺撒）。即使在皇帝率领军队进入意大利的时候，从帝国的许多地方也传来了忠于这个不可能的联盟的宣言，这表明了各方对马克西米努斯的深深不满。

尽管人们对马克西米努斯确实缺乏热情，但公元238年冬末春初发生的事件一定令世人震惊。当马克西米努斯进入意大利时，他的军队在阿奎利亚城前停了下来，几个星期过去了，他也没能攻下这座城市。这支军队可能没有得到适当的补给，变得焦躁不安，并在4月初谋杀了皇帝。普皮恩努斯和巴尔比努斯并没有在他们非凡的胜利中存活多久。禁卫军在第二年2月试图平息最初的叛乱时，曾被围困在营地里，似乎已经准备投降了：他们当时担心自己会被取代，因为皇帝们准备奖励那些对前皇帝不忠而保住了自己的人。4月，禁卫军谋杀了普皮恩努斯和巴尔比努斯，宣布拥护戈尔迪安三世，他们声称人民无论如何都要拥护他。由于马克西米努斯在入侵意大利时让自己的儿子当了共同皇帝，年轻的戈尔迪安三世在公元238年正式成为第七个担任奥古斯都的人。

总结

- 弗拉维王朝开创了一个更加专业化的政府时代。从公元69年维斯帕芗登基到公元180年马库斯·奥勒留逝世，这段时期一般被认为是罗马帝国的鼎盛时期，当时罗马统治着邻国，并为其大多数臣民提供和平。
- 高级元老们不喜欢维斯帕芗的小儿子图密善，并为他的遇刺而欢欣鼓舞。一般来说，维斯帕芗之后的皇帝都很勤奋，有效地咨询了他们的智囊。图拉真是一位非常能干的将军；哈德良被与他共事的人认为相当难缠，他更注重内部发展，尤其是希腊文化的推广；安东尼·庇护似乎是一位谨慎的管理者；而马库斯·奥勒留在位期间大部分时间都在与北方的日耳曼部落或东方的波斯人交战。
- 帝国的经济在这一时期不断发展。帝国被划分为若干经济区——西欧、意大利和北非、巴尔干半岛和东部各省——它们在基本结构和文化历史方面各不相同。帝国政权刺激了每一个地区的经济发展，而这些地区是由帝国税制的总体结构连接在一起的。共同的希腊罗马文化从城市向外传播，在那里，公共娱乐，包括角斗、竞技和戏剧，似乎在整个帝国建立了一定程度的连续性。
- 帝国的行政阶层分为三类：元老、骑士阶层和自由民。在每一种情况下，行政人员都需要与金钱打交道，与同僚相处，并了解在等级制度中工作的意义。皇帝往往在与臣民群体的对话中制定政策，有时进行详细的微观管理，也有时针对具体的询问发布广泛的政策声明。
- 罗马军队逐渐从一支深深扎根于意大利的部队转变为以各省为单位的机构。随着这种情况的发生，军队的职能从代表人民意志的团体转变为致力于保护元首声誉的部队。士兵们大多是从外省招募，但他们把自己看作是一个精英团体的成员，统治着他们所服务的地区。在奥古斯都之后的两个世纪里，军队有所扩大，但仍限于男性人口的2%左右。
- 许多人认为马库斯·奥勒留的死是罗马黄金时代的结束。他的儿子康茂德接替了他的位置，但在公元192年被谋杀。佩蒂纳克斯是暗杀者们选来接替康茂德的将军，但暗杀者们未能在佩蒂纳克斯的领导下建立一个稳定的政权，佩蒂纳克斯也被谋杀了。随后发生了内战，在这场战争中，塞普蒂米乌斯·塞维鲁最终成功了。
- 塞维鲁改变了政府的平衡，强调皇帝对军队的依赖性。在他于公元211年去世后，他的儿子卡拉卡拉和盖塔短暂地分权，然后由卡拉卡拉（他谋杀了盖塔）掌握。
- 卡拉卡拉是一个令人反感的统治者，他在公元216年去世后，又发生了一场内战，其中官僚候选人马克里努斯被宫廷候选人埃拉加巴卢斯击败。埃拉加巴卢斯的继任者亚历山大·塞维鲁随后实行委员会制政府，但未能充分应对萨珊王朝的崛起。在一次拙劣的入侵波斯后，亚历山大·塞维鲁与军队失之交臂，并于公元235年在日耳曼被其部下谋杀。
- 马克西米努斯，一位领导反抗亚历山大的骑士阶层军官，接替了他的位置。他短暂的统治在公元238年被罗马历史上唯一的元老院军事叛乱所结束。经过一年的时间，有七个人登上了皇帝的宝座，权力最终传给了不到10岁的戈尔迪安，他是第一批叛乱领导人之一的孙子。

第六章

罗马世界的变迁

（公元238—410年）

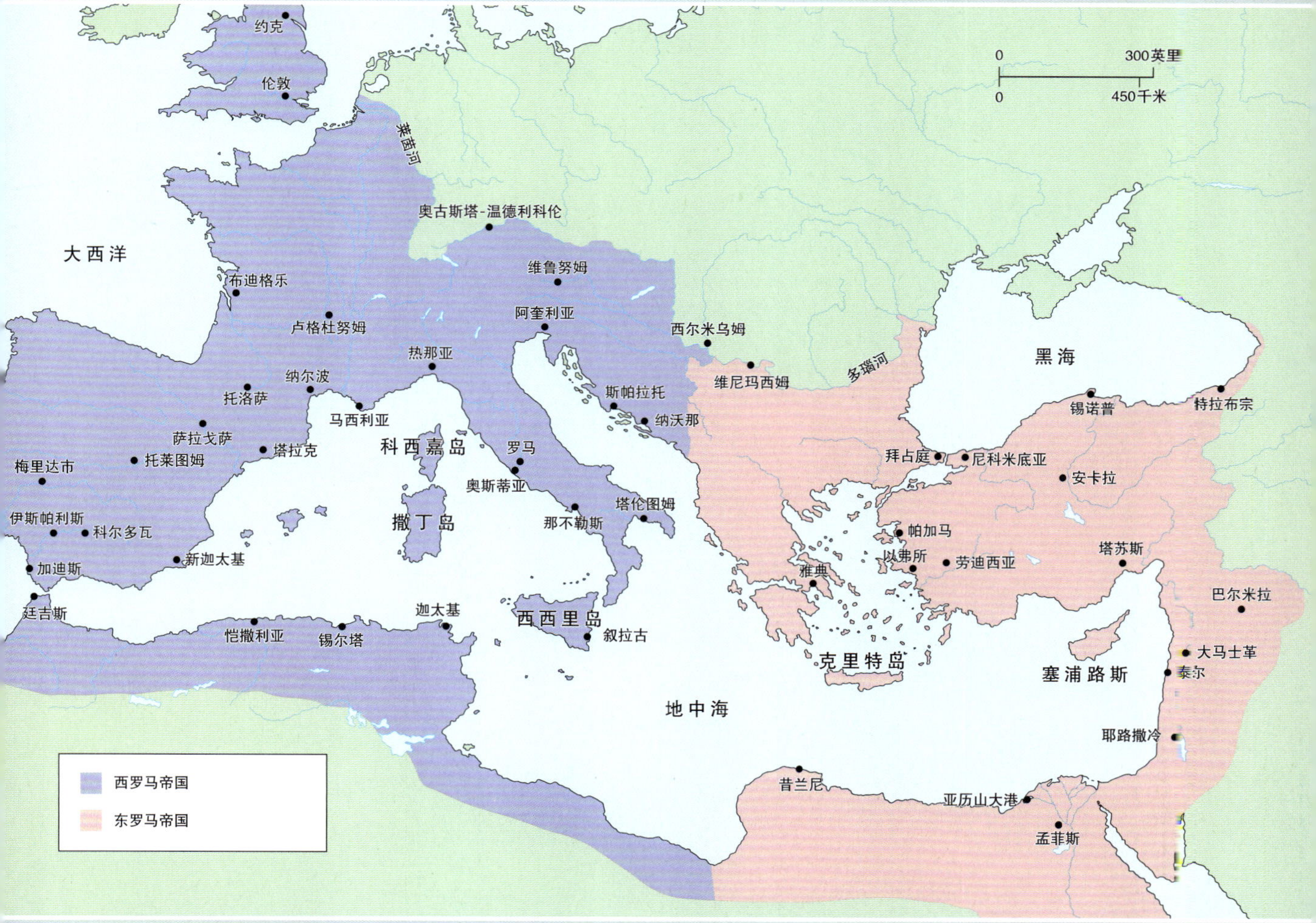

大事年表6　罗马世界的变迁

从戈尔迪安到加卢斯	公元240—270年	沙普尔一世（Sapor I）成为波斯国王
	公元244年	戈尔迪安三世被士兵杀害；腓力（Philip）称帝
	公元249年	德奇乌斯（Decius）在巴尔干造反，腓力被杀，德奇乌斯称帝
	公元251年	哥特人洗劫腓力波利斯（Philippopolis）；德奇乌斯在阿伯里图斯（Abritus）被杀；加卢斯（Gallus）称帝
	公元252年	沙普尔大败罗马军，攻陷安条克；日耳曼哥特军肆虐小亚细亚
	公元253年	埃米利安努斯（Aemilianus）领导了对加卢斯的叛乱；加卢斯被杀
帝国的分裂	公元253年	瓦勒良（Valerian）起义；埃米利安努斯被杀；瓦勒良称帝；他的儿子加里恩努斯（Gallienus）成为共同皇帝
	公元256年	波斯人洗劫丢拉
	公元257—260年	瓦勒良颁布了针对基督徒的迫害法令，后被加里恩努斯撤销
	公元260年	瓦勒良被沙普尔一世俘虏；在巴尔米拉的奥达纳图斯（Odaenathus）的帮助下，马可瑞阿努斯（Macrianus）和卡利斯图斯（Callistus）击败沙普尔一世；马可瑞阿努斯和奎图斯（Quietus）在东方称帝；波斯图姆斯（Postumus）建立高卢帝国
	公元262年	马可瑞阿努斯在巴尔干战败，加里恩努斯任命奥达纳图斯为东罗马指挥官
	公元268年	奥达纳图斯在埃梅萨被谋杀；波斯图姆斯被他的军队谋杀；加里恩努斯被谋杀，克劳狄乌斯二世（Claudius II）称帝
	公元269年	克劳狄乌斯在奈苏斯（Naissus）击败野蛮人袭击者；泽诺比亚（Zenobia）为瓦巴拉图斯（Vabalathus）夺取了奥达纳图斯的位置
帝国的重新统一	公元270年	帕尔米伦军队征服埃及；克劳狄乌斯去世；奥勒良（Aurelian）称帝
	公元271年	奥勒良开始为罗马修建新的城墙；放弃了达契亚行省
	公元272年	奥勒良占领巴尔米拉
	公元273年	改制银币
	公元275—276年	奥勒良在佩林苏斯（Perinthus）被杀；克劳狄乌斯·塔西佗（Claudius Tacitus）称帝，但次年被杀；普罗布斯（Probus）称帝
	公元282年	卡鲁斯（Carus）反抗普罗布斯；普罗布斯被谋杀；卡鲁斯成为皇帝；开始入侵波斯；卡鲁斯任命卡里努斯（Carinus）为共同皇帝
	公元283年	卡鲁斯在美索不达米亚去世（或被谋杀）；努梅里安（Numerian）继任，与卡里努斯共为帝王
戴克里先时代	公元284年	努梅里安被杀，戴克里先宣布为奥古斯都；戴克里先击败卡里努斯，马克西米安（Maximian）被任命为恺撒；卡劳修斯（Carausius）在高卢北部和不列颠起义
	公元286年	戴克里先将马克西米安提升为奥古斯都
	公元293年	君士坦提乌斯（Constantius）和加勒留斯（Galerius）成为恺撒
	公元296年	君士坦提乌斯收复不列颠
	公元296—299年	罗马与波斯的战争；加勒留斯击败波斯人，并签订了条约
	公元303年	戴克里先颁布对基督教徒的迫害令
	公元305年	戴克里先和马克西米安退位；君士坦提乌斯和加勒留斯成为奥古斯都；塞维鲁（Severus）和马克西米努斯（Maximinus）成为恺撒

君士坦丁统治时期	公元306年	君士坦提乌斯死于约克（7月25日）；君士坦丁在不列颠的军队宣布他撒；马克森提乌斯（Maxentius）在罗马称"青年领袖"（10月28日），并监禁塞维鲁
	公元307年	君士坦丁和法乌斯塔（Fausta）结婚；君士坦丁颁布法令，归还被没收的基督教财产；加勒留斯镇压马克森提乌斯的叛乱失败；塞维鲁被谋杀
	公元308年	马克西米安逃往高卢，受到君士坦丁的接见；在卡农顿召开会议；加勒留斯任命李锡尼乌斯（Licinius）为奥古斯都
	公元310年	马克西米安反抗君士坦丁失败后自杀身亡
	公元311年	加勒留斯去世；戴克里先去世
	公元312年	君士坦丁皈依基督教的大概日期；君士坦丁入侵意大利，在米尔维安桥（Milvian Bridge）击败马克森提乌斯；马克西米努斯结束对基督徒的迫害
	公元313年	李锡尼乌斯击败马克西米努斯，颁布"尼科麦狄亚敕令"（Edict of Nicomedia）
	公元316年	君士坦丁攻击李锡尼乌斯
	公元317年	李锡尼乌斯讲和，克里斯普斯（Crispus）、君士坦丁二世和李锡尼乌斯二世被承认为他撒
	公元324年	君士坦丁流放李锡尼乌斯，拜占庭（君士坦丁堡）被选为新首都
	公元325年	尼西亚会议（Council of Nicea）
	公元326年	克里斯普斯被处决；法乌斯塔被从公共生活中除名
	公元330年	君士坦丁堡完成落成典礼（5月11–12日）
	公元337年	君士坦丁逝世（5月22日）；君士坦丁二世、君士坦斯（Constans）和君士坦提乌斯二世成为奥古斯都
从君士坦丁之死到罗马被攻陷	公元339年	君士坦丁二世去世
	公元350年	君士坦斯被谋杀
	公元351年	君士坦提乌斯二世在穆尔萨（Mursa）击败了篡位者马格嫩提乌斯（Magnentius）
	公元353年	君士坦提乌斯二世统一帝国
	公元355年	君士坦提乌斯二世任命尤利阿努斯为高卢皇帝
	公元360年	尤利阿努斯在高卢造反
	公元361年	君士坦提乌斯二世之死；尤利阿努斯宣布效忠于传统的神灵
	公元363年	尤利阿努斯在波斯战死，约维阿努斯（Jovian）被军队选为奥古斯都
	公元364年	约维阿努斯去世；瓦伦提尼阿努斯一世（Valentinian I）被选为奥古斯都；瓦伦提尼努斯选择了瓦伦斯（Valens，他的兄弟）作为共同的奥古斯都；瓦伦提尼阿努斯和瓦伦斯划分帝国
	公元375年	瓦伦提尼阿努斯去世；格拉提阿努斯（Gratian）继任西方的奥古斯都；瓦伦提尼阿努斯二世在巴尔干、意大利和阿非利加宣布为奥古斯都；哥特人加入罗马帝国
	公元378年	亚德里亚堡（Adrianople）战役；瓦伦斯去世
	公元379年	狄奥多西一世（Theodosius I）成为东方的奥古斯都
	公元383年	格拉提阿努斯被杀
	公元392年	瓦伦提尼阿努斯二世自杀
	公元395年	狄奥多西一世去世，阿卡狄乌斯（Arcadius）成为东方的奥古斯都，霍诺留斯（Honorius）成为西方的奥古斯都
	公元408年	阿卡狄乌斯去世；狄奥多西二世（Theodosius II）成为东方的奥古斯都
	公元410年	阿拉里克（Alaric）带领哥特人洗劫罗马

当戈尔迪安三世从公元238年的大屠杀中脱颖而出，成为唯一的皇帝时，罗马帝国就站在了自元首制出现以来比任何一次危机更危险的边缘（图6.1）。这场危机的直接原因是帝国政府突然失去了控制自己疆域的能力，导致了帝国的大规模重塑。如果我们将公元338年的帝国与公元238年的帝国进行比较，就会发现变化几乎与公元50年和公元前50年之间的变化一样：之前的一百年中帝国拥立了新的皇帝、开拓了新的疆域和建立了新的政府意识形态，而之后的一百年中帝国建立了新的治理结构、意识形态和内部组织形式。在公元4世纪末，最明显的变化是皇帝不再居住在罗马，皇帝是基督教徒，帝国的各省现在被细分为许多较小的单位，如地方区县，或在禁卫军统领领导下的地区。

公元4世纪期间发生的变化产生了深远的影响。帝国被分为四个部分，形成四个不同的官僚结构并致使帝国不同区域之间向着截然不同的方向发展。这正是公元4世纪中叶开始发生的事情，最终导致了帝国东西部的永久分裂。

在马库斯·奥勒留时代，就已经出现了将权力分给属于政务官辖区的统治方式。马库斯曾将军事指挥大权

图6.1 戈尔迪安三世在公元238年登基时年仅十几岁。这幅画像与亚历山大·塞维鲁的画像相呼应，强调了皇帝的年轻和纯真。

授予东部和巴尔干地区的几个行省，这些都属于天然的地缘政治划分。在奥古斯都统治时，这种情况就已经存在，今天也仍然如此。西欧不同于中欧，中东也不同于这两者。因此，在地缘政治的意义上，奥古斯都时的帝国可能被视为一个注定要失败的畸形。然而，从公元前30年奥古斯都攻占亚历山大港到公元260年沙普尔俘虏瓦勒良（正如我们所看到的，公元3世纪是罗马财富的低谷），290年的时间跨度是漫长的。虽然把奥古斯都的实验看成是“不自然的”，但是可以把它看成是一个国家可以成功地组合起来的证明。可惜，这个国家并不符合地缘政治的断层线。那么，哪些因素发生了改变呢？

导致帝国东部和西部分裂的最重要因素是出现了一个新的、更具侵略性的帝国官僚体系，以及随之而来的皇帝个人权力的削弱。在奥古斯都之后的三个世纪，皇帝与其臣民之间不断进行权力谈判是政府管理的典型特征，而现在则让位于权力集中的地区当局手中，这些地区当局可以向朝廷发号施令，而朝廷则依靠他们的忠诚来维持自己的生存。与个别皇帝的权力开始一道被减少的，是整个国家的权力。到了公元4世纪末，虽然权力过大的地区官僚越来越无法控制疆域和经济挑战等问题在当时还不是致命的问题，但帝国政权的稳定已经受到致命的损害。

公元3世纪的危机（公元238—270年）

官僚与皇帝

为什么帝国政府会失去对疆域的控制？这是邻国军力突然崛起的结果？还是单纯的一系列意外的结果？又或者是政府系统性失误的结果？抑或是运气（主要是坏运气）、新敌人、结构性缺陷和军事无能的某种组合下的结果？为了回答这些问题，我们必须

探究一下政府是如何运作的。值得注意的是，在公元217年卡拉卡拉去世后的三十年里，皇帝几乎无一例外都是非常年轻的人。这至少在某种程度上可能是行政阶层的高级成员对卡拉卡拉的顽固和残暴作风的反应，但这也意味着帝国实际上是由高级官员群体管理的（这再次证实了罗马政府默认为寡头政治的趋势）。

塞维鲁时代的行政长官是法学家或法律专家。其中一人——奥佩利亚斯·马克里努斯——成为皇帝；塞普蒂米乌斯·塞维鲁统治的最后几年最重要的人物是法学家帕皮尼安；亚历山大·塞维鲁统治头几年最主要的人物是乌尔比安（公元223年被禁卫队成员谋杀之前也是一名禁卫军长官）。

这些法学家不仅仅是政治上的重要人物。乌尔比安、帕皮尼安和他们同时代的人还都是法学思想家，他们的成就标志着罗马法"古典后期"的高潮。他们的工作为后来被称为《学说汇纂》的公元6世纪法学思想简编提供了绝大部分的材料：《学说汇纂》中所有材料的一半来自乌尔比安（占全部材料的三分之一）或帕皮尼安（约占全部材料的六分之一，见第339页）。除了他们在政治上的显赫地位，他们现存著作的数量也使帕皮尼安和乌尔比安成为罗马历史上最重要的两位思想家。

法学家之所以具有如此大的影响力，是因为皇帝们早已倾向于将一些最重要的工作转交给骑士阶层出身的秘书。奥古斯都统治与职业法学家的首次兴起相对应，他赋予了某些杰出的法律专家就法律问题发表具有法律约束力的"答复"的权力。据一位在哈德良时代的法学家写道：

> 顺带说明一下，在奥古斯都时代以前，皇帝并没有赋予他们在大庭广众之下陈述意见的权利，但惯例是由对自己的研究有信心的人提出意见。他们也不总是盖章发表意见，最常见的是自己给法官写信，或者给咨询他们的人直接答复的证词。这是被神化的奥古斯都为了加强法律的权威性，首次规定法官可以在他的授权下发表意见。
>
> ［庞波尼乌斯，《学说汇纂》1.2.2.49，圣克罗伊（de Ste. Croix）译］

哈德良进一步完善了这一权力，他规定当权威法学家的答复一致时，法官必须遵循这些答复。在他们意见不一致的情况下，法官应遵循他认为最好的一方（但是要注意，法官不能自由地独立于法学家行事）。法学家通过对法律先例的掌握来建立自己的声誉，并通过撰写有关法律问题的文章来进一步扩大自己的声誉。典型的法学书籍包括为初学者编写的教科书、律师对个别法规或其他书籍的评注，以及载有他们对法律问题答复的书籍。

因此，成功的法学家往往是那些善于详细论证观点并对传统深感兴趣的人。尽管人们可能很想把法学家的兴起和风格看作对其统治者专制的、有时是非理性行为的一种替代，但这种想法扯得太远了，尤其是这些法学家中最伟大的人实际上是受雇于塞维鲁王朝。与其将法学家视为"时代精神"的替代者，不如将他们视为时代的产物。在这个时代，有一种普遍的趋势，即建立专门的学术机构，只有那些致力于长年研究的人才能进入。

这似乎也是那些年军事思想的一个特点，它把一些深入实际的研究与对过去近乎迷信的崇敬混杂在一起。关于罗马军事思想的本质，有两块铭文极富启示性。塞普蒂米乌斯·塞维鲁竖起了罗马两根凯旋柱中的一根，按照军团所服役的省份列出，一直到马库斯·奥勒留组建的两个军团和塞维鲁组建的三个军团，这也说明该铭文所依据的名单，在塞维鲁题写时可能已经有五十多年的历史了。然而，这与它所描述的军事组织可以追溯到奥古斯都时代的事实相比，就显得微不足道了。在训练和装备方面，军团与公元1世纪的军团几乎没有什么不同，这些军团本身与公元前2世纪末马略的军团基本相同（图6.2）。

另一个重要的铭文来自北非，包含了哈德良对检阅的演习中队发表的一系列讲话，他告诉每支部队其表现最好的地方。因此，在对一支骑兵部队讲话时，他说：

> 附属于一个队列的骑兵即使在自己身上也很难赢得赞同，更难的是他们在辅助骑兵演习后不招致批评：他们在平原上作战覆盖的面积更大，投掷标枪的人更多；他们以严密的队形向右前进，他们以严密的队列进行坎塔布里亚（Cantabrian）演习；他们马匹的美丽和武器的华丽与他们的报酬相称。但是，尽管天气炎热，你们却没有感到无聊，仍然精力充沛地做着该做的事。此外，你们还用弹弓发射石块，用标枪战斗，每一次作战你们都迅速上马。
>
> （《拉丁文铭文选》，编号2487，9133-5，坎贝尔译，19-20）

坎塔布里亚演习在阿里安（见第224页）的一本战术著作中有详细描述。在演习中，部队的主力保持一个紧密的有序队形，同时先向骑马经过的部队成员投掷标枪，然后投掷长矛，据说是用盾牌抵挡武器。坎塔布里亚的名字来源于西班牙中北部，一个早已被纳入帝国体系之内的部落。在这种情况下，演习的引人注目之处在于，哈德良并没有要求部队展示任何与他们最常

图6.2 早期罗马帝国士兵的典型装备（这里以图拉真凯旋柱上的浮雕为例）与一百年后的罗马士兵几乎没有什么不同。在武器以及战术上，罗马军队已经成了实际的化石。

参与的沙漠战有直接联系的技能。罗马军队的主要训练演习似乎反而为士兵们做好了与另一支罗马军队作战的准备。这些演习的性质强调了军队的主要功能是支援皇帝。在四百年的时间里，没有一个敌人能够抵挡住皇帝战士的怒火，军队内部没有变革的动力，也没有像参谋学院这样的机构，可以系统地研究战争艺术。在体制上以及战术上，军队自马略、苏拉和恺撒时代以来就再没有得到发展。

在公元238年后的二十年间，改革的部分原因是罗马的一些敌人可能变得更加强大，但也因为“帝国支援车”（imperial support vehicle）的作用，这个概念指军队在战斗中经常由皇帝指挥，即使这些皇帝不一定是最好的指挥人选。罗马帝国在公元238年面临的最大问题是，高级官员们被训练成在向未来前进时，眼睛却紧紧盯着过去。

新敌人？

有一些证据表明，在公元3世纪初，北方边疆出现了“新”敌人。但问题是，我们不知道这些是否真的是“新”敌人，或只是“老”敌人的新名称，又或者说，纠结这个问题是否真的有意义：没有理由认为，在1世纪实现的人口平衡已经发生了显著的改变（前两个世纪增加的人口有可能对罗马城有利，见第259页）。因此，例如，卡西乌斯·狄奥提到日耳曼南部有一个叫作阿拉曼尼（Alamanni）的群体。阿拉曼尼是易北河和奥得河（Oder rivers）之间的日耳曼部落从美因茨沿莱茵河向北和向东所采用的一个集体名词，它的意思可能是类似“强悍的家伙”。与大约在这一时期出现在这一地区的日耳曼人中的另一个名叫求桑基人（Juthungi）的部落类似，后者寓意“年轻的战士”。大致在同一时间，我们还得到了第一个证据，证明有一群人占据了从莱茵河口到美因茨一带的地区，这群人被称为法兰克人（Franks），他们的名字可能是“大胆的人”的意思。这些名字之间的相似性反映出它们都宣称是一个群体的某种有价值的品质，而且由于缺少考古实证，所以我们认为这些名字仅仅反映了莱茵河以北人口的政治重组，而不是实质性的变化。沿着多瑙河，虽然我们仍然看到传统的部落，如夸迪（Quadi）、马克曼尼（Marcomanni）和萨尔马特（Sarmatians），但塞维鲁统治时期的拉丁文铭文提供了有人自称为哥特人的实证，确定在阿拉伯驻军中服役着一支哥特人。

每当北方民族与罗马作战，而不是在罗马军队中服役时，他们就会继续发动突袭，尽可能深入罗马领土，掠夺财物，然后返回家园。当无法在突袭者回国之前将其消灭时，罗马人的反应通常是通过任意摧毁他们能摧毁的村庄进行报复，然后与最靠近边境的人签订条约，这些人（理论上）会让他们四处叫嚣的邻居陷入麻烦，以此换取罗马人的某种报酬或特权。这是马库斯·奥勒留在战争中采用的明显模式，并在公元3世纪的战争过程中多次重复。但也会出现一些较为罕见的情况，有些部落惨败给了它的邻居，并不得不离开它的家园。如果这些失败的部落靠近罗马人，他们可能会请求罗马人允许他们在罗马领土上定居。有时罗马人会批准，并会把他们安置在属于皇帝的土地上（对实际情况没有直接证据）。因此，边境以北出现“新人”并不能真正说明情况发生了任何重大变化。

另一方面，在波斯，当萨珊人取代早先帕提亚人的阿尔萨希德王朝时，发生了非常重大的变化。萨珊人被证明是罗马致命的敌人，但并不是因为他们带来了任何新的技术，或者说新的人口出生率平衡了两个帝国之间经济实力的差距。萨珊人的军队似乎与帕提亚人的军队非常相似，他们的强大实力在于马上弓箭手与重装骑兵的组合。正是这种组合能够于公元前53年在卡雷击败了克拉苏（见第160页），并在后来的几年中又取得了胜利，例如在公元161年沃洛伽斯与罗马的战争开始时（见第227页）。帕提亚和萨珊军队之间的主要区别似乎是在指挥方面，而不是在战术结构方面。萨珊王国似乎比它的前身帕提亚王国组织得更严密，特别是在前50年，因为拥有高级职位似乎要满足一个实质的要求，即担任高级职位的人必须是“沙汗沙”（或国王中的国王）的血亲。整个政权显然受到一种强烈意识的影响，这种意识来自一千多年前圣人琐罗亚斯德的启示，即它的目的是宣称天神阿胡拉·马兹达比阿赫里曼神的仆人更有优越性，而阿赫里曼神很容易被认定为该政权的所有反对者。

在军事方面，一个迹象可能表明，效率的提高仅仅来自指挥结构的改进，这使得萨珊人的军队似乎非常擅长攻城战，而这一点对于帕提亚人来说是无从考证的。他们所使用的技术——投石机、攻城塔和破坏城墙——并不新鲜，但确实需要高度的纪律和后勤组织来使它们发挥作用。另一个迹象表明，萨珊王朝的前两任国王阿尔达希尔和沙普尔一世都是能力超群的军人。阿尔达希尔作为伊朗南部地区一个公国的统治者开始了他的职业生涯，并成功征服了整个帕提亚王国。他的儿子和继任者沙普尔一世可能是自汉尼拔以来罗马人遇到的最彪悍的战士。

因此，在马克西米努斯于公元238年去世后的四十五年中，困扰罗马的问题并不能归咎于北部边境新民族的到来。在某种程度上，它们可以归因于波斯势力的增长，但最重要的是，必须在罗马帝国的统治阶级中寻找罗马失败的原因。在这方面，有三个问题似乎是最主要的。第一个是皇帝越来越倾向于亲自指挥投入战斗的军队，而不是在一个安全的基地内提供总体战略指导。亲自指挥是危险的：如果他的军队发生兵变（在被打败时，这种事情发生的可能性更高），就会使皇帝暴露出来；当其他战线出现问题时，还会拖延反应时间。第二个是帝国行政人员的保守心态。事实上，公元238年以前与执政官关系最密切的两位皇帝，在帝国行政机构内部对传统的崇拜极为强大的时候就已经上台了。帝国在公元3世纪末的复苏，与新一代愿意采取新思维的官员有关。第三个必须强调的是，接下来二十年发生的危机是政治性的。直到公元3世纪70年代钱币制度的彻底改革，这些危机都没有涉及巨大的社会和经济转变。除了皇帝以惊人的速度更迭，几乎没有理由认为在日耳曼突袭者或波斯军队侵袭地以外的普通帝国居民，一定会认为现在的生活比前几代差。然而，对于生活在多瑙河沿岸或叙利亚的人来说，这些年的经历很可能相当可怕。

蛮族的影响（公元238—270年）

与保持传统的愿望、直接指挥帝国的必要性，以及在多条战线上战争的紧迫性有关的问题，在公元238年后立即变得明显。萨珊国王阿尔达希尔（统治时间为公元224—242年）敏锐地意识到公元235年亚历山大·塞维鲁遇刺后罗马帝国的混乱，于是他夺取了美索不达米亚省的卡雷和埃德萨（Edessa）。马克西米努斯既无法亲自应战，也无法任命另一个人担任如此强大的指挥，他对波斯人的进攻毫无办法。直到公元241年，戈尔迪安三世政权的领导人，在禁卫军统领提米斯特乌斯（Timesitheus，年轻皇帝的岳父）的领导下，才能够做出反抗。他们花了两年时间才使军队具备了进攻的条件，但当军队进攻时，波斯人（现在由阿尔达希尔的儿子沙普尔一世领导）已经被赶出了美索不达米亚。这时提米斯特乌斯摔死了，幸存的禁卫军统领、政府的实际负责人尤利乌斯·普里斯库斯（Julius Priscus）提拔他的弟弟腓力为他的副手。公元244年冬天，当罗马军队入侵伊拉克时，他们仍然在职，由戈尔迪安三世挂名指挥。当军队到达幼发拉底河上游的一个地点，并打算沿着泰西封方向向伊拉克发起进攻时，沙普尔一世出击了。罗马人被击败，不久后戈尔迪安三世在营地被杀，继任者为腓力（**图6.3**）。

腓力是第一个骑士阶层出身的罗马皇帝——无论是马克里努斯还是马克西米努斯都没有靠近过罗马城——他似乎愿意采取积极主动的方式来解决帝国财政的深层次问题：来自埃及的纸莎草纸揭示了一些旨在提高税收效率的措施。同时，他还特别通过两个项目来提高自己在帝国的名声：一个是在公元248年庆祝罗马建城一千周年；另一个是重建他在叙利亚的家乡城市，把它打造成一个皇帝的模范故乡。腓力波利斯——这座城市的新名字——的遗迹因罗马建筑类型的盛行而引人注目，暗示着这座城市与罗马有着特殊的联系（**图6.4**）。举办千禧年运动会同样适合这样一个重要的纪念日。在

图6.3 这尊著名的腓力半身像现藏于梵蒂冈博物馆，它所呈现的形象与戈尔迪安三世的理想化形象截然不同，体现了一个对自己的任务之重深感忧虑的人。

帝国的整体管理方面，腓力似乎已经意识到，将权力集中在皇帝本人身上是行不通的，实际上可以通过任命在不同地区担任副帝的人来分权。他为这些职位选择的前两个人都是家庭成员：尤利乌斯·普里斯库斯被安排在东方，塞维里安努斯（Severianus）被安排在巴尔干半岛短暂停留。这种安排说明腓力的随从人员有限，无法从中抽调高级官员，而不是说这个基本概念是错误的，事实证明这种安排十分正确。在没有亲信的情况下，二禧年运动会结束后不久，多瑙河附近地区爆发了一场叛乱（塞维里安努斯在此任职时间不长），腓力派在公元238年内战中站在马克西米努斯一边的元老德奇乌斯前去镇压。德奇乌斯没多久就背叛了腓力，赢得了一场短暂的内战。其间腓力被杀，德奇乌斯自立为皇帝。

德奇乌斯（统治时间为公元248—251年）似乎一直热衷于帝国过去的传统（**图6.5**）。有两件值得注意的事情，一个是在他击败腓力后就颁布了一项法令，命令帝国所有居民为国家的福利而献祭。另一个是发行

图6.4 位于今叙利亚腓力波利斯的罗马剧场遗迹。如同之前的塞维鲁一样，腓力重建了他的故乡，使之成为一个配得上皇帝故乡的地方。

德克西普斯的哥特战争记

对于我们理解公元3世纪的历史来说，最重要的发现是恢复并迅速出版了普布利乌斯·赫伦尼乌斯·德克西普斯（Publius Herennius Dexippus）的《塞西卡》（Scythica）的部分内容，这是一部关于罗马与多瑙河以北的人民对从德奇乌斯统治时期到奥勒良统治时期战争的记述。在此之前，德克西普斯所记述的历史只是通过后世作者的引文才得以了解。现在，由于学者们对维也纳奥地利国家图书馆收藏的希腊文手稿的研究，在一份公元十二世纪的手稿（这份手稿中，新文字覆盖了早期的文字）中发现了该作品的部分内容。新的章节涉及公元251年攻占腓力波利斯，导致德奇乌斯在阿伯里图斯战败的其他事件，以及可能发生在公元251年前后或几年后、瓦勒良被俘前不久的另一次行动。以下摘录自这最后一节：

> （他们把色雷斯）和马其顿夷为平地，在接近塞萨洛尼卡城时，他们集结兵力，企图攻占该城。但是，由于守城者在城墙上英勇抵抗，众志成城打败了他们的纵队，事情没有如他们所料，于是就放弃了围攻。然后，大多数人决定带着他们的军队进攻雅典和亚该亚，因为这两个地方金银祭品，以及希腊神庙中游行所用的物品非常有名，他们已经了解到，这个地区在这些方面非常富有。当希腊人发现了塞西卡人的到来后，就聚集在盖茨（Gates，塞莫皮莱），打算阻止他们通过那个地方的狭窄通道。他们有的人带来了长矛，有的人带来了斧子，还有的人带来了用青铜或铁尖覆盖的木桩，每个人都能武装起来。他们聚集在一起后，便筑起了防御墙，情绪饱满地守卫着。这样，其他地区是极其安全的，因为连接希腊与塞克斯都泉的通道是狭窄的，而且由于地形的困难而无法通行，因为欧波亚海（Euboian sea）最大限度地延伸到山脉附近的沼泽地（……这里一个字也读不出来……），并使他们因泥泞而无法通行，而奥塔山（Mt. Oeta）也是如此。奥塔山的范围延伸到这一点（……有些字看不懂……）由于靠近悬崖，使得步兵和骑兵的通行非常困难。
>
> 希腊人宣布了整个战争的将军人选。马里亚诺斯（Marianos）是第一个被选中的人，因为他被皇帝选为希腊在盖茨的统治者，和他一起被选中的还有雅典的斐洛斯特拉图斯，一个以学识和口才著称的人，还有德克西普斯，他是第五次担任波奥蒂亚（Boeotia）的领袖。在他们看来，用演讲来鼓励这些人，提醒他们祖先的勇气，能使他们在整个战役中更有热情，不放弃守望。
>
> 把这些人召集起来，马里亚诺斯因为他的级别，有发言的特权，他发言如下："希腊人！救国是将你们召集起来的理由，你们聚集在这里，最适合唤醒对英雄主义的回忆，因为你们的祖先在这里作战。你们的祖先在这个地方作战，没有让希腊失望，没有剥夺它的自由。在波斯战争中，他们进行了高尚的斗争，在所谓的拉米亚战争中也是如此，他们粉碎了来自亚洲的专制者安条克，与当时的统治者罗马人结盟。当然，根据神灵的旨意，分配希腊人在这个地方与野蛮人作战，似乎是命运的命令，而你们对这些战争的理由在过去也是恰当的。你们要对自己的准备工作和这个地方的力量有信心，由于这个原因，你们过去在敌人面前显得很可怕，由于这些原因，未来的事情在我看来并不是毫无希望的，我很清楚，对于未来……

我们现在能够读到在2014年以前不为人知的德克西普斯的这段话，这就提醒我们，古代历史总会带来新的发现。

图6.5 德奇乌斯出生于多瑙河流域的一个省份，在亚历山大·塞维鲁统领导下首次担任执政官。他坚信罗马的“旧时代”美德，这也许反映在这枚钱币中，对皇帝的描述相当传统。

一系列纪念过去的“好皇帝”的硬币，似乎是作为改写公元3世纪初历史的一部分。不幸的是，无论是德奇乌斯还是整个帝国，这些行动都没有解决如何处理新的突袭巴尔干省的问题。在公元250年，一支非常庞大的突袭部队横扫多瑙河，伏击德奇乌斯，摧毁了他随行的一支军队，然后将巴尔干地区的伟大城市腓力波利斯（这个城市是以马其顿的腓力二世命名的，而不是最近去世的皇帝）夷为平地。当德奇乌斯在公元251年追上突袭者时，对方把他的新军引诱到一片沼泽地，并在阿伯里图斯摧毁了这支军队，德奇乌斯在这场战斗中丧生（见第282页：德克西普斯的哥特战争记）。

加卢斯（统治时间为公元251—253年）是多瑙河流域的总督之一，现在继承了王位。在收买了打败德奇乌斯的北方部落后，他计划与波斯进行战争——却发现无论他希望采用何种战略，都在公元252年被彻底击破，当时沙普尔一世向幼发拉底河上游推进，而不是横跨美索不达米亚北部（预期的波斯进攻路线）。沙普尔一世在幼发拉底河上的巴巴利索（Barbalissos）粉碎了一支罗马军队，蹂躏了叙利亚，并洗劫了安条克。就在同一时间，一群日耳曼/哥特部落的人在黑海沿岸建造了船只，并通过达达尼尔海峡突入爱琴海，洗劫了包括以弗所在内的许多城市。

公元251—252年被认为是罗马帝国历史上最糟糕的两年：三座主要城市被攻陷，两支军队被摧毁，皇帝似乎无能为力。公元253年，当多瑙河军队成功取得胜利后，宣布拥立自己的将军埃米利安努斯为皇帝。埃米利安努斯在意大利中部打败了加卢斯，随后被加卢斯的盟友瓦勒良所俘虏。可谁知瓦勒良到达太晚，无法帮助前皇帝。瓦勒良（统治时间为公元253—269年），另一个坚定的传统主义者，致力于捍卫边疆，同时消除那些不认同帝国文化统一的人。瓦勒良在公元257年颁布了第一个帝国范围内的法令，下令迫害基督教会，没收基督教财产，并处决不放弃信仰的基督徒。同时，他也明白，仅凭自己的力量无法确保帝国的安全。瓦勒良一当上皇帝，就把他的儿子加里恩努斯（统治时间为公元253—268年，当时已经成年）提拔为他的同僚，并任命加里恩努斯的几个儿子为恺撒（**图6.6和图6.7**）。

公元260年，瓦勒良未能有效地保卫土耳其西部免受另一次来自黑海的海上攻击，又发现自己受到了新

图6.6和图6.7 瓦勒良（左）和他的儿子加里恩努斯的领导风格截然不同。瓦勒良似乎是非常保守的，而加里恩努斯则更愿意接受变革。他们之间的对比反映在这些截然不同的钱币肖像中。

一轮波斯人入侵的威胁。沙普尔一世进入罗马的美索不达米亚省，发现瓦勒良的士兵饱受疾病困扰，并处于叛变的边缘。罗马军队在埃德萨以南战败后，瓦勒良同意就和平条约进行谈判。沙普尔一世将瓦勒良用铁链锁住，并将他作为俘虏送往波斯，而瓦勒良的军队则在东边的省份肆虐。后来罗马人认为沙普尔一世每次上马时，把瓦勒良做他脚蹬（**图6.8**），而波斯人则认为，瓦勒良被派往伊朗南部修桥。

在皇帝被俘的空前尴尬的几个月内，帝国本身似乎就处于解体的边缘。在东方，从这场灾难中幸存下来的加里恩努斯召集了剩下的军队，并在叙利亚中部巴尔米拉统治者奥达纳图斯的大力帮助下（**图6.9**），将波斯人赶了回去。然后加里恩努斯让他的儿子马可瑞阿努斯和奎图斯共同宣布为皇帝，并入侵巴尔干半岛。听说瓦勒良被俘的消息后，巴尔干地区已经爆发了两起叛乱。与此同时，阿尔卑斯山以北的各省纷纷脱离罗马控制，在莱茵河流域某省的前总督波斯图姆斯的领导下形成了一个新的王国——加利阿鲁姆帝国（Galliarum）或“高卢帝国”。

虽然加里恩努斯在公元262年击败了两次巴尔干起义和马可瑞阿努斯的入侵，但他意识到，如果没有奥达纳图斯的帮助，他无法恢复对东方的直接控制，他现在承认奥达纳图斯是该地区罗马军队的指挥官。而在前几年建立一支相当规模的帕尔米伦军队，可能是源于对新近咄咄逼人的波斯人在传统贸易路线上占据主导地位的失望。

图6.8 这幅石雕浮雕描绘了沙普尔一世对罗马皇帝戈尔迪安三世的胜利，戈尔迪安三世的尸体躺在沙普尔一世的马蹄下。站在马旁的人物被确认为瓦勒良，跪着的人物可能是腓力。这幅浮雕刻在比沙普尔（Bishapur，今伊朗）附近峡谷的岩石上。

图6.9 在巴尔米拉被毁前的大柱廊中，当地知名人士的雕像曾经矗立在基座上。与这些雕像有关的铭文是关于该城统治阶级的重要信息来源，而该建筑的宏伟则证明了巴尔米拉的巨大财富。

事实证明，军队的能力出奇的好。帕尔米伦军队多次击败沙普尔一世，奥达纳图斯宣布自己为“沙汗沙”，但他的穿着风格让人联想到波斯国王而非罗马官员。尽管如此，奥达纳图斯仍然对加里恩努斯忠心耿耿，从不挑战皇帝任命自己的官员担任省级指挥的权力。另外一个值得关注的问题是，两人都对基督徒采取了与之前统治者截然不同的态度。加里恩努斯发布了一份宽容的法令，而奥达纳图斯（或他的妻子泽诺比亚）与安条克的一位主教有着明显的友好关系。加里恩努斯和奥达纳图斯之间的关系作为一个整体，显示了地方和中央政府的结合，说明罗马仍保留着允许当地人发展自己与中央政府关系的传统习惯。

对加里恩努斯来说，西方的局势比东方的局势要糟糕得多。虽然加里恩努斯能够重新控制巴尔干半岛，但他无法扭转莱茵河畔叛乱的影响。波斯图姆斯保持了自己的地位——这一情况一直延续到公元269年——也成为兵变的受害者。同年，加里恩努斯在试图平定意大利北部一位高级指挥官发动的叛乱时，也成了自己的高级军官阴谋的受害者。

瓦勒良被俘后的八年，罗马帝国出现了一个新的模式。在西方帝国完全停止运作之前的两个世纪里，这个模式不断改进，且将反复出现。东部省份从埃及到现在的土耳其形成了一个自然的单位，中欧省份与意大利，以及现在的北非也形成了一个自然的单位，尽管来自北非的剩余粮食对罗马的生存至关重要。阿尔卑斯山以北和以西的省份自力更生，无须罗马人操心。

加里恩努斯之死伴随着又一次危机。中欧部落在公元268年经由海陆两路又发动了一次进攻。接替加里恩努斯成为皇帝的，是一位名叫克劳狄乌斯（统治时间为公元268—270年，即克劳狄乌斯二世）的巴尔干将军。他在随之而来的夏天做了一件了不起的事情，在奈苏斯（在今天的塞尔维亚）击败了他的野蛮敌人，但也彻底搞砸了与巴尔米拉和高卢的关系，政权经历了彻底的转变。奥达纳图斯在公元268年被自己的随从刺杀，而高卢政权在公元269年夏天波斯图姆斯被杀后陷入暂时的混乱。事实证明，克劳狄乌斯无法利用此时高卢的局势，因为他坚持认为奥达纳图斯的领导力和影响力随着他的去世一去不返，这也造成了他与巴尔米拉关系的彻底破裂。在土耳其西部击败罗马远征军后，帕尔米伦军队直接控制了阿拉伯和埃及。这次行动的幕后推手是奥达纳图斯年轻的遗孀泽诺比亚（**图6.10**）。

克劳狄乌斯没能处理好东方的局势。他在公元270年初死于疾病，而他在公元269年获得的伟大胜利也使得他永远被人们当作英雄来铭记。在经过短暂的冲突后，权力传给了加里恩努斯的另一位前最高指挥官奥勒良（统治时间为公元270—275年）。

复辟帝国（公元270—305年）

奥勒良和他的继承者们（公元270—284年）

在经历了十多年的军事和政治失败之后——包括一次皇帝战死、一次在位皇帝被俘，以及一系列篡位和谋杀——人们可能好奇为什么还会有人想做皇帝。随着失去埃及，以及多瑙河以北部落的不断入侵，奥勒良也许正面临着自登基以来所遇到的最大挑战（**图6.11**）。

事实证明，奥勒良能胜任这项工作。在整个公元270年夏天和公元271年，他必须先在意大利与突袭者和他自己的人民作战（他必须镇压罗马城本身的叛乱），然后他才能将敌人从他的帝国西部地区清除。奥勒良胜利在握，并试图稳定与罗马人民的关系，在补贴的粮食供应中加猪肉，并在城市本身周围修建了巨大的新城墙，似乎象征着罗马城权力的延续。同时，他还采取了大胆的措施，放弃了罗马对达契亚的控制。

奥勒良在解决了意大利并开始放弃达契亚后，通过在埃及和小亚细亚发动了多管齐下的入侵，打败了泽诺比亚的军队，占领了巴尔米拉。之后他寻求和解而不是复仇。泽诺比亚被带到罗马，一个多世纪后，她的后裔成为元老院的成员（见第287页：《罗马皇帝史》）。可能是作为对及时与帕尔米伦军队划清界限的奖励，各位官员继续自负其职。奥勒良似乎试图让回归正常的过渡尽可能不痛苦。但无论他的政策多么用心良苦，都没有奏效：一旦他返回西方，巴尔米拉的一个派别就夺取了该城的控制权，并以极强的力度进行保卫。这一次，奥勒良毫不留情，巴尔米拉作为古代伟大的贸易城市之一的生涯随着公元273年的洗劫而结束，新的贸易中心现在向北转移到美索不达米亚的城市。

奥勒良在东方的胜利还有一个相当显著的结果。其中一个决定性的战斗已经在埃梅萨附近进行，在战斗过程中奥勒良确定，他从当地的太阳神埃拉伽巴尔得到援助。胜利之后，奥勒良将对这位神的崇拜重新引入罗马，现在改名为"无敌太阳神"，而崇拜形象也更容易被人接受。似乎没有人反对这种形式的崇拜，它为皇帝与非罗马神灵的密切认同开创了一个重要的先例。新的崇拜理由——某种神的幻象——在几十年后被用来引入对一个完全不同的神的崇拜，同样被君士坦丁罗马化到了一个几乎无法辨认的程度（见第301页）。

图6.10 这幅来自巴尔米拉的浮雕可追溯到公元3世纪，曾经被认为是描绘泽诺比亚和一名侍从，但更有可能是描绘了两位女神。左边的女神脚下坐着一位水神，可能代表着巴尔米拉的泉水，而戴着塔状头饰的女子可能是这座城市的守护神。这座雕塑结合了希腊的象征主义和美索不达米亚的风格，是巴尔米拉混合文化的象征。

由于皇帝的实际人格开始被归入日益同质化的帝国宣传之中，守护神的选择现在可以成为一种超越特定罗马语境的象征性表达。奥勒良和他的继任者们，都是来自外省的人，他们也许比他们的许多前辈更深刻地适应了对帝国范围内的受众有意义的信息。至少，无敌太阳神的问世是德奇乌斯和瓦勒良以罗马为中心的宗教活动的一个戏剧性的退步。

奥勒良现在把注意力转向了高卢人的帝国。泰特里库斯（Tetricus），高卢王位的最新问鼎者，在将他的军团部署在士兵无法有效自卫的位置后投降。他在意大利南部轻而易举地获得了一个总督职位。四年内，

图6.11 这里描绘的奥勒良身着戎装，他似乎整个职业生涯都是在军队中度过的，他不太可能是元老院议员。在他登基后，奥勒良的军事领导能力是统一罗马帝国的关键，他愿意与对手谈判也是如此。

《罗马皇帝史》

《罗马皇帝史》是一部皇帝传记集，从哈德良一直记录到卡里努斯，不包括腓力到瓦勒良之间的皇帝。因为随着时间的推移，抄写员们对文本进行了复制和重抄，而根据罗马传统，抄写员们可能会根据当时的社会情况对内容进行过滤，因此有关一些皇帝的记录已经不在了。与正统皇帝的传记一起收录的还有篡位者的传记，有的是单独的传记（如塞普蒂米乌斯·塞维鲁的对手佩斯切尼乌斯·奈哲尔和克洛狄乌斯·阿尔比努斯），有的是“三十个暴君”和“四个暴君”的集体传记（前者那组传记中实际上有32个暴君，这个标题取自公元前5世纪末雅典暴政的提法）。现代研究已经令人信服地表明，只有一个作者——声称是6个不同的人在公元4世纪前半期写作。此外，作者极有可能不是在公元4世纪初工作，而是在公元4世纪末工作，甚至可能更晚一些。

与作者声称的六人共同完成相一致的是，《罗马皇帝史》的各部分差异很大。在一些部分，作者相当严格地遵循了早期的资料，而在其他部分，他只是简单地编造了一些东西。由于《罗马皇帝史》中关于公元238年以后公元3世纪的“事实”比任何其他资料都多，而且关于公元2世纪和公元3世纪的大量信息也是在其他资料中没有的，因此，将其作为资料使用需要很好的批判性判断。下面引用的段落说明了使用这一资料的一些问题。

> 由于他（卡拉卡拉）想与帕提亚人重开战火，他在埃德萨度过了一个冬天，并从那里去祭奠月神（Lunus）。在他的生日，4月月中日（Ides of the day）前8天（4月6日），在梅加莱西亚（Megalensian）运动会期间，当他下马响应大自然的召唤时，他被此后夺取政权的禁卫军统领马克里努斯背信弃义地下令暗杀了，后者随后继位。参与阴谋的是尼米西亚努斯（Nemesianus）和他的弟弟阿波利纳鲁斯（Apollinarus），以及担任第二帕提卡军团的长官、指挥骑兵卫队的特里奇亚努斯（Triccianus），指挥舰队的马西乌斯·阿格里帕（Marcius Agrippa）没有参与，但许多官僚机构的成员，在马尔提亚利斯（Martialis）的唆使下也参与了阴谋。
>
> （《卡拉卡拉的一生》6.6–7）

《罗马皇帝史》(接上页)

在上一段文字中，有关于阴谋参与者的信息，得到了卡西乌斯·狄奥（他是该事件的当代人）的证实。但根据狄奥的说法，卡拉卡拉的生日是4月4日，而他被刺杀的日子是4月8日。看似细小的错误与最后一句话中透露的，这句话暗示参与刺杀的马尔提亚利斯在官僚机构中有着广泛的联系（这并非不可能的）。

颇为不同的是这段话：

> 奥勒良在一封信中，描述了这个女人被俘时的情景。因为当他受到一些人的批评时，因为他，最勇敢的人，在胜利游行中带着一位女人，仿佛她是一位将军。他给罗马元老院和人民写信，为自己辩护：我听说，元老院的成员们，有些人批评我在凯旋游行中带领泽诺比亚凯旋的行为是不对的，但那些现在批评我的人，如果他们知道她是什么样的女人，他们就会不住地赞美我。她富有智慧，坚韧而又坚定，对人民慷慨，同时又严格执行规定。
>
> （《三十个暴君》30.4–5）

这封信是完全捏造的，也提醒我们，每当我们处理一个古老信息的来源时，都需要小心阅读，因为一个看起来十分可信的来源很可能是捏造的。

奥勒良完成了恢复罗马帝国统一局面这一看似不可能完成的任务。然而，成功是短暂的。帝国的许多地区在多年的混乱中刚刚完成军事化，还没有完全重新融入帝国体系，包括高卢、叙利亚、埃及和土耳其南部的部分地区。奥勒良的官员似乎对他的一些行为是否明智产生了分歧。奥勒良发行的“改革”钱币破坏了金银之间现有的关税关系，造成了严重的通货膨胀，随后的几代人都没能解决这个问题，从而使帝国的问题更加复杂。

在公元275年夏末，奥勒良被他的手下谋杀了。作为管理者，改革钱币将是他永远的污点，但他的其他成就却使他受到了士兵们的爱戴。军队以盛大的仪式将他安葬在土耳其佩林苏斯附近，感叹他是罗马的救世主。

暗杀者们似乎已经意识到，无论他们对未来有何打算，从军队的反应来看都是行不通的。当他们退到约旦的沙漠时，忠心耿耿的军官们正在寻找一位能让部队满意的新统治者。他们的候选人是一位名叫塔西佗的将军（与历史学家塔西佗没有关系），可惜他无法处理最高指挥部内酝酿的紧张局势（**图6.12**）。刺杀奥勒良的人实际上在塔西陀在土耳其中部的时候就渗透到了军队的大本营，并把他也杀害了。

问题并没有随着塔西佗的被杀而结束。他曾打算将王位传给他的弟弟弗洛里安努斯（Florianus），但叙利亚的军队并不能接受，他们立即宣布自己的将军普罗布斯为皇帝（**图6.13**）。当弗洛里安努斯未能镇压东方的叛乱时，普罗布斯（统治时间为公元276—282年）成为整个帝国的统治者，并与奥勒良的暗杀者们召开了一次“和解”会议。会议以晚宴结束，普罗布斯在晚宴上通过谋杀客人结束了他们的争端。

普罗布斯以革命者的身份登基，并以谋杀的方式确认了自己的权力，他在位期间的大部分时间都在试图控制在土耳其南部、埃及和高卢等不同地区的其他起义者。这些起义可能与整个帝国的人民发现他们需要为自己的安全提供保障有关。这些自卫行为的证据主要来自偶然发现的铭文或考古发现，但总的来说这些材料足以揭示其模式。在这些证据中，有一个来自奥格斯堡（Augsburg，今德国南部）的铭文提到了一个行省的民兵组织。在叙利亚的埃梅萨，钱币和一篇神谕文字显示，在公元253年，一位当地贵族乌拉尼乌斯·安东尼（Uranius Antoninus）击退了一些波斯人的袭击者。而另一份铭文则提到一位无名“英雄”，他祈求当地的一位神击退敌人。公元268年，一批来自海上的入侵者虽然遭到了雅典人民的全力抵制，但依然洗劫了雅典。希腊各城市集结了一支军队来击退入侵者（显然他们在乡村集结，随后对敌人造成了某种逆转）。希腊大部队的努力体现在一块铭文中，铭文说：“他们在希腊人的前排作战，他们用我们的船只和步兵击退了雅典人的敌人，我们在海上死在蛮族人的剑下。我的兄弟为我准备了这个坟墓，我是埃帕弗里斯（Epaphrys），战亡时32岁。”（《希腊铭文》5.1号1188）由于之前从未维护过城墙的城市，开始修缮城墙。因此，普罗布斯所处理的叛乱很可能是地区自卫时的拙劣谈判，在这种情况下，地方贵族们承担起了对其辖区的防卫，不愿意将控制权拱手让给一个重新崛起的中央政权。然而，一个场景的重演让普罗布斯付出了生命的代价。公元282年，禁卫军长官卡鲁斯决定推翻普罗布斯，并迅速地杀死了他（**图6.14**）。

此前多年，皇帝们专注于处理内部矛盾，卡鲁斯（统治时间为公元282—283年）决定做出改变。沙普尔一世在公元270年去世，他的直接继任者比较懦弱，内战现在困扰着萨珊王国。卡鲁斯趁机入侵伊拉克，并取得成功，然后就出了大问题。传统的说法是他的帐篷被闪电击中了。这可能是真的，但也可能是叛变的隐喻。我们永远不会知道真相，但我们确切知道的是，卡鲁斯的小儿子，曾以恺撒的头衔随他东征，现在成为努梅里安·奥古斯都（努梅里安的哥哥卡里努斯留在西方，一年前就得到了这个头衔）。

这两种选择似乎都没有让东部军队的权贵们满意。公元284年夏天军队离开安条克后，努梅里安被谋杀了，不过似乎由于无法决定继任者，参谋们将他的尸体放在一个担架上运走，并声称眼疾使他无法公开露面，直到尸体腐烂的臭味使他们无法再维持这种谎言。迫于无奈，参谋们在土耳其西部的尼科米底亚城外停了下来，挑选了一个名叫盖乌斯·奥勒留斯·瓦勒里乌斯·狄奥克勒斯（Gaius Aurelius Valerius Diocles）的中级军官成为皇帝。此后不久，狄奥克勒斯取了拉丁化的名字盖乌斯·奥勒留斯·瓦勒里乌斯·戴克里先（Gaius Aurelius Valerius Diocletianus），因此俗称戴克里先。

戴克里先（统治时间：公元284—305年）

当戴克里先在公元285年春天开始与卡里努斯争夺帝位时，很少有人能预料到接下来发生的巨大变化

与奥勒良一样，塔西佗（**图6.12**）和普罗布斯（**图6.13**）都来自巴尔干半岛。塔西佗是奥勒良被杀后被安排在王位上的折中人选，但他自己也没能逃脱刺客的追杀。普罗布斯于公元276年从塔西佗的弟弟和预定的继承人弗洛里安努斯手中夺得王位。

图6.14 在加里恩努斯之后的皇帝中，卡鲁斯是独一无二的，他有几个成年的儿子，他希望将帝国交给他们。参谋们不能接受这一想法，他们杀害了一个儿子，并支持戴克里先反对另一个儿子。

（图6.15）。竞争者们是典型的公元3世纪的皇帝，他们对权力的获取既基于他们破坏对手权威的能力，也基于他们的军队击败对手的能力。事实上，戴克里先的胜利主要是通过背叛和逃兵取得的。

在之前的50年里，很多事情都发生了变化，不仅是军队的特点（见第291页：公元3世纪的罗马军队），而且罗马本身的体制也发生了变化。加里恩努斯是公元3世纪60年代最后一位定期居住在罗马的皇帝。奥勒良也许给这座城市带来了新的城墙和新的神，但他的大部分时间都是在行军中度过的。他的继任者也是如此，这对统治阶级的组成产生了影响。其中最明显的是，元老很少出现在皇帝的内部圈子。由于皇帝在罗马停留的时间不长，元老院议员不再有现成的社交渠道，虽然有少数人在新皇帝手下取得了显赫的地位，但这些新皇帝中只有一位（塔西佗）在上任前是元老院议员。选择克劳狄乌斯、奥勒良和塔西佗的人都是军队的将军，而普罗布斯和卡鲁斯都是内战的胜利者。面对在位期间要在边疆作战，且同时存在某个北方蛮族、波斯人或其他罗马人设法杀死他的前景，戴克里先决定改变统治方式。

一个新的时代在公元285年夏天到来，戴克里先将他的一个女儿嫁给了一个相对较低级的军官马克西米安，将他提升为副帝或恺撒，并派他去西部省份。一年后，他将马克西米安提升为奥古斯都，但有一个条件，即重要的决策要与他协商，这与他作为高级奥古斯都的地位相称。马克西米安通过平息高卢的叛乱来证明对戴克里先的信任是正确的。这些叛乱很可能涉及在高卢独立政权的岁月中变得强大的地方军事力量的领导人，不过罗马帝国现在将这些人称为“强盗”，其依据似乎是一个凯尔特语词“bagaudae”。

戴克里先并不满足于仅仅重塑政府的外在形象，在接下来的十年中，他从根本上改造了行政系统（图6.17）。皇帝是朋友而不是老板的观念将不复存在，帝国只有一个首都的观念也将不复存在。戴克里先显然不喜欢罗马城：在二十一年的皇帝生涯中，他在那里总共待了不到六个月。权力的中心将是皇帝选择居住的地方。在巴尔干半岛的西尔米乌姆已经建立了一批帝王的住所，不久，在意大利北部的阿奎利亚和米兰、日

图6.15 这尊大理石半身雕像现藏于伊斯坦布尔考古博物馆，已被确定为戴克里先或马克西米安的形象。这座雕像显示，到公元3世纪末，宫廷的装饰风格更加尊贵。

公元3世纪的罗马军队

图6.16 罗马军队战术组织的变化反映在君士坦丁凯旋门的这幅浮雕上，它描绘了君士坦丁时代军团的装备。此时，大多数部队都带着椭圆形的盾牌，穿着比早年士兵更轻的盔甲。

卡里努斯和戴克里先在公元285年所率领的军队互相对抗，与早年的军团部队截然不同。早期的军队在前半个世纪中基本被摧毁。德奇乌斯在公元250—251年被哥特人击败，沙普尔一世在公元252年摧毁了叙利亚守军，八年后瓦勒良被沙普尔一世俘虏。

虽然仍有许多部队被称为军团，但这些部队不再以约5500名全副武装的装甲步兵为单位。军团现在的人数往往不超过2000人，装甲更轻，并接受了新战术的训练（图6.16）。军队的主要攻击力量，正逐渐从主要被分配到边境保护的单位中分离出来，其中骑兵的比例比公元250年之前的比例更高。在许多方面，这是一支更好的军队，能够进行更广泛的战术演习，并能适应各种敌人。也许最重要的是，自奥勒良统治的第一年以来，新的军队能够使皇帝取得一系列的成功。

耳曼的特里尔地区也开始了建造工程，在安条克（也许离波斯边境太近，不能作为主要住所）、多瑙河上的卡农顿和希腊北部的塞萨洛尼卡也有其他重要的行政建筑群。最重要的是，戴克里先决定将他的主要住所设在土耳其西北部的尼科麦狄亚。在那里建立宫殿，表明戴克里先认为他应该居住在一个可以相对容易地转移到多瑙河沿岸和叙利亚的边境军队的地区。

戴克里先决定离开罗马开展治理，同时对政府的组织方式进行逐步但彻底的调整。按社会阶级划分职位的传统在公元3世纪中叶已基本结束。大多数职位现在都掌握在骑士阶层手中，但他们与上个世纪安东尼时代的官员并不相同。奥勒良改革钱币后，灾难性的通货膨胀意味着，这些官员传统上的高薪现在相对适中。一个低级的骑士，没有得到像公元3世纪初正规士兵那样的大幅加薪，现在的工资是一个步兵的十二倍，而不是像公元2世纪那样的六十倍。另外，这些变化起到了平抑的作用：把帝国的职位交给了在过去一直是地方要员，或者几乎没有机会晋升到部队指挥官以上的人的范围内。不喜欢戴克里先的人声称，他比农民背景的野蛮人好不了多少，这种说法反映了政府不再是百万富翁的政府。

新的民政管理有四个主要内容。行省长官通过地方大法官工作，负责司法行政和交纳生产税。私有财产（*res privata*）的公职延续了旧时的世袭制（*patrimonium*），负责征收所有以钱币支付的税款、矿场的生产和铸币。旧帝国的骑士阶层秘书处现在和法

图6.17 戴克里先在公元294年对帝国进行重组，将旧的行省划分为新的、较小的行省，这在戴克里先成为皇帝之前就已经开始了，但是他加快了这一进程。更为激进的是戴克里先将行省分为十二个行政单位，称为主教区（*dioceses*）。

律工作人员一起，由政务公职主任（*Magister officiorum*）管辖，而各个宫殿的业务继续由宫廷宦官控制，而且人数比过去多，也更可能是太监（因为不能成家的人更有可能把精力集中在他们所服务的机构上）。就目前而言，军队由每个奥古斯都直接指挥，由连续驻守的军事长官（comites或duces）负责。

公元3世纪末的通货膨胀可能使帝国政府难以指望税收。改革既是必要，但又面临重重困难，因为税收制度仍然是普通人和国家之间的基本交汇点。多年来，人们已经摸出避税的规律，而地方官员已经知道他们控制这些逃税行为的权力限度。改变制度必然会打乱这些做法。尽管如此，在公元296年，戴克里先还是颁布了一项法令，开始了新的十四年一次的人口普查（或财产评估），这将使国家能够更准确地衡量收入，国家将在所有省份征收统一的税收，并使国家有可能在帝国范围内每年增加税收。不足为奇的是，这项改革并没有得到普遍的欢心：埃及爆发了严重的起义（见第293页：埃及的纳税情况）。后来几年，当意大利推行新制度时——意大利以前是免于向帝国上缴土地税和人头税的——也引起了强烈的愤怒（见第300页）。

在下个世纪，新的行政制度的另一个特点是，人们必须继续父母的职业。实际上，这和以前相比也并没有什么变化：佃农的子女长大后很少有不做佃农的。事实证明这一新规也并不具备可行性，现存的文件反映了这一规定的法律依据。例如，一个地主在公元4世纪末写的文件中，声称想知道他的佃户必须留在他的土地耕作的法律依据是什么。然而，这些规定反映了一个事实，即帝国政府仍然认为自己主要代表地主阶级的利益。即使帝国官员在阻止被压迫的农民逃离压迫的地主方面能做的不多，但他们也可以通过限制农民和其他人的行动自由，使他们与地主谈判更加艰难。

这一时期开始形成的新制度的最后一个方面是，中央政府比公元2世纪的政府更加积极主动。戴克里先时代的一个特色文件，很好地反映在所引用的关于税收制度变化的信中，那就是法令。当然，皇帝通过法令宣布一些新政策一直是政府的一个特点——卡拉卡拉在公元212年决定扩大公民权（见第266页）就是一个典型的例子——但在这些年似乎颁布了更多的法令。其结果是，奥古斯都和后奥古斯都行政体系的最强项——各个聚居区可以自由地采取自己的主动行动，以及在皇帝和臣民的对话过程中，在考虑到地方特定问题的情况下，阐述一般政策的方式——开始让位于中央行政部门对其臣民的行动作出更为精确的规定。这种改变带有隐患。中央经常忽视地方的特定情况，而这些情况不会因为新的规则就得到改善。问题的关键并不是戴克里先做了什么根本性的改变，而在于他的决定的累积效应是将政府的主动权从地方转向中央。

新帝

尽管不久前与波斯进行了一场战争，但戴克里先能够在公元297年亲自出马镇压埃及的赋税起义，是因为又一次重要的变革。时间追溯到公元293年，这种变化在给埃及省长的信的开头几行就可以看出。起因是戴

埃及的纳税情况

戴克里先的税制改革旨在向整个帝国征收统一的税款，在埃及长官派人向尼罗河谷的人民介绍法令的一封信中，就能很好地捕捉到这种态度：

> 我们最有节制的皇帝戴克里先、马克西米安、奥古斯提、君士坦提乌斯和马克西米安（加勒留斯），这些最高贵的恺撒……在了解到公共税收的征收被反复无常地制定后，一些人轻率地逃过，而另一些人在负担过重之后，为了他们的行省人民的利益，决定根除这种最邪恶的、最破坏性的做法，并颁布新政，使税收必须适应现实生活。
>
> 这样，大家就可以从已经公布的法令及其所附的附表中，知道按照土地的性质对每个阿鲁拉（*aroura*，埃及土地的基本划分，面积为2767平方米）征收的数额、对每个农村人口征收的数额，以及责任的最低年龄和最高年龄。我为了公开展示我的这一法令的副本，在该法令的后面附上了附表。
>
> 因此，既然在这一点上，他们也受到了最大的恩惠，那么，让各省的人注意按照帝国的规定，迅速地缴纳税款，而决不要等待征收人实行强制。因为每个人都应该最热切地履行忠诚的全部责任，如果有人在受到如此大的恩惠之后被发现有其他的行为，他将有可能受到惩罚。
>
> [《伊西多鲁斯档案》（*Archive of Isidorus*）文件1，Youtie和Boak译]

埃及人民对这一变化的反应可想而知，以致在接下来的两年里爆发了严重的起义，甚至需要戴克里先到场镇压。他们对新制度会增加税收的担心似乎是完全有道理的。普通埃及人的税收负担——关于他们的税收，我们比较清楚，因为许多税收记录都保存在纸莎草纸上——在下一个世纪中增加了一倍。

克里先的同事马克西米安试图镇压在莱茵河沿岸和不列颠爆发的、由该地区原高级指挥官卡劳修斯领导的叛乱时，遭遇了一系列困难。卡劳修斯的叛乱始于公元286年，马克西米安在公元291年将他从高卢地区赶了出来。但当他试图乘胜追击，入侵不列颠时，他的舰队在一场风暴中被摧毁。卡劳修斯利用这次灾难重新占领了大陆的部分地区，公元293年马克西米安任命一位副帝负责这次战役。这时不太需要帮助的戴克里先也这样做了，他的理解是，这两个副帝或恺撒，有朝一日会接替奥古斯都。新的恺撒是君士坦提乌斯和加勒留斯。君士坦提乌斯和加勒留斯都是经验丰富的战士，他们的上升使奥古斯都不必亲自参与危险的军事行动，从而打破了塞维鲁的传统，即皇帝需要亲自指挥军队出征的状况（图6.18）。

为了庆祝新官上任，两人迎娶了恩主的女儿（见第295页：戴克里先家族）。君士坦提乌斯娶了马克西米安的继女狄奥多拉（Theodora），加勒留斯娶了戴克里先的女儿瓦莱里娅（Valeria）。但君士坦提乌斯晋升为恺撒时，已经和一个叫海伦娜（Helena）的女人生了一个儿子，当时年仅十岁左右的儿子君士坦丁很快就被派往戴克里先的宫廷，在那里，他将目睹罗马历史上最戏剧性的事件，并从戴克里先那里学到永远不会忘记的教训。

君士坦提乌斯被任命为马克西米安的恺撒后，迅速将卡劳修斯的军队赶出高卢，入侵不列颠，并将分离出来的国家重新纳入中央政府的控制之下（图6.19）。经过多年的内部动荡，波斯的萨珊政权在纳塞赫（Narses）的领导下恢复了野心。纳塞赫是沙普尔一世的儿子，他在公元293年的政变中夺取了王位，并强烈反对罗马支持亚美尼亚部分地区的竞争对手阿尔萨希德的统治者。公元297年，纳塞赫进军美索不达米亚北部，经过激烈的战斗，在卡雷城外击败了加勒留斯，现在，卡雷是唯一一个见证了罗马三次大败的城市。

戴克里先不以为然。他亲自前往安条克，在集结的部队面前，他让加勒留斯在他的战车前行进了一英里多，虽然这有作秀的成分，但这是一个强有力的声明，即皇帝要为军事失败负责。更有实际价值的是一个新的战役计划，把纳塞赫引到亚美尼亚山区，加勒留斯于公元298年在此处赢得一场巨大的胜利，迫使波斯人将底格里斯河以东的五个省份交予罗马，随后加勒留斯直接进入亚美尼亚高地。这也许是自马库斯·奥勒留时代以来，罗马军队面对外敌的、最具决定性的胜利。

在加勒留斯向纳塞赫进军的时候，戴克里先和马克西米安也在专心致志地平息埃及和西班牙的地方动

图6.18 四帝——前面为戴克里先和马克西米安，后面是君士坦提乌斯和加勒留斯——拥抱在一起，他们统一的服装和姿势强调了他们身体和精神的统一。这尊两位皇帝和他们的副帝的雕塑，可以追溯到大约公元300年，曾置于两根凯旋柱上。不知什么时候，它被从原址移到了君士坦丁堡，并在公元13世纪被运到了威尼斯，现在矗立在圣马可大教堂的外墙上。

戴克里先家族

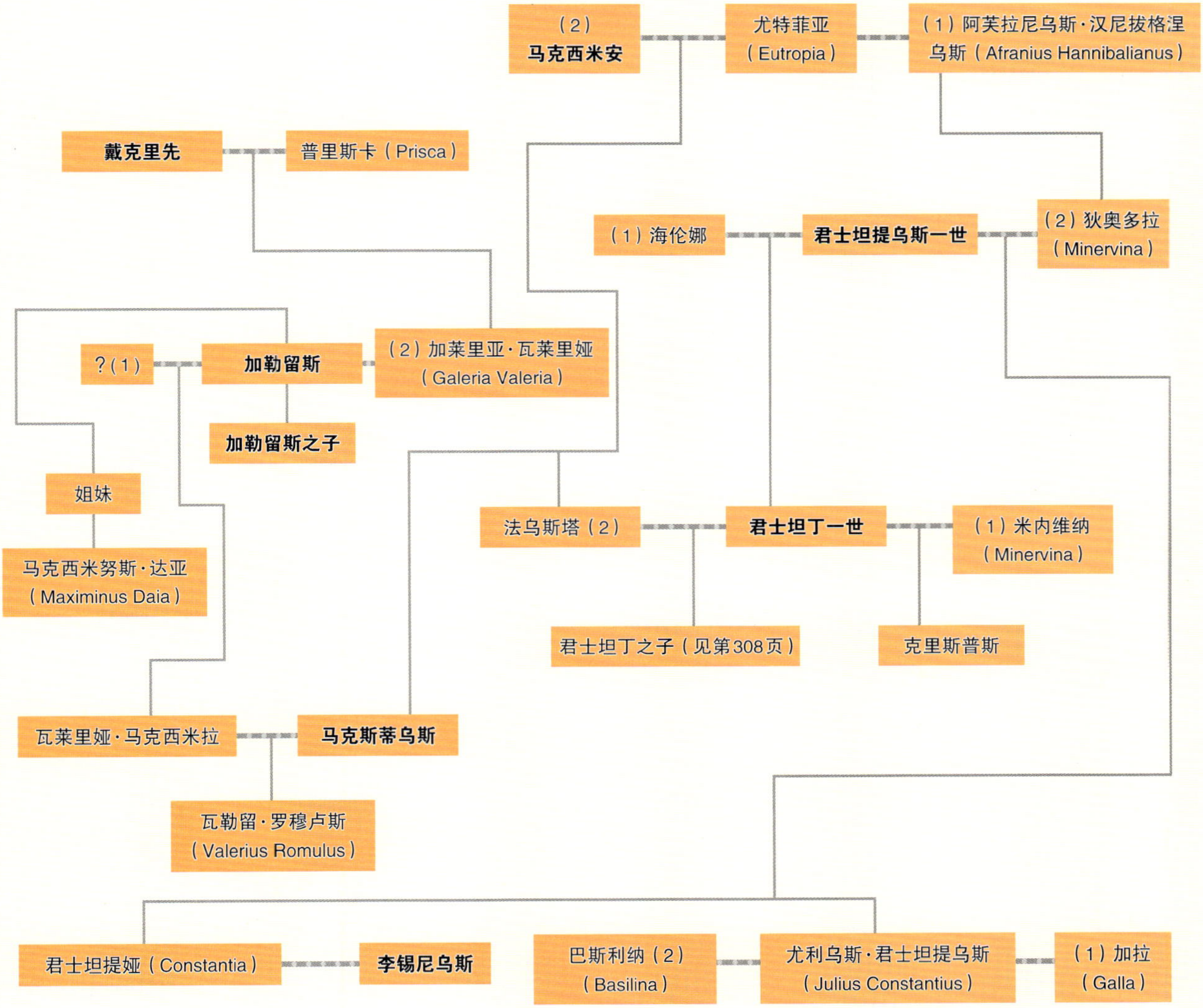

乱，而君士坦提乌斯则在特里尔建立了自己的政权，对法兰克人发动了多次进攻，进一步证明了新政府的力量。政权的宣传者们颇有正义感地鼓吹着罗马世界的恢复，也正是在这个时候，戴克里先把注意力转向了国内政策。

内部改革

两位法学家格雷戈里（Gregorius）和赫尔莫杰尼安（Hermogenianus），在整个公元3世纪80年代和90年代试图给大量的罗马法带来一些秩序。在公元291年，格雷戈里收集了以前皇帝的法律意见，这些意见仍然是法律的有效来源，而赫尔莫杰尼安在公元298年更新了收集的内容，包括戴克里先的裁决。纠正法律记录的冲动只是改变帝国政府规范臣民的方式的一部分。公元301年，戴克里先重新估价了他在几年前推出的新币种，以遏制猖獗的通货膨胀。在新的钱币改革之后，又颁布了一项法令，规定了整个帝国的商品和服务的最高价格（**图6.20**）。虽然关于最高价格的法令是失败的，但与戴克里先的其他财政措施一样，代表了他的信念，即政府可以修正帝国臣民的行为，使他们成为更有效率的政权仆人。

到公元301年末，虽然戴克里先比塞普蒂米乌斯·塞维鲁以来的任何一位皇帝都活得长，但他也已经六十多岁了。接下来会发生什么？戴克里先清楚地表明，他并不打算在任上死去，他在斯帕拉托建造了一座宫殿，这里靠近他的故乡萨洛奈（Salonae，在今天的克罗地亚），他打算在那里退休（**图6.21**）。但是，马克西米安呢？恺撒们呢？君士坦提乌斯比加勒留斯早几周被任命，自然会继承戴克里先打算腾出的奥古斯都的职位，而加勒留斯的上台时间可能会等到比戴克里先晚执政一年的马克西米安决定退休。

图6.19 这枚奖章是为纪念罗马人在公元296年收复不列颠而发行的。不列颠的化身迎接君士坦提乌斯，他被描述为"永恒之光的恢复者"。

似乎从来没有一个明确的继承计划，尽管在某个阶段，马克西米安的儿子马克森提乌斯（娶了加勒留斯的女儿）可能已经被纳入考虑的范围。戴克里先有十多年没有见过马克西米安，也没有证据表明，他在任命马克西米安为恺撒之后，曾经见过君士坦提乌斯。两位罗马帝国皇帝一直在各走各的路，他们似乎都没有执行关于最高价格的法令，他们可能理所当然地认为这是极不现实的。更复杂的是，加勒留斯的妻子（戴克里先的女儿）生了一个儿子：如果允许罗马皇帝的二十多岁的孩子继承，戴克里先的小得多的孙子又该如何融入其中呢？

公元303年2月24日，戴克里先给东西方关系带来了进一步的紧张。他在尼科麦狄亚发布法令，命令没收所有向传统神灵献祭的基督徒的公有财产，那些拒绝改邪归正的人将面临丧失公民权利，甚至被处以死刑的危险（见第297页：迫害行动：官方报告）。直到这项法令颁布——在加里恩努斯结束了他父亲瓦勒良实施的迫害四十多年后（见第283页），在奥勒良把解决安条克基督徒之间的争端提交给意大利主教约三十年后——基督徒与其他人之间的关系开始紧张。军队、宫廷，甚至在尼科麦狄亚的高等教育机构中都有基督徒，北非修辞学家拉克坦提乌斯可能曾在那里教过君士坦丁。拉克坦提乌斯是一个奇怪的基督徒，他公开表示，基督教启示的真实性从传统文学作品中得到的证明比从旧约中得到的证明更为明显。但是，他的观点也代表了基督教和非基督教之间的对话，因为新宗教在公元3世纪成长起来，并不像早期一样反对现有信仰和体制。然而戴克里先的法令使这种共存的局面结束了：法令在一些地区助长了基督教原教旨主义的气焰，并疏远了拉克坦提乌斯等人。拉克坦提乌斯后来写了一篇令人惊悚的论文《迫害者之死》（*On the Deaths of the Persecutors*），宣称那些迫害他的信仰的皇帝都遭遇了狰狞的死亡，并以戴克里先、他的同僚和想象中的几个早期统治者的命运来说明他的观点。

我们无从知晓下达法令的原因，但毫无疑问，法令破坏了长期建立的稳定关系，拉克坦提乌斯在他的论文中声称，加勒留斯迫使戴克里先采取行动。事实上，该法令在颁布后十八个月内就停止执行了——只不过是在加勒留斯担任奥古斯都时，他又大力地重新执行了该法令——这表明，拉克坦提乌斯将其视为政治问题而非信仰问题，并暗示加勒留斯过于偏执。然而君士坦提乌斯似乎忽视了这一法令，且马克西米安的执行力也似乎不佳，因此，在戴克里先计划前往罗马，庆祝他与马克西米安共同执政二十周年的前夕，东西方统治者之间的分歧进一步增大。

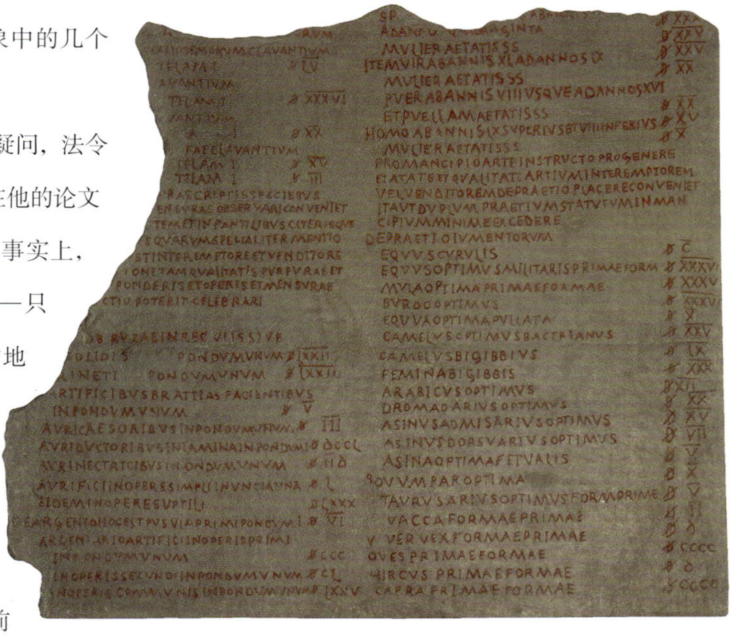

图6.20 在东方帝国各地的遗址中发现了戴克里先关于规定最高价格的法令的残片，如柏林帕加马博物馆的这个残片。货物和服务按种类，和成本的顺序排成一列。

马克西米安对于这场在公元304年举行的庆祝活动颇为不悦，因为他的皇帝任期被人为地增加了一年。这样，马克西米安就与戴克里先的执政年限相同。戴克里先明确表示，他和马克西米安都将在同一天退休，他已经选定了新的恺撒，一个是名叫塞维鲁的将军，另一个是加勒留斯的准女婿马克西米努斯。这种做法参照了早期的原则，即皇帝造就皇帝，而血脉纽带不被视为继承的决定性因素。

马克西米安和君士坦提乌斯可能对戴克里先的决定感到愤怒，但他们对此却无能为力。经过二十年的时间，戴克里先有效地恢复了罗马的地位，使其与塞维鲁时代的统治不相上下，戴克里先个人权威巨大。显然，他无法保证每一个纲领都是明智的——关于最高物价的法令和对基督教的迫害都是典型的案例——这些年帝国修辞的浮夸风可能要归功于他的个人风格，但戴克里先拥有真正的智慧。

他十分谦虚，认识到自己无法独力治理，愿意把

迫害行动：官方报告

鉴于你给我的命令是根据私人检察官奥勒留·亚他那修斯（Aurelius Athanasius）所写的，根据最杰出的私人大法官奈拉提乌斯·阿波罗尼德斯（Neratius Apollonides）的命令，关于交出上述前教会的所有财产，我报告说，上述教会既没有金子，也没有银子，也没有钱，也没有衣服，也没有牲畜，也没有奴隶，也没有土地，也没有赠予或遗赠的财产。除了发现未加工的青铜器，并按照我们最杰出的地方行政长官克劳狄乌斯·库尔奇亚努斯（Clodius Culcianus）所写的内容，把它交给了物流，让他们把青铜器运到最辉煌的亚历山大港。我以我们最高贵的奥古斯都戴克里先皇帝和马克西米安皇帝、我们的恺撒君士坦提乌斯和加勒留斯起誓，这些事情就是这样的，我没有伪造任何东西，否则我可能会受到神灵的诅咒。

（*P Oxy*. 2673，翻译 J. Rea）

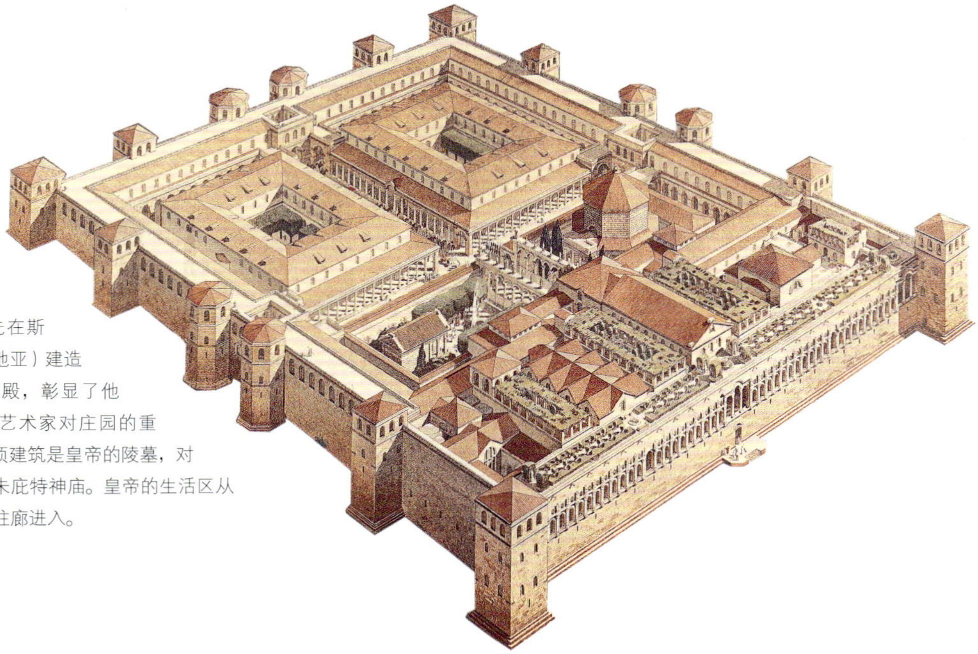

图6.21 戴克里先在斯帕拉托（今克罗地亚）建造了一座巨大的宫殿，彰显了他退位的意图。在艺术家对庄园的重建中，右边的圆顶建筑是皇帝的陵墓，对面左边的建筑是朱庇特神庙。皇帝的生活区从分隔这些建筑的柱廊进入。

大权托付给一个不属于自己核心圈子的人（君士坦提乌斯），并始终如一地相信，需要改变帝王职位的性质，而且他做了其他皇帝都不敢做的事：退位。

> （公元305年5月1日）在离城市大约五公里远的一个高点上，站在高地上的加勒留斯本人穿上了紫色的衣服。一根顶端带有朱庇特形象的凯旋柱也已竖立起。并聚集起一支队伍，召开了士兵大会。在会上，老人（戴克里先）含着眼泪对士兵们说了一番话。他说，他很虚弱，他想从劳作中得到喘息，他要把权力交给别人，他要任命新的恺撒……然后，他突然宣布塞维鲁和马克西米努斯为恺撒……在众目睽睽之下，加勒留斯将手伸到身后，把马克西米努斯拉到前边，让他站在戴克里先和自己中间，为他脱去平民服装后，戴克里先把自己从肩上取下的紫色披风披在马克西米努斯身上，造就了新的戴克里先。然后，他就退位了。老国王乘着马车，返回了家乡。
>
> （拉克坦提乌斯，《迫害者之死》19.2 6）

与此同时，就在米兰城外，马克西米安与新任恺撒塞维鲁举行了类似的仪式，而君士坦提乌斯则在特里尔成为奥古斯都。

君士坦丁和他的帝国（公元306—337年）

权力的崛起（公元306—312年）

即使戴克里先开始了漫长的旅程，前往他在克罗地亚的斯帕拉托的退休宫殿，马克西米安也退居到罗马城外的庄园，但继承计划也开始破裂。原因很简单。君士坦提乌斯现在是资深的奥古斯都，他不满意两个新恺撒都是加勒留斯的人。他也想到了一个解决办法，那就是利用他登上最高职位时建立新的行政结构。

虽然戴克里先时代有四个君主，但由于没有人会挑战戴克里先及整个帝国的权威，所以帝国还没有正式划分行政区。随着继位后的紧张局势，现在帝国被分成了四个禁卫军区，每位禁卫军统领控制着三个行政区。每一个行政区都由一名行政长官（*vicarius*）控制，这个头衔来自他“代替”禁卫军长官进行日常管理的事实。在新的制度下，虽然理论上所有的省都隶属于君士坦提乌斯，但加勒留斯和他的省长管理着构成巴尔干行省的三个行政区；马克西米努斯统治着从达达尼尔海峡到埃及的三个行政区；塞维鲁统治着意大利、阿非利加和西班牙；而君士坦提乌斯则在高卢和不列颠掌握着话语权。四个行政区大致反映了公元2世纪帝国的自然税收分配区，但有一个重大的例外：将埃及划归东方管理。将埃及划入东区而非意大利区，标志着资源向叙利亚和土耳其北部的新首都区的重大转移。罗马仍然从埃及获得粮食，仍然与从印度洋经过埃及的奢侈品贸易联系在一起，但其他地域的重要性已经显著。埃及在行政上加入东方，反映了帝国的自然经济和文化分工开始正式形成。从长远来看，这是西罗马帝国衰落的一个重要因素。

然而，无论是帝国在西方的衰落，还是帝国的永久分裂——相距不到一个世纪——都不可能被新学院的成员所预见，因为帝国体系又开始出现紧张的迹象。君士坦提乌斯要求归还他的儿子君士坦丁，后者实际上是加勒留斯宫廷中的人质。他还有其他的孩子，其中有几个是男孩，但是作为他早期爱情结晶的孩子显然在他心中占有特殊的地位。君士坦提乌斯现在打算让君士坦丁当皇帝。虽然加勒留斯怀疑君士坦提乌斯的动机，但他却不能拒绝他。由于马克森提乌斯曾在戴克里先的宫廷中，（不知何时）现在已被送回其父马克西米安处，居住在罗马之外，所以没有任何逻辑上的理由让君士坦丁远离其父。公元305年底，君士坦提乌斯带着儿子离开，到不列颠北部征战。公元306年7月25日，他死于约克，军队宣布拥立君士坦丁为皇帝（**图6.22**），这显然是君士坦提乌斯去世前的命令。

加勒留斯非常愤怒，但他也无能为力，特别是马克森提乌斯受不列颠事态发展的启发，于公元306年晚些时候在罗马称王。由于马克森提乌斯不满戴克里先的新税收登记制度推广到意大利（见第293页），而且马克西米安退休后一直协助他，从而助长了他的叛乱。当塞维鲁试图镇压叛乱时，他发现在马克西米安手下服役多年的军队并不可靠。年底前，塞维鲁被囚禁在罗马附近的一个庄园里。现在两派都在争取君士坦丁，他被加勒留斯承认为恺撒，即使他与马克西米安未成年的女儿法乌斯塔缔结了正式婚姻（君士坦丁在前一次婚姻中已经有了一个儿子，显然他将婚姻关系的开始推迟了十年之久，直到法乌斯塔能够安全地生育孩子为止）。

加勒留斯在公元307年夏天入侵意大利。君士坦丁保持中立，这也可能意味着这次远征注定失败。但问题是，加勒留斯没有足够的兵力来围攻罗马，因为它现在被奥勒良的巨大城墙包围着。马克森提乌斯显然预料到了事态的变化，他拒绝参加公开的战斗。面对不可能的围攻和物资的短缺，加勒留斯不得不撤退。他能活着离开意大利（与塞维鲁相反，塞维鲁大约在这个时候已被马克森提乌斯下令谋杀了），足以证明他的性格，以及他多年来在巴尔干地区率领的部队的忠诚，也证明了戴克里先的改革加强了罗马军队按地区划分的趋势。戴克里先改革的悖论在于，虽然他力图将所有权力集中在皇帝们的合议制中，但他实际上建立了一批可以独立运作的中央政府。戴克里先强势且主导性的人格魅力曾将这个体系维系在一起，在加勒留斯未能击败马克森提乌斯之后，加勒留斯又转向了他的导师寻求帮助。

公元308年，已经退休的戴克里先再次出山，明确表示他这样做是为了帮助加勒留斯。那么他决定上场会发生什么？会有军队与他作战吗？也许对于所有涉及方都好的消息是，戴克里先厌恶内战。在一个无比复杂的春天里，君士坦丁与加勒留斯咄咄逼人，而马克西米安则与马克森提乌斯争吵不休，并试图将后者赶下台，计划失败后，马克西米安逃往高卢。在多瑙河畔的卡农顿召集了一次会议。虽然马克森提乌斯被排除在会议和随后的解决方案之外，但加勒留斯同意君士坦丁在他已经控制的地区可以自称奥古斯都，而在其他地区称恺撒。这使得加勒留斯任命了一位新的奥古斯都，一位经验丰富的将军，名叫李锡尼乌斯。随着合议制政府的原则重新建立，并将加勒留斯承认为合议制的高级成员，戴克里先再次退居到他的宫殿，在和平中度过了生命中最后的三年时光。

加勒留斯竭力维护戴克里先的制度——甚至在巴尔干半岛的罗穆利亚纳（Romuliana，今加姆济格勒）建造了一座属于自己的巨大的退休宫殿——然而讽刺的是，他先于自己的导师几个月而去。不过，他至少成功地维持了他那些争吵不休的同僚们之间的和平。君士坦丁利用这段时间磨炼了自己作为将军的技能，而马克西米努斯似乎对李锡尼乌斯产生了深深的厌恶，因为李锡尼乌斯已得到提升，高他一头。马克西米安与君士坦丁一起生活，直到公元310年，当君士坦丁在莱茵河上征战时，他突然试图在法国南部为自己夺取权力，但这次努力失败了，马克西米安被迫自杀（我们尚不清楚他的女婿君士坦丁是否在马克西米安的自杀中扮演了一定角色）。

加勒留斯在公元311年一去世，君主们就分裂成两派。马克西米努斯与马克森提乌斯结盟，而君士坦丁与李锡尼乌斯结盟（图6.23）。公元312年迫在眉睫的战争当然看起来不祥：双方的军队大致相当，而且都没有明显的战略优势。马克西米努斯的威胁使李锡尼乌斯无法向君士坦丁提供重要的援助，而君士坦丁在与马克森提乌斯交涉之前也无法帮助李锡尼乌斯。

君士坦丁的皈依（公元312年）

入侵意大利是一项艰巨的任务。马克森提乌斯的军队得到了北部一系列坚固城市的支持，而罗马迄今已被证明是不可攻克的。君士坦丁很有可能在此时踏上了改变欧洲历史的艰苦跋涉之旅。

在高卢的时候，君士坦丁遵循了当时的传统模式，暗示他有一个守护神——太阳神（图6.24）。这可能也不仅仅是为了政治宣传，因为君士坦丁似乎是一个非常虔诚的人，他觉得神灵确实应该和他对话。但如果神灵误导他呢？他可能已经注意到，加勒留斯一直致力信奉传统的神灵，但却彻底失败了。也许是旧神不够强大：加勒留斯所鄙视的神，即基督徒的神是否拥有加勒留斯可能错过的神力？在公元312年的春天，君士坦丁宣布，他对神的思想（*mens divina*）充满信心。那么这位神是谁呢？当时的多神教宣传家在入侵前后写的文章并没有告诉我们，而且很可能在他身后有一支传统的信徒队伍的情况下，君士坦丁并不想说得更具体。因此，公元313年一位演讲稿的作者，对关键时刻的描述如下：

> 是什么神，是什么威严如此直接地鼓励你，当几乎所有的同僚和指挥官不仅小声抱怨，甚至公开地表示恐惧时，你自己却不顾人们的劝告，不顾占卜者的警告，察觉到解放这座城市的时机已经到来？君士坦丁，你一定是和那个

图6.22 这尊现藏于纽约大都会艺术博物馆的君士坦丁半身像可能创作于公元4世纪20年代。它揭示了君士坦丁已经放弃了戴克里先时代元首们并不统一的形象，而采用了与早期统治者相呼应的肖像，本例则与图拉真的肖像相对应（见第219页）。

神灵有什么秘密的交流，他把对我们的照顾委托给了较小却偏偏要向你一个人透露的神灵。

（《拉丁文颂词》12.2.4–5，
罗杰斯译，有微小改动）

直到许多年后，恺撒利亚的尤西比乌斯主教，一本颇具影响力的皇帝传记的作者，才讲述了一个非常不同的故事。他写道：

如果是别人报告的，也许不容易接受，但既然胜利的皇帝在很久以后亲自把这个故事告诉了笔者，当时我有幸与他相识并结伴而行，并且用誓言证实了这一点，特别是当随后的时间为他所说的真实性提供了证据的时候，那么谁又能犹豫不决地相信这个说法呢？大约在正午天刚转过来的时候，他说他亲眼看到，在天空中，停在太阳的上空，有一个由光形成的十字形的奖杯，奖杯上还附着一个文字，上面写着："以此征服。"他和当时陪同他在某地进行战役并目睹这一奇迹的全连士兵都对这一奇观感到惊奇。

他说，他自己也在想，这显迹可能意味着什么，然后，当他沉思、苦思良久的时候，夜色笼罩了他。于是，当他睡觉的时候，神的基督带着天上向他显现的神迹，并劝他把

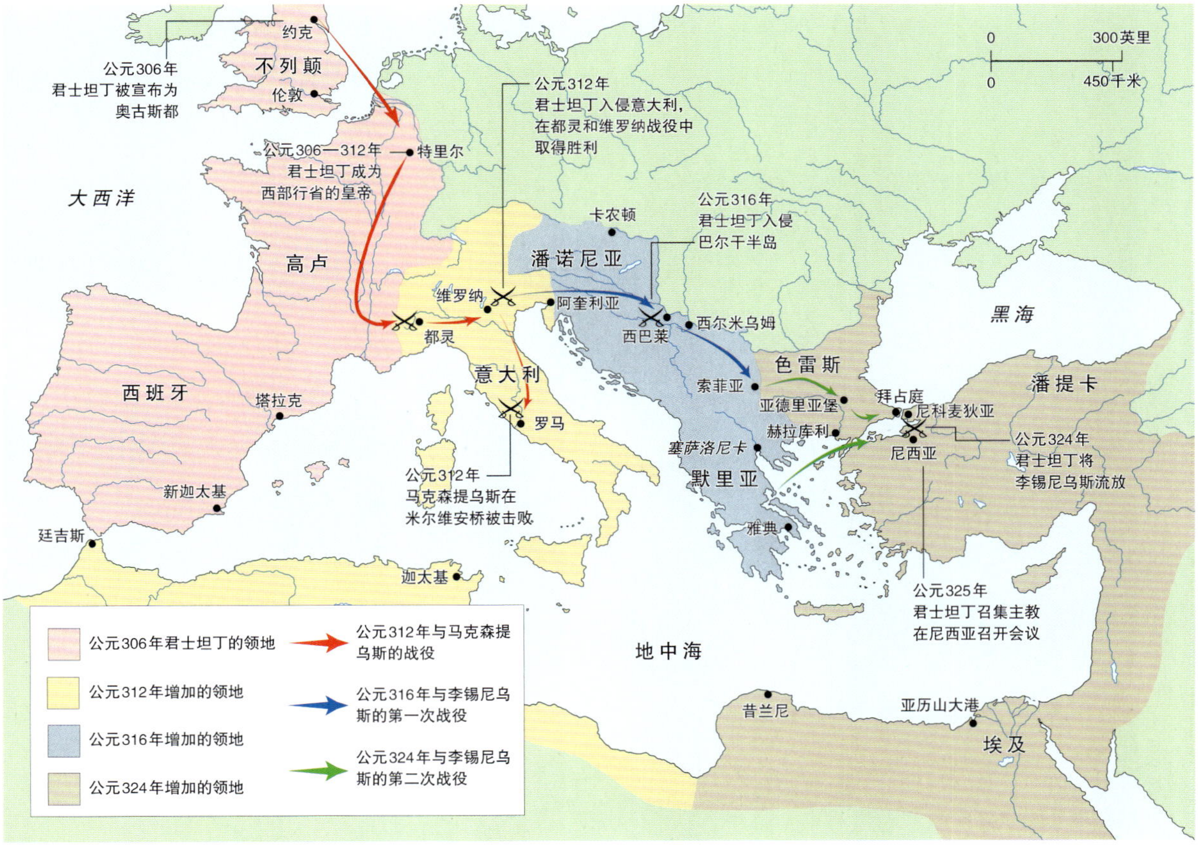

图6.23 加勒留斯在公元311年去世后，帝国由君士坦丁、马克森提乌斯、李锡尼乌斯和马克西米努斯瓜分。这幅地图展示了君士坦丁在没有准备好分享权力的情况下击败对手，统一帝国的一系列军事战役。

图6.24 这枚金币于公元315年在意大利北部的提奇努姆（Ticinum，今帕维亚）铸造，君士坦丁与无敌太阳神（Sol Invictus）一起出现，后者被描述为皇帝的同伴。在皇帝皈依基督教后的十年间，这样的形象在硬币上很常见。

天上显现的神迹复制一份给自己，用它来保护自己不受敌人的攻击。

（尤西比乌斯,《君士坦丁传》1.28·29，卡梅伦和霍尔译）

正如恺撒利亚的尤西比乌斯所说，天空中异象的故事也许是君士坦丁自己创造的。当时，君士坦丁明确表示，他与新神的相遇是非常个人化的。在公元314年写给主教会议的一封信中，他将这一经历描述如下：

因为在我身上有一些古老的、似乎不正义的想法，我也不认为上天的力量能看到我胸中所藏的那些秘密。我的这些想法应该放到什么地方呢？它们简直是万恶之源。但是，坐在天上的岗哨上的全能的上帝，把我不配拥有的东西赐给了我，我真的不能说，也不能——列举上天恩赐予我的事。

对于更多的普通民众来说，当君士坦丁不讨论他所享有的“最高的神”的恩惠时，他宣传他对“无敌太阳神”的虔诚：奥勒良在击败帕尔米伦军队后所颂扬的神力。但对君士坦丁来说，还有一个重要的转折，那就是与“无敌太阳神”相关的意象也具有特殊的基督教含义。太阳的意象在一些基督教团体中早已被采用，而基督已经被等同于太阳神。一些基督徒将太阳的升起和落下理解为复活的隐喻，而另一些人则将太阳视为他们的神，在祈祷时面向东方。拉坦提乌斯自己也会观察到“东方是附在上帝身上的，因为他是光的源头，是世界的照明者，他使我们向着永生升起”。（《神学教导》*Divine Institutes* 2.9.5）在去罗马的路上，君士坦丁的随行人员中似乎有四位主教，说明他在穿越阿尔卑斯山之前已经对自己的信仰做出了重要的决定，也很可能是他的新的精神顾问对他有些矛盾的信仰表达感到满意。这有什么不同呢？我们无从得知，因为君士坦丁仍然是许多强大品质的神秘组合。他是轻率的，也是耐心的；他有能力倾听，当他认识到错误时就会改变路线；但一直对自己的判断力抱有巨大的信心。他是热情的，善良的，也是深深的迷信和完全实际的。他不是什么知识分子，但他深明大义；他爱其他人，也能杀死那些曾经与他最亲近的人。他可以是微妙的，也可以是完全无情的。他也是一位伟大的将军。虽然对君士坦丁来说，他的皈依是高度个人化的，涉及他与使他走上胜利之路的神的关系，但事实上，他经常宣传他对基督教神的债务（将他的成功归功于他的虔诚，从而鼓励其他人追随新的信仰），这确保了罗马帝国也将成为一个基督教帝国。皈依的速度——在公元4世纪末之前，帝国的大部分居民都是基督徒——可能与君士坦丁愿意允许他的公民选择自己的宗教道路有关（**图6.25**）。他从戴克里先的例子中了解到，迫害是一种让人们服从皇帝命令的糟糕方式。

君士坦丁在公元312年对意大利的入侵是一次辉煌

的军事行动。扫除了马克森提乌斯的北方军队，在这一年初秋时节，他向罗马挺进，最终结果是，马克森提乌斯无法退守至罗马城墙，也无法等待君士坦丁耗尽补给。马克森提乌斯的名声一落千丈，他不得不在最后一次交锋中冒着一切风险。马克森提乌斯于10月28日率领他的军队离开了罗马，来到了台伯河以北靠近米尔维安桥的一个叫萨克萨鲁布拉（Saxa Rubra）的地方。最后的战斗迅速而果断，马克森提乌斯死于乱军之中，君士坦丁进入罗马。

李锡尼乌斯（统治时间：公元313—324年）

在战胜马克森提乌斯后的几周内，君士坦丁就踏上了返回北方的道路。在米兰他见到了李锡尼乌斯，向他讲述了他的新神的力量，并将他同父异母的妹妹君士坦提娅嫁给了他，从而巩固了他们的联盟关系。现在就看李锡尼乌斯如何对付马克西米努斯了。

图6.25 彼得和保罗可以说是在耶稣受难后的岁月里，对在犹太聚居区之外传播基督的教义负有最大责任的两个人。人们在公元3世纪通常认为，彼得和保罗在尼禄于公元65年发起的对基督徒的迫害中被杀。这幅公元4世纪的画作，来自罗马圣伊波利托教堂（St. Ippolito）的相关墓穴。

马克西米努斯于公元313年4月越过达达尼尔海峡，从而使李锡尼乌斯免去了在敌对领土上发动战争的麻烦。李锡尼乌斯在亚德里亚堡城（今伊斯坦布尔以西约240千米）附近取得了彻底的胜利，以至于当李锡尼乌斯追击马克西米努斯进入自己的领土时，马克西米努斯无法组织有效的抵抗。当李锡尼乌斯逼近马克西米努斯在土耳其南部塔苏斯的据点时，马克西米努斯认识到自己没有机会，于是自杀了。他最后的行为是发布了一项法令，宣布他曾经迫害过的基督徒可以进行和平的宗教仪式。随后，李锡尼乌斯——妻子也为基督徒——进一步颁布法令，归还基督徒在迫害中被没收的财产。这些法令与君士坦丁早期的法令相结合，使基督教恢复了在加里恩努斯之后的岁月里与其他宗教平等的地位。

尽管李锡尼乌斯和君士坦丁都认为应该给予基督徒礼拜的自由，但他们似乎在其他方面没有什么共识。虽然一个皇帝法令的法律效力在另一个皇帝的统治区也会被认可，但两人越来越倾向于分道扬镳。现存的重要文献表明，李锡尼乌斯的军队与君士坦丁的军队享

受的利益略有不同，东西方帝国的官僚机构之间几乎没有交流。现在实际上有两个罗马帝国，每个帝国由十二个行政区中的六个行政区组成。

尽管帝国正在分裂，但两人都没有采取进一步行动，直到两个皇帝的妻子分别在公元315年和公元316年诞下儿子，这也是帝国分裂的标志性事件。就在那时，两位皇帝都为战争做准备。君士坦丁在公元316年秋天发动进攻，将李锡尼乌斯赶出了他在巴尔干半岛的大部分领土，但随后由于他的自不量力，使李锡尼乌斯能够将军队部署在君士坦丁的补给线对面，并谈判达成了一项条约。根据条款，君士坦丁同意满足于只永久获得巴尔干三个行政区中的一个，同时承认三个恺撒，即君士坦丁的长子克里斯普斯、他的幼子君士坦丁二世和李锡尼乌斯的幼子李锡尼乌斯二世。该条约于公元317年3月1日定稿，持续了七年。

君士坦丁在与李锡尼乌斯签订条约后，大部分时间都带着军队和妻子（这几年法乌斯塔又生了三个孩子，两个女儿和一个儿子）在巴尔干半岛度过。到了公元324年，由于家里的继承人众多，君士坦丁决定是时候让李锡尼乌斯离开。他在夏天宣战，在初秋时将李锡尼乌斯赶出巴尔干半岛，并迫使他于11月在尼科麦狄亚投降。李锡尼乌斯被送往塞萨洛尼卡流放。此后不久，君士坦丁“发现”李锡尼乌斯是一个阴谋的核心，于是下令将其处死。

君士坦丁与帝国（统治时间：公元324—337年）

君士坦丁在打败李锡尼乌斯后不久，就发现自己与东方帝国的基督徒之间有问题，他们对上帝的本质不能达成一致。这场争执使对立的领袖之间的聚居区分裂，帝国的各个部分也相互对立。这个问题的关键是亚历山大港的主教所采取的立场，即基督教三位一体的所有三个成员——圣父、圣子和圣灵——都是同一个“本质”。这种观点与当时比较典型的观点背道而驰，那就是圣父高于圣子和圣灵。在亚历山大港，神父阿里乌斯（Arius）坚持传统的观点，并从埃及以外的主教那里得到了相当大的支持。

君士坦丁对处理基督教会内部的争执有一定的经验。在北非基督徒大迫害期间，他曾处理过基督教界一次极为不愉快的分裂，而在他打败马克森提乌斯后，对于分裂的处理就落在了他的头上。这场分裂源于一场争论，争论的焦点是到底是顺应迫害当局，还是抵抗，但是可能引发进一步的迫害好，双方不光彩的行为使这场分裂变得复杂——一派支持的主教可能曾帮助戴克里先统治下的迫害者，但反对他的主教却有令人咋舌的欺诈记录。结果是，当君士坦丁的官员们到达北非，去归还在迫害中被没收的财产时，他们发现自己所面对的团体基本上是由彼此的仇恨所决定的。为了确定哪个团体的诉求更好，君士坦丁将此事提交给了一系列教会会议，所有这些会议都做出了不利于一方的裁决，声称抵抗当局是符合神的旨意的。被击败的派别多纳图派（Donatist）以多纳图斯（Donatus）——他们在君士坦丁时代的领袖的名字命名——拒绝遵守议会的决定。在对其进行短暂的迫害后，君士坦丁决定洗手不干，因为他已经知道，他不能依靠第三方仲裁来让基督徒停止互相争斗。

然而，要解决上帝的本质问题，就需要采取不同的方法：他需要让双方坐下来，就解决他们的分歧达成一致。因此，在公元325年，君士坦丁在尼西亚召集东方的主教们召开大会，在表现出自己确实倾听之后，君士坦丁发表了新的教义，阐述了上帝的本质。这是一个重要的时刻，因为君士坦丁宣称他可以向主教们提出神学解决方案，而且由于一些西方主教的出席，他还宣称自己可以为整个基督教团体制定法律，这在早期处理阿非利加分裂的会议中是从未有过的。其结果就是所谓的《尼西亚信经》(*Nicene Creed*)的诞生，这是第一份对三位一体的定义进行阐述的文件，所有基督徒都应该遵循。原文可译如下：

> 我们信一位上帝，父，万物的统治者，一切有形和无形之物的创造者；又信一位主，耶稣基督，神的儿子，由父生下，与父有相同的本质，神从神来，光从光来，真神从真神来，生而不造，与父有相同的本质。他为了我们这些凡人的缘故，为了我们的救赎，降世为人，道成肉身，成为凡人，承受苦难，在第三天复活，升入天国，并且来审判活人和死人。神的儿子就在圣灵中。神圣的天主教和使徒教会诅咒那些说他曾有不存在的时候，即“在他被生之前，他并不存在”，那些说他是由不存在的东西所造的，以及那些说他是另一种本质或物质，或者说他是有可能改变的，或与父不同的人。
>
> [苏格拉底,《教会史》(*History of the Church*) 1.8]

在他思考上帝的本质的同时，君士坦丁还决定在东方建造一个新首都。尼科麦狄亚由于与前政权的联系，被排除在外，在考虑了其他地点（据说包括特洛伊）之后，他选择了拜占庭古城来重建君士坦丁堡（**图6.26**）。新首都的设计要反映君士坦丁自己对政府和宗教的态度。新的建筑计划以宫殿为中心，并附设了一个巨大的新的竞技场，以便皇帝能与他的人民见面。没有记录表明君士坦丁关闭了早年建造的神庙，但在皇帝的要求下，建造了一座巨大的新教堂。基督教被明显地视为一种信仰，它可以补充和加强政权，但不一定要否定旧的方式。君士坦丁在前进的同时也坚定不移地对待传统，这体现在他决定在新城市中填充人口的方式上。他没有强迫人们前来，而是奖励选择前来的人；他没有建立一个可能冒犯罗马旧元老院的新元老院，而是以各种特权奖励那些选择在他的首都建立新住所的高级官员。他可以在不破坏旧世界的情况下创造一个新世界，因为新的世界与罗马无关，它与君士坦丁有关。

在某些方面，最能体现君士坦丁将传统与创新联系起来的方式，是在一封寄给帝国官员的信中揭示的，信中解释说，皇帝已经决定给予土耳其中北部一个叫奥克斯塔斯（Orcistus）的地方市政府法定地位（见第307页：一个城市的复兴）。但问题的关键是，奥克斯塔斯是因为传统的原因——它拥有罗马化城市所拥有的所有设施——而实现其恢复城市地位的愿望。巧合的是，它也拥有众多基督徒。这使这个决定变得更容易，但丝毫不能改变这个决定是基于旧式建筑的事实。在君士坦丁的世界里，必须通过坚持尊重过去来进行彻底的改变。

新的宗教或土耳其的一个城镇可能是如此，新的首都也是如此，它的建立是作为一种和平的姿态而不是公开的进攻。尽管如此，新城市的发展还是引发了关于西方帝国现在将如何运作的问题。君士坦丁会留在东方吗？他的儿子克里斯普斯在与李锡尼乌斯的战争中表现出色，又回到了特里尔，他的地位如何？我们永远无法解释接下来发生了什么，但到了公元326年年底，克里斯普斯被控叛国罪，并被处决。法乌斯塔似乎被判内部流放，并在几年内死去。一个后来的异教徒作家创造了一个骇人听闻的故事，讲述了法乌斯塔是如何对她的继子产生欲望，当他拒绝她的求爱时，她声称他曾试图强奸她，导致他被处死。她的阴谋随后被皇帝的母亲揭穿，导致愤怒的君士坦丁将她锁在一个过热的浴场里，直到她死去。这个故事似乎没有什么真实

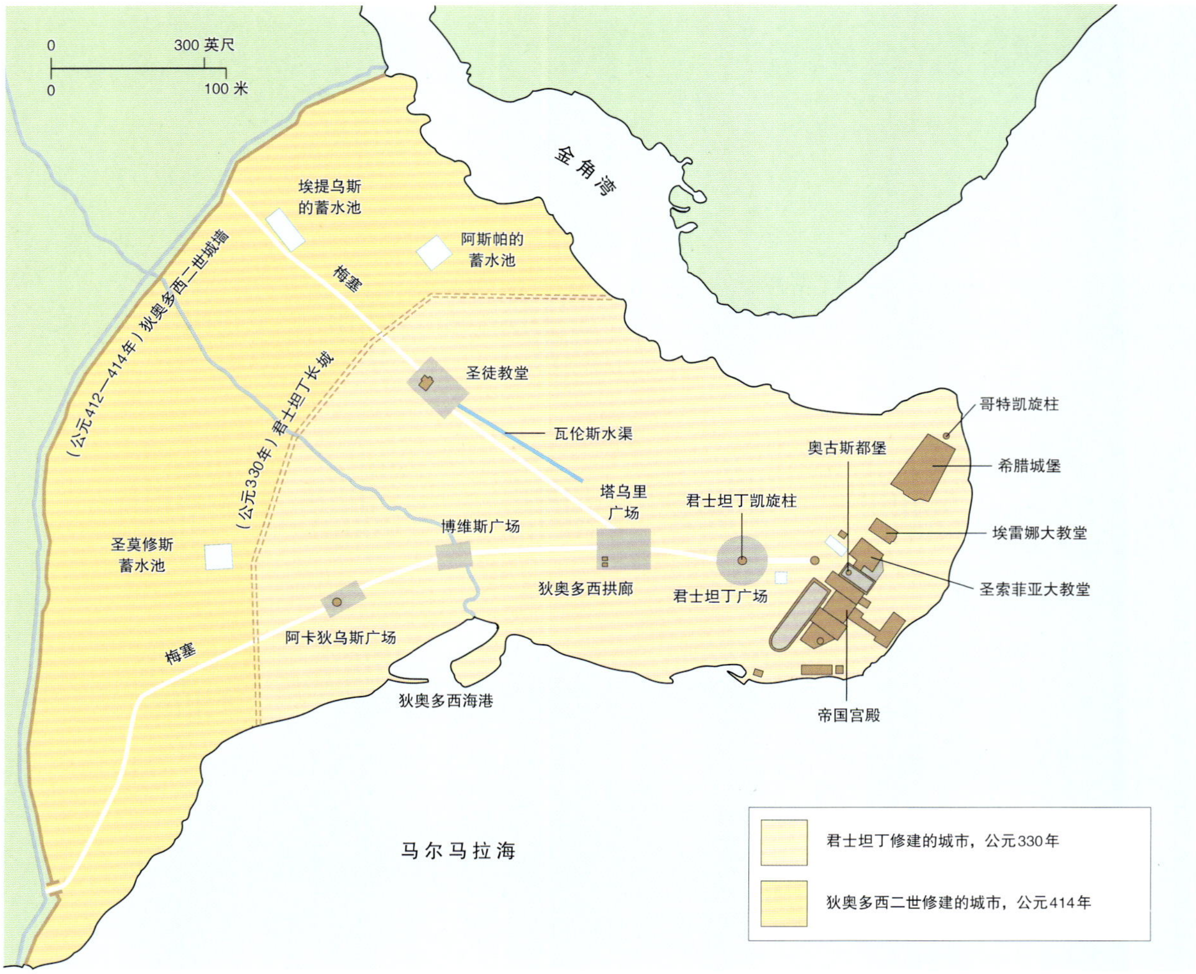

图6.26 君士坦丁堡（或以前所称的拜占庭）在君士坦丁定都时已是一座古城。皇帝修建了一道城墙，使城市更具防御力，并监督修建了广场和公共建筑，以适合罗马城市的方式重新塑造城市景观。这幅地图上描绘的许多教堂和皇宫，都是在君士坦提乌斯一世时期建造或完成的。

性，只是给发生在公元326年的悲惨事件笼罩了一层神秘的面纱。考虑到其他资料记述在克里斯普斯被处死的同时也发生了一系列处决的事实，更有可能的是，父子在政权的发展方向问题上出现了重大分歧。君士坦丁似乎将这种分裂解释为潜在的叛国行为，并采取了相应的行动。君士坦丁也许对所发生的事情感到后悔，因为他一直没有再婚，而转而由他的母亲扮演皇后的角色。

在公元326年的创伤之后，年迈的海伦娜被派往东方进行一次盛大的旅行，她访问了巴勒斯坦，并出席了在圣地进行的一项广泛的新教堂建设计划。她对这些事件的参与引起了一个传说，即她发现了耶稣在耶路撒冷被处决的十字架碎片。然而，事实上，她在巴勒斯坦的日子似乎揭示了君士坦丁愿意投入大量的资源来庆祝他的新信仰——只有在这些传统与多神教传统的重要遗存不发生明显冲突的情况下，才会这样做。对君士坦丁来说，宗教应该有助于团结而不是分裂帝国。

君士坦丁可能已经感觉到，面对政府本身不断加深的分裂，帝国需要一些能够创造一个共同体的力量。一方面，由于中央政府对地方事务的控制力越来越强——这是戴克里先的小省政策的必然结果——每个地区在确定自己与中央政府的关系上的自由度越来越小。另一方面，更广泛的政府结构也增强了地区官僚机构独立运作的倾向。君士坦丁的行政划分随着时间的推移而变化：在他击败李锡尼乌斯后的十年里，他通常在五个行政区安排禁卫军长官：第一个在特里尔，第二个在意大利，第三个在阿非利加，第四个和第五个分别在巴尔干半岛和东方。他的军队现在被牢牢地划分为边境部队（*limitanei*）和战友团（*comitatus*），后者形成了一个流动的后备队（*comitatenses*），这也是戴克里先开创的制度。

除了这种职能划分，军队还被分为三大司令部——西部、巴尔干和东部，每条战线都有自己的步兵长官（*magister peditum*）和骑兵长官（*magister equitum*）。军队的不同划分，反映了不同的官僚机构越来越具有区域性：西部地区大量招募法兰克人和阿拉曼尼人，巴尔干地区的军队招募了越来越多的哥特人，而东部地区的军队则是从土耳其、叙利亚和亚美尼亚南部的高地地区招募的。

一个城市的复兴

奥克斯塔斯——已经是一座城市和一个国家——居民，已经为我们最宽宏的、最亲爱的、最敬爱的阿巴布利乌斯（Ablablius）提供了建材。对于那些希望建立新的城市，或者加强那些已经存在了很长时间的城市，再或者修缮那些濒临死亡的城市的人来说，所寻求的东西是最可以接受的。他们说，他们的村子在早先的时代以城市的辉煌而兴盛，而且它被年长的地方官的束棒（*fasces*,一捆捆表示市政权力的杆子）装饰着……在我们这个时代，如此辉煌的地方竟然失去了城市的名称，这是不相称的，而且对那些生活在那里的人来说，由于一个更强大的民族的蹂躏，而失去了他们所有的好处和优势，这是对他们的损害。除了所有这些考虑之外，还有一个重要的因素，那就是所有住在那里的人据说都是最神圣的宗教的信徒。

（《拉丁文铭文选》编号6091）

公元4世纪30年代末，随着君士坦丁堡发展成一座伟大的城市，君士坦丁开始正视他需要一个继承计划的事实。他还有法乌斯塔所生的三个儿子和两个女儿（见第308页：君士坦丁家族），以及一些侄子，即他同父异母的兄弟和姐妹的孩子。虽然他成年后大部分时间都在消灭竞争对手，但君士坦丁似乎觉得帝国没有明显的理由应该只有一个皇帝，甚至可以在直系亲属之外寻找新的统治集团来完成。在公元335年，他把他的侄子达尔玛提乌斯（Dalmatius）提拔为与自己的儿子们平起平坐的恺撒。他封另一个侄子汉尼拔格涅乌斯为"亚美尼亚国王"，意图很明显，就是要他尽快统治帝国的一个新的部分。同时，国内禁卫军统领的数量似乎已经减少到了四个，全部由他计划中的继承人担任（意大利和阿非利加归属于同一个禁卫军统领）。君士坦丁计划在公元337年大规模入侵伊拉克，将这一地区最终纳入罗马的控制之下。但这个计划永远也不会实现了。公元337年春天，他得了重病，5月22日，在接受洗礼后，他去世了。他的遗体被带到君士坦丁堡，被安葬在他为自己在新城市建造的大陵墓里。虽然他死时是个基督徒，但他打算以皇帝的身份下葬。后来，他的儿子君士坦提乌斯（统治时间为公元337—361年）将陵墓改造成了圣使徒教堂。这也正是他对君士坦丁信仰误解的众多表现之一，君士坦丁认为一个人既可以是皇帝又可以是基督徒，而不仅仅是一个基督徒皇帝。

君士坦丁的家族

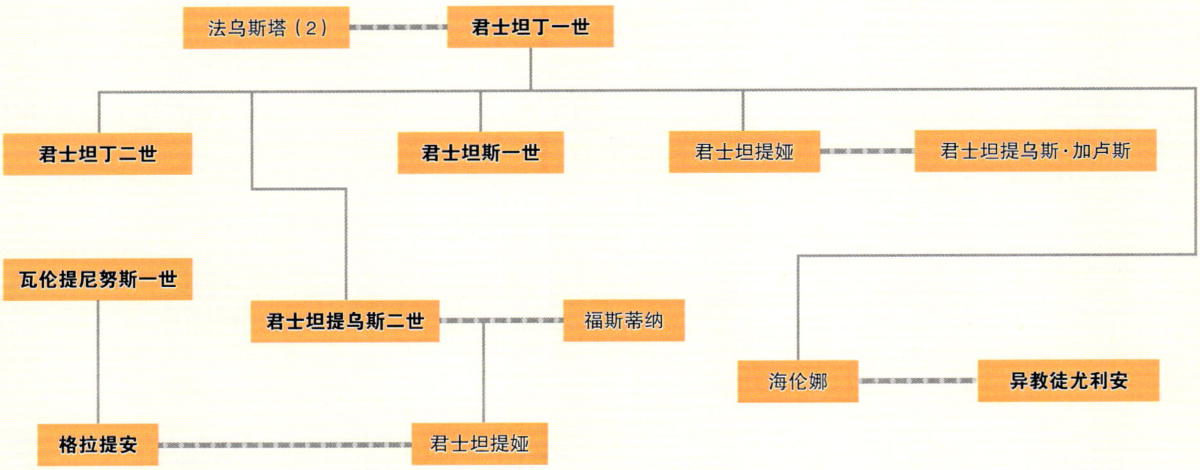

争夺控制权之战（公元337—410年）

君士坦提乌斯二世和尤利安（统治时间：公元337—363年）

在结束了统一帝国的一生之际，君士坦丁清楚地认为，帝国应该由一个合议制政府来统治。他的方案与戴克里先的方案最大的区别在于，君士坦丁的合议制由血亲组成，而戴克里先的制度最终强调的是以婚姻为支撑的经验。为什么这两个人觉得罗马帝国应该有一个合议制政府呢？他们觉得帝国需要不止一个皇帝，同时他们还坚信并也付诸行动，帝国不需要也不应该在罗马进行治理。正是这种帝国可以拥有罗马以外的观点，使公元4世纪的共同治理计划与早期的计划有了最明显的区别。

尽管君士坦丁的继承计划承认了关于帝国政府性质的基本真理，但它未能意识到人类状况的某些基本方面，比如仇恨和嫉妒。而君士坦丁的次子君士坦提乌斯的这两种情感都十分丰沛（**图6.27**），除此之外，他还十分恶毒和狂热。君士坦提乌斯以及他同样令人反感的堂兄尤利安（统治时间为公元361—362年）的行为，对公元4世纪下半叶政府的发展产生了深远的影响。尤利安一离开，帝国的高级官僚们就努力确保他们的皇帝更容易受管理。

父亲去世后，君士坦提乌斯立即开始拆除父亲的计划，同时一直在公开展示对死者的虔诚。六个月过去了，没有正式宣布继承权，直到突然，达尔玛提乌斯被谴责为杀害君士坦丁的凶手。他与大家庭的所有其他男性成员一起被处决，幸免于难的只有君士坦提乌斯的兄弟君士坦丁二世和君士坦斯——现在是奥古斯都，在各自的帝国区，以及他的两个年轻的表弟加卢斯和尤利阿努斯——被送到尼科麦狄亚生活，受主教尤西比乌斯（与恺撒利亚的尤西比乌斯没有关系）的照顾。

图6.27 这枚金质像章中的主人公是君士坦提乌斯二世，是君士坦丁和法乌斯塔的次子。他是一位虔诚的基督教徒，也是一位官僚内斗的高手，公元351年，他在穆尔萨战役中击败了篡位者马格嫩提乌斯，成为唯一的皇帝。

君士坦提乌斯的行为并没有得到全部兄弟的赞同，一些甚至都不知晓。他不得不非常迅速地与他们谈判达成和解，根据协议，允许君士坦丁二世（统治时间为公元 337—340年）的地位高于未成年的君士坦斯（统治时间为公元337—350年）。君士坦提乌斯自己也遇到了一个大问题，君士坦丁死前曾与波斯开战，波斯国王沙普尔二世现在正在进攻罗马边境。帝国被三方瓜分的一个结果是，君士坦提乌斯现在无法调用比波斯国王更多的资源，除非君士坦丁二世和君士坦斯选择协助他。君士坦丁二世决定这样做，部分原因似乎是通过在他兄弟的领地上行军，以维护他对君士坦斯宫廷的优越性。他没能到达行军的终点，便死于伏击或“狩猎事故”（无法确定）。君士坦斯接管了他的那部分帝国，此后他与君士坦提乌斯的关系从冷淡到适度敌对。

君士坦提乌斯和君士坦斯之间的一个主要区别是，他们试图在宗教事务中坚持控制的程度。君士坦斯似乎对维持和平颇感兴趣，这种和平不仅在基督徒之间，而且尽可能地在基督徒和传统信徒之间。然而，君士坦提乌斯在位期间召集了主教大会议，修订《尼西亚信经》。这些会议——至少可以追溯到公元2世纪教会会议的悠久传统——目的是通过将顽固不化的主教从他们的教区撤职来执行教会的纪律。在君士坦提乌斯时期，最经常受到这些变化影响的主教是亚历山大的亚他那修（Athanasius of Alexandria），主教在君士坦提乌斯统治时多次被驱逐或召回。亚他那修倾注于在他的大量著作中，把他的遭遇描绘成亚历山大祭司阿里乌斯与追随者之间的巨大阴谋的结果，先是尼科麦狄亚的尤西比乌斯（曾经支持阿里乌斯，但早已放弃），后来是君士坦提乌斯（肯定不是阿里乌斯的支持者）。关键的根本问题似乎是控制权。君士坦提乌斯非常希望让“他的人”掌管东方的一个主要城市。在召集会议时，君士坦提乌斯似乎开创了一种风气——这种风气从未在西方建立起来——皇帝经常召集主教们参加会议，他自己也尽可能在会上发言。这种会议很重要，即使它们很少（或从来没有）签订完全的协议，但是它们创造了一个独立于官僚机构的皇帝和他的臣民之间的沟通渠道。

马格嫩提乌斯和加卢斯

虽然君士坦斯和君士坦提乌斯之间的关系从来都不好，君士坦提乌斯也从来没有得到过对抗波斯人所需要的帮助，但他们作为共同皇帝，总比由家族以外的人统治帝国西部三分之二的地区要好。然而这种局面在公元350年1月18日发生了转变。高卢军队的一名高级军官马格嫩提乌斯身着皇帝的服装出现在一个晚宴上，并命令他的代理人去刺杀当时正在狩猎的君士坦斯（他们听话地做了）。叛乱的直接原因似乎只是因为君士坦斯并未努力使以特里尔为中心的军事和官僚机构与他的控制相协调。他几乎把所有的统治时间都花在了巴尔干半岛或意大利。为了应对马格嫩提乌斯的叛乱，巴尔干官僚机构和军队扶植了一位自己的皇帝，将领维特拉尼奥（Vetranio），而君士坦丁家族的成员则试图在罗马扶植该家族的成员尼波提安努斯（Nepotianus）为皇帝（这一努力以血腥的失败告终）。公元351年，君士坦提乌斯已经摆脱了与波斯的战争，他入侵西方，并在东方和巴尔干地区的野战军之间一次精心策划的公开会议上接受了维特拉尼奥的投降，然后向西移动以对付马格嫩提乌斯。与此同时，他任命他的表弟加卢斯为东方的恺撒。这一任命的主要目的似乎是为了在君士坦提乌斯被拘禁在西方的时候，在安条克展示王朝的旗帜。

公元351年，君士坦提乌斯指挥东军和巴尔干军的联合部队，在今塞尔维亚的穆尔萨城附近的一场血战中击溃了马格嫩提乌斯的军队（这里离君士坦丁战胜李锡尼乌斯的地点西巴莱只有几英里，这两座城市都在西尔米乌姆地区，战斗有发生在主要交通中心附近的趋势）。两年后，君士坦提乌斯在高卢中部的一次战役中结束了叛乱，此时他开始对西方官僚们进行血腥的报复。这是阿米安记述的历史的起点，通过他的记录，我们可以感受到帝国官僚对君士坦提乌斯政权的强烈不满。例如，阿米安对派遣一个名叫保罗的官员（他称其为“链子”）到不列颠，通过酷刑从马格嫩提乌斯的支持者那里套取情报的行为表示不满。很明显，阿米安主要忠诚于自己的首领，一个叫乌尔西奇努斯（Ursicinus）的官员，如果阿米安的记述可信，那么他是一个一等一的天才。后来阿米安和乌尔西奇努斯被派去谋杀反叛君士坦提乌斯的将军西尔瓦努斯（Silvanus），他对君士坦提乌斯似乎也有同样的感情：正如阿米安所叙述的，西尔瓦努斯之所以被骗，是因为他觉得乌尔西奇努斯会同意这样的观点：

> 不称职的人被提拔为执政官和高级官员，而他和乌尔西奇努斯形单影只，在经历了许多持续不断的任务之后，被人鄙视。他虽然在一场不光彩的争论中审问他的朋友，却受到了残酷的骚扰，并因叛国罪被传唤受审，而他却被敌人的仇恨从东方拖来。
>
> （阿米安，《史记》15.5.6）

看来，君士坦提乌斯确实是通过使用告密者来控制官僚机构，专门让政府的一个部门与另一个部门对立起来，而且，还真的对他不信任的官员进行拷问——他还派“链子”保罗去拷问西尔瓦努斯的潜在支持者（可惜阿米安没有告诉我们他是如何得到他们的名单的）。就在西方平定西尔瓦努斯的叛乱之前，君士坦提乌斯必须解决东方的冲突，这些冲突是由他的表弟加卢斯所制造的：后者试图宣称恺撒的权威，但却并不具备能力，因为君士坦提乌斯并没有安排高级官员向他报告。加卢斯于公元354年被免职，并在波拉被处死，也就是在克里斯普斯遭遇灭顶之灾的地方。

异教徒尤利阿努斯

加卢斯被处死后，君士坦提乌斯面临着如何独自治理整个帝国的问题。他再次选择任命一位恺撒作为首脑。这次他的选择仅限于他的一个幸存的男性表弟尤利阿努斯（**图6.28**）。尤利阿努斯是一个秘密的皈依者，他从小接受的是基督教信仰，但内心里是对传统神灵的崇拜，尤利阿努斯无意间成为另一个加卢斯。相反，他似乎已经把自己想象成君士坦丁，他将从西方省份出现，并把对神的崇拜传播回整个帝国。为了达到这个目的，他必须掌握官僚内斗的艺术。他的做法是将自己从特里尔的地方政府中心分离出来，并在接下来的几年里，向君士坦提乌斯报告了一系列军事胜利的消息——其中公元357年在斯特拉斯堡（Strasbourg）战胜阿拉曼尼的胜利令人印象深刻——并抱怨高级官员的无能。其结果是，他为自己争取到了实际权力，并在公元359年成为高卢主导的政治力量。这时，前几年花了很多时间在多瑙河一带征战，并威逼西方主教采纳他关于的基督教教义最新观点的君士坦提乌斯似乎变得疑神疑鬼起来。君士坦提乌斯还不得不面对一场新的突如其来的波斯战争，当沙普尔二世攻占要塞城市阿米达（Amida）时，这场战争在他的边境爆发。

如果他要在对付沙普尔二世的时候取得比过去更大的成功，君士坦提乌斯就需要更多的人马，这就意味着要从尤利阿努斯那里夺取军队。也许是意识到这一行为不受欢迎，或者因为一些谣言传到他那里，说尤利阿努斯已经在密谋叛乱（我们从尤利阿努斯的信中知道他在密谋叛乱），君士坦提乌斯开始改变尤利阿努斯的高级下属。公元360年2月或3月，他命令尤利阿努斯向东方派出几个军团。尤利阿努斯习惯性地避开特里尔，那年冬天他去了巴黎，安排了几个没有明显理由靠近巴黎的军团经过巴黎，最终叛变，并自立为帝。

尤利阿努斯在接下来的一年里与君士坦提乌斯保持着断断续续的战争状态，并提议自己仅在高卢地区担任奥古斯都，在帝国其他地方，保持恺撒的头衔（明显呼应公元308年君士坦丁在卡农顿议会后的地位）。君士坦提乌斯还在和沙普尔二世对峙，除了拒绝这个请求，也别无他法。公元361年夏末，尤利阿努斯开始了一场精心谋划、执行迅速的巴尔干半岛入侵行动，不战而屈人之兵地到达西尔米乌姆。11月3日，就在他准备向表哥进军的时候，君士坦提乌斯死在了土耳其南部。

尤利阿努斯不仅为他表哥的死讯而高兴，而且为他现在可以随心所欲地崇拜诸神而高兴：他在写给他的精神导师、一位名叫马克西姆斯（Maximus）的哲学家的信中表达了这一观点（见第312页：尤利阿努斯深感喜悦）。这封信的奇特之处在于，尤利阿努斯并不是因为能够崇拜诸神而感到高兴，而是因为收信人马克西姆斯赞同一种被称为“神术”的特殊哲学。这个字面意思是“神的工作”，它的核心信念是与神灵的精神结合可以通过发现他们的神秘名字来实现，而神灵不得不通过神谕来揭示。马克西姆斯的多神教哲学认为，动物祭祀是无用的。然而尤利阿努斯结合了各种不同的传统，以至于他把自己远远地置于当代异教信仰的主流之外。正是这一点可能有助于解释，为什么当他试图恢复神的崇拜，重新开放神庙，并任命省祭司监督更新的崇拜时，他发现异教徒对他的接待充其量是冷淡的。

至于基督徒，同时代的文献中对尤利阿努斯政策的反应的证据有点难以估量。尤利阿努斯并没有公开参与迫害，而是更愿意通过下令恢复那些因教义不一致而被君士坦提乌斯流放的主教的职务。只有当基督徒做了一些冒犯他的事情——亚他那修在自己回到亚历山大港后不久，监督了几个富有的当地妇女的皈依——或者在流亡者返回后，尤利阿努斯才对基督教

图6.28 在尤利阿努斯担任恺撒期间，早期的尤利阿努斯肖像显示，他是一个胡子干净的年轻人。就像这枚硬币所铸造的一样，尤利阿努斯在反抗君士坦提乌斯后改变了自己的形象，不顾一切地留起了哲学家式的胡子。

尤利阿努斯深感喜悦

如你所见，我经历过许多大事，你最知道，我是如何一下子感知到神灵的存在……我公开崇拜神灵，跟随我的军队中，有很大一部分人非常虔诚。我当众祭牛，我们用无数的百牛大祭（hectombs）来感谢神明。诸神命令我净化一切可以净化的东西，我也热心地服从他们。他们说，如果我玩忽职守，他们会给我很大的报应。

［尤利阿努斯，信件26，415a-d］

团体或个人实施暴力迫害。他的一个极端的命令是禁止基督徒教授古典修辞学，理由是如果他们不相信荷马所描绘的神，那么他们也不可以向荷马一样教授传统文学，此举激怒了异教徒阿米安和基督徒。

也许比他的宗教政策更严重的是，他与臣民的关系十分糟糕，让人难以忍受。对于长期与他相处的臣民来说，更是如此，比如从公元362年夏天到363年春天的安条克人。个人禁欲主义作为一种宗教观察的形式已经变得越来越普遍，在公元4世纪，上层社会的成员也乐于此。但是，尤利阿努斯蓄着胡子，看起来像一个哲学家，似乎已发展出自己独特的禁欲主义，并达到了一个极端，他宣布自己对于民众的公共娱乐，如战车比赛，毫无兴趣。此外，他在处理城市周围的粮食短缺问题时表现拙劣（可能激怒了军队），在一个著名神庙不小心遭到破坏后又反应过于暴力。他对当地殉道者十分不尊重，下令将他们的遗骸移走，因为他认为他们影响了他正在试图修复的神灵遗址。尤利阿努斯以罗马皇帝有史以来最出色的文件之一来回应众人对他的仇恨，这也是对自己的讽刺，题为《厌胡者》（*Beard Hater*）。他在文件中写道，安条克的人民不能理解他的美德是他们的错。他说：

> 不，我的气质不允许我放肆地看，把目光投向四面八方，为的是在你的视线里，我可以显得美丽，不是灵魂，而是面容。因为，在你的判断中，真正的灵魂之美在于放肆的生活。
>
> ［《厌胡者》（洛布版）351a，赖特译］

除了安条克的人民，尤利阿努斯似乎还疏远了官僚体系中的强大团体。在公元361年底占领君士坦丁堡后，他立即下令审判君士坦提乌斯的一些主要官员（结果都被判处死刑）。虽然很多人可能同意“链子”保罗并不冤枉，但还有一些人阿米安认为受到了不公正的待遇。除此之外，尤利阿努斯对各种职务的任命也引起了人们的质疑。当时的一位演说家说，他运用自己的预言能力做出这些任命，结果那些有望得到这些任命的人却没有得到。

因此，在相当紧张的背景下，尤利阿努斯在公元363年春天对波斯发起了进攻。拥有他从西方带来的军队以及东方的军队，他试图通过在美索不达米亚北部发动一场转移战役来欺骗沙普尔二世，而他则直接率领军队攻击泰西封。由于他有一位波斯元首陪同，看来这次战役的目的是迫使政权发生变化。但他没有带足够的攻城器械，所以当尤利阿努斯到达泰西封面前，发现波斯人不愿意谈判，而且由于波斯人已经切断了他们的退路时，他只能从底格里斯河谷上撤下来。通过纯粹的人格力量，尤利阿努斯成功地将他那支日益憔悴和饥饿的军队团结在一起，因为波斯主力军开始发动旨在拖延撤退的攻击。然而在6月26日上午，他在试图召集他的人反攻时受了致命伤（见第313页：尤利阿努斯之死，公元363年）。经过艰难的讨论后，参谋们选择了一个名叫约维阿努斯的相对低级的军官来接替他，并就结束战役进行谈判。约维阿努斯适当地提出了罗马人撤退的条件，其中包括交出戴克里先从波斯人那里赢得的所有领土，以及在君士坦提乌斯时代抵抗过沙普尔二世几次进攻的要塞城市尼西比斯。基督教执事埃弗莱姆（Ephraim）在看到尤利阿努斯的尸体经过尼西比斯时说：

奇迹！碰巧是那个被诅咒的人的尸体，
越过城墙，在城池附近与我相遇！
马格斯爬上教堂的塔楼，并在上面系上
从东边送来的军旗。
所以，这位旗手要向围观群众宣布：
这座城市是那位旗帜的领主的奴隶。
荣耀归功于那个用耻辱包裹尸体的人！
我在想：是谁真的设定了见面的时间？
当尸体和旗手都在同一时刻出现的时候？
我知道这是一个预先的安排，一个正义的奇迹。

尤利阿努斯之死，公元363年

波斯人和一些手持长矛的撒拉逊盟友一起攻击他，其中一人将长矛插进尤利阿努斯的身体，击中他的大腿靠近腹股沟处，当长矛被拔出时，伴随着粪便和鲜血。皇帝的一个保镖杀死了撒拉逊人，并砍下了他的头。他的家眷们，把受了致命伤的尤利阿努斯放在盾牌上，抬到一个帐篷里。这一击是如此突然和出乎意料，以至于许多人以为刺客不知从何而来，甚至以为是他的家人干的。但可怜的尤利阿努斯，把从他的伤口流出来的血拿在手里，对着太阳说："尽情享用吧"，并称其他的神为恶魔和破坏者。吕底亚医生奥芮培锡阿斯（Oribasius），自萨第斯（Sardis）战争便和他在一起，全力救治。但伤口蔑视所有精湛的医术，三天后，尤利阿努斯因伤去世。

（菲罗斯托洛尔斯，《教会史》7.15）

那当堕落者的尸体穿越过来的时候，
恐惧的旗帜升起，并宣称：
巫师的邪恶已经把那座城市降服了。
三十年来，波斯以各种方式进行战斗。
但却无法越过那座城市的边界。
即使它已经被攻破，
十字架降临，挽救了它。
在那里，我看到了一个可耻的景象。
俘虏的旗帜立在塔上。
迫害者的尸体躺在棺材里。

（《反对尤利阿努斯的赞美诗》3.1–3，麦克威译）

官僚主义的反弹和蛮族的入侵（公元363—395年）

尤利阿努斯统治的末期是一场彻底的灾难，包括帝国东部边缘重要领土的严重损失，以及他的宗教政策造成的混乱。随着灾难的到来，高级官员们有意识地决定，下一任皇帝不应该像君士坦提乌斯和尤利阿努斯那样支配政府机构。当约维阿努斯于公元364年2月17日（据称）因卧室里的煤火窒息而去世时，军队的领导人开会选择继承人。阿米安记载，他们所召见的新的世界统治者瓦伦提尼阿努斯迅速前来，以便使他接任这一工作，而这一切发生时，"有十天的时间没有人执掌国家的政权"。（阿米安，《史记》26.1.4–5）

新皇帝要被"召见"才能上任，反映了皇权性质的深刻变化。诚然，戴克里先在被安排在王位上的时候，只是一个比较低级的卫兵军官，但他的地位迅速提高，并通过他在战斗中的威名赢得了整个帝国。对于瓦伦提尼阿努斯（统治时间为公元 364—375年）和他的弟弟瓦伦斯（统治时间为公元364—378年）来说，再也没有这样的机会了。瓦伦提尼阿努斯坚持让他的弟弟瓦伦斯成为他的共同皇帝。瓦伦提尼阿努斯去了西方，瓦伦斯则留在东方。帝国分为三个行政区域，瓦伦提尼阿努斯保留了对西部两个行政区的控制，其中一个行政区包括高卢、不列颠和西班牙，另一个行政区包括阿非利加、意大利和伊利里库姆。瓦伦斯则控制了东部：一个从色雷斯到埃及的巨大半圆（**图6.29**）。

瓦伦提尼阿努斯在位至公元375年，很少离开他的首都特里尔。他把大量的精力投入到边境安全上，在边境，建造的堡垒成了他的纪念碑，这些堡垒充当该地区早期戴克里先和君士坦丁的防御。公元375年11月17日，当瓦伦提尼阿努斯听到日耳曼夸迪部落的使节传来的消息时，在似乎失魂落魄的暴怒中死去，据说，夸迪在前一年发动了一次突袭，差点抓住了他未来的儿媳妇，当时她正从君士坦丁堡前往迎接她的新丈夫。这个儿媳妇就是君士坦提娅，君士坦提乌斯二世唯一幸存的孩子，父亲去世时她还是个婴儿。瓦伦斯在君士坦丁堡由普罗科皮乌斯（Procopius）领导的严重叛乱中幸存下来，普罗科皮乌斯是尤利阿努斯的一个远房表弟（也是基督教徒），据说尤利阿努斯曾下令，如果自己不能从波斯回来的话，将由其继位。普罗科皮乌斯的叛乱从公元365年秋天持续到公元366年初的几个月，之后瓦伦斯在位期间没有重大的叛乱或成就，直到公元378年8月9日，他在亚德里亚堡死于对哥特军队的战斗。

图6.29 这枚金币是在特里尔铸造的，共同的皇帝瓦伦提尼阿努斯和瓦伦斯坐在同一个宝座上，他们之间拿着一个地球仪。这种统一帝国和共同拥有世界的理想化愿景被后续事件所掩盖。

瓦伦提尼阿努斯由他的两个儿子格拉提阿努斯和瓦伦提尼阿努斯二世继位。作为一个年轻的男孩，瓦伦提尼阿努斯二世的继承是由一群官员设计的，在未得到格拉提阿努斯或瓦伦斯的许可的情况下，控制从阿非利加经意大利到伊利里库姆的路线。在公元379年，格拉提阿努斯同意狄奥多西成为瓦伦斯统治的那部分帝国的皇帝（**图6.30**）。狄奥多西是瓦伦提尼阿努斯一世的一位将军的儿子，他的父亲在格拉提阿努斯登基后因宫廷阴谋被处死。他比格拉提阿努斯和瓦伦提尼阿努斯二世都要长寿。前者于公元383年期间在高卢的一次军事叛乱中被谋杀，而瓦伦提尼阿努斯二世在公元392年，在他被“恢复”其王位后，无法对与狄奥多西一起包围他的官员行使权力，而他又被一个名叫马格努斯·马克西姆斯（Magnus Maximus）的叛乱将军从王位上赶下来，于是自杀了。

狄奥多西在公元394年击败了他以前的同僚，几个月后于公元395年1月17日去世。他把王位留给了他的儿子霍诺留斯和阿卡狄乌斯（**图6.31**）。狄奥多西是有史以来最后一个要求控制整个帝国的人，此时的帝国仍然有一些类似于两百年前塞普蒂米乌斯·塞维鲁时代的边界。

皇帝和他们的宫廷：权力的新平衡

瓦伦提尼阿努斯二世的命运突出了尤利阿努斯之后这一时期的主要特点：相对于行政人员的权威，皇帝的权威日益丧失。之前经常出现的情况是，君士坦提乌斯可能通过操纵或恐吓下属来控制局势，而这些年的皇帝却不得不默许他人的决定。

图6.30 这里描绘的格拉提阿努斯是以君士坦丁的儿子们的王朝为原型的蓝本（比较6.27）。他是第一个拒绝担任大祭司长职务的皇帝。

图6.31 在这幅来自伊斯坦布尔的方尖碑的壁画中，皇帝狄奥多西手持花环，以奖励一位胜利的战车骑士。他的身边有朝臣和家人，包括他的儿子阿卡狄乌斯和霍诺留斯。

在阿米安记述的历史中，大量事例清楚地表明，瓦伦提尼阿努斯一世和瓦伦斯对他们的高级官员只有最微弱的控制。也许有两个最突出的例子说明了控制力的微弱，即继承权。在公元369年，当瓦伦提尼阿努斯一世病重时：

> 尤里安·斯蒂克斯（Julianus Rusticus），负责外交事务的秘书处负责人，被宫廷里的高卢人赋予皇权，这个人仿佛被一阵疯狂的打击，热衷于人血，正如他作为总督统治阿非利加时（公元371—373年）所表现的一样。作为城市的长官，他死在办公室内。他被暴君提拔到这个位置，又对暴君充满了可疑的畏惧。由于缺乏更合适的人选，他被迫显得温和和柔

和。还有一些人想选择塞维鲁，一名步兵指挥官，因为，虽然严厉和恐惧，他还是更宽容，在各方面都比在之前提到的人更优秀。

（阿米安，《史记》27.6.1-3）

当瓦伦提尼阿努斯一世康复后，他立即让格拉提阿努斯成为他的共同皇帝，但那些被公开提到的潜在继承人却继续着各自的事业，正如阿米安所记述的那样，尤利安负责民政管理，而塞维鲁则完成了他作为西方军队总司令的生涯。

同样，当瓦伦提尼阿努斯一世去世时，另一群官员与他的遗孀优斯提那（Justina）一起将瓦伦提尼阿努斯二世推上了王位。在这种情况下，首当其冲的是一位名叫梅罗巴乌德（Merobaudes）的官员，他的权力很大，不仅在这次王权冒险中活了下来，而且在推翻格拉提阿努斯的过程中也发挥了作用。梅罗巴乌德的一个亲信、极其富有的元老院议员佩特罗尼乌斯·普洛布斯（Petronius Probus），也掌握着一个皇帝只有在最不情愿的情况下才可能挑战的有效权力。因此，他是阿米安所记述的人物中最让人难以忘怀的一位：

就像鱼一旦脱离水，就不能在陆地上长期呼吸，因此，失去长官权力的普洛布斯枯萎了，他被他庞大的家庭的抱怨所驱使，由于巨大的贪婪，从来没有摆脱罪恶，但他们可以做许多邪恶的事而不受惩罚。由于他的宽宏大量，他自己从未命令委托过他人或奴隶做一些非法的事情，如果他得知他们中的任何一个人做了非法的事情，他将为他们辩护，抵制司法本身。

（阿米安，《史记》27.11.4）

作为伊利里库姆的地方行政官，普洛布斯不仅与将瓦伦提尼阿努斯二世推上王位的集团有关，而且还与一桩多年笼罩北非的惊人案件有关。在这起案件中，罗曼努斯（Romanus）是今利比亚地区的军事指挥官，他被召去援助被当地游牧部落人攻击的大莱普提斯城。他在城中停留了四十天，要求当地人向他提供四千头骆驼，但他以没有得到骆驼为由，没有对突袭者采取行动就离开了。当大莱普提斯的人民试图抗议时，罗曼努斯利用宫廷中的关系，确保自己不会受到惩罚，而原告被判处死刑，甚至在游牧民族重新发动袭击时，他也得以逃脱。直到狄奥多西的父亲被派往北非处理另一个问题时，开始插手这件事，罗曼努斯才被控以叛国罪而被处死。

在东方，官员们在决定继承权时似乎也越来越有控制力。东方的情况与西方的情况不同，主要是因为瓦伦斯没有儿子，这一事实与公元371年发生的一件怪异的血腥事件密切相关。在这一事件中，一群官员咨询了一个奇特的预言工具——大致是古代版的灵应牌——来决定谁是下一任皇帝。灵应牌提供了希腊字母theta、epsilon、omicron和delta作为下一任统治者名字的前四个字母，官员们认为这表明这是一位名叫狄奥多西（Theodorus）的官员。这是一个有趣的选择，因为狄奥多西是一个高卢人。根据阿米安的说法，狄奥多西一听说，他就决定与瓦伦斯分享这一消息。在这之前，禁卫军统领莫德斯图斯（Modestus）希望确保一个东方人拥有继承权，他对几近叛国的预言行为进行了调查，导致许多高级官员被残酷处决（见第317页：瓦伦斯宫廷的恐怖，公元371年）。由于瓦伦斯没有儿子，所以继承问题没有定论，但有人指出，这件事不完全由他来决定。

狄奥多西的登基同样是由于地方占据主动权。虽然格拉提阿努斯任命狄奥多西控制东方，但似乎并不

瓦伦斯宫廷的恐怖，公元371年

简而言之，我们都蹑手蹑脚地走来走去，仿佛置身于辛梅里（Cimmerian）的黑暗之中，感觉到的恐惧与狄奥多西宴会上的那些人一样。当他们被比任何饥饿都更悲伤的宴会填满时，看到剑被仅仅当作是马鬃挂在他们躺着的房间的椽子上，就不寒而栗。

（阿米安，《史记》29.2）

打算让他当皇帝。狄奥多西显然是在他成功地打败了一些哥特人时，自己迈出了这一步。他觉得这样做有足够的可能性，因为他知道自己能够在军事机构内获得支持。然而，他还没有得到东方的支持。值得注意的是，他在塞萨洛尼卡居住了一年多，然后才去君士坦丁堡，也就是在进一步的胜利提高了他的威望之后才前往首都。

当狄奥多西真的到达首都时，观察家们注意到，他也被一群关系密切的官员所包围。从一种积极的角度看：

> 由于同样的善意，你希望授予更多人的荣誉比地方允许的数量多，由于你的手段比你的愿望更有限，不管你的权力多么广泛，都不能匹配你的意图，你尊重和安慰还没能提拔的人……因此在你统治下的所有人，都相信他们或者可以得到提拔，或者可以得到补偿。
>
> [《拉丁文颂词2》.（12）20.1-2，尼克松译]

一种不太乐观的观点（也是在我们现存的资料中）则是：国家将被出售。也许更重要的是，虽然狄奥多西在两次内战中取得了胜利，但没有证据表明他对敌对政权的支持者进行了大规模的报复。有些人，就像阿米安在他的尤利安·斯蒂克斯传记中所说的那样，可能是故意逃避。然而，更多的时候，似乎高级官员们同意与任何当权者打交道，并且当自己站错队时，便准备好了道歉。皇帝应该接受这些道歉，就像他也在其他地方出差错一样。一个著名的案例发生在公元387年的安条克，当时一群暴乱的人群砸毁了皇帝的雕像（这是一种公开的叛国行为）。经过多次谈判，该城被宽恕。三年后，狄奥多西反悔了，他下令在塞萨洛尼卡屠杀百姓，因此，作为报复，那里的暴徒谋杀了他的一个核心圈子。此后，他宽恕了米兰的权势主教安布罗斯（Ambrose，他的教区归功于佩特罗尼乌斯·普洛布斯的荫庇）在马克西姆斯战败后，居住在该城时公开拒绝狄奥多西领取圣餐。更尤为引人注目的是，他颁布了一项法令，规定：

> 如果我们在考虑某一案件时，命令对某人施加比我们的习惯更严厉的刑罚，我们不希望这些人立即受到惩罚或接受判决，但在三十天内，他的命运和与他的地位有关的命运将处于悬念之中。
>
> （《狄奥多西法典》9.40.13）

虽然官僚们可能会相互纵容破坏，但皇帝需要非常小心。瓦伦提尼阿努斯一世和瓦伦斯之所以不受欢迎，很大程度上是因为他们愿意向派系利益妥协，并在争端中处决输掉一方的高级官员。狄奥多西则要谨慎得多，也许，他的父亲正是这种内斗的受害者。然而无论是瓦伦提尼阿努斯还是狄奥多西，作为皇帝都没有真正的指挥能力。

狄奥多西死后，在他的儿子阿卡狄乌斯（统治时

图6.32 公元395年，阿卡狄乌斯17岁，继承其父的统治权，成为帝国东部的统治者。这尊半身雕像现藏于雅典阿戈拉博物馆（Agora），凸显了这位皇帝的年轻。阿卡狄乌斯受朝臣们的支配，对事务的影响很小。他在公元408年从马背上摔下来而死。

间为公元395—408年）和霍诺留斯（统治时间为公元393—423年）统治期间，皇帝控制力的削弱和行政人员权力的增加变得更加明显，而且这两个人在登上各自的宝座时都很年轻（**图6.32**）。他们所面临的情况因这一时期的另一个关键因素而变得更加复杂：相对于敌人，帝国军队的力量逐渐削弱。帝国军队的现状非常糟糕。阿米安就明显害怕波斯人，似乎并不认为帝国军队断然比他的敌人好。同样，在帝国西部，虽然对莱茵河和多瑙河以北的部落取得了更多的胜利，但在许多较小的战场上也有更多的失利，这充分说明罗马人也不会轻易取胜。

哥特人与匈奴人

帝国军事政权的削弱发生在中欧边境以北出现重大变化的时候，此时的关键人物是哥特人和匈奴人。这时，哥特人已经分裂成两大集团：占据德涅斯特河（Dniester）周边地区的特温吉人（Tervingi）和掌握多瑙河沿岸土地的格雷辛吉人（Greuthingi）。哥特人与罗马建立了相当一段时间的关系，包括减少对帝国的长途袭击，更多的哥特人在罗马军队中服役，以及接受由君士坦丁发起的基督教化。皈依的主要门客是一位名叫乌尔菲拉斯（Ulfilas）的牧师，他将基督教经文翻译成哥特语，并赢得了一些皈依者，他们与部落同胞的关系在敌对和兼容之间交替进行：一个好处是哥特人可以利用基督教牧师打开可能会保持封闭的沟通渠道。

但打破这一现状的是匈奴人。匈奴人是欧亚大草原上的半游牧民族，尽管罗马人的记载表明他们在公元4世纪70年代突然出现，但他们很可能与现在乌克兰地区的哥特人存在某种关系。我们现在还不能知道这种关系为什么会发生变化，但很明显，匈奴人在公元376年之前的几年里，曾成功地突袭特温吉人。这种成功是由于他们采用了一种特别强大的弓箭，使他们能够远距离击倒对手，传统的哥特战术，即依靠长矛武装的骑兵无法显示效能。几次失败使特温吉人陷入政治混乱，导致大量的人离开他们的土地，在格雷辛吉人中寻求庇护，可是后者现在也开始遭受匈奴人的袭击。大量的格雷辛吉人现在决定放弃他们的土地，与特温吉人一起，要求在罗马帝国内避难。

瓦伦斯将哥特人视为新兵的来源，但希望通过只允许格雷辛吉人进入他的土地来管理移民涌入问题。这个政策并非不合理，但需要大量的事先计划才能实现。虽然我们无法确定格雷辛吉人的数量，但很有可能他们的人数在3万—4万人，兵力在1万人左右。由于大部分蛮族士兵面对的是波斯人，因此没有足够的部队来控制局面，而且食物供应即使管理得当（其实不然），也根本不够用，更无法容纳这么多饥饿的人。罗马与移民的关系迅速恶化，到了公元377年，他们的关系完全破裂。战争的爆发导致罗马向其他部落开放了边境，到公元377年夏天，新来的移民人数膨胀到了大约八万人。与帝国的总人口相比——可能仍在6000万左右——这可能看起来不是一个大数目，但这确实是一个值得重视的数字，而且需要帝国的三个政府进行大量的协调，才能控制住局势。然而他们缺乏有效的沟通，瓦伦斯似乎也无法下定决心。当他在公元378年率领军队离开亚德里亚堡进攻哥特人时，他等待着与可能投降的敌人谈判，而不是立即进攻。拖延导致他的军队疲惫不堪，并使一大批远离营地的哥特骑兵得以返回。当战斗真正开始时，瓦伦斯被杀，哥特人赢得了压倒性的胜利（见本页：亚德里亚堡的灾难，公元378年）。

正是对哥特人最初的成功，使狄奥多西能够控制东方，但他很快发现，他的部队不足以完成他设定的消灭侵略者的任务。战争并没有以罗马人的大规模胜利而达到高潮，而是经过协商，哥特人同意加入狄奥多西的军队，不过前提是狄奥多西允许哥特人在自己的领导下在巴尔干半岛的一个地区定居。事实上，哥特人的士兵似乎在狄奥多西于公元394年战胜西方对手的过程中发挥了重要作用。他们的领袖之一是阿拉里克。

亚德里亚堡的灾难，公元378年

图拉真和塞巴斯蒂安（Sebstian）的死亡在这场大规模的名流屠杀中显得格外突出，与他们一起倒下的还有三十五名没有特殊任务的保民官和部队指挥官，以及瓦勒良和埃奎提乌斯，一个负责马厩，另一个负责皇宫。其他人中还有，Promoti的保民官Promotus，他在青春的第一朵花中死去，因为他自己和他的父亲乌尔西奇努斯的服务而受到每个好人的尊敬，乌尔西奇努斯曾经是士兵的大法官。按照确切统计，不到三分之一的军队幸存下来。历史上除了卡奈战役，没有任何一场战役具有如此大的破坏力。

（阿米安，《史记》，31.13.18–19）

斯提里科和阿拉里克（公元395—410年）

狄奥多西死前曾短暂地统一了帝国，他死后的十五年为官僚内斗对帝国政策的决定作用，以及对整个帝国可能产生的巨大负面影响提供了终极案例研究。狄奥多西在对抗西方对手的最后一场战役中的主要将领是斯提里科（Stilicho），他是一位日耳曼军官和一位罗马母亲的儿子（**图6.33**）。在公元395年狄奥多西临终前，他宣布斯提里科被任命为狄奥多西10岁的儿子霍诺留斯和阿卡狄乌斯的监护人（见第321页：关于斯提里科的两种观点）。斯提里科执政的第一项任务是重建西方野战军，这支野战军似乎在上一场战役中伤亡惨重。完成其重建的最好办法就是从东方征召大量的军队。尽管斯提里科宣称拥有至高无上的地位，但这是不可能发生的，因为阿卡狄乌斯的大臣们要求归还东罗马的军队，官僚内斗上升到了一个新的高度。

斯提里科带着东罗马的军队返回，一直到塞萨洛尼卡。当时由禁卫军统领鲁菲努斯（Rufinus）主导的东方政府的信使传达了这样的信息：如果斯提里科本人再靠近君士坦丁堡，将被视为战争行为。斯提里科让部队在盖纳斯（Gainas）的指挥下继续前进，后者是一个在狄奥多西手下升为高级指挥官的哥特人。当军队到达君士坦丁堡时，盖纳斯立即安排在军事检阅中谋杀鲁菲努斯。有了一个忠诚的支持者负责东罗马军队，斯提里科很可能会认为可以用最小的代价成功地使

图6.33 这幅身着戎装的斯提里科肖像来自一幅象牙双联画，或一对石版画（双联画通常是象牙画，常被上流社会成员交换，以纪念重要时刻）。作为西方的军事统帅和霍诺留斯的岳父，斯提里科在公元395年至408年间是西方帝国最有权力的人。

自己成为帝国的实际主人。但事与愿违。盖纳斯与支配阿卡狄乌斯宫廷的太监欧特罗庇厄斯（Eutropius）结盟，以致阿卡狄乌斯拒绝承认斯提里科称自己是他的监护人。

在接下来的七年里，面对一系列危机，帝国东西方之间缺乏合作，这表明帝国比以往任何时候都更加坚定地走向分裂。斯提里科在公元397—398年不得不平息北非的一场严重叛乱，但他没有得到来自东方的援助。同样，当公元399年阿拉里克突袭希腊时——狄奥多西为了结束瓦伦斯统治下爆发的战争，与他的人民一起在帝国境内的保留地定居下来——斯提里科拒绝给予帮助。当东方帝国在公元399年被驻扎在小亚细亚的哥特军队发动的叛乱所困扰时，由于西方政权拒绝援助，东方政权被迫向匈奴王乌尔丁（Uldin）寻求援助。在这种情况下，盖纳斯先是消灭了欧特罗庇厄斯，又经过堪称拜占庭式的谈判结束了叛乱，然后在将前叛军转移到欧洲时，发现匈奴人比他想象中的更难应付。尽管他已经背叛了帝国，但他相信，通过谈判让他的哥特部队返回小亚细亚，他可以重新获得地位。当他的部下被安排在博斯普鲁斯海峡（Bosporus）的非武装运输船上时，他们遭到了来自君士坦丁堡的海军的袭击，并被摧毁。盖纳斯为自己的背叛付出了生命的代价，而乌尔丁则撤到了多瑙河以外，等待着东方或者西方政府的下一次雇佣。

在公元401年，阿拉里克发动了对意大利的入侵，在没有罗马军队阻挡的情况下，他进入意大利北部，将霍诺留斯从米兰的皇宫赶到阿斯塔城（Asta），并围困了皇帝几个月，直到斯提里科带着一部分来自高卢的野战军抵达战区。斯提里科在接下来的两年里两次击败阿拉里克，然后签订条约，允许阿拉里克返回他的巴尔干土地。

斯提里科愿意让阿拉里克回家，这与他对下一批入侵者的处理方式形成了明显的对比，这就更加确定了他觉得阿拉里克可能会在进一步实现自己的野心方面发挥作用。阿拉曼尼人的首领拉达盖苏斯（Radagaisus）就要另当别论了，他在公元406年夏天率领武装迁徙从莱茵河上游地区进入意大利。迁徙规模如此之大，以至于斯提里科向乌尔丁求助，匈奴人的帮助使斯提里科能够迫使敌人投降。最终，拉达盖苏斯的手下大约有一万人被抓去为帝国服务，而其他成千上万的人则被卖为奴隶。

胜利之后，灾难接踵而至。公元406年12月31日，莱茵河结冰，使得第二次大规模的入侵成为可能，这次队伍由相对新来的人组成——汪达尔人、阿兰人（Alans）和苏维汇人（Suevi），都来自中欧。斯提里科仍将大部分野战军部署在南方，他无力阻止莱茵河边境的破坏，越过边境的部落永远不会离开罗马人的领土。几乎在同一时间，罗马军队在不列颠的指挥官，一位名叫君士坦丁的绅士，自立为帝，进驻高卢。

关于斯提里科的两种观点

在那段时间里，面对年轻的皇帝，监护人斯提里科竭力想把自己的儿子欧奇里乌斯（Eucherius，大多数人认为他从很小的时候就在私下里策划对基督徒的迫害）替换上王位。斯提里科出身汪达尔人族——一个懒惰、奸诈、怨气冲天的民族。为此，他挽留了阿拉里克和整个哥特族，哥特族谦卑而不假思索地只要求得到极好的和平和居住地。他以秘密条约鼓励他们，但正式拒绝战争或和平，目的是恐吓和破坏国家。

［奥罗修斯（Orosius），《反对异教徒的历史》7.38］

他是当时所有当权者中最温和的人。虽然娶了老狄奥多西（狄奥多西一世）的侄女为妻，而老狄奥多西一世曾把他两个儿子的帝国托付给他，并担任了二十三年的地方政务官，却从未为了钱财出卖过军事命令，也没有把军队的供给转为个人利益。虽然他只有一个儿子，但他只把他提拔到（所谓的）贵族政务官（*notarius tribune*）的职位，没有给他任何重要的职务。

［佐西莫斯，《新史》（*New History*）5.34.5–7］

斯提里科不愿意让他自己的军队（其中一部分来自高卢）与君士坦丁公开作战，相反，他驻扎在阿尔卑斯山的山口。霍诺留斯现在20岁出头，似乎已经厌倦他的妻子——斯提里科的女儿，而且周围的朝臣都讨厌他的岳父。此外，在罗马人中还存在着对日耳曼人的彻底厌恶。虽然现在军队中的很多人实际上是由日耳曼人组成的，但文官的情况却不是这样。文官和日耳曼士兵之间的紧张关系极大地促成了君士坦丁堡的局势，导致了盖纳斯的灭亡，帝国其他城市的日耳曼人部队也不时遭到暴力袭击。公元378年瓦伦斯在亚德里亚堡战败后，东方的军事长官曾下令屠杀在叛乱爆发前被编入罗马军队并转移到东方的哥特人。现在，阿卡狄乌斯死了，时机再糟糕不过。东部建制派在公元408年5月8日，让他7岁的儿子狄奥多西二世取代了他。

斯提里科想带一支军队东进，“协助”建立新政权，但同时他又要监视君士坦丁，还要对付阿拉里克，因为阿拉里克正向意大利北部方向推进，并索要一大笔钱为军费。阿拉里克拿到了钱，但当斯提里科建议派他去高卢与君士坦丁作战时，他却错误地估计了宫廷的偏执程度。霍诺留斯对日耳曼人的不喜欢让斯提里科走到了尽头，他于8月21日被捕并被处决。政府的新领导人奥林匹乌斯（Olympius）随即下令屠杀军队中的“日耳曼人”，因为他们被认为对斯提里科特别忠诚。那些幸存下来的人逃到了阿拉里克的队伍中。阿拉里克意识到，现在自己和罗马之间已经没有任何具有实力的罗马军队了，于是直奔罗马城而去。元老院投票决定向他支付一笔巨额款项作为贿赂，并与霍诺留斯谈判，给阿拉里克在罗马等级制度中的新地位。当霍诺留斯拒绝后，阿拉里克带着更多的要求回到罗马，这一次要求包括为他的人民提供一个家园和给予他在罗马军队中的军衔。霍诺留斯的官员愿意答应这一要求，但霍诺留斯断然拒绝。

图6.34 执政官阿尼修斯·佩特罗尼乌斯·普罗布斯（Anicius Petronius Probus）双联画上的霍诺留斯皇帝肖像。双联画由两部分组成，通过一个铰链连接，在罗马帝国后期，以上物品均用象牙雕刻，作为担任执政官的庆祝。在这幅画中，帝国机关的军事和基督教方面的内容与皇帝肖像结合在一起，旨在感谢霍诺留斯授予执政官的职责。

原因很简单，就是因为他的偏见：他说他不会把这样的头衔授予一个像阿拉里克这样种族的人。

霍诺留斯既愚蠢又偏执，他身边的管理集团对此也无可奈何（**图6.34**）。帝国需要找到一种方法来处理那些不能再被关在边境之外的移民，而将他们建设性地纳入帝国社会。即使是在公元407年的大屠杀之后，依然有许多日耳曼人在军队中服役，这可能会有助于找到一个务实的解决方案，包括元老院部分成员在内的很多罗马人也愿意尝试。公元409年，在罗马再次被围困后，元老院宣布拥立新的皇帝阿塔罗斯（Attalus），他迅速加入了阿拉里克的行列，并将在元老院的祝福下陪伴阿拉里克。

阿拉里克愿意拥有自己的皇帝。这一点很重要，揭示了他对罗马西部政治现状的解读：在他看来，重要的人都有自己的官位和副帝。但事实证明这还不够，于是他废黜了阿塔罗斯，再次出现在罗马城墙前。公元410年8月24日，哥特人发现一扇门被打开了，但可能是故意的。八百年来第一次，一个不属于罗马等级制度的人控制了这座城市。他在经过三天高度有组织但相对和平的抢劫后离开了城市。

罗马的衰落揭示了许多事情。从一个角度看，它揭示了过去半个世纪中军事衰落和官僚力量的影响。从罗马文化史家的角度来看，罗马的陷落有着更深的影响。当时，在巴勒斯坦从事《圣经》翻译工作的基督教知识分子杰罗姆（Jerome；他翻译的《圣经》在宗教改革之前一直是西方基督徒的标准读物）对这一事件表示惋惜，认为这是一场前所未有的灾难。北非希波的主教奥古斯丁（Augustine）对罗马的衰落是国家皈依基督教的说法予以了驳斥。他撰写了规模宏大的《上帝之城》（*City of God*），并在书中阐述到，与上帝和人类关系的历史相比，罗马衰落的历史意义并不重大。毕竟，他认为在基督教兴起之前，过去发生过更糟糕的事情。为了支持他的论点，一位来自西班牙的基督徒奥罗修斯写了一本七册的《驳异教史》（*History Against the Pagans*），其中大部分内容叙述了基督诞生前的灾难。罗马城是过去世界的象征，而不是未来世界的象征。一个既是基督徒又是罗马人的文明世界，而且不依赖于任何特定的政治秩序，是完全可能的。对哥特人来说，阿拉里克已经打出了他的最后一张牌，但他仍然没有获得他想要的职位或他的人民的家园，他于公元411年死于意大利南部。

总结

- 到公元3世纪初，帝国政府已经停滞不前。有一些证据表明，帝国边疆以外的民族更具有威胁性。北方的民族组织得更好，东方的新萨珊政权的效率大大提高（而且是出于意识形态的动机）。然而，帝国的主要问题是统治阶层缺乏远见。三百年来没有进行过严肃的军队改革，政府整体上被极端的管理模式所支配。
- 在公元244年到260年，罗马遭受了自公元前2世纪末或汉尼拔时代以来前所未有的一系列军事失败。灾难过后，迅速的变化紧随其后。
- 波斯国王沙普尔一世在公元260年俘虏了皇帝瓦勒良后，帝国被分裂成三部分，尽管帝国的东部地区名义上仍然忠于瓦勒良的儿子加里恩努斯。这种忠诚度在加里恩努斯的继任者克劳狄乌斯手中蒸发了。他只在位两年，奥勒良在公元3世纪70年代上半期恢复了帝国的统一。然而，奥勒良被谋杀，他的继任者处理了——几乎没有成功——军队内部的分裂和各省的分离主义倾向。
- 戴克里先在公元284年登基时，试图以一种全新的方式解决帝国的问题。公元285年后，他与共同皇帝马克西米安分享权力，公元293年后，他又与两位副手，即恺撒君士坦提乌斯和加勒留斯分享权力。戴克里先还对帝国的结构进行了重大变革，缩减行省的规模，改变税收制度，试图调节物价，并压制基督教会。并非所有这些改革都取得了成功，但戴克里先的成就超过了他的失败。独特的是，他决心退休，迫使马克西米安也在公元305年退休，并将权力传给恺撒。
- 君士坦提乌斯在公元306年去世，安排他的儿子君士坦丁继任。当马克西米安的儿子夺取了意大利的权力时，一个分裂的政府时期随之而来。直到公元324年君士坦丁击败加勒留斯建立的最后一位皇帝李锡尼乌斯，分裂才结束。
- 君士坦丁继续推行戴克里先的一些政策，包括将皇权迁出罗马。他在君士坦丁堡建立了自己的首都。他还促进了基督教的发展，他在公元312年改信基督教，鼓励民众改信基督教，而不是迫害不遵守规定的人。到公元4世纪末，基督教成为帝国的主流宗教。
- 君士坦丁在统治末期，将帝国留给他幸存的三个儿子和两个侄子。但他的计划被他的次子君士坦提乌斯二世打乱了。君士坦提乌斯（最终成为唯一的皇帝）和他的表弟、继任者尤利阿努斯的强势个性对帝国官僚体系产生了深远的影响，此后，帝国官僚体系力求由不那么强势的人统治。
- 尤利阿努斯在君士坦提乌斯还活着的时候夺取了奥古斯都的位置，并在君士坦提乌斯突然去世后一直是整个帝国的统治者。他试图恢复异教崇拜（成功率极低），并征服波斯人，在与波斯人的战斗中死去。在约维阿努斯短暂的统治后，由参谋们选拔的初级军官瓦伦提尼阿努斯当上了皇帝，并让他的弟弟瓦伦斯在东方共同当皇帝。他们和他们的继任者在位期间，为控制帝国政策而进行内斗。
- 瓦伦斯在与哥特部落人的战斗中死去后，狄奥多西在东方掌权。哥特人正在寻找一个新的家园，希望在那里他们能得到保护，免受匈奴人的侵犯。哥特人暂时听命于狄奥多西，狄奥多西给了他们在帝国内的土地。当狄奥多西在公元395年去世时，哥特人企图寻求更大的影响力。但西帝霍诺留斯拒绝与哥特人打交道，他们的领袖阿拉里克最终在公元410年洗劫了罗马。

第七章

罗马帝国的终结

（公元410—642年）

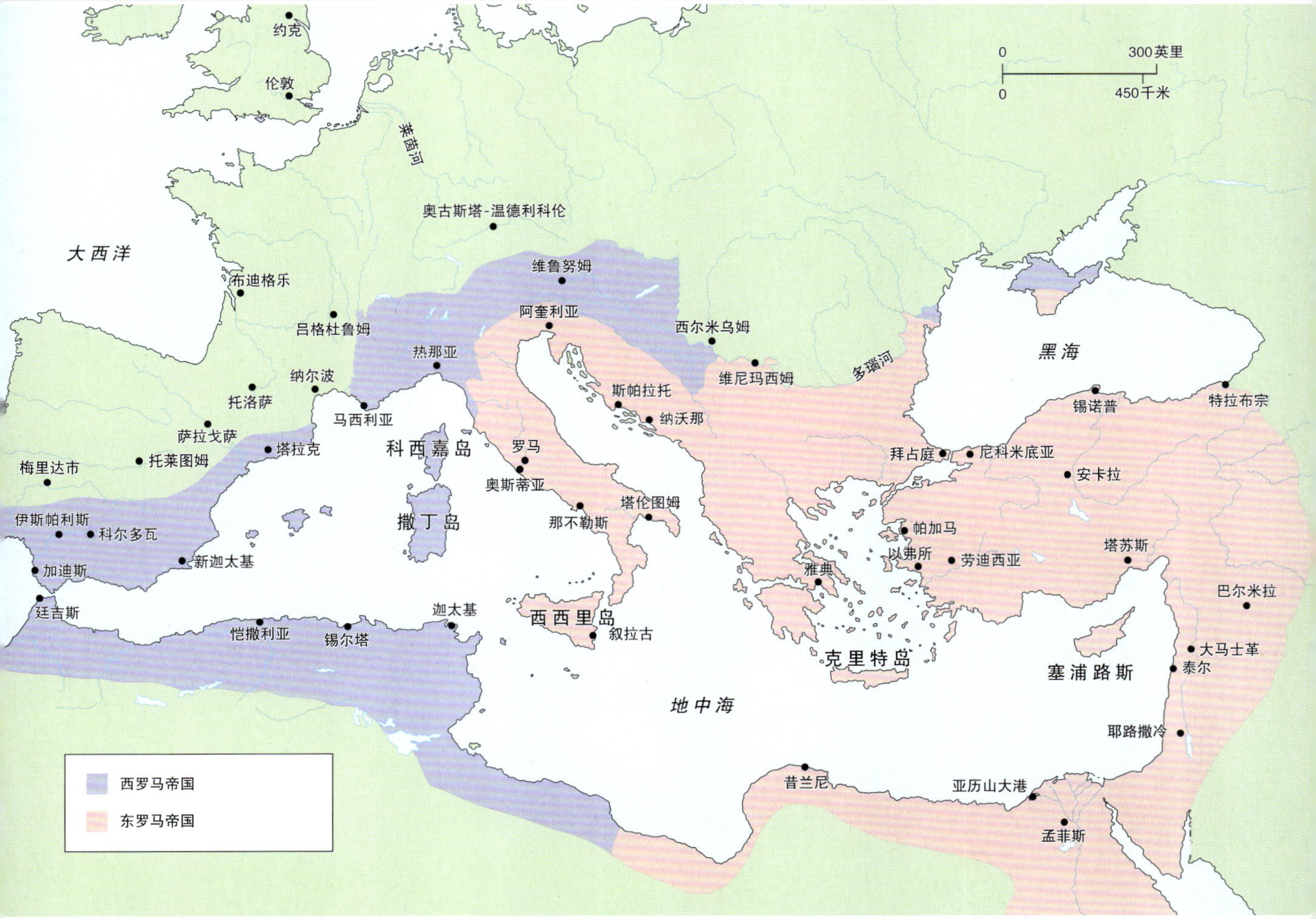

大事年表7　罗马帝国的终结

蛮夷和皇帝，从阿拉里克到盖萨里克	公元423年	霍诺留斯被杀
	公元425年	瓦伦提尼阿努斯三世（Valentinian III）在西罗马帝国称帝
	公元429年	汪达尔人开始入侵北非
	公元431年	第一次以弗所会议
	公元435年	阿提拉（Attila）和布来达（Bleda）接管了匈奴的领导权
	公元437年	颁布《狄奥多西法典》（*Theodosian Code*）
	公元439年	汪达尔夺取迦太基
	公元444或445年	阿提拉成为匈奴唯一的国王
	公元449年	第二次以弗所会议
	公元450年	狄奥多西二世去世，马尔西安（Marcian）即位
	公元451年	匈奴在沙隆（Châlons）战役中大败，迦克墩（Chalcedon）会议
	公元453年	阿提拉去世
	公元454年	埃提乌斯（Aetius）被谋杀
	公元455年	谋杀瓦伦提尼阿努斯三世；汪达尔洗劫罗马
	公元457年	马尔西安去世；利奥（Leo）继位
	公元474年	利奥去世，芝诺（Zeno）继位
	公元476年	奥多亚克（Odovacer）罢免罗慕路斯
	公元477年	盖萨里克（Geiseric）去世
	公元481年	克洛维斯（Clovis）成为法兰克人的国王
东罗马与西罗马的皇帝	公元488年	东哥特（Ostrogothic）在狄奥多里克（Theodoric）的带领下入侵意大利
	公元491年	芝诺去世，阿纳斯塔修斯（Anastasius）继位
	公元493年	东哥特王国在狄奥多里克的领导下在意大利建立
	公元507年	克洛维斯在武伊勒（Vouillé）战役中击败阿拉里克二世（Alaric II），建立法兰克人在高卢的最高统治权
	公元511年	克洛维斯去世
	公元518年	阿纳斯塔修斯去世，查士丁（Justin）继位
	公元526年	狄奥多里克去世

东罗马与西罗马的皇帝	公元527年	查士丁去世，查士丁尼（Justinian）继位
	公元529年	罗马人在达拉（Daras）战胜波斯人
	公元531年	卡利尼库斯（Callinicum）战役
	公元532年	尼卡（Nike）之乱；罗马与波斯的和平
	公元533—534年	查士丁尼入侵北非
	公元533年	颁布《学说汇纂》
	公元534年	《查士丁尼法典》（*Codex Justinianus*）颁布
	公元536年	查士丁尼开始入侵意大利
	公元540年	大瘟疫暴发；波斯人洗劫安条克
	公元565年	查士丁尼去世，查士丁二世（Justin II）即位
最后的几年	公元578年	查士丁二世去世，提比略（Tiberius）登基
	公元582年	阿瓦尔人（Avar）攻占西尔米乌姆；莫里斯（Maurice）称帝
	公元602年	莫里斯被推翻；福卡斯（Phocas）成为皇帝
	公元603年	与波斯爆发战争
	公元610年	赫勒克留（Heraclius）推翻福卡斯
	公元611年	波斯人攻占安条克
	公元614年	波斯人洗劫耶路撒冷
	公元619年	波斯人占领亚历山大港
	公元622年	穆罕默德（Mohammed）前往麦地那（Medina）
	公元626年	阿瓦尔围攻君士坦丁堡
	公元627年	赫勒克留在摩苏尔（Mosul）附近击败了乔斯鲁斯（Chosroes）
	公元632年	穆罕默德去世；阿布·伯克尔（Abu Bakr）继任哈里发
	公元634年	阿布·伯克尔去世，欧麦尔（Umar）继任哈里发
	公元636年	雅姆克（Yarmuk）战役
	公元641年	赫勒克留之死
	公元642年	阿拉伯人占领亚历山大港

罗马帝国何时衰落的问题非常简单。要回答这个问题，首先必须定义“衰落”。我们所说的“衰落”是指“不再统治塞普蒂米乌斯·塞维鲁曾经统治过的整个地区”，还是“不再是地中海最强大的国家”，抑或是“不再统治意大利”？如果我们选择第一种定义，也许可以确定罗马早已衰落，狄奥多西带着帝国内部的领土向哥特人投降时，就构成了“衰落”的时刻。如果接受第三种定义，也许会引发更多的问题，因为帝国政府在公元5世纪时放弃了对意大利和北非的控制，在公元6世纪重新控制这两个地方，之后又最终放弃在意大利的最后一个立足点。到了公元11世纪，“罗马帝国”不再是一个十分强大的国家。如果我们接受第二种定义，我们就只能选择公元636年或642年，分别是叙利亚和亚历山大港失守的日期，来作为“衰落”的最终日期。总的来说，第二个日期可能更好，因为埃及的失守加剧了叙利亚失守的影响，并确保幸存的帝国只能是一个位于安纳托利亚和巴尔干半岛的实体，而不是一个仍然可以向往地中海统治地位的实体。

也许干脆最好承认，选择任何一个日期都没有特别意义，如同试图选择一个帝国诞生的日期并不会特别有意义一样，因为罗马的兴起和罗马的衰落一样，是一个渐进的过程。相对合理看法，帝国的“兴起”是在奥古斯都统治时期的某个时间完成的，并形成了边疆轮廓，而帝国的“衰落”则是在帝国不再是地中海世界的主导国家时发生的。但在这两种情况下，寻求一个特定的时间点的价值远不如寻求了解帝国发展或失败的原因和后果。

然而，无论这种探索多么不尽如人意，寻找一个“衰落日期”仍然具有一定的价值，哪怕只是因为它使人们清楚地认识到，帝国的“衰落”是渐进的，而且“衰落”的影响因地区而异。正是在这些政治事件的背景下，我们有必要解读那些可能有助于回答与罗马帝国衰落有关的核心问题的证据（其中大部分是考古学证据）：不同地区的衰落有什么不同？对这一问题的回答，首先可以深入了解帝国如何在西方分崩离析，然后了解为什么东罗马帝国萎缩成中世纪的拜占庭国家，并未能抵御公元7世纪20—50年代从阿拉伯半岛出现的相对较小的军队。

蛮夷和皇帝，从阿拉里克到盖萨里克（公元410—477年）

在阿拉里克洗劫罗马的一个世纪后，西罗马的有效统治崩溃，而东罗马的有效统治继续存在（见第329页：西罗马帝国的衰落）。在公元376年至410年，进入帝国的日耳曼部落开始在法国、西班牙和北非为自己建立新的国家，而一个庞大的新势力在巴尔干半岛出现并在短短十年内崩溃，那就是阿提拉（统治时间约公元435/440—453年）组建的匈奴王国。阿提拉政权的一个长期影响是摧毁了沿多瑙河的帝国边疆体系的剩余部分。一位观察家、历史学家普利斯库斯（Priscus，约公元410/420—479年后）记录到，当他在公元449年前往阿提拉宫廷的大使馆时，他花了五天时间才通过多瑙河以南的一片荒凉地区。

在他前往阿提拉使馆的过程中，普利斯库斯也很明确地表示，他认为他的皇帝，阿卡狄乌斯的儿子狄奥多西二世的利益与“西方罗马人”的利益完全不同，西罗马此时由君士坦提乌斯三世（Constantius III）的儿子瓦伦提尼阿努斯三世统治（统治时间为公元425—455年）。这些罗马人在阿提拉的宫廷里也有大使，他们与匈奴人的问题完全独立于多瑙河以北的普利斯库斯所见的问题。当他谈到自己的人民时，他把他们称为“东罗

西罗马帝国的衰落

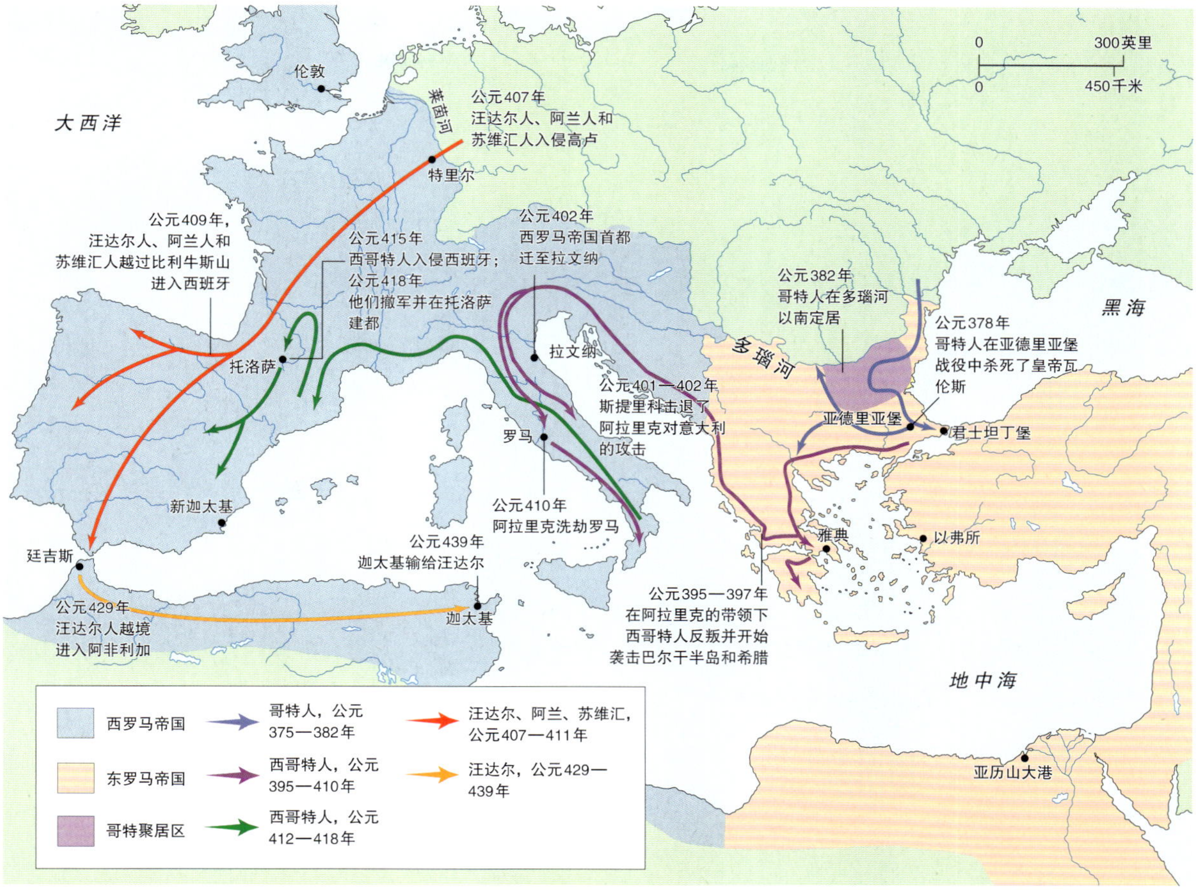

图7.1 西罗马帝国衰落的地图，公元357—439年

西罗马帝国崩溃的直接原因是来自北方的日耳曼人的一系列入侵（**图7.1**）。这是一个渐进的过程，不同的族群在不同的时期为自己开辟了新的家园。哥特人在公元375年进入巴尔干半岛，在公元5世纪初开始进攻意大利，他们最终形成了一个自称西哥特人的群体，并在西班牙和高卢部分地区定居。同样在公元5世纪初，汪达尔人、阿兰人和苏维汇人越过莱茵河进入高卢。阿兰人和苏维汇人在西班牙定居，而汪达尔人则在公元5世纪中叶征服了北非各省，并在那里定居。东哥特人与西哥特人一起从多瑙河以北地区进入罗马领土，最终于公元493年在意大利建立了一个王国。

马人”，由于各种资料保存了他的话，他认为罗马是一个由多个“国王”统治的地理区域。他的话语特别引人注目，因为这与奥林匹奥多罗斯的记录差别很大，这位历史学家逐渐走向成熟，并在公元5世纪前四分之一的事件中发挥了重要作用。奥林匹奥多罗斯笔下的帝国好像仍然是一个统一的整体，两个皇帝理想地协同工作。

奥林匹奥多罗斯和普利斯库斯的不同观点反映了从狄奥多西二世时期到普利斯库斯完成其著作的公元5世纪70年代人们态度的变化。狄奥多西的宫廷在承认官僚分裂事实的同时，也深深地致力于维护罗马世界的象征性统一，而到了公元5世纪70年，东方政权似乎已经放弃了西方，认为西方是一种失败。从普利斯库斯的著作中也可以清楚地看出，他认为日耳曼国王统治的领土现在已经完全独立于罗马的权威了：有一次他说，将军埃提乌斯打败了“侵占”罗马领土的高卢哥特人。

普利斯库斯笔下的哥特人，正是在公元410年洗劫罗马的哥特人的后裔。阿拉里克死后，由他的同父异母的弟弟阿索夫（Athaulf）率领，他们在流浪了几年后到达高卢西部，与他们一起的还有霍诺留斯的妹妹加拉·普拉西迪亚（Galla Placidia）。这些哥特人似乎在某些时候开始称自己为西哥特人，或“强壮的哥特人”，这是一种类似于法兰克人和阿拉曼尼人（见第279页）式的自夸。这个群体确实与特温吉人和格雷辛吉人的部落相去甚远，现在又与其他日耳曼民族混杂在一起，所以采用一个新的部落名称是一种合乎逻辑的共同体形成行为。另一个合乎逻辑的举措发生在公元414年，当时阿索夫与加拉结婚，意图争夺王位（他们的儿子没有活到婴儿期，被称为狄奥多西）。这时阿索夫需要选择成为霍诺留斯政权的盟友或敌人：要么与霍诺留政权的军队作战，要么帮助镇压公元406年渡过莱茵河的部落，其中一些部落现在已经进入西班牙。

在接下来的二十年中，西哥特人往往站在帝国政权一边，尽管有些人对他们与罗马的关系非常矛盾（例如，阿索夫的继任者立即将加拉运回朝廷）。结果是，到公元5世纪20年代后期，他们已经建立了一个从法国中部到西班牙南部的实质性王国。他们似乎也不再认为中央政府的事务对自己有重大意义。

西哥特人在西班牙的胜利所带来的影响之一是，公元406年入侵者群体之一的汪达尔人被驱赶到北非寻找新家。罗马帝国官员在西地中海的惊人无能，使汪达尔人能够获得必要的船只，将数万人运过直布罗陀海峡，进入罗马要生存就必须继续控制的帝国地区。

由于王朝内讧，非洲的防务受阻。在生命的最后，霍诺留斯对一位名叫君士坦提乌斯的将军非常信任，他曾击败西哥特人，结束了君士坦丁的篡位，他还特别关心他妹妹的私事。霍诺留斯将已经丧偶的加拉——非常违背她的意愿——嫁给了君士坦提乌斯，后者被提升为奥古斯都，也就是后来的君士坦提乌斯三世。公元421年，君士坦提乌斯在晋升几个月后突然去世，加拉收到霍诺留斯试图两人之间更亲密关系的愿望。公元423年，她逃到君士坦丁堡，躲过了哥哥的魔爪，霍诺留斯随后去世。当西方官员试图将一个叫约翰的人送上王位时，狄奥多西二世派军队试图将君士坦提乌斯和加拉所生的小儿子瓦伦提尼阿努斯送上王位。这次努力成功了，但留下的恶果却继续发酵，尤其是加拉对她的哥哥在生命最后几年提拔的三位将军之一的埃提乌斯（约公元390—454年）十分不厌恶。即使是在汪达尔人向阿非利加各地推进的时候，加拉也召唤总督来帮助她与埃提乌斯开战。因此，当汪达尔人在他们的国王盖萨里克的率领下于公元439年攻占迦太基，并一举打破了维持罗马城的经济平衡时，并没有实质性的驻军来保卫阿非利加。就在向君士坦丁堡呼吁援助夺回该城时，几年前与弟弟布来达一起接管匈奴王国的阿提拉对多瑙河流域行省发动了毁灭性的入侵。

昙花一现的匈奴帝国在巴尔干地区的影响是长期且巨大的。与其他部落领袖不同，阿提拉认识到指挥攻城战的必要性，他几次入侵巴尔干地区所留下的破坏痕迹在该地区的考古学中依然清晰可见。狄奥多西二

图7.2 公元412年至414年，狄奥多西二世时期的总督安特米乌斯（Anthemius）在君士坦丁堡修建的一段城墙。公元447年，在一次地震中，这段城墙遭到破坏，之后又进行了修复，并在城墙之外修建了另一段城墙。

世（统治时间为公元408—450年）的宫廷对巴尔干地区不安全的担忧，反映在为君士坦丁堡建造的大规模新防御墙上（图7.2）。

公元451年，阿提拉（自几年前布来达去世后，他一直是唯一的统治者）不仅对西方政权，而且对高卢北部开始出现的一个继承国——法兰克人的王国——编造了一系列借口，并率军队讨伐他们。然而，阿提拉被一支由占领法国北部和西部的日耳曼部落、西哥特人和埃提乌斯领导的罗马野战军残余组成的联军所击败。在法国东北部的沙隆战役结束后，阿提拉返回家乡，却在第二年又向意大利发动了破坏性的突袭。在那次突袭结束回国后，公元453年，他娶了一个叫伊里科（Ilico）的日耳曼女人，新婚之夜死于血管爆裂，他的王国在接下来的几年中分崩离析了。

埃提乌斯带领罗马人在沙隆战役中取得了胜利，但这并不能缓解宫廷对他的仇恨。公元454年9月，瓦伦提尼阿努斯亲自带队在意大利拉文纳的皇宫里对他发动肢体攻击，并将他杀死。几个月后，一些以前的军官谋杀了瓦伦提尼阿努斯，一个富有的元老马克西姆斯在这些年取得了相当大的影响力，他将王位据为己有，结果又引发一场彻底的灾难。汪达尔国王盖萨里克（统治时间为公元428—477年）模仿阿提拉（他声称自己是受霍诺留斯的女儿霍诺里亚的指使而入侵西方帝国的），声称瓦伦提尼阿努斯的遗孀尤多西亚（Eudoxia）曾向他求援（见本页：盖萨里克）。公元455年，汪达尔舰队驶上台伯河，洗劫了罗马。

盖萨里克

盖萨里克最著名的事迹是攻陷罗马。他身材适中，因坠马而瘸腿。他是一个深思熟虑的人，很少说话，鄙视奢华。他怒气冲冲，渴望利益，善于谈判，随时准备挑拨离间以引起仇恨。

（约达尼斯，《哥特历史》33，168）

盖萨里克对罗马的洗劫，甚至比阿拉里克的洗劫更暴露了后期帝国政府的致命弱点。实际上，西方皇帝此时控制的领土比公元前264年阿庇护·克劳狄乌斯跨入西西里开始第一次布匿战争时罗马共和国政府控制的领土要多。也就是说，西罗马帝国的力量与共和国中期的力量不可同日而语。公元前3世纪罗马的权力是建立在整个意大利连贯的联盟体系，以及公民对战争与和平的决定权之上的。出于最起码的自身利益，罗马和同盟国的人民群众能够致力于广泛构想的社会目标。与此相反，公元5世纪皇帝的权力是建立在日益压迫性的税收制度基础上的，帝国居民对决策的影响微乎其微（在大竞技场中抗议、暴动、拒绝付款或逃跑是他们不赞成政府行动的最常见反应）。此外，帝国的居民并没有像公元前3世纪那样参与自己的防卫，而是依靠埃提乌斯等军阀手中的军事编制来保障自己的安全，而这些军阀往往把自己的私利置于国家利益之上，因此，当盖萨里克在非洲各地推进时，有相当一部分驻军撤到意大利打内战。西方指挥机构中似乎没有人对海战有任何兴趣和经验，甚至没有一支舰队来保卫意大利的海岸线：在两次努力夺回北非的战斗中，舰队不得不从君士坦丁堡进行补给。

由于没有罗马舰队可与之抗衡，汪达尔人的舰队在地中海西部称王称霸；由于阿尔卑斯山以北没有留下重要的罗马军事机构，法兰克国王巩固了他们在法国北部的势力，西哥特人也巩固了他们在法国南部和西班牙的势力。西方政权在意大利的政治，大约从公元457年开始由一位名叫里奇默（Ricimer）的将军主导。里奇默是西班牙苏维汇族和西哥特族中王室血统的后裔，他在埃提乌斯的领导下进入帝国统治核心，并以西方“皇帝制造者”的身份出现，将一系列傀儡放在王位上（包括东方皇帝派往西方的一名候选人），直到他自己于公元472年8月18日去世。三年后，另一将领俄瑞斯忒斯（Orestes）宣布其子罗慕路斯称帝（**图7.3**）。一年后，即公元476年，俄瑞斯忒斯的一位将军奥多亚克推翻了罗慕路斯，并自封为意大利国王（见第333页：公元476年的记述）。奥多亚克是一个时代的产物。他是阿提拉一个重要亲信的儿子，他的职业生涯始于在日耳曼与法兰克人作战，然后转到意大利为里奇默服务，成为帝国卫队的指挥官。为了顺应时代的发展，他在拉文纳建立了自己的宫廷，并把罗慕路斯送进了内部流放地，一个可以眺望那不勒斯湾的庄园里。东方皇帝芝诺也面临着自己的问题，他拒绝任命新的皇帝，另一个王位的追逐者退出了巴尔干半岛。

盖萨里克死于公元477年，也就是罗慕路斯被废黜的那一年。通过将北非从意大利分离出来，盖萨里克注定了与西方政权的无关性。在他攻陷罗马的过程中，他可能会假装自己是在回应尤多西亚的祈祷，但实际上

图7.3 罗慕路斯·奥古斯都在这枚钱币中的形象，是在公元475年，年仅16岁，被他的父亲俄瑞斯忒斯宣布为皇帝时，次年他被废黜。罗慕路斯的名声作为罗马在西方的最后一位皇帝，在很大程度上要归功于他与罗马城的创始人同名的讽刺意味。尤利乌斯·尼波斯（Julius Nepos）被俄瑞斯忒斯废黜，但他继续统治高卢和达尔马提亚（Damlmatia）的部分地区，直到公元480年被暗杀，他可能更有理由要求获得罗马帝国最后一帝的称号。

公元476年的记述

（罗慕路斯）俄瑞斯忒斯的儿子奥古斯都听说芝诺在赶走巴西利斯库斯（Basiliscus）后，再次掌握了东方的皇权，他强迫元老院向芝诺派出大使，说他们不需要自己的皇帝，一个皇帝对两个地区都足够了。（他们还说）他们选择了奥多亚克作为一个合适的人选来照顾他们的事务，因为他有政治和军事经验。他们还要求芝诺任命他为元老，并授予他意大利的政府……

［马勒古（Maichus），片段14，布洛克利译］

他可能会被看作是在实现维吉尔在迦太基王后狄多死时放在她心中的幻象：一个复仇者会从迦太基来惩罚埃涅阿斯的后裔。

东罗马与西罗马的皇帝，从狄奥多西二世到查士丁尼（公元408—527年）

狄奥多西二世的政权与其说是兴旺发达，不如说是幸存下来，而这也主要是靠两位能干的妇女的努力，即皇帝的妹妹普尔喀丽亚（Pulcheria）和他的妻子尤多西亚。虽然这两个女人似乎对对方怀有很深的仇恨，但她们都试图通过扩大皇宫和教会之间的联系来扩大自己的权力（巧合的是，她们的兄弟或丈夫也是如此）。在这样做的过程中，他们追随了狄奥多西一世的脚步，后者向他的东方臣民介绍了自己，宣布他对《尼西亚信经》的虔诚，并在君士坦丁堡召开了一次会议，谴责罗马和亚历山大主教以外的教义。

在狄奥多西二世（或其高级顾问）的思想中，似乎占主导地位的世俗问题是维持帝国完整的可取性问题。为此，他（或他的顾问们）派遣了一支又一支的远征队到西方去——普利斯库斯认为这种活动是愚蠢的——并决定颁布一部大规模的新法典。虽然《狄奥多西法典》完成于公元437年，但仍然是一项惊人的成就，它围绕着数百个标题收集和组织了成千上万的文本，但它的象征意义可能比法律价值更大。虽然总督们被指示如何使用这些文本（最新的文本胜过旧的文本），但新的条例仍在不断发布，因此内容往往很快会过期。

作为一份历史学文件——君士坦丁从公元312年开始发布的立法开始，倾向于省略带有尤利阿努斯名字的文本，并忽略了戴克里先时期编纂的法典中的早期材料——《狄奥多西法典》传达了一个明确的信息：狄奥多西的帝国是一个深刻的基督教帝国。此外，由于法典第十六卷整部书都是专门用来规范基督教会的条例，所以法典也对皇帝和他的信仰之间的关系做出了明确的声明。第十六卷的开篇部分包含了狄奥多西界定基督教教义的三部律法：第一部律法是根据罗马和亚历山大港所解释的《尼西亚信经》；第二部律法指出，其他某些东方主教所颁布的教义与《尼西亚信经》一致；第三部律法指出，公元360年君士坦丁堡的信条［亚他那修等敌人认为该信条基本上是阿里乌斯教派（Arian，见第305页）］与《尼西亚信经》一致。第十六卷第四节包含了六条针对争论宗教的人的裁决；而第五节提供了不少关于异端的裁决；第六节是关于洗礼的性质（这并不重复——这在多纳图派坚持再次洗礼的北非是很重要的一点）；第七节是关于叛教者（那些拒绝基督教的人）；而第八节和第九节共包含了不利于犹太人的三十四条裁决；第十节只提供了二十五条关于异教主题的裁决。法典的最后一个文本肯定不是偶然的，这是对禁止多纳图派在北非传教的肯定（见第334页：《狄奥多西法典》中的最后文本），这是一个非常有趣的选择。当法典在西方提出的时候，多纳图派在北非的大部分地区实际上是在汪达尔人的控制之下。

《狄奥多西法典》中的最后文本

皇帝阿卡狄乌斯、霍诺留斯和狄奥多西致阿非利加总督狄奥蒂莫斯（Diotimus）。我们希望将我们的仁慈之心送达阿非利加各地的法令能在许多地方张贴出来，以便所有人都能了解万能的天主的真正的天主教信仰，通过正确的思想承认的信仰，将被保留下来。斯提里科（Stilicho）第二次执政和安特米乌斯（Anthemius）第一次执政（公元405年）3月5日于拉文纳寄出。

（《狄奥多西法典》16.11.2）

皇帝霍诺留斯和狄奥多西致马塞利努斯（为结束多纳图派争端而派遣的官员）。你好，我们希望，那些在天主教法方面，或者是古代曾经规定过的，或者是我们父辈建立的宗教权威，或者是我们的宁静得到加强的东西，能够随着新的迷信的消除而保持安全和不受侵犯。在最尊贵的瓦拉涅斯（Varanes）执政期间（公元410年）10月14日于拉文纳寄出。

（《狄奥多西法典》16.11.3）

因此狄奥多西是想说，在一个理想的世界里，无论是汪达尔人还是多纳图派都不会继续存在太久吗？

在《法典》第十六卷的背景下，皇帝在宗教方面的主要关注点是强加“正统”或“端正思想”的信仰，这就不足为奇了。从国内政策的角度来看，狄奥多西二世在位期间最具争议性的时刻是公元431年和449年在以弗所召开的议会。争论的焦点一如既往，是三位一体的性质。《尼西亚信经》认为，基督是“道”的神的化身，他是绝对的与神相同的物质，而圣母玛利亚是“神的母亲”。但是君士坦丁堡的聂斯脱利主教（Nestorius）却恢复了一个与阿里乌斯的传统并不完全相同的传统，他说，虽然基督的神性与父的神性相同，但他也被赋予了人性。公元431年的议会谴责聂斯脱利（他恰好是普尔喀丽亚的宠儿，其势力在当时被尤多西亚的势力所掩盖）为异端。公元449年的议会基本上确认了公元431年宣布的学说。

当狄奥多西于公元450年从他的马背上摔落去世后，普尔喀丽亚同意嫁给一个将军马尔西安，前提是他必须同意尊重她的贞操（他做到了）。第二年，在迦克墩（君士坦丁堡的博斯普鲁斯海峡对面）召开了一次会议，制定了一个新的信经，该信经被宣布与《尼西亚信经》完全一致，理由是它只是对该信经的“解释”。这是对“解释”定义的延伸，并比许多人预想的更遥远，因为这个新的信经涉及基督有两个本性的声明，在“他被造为人”之后变成了一体。虽然《迦克墩信经》似乎已经弥合了聂斯脱利和《尼西亚信经》信徒之间的差距，以及与罗马主教所定义的信仰实践的差距（他曾强烈抗议以弗所的教义），但它却被叙利亚和埃及的主教们所厌恶。在一个多世纪的时间里，有关《迦克墩信经》的分歧一直使教会处于分裂状态中。

虽然像迦克墩和以弗所这样的会议导致了严重的分裂，但它们还是为帝国边缘地区和皇帝之间的沟通提供了场所。主教们成百上千地聚集在一起，皇帝也出席，说的是希腊语而不是宫廷的拉丁语。尽管争端变得激烈，但这种会议的召开对于维护（东方）帝国的整体统一具有巨大的意义。

种族与宗教

马尔西安（统治时间为公元450—457年）即位时，匈奴人的威胁随着阿提拉的死亡而消退，但阿提拉帝国的崩溃所造成的不稳定，使越来越多的部落越过多瑙河迁移。吸收现在迁入伊利里库姆的部落成为接下来几十年的主要问题之一，因为东方军队的指挥结构在来自帝国希腊语地区的人——主要是土耳其南部陶鲁斯边缘的高地，一个被称为伊苏里亚的地区——和那些起源于帝国之外的人之间产生了分歧。血统问题与宗教问题密不可分。马尔西安去世时最有权势的将军是阿斯帕尔（Aspar，阿兰人），他不能亲自登基，因为人们普遍认为如果哥特人和其他来自边境以北的民族是基督徒的话，他们都是阿里乌斯派的异端。这也可以解释为什么在西方，里奇默从来没有去自立为皇帝，而奥多亚克也没有接受帝王的称号。从形式上看，哥特人可以成为阿里乌斯教派的概念是明显错误的。阿里乌斯的信条从来就不是官方的，带头皈依哥特人的乌尔菲拉斯所持的信仰与君士坦提乌斯二世的信仰一致（见第309页），而且要命的是，狄奥多西甚至宣布君士坦提乌斯二世的君士坦丁堡最后的信经算得上是正统。《迦克墩信经》承认基督可能有独立的人性，实际上比哥特人可能相信的任何观点更接近阿里乌斯派。于是问题在于，一旦民族与宗教联系在一起，成为"罗马人"就意味着是"合乎逻辑的"，而成为"日耳曼人"则是"其他思想"或"异端"。

因此，宗教掩盖了种族偏见，使阿斯帕尔不可能继承马尔西安。然而，他的支持对确保一个名叫利奥的以赛亚将军（统治时间为公元457—474年）在公元457年继承王位至关重要。利奥在一个反映首都双重权力结构——罗马和日耳曼——的迷人仪式中，先是得到了士兵的热烈欢迎，然后由君士坦丁堡的族长为其加冕。利奥曾在不同时期试图干预西方，支持一些人称王，甚至掏空帝国国库，发动大规模的远征，将汪达尔人从北非据点赶走。为了领导这次远征，他选择了他妻子维里纳（Verina）的弟弟巴西利斯库斯（Basiliscus）统领军队。事实证明，巴西利斯库斯格外无能，汪达尔王盖萨里克烧毁了他的舰队。

尽管发生了这场灾难，利奥还是坚持到了公元474年，在他统治的晚年，他与另一位以赛亚军官芝诺（统治时间为公元474—491年）紧密结盟。他以叛国罪处死了阿斯帕尔之后，利奥就立即安排芝诺的儿子娶了他的女儿阿里阿德涅（Ariadne）。当利奥死后，理论上帝位将由芝诺的儿子和阿里阿德涅的孩子继任，这个孩子也叫利奥。这些计划在利奥死后立即被小利奥的死打乱了，这意味着王位落到了芝诺手中。芝诺在执政的第一年，在巴西利斯库斯和维里纳领导的一场大叛乱中勉强活了下来。他之所以能活下来，主要是因为巴西利斯库斯没有接受《迦克墩信经》，并遭到首都及其周围宗教机构的反对。芝诺的胜利既是外交上的胜利，也是军事上的胜利。他很快就会被要求使用这些外交技巧来解决一个涉及西罗马帝国命运的危机。

阿斯帕尔的儿子们在父亲被屠杀后幸存下来，与当时统治巴尔干半岛的两个哥特势力中的一个联合起来，这两个势力都是由名叫狄奥多里克的人领导的。在巴西利斯库斯反叛芝诺的最初阶段，一个狄奥多里克——斯特拉波（Strabo）——站在叛军一边，而另一个——阿玛尔（Amal）则为皇帝而战（见本页：两个狄奥多里克）。一旦芝诺已经确保了王位，两个狄奥多里克便开始战斗，狄奥多里克·斯特拉波倾向于站在

两个狄奥多里克

色雷斯的哥特人来找芝诺，他们受条约的约束，罗马人称他们为同盟者（*foederati*），要求芝诺与特里乌斯（Triarius）的儿子狄奥多里克签订条约，狄奥多里克希望过上和平的生活，不与国家发生任何战争。虽然狄奥多里克是他们的朋友和将军，他们要求他把自己作为敌人对罗马人造成的伤害与瓦洛玛（Valomar）的儿子狄奥多里克对城市造成的伤害进行比较。

（马勒古，片段15，布洛克利译）

帝国的立场，直到他在公元481年死亡。斯特拉波的死亡似乎提升了狄奥多里克·阿玛尔在巴尔干当时（也可能在这之前的一段时间）称为东哥特的地位。

在一次大规模的突袭即将到达君士坦丁堡时，芝诺与狄奥多里克约定，如果他把奥多亚克——罗慕路斯的继位者——从意大利的王位上赶下来，他将得到帝国的祝福。经过五年的苦战，奥多亚克在公元493年投降，却在晚餐时被狄奥多里克杀害，他声称自己是在为过去被奥多亚克或他某个被杀害的亲属报仇。随后，狄奥多里克建立了意大利的东哥特王国，首都设在拉文纳，但在理论上作为君士坦丁堡皇帝的代表，统治了整个半岛。

东哥特对意大利的征服，使西方帝国完成了对四个主要王国的划分，在边缘地带还有一些小王国。在每个王国中，似乎以前的罗马贵族倾向于代表教会和市政管理，而他们的新日耳曼国王则认为自己主要是军事人物。传统意义上，有文化的罗马人和他们的日耳曼新统治者之间的联盟，在很多诗人的作品中得到了很好的体现，如西多尼乌斯·阿波利纳里斯（Sidonius Apollinaris，约公元430—485年），他为瓦伦提尼阿努斯三世的几位继任者服务并为恩诺迪乌斯（Ennodius，约公元473—521年）写过诗，还为狄奥多里克写过诗。罗马贵族卡西奥多卢斯（Cassiodorus，约公元485—580年）的大量书信集则为了解罗马人和东哥特人在民政管理上的互动提供了重要见解。长期以来，他们的民政管理很大程度上一直保持各自原有的模式。他的亲戚波爱修斯（Boethius，约公元480—524年）所写的《哲学的慰藉》（*Consolation of Philosophy*），反映了双方之间可能存在的紧张关系。事实上，波爱修斯认为自己是积极保护罗马人免受哥特官员压迫的代表，但当三个罗马人在公元524年指控他对狄奥多里克的叛国罪时，他就被打倒了。

除了奥多亚克在意大利被狄奥多里克取代，西罗马权力结构最重大的变化发生在公元500年左右。这一变化涉及法兰克王国在国王克洛维斯（统治时间为481—511年）的带领下发展成为一个有志于不仅统治高卢大部分地区，而且还要统治莱茵河以东相当大领土的国家。公元507年，克洛维斯在普瓦捷（Poitiers）城外的武伊勒战役中击败了西哥特国王阿拉里克二世。如同杀死许多对手一样，他亲手杀死了阿拉里克二世。这一胜利之后，法兰克人接管了法国大部分西哥特人的土地，使西哥特人基本上成为西班牙的势力。

克洛维斯继续统治到公元511年，而狄奥多里克仍然在他的宝座上作为意大利国王统治到公元526年。一年后，一个新的皇帝在君士坦丁堡登基，他的梦想是恢复整个地中海地区的皇权。这位君主就是弗拉维乌斯·彼得鲁斯·萨巴蒂乌斯·查士丁尼乌斯（Flavius Petrus Sabbatius Justinianus），我们更简单地将他称为查士丁尼（Justinian）。

查士丁尼的远见（公元527—565年）

查士丁尼大概在公元482年出生于色雷斯。他的叔叔查士丁在利奥统治时期入伍，参加了宫廷卫队，并一路高升，主要是因为他总是能保持阿里阿德涅对他的好感。到了公元492年，现在是阿纳斯塔修斯（统治时间为公元491—518年）统治时期，查士丁已经升为高级军事指挥官。这时，与波斯人爆发了战争。这场战争相比以前与波斯人的冲突有更尖锐的宗教原因，因为萨珊人坚持琐罗亚斯德教启示的优越性（见第279页）。随着他们在美索不达米亚的大量臣民皈依基督教，萨珊人的态度似乎逐渐变得强硬起来，罗马皇帝也表示他们对基督徒同胞的福祉有兴趣。

对阿纳斯塔修斯来说，问题在于，他自己对迦克墩教派的亲和力充其量是冷淡的，而他的大多数东方臣民都坚决敌视这一学说，他们认为这是西罗马帝国强加的。迦克墩的敌人曾对基督有两个本性的观念作出评价，主张基督一性论派（Monophysitism）。阿纳斯塔修斯在保卫东方和与当地的权力掮客建立联盟时，自己也明显地向一性论的方向倾斜，这就触怒了西方军队中迦克墩派的支持者。这些军队的指挥官维塔利安（Vitalian）起兵造反，打败了阿纳斯塔修斯派来对付他的军队，并两次进攻君士坦丁堡。虽然阿纳斯塔修斯第二次被打得很惨，但是维塔利安隐退了，可这仍然是一支不可忽视的力量。

阿纳斯塔修斯死于公元518年，查士丁（统治时间为公元518—527年）通过宫廷政变，取代了阿纳斯塔修斯的亲属的王位。在这场政变中的关键人物之一是查士丁的养子查士丁尼。查士丁扭转了阿纳斯塔修斯的一性论倾向，把维塔利安带到宫廷，作为他的副手（并将他谋杀）。但查士丁仍处于弱势地位，事实上，在此前的五十年中，每一个皇帝都是如此，只有通过与宫廷官僚精明的交涉才能生存。正是这种权力谈判的需要，使查士丁尼在公元521年疯狂地爱上了一个前女演员和单亲母亲狄奥多拉（Theodora），她显然拥护一性论派。

普罗科匹厄斯论狄奥多拉

她和她的情人开玩笑，乐于不断设计新的性技巧。她总能赢得那些容易产生快感的人的心，她并不指望和她在一起的男人能接近她，而是说笑着，暗示性地扭动着臀部。她会接近所有来的人，尤其是年轻的男人。从来没有一个人如此奴役所有的快乐；她经常会带着十来个年轻人，或者更多的年轻人来参加一个公开的宴会，他们正处于体力和性能力的鼎盛时期，她会和她的同伴们整晚都在做爱，当他们疲惫不堪的时候，她会带着他们的随从——多达三十个随从——和他们每一个人做爱，而她仍然欲求不满。

（普罗科匹厄斯，《秘史》9.15-16）

妓女狄奥多拉的不光彩形象是由当时的主要历史学家普罗科匹厄斯的《秘史》（见本页：普罗科匹厄斯论狄奥多拉）描绘的。普罗科匹厄斯不可能是唯一一个对狄奥多拉有看法的人。事实证明，狄奥多拉在塑造国家政策方面是一股异常强大的力量，就像她之前的阿里阿德涅和普尔喀丽亚一样（见第338页：拉文纳的马赛克）。他对查士丁尼的强烈不满和有些矛盾的态度使我们能够捕捉到当时的政治激情。正是由于这些著作中最广泛的关于查士丁尼战争的记载，我们才有了关于查士丁尼努力恢复帝国对西地中海控制的了解。由于普罗科匹厄斯在他的战争史中还描述了阿非利加和意大利的日耳曼王国是如何形成的，所以他的作品对公元4世纪中叶以后的西方历史也很重要。前半个世纪历史的另一个主要来源是居住在查士丁尼宫廷的史学家——历史学家约达尼斯，他的主要著作是用拉丁文写的哥特人的历史。这时还有一位颇为重要的人物，也是一位来到宫廷的西方人，他是一位神学家，名叫狄奥尼修斯（意思是“矮小者”或“微不足道者”）。正是狄奥尼修斯推广了一套基于耶稣基督出生日期的系统，即耶稣基督出生的日期比耶路撒冷第二圣殿的推定日期晚490年。在罗马人看来，这使得基督的出生，是在普布利乌斯·伦图鲁斯和卡尔普尼乌斯·皮索的执政时期，在现在被称为公元前1年的日期。事实上，虽然这个日期与《马太福音》（*Gospel of Matthew*，公元前4年，希律大帝去世）或《路加福音》[在公元6年，苏尔比基乌斯·奎里尼乌斯（Sulpicius Quirinius）担任叙利亚总督]中提供的耶稣诞生日期相冲突，但并没有阻止它逐渐成为作为现代世界大多数数字纪年的系统。

拉文纳的马赛克

图7.4

图7.5

这两幅马赛克出现在拉文纳圣维塔莱教堂（San Vitale）的顶楼，为皇帝查士丁尼和他的妻子狄奥多拉提供了强有力的形象（**图7.4和图7.5**）。在第一幅马赛克中，查士丁尼身披紫衣，头戴王冠，手捧着圣餐盘（盛放圣餐面包的金碗）。皇帝周围人物的排列强调了公民和主教等级制度的统一。拉文纳大主教马克西米安努斯——马赛克中唯一有名字的人物——和其他神职人员位于皇帝的左边；宫廷官员和警卫兵位于查士丁尼的右边。在第二幅马赛克中，狄奥多拉在前面中间的位置。她也戴着王冠，并拿着一个祭品（一个装有圣餐酒的金杯）。皇后被宫廷中的女士们簇拥着，她们一起通过一个有帘子的门廊进入教堂。这些马赛克是在查士丁尼的军队于公元540年占领拉文纳后不久制作的。虽然皇帝和他的妻子从未造访过这座城市，但这些图像是强调拉文纳与东罗马帝国统一的重要手段，也是维护查士丁尼在意大利的权威的重要手段。事实上，狄奥多拉在图中的位置如此突出，也说明了她在皇帝宫廷中的独特地位。

新法典

与查士丁尼大规模的新编罗马法相比，所有的知识都显得微不足道。此时，一部法律法典的颁布可能比以往任何时候都具有重要的象征意义，因为西方的日耳曼国王现在也在模仿罗马人颁布自己的法律。

在公元506年（他与克洛维斯的致命遭遇的前一年），阿拉里克二世为罗马臣民颁布了一部法律法典，该法典由两部分组成：一部是法律的合集［主要来源于《狄奥多西法典》和后来该皇帝的立法，这些法律已被收集为《狄奥多西新律》（*Novels of Theodosius*）］，另一部是基于早期法典［包括两部《戴克里先法典》（*Diocletianic Codes*）的摘录］的“法律”声明。同样，另一套法律《勃艮第人的罗马法》（*The Roman Law of the Burgundians*）也是由国王贡多巴德（Gundobad）颁布的。贡多巴德曾在公元472年短暂地接过里奇默的衣钵，担任帝国皇帝，然后离开意大利，在勃艮第人中担任王政职务。勃艮第人属于东日耳曼部落，他们在公元406年底边境被攻破后越过莱茵河，一直留在高卢东部。虽然贡多巴德和那个时代的任何一位日耳曼国王一样危险（他谋杀了原本与他分享权力的两个兄弟），但他的法典是独立法律推理的一个有趣的代表，说明它是在一些早期罗马资料的基础上制定了法律规则。

《查士丁尼法典》成为后来罗马法律的基础。它的编写是查士丁尼努力主张对政府进行中央控制的一个手段，这种控制过程在以前的几十年里是严重缺乏的。为此，他的律师们在一个叫特里波尼安（Tribonian）的人的带领下，以非凡的速度开展工作。第一次编纂法典的努力始于公元528年，并在一年后完成（这部法典中唯一剩下的段落已通过纸莎草纸流传下来）。接下来的工作是收集五十项决定，以作为另一部法典的开头。特里波尼安在准备将早期法学家的工作汇编成五十卷书，现在称为《学说汇纂》。《学说汇纂》于公元533年12月30日正式完成，与它同时出版的还有一部教科书（该书也具有法律效力），即《法学阶梯》（*Institutes*）。我们对罗马法思想的了解，很大程度上就来自这项惊人的事业。最后，在公元534年11月16日，通过借鉴《戴克里先法典》和《狄奥多西亚法典》以及后来的立法，颁布了一部新的法典，共十二卷。《查士丁尼法典》第一卷涵盖了教会法；第二卷至第八卷涵盖了私法；第九卷涵盖了刑法；第十卷至第十二卷涵盖了行政法，呈现了公元2世纪以来帝国立法的轨迹。虽然许多文本被大量编辑（当与《查士丁尼法典》中包含的版本进行比较时，同样出现在《狄奥多西法典》中的文本变得非常显眼），但它们对于我们理解皇帝在帝国统治的许多世纪中如何开展工作仍然至关重要。对查士丁尼来说，法典代表了他的希望，即他可以在上帝的保护下稳定帝国的法律，但这可能仍然是一个梦想。后来的立法显示了皇帝总是在寻求更好的东西。在这种情形下，法律的制定与查士丁尼在西方收复失地的行为并驾齐驱。

战争与反叛

在修订法律的过程中，查士丁尼也挑起了与波斯的战争，通过扩大罗马控制沿黑海东岸，并在美索不达米亚，特别是靠近尼西比斯，一个叫达拉的地方建设新的坚固基地。达拉也是约维阿努斯在公元363年投降的要塞。经过两场重大战役——一场（在达拉）罗马人毫无争议地取得了胜利，另一场（在幼发拉底河上的卡利尼库斯）险些成为一场彻底的灾难——以及波斯的继承危机，和平谈判开始了，波斯人索取了一大笔钱才同意停止对帝国的攻击。公元532年1月，君士坦丁堡的大竞技场爆发了大规模的暴动，查士丁尼与波斯人的谈判受到了严重的挫折。由于暴徒使用了大竞技场的“尼卡”（Nika）或“胜利”的叫声，于是被称为“尼卡起义”，这次暴动是在城市长官在之前的一次暴动后，为了强行维持秩序而做出了非常糟糕的努力之后爆发的。最终的结果是君士坦丁堡本身遭到了大规模的破坏，阿纳斯塔修斯的亲戚所领导的反对查士丁尼的政变流产，查士丁尼的军队屠杀了数以万计的暴乱者。被派去镇压暴动的人之一是最近从对波斯的指挥部召回的将军贝利萨里乌斯（Belisarius），不久他就被派去成为力图恢复西方帝国政府的领导者。

与波斯的和平协议和尼卡的暴动损害了查士丁尼的地位，并给已经紧张的国库带来了更大的压力。如果查士丁尼要想不步入前任无所作为的后尘，就必须采取大胆的举措。其中一项有效的措施就是重新征服西方（**图7.6**），狄奥多拉可能在其中发挥了一定的作用。从行动上看，这个计划反映了帝国权威的崩溃：首先要收复阿非利加和西西里（对支持军事活动和重建至关重要），然后再着手推翻意大利的东哥特政权。第一阶段的战役进行得非常顺利。贝利萨里乌斯于公元533年在阿非利加登陆，击溃了汪达尔军队，夺取了迦太基，并在一年多一点的时间内恢复了罗马的控制。

对意大利的入侵，至少在最初，似乎像入侵北非一样顺利。贝利萨里乌斯的军队在公元536年年底登陆，占领了罗马城，并在经受了长时间的围攻后，突围占领了半岛的其他地区，四年后攻占了拉文纳。然而，东哥特人并不那么容易被击败，他们似乎还保留了相当一部分意大利贵族的忠诚品质。查士丁尼统治期间战争不断，破坏了意大利的农村经济。与波斯的再次冲突使查士丁尼的处境更加复杂，他显然没有精力在两条战线上同时发动一场全面的战争。因此，当波斯国王乔斯鲁斯（统治时间为公元531—579年）于公元540年对叙利亚发动进攻，洗劫安条克，并从其他城市榨取大量金钱时，几乎没遇到任何抵抗。在这个过程中，波斯国王在这些地区掀起了一种趋势，即不加抵抗地接受外国统治，理由是一旦给了足够的钱，波斯人就会让人们继续生活。这种情况一直持续到罗马政权设法重新建立起来。

波斯战争爆发后，又发生了更糟糕的事情。早在公元6世纪30年代，某种灾难，大概是大规模的火山爆发遮住了太阳，导致了异常寒冷的冬天和灾难性的农作物歉收。然后，在公元540年，地中海盆地首次发生鼠疫。这次鼠疫的爆发，比公元165—180年席卷帝国的大瘟疫还要严重，造成了巨大的生命损失。毁灭性的破坏，再加上已经不堪重负的帝国经济，意味着查士丁尼雄心勃勃的计划根本就缺乏使其成功的经济基础。使危机更加恶化的是，狄奥多拉于公元548年去世。她

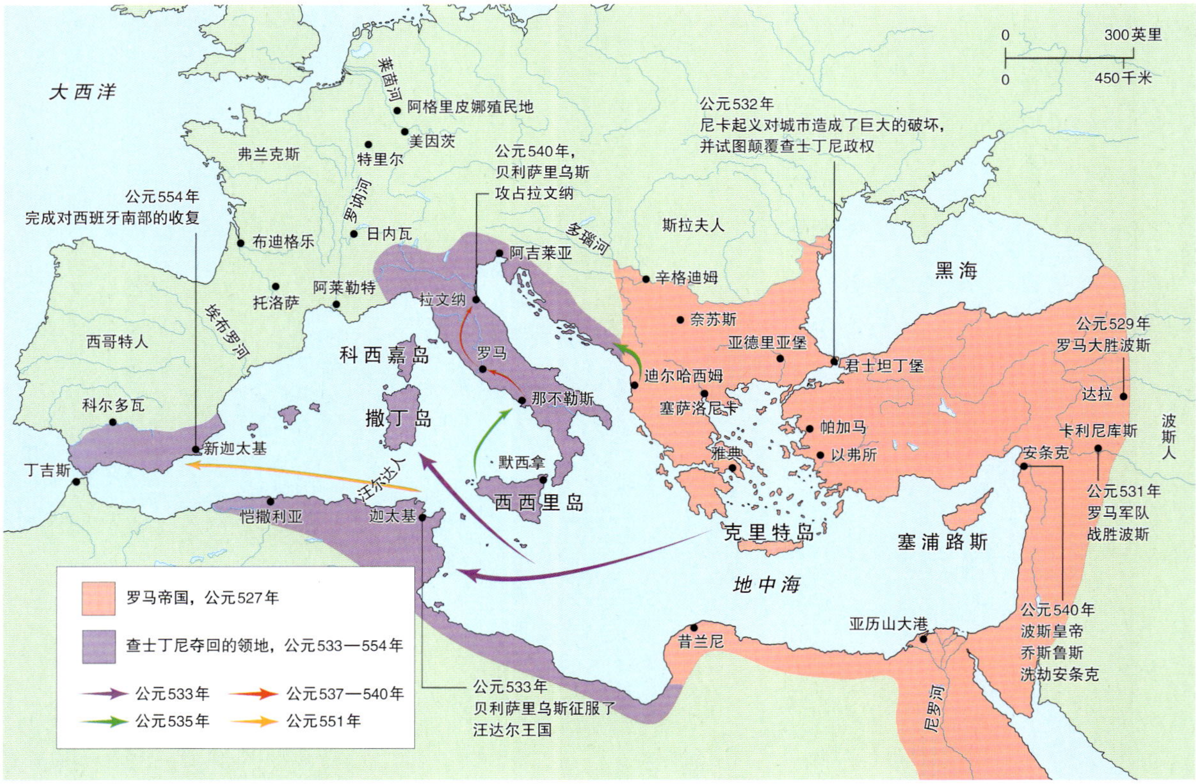

图7.6 这幅地图展示了查士丁尼试图重新征服西部，从公元533年占领北非汪达尔开始。事实证明，对意大利的入侵更为复杂，直到公元562年才完全完成。公元551年，查士丁尼派2000人支持阿吉拉（Agila）国王的叛乱后，开始入侵西哥特的西班牙。

图7.7 君士坦丁堡原有的圣索菲亚教堂在尼卡起义中遭到严重破坏后，查士丁尼在原址上修建了一座宏伟的新教堂。左图为圣索菲亚大教堂的殿堂，长80米，巨大的穹顶高55米，是古代和中世纪时期建造的最大的拱顶式内部建筑。当奥斯曼土耳其人在公元1453年征服君士坦丁堡时，圣索菲亚大教堂被改建为阿亚索菲亚清真寺（Ayasofya Mosque），现在是一座博物馆。

对政府有巨大的积极影响（尽管有普罗科匹厄斯抱怨不停），她曾与特里波尼安紧密结盟（后者似乎在瘟疫期间死亡），采取了实际行动来帮助受到性侵害者伤害的儿童，制定了能够使妓女为自己创造新生活的政策，并多次干预以稳定政权（最近一次是在公元542年，当查士丁尼从瘟疫中恢复时，她阻止了一场军事政变）。如果没有她，政府根本无法如此顺利地运转。

查士丁尼死于公元565年，他关于重建类似于旧罗马帝国的梦想与他一起死亡。他的政治遗产是在尼卡起义后重建首都（**图7.7**），在阿非利加和西班牙部分地区建立帝国驻军（公元551年被占领）。但意大利的战争仍然不断地消耗着帝国；查士丁尼帝国的人口被瘟疫所削减；在与波斯的抗衡中渐渐不敌后者；而在巴尔干边境的防御在一段时间内依靠外交而不是军事力量，正处于崩溃的边缘。

赫勒克留和欧麦尔的世界（公元565—642年）

巴尔干边境的最后崩溃是由于一个新的突厥民族群体，从乌克兰迁出的阿瓦尔人，进入多瑙河以北地区。公元567年，阿瓦尔人协助一个日耳曼部落——伦巴第人（Lombards）消灭了他们的长期敌人——盖皮德人（Gepids，罗马边境的安全一直取决于罗马人是否有能力将这两个族群对立起来）。然而，伦巴第人认识到他们很可能成为阿瓦尔扩张的下一个目标，于是向南进入意大利，加入现在看来是无休止的半岛控制权争夺战中。伦巴第人能够不费吹灰之力进入意大利，足以说明罗马国家在巴尔干地区投入的兵力是多么的薄弱。

然而，对罗马人来说，严重的麻烦就在眼前。当前基本的问题是，甚至在阿瓦尔人到来之前，斯拉夫人就已经进入了多瑙河口以北的地区。一旦阿瓦尔人确立了自己的地位，斯拉夫人就有与阿瓦尔人结盟突袭罗马领土的趋势。单纯的斯拉夫人似乎远不如当代日耳曼民族组织严密，并不是一个很大的威胁，但当与阿瓦尔人结盟时，他们就构成了一支需要强大的罗马军队来控制的力量。从公元572年开始，意大利战火纷飞，与波斯爆发了新的战争，查士丁二世（查士丁尼的继任者）不得不集中力量对付东方的敌人。阿瓦尔人抓住机会，在巴尔干半岛发动了一系列毁灭性的袭击，最终在公元582年攻占了西尔米乌姆，即罗马修建的、在多瑙河上游的长期堡垒。同年，查士丁二世短暂的继任者提比略被精力充沛得多的莫里斯所取代。

莫里斯（统治时间为公元582—602年）的统治似乎稳定了帝国。作为一名优秀的士兵，他不仅能够击退斯拉夫人和阿瓦尔人，而且还通过利用萨珊王朝内部的严重分歧，将当时看来可能是罗马人的委托人的人强行扶上王位，即乔斯鲁斯二世（Chosroes II，统治时间为公元590—628年）。虽然莫里斯的胜利给人留下了深刻的印象，但却无法扭转巴尔干地区的混乱，以及小亚细亚地区的连锁反应。正是在公元6世纪下半叶，在现在的土耳其西部，我们开始看到明显的城市生活放缓的迹象，人们从城市中心转移到乡村，同时，公共设施的维护普遍下降。当然，这种情况并不是每个地方都是如此，程度也不尽相同，但这种趋势是明显的，说明巴尔干经济的健康状况对爱琴海远端的经济产生了直接影响。

大波斯战争

尽管莫里斯取得了成功，但在位二十年后，帝国高层出现了紧张局势。公元602年，在一位名叫福卡斯（统治时间为公元602—610年）的将军的指挥下，巴尔干军队发动兵变，向君士坦丁堡进发。公元602年11月25日，福卡斯占领了皇宫。两天后，莫里斯和他的孩子们在迦克墩被处死（或者说看起来是这样）。大屠杀后不久，一个叫狄奥多西的人，自称是莫里斯的儿子，出现在泰西封，要求乔斯鲁斯二世恢复他的王位，就像莫里斯曾经通过援助乔斯鲁斯二世，尊重萨珊国王的合法继承权一样。我们无从得知这个狄奥多西是否真的是莫里斯的儿子。但我们知道，他的要求引发了罗马帝国和波斯帝国之间的战争，这场战争将严重地削弱他们双方的实力，以至于他们都将成为一个从未想象过的势力的牺牲品。这个势力将在二十年后在阿拉伯北部壮大。

从公元603年到610年，罗马与波斯的战争缓慢而稳定地进行，以至于在公元610年秋天，阿非利加总督在他的儿子赫勒克留（统治时间为公元610—641年）的指挥下组织了一支舰队，推翻了福卡斯。10月5日，福卡斯去世，赫勒克留当上了皇帝。在接下来的十四年里，事情从糟糕变到更糟糕。从公元611年开始，安条克被攻占。与查士丁尼统治时期的入侵不同，乔斯鲁斯二世不是进行简单的掠夺，而是要占领。公元614年，波斯人摧毁了耶路撒冷，作为给那些想要抵抗、拒绝投降的城市的教训，公元619年，他们占领了亚历山大港。帝国毁灭的舞台已经搭好了，因为乔斯鲁斯二世与阿瓦尔人结盟，并开始了一系列对小亚细亚的极具破坏性的入侵，最终在阿瓦尔人的协助下，于公元626年围攻君士坦丁堡。然而，赫勒克留并不在城内。他把他的大部分军队带进了亚美尼亚，甚至在君士坦丁堡的包围圈瓦解的时候，他率领一支包括大量土耳其辅助部队在内的军队进军伊拉克北部。公元627年12月12日，赫勒克留在伊拉克北部摩苏尔附近的尼尼微（Nineveh）战役中摧毁了萨珊军队（见第343页：尼尼微的胜利）。第二年，乔斯鲁斯二世被暗杀，随后一片混乱。这种情况一直持续到波斯军队的新指挥官还在当时是波斯人占领的近东地区谈判，波斯人撤离了所有的罗马领土，这样新的指挥官就可以自己称王了。公元630年终于达成和平，赫勒克留凯旋进入耶路撒冷。

在琐罗亚斯德教教徒（他们对这些问题不感兴趣）统治了近二十年之后，赫勒克留的亲卡尔西尔顿式（pro-Chalcedonian）的政权并没有受到普遍欢迎。叙利亚、巴勒斯坦和埃及的教会长期以来一直是基督一性论思想的大本营。在狄奥多拉的帮助下，该运动在公元6世纪的过程中得到了加强，并抵制了查士丁尼在

尼尼微的胜利

他（赫勒克留）找到一块适合作战的平原，把军队安排得井井有条，向士兵们发表了讲话。拉扎特斯（Razates）到了那里，把他的军队分成三个师，向皇帝进发。12月12日，周六，已经开战。皇帝在所有其余人的前面，他与波斯人的指挥官交战，借着上帝的力量，在圣母玛利亚的帮助下，他击倒了他的敌人，他带领着那些与他一起前进的人。紧接着，皇帝与另一个人交战，并杀死了他。第三个人袭击了皇帝，他用长矛击中了他的嘴唇，使他受伤。皇帝杀死了这个人，当号角声响起的时候，双方互相攻击，在激烈的战斗中，皇帝的那匹名叫多科斯（Dorkos）的黄褐色马受了伤，被步兵刺伤了大腿，皇帝的脸上也挨了许多刀，但是，由于他戴着一顶用筋腱做的头盔，所以没有受重伤。拉扎特斯、波斯人的三个师长，以及他们几乎所有的队长，还有他们的大部分军队都在战争中倒下了。

［《提奥潘斯纪事》（*Chronicle of Theopanes*）318–319］

公元553年于君士坦丁堡举行的一次会议上为使他们与帝国政权和解而做出的努力。在会上，查士丁尼发布了修订版的《迦克墩信经》，指出虽然在基督里有两个本性，但只有一个意志。然而，这并没有比原来的卡尔西尔顿主义（Chalcedonianism）更容易被一神论者接受。由于教义继续与聚居区认同感相联系，而帝国政府无论何时都倾向于对迦克墩派领导层的歧视，因此，它往往深深地触犯了当地的情绪。事实上，赫勒克留任命的最重要的人员之一——亚历山大教会的新首领——被证明是一个滥用暴力迫害、不合群的神职人员的人，这只会使事情更加严重。

随着萨珊帝国在长期战争中疲惫不堪地陷入混乱，帝国政权似乎在风暴中幸存了下来，并且正在恢复一些稳定。虽然意大利的战争仍在继续，但阿瓦尔人已经屈服，确保了多瑙河沿岸的和平；法兰克国王统治了高卢，西哥特人统治了西班牙；在不列颠，新的盎格鲁-撒克逊社会初现曙光。然而，真正的变化是在这些地区之外发生的，因为帝国世界的一个独特的新产品给阿拉伯西北部的一个新的聚居区带来了法律和启示。这就是先知穆罕默德。

伊斯兰教

波斯人和罗马人对阿拉伯的日益渗透为穆罕默德的崛起提供了背景。任何教派的基督徒都能同意的一点是，做基督徒总比不做基督徒要好，因此，他们有责任让“异教徒”（定义为缺乏信仰的人）皈依自己的宗教。埃塞俄比亚在君士坦提乌斯二世时代就已皈依，阿拉伯沙漠边缘的边境部落从公元4世纪起也纷纷皈依，在与波斯的斗争中，他们往往成为罗马的盟友。波斯以远征阿拉伯和支持强大的亲波斯部落集团作为回应。穆罕默德的启示声称，真主是最伟大的神，远比自古以来崇拜的弱小部落神更伟大，他敦促崇拜这些神的部落团结起来，变得强大（见第344页：对阿拉伯征服者的观念变化）。言下之意，真主的追随者——真主是一个全能神，第一个先知是摩西——将能奋起反抗，制服那些利用他们以前的弱点的人。

穆罕默德的新信息是强大的，但是没有立即被那些当时管理他的家乡麦加（Mecca）的人所接受。在公元622年，穆罕默德被驱逐出麦加，逃到麦地那，在那里他建立了第一个真正的穆斯林聚居区。因此，从麦加逃出的时间是伊斯兰教纪年系统中的第一个时刻，因为它标志着先知的追随者们历史的开始（**图7.8**）。在十年内，穆罕默德在麦加击败了他的敌人，并建立了一个新的部落联盟，开始接纳沙漠中的贝都因人

对阿拉伯征服者的观念变化

在阿拉伯征服的最初阶段，我们不清楚基督徒是否认识到阿拉伯军队是一个新宗教的追随者，或者是否意识到穆罕默德是一个先知。以下文字中的第一篇写于公元640年的叙利亚文，提供了现存最早的征服战役的文献记载，将阿拉伯人简单地称为“穆罕默德的阿拉伯人”。该文本中的年代系统使用塞琉古一世的时代，将新时代的开始定在公元311年（因此我们所知的公元634年被定为945年）。在第二篇文本中，由尼尼微的东方教会亲迦克墩派领袖Isho'yahb主教撰写，他将阿拉伯人称为夏甲人（Hagarenes，这将成为叙利亚基督教界对伊斯兰教信徒的标准称呼）。

公元640年的编年史：

945年，十五年纪年的第七年，2月4日星期五，9点钟，罗马人和穆罕默德的阿拉伯人在加沙以东十二英里的巴勒斯坦发生了一场战斗。罗马人逃走了，他们抛弃了贵族布莱德恩（Bryrdn），阿拉伯人杀了他。巴勒斯坦约有四千名贫穷的村民——包括基督徒、犹太人和撒玛利亚人被杀，阿拉伯人摧毁了整个地区。

947年，十五年纪念中的第九年，阿拉伯人入侵叙利亚全境，并征服波斯。他们登上了马尔丁山（Mardin），阿拉伯人在启达（Qedar）和伯纳塔（Bnātā）杀死了许多僧侣。启达的守门人、有福的西门（blessed Simon）和祭司托马斯的弟弟死在那里。

Isho'yahb主教的信：

Isho'yahb主教，死于公元659年，在他生命的最后十年写下了这两封信，这两段话就来自他的信。这里所说的“把苦难归于上帝的人”是一神论的观点，而我们可以清楚地看到他对阿拉伯人征服的理解的转变，因为他提到“阿拉伯夏甲人”的教义理解对基督徒有影响，他们不再是简单的阿拉伯人。

信48（B）：

如果你们以虚假的借口说（或异教徒欺骗你们说），发生的事情是通过阿拉伯人的命令而发生的，（要知道，这）是完全不真实的。因为阿拉伯夏甲人不帮助那些把痛苦归于真主——万物之主的人。如果不管夏甲人出于什么原因帮助了他们，而你刚好注意到，你就可以告诉夏甲人，并就这件事劝说他们。因此，我的兄弟们，要明智地做一切事情。把恺撒的东西交给恺撒，把神的东西交给神。

信14（C）：

还有那些阿拉伯人，正如你们所知道的那样，目前真主已将世界的控制权交给他们，他们也和我们在一起。他们不仅不是基督教的敌人，而且他们甚至是我们信仰的禁卫军，是我们主的祭司和圣人的荣誉者，是教堂和修道院的支持者。

译自《当基督徒第一次遇到穆斯林——最早的叙利亚文伊斯兰教著作资料手册》
[M.P.Penn, *When Christians First Met Muslims: A Sourcebook of the Earliest Syriac Writings on Islam* (Oakland, 2015): 28; 33–34; 36]

图7.8 位于今沙特阿拉伯麦加的卡巴神庙（Ka'ba）内有象征真主的黑石，并为穆斯林祈祷提供方向性的焦点。黑石上有黑纱，每年更换。作为伊斯兰教最神圣的地方，自公元7世纪伊斯兰教兴起以来，卡巴神庙一直是穆斯林朝圣的中心。

（Bedouin）以及城市中的阿拉伯人，而这些人曾是他最初的听众。先知的追随者随后追捕拒绝接受新启示的阿拉伯人。在公元632年穆罕默德死后，阿拉伯军队已经开始出现在罗马和波斯帝国的边界上。他们现在由穆罕默德的第一个继任者阿布·伯克尔指挥，他似乎允许他的属下建立了一个非常具有企业家精神的系统，这显然允许他们在有机会的地方发动攻击。考虑到罗马和波斯两国战争后的弱点，找到这样的机会简直轻而易举。

罗马人对来自阿拉伯的部落军队突然出现在叙利亚边境的反应是缓慢和无效的。公元636年，被派去击退阿拉伯人（自公元634年起由哈里发欧麦尔统治）的军队在戈兰高地附近的雅姆克与阿拉伯军队相遇。罗马军队几近全军覆没。在接下来的几年里，在阿拉伯人的不断施压下，赫勒克留将防线撤到了塔苏斯一线。在叙利亚和巴勒斯坦的聚居区，罗马人再次离开了他们自己的定居点，与新来的人谈判，期望帝国政府能将在不久后返回。

当赫勒克留于公元641年2月11日去世时，埃及已遭受攻击。这个故事的最后一幕可以看作是罗马驻军在公元642年9月17日从亚历山大港离开。亚历山大港的陷落有效地开创了一个新的时代，在这个时代里，地中海南缘的主导力量将是新的伊斯兰国家。由于西地中海早已被日耳曼的继承国所取代，罗马帝国现在已沦为仅仅是地中海东部的地区性强国，其在阿非利加和西班牙的西部前哨无法轻易得到支持。古典世界终于让位于中世纪。

经济和社会变革

单一的罗马经济体从未存在过。在公元2世纪帝国的鼎盛时期，不同的地方经济通过基于帝国税收制度和与税收制度同时发展，并超越税收制度的再分配制度的交换网络联系在一起。帝国的经济成功源于帝国政府维持这种再分配制度的能力。在大约从公元350年到600年，经济制度出现了重大变化，其中一些变化直接归因于政治发展，此外，还有一些细微变化。为了探讨这些变化，研究一些基础广泛的结构性问题将是有益的：第一，“环境”变化，这些变化不一定归因于政

公元6世纪的疾病

可能影响帝国经济成功的环境因素之一，是其公民的整体健康。正如前文所讲，在公元540年，地中海周围爆发了毁灭性的鼠疫，造成了大规模的生命损失。然而，我们的资料证明还存在其他问题。例如，有一些理由认为，疟疾在公元4世纪后有所增加，特别是在意大利，那里越来越无力维持的早期的排水系统，加剧了这个问题。同时在东方，汉森氏病（麻风病）虽然早已为人所知，但似乎在公元6世纪期间几乎达到了流行的程度。

治或行政变化；第二，社会组织问题，这些问题可以与行政变化联系在一起（注意，帝国行政的失败并不遵循一个简单或统一的模式）。

其中最重要的“环境”变化是金属冶炼的下降、健康和饮食的变化。基于格陵兰冰层和瑞士泥炭沼泽的大气污染研究，在公元650年之后，大气污染总体上有所下降。其他证据表明，西罗马主要矿区的生产在更早的时候就已经下降了。例如，在西班牙，公元4世纪前有173个矿场，后来只有21个矿场继续开采；在不列颠，公元300年的26个铁矿场中，似乎只有3个矿场在此后继续开采。同样，法国和西班牙边境上的铁矿，在公元前1世纪开始运作，到公元4世纪就已停产；巴尔干半岛的铁矿，随着公元4世纪末帝国控制变得越来越脆弱（据说当时一些矿工站在哥特人一边反对狄奥多西一世），似乎也在这个时候停止了生产。另一方面，亚美尼亚、土耳其南部、塞浦路斯、埃及和阿提卡的采矿活动（至少在公元7世纪以前）似乎慢慢地加快了步伐。对东方政府来说，这种变化可能并不特别严重，因为它仍然能得到它所需要的金属，但是，它可能会对西方政府造成伤害。

帝国人口整体健康状况的变化可能比采矿实践的变化带来更严重的经济后果（见本页：公元6世纪的疾病）。同时，有证据表明饮食模式发生了变化。其中包括从高卢早期罗马时期典型的小麦转为斯佩尔特小麦（spelt）。这种转变可能与庄园所有权的变化相吻合：更多的庄园主现在来自越来越多的日耳曼上层阶级，他们即将主导特里尔的军事机构。在埃及，有证据表明人们的口味发生了变化：啤酒需求量降低，而葡萄酒需求增长。而在那不勒斯，有证据表明，罗马人长期以来最喜欢吃的猪肉，但现在让位于山羊肉和绵羊肉。汪达尔人则对吃马肉有特殊的爱好。

西欧

在经济和社会问题方面——比如人们住在哪里，他们如何被统治，以及他们如何与他们直接的边界以外的世界进行接触——受罗马帝国在公元5世纪初离开影响最明显的地区是不列颠。罗马驻军在公元408年与篡位者君士坦丁一起离开，而霍诺留斯似乎在公元412年放弃了在岛上重建帝国政府的任何兴趣。然而，不列颠的生活还是出现了一些变化。早在公元4世纪80年代，城镇就开始破败不堪，一些庄园也是如此。公元402年以后，银币似乎不再运到岛上，这说明当地的帝国当局难以得到报酬。在君士坦丁叛乱后，不列颠与帝国税收制度的联系和嵌入税收制度中的远距离贸易经济都崩溃了。由于与更广泛的经济体的联系被切断，地方经济几乎无法像以前那样维持运转。

大部分驻军被调往高卢作战，以及随后的省级行政机构的崩溃，破坏了地方等级制度的基本机制，也破坏了地方经济赖以生存的机制。到了公元430年左右，城镇生活已经严重衰弱，而在农村，庄园的马赛克地板被泥土覆盖，炉灶被建在曾经用于展示的房间内，入口也被封了。不列颠本土社会逐渐被来自北海另一边的小股明显高度军事化的入侵者撒克逊人所控制。这些迹象表明，一个古老的城市社会已经崩溃。这些迹象包括广场区不再是纪念性中心；纪念性建筑普遍减少；城市空间的连贯性被打破；大型建筑被分割成小型建筑；建筑技术变得更简单；下水道等公共设施不再维护；尸体开始埋在城墙内；城市地区转变为农村。

在高卢北部，情况则完全不同。公元5世纪后期帝国社会的衰落结束了许多世纪以来莱茵河作为东边日耳曼部落和西边罗马化地区之间的文化分界线。法兰克人的新政权横跨莱茵河，随着新城市在马斯特里赫特（Masstricht）等地开始发展，曾经的边境地区显然开始发展成为新经济体系的中心。在这种情况下，法兰克贵族往往与早期的土地占有精英（现在往往与教会联系在一起，成为地方主教）结成联盟，以支持他们的政权。当时，一个相当明显的分野似乎已经形成，城市中心是极其虔诚的基督教徒聚居地，通常支持基于当地圣人［最著名的是图尔（Tours）及其公元4世纪的主教圣马丁（St. Martin）］遗迹的旅游景点，而农村仍然是未信教者的天堂。至少，圣马丁的传记以及“*paganus*”一词被赋予的“异教徒”的新含义给人留下了此种印象，“*paganus*”在古典拉丁语中意为“外人”“乡下人“或是对旧神的崇拜者”。在圣马丁的一个案例中，在乡村的十字军东征中，有一次他在“某个村庄”放火烧毁了一座“古老而著名的寺庙”，并通过防止火焰蔓延到邻近的房屋来展示他的圣力。在另一个案例中，当他在最初被孤立的麻风村的居民阻止摧毁他们“因迷信而致富”的神庙时，他得到了两位身着军装的天使的帮助，天使保护他进行摧毁工作［苏尔皮奇乌斯·塞维鲁（Sulpicius Severus），《圣马丁的一生》（*Life of Saint Martin*）14］。

在法国南部，大部分的“罗马”政权一直持续到公元507年法兰克人在武伊勒战胜西哥特人为止。在西哥特人和一个名叫阿维图斯（Avitus）的地方皇帝的统治下，与以前的模式相比变化不那么明显。在公元5世纪，与东地中海的贸易网络不断扩大：到公元5世纪的下半叶，在马赛发现的双耳细颈瓶表明，这种贸易甚至比与现在的北非汪达尔的持续交流更有意义。在公元6世纪，可能是由于汪达尔人与邻国关系的变化，贸易模式又恢复到早期以阿非利加器物为主的模式。不过，即使来自阿非利加和其他地方的船只来到阿莱勒特和马赛，交通似乎也开始从罗讷河，沿着法国北部和地中海之间的主要交通线转移。这可能是因为该地区较弱的政权已无力维持该流域的通航。

西班牙的情况与高卢有些不同。随着公元1世纪和2世纪西班牙农业的大发展，西班牙南部成为罗马粮食和其他商品的主要供应者，但这种情况似乎在公元4世纪初之前就已经结束了：此时，在罗马的泰斯塔修山（Monte Testaccio）“双耳细颈瓶转储处”，西班牙陶器让位于阿非利加陶器。尽管如此，西班牙似乎并没有进入一个明显或显著的衰落期（而且西班牙的产品总是有可能被装在阿非利加的双耳瓶中）。对公元4世纪庄园文化的调查显示，在瓜达尔基维尔山谷、埃布罗河周边地区、北部的加泰罗尼亚和现在的葡萄牙南部等一直特别富饶的地区，庄园文化继续繁荣。来自西班牙当地陶器形式的证据表明，一个完善的经济再分配系统将西班牙北部与南部的瓜达尔基维尔山谷联系在一起。

公元5世纪初哥特人和其他日耳曼部落的到来，对

西班牙的哥特人：两种观点

公元5世纪初，哥特人和其他日耳曼部落来到西班牙，最早的编年史家认为这是一场彻头彻尾的灾难：

> 当野蛮人在西班牙肆意横行，致命的瘟疫蔓延，城市中储存的财富和货物被暴虐的税吏掠夺，被士兵们消耗。饥荒肆虐，以至于在饥饿的驱使下，人类吞食人肉；母亲们也凭靠自己杀死并亲手烹饪的孩子的尸体来果腹；习惯于以那些被刀剑、饥荒或瘟疫杀死的人的尸体为食的野兽，杀死了其他更勇敢的人，并在各处大快朵颐，残酷地毁灭人类。剑、饥荒、瘟疫和野兽四灾肆虐到全世界，是主通过他的先知给人类毁灭的预言。
>
> ［赫德修斯（Hydatius），《编年史》（*Chronicle*）16，伯吉斯译］

然而，作者在此处可能夸大了事实。哥特人的到来所产生的长期影响（人们怀疑，短期影响也是如此）远没有那么戏剧性。与赫德修斯的世界末日情景相对的，是塞维利亚（Seville）的伊西多尔（Isidore）在叙利亚被阿拉伯人占领的时候所写的《哥特国王史》（*History of the Kings of the Goths*）。态度十分乐观，伊西多尔在结尾处写下了这样的感慨：

> 哥特人生性敏捷，善解人意，具有强烈的责任感，体格健壮，身材高大，举止和风度令人印象深刻，手艺娴熟，刀枪不入……欧洲所有的人都怕他们。阿尔卑斯山的屏障在他们面前让路。汪达尔人以自己的野蛮而广为人知，在哥特人甚至还未出现时，就已闻风丧胆，夺路而逃。阿兰人被哥特人灭顶。苏维汇人也被哥特人逼到西班牙难以到达的角落。
>
> （塞维利亚的伊西多尔，《历史》67–68，沃尔夫译）

这个长期与暴力绝缘的地区是一种冲击，也许最初将这种到来视为灾难性也并不奇怪（见本页：西班牙的哥特人：两种观点），但随着时间的推移，现实似乎完全不同。在将苏维汇人赶回葡萄牙山区，并使这片土地甚至对汪达尔人都不友好之后，哥特王国与现有的贵族建立了越来越密切的联系，而贵族似乎仍然相当（如果不是非常）富有。西班牙的城市保留了与罗马城市建筑的一致性，新建筑总体上倾向于模仿教堂。与高卢南部一样，经济可能已经简化，虽然罗马国家已被一个新的国家所取代，它仍有运作的能力。只有在公元7世纪，从王国的边缘开始，才有证据表明一些城市完全停止了运作，但即使在那时，整个王国对于公元711年开始抵达的阿拉伯军队来说，仍然是一个非常诱人的奖品。

北非和意大利

在北非，虽然汪达尔人的征服使西方帝国的政府失去了作用，但似乎并没有使该地区的人民陷入贫困。事实上，如果有任何地区可能会因入侵而遭受损失，那就是北非，因为征服实际上摧毁了该地区生产的主要市场。的确，在不列颠出现的部分城市衰落的迹象是显而易见的，包括不再修建纪念性建筑（教堂除外）以及将公共建筑变成房屋。迦太基甚至在某种程度上也是如此，尽管汪达尔国王曾大规模地重建浴场和宫殿。在其他地方，北非庄园现存的马赛克提供了耐人寻味的视觉证据，说明在汪达尔征服后的时期，连续性的迹象与非连续性的迹象混杂在一起（见第349页：北非的马赛克）。

北非的马赛克

为装饰庄园和公共建筑的地面而创作的马赛克，为人们提供了了解罗马北非文化的重要窗口。如**图7.9**所示，来自迦太基一座庄园的公元4世纪马赛克描绘了贵族生活场景。马赛克的中心是主建筑，它被一堵墙包围着，反映了它在聚居区生活中的中心地位。马赛克的右下角是庄园主正在领取租金，而左下角则是庄园主的妻子，正在打扮自己。马赛克的右上角描绘了一个农民的小屋。

这些马赛克可以提供重要的证据，证明在汪达尔人征服前后，精英阶层的生活和野心具有连续性。又如，来自古莱比耶（Kelibia）的一座庄园中一幅公元5世纪的马赛克（**图7.10**），描绘了狩猎的场景，这表明，即使在汪达尔人控制北非的时候，上层阶级的传统消遣活动仍然未受到影响。更进一步的证据是，即使在汪达尔人征服之后，庄园仍然用古典神话中的场景和对古代异教英雄的描述来装饰。虽然委托制作这些马赛克的人几乎肯定会是基督教徒，而且肯定是汪达尔的臣民，但他们在古典的故事中看到的是自己权威的象征，而不是任何特定国家的权威。即使他们对这些故事不是很了解，或者没有受过良好的希腊语教育，他们也知道过去的叙事赋予了他们自己的权威。

图7.9 这幅图中主要是收获和狩猎的场景，在许多北非马赛克中也是如此。农业是该地区经济持续成功的核心。在西方帝国的最后几年里，控制阿非利加的谷物供应是罗马政治权力的一个重要方面，而在帝国崩溃后的几个世纪里，该地区仍然是更广泛的地中海世界的重要谷物来源。

图7.10 在这幅马赛克中，最上面的人用猎犬追赶一只兔子，就在这下面，一个猎人正在把一只野猪赶进网里。下一个场景是猎鹰，而在画面的下边，鹧鸪正在被赶进网里。

汪达尔国王时期出现的经济疲软的迹象——他们本身非常富有，而且似乎和他们的贵族一起囤积了他们不再交易的货物——在公元533—534年罗马帝国重新征服之后没有继续。从公元6世纪中叶开始，该省以真正的活力重新加入地中海世界，不过它的贸易似乎比过去更多地指向东地中海。在阿拉伯征服的头几十年里，它一直是一个重要的经济中心。

至于意大利，最明显的变化是罗马城的地位。罗马的人口在公元4世纪末似乎已经下降到80万左右，但人口数量仍然是其他地方的许多倍。这种下降可能是因为行政相关性的丧失导致人们移居到其他帝国中心。公元5世纪初帝国政府的崩溃导致了迅速且不可逆转的衰落，到汪达尔人洗劫（公元455年）时，人口可能已降至35万，而80年后贝利萨里乌斯到来（公元536年）时，人口可能降至6万。这时的罗马城比大约一千年前的王政时期结束时还要小。意大利其他地方也感受到了入侵的破坏力。公元418年，霍诺留斯裁定：

> 坎帕尼亚应使其土地受税收均等的约束，除税款，应只承担过去向国家缴纳的款项的九分之一，因为以前的税收评估非常沉重，使其领土负担沉重，而且自该评估以来，它已被敌人的入侵所破坏。
>
> （《狄奥多西法典》11.28.12）

公元5世纪末东哥特人征服后恢复稳定的零星证据，让位于贝利萨里乌斯到来后一个世纪意大利城市毁灭的大量证据。由于贸易受到限制，土地不断成为战场，意大利的情况比公元前4世纪后期罗马崛起前的情况还要糟糕。与东哥特人的战争持续下去的一个原因可能是，意大利的地主阶级已经开始将他们的利益与东哥特人的利益相提并论，而不是与君士坦丁堡的利益相提并论。这一决定的一个因素可能是公元553年后，朝廷所提倡的基督教对意大利的教会是一种冒犯，特别是罗马主教所代表的教会，自格拉提阿努斯统治以来，他就有权自诩为最高主教。主教开始频繁宣称，作为使徒彼得的继承人，他有权为西方教会建立教义。

中欧

巴尔干地区的衰落也许比其他地区更难追溯，因为这里的考古记录远不如其他地区那么健全。不过，我们的文字资料确实提供了一些线索。例如，这里被西奥多里克·斯特拉波（Theodoric Strabo）描述为穿越色雷斯的“中央沙漠（一个没有人口的地区）”（马勒古，片段18.2）。各种其他的描述显示，到公元600年时，来自西方的旅行者只是航行到君士坦丁堡，而不再冒险沿多瑙河或古代的埃格纳提亚大道旅行。自公元前2世纪建成以来，埃格纳提亚大道一直是横跨巴尔干的基本路线。罗马人对斯拉夫人和阿瓦尔人的战役史似乎将这场斗争描述为在农村的荒野中进行的，而在西尔米乌姆——它在公元582年陷落之前的一个多世纪里似乎一直是帝国外交的一个孤立的前哨，罗马的统治似乎已经所剩无几。事实上，从公元4世纪的描述中已经表明哥特人的袭击造成严重的人口减少。哥特部落可以在巴尔干半岛中部定居的一个原因，可能是因为他们没有取消重要的纳税人口。

从公元5世纪中叶开始，帝国从君士坦丁堡到西方的远征往往是航行而不是行军，这可能会说明一个观点：这表明支持军队行军所需的基础设施已经消亡。教会会议的行为为这一观点提供了一些相反的证据，它们揭示了各省内部持续的组织，而其他方面的证据很少。然而更有说服力的是，在帝国的其他地区，继承国的组织似乎与现有的城市结构有某种关系。但这里的情况并非如此。有的出土文物显示出城市化被破坏的迹象，如房屋紧密地挤在一起，对以前的纪念性地区缺乏尊重，同时也缺乏新的纪念性建筑，新式住宅的建设也很薄弱。

东部行省

东部省份是一个完全不同的故事，并且在罗马人在埃及的控制权崩溃后继续与西方不同。首先，除了君士坦丁堡、安条克和亚历山大港，还保留了一系列主要城市。如塞萨洛尼卡、以弗所和阿弗洛狄亚斯等地一直保持着独特的繁荣，直到公元7世纪初，波斯人的入侵似乎给它们造成了致命的伤害。然而，最令人印象深刻的证据是，在公元5世纪和6世纪，叙利亚和埃及不仅持续繁荣，而且经济继续繁荣（**图7.11**）。尽管这些地区此时的税率比以前高得多，而且随着巴尔干半岛的混乱，这些地区承担了支持国家军事和行政机构的主要经济负担，但还是出现了这种繁荣。这种新的繁荣也许在安条克南部的大石灰岩丘陵地区最为明显，该地似乎在阿拉伯征服时期就已成为农产品的主要出口地。

在埃及和叙利亚经济扩张的同时，它们与基督教一起展开了一个重要的新运动，这就是隐修制度或称禁欲主义。它最初有两种形式，即隐居修道和住院修道。隐居修道的僧侣以个人身份生活在沙漠中，这个说法来自希腊语“*annachoresis*”；在埃及，它有“逃往沙漠”的特定含义。僧侣们在戴克里先发动迫害之前的几年里就已经开始在沙漠隐居了。住院修道在君士坦丁统治时期开始变得重要起来。这个词来自希腊语“*koinos bios*”，表示他们生活在有组织的聚居区中。在这两种情况下，僧侣都是为基督教在农村的发展施加了重要影响，而基督教在基督被钉死在十字架上后的

图7.11 塞吉拉（Serjilla）是公元5世纪初以来，叙利亚西北部石灰岩高原上保存最完好的聚居区遗址，也说明此地一直很繁荣。大规模庄园和浴场的建造表明，尽管该地区今天看起来很贫瘠，但在古代有充足的水源，可以支持多样化的农村经济和繁荣的地方精英生活。

头几个世纪里，主要是在城市发展起来的。在西方，住院修道的僧侣发展得比较晚，而且在很大程度上似乎是城市文化中心的重要性降低的产物。

禁欲主义的农村方面使其对于理解城市与乡村之间，以及皇帝与臣民之间关系的性质尤为重要。虽然一直以来都有农村的圣地，把感兴趣的游客从城市吸引到农村（或者后来，如图尔、圣马丁这样煽动性的改革派神职人员），但他们与大城市的宗教活动没有任何深刻的、制度性的联系。然而，在城市政治日益被市议会和总督之间的关系所支配的时候，僧侣和他们的农村场所之间的关系使他们能够从城市中获得相当大的独立性，这也导致了在地方政府中服务（并得到薪水）的人的地位下降。随着行省的萎缩，总督更有可能参与地方政治，作为一个市镇元老不再像公元2世纪那样成为大国和远方势力之间的中间人。市元老更有可能要充当一个自我标榜的人的听众，而这个人之所以能够主宰一个城市，是因为他比较富有，与城市的关系比较好。公民政府和帝国政府之间关系的复杂性也有助于解释为什么到目前为止，《狄奥多西法典》中最长的一节，包含不少于192个条目，都涉及元老的责任。

向僧侣恳求

致我的主人，敬爱的阿帕（父亲）约翰。我感谢上帝和因你的缘故并通过上帝帮助我的人，因为所有的灵魂都因你（对）全能天父的虔诚而通过你活着。所以现在请帮助我，从前部落泰托（Taeto）给普索瓦（Psois）写一封信，使我可以获释——如果我还没有（到那时）被释放的话。因为普索瓦的儿子已经向我索要了七个索利达（solida），他的助手又索要了一个索利达。因为你从我这里拿了钱，使我可以获得释放，而他们（？）还没有释放我。我请求上帝，你要么放了我，要么把那八个索利达交给我。因为我是赛勒斯（Cyllus）的儿子普索瓦，来自安泰奥波利特名城（地区）的波奇斯村（Pochis）。那么现在，主人，看在上帝的份上，你不要忽视这一点；因为你已经把我的孩子们作为担保，以黄金的名义交给了放债人。我从不去服现役，因为不合适。因为我的手指的缘故，我完全有借口，它没有溃烂，也没有痊愈。（地址）转交给我的主人，隐士约翰。

（来自赫尔莫波利斯的纸莎草纸，第7号，里斯译）

在城市之外，可能是受到地方当局和帝国当局之间日益紧张关系的影响，人们似乎对寻找排除中央行政机构的代理人，或控制其进入的手段有强烈的兴趣。因此，农民仍然（通过他们的乡村当局）缴纳税款，并经常向远方的地主缴纳租金，但尽量与朝廷当局保持距离。往往是僧人承担地方当局的角色，以保持朝廷官员的距离。事实上，在亚他那修所创作的关于他的理想化的生活中，隐居者圣安东尼所做的一件事，就是与进入该国的异教哲学家进行协商和辩论，而另一件事是介入亚历山大港，支持亚他那修。随着时间的推移，僧侣们越来越多地与主教们建立联系：在意识形态层面上，主教们可能会寻求利用特定个人的特定圣洁的声誉，作为他们事业的盟友；在更平凡的事务上，他们会招募僧侣，在关于三位一体的性质的地方性斗争中支持某个立场。通常情况下，主教们都会设法让著名的僧侣站在他们一边，而一些僧侣，比如在埃及建立了最重要的共济会僧侣站的帕乔米乌斯（Pachomius），就会避免被招募。

在这几个世纪中，僧侣在农村所起的作用，不仅是提供精神上的建议，而且提供实际的生活建议。因此我们发现，在世俗的层面上，僧侣在家庭纠纷中充当仲裁者（见第352页：向僧侣恳求）。在更理想化的层面上，有各种关于圣西米恩（St. Symeon）活动的记载。他站在安条克以东石灰岩高原上的泰拉尼索斯村（Telanissos）附近的一根柱子上。这位圣人显然复活了叙利亚的一种古老的非基督教奉献的形式——一个人站在圣所附近的柱子上（**图7.12**）。据他的一位证人说，他可以被看作是各种纠纷的调解人：

> 人们可以看到他坐在审判席上，作出正确和公正的判决。这些类似的活动都是在下午三点以后处理的，因为他花了整个晚上和白天祈祷，直到下午三点。下午三点后，他向在场的人提供神圣的教诲。然后，在接受每个人的请求并进行一些治疗后，他解决了争议者的纠纷。
>
> [狄奥多勒，《圣徒圣西米恩的生活》（*Life of Saint Symeon*），多兰译，26]

那些聚集在一起教书、治病或解决冲突的人似乎来自各地，因为据同一证人说：

> 涌入的不仅是我们这一带的居民，还有以撒玛利人（阿拉伯人）、波斯人和隶属于他们的亚美尼亚人、伊比利亚人、荷马人和比他们更远的内地居民，许多人来自极西之地。西班牙人、不列颠人和他们之间的高卢人。说到意大利是多余的，因为他们说，他在罗马这个大城市变得如此有名，以至于他的小画像被竖立在每家商店入口处的柱子上，为的是给这个城市带来一些保护和安全。
>
> （狄奥多勒，《圣徒圣西米恩的生活》，多兰译，11）

另一位证人，即叙利亚文《圣徒圣西米恩的生活》的作者，认为这位圣人的全球影响力同样令人印象深刻，因为他设法将自己的力量投射到遥远的地方。例如，他用痛苦的疾病击倒了“波斯人土地上的所有术士

图7.12 位于Qal'at Sim'an的圣西米恩十字形教堂是一个八角形，八角形的中心是圣西米恩的柱子。教堂是一个更大的院落的一部分，其中包括一个修道院，其他几个教堂和朝圣者的住房，建于公元5世纪末，得到了皇帝芝诺的广泛赞助。该项目反映了皇帝们不得不围绕当地宗教人士的权威进行谈判的方式。

之首，也就是说，所有邪恶的领袖”，他说服波斯国王迫害基督徒，以及安条克的市政元老。他是“一个邪恶的恶人”，骚扰了许多人，包括那些把皮肤染成红色的人。稍微仁慈一点的圣西米恩还会在塞浦路斯的一艘船“装满了许多货物，准备驶向西方”时，施法将船被卷入一场大风暴中一样。也许最重要的是，在所有的复仇行为、医治病人和异教徒（偶尔也会被害虫防治问题所困扰）中，他的名声使他能够写信给“神圣的主教、神职人员，以及按照他的等级的每一个人，甚至是基督教的皇帝和基督的爱好者，马尔·狄奥多西（二世）和他的姐妹们”。“至少有一次（得到他的传记作者的赞许），他让皇帝扭转了一位帝国官员对当地犹太人聚居区的宽容行动。”

因此，圣人的意义在于将权力从腹地投射出去，并遏制、解决腹地内部的争端。这种作用也可以从土耳其中部锡西翁（Sicyon）主教圣西奥多（St. Theodore）的生活中看出，他不仅非常善于对付恶魔——恶魔似乎是社会动荡和疾病的隐喻——而且还见识了一些世界性的东西。据说他从君士坦丁堡购买了一个银杯，并前往耶路撒冷。他在政治上保持中立，与莫里斯皇帝交换信件，并治愈了莫里斯的继任者福卡斯的疾病。同样，土耳其南部锡安的圣尼古拉斯（St. Nicholas，圣诞老人的原型）不处理当地异教习俗的遗留问题（尤其是对树上神的崇拜），而是广泛地走遍了整个东方，医治病人，并举办大量的宴会。对于与他们打交道的人来说，这些宗教人物是一个世界的形象，在这个世界里，人们懂得如何让外来者保持距离，并获得聚居区的尊重。

回到更世俗的问题上，埃及阿弗洛迪托村（Aphrodito）的一份仲裁协议文本也许是避免政府干预文化的最好证据，其中包括宣誓遵守当地仲裁员的条款，同时放弃通过法院系统寻求解决方案的努力。大概在公元537年，誓言的条款包括以下内容：

> 而且（我承认）我在任何时刻或时间都不能在法庭上对你或你的继承人提起诉讼，无论是在地方或其他地方，还是在法庭外；无论是我自己，还是通过授权的代表，还是通过一个平民；无论这种（承认）或其中的一部分是否会因帝国法令或帝国遗嘱或司法论证或任何其他依据而变得无效……为了这一切的一般情况和上述每一项分别，我以神圣的同体三位一体和世界光荣胜利的主宰，永恒庄严的皇帝弗拉维·查士丁尼的虔诚和胜利起誓，我将永远遵守这个和解协议的法律效力，并遵守它的每一个部分和项目，我不会以任何方式违反它。
>
> （PMichAphrod, 10, 57–66, 76–81, trans. Gagos and van Minnen）

因此，查士丁尼的权力被援引作为一项明确排除帝国司法系统的协议担保。这类仲裁协议中明显的自助和自治的倾向，以及在圣徒生活中理想化的倾向，反映了一种古老的谈判过程，这种过程常常是帝国行政管理的核心。在叙利亚、巴勒斯坦和埃及，它也被证明是一种习惯，在很大程度上导致了帝国权威的突然崩溃。在波斯入侵的岁月里，只有耶路撒冷试图抵抗，而不是与侵略者谈判解决（结果是波斯人对民众的屠杀）。同样，在公元636年阿拉伯人在雅姆克战胜罗马军队后的几年里，各聚居区更愿意与阿拉伯军队进行谈判。没有人能够预测他们永远不会离开，或者皇帝的军队不会回来。事实上，人们对新来的人了解甚少，以至于当时文献甚至没有提到他们是一个新宗教的传人的事实。在从一个主人交换到另一个主人的过程中，东方的聚居区并没有自觉地用一种管理方式交换另一种管理方式，也不会因为他们的决定而变得不那么繁荣。

在所有这一切中，出现的关键是，罗马权力的衰落不能被看作经济失败的直接后果。在经济衰落的地方——中欧和西欧，而不是近东——它是在帝国控制权衰落之后而不是之前出现的。

衰退的原因

正如“罗马帝国的终结”不可能有一个单一的日期，所以也没有一个简单或容易的原因来解释这种逐渐的衰落。事实上，有两百多种原因——迷信、独身主义、帝国专制主义、两线作战、过度征税、饮用通过铅管的水等都曾在不同的时间或不同的地点被提出来解释这个问题。事实上，东方帝国和西方帝国的衰落发生在不同的时间，面对非常不同的环境，因此我们最好避免依赖“一般真理”的解释。例如，没有实际证据证明帝国政府通过过度征税破坏帝国的城市文化，从而下达了自己的死亡令；城市的衰落是在帝国行政体系崩溃之前而不是之后；公元5世纪的国家更加“迷信”；公元5世纪的弱小统治者特别“专制”；帝国体系被铅管饮用水毒害。没有理由认为帝国的人口已经长期下降——当然也没有理由认为人口正在接近公元前1世纪那种似是而非的历史低点——虽然有充分的理由相信，到4世纪末，国家动员人口的能力已经急剧下降。由于帝国政府的失败是经济衰退的原因而不是结果，因此，在公元4世纪到7世纪的过程中，帝国在不同时期的蓄意政策或决定，很可能是整个帝国衰弱的因素。事实上，每一次失败都会使下一次失败的后果变得更加严重。

在讨论失败时，还需要考虑帝国军事能力的逐步削弱。帝国的分裂使曾经以压倒性的兵力对付任何敌人变得更加困难。例如，如果君士坦提乌斯二世不能在公元4世纪50年代从莱茵河上召集额外的军团在幼发拉底河上与沙普尔二世作战，整个帝国对萨珊人享有的人口优势就会消失。后来，东方宫廷对斯提里科的强烈仇恨意味着，直到他死后才有来自东方的帮助。到公元420年，霍诺留斯继承的军队几乎有一半被消灭了。在高卢，情况尤其严峻：在公元420年组成莱茵军的58支部队中，有37支是自公元395年以来被摧毁的部队的替补而组建的。

霍诺留斯的军队，根据统计，可以从两个方面来看。一方面，可以强调损失的严重性。另一方面，也可以强调损失已被取代的事实。这两种意见都是合理的。此外很明显，公元5世纪西方的军队在指挥得当的情况下，实际上运作得相当有效。斯提里科确实设法击败了拉达盖苏斯和阿拉里克；君士坦提乌斯三世领导下的罗马人成功地将哥特人赶进了西班牙；军队在沙隆的最后一场大战中似乎也运作良好（虽然在公元406年日耳曼人入侵莱茵河对岸后损失惨重，但这支军队确实恢复了元气，最后并没有瓦解，而是变成了意大利国王奥多亚克的军队）。

从尤利阿努斯时代到赫勒克留时代，东方军队比西方军队更经常成为军事无能表现的受害者。类似由瓦罕（Vahan，雅姆克的指挥官）这样的无能者指挥，军队似乎也打得很辛苦。然而，问题并不在于军队，而是一支处于防守状态的帝国军队真的输不起。如果瓦罕在雅姆克取得了胜利，他就不会接着向麦加进军，粉碎伊斯兰教的势力。长期进攻行动的基础设施已经不存在了。同样，基础设施被侵蚀意味着，在瓦罕的军队几乎被消灭之后，根本就没有留下部队来对抗穆斯林的进一步突袭（见第356页：雅姆克之战，公元636年），就像当瓦伦斯在亚德里亚堡战役中失利时，在洛

雅姆克之战，公元636年

这一年，撒拉逊人离开阿拉伯，来到大马士革地区，人数众多，难以计数。瓦罕得知后，派人去找帝国的财务主管（*sakellarios*），让他带着自己的军队来帮助自己，因为阿拉伯人的数量太多。财务主管和瓦罕一起，从埃梅萨出发，与阿拉伯对峙。战斗于7月23日周三开始了。那些由财务主管带领的人被打败了。瓦罕的士兵发生兵变，宣布瓦罕为皇帝，并告发赫勒克留。财务主管的人撤走了，撒拉逊人见机再战，一阵南风吹到罗马人的脸上，罗马人因尘土飞扬而无法抵挡敌人的进攻，在雅姆克河沿岸被打败了。两位将军的军队，总共有四万人。

［《塞奥法尼斯编年史》（*Chronicle of Theophanes*）337–338］

拉提阿努斯出现之前，没有任何部队可以对抗哥特人的突袭。像这些重大的失败——或在公元406年越过莱茵河，或在公元439年占领迦太基——没有得到同样重大的胜利的回应，导致帝国不可避免地被削弱，但军事失败仍然不能说明全部问题。

如果经济衰退和军事失败都不能被看作决定性因素，那么帝国的失败又该如何解释呢？在公元3世纪，缺乏远见无疑是帝国衰弱的一个重要因素，在公元5世纪的西方，很可能以不同的形式看到这一点。在霍诺留斯的宫廷里，明显的偏执阻碍了阿拉里克加入帝国，这当然造成了巨大的困难。但也没有解决当初为什么有人要考虑起用阿拉里克的核心原因：帝国没有能力从内部筹集足够多的军队来满足其需要。这主要是因为权力集中在一些人手中，如果他们的佃户被征召入伍，他们将处于不利地位。像这些人可以（也确实）与新的统治者做出自己的安排。最后，公元5世纪政府所面临的问题与公元前1世纪罗马所面临的问题非常相似，即国家机器在很大程度上是由那些自身权力大到国家无法控制的人私有化了。

公元7世纪的情况似乎完全不同。在这里，帝国军队未能控制边境，导致了权力的严重失调，结果是将权力下放给地方实体的趋势变得越来越明显，到了哈里发欧麦尔的军队开始敲开叙利亚的大门时，这种趋势还没有得到扭转。塔拉苏以外的帝国的衰落在很大程度上是一种自愿的行动，那些本来可以抵抗阿拉伯人的城市反而选择了相对优厚的条件投降。宗教对立可能在人们的选择中起到了一定的作用——在埃及似乎确实如此——但更重要的是经过波斯多年的占领，人们可能感觉到，可以不需要皇帝。公元7世纪东方政权的失败主要是意识形态的失败，因为朝廷再也无法说服其臣民，不过有君士坦丁堡总比没有好。波斯战争的经历打破了将一个本就分裂的帝国团结在一起的基本社会契约，即由皇帝的军事力量所保证的和平与繁荣的承诺。

以衰落的景象来结束这个故事，既是不可避免的，也是不合理的。这是不可避免的，因为罗马帝国当然已经不在我们身边。它是不合理的，因为它贬低了罗马人的惊人成就，他们把一个社会从曾经是台伯河岸边的一个小城镇建设成了一个涵盖真正巨大区域的社会，在全球大部分地区创造了一个前所未有的团结。罗马人通过这样的方式创造了一个世界，使人们能够以不可能的方式进行交流、贸易、爱和欢笑。这无论如何都不是一个完美的世界——可能存在吗——但如果没有罗马，我们今天的世界就会是另一番景象。

总结

- 在讨论“罗马帝国的衰落”时，我们必须首先界定讨论的范围。帝国的西部地区比东部地区提前“衰落”了近两百年，而且原因非常不同。在西方，帝国政府不再运作，曾经由皇帝统治的领土被分割成若干个由日耳曼国王统治的继承国。在东方，公元7世纪20年代中期至50年代，阿拉伯军队占领了叙利亚和埃及，帝国“沦陷”。此后的罗马帝国是安纳托利亚和巴尔干地区的地方势力，而不是地中海地区的区域性强国。
- 帝国的衰落没有单一的原因或日期。这就提出了一个问题，即是什么原因导致了罗马权力的衰落？是源于潜在的经济问题，还是政治上的衰落随着帝国经济体系的下行而引起了后来的经济变革？无论在东方还是西方，重大的经济变革似乎都是在帝国权力衰落之后发生的，而不是造成权力衰落的原因。
- 西方帝国让位于日耳曼的继承国，主要是因为在公元4世纪和5世纪，国家权力日益私有化。这个过程使得西方政府无法聚集必要的资源来保护自己。前罗马贵族也经常被发现与他们的新主人结盟行动。在公元6世纪的意大利，当查士丁尼试图重新确立直接的帝国统治时，他们显然更倾向于他们的东哥特统治者，而不是东方帝国的统治。
- 东方政府往往以两种方式向其臣民展示其意识形态。一是制定一部法律法典（后来被西方的各个日耳曼国王模仿），它代表着与宗教相联系的世俗权威。二是通过教会会议。这两种方式似乎都没有成功地赢得其臣民在意识形态上的虔诚。在争论中，特别是在埃及和叙利亚，“失败”的一方认为中央在定义教义方面的努力是非常令人反感的。许多聚居区发展了与帝国控制保持距离的机制。这一点典型地反映在仲裁实践中，这种做法明确排除了向帝国官员和新法典求助的可能性。
- 在波斯人和后来阿拉伯人入侵的过程中，叙利亚和埃及的聚居区往往发现，他们最好与入侵者谈判，而非抵抗。这些决定并不总是“反帝”的。即使在阿拉伯人征服期间，人们似乎也不相信皇帝的军队永远不会回来。相反，这是务实的，源于现有的情况和企图减少外部干预的趋势。然而，它们确实反映了这样一个事实，即传统上将聚居区与帝国政府捆绑在一起的隐性契约——政府提供安全，以换取税款——被公元7世纪的军事失败所打破。
- 罗马帝国的两次“沦陷”源于截然不同的制度性失误，但其核心都是统治阶级失败的结果。帝国的衰落并不是源于激进的社会变革，尽管在西方，重大的社会变革是在制度失败之后发生的。相反，它们是由于帝国制度未能找出其自身弱点并加以纠正而导致的。

术语表

aedile：营造官，原本是平民政务官负责监督阿文丁山上的平民祭祀。公元367年，该职位向贵族开放，并专门设立贵族营造官。此后，贵族营造官与平民营造官隔年选举（贵族营造官在偶数年选举），但在有些年份，平民营造官和贵族营造官同时当选（如公元前65年）。营造官的职责包括举行比赛、监督市场和维护公共秩序（这一职能在元首制时期基本消失）。

ager publicus：罗马国家所拥有的土地。

ager Romanus：罗马国家直接控制的领土。

ambitus：选举腐败。该词是动词“ambo”“ambire”的过去分词，意为“走动”。与选举有关的是罗马政治家在广场上“走动”，为选举寻找支持者。

amphore：双耳细颈瓶，椭圆形的双柄花瓶，尖底，用于贮藏。大型的希腊圆形花瓶往往能装9加仑（34升），罗马的近7加仑（27升）。

a pugione：克利安德（公元190年）担任康茂德首席大臣时的头衔。字面意思是“匕首人”，更恰当的理解是“安全领袖”。

Arian：阿里乌斯教派，在基督教神学中，由亚历山大港的阿里乌斯在公元3世纪和4世纪阐述的一种学说，他坚持认为，上帝的儿子耶稣基督与作为上帝的天父不是一体的。尼西亚会议在公元325年申明，父和子是平等的也是一体的，从而宣布阿里乌斯主义为异端。

auctoritas partum：元老院许可，按照传统的方式，由政务官授予地方行政官会议（后来成为元老院）去实行人民大会通过的举措。这可能是源于贵族对占卜的控制，因为拒绝某项措施的理由似乎来自占卜结果的反对。

Augustus：奥古斯都，字面意思是“崇高的人”，元老院授予屋大维乌斯的称号，以后的所有皇帝都将其作为统治者的称号。随着时间的推移，这个头衔被用来指帝国的高级官员（初级官员则使用“恺撒”）。

aureus：奥里斯，古罗马基本金币，在公元3世纪传统货币体系崩溃之前，大约价值300塞斯特斯。这大约是公元一、二世纪一个军团成员年薪的三分之一。

auspicia：占卜，即“看鸟”，因为这个词是由“avis”（鸟）和“spectio”（观察预兆的行为）组成的。事实上，预兆艺术涉及对五种迹象的解释，根据不同的情况，构成吉兆或预兆，包括：天空（如雷电）、鸟类（从它们的飞行和进食时的行为）、被视作神圣的鸡的用餐行为、四足动物的奇怪行动，以及不寻常的自然现象。如果是私人占卜，任何人都可以去恳求一个提示——无论占卜的物品是什么材料——结果只适用于一天，人们认为吉兆结果反映了神灵对人们即将要做的事情的赞成；如果是为国家占卜，则需要一个占卜师，结果并没有时间限制。直到公元前300年平民被允许进入占卜师学院之前，代表国家进行占卜的权利是贵族秩序中最严密的特权之一。

Caesar：恺撒，恺撒是盖乌斯·尤利乌斯·恺撒和他的养子屋大维乌斯（奥古斯都）的第二名字（姓），恺撒后来被所有罗马皇帝作为帝王称号使用。当它不与奥古斯都的头衔或名字一起使用时，用来指继承人。

censors：监察官，公元前443年设立了监察官一职。每五年选举两名监察官，任期18个月。他们的主要职能是起草罗马公民的名单，这涉及对社会道德的监督。他们还负责租赁创收的公共财产。原本是贵族的职位，公元前339年后，平民才被允许担任该职位。从奥古斯都开始，该职位偶尔由皇帝担任。

centuries：百人队，百人队大会上的投票小组。它们没有固定的规模，但在每个阶级中按比例分布。因此，人数较少但较富裕的第一阶级中的投票小组比较低阶级中的百人队少。

Circus Maximus：大竞技场，罗马一个大型椭圆形赛马场，各种马术活动和节日庆祝都在这里举行。其中最主要的是流行的战车赛，12辆战车可以并排绕着跑道比赛。

civitas sine suffragio：半公民权，字面意思是“没有投票权的公民身份”，这是公元前4世纪设计出来的一种表述，作为约束罗马聚居区的一种手段；这是典型的市镇宪法。

cognomen：别名，一个家族或个人的绰号，通常源于一些个人特征或成就，例如“Calvus”（秃头）、“Crassus”（胖子）或“Africanus”（非洲征服者）。

cohort：步兵大队，在马里亚军队改革中被正式确定为一个军团的十分之一的军事单位（早先的军团被理解为步兵的组合）。每个军团有6名百夫长，是军团的基本战术单位。辅助步兵部队虽然没有编入军团，但也作为军团组建。

coloniae：移民点，最初是从罗马建立的城市，由拥有完整罗马公民权的人居住。后来指罗马帝国行省的自由城市，免于向罗马缴纳任何贡品。

comitatus：由戴克里先正式确定的机动后备军。该词来源于动词“comitor”的分词“comitari”，意为随行或陪伴。因此，从理论上讲，“comitatus”就是陪伴皇帝的军队。

comites或duces：公民会议议员或议长，从3世纪末开始，军队中大部队的指挥官。

comitia centuriata：百人队大会，罗马投票大会的基础是将罗马人分为五个等级和193个投票小组。由于大部分的投票小组都属于前两个等级的成员，这确保了最富有的公民在公共事务中拥有最大的发言权。百人大会只能由拥有统治权的政务官召集，并可就选举政务官进行投票，宣布战争与和平，制定法律，并决定进行挑衅的公民的命运。

comitia populi tributa：平民部落大会，大概在公元前5世纪期间，按照平民大会（concilium或comitia plebis）的模式创建的大会，投票单位为部落。与“concilium”或“comitia plebis”不同的是，接纳了贵族，会议主持人是拥有统治权的地方政务官。大会可以通过法律，选举贵族市政官、财务官和特别专员。

concilium/comitia plebis tributa：最初只作为平民的大会成立，由保民官主持。它选举出平民的部落和市政官，并可以通过议案——平民表决——这些对平民阶层的成员而非全体公民有约束力，直到公元前5世纪和4世纪的一系列法律改革，才对全体公民形成约束。投票单位是各部落。在整个共和国的历史上，平民大会都是部落提出的法律得以通过的场所。

concilium/consilium：这两个此之间的区别来自它们的派生。“concilium”源于前缀“con-”，意为聚集在一起和动词“calo”“calare”，意为召集在一起，表示被召集在一起的集会；“consilium”源于动词“consulo”和“consulere”，意为咨询，因此可以指一个人可能向其申请咨询的任何机构。元老院起源于“consilium”，而百人队大会起源于“concilium”，这就体现了两者的重大区别。

consul：执政官，罗马共和国的最高行政长官。罗马人理解该词来自动词“consulo”，即听取意见的意思，因为执政官职位的关键在于任何时候都必须有两名执政官（在职死亡的执政官在剩余的执政官任期内必须由一名执政官代替）。执政官一词可能在公元前4世纪开始被普遍使用（见大法官“praetor”）。执政官由百人大会选举产生，拥有早期国王的行政权力——战争中的军队指挥权、召集集会的权利，以及对罗马公民实施惩罚或以其他方式进行人身强制的权利。除非有独裁者在位，否则执政官的统治权高于其他所有的司法官。从奥古斯都开始，执政官就失去了有效的政治权力，但执政官身份仍然标志着政治生涯的顶峰，是担任高级行政职务的先决条件，如主要的行省长官和指挥大军的权力。在后戴克里先时期，该职位完全成为荣誉性的职位。

conventus：司法区，一个行省的司法部门。

cubicularius：贴身侍从，专属皇帝，通常由自由人担任。

curiae：罗马最早的投票集会。共有30个投票集会，三个早期部落各10个。在共和时期，贵族平民大会（comita curiata）的唯一目的似乎是确认授予政务官统治权（imperium），并且在大祭司长（pontifex maximus）主持时，确认某些收养和遗嘱。

daimon：希腊人守护神，在希腊思想中，一般是指低于神的精神或半神的存在。该词也可用于描述控制个人命运的力量，或支配一个家庭命运的善恶之灵。

deditio in fidem：归降，这是共和国中期的标准外交表述。被打败的城市必须在契约中进行投降，从而将其所有财产交给罗马，而罗马则应归还大部分财产。做出投降的城市将获得与罗马结盟的条约，规定在未来战争中协助罗马的责任。然而，并不是所有的投降行为都是非自愿的，因为国家可以向罗马投降，以使罗马承担支持他们对抗敌人的道德义务，如公元前264年西西里的梅塞尼就发生了这种情况，但罗马没有义务接受投降。

denarius：第纳里，在公元370年代奥勒良改革之前的共和国和帝国后期的钱币体系中，基本银币的价值为12塞斯特斯。

dictator perpetuus：终身独裁者，这个职位的名称来自动词“dicto”，意思是“命令”，字面意思是“他是下命令的人”。在早期的罗马，独裁者往往在其他地方官缺席时被任命短期的特定任务。在公元4世纪，独裁者开始被任命为军事紧急时期的高级军事指挥官。在第二次布匿战争之前，任命独裁者的做法搁置了近一个世纪。战后，苏拉彻底完善了这一职位，使其持有者实际上成为国家元首。恺撒就是这样的独裁者。在他被刺杀后，该职位被废除。

dilectus：召集部队，理论上是从罗马的35个部落中召集的。

diocese：在戴克里先和他的继任者的统治下，由一个皇帝个人代表监督的省份集团。

domi：家，“domus”表示位置时的书写形式，拉丁语中“房子”的名词。实际指罗马城的神圣边界（pomerium）内的区域。

duces：见comites。

epic：史诗，古希腊史诗的主要代表是荷马和赫西俄德的作品。

Epicurean：伊壁鸠鲁学派，公元前4至前3世纪伊壁鸠鲁在雅典创立的哲学运动。伊壁鸠鲁教学的中心点是哲学的目的是幸福生活。他教导说，物理世界的一切物质都是由原子组成的，变化的结果是原子的运动，而幸福是由哲学的研究产生的，哲学促进了不受干扰的自由。由于他还教导说，诸神对物理世界没有兴趣，他的教义被广泛认为是无神论。

epigram：讽刺诗，广泛使用的诗歌形式，在希腊语中发展起来，后来被改编为拉丁语，由对联组成，其中第一联是双行六言诗，第二联是双行五言诗。

equestrian order：骑士阶层，最初的定义是早期军队中的骑兵，到了罗马共和国中期（或更早），这个词被用来定义仅次于元老院的社会阶层。从奥古斯都开始，罗马骑士阶层包括所有自由出生的罗马公民，他们拥有价值40万塞斯特斯以上的财产。

equinoctial：春秋分，昼夜平分，天文学术语，与一年中由于太阳穿过赤道而导致地球上昼夜长度相等的两个时期之一有关。技术上称为白羊座和天秤座的第一点。该词泛指黄道上与这些点相邻的区域。

evocatio：唤醒，告示传唤，召唤与罗马交战的城市的神灵离开自己的家乡，来到罗马居住的做法。

familiae：家族，一人权力之下的一群人。在家族关系上，该词用于指受父系亲属管辖的所有人，无论是否有血缘关系。该词也适用于在法律上处于从属地位的群体，如奴隶团体。

fasces：束棒，围绕着斧头的棍棒束，象征着罗马地方政务官的帝国权力。棍棒由执政官携带，其数量根据他们所服务的行政官的统治权而变化（执政官有12名执束杆侍从，大法官有6名）。

fides：忠诚，原本是对一个人有信任的条件，后来也是一种保证，对他人的责任感，以及值得相信的品质。

first census class：塞尔维乌斯制度下的百人队大会的前九十八个百人队，包括罗马骑士阶层以及早期所有有能力为自己提供重甲步兵盔甲的男人。后期则限制在前八十八个百人队，并提高了成为第一等级成员的财产资格。

flamen dialis：朱庇特的祭司，由大祭司长选拔出来的贵族。他的地位极不寻常。由于他受到复杂的规则和禁忌制度的约束，以至于几乎不可能有政治生涯。他在许多方面都是朱庇特的活雕像，代表着神在社会中的存在。

forum：罗马广场，罗马城镇的集市广场或公共空间，通常有柱廊，周围有神庙和公共建筑。

genius：个人守护神，原本是一个氏族的男性灵魂，生前居于一家之主，后来是每个凡人的神圣或精神部分。

gens：氏族，在贵族内部由一群人（可能都是各个家族的首领）组成，他们控制着财产的进出。

gladius：刺剑，这个词通常从公元前3世纪下半叶开始使用，指的是当时罗马人采用的西班牙刺剑，作为军团的基本徒手作战武器。

hastati：青年兵，共和国早期罗马军团中的第二梯队（包括轻步兵），其任务是发动第一次进攻。该词与拉丁语中的长矛（hasta）一词有关，表明在早期，“hastati”被认为主要是用长矛作战。

hoplites：重装步兵，其主要装备特点是大圆盾（hoplon）和长矛。公元前6世纪到前4世纪之间，重甲步兵是希腊典型的主力步兵。武器装备决定了战术——典型的是八人纵深的战线，而且政治结构倾向于支持那些有能力负担重装步兵装甲的人。

imperator：绝对统治者，字面意思是“胜利的将军”，这个头衔是在胜利后由士兵们以鼓掌的方式授予将军的。奥古斯都将这一称号作为褒义词，此后它成为罗马皇帝头衔的一个标准特征。

imperium：政务官的法律权力，也可以引申至可以行使该权力的地区（即罗马帝国）。

imperium maius：无上的统治权（更大的权力），帝国制度的法律基础所依据的两个关键权力之一（另一个是保民官的权力“tribunicia potestas”）。“imperium maius”是比其他地方官“更大“的权力，因此，地方官应该服从拥有这种权力的人发布的命令。

fetiale：外交程序，根据该程序，一个城市如果觉得自己的领土或其成员的权利受到另一个聚居区成员的侵犯，可以派遣随军祭司到犯罪国家宣称其冤情，并在神面前宣布其案件的正义。

Lares：拉尔，一类与地方有关的保护神，多与炉灶有关。

Lemur/Lemures：恶灵。

libertas：字面意思是“自由”，在古典罗马思想中常被定义为通过公民共识的理性政府，与个人的暴政（regnum）相对。

limitanei：边境部队，在戴克里先之后的军队中，驻扎边疆的战斗单位，与野战军正相反。

magister equitum：骑兵长官，字面意思是“骑兵的主人”。在共和国时期，指的是仅次于独裁者的行政官（所有独裁者都任命一名）。这个头衔还代表着独裁者将在战斗中指挥的主要步兵部队。在帝国后期，这个词与共和国宪法失去了联系，而是用来称呼战友团的高级官员。

magister militum：军事统帅，字面意思是“士兵的主人”，一个新的指挥层级，创建于公元4世纪末，高于步兵主帅和骑兵主帅。

magister officiorum：政务公职主任，字面意思是“办公室的主人”，这个职位最早是在君士坦丁时期被证实的（虽然很可能是戴克里先时期），其权力仅次于禁卫军统帅（praefectus praetorio）。总理大臣控制着官方通讯、宫廷官员、军需工厂（公元前390年或更早），并监督着取代早期骑士阶层秘书处的秘书局。

magister peditum：步兵长官，字面意思是“步兵的主人”，在罗马军队中，是步兵部队的最高指挥官。

maiestas：关于叛国罪的法律，是一项关于罗马人民威严减弱的法律。在共和国时期，这往往涉及军事灾难、严重违反宗教戒律或阴谋推翻共和国政府形式。在苏拉时期，这一定义被扩大到包括总督在没有得到人民授权的情况下率领军队离开本省边界等行为。从奥古斯都开始，侮辱皇帝的言论可以作为起诉叛逆罪的理由。

Manes：祖先善良灵魂。

maniple：小队，公元前4世纪末至前2世纪军团的主要战术单位，大约由120人组成。

metropolis：大都市，古希腊语，指一个城市将另一个城市作为殖民地送出去（因此创始城市是殖民地的“母城”）。在帝国时期，它表示一个省的“母城”或主要城市。

militiae：字面意思是“处在战争中”，实际上，它指罗马城神圣边界（pomerium）以外的地区；在该地区行使的审判权比在“家”限制少。

municipium/municipia：自治城市，已获得罗马宪法的城市中心，公民享受“公民权无条件保障”（civitas sine suffragio）的好处，有些市镇最终获得了正式的罗马聚居区的地位：其中一个地方是阿尔皮农（Arpinum），马里乌斯和西塞罗的故乡。公元前4世纪起，城市中心的设立成为扩大罗马在意大利权力的工具，它成为奥古斯都时期和后来各行省的一种基本组织形式。奥古斯都根据《朱利安市政法》（朱利安有关市政的法律）为市政府制定了标准的宪章。

nexus：所借贷的人的临时奴隶。

nobiles：贵族，那些来自罗马贵族家庭的成员，在他们家庭历史上的某个时期，曾产生过一位执政官。

nomen：第二名字，在第一名字（praenomen）之后，在姓氏（cognomen）之前。也称为族名，它表示罗马人所属的族。

pancration：古希腊搏击，公元前6世纪末在希腊世界发展起来的一种拳击和摔跤的残酷组合，一直是希腊三大“搏击”运动中最受欢迎的运动（其他为拳击和摔跤）。

paterfamilias：一家之主，罗马家庭的户主（domus）。罗马法律赋予家长在家中对其所有家庭成员和仆人的生杀大权（patria potestas）。

patre：家长，拉丁语中父亲是“pater”。在最早的罗马，政治结构（和其他地方一样）利用与家庭有关的语言来定义自己。古代的“patres”很可能是氏族（gentes）的首领，他们为国王或地方官组成一个议会。古典时期将元老描述为“patres conscripti”（被征召入伍的父亲），从而保留了对这一机构的记忆。

patrician：世袭贵族，罗马统治精英中的一员。组成贵族阶级的贵族家庭自称是罗马城最初的元老的后裔，据说他们是由罗慕路斯任命的。在公元5世纪，这个头衔代表了一个极其重要的大臣。

patrimonium：皇帝传给皇帝的财产，在皇帝个人控制下的土地和其他财产组合（主要是通过没收和公民的遗赠获得的），并由一个皇帝传给下一个皇帝。

pedarii：脚夫，一个带有轻蔑意味的名词，适用于那些据说唯一重要的作用就是在投票堂从一边一直走到另一边投票的人（元老院投票的典型方式）。

Penates：珀那忒斯，罗马人家里（尤其是储藏室）的保护神，他被认为掌管着一个家庭的命运。

pietas：对子女、父母或者其他出于义务关系的忠诚。

pilum：短矛，公元前3世纪至公元3世纪，成为罗马军团的标准投掷武器的重型标枪。

plebeian：平民，简写成“pleb”，任何不是贵族的罗马公民。平民构成了罗马人口的大多数，也包括社会地位非常高的人。

pomerium：城市的神圣边界。

pontifex maximus：大祭司长，大祭司的主席。从尤利乌斯·恺撒开始，皇帝们一直担任这一职务，直到公元382年。

pontifices：古罗马宗教的大祭司，祭司监督与国家崇拜有关的行动——祭祀、节日和其他仪式，并就宗教法律问题向地方官提供建议。最初由三名主教组成，在公元前300年，随着平民的加入，祭司人数扩大到七人。

populus Romanus：罗马公民机构。

portico：门廊，由柱子支撑的屋顶组成的有顶步行区，通常作为门廊连接到建筑物上，但有时形成一个独立的结构。

potestas：控制，即权力的意思，对于地方官员来说，它是由拥有该职位的头衔或持有它的人拥有，如保民官。

praefectus annona：粮草供应长官，他是奥古斯都政权中最重要的三位骑士阶层官员之一（另外两位是埃及长官和禁卫军长官）。

praefectus frumenti dandi：粮食分配长官，在台伯河畔的米努奇亚港从事谷物分配工作的长官。该职位由奥古斯都设立。

praefectus praetorio：禁卫军统领，最初是骑士卫队的指挥官。在公元1世纪初的塞亚努斯手中，这个职位扩大为实际上的首相，尽管塞亚努斯被处死，但该职位仍然是官僚机构中最有影响力的职位。该职位的持有者必须来自骑士阶层，在公元前3世纪，该职位会同时任命给两人。在戴克里先时期，禁卫军统领的数量扩大到四个，此后禁卫军统领的数量也随着帝国的分裂而变化。公元4世纪以后的禁卫军统领，虽然权力往往不如他们的前任，但由于他们控制着平民省的行政管理，因此具有极大的影响力。

praenomen：第一名字。共有17个男性名字，而女孩则根据其出生顺序被赋予第一名字。

praetor/praetor maximus：最高大法官，这个头衔来自动词“praeire”，即走在前面的意思。最高大法官的宣誓证明该职位很有可能是公元前509年取代国王的政务官的原始头衔，最高大法官是最先选出的大法官的头衔。公元前367年，又增加了一位大法官，其任期比前两位大法官的任期要短，他们现在被称为执政官。第一次布匿战争末期又增加了一位大法官，公元前228年左右增加到四位，公元前198年增加到六位，以适应治理西班牙的需要。苏拉将大法官的人数增加到八人，并派他们管理罗马的常设法庭。恺撒时期则增加到16人。奥古斯都时代之后，大法官成为元老院生涯中的关键职位，其持有者有资格指挥军团和小的省份以及一系列其他职位。

praetorian guard：禁卫军，奥古斯都时期组建的帝国精英保镖。在提比略统治时期，在其长官塞亚努斯的影响下，禁卫军在皇帝的任命中越来越多地掌握政治权力，直到被君士坦丁废除。

princeps：国家元首，字面意思是“领袖人物”。在共和国时代，这个词可以用来指代主要元老院议员（princeps senatus），或者更一般地应用于国家的领导人物（principes）。在公元1世纪中，这个词成为对皇帝最常见的称呼。

principes：壮年兵，罗马共和国初期军队的第三梯队，如果第二梯队的进攻失败，他们就会参与行动。

procurator：帝国代理人，字面意思是“被任命在他人不在时执行公务的人”。在帝国服务中，代理人往往来自骑士阶层或自由人，在帝国行政管理中担任基本角色，包括民事和财政管理、小的行省的总督，以及帝国内部政府办公室的领导。

professio：公开声明，在政治生活中，正式宣布有意竞选公职，通常是在地方政务官面前亲自宣布。

proletarii：无产者，字面意思是“子孙后代的养育者”，即《塞尔维乌斯法案》规定的最低社会阶层的成员。

prorogation：任期延长，在任期结束后对大法官任期的延长。

proscription：“禁止”名单，字面意思是“以书面形式公开宣布”，通常用于宣布某项财产要出售。在苏拉时期，这个词的意思是指作为国家的敌人而被判处死刑的公民名单，因为苏拉作为独裁者和后来的三巨头安东尼、雷必达和屋大维乌斯所主张的特殊司法权，没有任何上诉权。

publicanus：包税人，特别是在共和国晚期，负责征税。这个词可以适用于为罗马骑士阶层服务的地方征税员，也可以适用于骑士阶层本身。

quaestor：财务官，罗马最低级别的地方官。财务官吏负责国家财政和公共工程。在苏拉统治时期，只有当选财务官才有资格担任元老院议员，从公元4世纪开始，财务官是一个法院职位，往往由一位杰出的法学家担任。

quinqueremes：五层桨战船，公元前3世纪的标准战舰，每侧安排五名桨手。

regnum：字面意思是“国王的职位或权力”，在共和国后期和帝国时期的政治词汇中，它与“libertas”相对立，表示专制或专制统治。

res private：世袭的后裔；戴克里先之后，行政部门负责征收所有以钱币支付的税款，矿山生产和铸造钱币。

res publica populi Romani：罗马人民的共同财产，因此，从字面意思来看，是一个所有公民都参与治理的国家。

rex sacrorum：字面意思是“礼仪之王”。虽然我们知道这个人物在驱逐暴君之后仍然存在，但不清楚这个职位的设立是为了在宗教仪式上取代国王，还是在王政时期作为国家崇拜的领袖。

sacrosanctitas：字面意思是“受宗教制裁保护，不受伤害”。这是平民保民官的一个重要权利，使他在任职期间免于受到帝国统治者的暴力威胁。

sesterces：塞斯特斯，拉丁文“Sestertius”的英化形式，是最基本的罗马青铜币。

Sibylline books：《西卜林神谕书》，罗马人所拥有的希腊预言书集，据信是由古代在那不勒斯湾附近活动的女预言家西卜林编纂的。这本神谕集的成书时间可能早于共和国的成立，在国家紧急时期，会由一个祭司委员会的成员进行查阅。最初是两名贵族，然后在公元前367年后是10名，最后在苏拉之后是15名。这个委员会的名称——在其成型之后——是祭祀团（quindecimvri sacris faciundis），表明该委员会对公共祭祀提出了建议，而从这本集子里的背景来看，似乎是处理祭祀问题的。除了官方收藏的神谕外，还有许多版本的《西卜林神喻书》在流传。

solstitial：冬夏至，天文学术语，表示与夏至或冬至有关的星体运动（即在一年中的两个时间之一，两个春分点之间的中间，当太阳到达热带点后，离赤道最远，似乎静止不动）。

statio：元老院委派、人民确认的一系列职责，奥古斯都和提比略在有生之年把权力的总和描述为他们的“statio”，表示他们自诩为负责国家的军事安全。

stipendiary cities：赋役城市，有义务向罗马进贡的省城。

Stoicism：斯多葛主义，基本认知是，命运与宙斯的意志和身体是一致的。这使神与凡人的交流成为可能，也使凡人认为他们可以与自然和谐相处。

suffect（us）：补任执政官，该词来源于动词“sufficio”的完全分词，即供应或提供。补任执政官从字面上看是“补位”已经去世的执政官。恺撒引入了诱导执政官辞职的做法，以便让补任执政官取代他们，以此来增加执政官的数量。这种做法在整个帝国时期一直存在。

triarii：老兵，共和国早期军队中的第四梯队（包括轻步兵），他们只是在万不得已的情况下才被征召参加战斗。

tribune：保民官，最初是与部落（该词来源于“tribus”）有关的官员，可能是在军事背景下，因为整个共和国时期都有军事保民官的记载。公元前494年，新的保民官被选举为平民的代表——见平民大会或平民部落大会“concilium”或“comitia plebis tributa”。最初的人数是两个，后来（根据保留下来的传统）人数有所变化，直到公元前455年稳定在10人。

tribuni aerarii：司库官，原本在共和国初期，是指征收赋税以支付军队的官员。后来，这个词指的是骑士阶层中的成员，在公元前70年至前46年期间，三分之一的陪审团成员是由骑士阶层挑选出来的。

tribunicia potestas：保民官权力，但实际上是保民官在早期共和国过程中获得的各种权力的总和。这些权力包括召集部落大会对法律进行表决的权利和上诉权（provocatio，向人民上诉地方政务官的决定的权力），从这些权力衍生出干涉权（ius auxilii，申诉权的延伸，特别是允许保民官保护公民不受地方政务官的任意行为的影响）和否决权（intercessio，停止任何公共行动的权力）。

tribus：字面意思是“部落”，这个词来源于数字三（tres），并表示在最早的罗马社会只有三个部落的传统。

triumvirs：三巨头同盟，这个词适用于公元前50年代庞培、克拉苏和恺撒之间的非正式政治联盟，后来又适用于公元前43年建立的“为国家建立秩序”的三人官方委员会，其中包括安东尼、屋大维乌斯和雷必达。这个词来源于公元前59年以前就存在的小的大法官委员会，例如，“tresviri monetales”（负责监督铸币的共和国委员会）或“tresviri capitales”（负责执行死刑的三人委员会）。

vectigalia：出售货物的税收，共和国中期，罗马国家从公共财产中获得的收入，后来扩大到包括港口和遗产税等交易收入。

velites：轻步兵，共和国早期军队中装备最轻的部队，他们的任务是作为散兵作战。

Vestal Virgins：维斯塔贞女，由七个女人组成的团体，她们是灶神的仆人，灶神是罗马炉灶和家庭的守护神。灶神负责在广场的灶神庙点燃象征国家持久力量的永恒之火。

vicarius：副长官，该词在罗马帝国早期用于表示省长的副手。在公元3世纪戴克里先的行政改革之后，这个词表示一个官员，他负责帝国四位禁卫军长官下的三个行政区之一的日常管理。

推荐阅读

总体介绍

A. Erskine, *A Companion to the Hellenistic World* (Oxford, 2003); H. Flower, *The Cambridge Companion to the Roman Republic* (Cambridge, 2004); N. Rosenstein and R. Morstein-Marx, *A Companion to the Roman Republic* (Oxford, 2006); D. S. Potter, *A Companion to the Roman Empire* (Oxford, 2006); N. Lenski, *The Cambridge Companion to the Age of Constantine* (Cambridge, 2006); M. Maas, *The Cambridge Companion to the Age of Justinian* (Cambridge, 2006); and S. Harrison, *A Companion to Latin Literature* (Oxford, 2005). Volumes 7–13 of the second edition of *The Cambridge Ancient History* contain many articles that retain their freshness after many years.

概述：方法和资料来源

N. Rosenstein and R. Morstein-Marx, *A Companion to the Roman Republic* (Oxford, 2006) and D. S. Potter, *A Companion to the Roman Empire* (Oxford, 2006), as well as D. S. Potter, *Literary Texts and the Roman Historian* (London, 1999).

第一章：罗马身份的形成

T. Cornell, *The Beginnings of Rome* (London, 1995); G. Forsythe, *A Critical History of Early Rome from Prehistory to Early Rome* (Berkeley, 2005), For the archaeology of the period, C. J. Smith, *Early Rome and Latium* (Oxford, 1996). For the significance of law-making in Roman society, see C. Williamson, *The Laws of the Roman People* (Ann Arbor, 2005). For the social aspects of Roman citizenship, C. Nicolet, *The World of the Citizen in Republican Rome* (Berkeley, 1980). For the Roman family, see R. Saller, *Patriarchy, Property and Death in the Roman Family* (Cambridge, 1994); for issues connected with Roman social history and religion see the essays by A. E. Hanson, M. W. Gleason, B. W. Frier, and D. S. Potter in D. S. Potter and D. Mattingly, eds, *Life, Death, and Entertainment in the Roman Empire* (Ann Arbor, 1999), as well as J. Scheid, *An Introduction to Roman Religion* (Baltimore, 2003). For images of women in Roman society see K. Milnor, *Gender, Domesticity, and the Age of Augustus: Inventing Private Life* (Oxford, 2005). H. Flower, *Roman Republics* (Princeton, 2010) is an important treatment of the way that the history of the Republic has been written and how the subject might be reconceived, while G. Woolf, *Rome: An Empire's Story* (Oxford, 2012), is a remarkably successful exercise in comparative history, showing how the Roman experience can be placed in the context of other empires.

第二章：战争与帝国

T. Cornell, *The Beginnings of Rome* (London, 1995); G. Forsythe, *A Critical History of Early Rome from Prehistory to Early Rome* (Berkeley, 2005). For Roman literature, in addition to works listed under General Introductions, see G. B. Conte, *Latin Literature: A History* (Baltimore, 1993) and E. J. Kenney and P. Easterling, eds, *The Cambridge History of Classical Literature*, vol. 2: *Latin Literature* (Cambridge, 1982).

Roman imperialism: W. V. Harris, *War and Imperialism in Republican Rome* (Oxford, 1979); S. Dyson, *The Creation of the Roman Frontier* (Princeton, 1985); E. Gruen, *The Hellenistic World and the Coming of Rome* (Berkeley, 1984). As the Greek world becomes part of the Roman world there is a fresh perspective in R. J. Lane Fox, *The Greek World from Homer to Hadrian* (London, 2005), and see also A. M. Eckstein, *Rome Enters the Greek East* (Oxford, 2008). For the development of Roman historiography, U. Walter, "Annales and Analysis," pp. 265–90 in A. Feldherr and G. Hardy, *The Oxford History of Historical Writings: Beginnings to AD 600* (Oxford, 2011). The fundamental study of the structure of the Roman aristocracy remains M. Gelzer, *The Roman Nobility* (Oxford, 1969). The view on the question of slavery: S. T. Roselaar, *Public Land in the Roman Republic* (Oxford, 2010). For an excellent exposition of the view that Italy became a "slave society" see K. Hopkins, *Conquerors and Slaves* (Cambridge, 1978). For a very different view of Roman slavery from the one presented in this book, largely because he feels that slavery was much more important to the productive economy of the countryside than I do, see K. Bradley, *Slavery and Society at Rome* (Cambridge, 1994). H. Mouritsen, *The Freedman in the Roman World* (Cambridge, 2011) is an exceptionally important analysis of the role of freedmen in Roman society. Cultural evolution of Italy: M. Torelli, *Studies in the Romanization of Italy* (Edmonton, 1995) and S. Keay and N. Terrenato, eds, *Italy and the West: Comparative Issues in Romanization* (Oxford, 2001).

第三章：罗马共和国的衰落

P. A. Brunt, *Social Conflicts in the Roman Republic* (London, 1971), *Italian Manpower, 225 BC–AD 14* (2nd edn, Oxford, 1971), and *The Fall of the Roman Republic and Related Essays* (Oxford, 1988). For the Gracchi see D. Stockton, *The Gracchi* (Oxford, 1979), and the chapter by A. Lintott in *The Cambridge Ancient History*, vol. 9: *The Last Age of the Roman Republic, 146–43 BC* (2nd edn, 1994). For two very different approaches to events leading up to the Social War see E. Gabba, *Republican Rome: The Army and the Allies* (Oxford, 1976) and H. Mouritsen, *Italian Unification: A Study in Ancient and Modern Historiography* (London, 1998).

For the careers of Pompey, Caesar, and Cicero see R. Seager, *Pompey the Great: A Political Biography* (Oxford, 2002); M. Gelzer, *Caesar: Politician and Statesman* (Cambridge, MA, 1969); A. Goldsworthy, *Caesar: Life of a Colossus* (New Haven, 2006); D. Stockton, *Cicero: A Political Biography* (Oxford, 1971); and E. Rawson, *Cicero: A Portrait* (Ithaca, 1983).

第四章：从共和国向元首制过渡

G. B. Conte, *Latin Literature: A History* (Baltimore, 1993) or E. J. Kenney and P. Easterling, eds, *The Cambridge History of Classical Literature*, vol. 2: *Latin Literature* (Cambridge, 1982), as well as E. Rawson, *Intellectual Life in the Late Roman Republic* (Baltimore, 1985) and C. Martindale, *The Cambridge Companion to Virgil* (Cambridge, 1997). P. A. Brunt, *The Fall of the Roman Republic and Related Essays* (Oxford, 1988) and T. P. Wiseman's narrative chapters in *The Cambridge Ancient History*, vol. 9: *The Last Age of the Roman Republic, 146–43 BC* (2nd edn, Cambridge, 1994). For Caesar see A. Goldsworthy, *Caesar: Life of a Colossus* (New Haven, 2006). The fundamental study of the rise of Augustus remains R. Syme, *The Roman Revolution* (Oxford, 1939), together with G. Sumi, *Ceremony and Power: Performing Politics in Rome between Republic and Empire* (Ann Arbor, 2005); J. Osgood, *Caesar's Legacy* (Cambridge, 2005); G. Rowe, *Princes and Political Culture* (Ann Arbor, 2002); and P. Zanker, *The Power of Images in the Age of Augustus* (Ann Arbor, 1988). For later Julio-Claudians see A. R. Barrett, *Caligula* (London, 1989); B. M. Levick, *Claudius* (London, 1990); and M. T. Griffin, *Nero* (London, 1984); and for the civil war of AD 69 see K. Wellesley, *The Year of the Four Emperors* (3rd edn, London, 2000). For a broad overview of the imperial period see D. S. Potter, *Emperors of Rome* (London, 2007).

For demographic issues see B. W. Frier in D. S. Potter and D. J. Mattingly, eds, *Life, Death, and Entertainment in the Roman Empire* (Ann Arbor, 1999). The discussion of the army's economic role is based on calculations in R. Goldsmith, *Premodern Financial Systems: A Historical Comparative Study* (Cambridge, 1987). The easiest access to finds of writing samples concerning the Roman army is through the admirable site for the Vindolanda bark tablets at http://vindolanda.csad.ox.ac.uk/

第五章：稳定的时代

For the Flavians and Trajan see B. M. Levick, *Vespasian* (London, 1999), and M. Griffin's chapters in *The Cambridge Ancient History*, vol. 11: *The High Empire, AD 70–192* (2nd edn, Cambridge, 2000). For the later years see A. R. Birley's *Hadrian: The Restless Emperor* (London, 1997), *Marcus Aurelius: A Biography* (2nd edn, London, 1987), and *The African Emperor. Septimius Severus* (2nd edn, London, 1988). For the social and administrative history of the empire see P. Brunt, *Roman Imperial Themes* (Oxford, 1990); F. Millar, *Government, Society, and Culture in the Roman Empire* (Chapel Hill, 2004); the chapters by W. Eck and B. Shaw in *The Cambridge Ancient History*, vol. 11: *The High Empire, AD 70–192* (2nd edn, Cambridge, 2000); and the essays in D. S. Potter and D. J. Mattingly, eds, *Life, Death, and Entertainment in the Roman Empire* (Ann Arbor, 1999). Funerary monuments of all sorts are well discussed in M. Carroll, *Spirits of the Dead: Roman Funerary Commemoration in Western Europe* (Oxford, 2006). For the position of the emperor, F. Millar, *The Emperor in the Roman World* (2nd edn, London, 1992), remains central. On the literary history of the Flavian period see, in addition to works listed under General Introductions, G. B. Conte, *Latin Literature: A History* (Baltimore, 1993). For the history of religion see R. J. Lane Fox, *Pagans and Christians* (London, 1989), and more specifically for the rise of Christianity see R. Stark, *The Rise of Christianity* (Princeton, 1996).

For discussions of acculturation in the Roman empire, very different approaches appear in E. Dench, *Romulus' Asylum: Roman Identities from the Age of Alexander to the Age of Hadrian* (Oxford, 2005), G. Woolf, *Becoming Roman: The Origins of Provincial Civilization in Gaul* (Cambridge, 1998), and C. Ando, *Imperial Ideology and Provincial Loyalty in the Roman Empire* (Berkeley, 2000). For approaches to the ancient economy see J. G. Manning and I. Morris, *The Ancient Economy: Evidence and Models* (Stanford, 2005). For a narrative of the history of the early third century AD see D. S. Potter, *The Roman Empire at Bay* (2nd edn, London, 2004).

第六章：罗马世界的变迁

For a narrative from the third century AD see D. S. Potter, *The Roman Empire at Bay* (2nd edn, London, 2004). For the period after Constantine the fundamental works remain J. F. Matthews, *Western Aristocracies and the Imperial Court AD 364–425* (Oxford, 1975), and *The Roman Empire of Ammianus* (London, 1989; repr. Ann Arbor, 2007). See also A. H. M. Jones, *The Later Roman Empire, 284–602: A Social, Economic and Administrative Survey* (3 vols, Oxford, 1964; repr. in 2 vols, 1973). For the Gothic invasions see P. Heather, *The Fall of the Roman Empire* (Oxford, 2006). For information on the period of the tetrarchy and Constantine (as well as Julian and Theodosius), see C. E. V. Nixon and B. S. Rodgers, *In Praise of Later Roman Emperors* (Berkeley, 1994).

第七章：罗马帝国的终结

M. McCormick, *Origins of the European Economy: Communications and Commerce AD 300–900* (Cambridge, 2001), C. Wickham, *Framing the Early Middle Ages: Europe and the Mediterranean, 400–800* (Oxford, 2005), and B. Ward-Perkins, *The Fall of Rome* (Oxford, 2006). For overall narratives see especially P. Brown, *The World of Late Antiquity AD 150–750* (London, 1971). For a good balance of East and West see S. Mitchell, *A History of the Later Roman Empire AD 284–641* (Oxford, 2006). In more detail, see M. Whitby, *The Emperor Maurice and His Historian* (Oxford, 1988); and for the end of the period, W. E. Kaegi, *Heraclius, Emperor of Byzantium* (Cambridge, 2003) is invaluable. For the mid-sixth century, M. Maas, *The Cambridge Companion to the Age of Justinian* (Cambridge, 2005) and M. Whittow, *The Making of Byzantium 600–1025* (Berkeley, 1996). The fate of the Balkans is now analysed in A. G. Poulter, ed., *The Transition to Late Antiquity on the Danube and Beyond: Proceedings of the British Academy* 141 (Oxford, 2007). The interpretation of early Islam offered here is borrowed from P. Crone, *Meccan Trade and the Rise of Islam* (Princeton, 1987), while the view offered of the Arab conquest derives from H. Kennedy, *The Great Arab Conquests: How the Spread of Islam Changed the World We Live In* (London, 2007).

In terms of sheer style and brilliance of exposition, E. Gibbon, *The History of the Decline and Fall of the Roman Empire*, has no peer.

图片来源

6.2 legacy1995/123RF Stock Photo; **4.16, 5.11, 6.8, 6.18, 7.5** akg-images; **1.13a, 7.2** akg-images/Bildarchiv Steffens; **4.7** akg-images/Hervé Champollion; **4.21** akg-images/Peter Connolly; **1.14** akg-images/Mondadori Portfolio/Electa; **6.31** akg-images/Suzanne Held; **0.4, 2.25, 4.28, 4.32, 5.29, 6.32, 7.4** akg-images/Erich Lessing; **4.22, 5.15** akg-images/Pirozzi; **4.8** Adam Eastland/Alamy Stock Photo; **6.15** Peter Horee/Alamy Stock Photo; **5.19** Norma Joseph/Alamy Stock Photo; **5.18** grzegorz knec/Alamy Stock Photo; **5.2, 5.6** Sonia Halliday/Alamy Stock Photo; **5.31** Holmes Garden Photos/Alamy; **2.16** Prisma Archivo/Alamy Stock Photo; **5.4** VPC Travel Photo/Alamy Stock Photo; **2.23** Antikensammlung Staatliche Museen zu Berlin; **5.40, 6.20** bildarchiv Preussischer kulturbesitz, Berlin; **4.27** Jonathon Blair; **4.11** Fitzwilliam Museum, Cambridge; **1.4, 2.7, 2.12, 4.15, 5.21** Giovanni Caselli; **6.10** National Museum of Damascus, Syria; **1.10** Werner Forman Archive/Diomedia; **1.5** Museo Archeologico Nazionale, Florence; **3.15** Photo Freud; **2.17** Sergio Anelli/Electa/Mondadori Portfolio/Getty Images; **3.3, 4.40** A. Dagli Orti/De Agostini/Getty Images; **2.21** G. Dagli Orti/De Agostini/Getty Images; **1.15** De Agostini Picture Library/Getty Images; **5.1** Prisma/UIG/Getty Images; **5.39** Mahmud Turkia/AFP/Getty Images; **2.30** Universal History Archive/Getty Images; **4.25, 4.26** Niedersächsisches Landesmuseum, Hannover; **6.4** Angelo Hornak; **5.16** Israeli Antiquities Authority; **2.9** Ian Jacobs; **5.14** Israel Museum, Jerusalem; **0.1, 2.19, 2.26, 4.19, 4.36, 5.13, 6.16, 6.25, 6.33** Giovanni Lattanzi; **2.6** Jona Lendering; **1.1, 1.2, 1.9, 1.12, 2.10, 2.24, 3.1, 3.4, 3.5, 3.7, 4.9, 4.10, 4.14, 4.23, 4.31, 4.35, 4.37, 4.39, 5.7, 5.8, 5.17, 5.32, 5.34, 5.35, 5.37, 5.38, 5.41, 5.42, 6.5, 6.6, 6.7, 6.11, 6.14, 6.19, 6.29, 7.3** British Museum, London; **4.34, 5.24** Musée Gallo Romain, Lyon; **5.25** Museo Arqueológico Nacional, Madrid; **2.29, 5.3, 5.20** Shmulik Magal; **3.12** Römisch-Germanisches Zentralmuseum, Mainz; **4.30** J. Paul Getty Museum, Malibu; **3.10** Antikensammlung Glyptothek Munich; **0.2, 0.3, 2.18, 4.1, 4.2, 4.18, 6.1** Museo Archeologico Nazionale, Naples; **6.22, 6.27, 6.30** Metropolitan Museum of Art, New York; **6.9, 7.11, 7.12** Sally Nicholls; **4.3** Bodleian Library, University of Oxford; **5.9** James Packer; **3.6, 5.12, 5.43, 6.34** Musée du Louvre, Paris; **1.7, 1.8, 1.13b, 2.28** David Potter; **3.9, 5.5, 5.44, 5.45, 5.46, 6.12, 6.13, 6.24** Private Collection; **7.8** Ali Jarekji/Reuters; **5.27, 5.33** Musei Capitolini, Rome; **2.8** RPM Nautical Foundation; **6.3** State Hermitage Museum, Saint Petersburg; **5.22, 5.28** Photo Scala, Florence – courtesy of the Ministero dei beni e delle attività culturali e del turismo; **2.1** Soprintendenza per I beni archeologici del Lazio; **2.2** Soprintendenza per I beni archeologici di Salerno e Avellino; **2.27** The Sousse Archaeological Museum, Sousse; **7.9, 7.10** Bardo Museum, Tunis; **4.4, 5.26** Musei Vaticani; **3.14** Museo Archeologico Nazionale, Venice; **6.28** Jan Vinchon Numismatist; **7.7** Adam Wolfitt

索引

其他